U0940955

福建企业年鉴 2013

FUJIAN ENTERPRISE YEARBOOK

国家统计局福建调查总队
福建省环境保护厅
福建省国家税务局
福建省企业信息中心
福建省经济贸易委员会
中国人民银行福州中心支行
福建省地方税务局
编

图书在版编目（C I P）数据

福建企业年鉴. 2013 / 国家统计局福建调查总队等编.-- 北京 : 中国统计出版社，2013.10
ISBN 978-7-5037-6988-7

Ⅰ. ①福… Ⅱ. ①国… Ⅲ. ①企业经济－福建省－2013－年鉴 Ⅳ. ①F279.275.7-54

中国版本图书馆 CIP 数据核字（2013）第 228856 号

福建企业年鉴-2013

作　　者/ 国家统计局福建调查总队 等
责任编辑/ 佘竞雄
责任校对/ 郑　芳
封面设计/ 陈连钦
出版发行/ 中国统计出版社
通信地址/ 北京市西城区月坛南街 75 号　邮政编码/100826
办公地址/ 北京市丰台区西三环南路甲 6 号　邮政编码/100073
电　　话/ 邮购（010）63376909　书店（010）68783171
网　　址/ http://csp.stats.gov.cn
印　　刷/ 福州闽伟印务有限公司
经　　销/ 新华书店
开　　本/ 890mm×1240mm　1/16
字　　数/ 1494 千字
印　　张/ 27
版　　别/ 2013 年 10 月第 1 版
版　　次/ 2013 年 10 月第 2 次印刷
定　　价/ 380.00 元

如有印装差错，由本社发行部调换。

目 录

一、闽企总览

二、行业概况

三、区域概况

四、民营企业

五、专题研究

六、企业风采

七、附　录

闽企总览

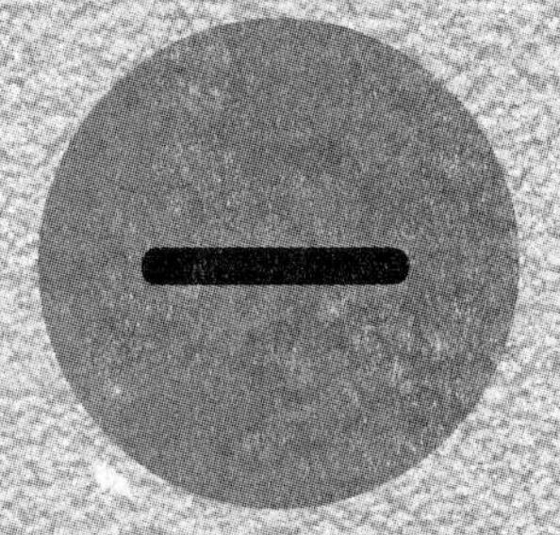

2012年福建企业发展概述

一、国民经济发展稳中有进

初步核算，2012 年福建省实现地区生产总值 19701.78 亿元，比上年增长 11.4%，增速比全国平均水平高 3.6 个百分点。其中，第一产业增加值 1776.47 亿元，增长 4.2%；第二产业增加值 10288.59 亿元，增长 14.6%；第三产业增加值 7636.72 亿元，增长 8.5%。三次产业对经济增长的贡献率分别为 3.2%、67.9%和 28.9%，分别拉动经济增长 0.4 个百分点、7.7 个百分点和 3.3 个百分点。

二、工业稳中有升

2012 年，福建省规模以上工业完成增加值 7856.29 亿元，比上年增长 15.2%，增速居全国第 9 位。分行业观察，规模以上工业的 38 个行业大类中有 27 个增加值增速在两位数。分产业观察，规模以上工业中三大主导产业实现增加值 2669.70 亿元，增长 14.6%。其中，机械装备业实现增加值 1155.10 亿元，增长 10.4%；电子信息业实现增加值 607.59 亿元，增长 19.0%；石油化工业实现增加值 907.01 亿元，增长 17.3%。高技术产业实现增加值 737.63 亿元，增长 17.2%。2012 年，全省 38 个重点产业集群实现增加值 3482.17 亿元，增长 14.6%，对全省工业增长的贡献率达到 42.8%。

三、服务业规模继续扩大

2012 年，福建省服务业增加值突破 7000 亿大关，达到 7636.72 亿元，比上年增长 8.5%，占地区生产总值的 38.8%；对经济增长的贡献率为 28.9%，拉动经济增长 3.3 个百分点。

四、固定资产投资保持较快增长

2012 年，福建省社会固定资产投资 12709.66 亿元，比上年增长 25.5%。其中，固定资产投资（不含农户）12452.24 亿元，增长 25.9%；农户投资 257.42 亿元，增长 10.1%。分三大产业看，第一产业投资 216.80 亿元，增长 42.1%，其中大项目支撑作用比较明显，全年亿元以上大项目有 28 个，千万元以上项目有 786 个，分别比上年增加 4 个和 237 个，主要投向观光示范建设、规模化养殖建设、立体集约化建设等新型农业现代化建设项目。第二产业投资 4596.13 亿元，增长 23.3%；第三产业投资 7639.31 亿元，增长 27.1%。三次产业投资结构由上年的 1.5∶37.7∶60.8 调整为 1.7∶36.9∶61.4。

五、对外贸易总体平稳增长

2012 年，福建省实现进出口总值 1559.27 亿美元，比上年增长 8.6%，其中，进口 580.91 亿美元，出口 978.36 亿美元，分别增长 14.6%和 5.4%。进出口、进口和出口总值在全国分别位列第 7 位、第 8 位和第 6 位，进出口、进口增幅分别比全国平均水平高 2.4 个百分点和 10.3 个百分点，出口增幅比全国低 2.5 个百分点。分贸易方式看，全省一般贸易进出口 1058.03 亿美元，增长 13.2%，比全省进出口平均水平高 4.6 个百分点，增长贡献率达 99.9%。从出口市场看，全年全省对东盟出口 142.11 亿美元，增长 22.3%，增幅比全省平均水平高出 16.9 个百分点，比欧盟、日本和美国等主要出口市场分别高 30.7 个百分点、26.9 个百分点和 23.4 个百分点，对全省出口贡献率达 51.7%，拉动全省出口增长 2.8 个百分点。

注：本文数据均为快报数。

1-1 各类企业经济活动总量所占比重

（2011-2012 年）

项　目	2010	2011	2012
一、总产出（亿元）	38915.25	47739.92	55107.00
第二产业	26616.53	33045.93	38491.18
工业	23152.34	28440.16	33022.73
建筑业	3464.19	4605.77	5468.45
第三产业	9991.67	11963.06	13608.42
#批发和零售业	1835.11	2168.49	2408.90
二、总产出构成（%）	100.0	100.0	100.0
第二产业	68.4	69.2	69.8
工业	59.5	59.6	59.9
建筑业	8.9	9.6	9.9
第三产业	25.7	25.1	24.7
#批发和零售业	4.7	4.5	4.4
三、增加值（亿元）	14737.12	17560.18	19701.78
第二产业	7522.83	9069.20	10187.94
工业	6397.71	7675.09	8541.94
建筑业	1125.12	1394.11	1646.00
第三产业	5850.62	6878.74	7737.13
#交通运输、仓储和邮政业	871.16	963.85	1090.07
批发和零售业	1310.94	1511.29	1670.26
金融业	767.58	862.41	1015.37
房地产业	679.03	911.16	1039.71
四、增加值构成（%）	100.0	100.0	100.0
第二产业	51.0	51.6	51.7
工业	43.4	43.7	43.4
建筑业	7.6	7.9	8.3
第三产业	39.7	39.2	39.3
#交通运输、仓储和邮政业	5.9	5.5	5.5
批发和零售业	8.9	8.6	8.5
金融保险业	5.2	4.9	5.2
房地产业	4.6	5.2	5.3

1-2 各类企业单位数

（2010-2012 年） 单位：个

项 目	2010	2011	2012
一、规模以上工业	**19227**	**14116**	**15333**
按轻重工业分			
轻工业	10654	7726	8521
重工业	8573	6390	6812
按注册类型分			
内资企业	13524	9871	11007
港、澳、台商投资企业	3705	2683	2740
外商投资企业	1998	1562	1586
按经济类型分			
国有	273	195	209
集体	584	352	326
其他	18370	13569	14798
#外商及港澳台商投资	5703	4245	4326
按规模分			
大型	124	417	408
中型	2116	2834	2985
小型	16987	10465	11509
微型		400	431
二、建筑业	**2606**	**2734**	**2959**
按经济类型分			
国有经济	93	92	93
集体经济	73	79	81
外商经济	7	7	6
港澳台经济	32	30	30
其他经济	2401	2526	2749

注：从 2011 年起，规模以上工业划分标准由年主营业务收入（销售收入）500 万元及以上调整为 2000 万元及以上（下同）；2011 年起增加微型企业规模，故小型企业数与往年不可比（下同）。

1-2 续表 1　　（2010-2012 年）　　单位：个

项　目	2010	2011	2012
按资质等级分			
#总承包	1200	1248	1420
一级及以上企业	136	148	161
二级企业	486	508	526
三级企业	578	592	733
专业承包	1021	1057	1071
一级企业	125	136	138
二级企业	419	419	420
三级及不分等级	477	502	513
按行业分			
房屋建筑业	996	1056	1203
土木工程建筑业	385	413	495
建筑安装业	380	390	369
建筑装饰业和其他建筑业	845	875	892
三、限额以上批发和零售贸易、餐饮业	**3924**	**5668**	**6973**
（一）批发业	**2181**	**2828**	**3523**
按注册类型分			
内资企业	2104	2731	3415
国有企业	179	183	185
集体企业	31	34	37
股份合作企业	9	8	9
联营企业	10	11	8
有限责任公司	809	951	1144
股份有限公司	43	47	44
私营企业	990	1397	1874

1-2 续表 2　　　　（2010-2012 年）　　　　单位：个

项　目	2010	2011	2012
其他企业	33	100	114
港、澳、台商投资企业	43	59	67
外商投资企业	34	38	41
按行业分			
农、林、牧产品批发	50	50	64
食品、饮料及烟草制品批发	209	251	324
纺织、服装及家庭用品批发	370	587	951
文化、体育用品及器材批发	47	56	67
医药及医疗器材批发	98	117	130
矿产品、建材及化工产品批发	866	1155	1418
机械设备、五金产品及电子产品批发		396	362
贸易经纪与代理	49	49	48
其他批发业	149	167	159
（二）零售业	**1743**	**2210**	**2731**
按注册类型分			
内资企业	1671	2123	2638
国有企业	69	74	70
集体企业	64	74	74
股份合作企业	4	7	9
联营企业	11	8	8
有限责任公司	505	662	878
股份有限公司	44	51	55
私营企业	944	1138	1393
其他企业	30	109	151
港、澳、台商投资企业	25	36	35
外商投资企业	47	51	58
按行业分			

1-2 续表 3　　(2010-2012 年)　　单位：个

项　目	2010	2011	2012
综合零售	358	392	421
食品、饮料及烟草制品专门零售	109	218	354
纺织、服装及日用品专门零售	91	120	178
文化、体育用品及器材专门零售	41	57	80
医药及医疗器材专门零售	70	89	94
汽车、摩托车、燃料及零配件专门零售	671	778	931
家用电器及电子产品专门零售	254	322	373
五金、家具及室内装饰材料专门零售	73	139	193
货摊、无店铺及其他零售业	76	95	107
(三) 餐饮业	**552**	**630**	**719**
按注册类型分			
内资企业	496	570	658
#国有企业	25	22	16
集体企业	8	7	5
有限责任公司	82	94	106
股份有限公司	4	5	7
私营企业	351	388	454
其他企业	25	52	67
港、澳、台商投资企业	32	36	40
外商投资企业	24	24	21
按行业分			
正餐服务业	512	584	672
快餐服务业	20	24	24
饮料及冷饮服务业	5	9	11
其他餐饮服务业	15	13	12

1-3 规模以上工业分行业企业数

（2012 年）　　　　单位：个

行　业	企业数	行　业	企业数
总　计	**15333**	化学纤维制造业	82
煤炭开采和洗选业	172	橡胶和塑料制品业	649
黑色金属矿采选业	83	非金属矿物制品业	1652
有色金属矿采选业	74	黑色金属冶炼和压延加工业	350
非金属矿采选业	154	有色金属冶炼和压延加工业	135
农副食品加工业	897	金属制品业	488
食品制造业	481	通用设备制造业	472
酒、饮料和精制茶制造业	469	专用设备制造业	419
烟草制品业	6	汽车制造业	339
纺织业	823	铁路、船舶、航空航天和其他运输设备制造业	173
纺织服装、服饰业	1201	电气机械和器材制造业	647
皮革、毛皮、羽毛及其制品和制鞋业	1254	计算机、通信和其他电子设备制造业	449
木材加工和木、竹、藤、棕、草制品业	748	仪器仪表制造业	125
家具制造业	286	其他制造业	181
造纸和纸制品业	459	废弃资源综合利用业	37
印刷和记录媒介复制业	161	金属制品、机械和设备修理业	22
文教、工美、体育和娱乐用品制造业	759	电力、热力生产和供应业	239
石油加工、炼焦和核燃料加工业	29	燃气生产和供应业	16
化学原料和化学制品制造业	652	水的生产和供应业	38
医药制造业	112		

1-4 各类企业业务总量

（2010-2012 年） 单位：亿元

项 目	2010	2011	2012
一、规模以上工业总产值	**21901.23**	**27443.90**	**29704.66**
按轻重工业分			
轻工业	9919.11	12319.11	13838.71
重工业	11982.12	15124.80	15865.95
按登记注册分			
内资企业	11243.66	14776.17	16798.19
港、澳、台商投资企业	5613.55	6746.29	6844.33
外商投资企业	5044.02	5921.43	6062.14
按经济类型分			
国有	1478.99	1545.20	1696.09
集体	551.15	555.13	373.90
股份	2929.96	4667.99	5219.78
联营	22.56	28.34	36.76
私营	6205.94	7758.52	9192.68
外商及港澳台商投资	10657.57	12667.72	12906.47
其他	55.05	221.00	278.98
按规模分			
大型	4950.60	8701.76	9549.86
中型	8142.37	9053.92	9295.08
小型	8808.26	9474.65	10674.58
微型		213.57	185.14
二、建筑业总产值	**3062.17**	**3873.87**	**4713.38**
按经济类型分			
国有经济	448.16	507.57	535.97
集体经济	61.44	75.13	84.08
外商经济	2.54	3.09	4.21
港澳台经济	33.16	39.77	57.20
其他经济	2516.87	3248.31	4031.92

1-4 续表 1　　（2010-2012 年）　　单位：亿元

项　目	2010	2011	2012
按资质等级分			
#总承包	2597.38	3309.15	3980.67
一级及以上企业	1576.44	2029.06	2415.00
二级企业	773.99	948.04	1122.31
三级企业	246.95	332.05	443.36
专业承包	338.56	383.47	443.87
一级企业	145.95	193.37	211.62
二级企业	104.68	102.48	118.43
三级及不分等级	87.93	87.62	113.82
按行业分			
房屋建筑业	2055.33	2679.16	3312.06
土木工程建筑业	621.87	698.65	821.30
建筑安装业	149.79	176.02	194.43
建筑装饰业和其他建筑业	235.19	320.05	385.59
三、限额以上批发和零售贸易、餐饮业			
（一）批发和零售贸易业销售总额	**8304.12**	**11852.48**	**13785.84**
按注册类型分			
内资企业	7562.51	10229.60	12022.39
国有企业	1283.61	1745.51	2117.94
集体企业	46.51	64.36	69.05
股份合作企业	8.14	12.24	14.85
联营企业	32.41	30.81	33.29
有限责任公司	2552.73	3547.29	4254.73
股份有限公司	1403.77	1651.50	1741.01
私营企业	2163.49	2892.67	3469.21
其他企业	71.85	285.22	322.31
港、澳、台商投资企业	278.89	371.50	451.29

1-4 续表 2　　（2010-2012 年）　　单位：亿元

项　目	2010	2011	2012
外商投资企业	462.71	1251.38	1312.16
按行业分			
批发业			
农、林、牧产品批发	97.57	85.94	100.94
食品、饮料及烟草制品批发	987.57	1271.56	1488.76
纺织、服装及家庭用品批发	973.45	1426.49	1814.37
文化、体育用品及器材批发	44.51	49.18	66.34
医药及医疗器材批发	175.63	220.14	256.94
矿产品、建材及化工产品批发	2968.19	4697.43	5668.44
机械设备、五金产品及电子产品批发	539.60	791.11	665.75
贸易经纪与代理	166.26	171.66	176.76
其他批发业	421.92	590.04	517.37
零售业			
综合零售	352.37	457.20	521.84
食品、饮料及烟草制品专门零售	72.61	102.25	133.94
纺织、服装及日用品专门零售	50.06	66.23	101.46
文化、体育用品及器材专门零售	51.44	61.43	96.35
医药及医疗器材专门零售	48.12	57.75	71.05
汽车、摩托车、燃料及零配件专门零售	1121.03	1460.65	1692.28
家用电器及电子产品专门零售	153.63	201.61	231.36
五金、家具及室内装饰材料专门零售	46.22	89.08	119.15
货摊、无店铺及其他零售业	33.92	52.71	62.74
（二）餐饮业营业收入	**103.48**	**117.62**	**147.53**
正餐服务业	81.16	88.74	106.85
快餐服务业	20.12	26.51	37.56
饮料及冷饮服务业	0.30	0.53	1.00
其他餐饮服务业	1.89	1.84	2.12

1-5　规模以上工业分行业工业总产值

（2012 年）　　单位：亿元

行　业	工业总产值	行　业	工业总产值
总　计	**29704.66**	化学纤维制造业	588.81
煤炭开采和洗选业	147.21	橡胶和塑料制品业	1197.95
黑色金属矿采选业	125.75	非金属矿物制品业	1981.72
有色金属矿采选业	87.60	黑色金属冶炼和压延加工业	1564.98
非金属矿采选业	159.24	有色金属冶炼和压延加工业	810.56
农副食品加工业	1821.29	金属制品业	643.62
食品制造业	818.21	通用设备制造业	757.12
酒、饮料和精制茶制造业	593.61	专用设备制造业	522.37
烟草制品业	231.93	汽车制造业	854.07
纺织业	1482.94	铁路、船舶、航空航天和其他运输设备制造业	305.94
纺织服装、服饰业	1408.21	电气机械和器材制造业	1336.12
皮革、毛皮、羽毛及其制品和制鞋业	2424.76	计算机、通信和其他电子设备制造业	2795.03
木材加工和木、竹、藤、棕、草制品业	648.80	仪器仪表制造业	134.60
家具制造业	299.04	其他制造业	201.12
造纸和纸制品业	758.64	废弃资源综合利用业	36.24
印刷和记录媒介复制业	143.39	金属制品、机械和设备修理业	101.55
文教、工美、体育和娱乐用品制造业	848.04	电力、热力生产和供应业	1627.57
石油加工、炼焦和核燃料加工业	781.02	燃气生产和供应业	135.48
化学原料和化学制品制造业	1102.57	水的生产和供应业	34.46
医药制造业	193.11		

1-6 各类企业从业人员

（2010-2012 年） 单位：万人

项 目	2010	2011	2012
一、规模以上工业	**411.75**	**403.82**	**413.69**
按轻重工业分			
轻工业	255.96	247.60	258.38
重工业	155.80	156.22	155.31
按规模分			
大型	51.12	109.64	108.15
中型	162.26	164.88	165.54
小型	198.37	129.30	138.74
微型			1.26
二、建筑业	**229.57**	**219.09**	**249.64**
按经济类型分			
国有经济	29.32	14.82	12.49
集体经济	4.21	4.28	4.50
联营经济	0.07		
股份制经济	14.07		
外商经济	0.11	0.08	0.09
港澳台经济	1.71	2.57	1.54
其他经济	194.23	197.33	231.03
按资质等级分			
#总承包	165.54	153.35	167.83
一级及以上企业	100.56	85.67	91.53
二级企业	48.34	48.94	52.32
三级企业	16.64	18.74	23.98
专业承包	19.50	15.49	17.55
一级企业	7.36	5.23	6.45
二级企业	6.60	5.68	5.95
三级及不分等级企业	5.54	4.58	5.15
按行业分			
房屋建筑业	142.26	137.14	160.14
土木工程建筑业	32.45	26.99	29.09
建筑安装业	9.53	7.66	8.63
建筑装饰业和其他建筑业	45.32	47.30	51.79

注：工业从业人员为从业人员年平均人数；建筑业从业人员为年末从业人员数。

1-7 规模以上工业分行业从业人员

（2012 年） 单位：万人

项　目	从业人员	项　目	从业人员
总　计	**413.69**	化学纤维制造业	2.83
煤炭开采和洗选业	5.42	橡胶和塑料制品业	17.08
黑色金属矿采选业	1.02	非金属矿物制品业	33.64
有色金属矿采选业	0.91	黑色金属冶炼和压延加工业	9.49
非金属矿采选业	2.04	有色金属冶炼和压延加工业	4.65
农副食品加工业	17.70	金属制品业	8.94
食品制造业	12.70	通用设备制造业	11.30
酒、饮料和精制茶制造业	8.72	专用设备制造业	7.57
烟草制品业	0.47	汽车制造业	10.27
纺织业	20.76	铁路、船舶、航空航天和其他运输设备制造业	4.30
纺织服装、服饰业	41.09	电气机械和器材制造业	18.07
皮革、毛皮、羽毛及其制品和制鞋业	67.00	计算机、通信和其他电子设备制造业	28.25
木材加工和木、竹、藤、棕、草制品业	9.88	仪器仪表制造业	3.36
家具制造业	6.58	其他制造业	5.71
造纸和纸制品业	10.26	废弃资源综合利用业	0.40
印刷和记录媒介复制业	2.56	金属制品、机械和设备修理业	0.86
文教、工美、体育和娱乐用品制造业	19.58	电力、热力生产和供应业	6.67
石油加工、炼焦和核燃料加工业	0.61	燃气生产和供应业	0.38
化学原料和化学制品制造业	8.83	水的生产和供应业	0.94
医药制造业	2.84		

注：从业人员为从业人员年平均人数。

1-8 内资企业工商登记注册情况

（2012年） 单位：个

项目	年末企业单位合计	#企业法人			
		年末企业数	年末注册资本（亿元）	本年开业数	本年注销数
总计	**54321**	**24494**	**6946.22**	**1511**	**813**
农、林、牧、渔业	**1768**	**1239**	**68.58**	**36**	**36**
农业	453	384	17.93	10	13
林业	494	446	30.20	18	3
畜牧业	75	64	2.76	2	5
渔业	154	148	14.30	4	11
农、林、牧、渔服务业	592	197	3.39	2	4
采矿业	**365**	**290**	**27.02**	**23**	**5**
煤炭开采和洗选业	87	73	7.76	16	
黑色金属矿采选业	45	27	8.16	1	
有色金属矿采选业	35	30	2.70	3	
非金属矿采选业	181	151	7.83	2	4
其他采矿业	17	9	0.55	1	1
制造业	**5107**	**4619**	**911.16**	**146**	**190**
农副食品加工业	303	249	22.09	8	19
食品制造业	177	147	11.33	7	6
饮料制造业	151	140	12.82		15
烟草制品业	13	11	100.97	1	
纺织业	153	146	18.99	2	4
纺织服装、鞋、帽制造业	347	332	15.85	17	8
皮革、毛皮、羽毛（绒）及其制品业	60	57	3.72	1	2
木材加工及木、竹、藤、棕、草制品业	302	276	14.59	7	7
家具制造业	85	82	1.38	2	1
造纸及纸制品业	210	201	46.15	3	12

1-8续表1 （2012年） 单位：个

项 目	年末企业单位合 计	# 企业法人			
		年末企业数	年末注册资本（亿元）	本 年开业数	本 年注销数
印刷业和记录媒介的复制	312	283	6.39	2	6
文教体育用品制造业	81	71	3.08	5	
石油加工、炼焦及核燃料加工业	15	13	109.19	1	1
化学原料及化学制品制造业	205	189	87.96	9	7
医药制造业	47	43	11.48	2	2
化学纤维制造业	6	6	2.91		
橡胶制品业	49	43	1.22	1	2
塑料制品业	205	200	6.65	3	8
非金属矿物制品业	690	636	79.62	20	52
黑色金属冶炼及压延加工业	28	26	22.68	2	2
有色金属冶炼及压延加工业	45	43	34.77	2	
金属制品业	219	192	22.07	8	2
通用设备制造业	310	281	92.68	5	7
专用设备制造业	203	181	21.34	7	4
交通运输设备制造业	175	151	40.60	3	5
电气机械及器材制造业	198	183	33.39	12	7
通信设备、计算机及其他电子设备制造业	125	118	68.82	4	3
仪器仪表及文化、办公用机械制造业	44	43	1.68	1	
工艺品及其他制造业	245	229	14.70	10	8
废弃资源和废旧材料回收加工业	104	47	2.06	1	
电力、燃气及水的生产和供应业	**1979**	**1469**	**639.03**	**90**	**10**
电力、热力的生产和供应业	1443	1058	528.31	52	8
燃气生产和供应业	119	24	7.70	3	
水的生产和供应业	417	387	103.01	35	2
建筑业	**2894**	**1165**	**523.43**	**158**	**29**
房屋和土木工程建筑业	1722	705	448.04	113	13
建筑安装业	244	107	18.13	2	3
建筑装饰业	209	90	6.06	12	9

1-8续表2 （2012年） 单位：个

项　目	年末企业单位合计	#企业法人			
		年末企业数	年末注册资本（亿元）	本　年开业数	本　年注销数
其他建筑业	719	263	51.20	31	4
交通运输、仓储和邮政业	**3135**	**1172**	**533.94**	**59**	**29**
铁路运输业	95	21	109.83		2
道路运输业	769	418	54.88	37	13
城市公共交通业	211	152	112.49	7	3
水上运输业	223	158	82.11	6	3
航空运输业	69	19	82.06	1	1
管道运输业	3	2	0.30		
装卸搬运和其他运输服务业	445	224	43.07	4	2
仓储业	245	168	26.07	4	4
邮政业	1075	10	23.13		1
信息传输、计算机服务和软件业	**1668**	**233**	**116.43**	**40**	**16**
电信和其他信息传输服务业	1332	58	73.24	29	10
计算机服务业	222	96	22.55	7	4
软件业	114	79	20.63	4	2
批发和零售业	**18603**	**6233**	**615.49**	**235**	**242**
批发业	9444	4957	577.38	178	186
零售业	9159	1276	38.11	57	56
住宿和餐饮业	**834**	**498**	**29.39**	**23**	**25**
住宿业	557	370	26.37	15	13
餐饮业	277	128	3.02	8	12
金融业	**7440**	**222**	**395.49**	**26**	**75**
银行业	4572	68	209.33	4	69
证券业	259	7	43.20	2	2
保险业	2041	5	2.22	7	3
其他金融活动	568	142	140.74	13	1
房地产业	**1896**	**1586**	**937.70**	**129**	**21**
房地产业	1896	1586	937.70	129	21

1-8续表3 （2012年） 单位：个

项目	年末企业单位合计	#企业法人			
		年末企业数	年末注册资本（亿元）	本年开业数	本年注销数
租赁和商务服务业	**4589**	**3158**	**1700.13**	**287**	**57**
租赁业	218	164	20.07	11	8
商务服务业	4371	2994	1680.05	276	49
科学研究、技术服务和地质勘查业	**1446**	**862**	**150.26**	**90**	**28**
研究与试验发展	170	124	31.79	21	7
专业技术服务业	974	538	73.00	48	11
科技交流和推广服务业	215	145	6.94	19	10
地质勘查业	87	55	38.54	2	
水利、环境和公共设施管理业	**503**	**433**	**123.64**	**57**	**4**
水利管理业	112	97	53.79	17	
环境管理业	118	101	8.64	8	1
公共设施管理业	273	235	61.22	32	3
居民服务和其他服务业	**1552**	**868**	**93.42**	**56**	**33**
居民服务业	881	504	79.79	31	16
其他服务业	671	364	13.63	25	17
教育	**78**	**61**	**2.76**	**4**	**1**
教育	78	61	2.76	4	1
卫生、社会保障和社会福利业	**61**	**45**	**0.59**	**2**	**1**
卫生	25	16	0.23		
社会保障业	18	12	0.03	2	1
社会福利业	18	17	0.33		
文化、体育和娱乐业	**377**	**323**	**46.95**	**50**	**9**
新闻出版业	53	48	24.20	16	
广播、电视、电影和音像业	141	121	5.44	9	7
文化艺术业	77	74	5.91	17	
体育	23	18	3.65	3	1
娱乐业	83	62	7.76	5	1
其他	**26**	**18**	**30.80**		**2**

注：本表所列行业根据《国民经济行业分类》（GB / T4754-2002）分类。

1-9 内资企业工商登记注册变化情况

（2011-2012 年）　　单位：个

项　目	2011		2012		2012 年比上年增长（%）
	绝对数	比重（%）	绝对数	比重（%）	
年末企业数	54856	100.0	54321	100.0	-1.0
#企业法人	25474	100.0	24494	100.0	-3.8
年末注册资金（亿元）	6010.27	100.0	6946.22	100.0	15.6
本年开业数	4309	100.0	4219	100.0	-2.1
本年注销数	2476	100.0	2353	100.0	-5.0
一、国有企业					
年末企业数	9656	17.6	9246	17.0	-4.2
#企业法人	4878	19.1	4682	19.1	-4.0
年末注册资金（亿元）	414.70	6.9	408.22	5.9	-1.6
本年开业数	314	7.3	271	6.4	-13.7
本年注销数	411	16.6	312	13.3	-24.1
二、集体企业					
年末企业数	16290	29.7	15346	28.3	-5.8
#企业法人	8251	32.4	7754	31.7	-6.0
年末注册资金（亿元）	113.33	1.9	108.71	1.6	-4.1
本年开业数	373	8.7	374	8.9	0.3
本年注销数	548	22.1	777	33.0	41.8
三、股份合作企业					
年末企业数	2345	4.3	1768	3.3	-24.6
#企业法人	1701	6.7	1176	4.8	-30.9
年末注册资金（亿元）	131.87	2.2	115.75	1.7	-12.2
本年开业数	45	1.0	50	1.2	11.1
本年注销数	107	4.3	140	5.9	30.8
四、公司					
年末企业数	25309	46.1	27060	49.8	6.9
#企业法人	10465	41.1	10723	43.8	2.5
年末注册资金（亿元）	5343.45	88.9	6307.22	90.8	18.0
本年开业数	3553	82.5	3507	83.1	-1.3
本年注销数	819	33.1	889	37.8	8.5
五、其他企业					
年末企业数	1256	2.3	901	1.7	-28.3
#企业法人	179	0.7	159	0.6	-11.2
年末注册资金（亿元）	6.92	0.1	6.31	0.1	-8.8
本年开业数	24	0.5	17	0.4	-29.2
本年注销数	591	23.8	235	10.0	-60.2

1-10 私营企业工商登记注册情况

（2012 年）

项　目	年末企业数（个）	投资者人数（人）	雇工人数（人）	注册资本（出资金额）（亿元）
总　计	**347364**	**796591**	**3141986**	**15696.38**
#本期开业	60502	131017	463104	2194.89
#城镇	291721	700056	2663240	13216.64
按注册类型分				
独资企业	35912	34971	323331	163.16
合伙企业	6279	26336	65128	262.91
有限责任公司	303329	727329	2728572	14563.74
股份有限公司	1844	7955	24955	706.57
按行业分				
农、林、牧、渔业	11201	24569	100299	347.75
采矿业	1334	3298	13931	42.44
制造业	78726	174409	998392	3874.24
电力、燃气及水的生产和供应业	4297	19215	32760	136.39
建筑业	17779	38246	158136	1060.02
交通运输、仓储和邮政业	8270	20060	70691	353.30
信息传输、计算机服务和软件业	11906	26644	93964	267.57
批发和零售业	126284	278464	972527	3954.64
住宿和餐饮业	5705	9984	55506	98.98
金融业	2177	7682	14520	723.04
房地产业	9525	23412	80589	1358.94
租赁和商务服务业	40953	105226	318514	2687.95
科学研究、技术服务和地质勘查业	12302	30867	95638	461.49
水利、环境和公共设施管理业	1429	3681	11748	99.44
居民服务和其他服务业	11605	23336	86557	147.54
教育	441	1163	3752	3.59
卫生、社会保障和社会福利业	744	984	6857	9.66
文化、体育和娱乐业	2623	5195	27123	67.48
其他	63	156	482	1.95

注：本表所列行业根据《国民经济行业分类》（GB / T4754-2002）分类；合伙企业的出资金额为认缴出资金额。

1-11 个体户工商登记注册情况

（2012 年）

项　目	年末户数（户）	从业人员（人）	资金数额（亿元）
总　计	**950274**	**2588665**	**518.06**
#本期开业	192194	540326	155.60
#城镇	605764	1711494	316.26
按行业分			
农、林、牧、渔业	10548	42336	27.75
采矿业	872	3805	2.15
制造业	52243	215199	47.37
电力、燃气及水的生产和供应业	841	2587	3.92
建筑业	624	2126	0.61
交通运输、仓储和邮政业	5522	15212	4.90
信息传输、计算机服务和软件业	4442	7976	1.06
批发和零售业	686498	1656855	339.30
住宿和餐饮业	77290	312856	41.84
金融业	5	13	
房地产业	2854	8499	1.00
租赁和商务服务业	9889	22315	7.00
科学研究、技术服务和地质勘查业	800	4983	0.37
水利、环境和公共设施管理业	70	221	0.07
居民服务和其他服务业	89533	272438	34.00
教育	69	168	0.03
卫生、社会保障和社会福利业	1267	3214	0.89
文化、体育和娱乐业	6891	17748	5.79
其他	16	114	0.01

注：本表所列行业根据《国民经济行业分类》（GB / T4754-2002）分类。

1-12　外资企业工商登记注册情况

（2012 年）

项　目	年末企业数（个）	注册资本（亿美元）	投资总额（亿美元）
总　计	**23381**	**804.43**	**1457.44**
农、林、牧、渔业	**643**	**18.14**	**31.41**
农业	430	9.86	16.66
林业	49	2.59	4.74
畜牧业	50	2.44	3.95
渔业	70	1.37	2.21
农、林、牧、渔服务业	44	1.88	3.86
采矿业	**40**	**1.45**	**2.77**
煤炭开采和洗选业	1	0.09	0.09
石油和天然气开采业	1	0.30	0.60
黑色金属矿采选业	2		0.01
有色金属矿采选业	7	0.17	0.62
非金属矿采选业	27	0.65	1.15
其他采矿业	2	0.25	0.31
制造业	**12872**	**518.87**	**946.27**
农副食品加工业	465	16.21	27.08
食品制造业	317	9.29	16.53
饮料制造业	145	6.58	14.10
纺织业	644	36.55	56.47
纺织服装、鞋、帽制造业	3035	76.83	108.59
皮革、毛皮、羽毛（绒）及其制品业	502	11.39	19.84
木材加工及木、竹、藤、棕、草制品业	297	5.26	10.25
家具制造业	233	5.80	10.41
造纸及纸制品业	266	13.35	26.58
印刷业和记录媒介的复制	108	2.36	3.40
文教体育用品制造业	416	10.32	17.43

1-12 续表 1　　　　　　（2012 年）

项　目	年末企业数（个）	注册资本（亿美元）	投资总额（亿美元）
石油加工、炼焦及核燃料加工业	29	27.14	76.26
化学原料及化学制品制造业	454	22.39	37.46
医药制造业	80	4.34	7.82
化学纤维制造业	59	11.66	17.98
橡胶制品业	128	9.39	23.10
塑料制品业	599	18.09	33.22
非金属矿物制品业	737	31.47	58.56
黑色金属冶炼及压延加工业	41	11.40	18.30
有色金属冶炼及压延加工业	55	8.75	20.35
金属制品业	512	21.12	42.74
通用设备制造业	373	13.43	26.28
专用设备制造业	482	14.15	26.58
交通运输设备制造业	387	25.47	47.56
电气机械及器材制造业	566	30.94	59.39
通信设备、计算机及其他电子设备制造业	729	49.49	97.35
仪器仪表及文化、办公用机械制造业	333	8.21	15.35
工艺品及其他制造业	853	16.53	25.38
废弃资源和废旧材料回收加工业	27	0.96	1.90
电力、燃气及水的生产和供应业	**201**	**19.94**	**60.69**
电力、热力的生产和供应业	109	14.51	51.31
燃气生产和供应业	66	3.45	5.89
水的生产和供应业	26	1.97	3.49
建筑业	**197**	**6.36**	**12.17**
房屋和土木工程建筑业	53	3.85	7.72
建筑安装业	18	0.17	0.17
建筑装饰业	98	0.85	0.96

1-12 续表 2 （2012 年）

项　目	年末企业数（个）	注册资本（亿美元）	投资总额（亿美元）
其他建筑业	28	1.49	3.32
交通运输、仓储和邮政业	**559**	**24.06**	**45.06**
铁路运输业	1		
道路运输业	45	1.70	3.36
城市公共交通业	4	0.46	0.91
水上运输业	80	12.32	21.97
航空运输业	26	0.30	0.30
装卸搬运和其他运输服务业	289	3.65	6.80
仓储业	103	5.50	11.44
邮政业	11	0.13	0.27
信息传输、计算机服务和软件业	**847**	**12.80**	**22.11**
电信和其他信息传输服务业	340	0.06	0.12
计算机服务业	93	6.34	13.32
软件业	414	6.40	8.66
批发和零售业	**4014**	**40.19**	**59.77**
批发业	2491	35.18	51.57
零售业	1523	5.01	8.21
住宿和餐饮业	**748**	**9.15**	**14.87**
住宿业	98	6.41	10.39
餐饮业	650	2.74	4.48
金融业	**220**	**12.47**	**13.23**
银行业	47	1.17	1.17
证券业	21	5.28	5.54
保险业	134		
其他金融活动	18	6.02	6.52

1-12 续表 3 （2012 年）

项　目	年末企业数（个）	注册资本（亿美元）	投资总额（亿美元）
房地产业	**1139**	**94.69**	**169.63**
房地产业	1139	94.69	169.63
租赁和商务服务业	**1278**	**25.59**	**40.34**
租赁业	32	2.84	4.48
商务服务业	1246	22.75	35.86
科学研究、技术服务和地质勘查业	**267**	**7.09**	**10.96**
研究与试验发展	86	2.94	4.71
专业技术服务业	116	2.28	3.39
科技交流和推广服务业	63	1.55	2.15
地质勘查业	2	0.32	0.71
水利、环境和公共设施管理业	**68**	**5.51**	**11.51**
水利管理业	5	0.73	1.01
环境管理业	24	1.88	3.87
公共设施管理业	39	2.90	6.64
居民服务和其他服务业	**217**	**4.78**	**10.33**
居民服务业	139	1.32	1.98
其他服务业	78	3.46	8.35
教育	**2**	**0.01**	**0.02**
教育	2	0.01	0.02
卫生、社会保障和社会福利业	**3**	**0.59**	**1.67**
卫生	3	0.59	1.67
文化、体育和娱乐业	**66**	**2.73**	**4.64**
广播、电视、电影和音像业	1	0.01	0.01
文化艺术业	7	0.02	0.03
体育	26	2.35	4.13
娱乐业	32	0.35	0.48

注：本表所列行业根据《国民经济行业分类》（GB / T4754-2002）分类。

行业概况

2-1　2012年福建省经济金融运行分析报告

一、宏观经济环境分析

2012年，世界经济复苏势头减弱，不确定因素增多。发达经济体面临债务危机的严峻考验，经济复苏乏力；新兴经济体受外需持续疲弱和内部结构性问题双重困扰，一度强劲的增长势头也已明显放缓。我国经济延续了2011年以来回落的势头，2012年四季度开始企稳回升。全年主要经济指标基本达到预期，经济结构调整有所进展。固定资产投资增长较快，市场销售保持平稳，对外贸易增速放缓。

（一）全球经济复苏乏力，物价涨幅回落，货币政策适时调整，金融市场起伏明显

2012年，主要发达经济体经济低迷，就业市场改善缓慢，物价涨幅回落。美国经济温和复苏，GDP增速缓中趋稳，失业率有所下降，但仍处于高位；欧债危机反复震荡给欧元区经济带来较大负面影响，欧元区陷入经济收缩的困境，失业率创下1999年欧元区成立以来的新高；日本经济负增长，生产、贸易和消费均出现下滑，物价持续低迷；英国经济复苏乏力，生产下滑，失业率小幅下降。针对持续低迷的经济，主要发达经济体加码量化宽松货币政策，欧央行还在年中降息。

新兴经济体受外需持续疲弱和内部结构性问题双重困扰，经济增长落后于预期。金砖四国、韩国以及台湾和香港地区经济增速均有不同程度放缓。除俄罗斯央行加息外，各国央行均通过降息或者降低准备金率等措施刺激经济增长。

受主要经济体经济形势影响，美元指数总体小幅走低，2012年末较2011年末微降0.6%；主要货币短期利率明显下降，除日元短期利率基本持平外，美元、欧元和英镑短期利率较年初均明显下降；主要股指大幅上涨，其中德国、日本和香港股市涨幅最大；黄金价格有所上涨，年末COMEX（纽约商品交易所）黄金期货价格收于1674.8美元/盎司，较上年末上升7.0%。原油价格高位回落，年末NYMEX（纽约商业交易所）原油期货价格收于91.82美元/桶，较2011年末下降7.1%。

（二）我国经济缓中企稳，通胀压力缓解，稳健货币政策效果显现

2012年，我国GDP同比增长7.8%，高于年初设定的目标。分季来看，前三季度GDP增速逐季回落，分别增长8.1%、7.6%和7.4%，四季度企稳回升迹象明显，增长7.9%。同时，先行指标中用电量增速和PMI综合指数（制造业采购经理指数）在四季度均有所回暖，显示经济温和回升势头基本确立。

内需增长较快，对外贸易增速放缓。2012年，全国各地投资积极性高，投资动力较为强劲。全年全国固定资产投资（不含农户）增长20.6%，增速比上年回落3.4个百分点。市场销售平稳增长。全年社会消费品零售总额增长14.3%，增速较上年回落2.8个百分点。外需持续疲软，全年进出口总额增长6.2%，增速比上年回落16.3个百分点，其中出口增长7.9%，进口增长4.3%。进出口相抵，顺差2311亿美元。

通胀压力得到较大缓解，房屋销售价格稳中有升。2012年，全国居民消费价格（CPI）上涨2.6%，涨幅比上年回落2.8个百分点。分类别看，食品类、烟酒及用品类、衣着是拉动物价上涨的主要因素。全年工业生产者购进价格下降1.8%，工业生产者出厂价格上涨1.7%。房地产价格稳中有升，12月70个大中城市新建商品住宅价格同比下降的有26个，持平的有4个，上涨的有40个。股票价格小幅上升，年末上证综指和深成指分别收于2269.13点和9116.48点，分别较上年末上涨3.2%和2.2%。

2012年，人民银行继续实施稳健的货币政策，

根据形势变化适时适度进行预调微调，并综合运用多种货币政策工具，引导货币信贷平稳适度增长。全年两次降准和降息，并扩大了金融机构利率自主定价空间。

2012年末，广义货币（M_2）增长13.8%，比上年末高0.2个百分点；狭义货币（M_1）增长6.5%，比上年末低1.4个百分点。全年社会融资规模[1]为15.76万亿元，比上年多2.93万亿元。其中，人民币贷款增加8.20万亿元，比上年多增7320亿元；外币贷款折合人民币增加9163亿元，比上年多增3451亿元；委托贷款增加1.28万亿元，比上年少增125亿元；信托贷款增加1.29万亿元，比上年多增1.09万亿元；未贴现的银行承兑汇票增加1.05万亿元，比上年多增227亿元；企业债券净融资2.25万亿元，比上年多8840亿元；非金融企业境内股票融资2508亿元，比上年少1869亿元。

二、福建经济比较分析

2012年，福建“五大战役”和“三维”项目对接等工作持续推进，金融、财税等方面扶持实体经济力度不断加大，经济增速虽有所回落但仍处较高水平，多数经济指标优于全国。

（一）经济增长企稳回升，工业对经济的贡献率维持高位

2012年，福建经济增长总体有所放缓，但增速高于全国，呈现企稳回升势头。据初步统计，全年全省GDP19701.8亿元，比上年增长11.4%，增幅虽比上年回落0.8个百分点，但高于年初预期目标0.4个百分点。与全国平均水平相比，福建GDP增幅高出3.6个百分点。

第一产业平稳增长，粮食生产基本稳定。2012年，福建一产增加值增长4.2%，增速与上年持平，低于全国平均水平0.3个百分点。全年农业总体呈现良好发展态势，粮食生产基本稳定，水产品产量持续增长，造林绿化任务超额完成。

第二产业探底回升，工业生产稳中有进。2012年，福建第二产业增长14.6%，增速比上年回落1.8个百分点，高于全国平均水平6.5个百分点。规模以上工业增加值增长15.2%，增速较上半年回升0.6个百分点，在全国工业增速持续下滑的背景下保持相对较快增长。但受需求放缓影响，工业品内外销增速比上年均有所下滑，其中出口交货值仅增长11.2%，回落9.7个百分点。全年工业对GDP的贡献率为56.2%，比上年下降3.8个百分点。

第三产业保持增长，房地产业增速明显加快。2012年，福建省第三产业增长8.5%，增速较上年回落0.1个百分点，高于全国0.4个百分点。分行业看，运输邮电仓储业增加值增长7.9%，增速回落0.6个百分点；批发零售业增长7.5%，回落2.0个百分点；金融业增长9.1%，加快0.5个百分点。而房地产业增加值增长14.0%，为第三产业主要子行业中唯一实现两位数增长的子行业，较上年加快7.4个百分点，成为推动第三产业增速加快的主要动力。

（二）内需支撑作用明显，外需未见企稳迹象

2012年，三大需求中内需尤其投资成为经济增长的主要支撑，外贸持续低迷。

固定资产投资保持较快增长，国有企业投资增速明显加快。2012年，福建省固定资产投资（不含农户）增长25.9%，高于全国平均水平5.3个百分点，但较上半年略有回落，较上年回落1.2个百分点。其中，国有经济投资增长30.9%，比上年加快18.8个百分点；占固定资产投资的比重达38.7%，较上年提高6.6个百分点。

消费保持平稳增长，城乡消费增幅差距缩小。2012年，全省社会消费品零售总额增长15.9%，虽较上年回落2.3个百分点，但高于全国平均水平1.6个百分点。其中，城镇市场增幅与乡村市场增幅的差距，由上年的4.9个百分点缩小至1.4个百分点。

对外贸易持续低迷，受国际经济缓慢复苏的影响显著。2012年，全省进出口总额增长8.6%，增

[1] 社会融资规模是一定时期内实体经济从金融体系获得的全部资金总额，包括本外币贷款、委托贷款、信托贷款、银行承兑汇票、企业债券、非金融企业股票、保险公司赔偿、产业基金投资等。

幅较上年回落 23.4 个百分点。其中，出口增长 5.4%，进口增长 14.6%。进出口差额 397.5 亿美元，比上年减少 24.1 亿美元。受国际经济形势影响，福建对五大传统市场出口疲软，仅增长 4.4%，其中对美国、欧盟、日本均呈现负增长态势，对新兴市场出口增幅比上半年回落 2.9 个百分点。

（三）价格走势与经济走势基本一致，房价重现上涨态势

2012 年，全省 CPI 上涨 2.4%，比上年回落 3.0 个百分点，较全国低 0.2 个百分点。但年末 CPI 涨幅有所扩大，外部输入因素和国内成本推动因素对物价的影响不容忽视。从结构上看，食品和衣着类价格上涨仍是拉动 CPI 上涨的最重要因素，三季度以来居住类价格上涨对 CPI 的影响有所增强。

工业生产资料价格总体下降，农资价格持续下行。2012 年，工业生产者出厂价格下降 1.3%，而 2011 年上涨 4.6%；工业生产者购进价格下降 2.3%，而 2011 年上涨 9.4%。全年农业生产资料价格上涨 3.3%，其中上半年涨幅快速回落，下半年持续下行，并出现下降，但年末小幅上涨。

中心城市房价先抑后扬，销售回暖对房价影响明显。2012 年，全省三大中心城市房价由涨转跌，但下半年在市场回暖影响下降幅收窄，并出现上涨势头。2012 年 12 月，福州、厦门新建商品住房价格指数同比分别上涨 1.4%和 0.7%，泉州同比则下降 0.9%，但降幅较 11 月收窄 0.1 个百分点。

（四）工业经济效益低位徘徊，居民收入与经济实现同步增长

2012 年，全省地方财政收入增长 18.3%，较上年下降 12.1 个百分点；财政支出增长 18.3%，下降 11.4 个百分点，教育、文化体育与传媒、环境保护、城乡社区事务等方面支出增长较快。

工业经济效益有所改善，利润增幅低位徘徊。2012 年，全省规模以上工业经济效益综合指数比上年提高 8.4 个点；实现利润增长 9.7%，增幅比上年下降 14.9 个百分点，但仍比全国平均水平高 4.4 个百分点。

居民收入与经济增长同步提升。2012 年，全省城镇居民人均可支配收入扣除价格因素实际增长 10.0%，比上年提高 1.3 个百分点；农民人均现金收入扣除价格因素实际增长 10.8%，比上年提高 1.5 个百分点。

三、福建金融比较分析

2012 年，在稳健货币政策的大环境下，福建金融运行总体平稳，存贷款等主要指标增长基本呈先抑后扬态势，与全国的走势大体一致，但保持上年高于全国平均水平的势头。

（一）银行存款增加较多，下半年增量显著扩大

2012 年，存贷比的持续上升和“以存定贷”考核压力的不断加大，促使全省银行业金融机构不断加大存款营销力度，多形式筹措资金，存款增量比上年显著扩大。年末，全省本外币存款余额比年初增长 16.2%，增速较上年末上升 1.2 个百分点。全年全省新增存款 3486.6 亿元，比上年多增 662.1 亿元。

从来源结构看，个人存款占比上升，单位存款、财政存款及其他存款占比下降。全年全省中资机构个人存款增加 1686.4 亿元，比上年多增 695.60 亿元，个人存款增量占比为 49.3%，比上年上升 13.6 个百分点。单位存款增加 1767.0 亿元，比上年多增 315.8 亿元，单位存款增量占比由上年的 52.4%下降至 51.7%。财政存款受财政收入增长乏力、财政支出增长较快的影响而出现负增长，全年全省财政存款减少 91.0 亿元。其他存款增加 55.9 亿元，比上年少增 147.3 亿元，占各项存款增量的比重为 1.6%，比上年下降 5.7 个百分点。

从期限结构看，单位定期存款占比大幅下降，存款活期化倾向增强。2012 年，全省中资机构单位定期存款增加 825.4 亿元，占比由上年的 45.5%下降至 26.5%。与单位定期存款占比大幅下降形成反差的是，单位活期存款增加 603.1 亿元，占比上升 9.1 个百分点；个人非定期存款增加 986.5 亿元，占比上升 6.6 个百分点。活期尤其单位活期存款多增主要是年末临时流入银行的资金增加较多所致。

（二）银行贷款保持较快增长，结构进一步优化

2012年，全省金融机构认真贯彻稳健的货币政策，多渠道增加对实体经济的信贷投放，金融支持福建经济社会发展保持较大力度。年末，全省金融机构本外币贷款余额比年初增长18.2%，增速较上年末回落1.1个百分点。全年全省本外币贷款新增3435.6亿元，比上年多增540.5亿元。分季度看，四个季度贷款增量占比分别为31.2%、25.3%、20.4%、23.1%，季度投放较为均衡。

新增贷款继续向生产流通领域倾斜。2012年，全省公司类贷款主要投向制造业、批发零售业和基础设施，全年上述三项合计占公司类贷款增量的79.2%，比上年下降约9个百分点。此外，房地产业贷款比上年多增明显，占比较上年上升2.1个百分点。

小微型企业贷款实现“两个不低于”。2012年，福建省境内人民币企业贷款共增加1517.3亿元，其中小微企业贷款增加745.7亿元，比上年多增54亿元，占企业贷款增量的比重比上年提高6.4个百分点。年末全省小微企业贷款余额增长18.6%，增速比人民币各项贷款高1.8个百分点，比大型企业和中型企业分别高13.1个百分点和6.0个百分点。

中长期贷款少增，短贷和票据融资多增。2012年，中资机构中长期贷款增加1252.1亿元，比上年少增213.2亿元，占全部贷款增量的比重较上年下降14.6个百分点；短期贷款增加1862.2亿元，比上年多增539亿元，增量占比则上升8.1个百分点；票据融资增加223.3亿元，比上年多增163.3亿元，增量占比上升4.4个百分点。

（三）资金价格总体下行，银行业利润增速下降

2012年，在央行降息及扩大存贷款利率浮动区间、下调存款准备金率，以及央行公开市场逆回购释放流动性等货币政策工具的综合作用下，全省本外币贷款利率总体下行，基准利率及下浮利率贷款占比有所提高，上浮利率贷款占比下降，个人住房贷款利率回落，票据融资利率、货币市场利率下降明显。银行业利差空间有所收窄，利润增速下降。

（四）金融市场活跃度提高，银行间市场发债融资成倍增长

2012年，福建省银行间市场同业拆借、债券回购、现券交易三项成交总额增长37.4%。全年银行间拆借市场净拆出资金3043.11亿元，比上年多拆出2217.71亿元；银行间债券市场净融入资金1.75万亿元，比上年多融入1.49万亿元。企业债务融资工具发行数量和规模均实现倍增，全年共有37个企业在银行间债券市场发债66期，融资459.4亿元，是上年发行期数的2.1倍和融资额的2.5倍，全省首支区域集优中小企业集合票据成功发行上市。

人民币跨境结算业务快速推进。2012年，全省共办理各类跨境人民币业务1064.85亿元，比上年增长101.9%。其中，跨境贸易人民币结算额812.06亿元，增长92.3%，占同期海关进出口总额的8.2%；资本项下人民币结算额207.89亿元，增长167.0%。跨境人民币资金实收实付比为1.3∶1，优于上年的1∶1.7，收付平衡状况显著改善。

福建企业境内外融资总量大幅缩减。据初步统计，2012年福建企业通过发行股票募集资金76.57亿元，比上年减少147.43亿元。

保险市场保持较快增长。2012年，福建保险业实现保费收入比上年增长10.5%，高于全国平均水平2.5个百分点；各项赔款与给付累计支出比上年增长20.9%。

四、热点关注

相关机构研究认为，2013年全球经济增速将较上年有所回升，世界贸易增速也将较上年略有加快，新兴及发展中经济体物价上涨压力仍然较大。同时，中国经济运行将保持平稳，增速略高于上年，增长将更加注重质量和效益。在国内外经济增长回升的大环境下，福建经济仍有望保持较快增势，但经济增长内生动力不足、物价上涨压力依然较大、信贷供需矛盾较为突出、金融运行风险隐患增大等问题值得关注，需采取措施积极应对。

（一）经济增长内生动力不足

虽然2012年福建经济企稳回升态势明显，多项指标优于全国，但不容忽视的是，2013年福建增长动力存在三个方面的问题：一是投资增长面临困难。2012年福建投资增长主要依赖政府投资推动，但2013年政府投资带动效应可能减弱，而民间投资增速下滑趋势一时难以扭转。二是出口形势较为严峻。目前外需总体仍然疲软，反映国际贸易走势的先行指标——波罗的海干散货指数在2013年1月4日仅706点，较2012年初（1600多点）大幅下降900多点。三是企业效益下滑影响后续经营。2012年，全省企业利润增速放缓，企业两项资金占用比重[2]有所提高，部分行业和领域风险加剧。

针对当前经济增长存在的内生动力不足问题，金融政策引导显得尤为重要。作为金融监管部门，应积极落实相关监管优惠政策，提高行政审批和服务效率，适当放宽对企业尤其小微企业贷款不良率的容忍度。作为银行业机构也应积极拓展作为空间，一要切实履行社会责任，主动对项目贷款和企业贷款进行让利，杜绝不合理贷款条件和不合理收费，努力降低项目和企业的融资成本；二要充分发挥网点多、客户多、信息资源丰富等优势，为企业拓展上下游客户，为项目提供资金结算、承销债券等优质服务；三要按照风险可控、商业可持续原则，开展企业尤其中小企业进出口信贷业务，大力支持符合国家经济结构调整方向的货物、技术和服务的出口，提升服务水平；四要稳定企业现金流，做好基本面较好企业到期贷款的续贷工作，对一时陷入困境的企业则区分不同情况，不盲目收贷。

（二）物价上涨压力依然较大

2012年以来，福建乃至全国物价形势相对平稳，CPI温和上涨。然而，近期农产品特别蔬菜价格出现快速上涨，主要生产资料价格也止跌回升，物价上涨压力陡然增大。虽然对当前物价回升属短暂的季节性现象还是趋势性变化尚难以准确判断，未来物价进一步上涨的因素正在累积却毋庸置疑。一是随着我国“刘易斯拐点”[3]的迫近，国内可供转移的农村剩余劳动力不断减少，用工矛盾持续导致企业劳动力成本走高，将助推全社会价格水平上涨。二是土地、能源等不可贸易品价格存在趋势性上涨“刚性”，且随着经济企稳回升，这些不可贸易品价格涨幅可能加大。三是主要发达经济体货币政策宽松程度在加码，溢出效应可能会增强。美联储推出第四轮量化宽松货币政策（QE4），欧洲央行针对二级国债市场进行无限量冲销式的国债购买（OMT），日本央行最近也加大货币政策量化宽松的程度。下一步全球流动性可能偏多，会造成大宗商品价格持续上升以及资本向新兴市场经济体流入，新兴市场经济体可能重新面临通货膨胀压力和资产价格泡沫。四是国内流动性充足。2012年末，M_2余额97.42万亿元，M_2余额占GDP的比重达187.6%，明显高于同期世界主要国家水平，引发物价上涨的货币因素仍然存在。五是房地产市场的回暖可能继续推升房价，进而在一定程度上带动租房需求，房租上涨压力将加大。

鉴于物价上涨压力仍然存在，地方政府应密切关注全社会商品特别是农产品价格变化，加大农业各项投入，确保农业生产稳定增长和农产品供应充足；引导企业加快自主创新和技术改造步伐，通过技术进步化解劳动力成本上升带来的产品涨价压力；继续坚持房地产市场调控，稳定房屋价格总水平。金融调控监管部门应实施好稳健的货币政策，适时适度进行预调微调，保持贷款适度增长；同时还应强化跨境资金流动监管，采取有效措施应对热钱流入。金融机构应积极贯彻落实国务院支持农业产业化龙头企业发展的实施意见，持续加大信贷投入，大力满足农业产业化龙头企业发展的资金需求；关注信贷资金流向，防止信贷资金由实体经济流入房地产等非实体经济领域。

（三）信贷供需矛盾较为突出

从总量看，一方面，持续高企的存贷比对贷款

[2] 系工业企业产成品库存和应收账款净额占企业流动资金平均余额的比重，是反映企业资金运营管理水平和财务风险状况的重要监测指标。

[3] 由美国经济学家刘易斯提出，是指劳动力由过剩向短缺转变的转折点。

投放形成较大制约；另一方面，经济增长持续快于全国带来对资金的更大需求。近年来福建存款增速基本低于贷款增速，导致存贷比持续走高。2012年末，福建本外币余额存贷比89.5%(居全国第3位)，高于全国18.1个百分点。全年有7个月存贷比超过90%。从结构看，一方面，产业政策和信贷政策鼓励投放的领域信贷需求出现回落，突出表现在制造业和中小企业领域。据全省银行家问卷调查显示，四季度仅36%的银行家认为制造业贷款需求出现增长，较一季度降低36.1个百分点，相比之下，非制造业贷款需求回落较少，四季度较一季度仅降低9.9个百分点；同时中、小型企业贷款需求分别比一季度降低24.4个百分点和24.3个百分点，相比之下，大型企业贷款需求回落较少，四季度比一季度降低15.3个百分点。另一方面，地方政府融资平台和房地产企业对贷款需求较旺盛，但受制于国家宏观调控和信贷政策导向，金融机构对于这些领域的信贷介入更为审慎。从期限结构方面看，中长期贷款需求减弱与短期贷款需求旺盛存在矛盾，也反映实体经济与基础设施项目之间需求的不均衡性。

针对信贷供需的总量矛盾，建议地方政府转变观念，对实体经济的融资引导应更加注重直接融资渠道；针对长期以来福建大量民间资金流向省外境外的状况，应采取有效措施引导民间资金回流省内实体经济领域。针对信贷供需的结构性矛盾，建议地方政府一方面采取财税优惠、担保增信等措施，助力企业化解资金难题，另一方面引导大项目和大企业更多通过债券、信托等渠道满足资金需要。金融监管部门应着力优化信贷资源配置，加大存量信贷资产的结构调整力度，引导金融机构盘活用好存量贷款。鉴于2009、2010年投放的中长期贷款将陆续到期，若充分盘活这部分信贷存量，则其作为可用资金同样可支持当地经济发展。金融机构应加大对“三农”和小微企业的信贷支持力度，扩大对战略性新兴产业、文化传媒、现代服务业、先进制造业、民生等的金融支持。

（四）金融运行风险隐患增大

从目前情况看，未来一段时期全省金融运行风险仍然较大：一是企业资金紧张程度虽较前期有所缓解但仍不容乐观；二是地方政府税收收入增长减缓和土地出让收入减少，而融资平台贷款进入新的偿债高峰期，部分平台资金流较为紧张，流动性风险加大；三是光伏、航运等行业系统性风险犹存，钢贸领域则更为明显。下一阶段，受钢贸企业信贷集中到期、省外银行采取司法手段保全债权、风险通过担保链扩散等因素影响，钢贸领域信贷风险可能进一步加剧。

面对不断抬头的风险隐患，金融监管部门亟需加强风险监测，防范重点领域风险。要引导金融机构开展各类金融风险排查，强化对钢贸、光伏、融资平台、房地产等重点领域贷款风险的防控工作，筑实民间借贷、非法集资等与银行业之间的“防火墙”，严防非银行体系风险向银行体系传导。同时，金融机构要提高内部管理水平，科学把握风险管理的客观规律，及时调整完善企业信用评价模型、授信标准、客户甄别技术，前移风险防范关口；及早有效化解风险，对出现风险的企业区别对待：对能通过续贷、追加贷款救活的企业，则及时予以续贷，防止因盲目压贷造成企业资金链断裂而引发连锁反应，并产生新的风险；对资金链条复杂的企业则采取系统性化险举措，避免单个企业风险演变为局部风险甚至系统性风险。

（执　笔：杨长岩　李春玉　宋科进
宋　将　余　静　刘闽浙）

2-1-1　福建省金融机构本外币各项存款和贷款余额

（2008-2012 年）　　单位：亿元

项　目	2008	2009	2010	2011	2012
各项存款	**12172.08**	**15095.13**	**18753.23**	**21571.60**	**25057.75**
#单位存款	**3663.69**	**4834.55**	**5335.54**	**10805.52**	**12647.76**
#活期存款	2534.81	3344.19	3657.34	5235.68	5739.76
定期存款	1128.87	1490.36	1678.20	2109.47	2521.70
个人存款	**6010.09**	**7245.92**	**8258.16**	**9287.23**	**10974.23**
各项贷款	**9891.69**	**12905.84**	**15920.84**	**18982.82**	**22427.46**
境内贷款	**9891.69**	**12905.84**	**15920.84**	**18854.75**	**22223.33**
#短期贷款	3972.25	5360.45	6720.44	8314.79	10237.02
中长期贷款	5294.47	6815.19	8638.27	10173.24	11424.77
境外贷款				**128.08**	**204.13**

注：2011 年始，单位存款和个人存款的数据均包括保证金存款。

2-1-2　福建省金融机构人民币各项存款和贷款余额

（2008-2012 年）　　单位：亿元

项　目	2008	2009	2010	2011	2012
各项存款	**11804.40**	**14702.34**	**18309.45**	**21055.49**	**24283.68**
#单位存款	3494.62	4659.67	5124.36	10447.07	12026.83
个人存款	5861.17	7078.81	8101.02	9137.03	10827.27
各项贷款	**9585.92**	**12360.32**	**15231.36**	**18165.19**	**21209.82**
境内贷款	**9585.92**	**12360.32**	**15231.36**	**18107.56**	**21145.72**
#短期贷款	3895.16	5215.58	6594.50	7836.03	9451.96
中长期贷款	5146.37	6625.531	8372.64	9906.51	11133.74
票据融资	541.08	515.12	256.22	359.97	525.77
境外贷款				**57.63**	**64.10**

注：2011 年始，单位存款和个人存款的数据均包括保证金存款。

2-1-3 福建省金融机构现金投放回笼情况

（2002-2012 年） 单位：亿元

年份	投放（+）回笼（-）	年份	投放（+）回笼（-）
2002	45.68	2008	10.60
2003	322.61	2009	7.01
2004	34.05	2010	80.44
2005	63.17	2011	45.73
2006	81.56	2012	-1.80
2007	64.27		

2-1-4 福建省金融机构存、贷款余额占全国比重

（2002-2012 年） 单位：%

年份	存款比重	贷款比重	年份	存款比重	贷款比重
2002	2.58	2.36	2008	2.54	3.08
2003	2.58	2.47	2009	2.47	3.03
2004	2.55	2.52	2010	2.56	3.13
2005	2.55	2.62	2011	2.61	3.26
2006	2.66	2.85	2012	2.66	3.33
2007	2.59	3.07			

2-1-5 福建省各金融机构人民币存款余额

（2008-2012 年） 单位：亿元

名 称	2008	2009	2010	2011	2012
中国人民银行	323.90	442.16	624.13	652.00	615.62
中国工商银行	1707.09	1977.81	2206.84	2490.38	2790.76
中国农业银行	1760.33	2120.93	2569.00	2762.26	3047.63
中国银行	1001.12	1280.41	1583.18	1732.70	1987.26
中国建设银行	2246.09	2835.01	3214.83	3542.11	3979.04
国家开发银行	48.15	57.54	158.92	161.65	219.47
中国进出口银行				0.18	1.87
中国农业发展银行	30.52	150.93	45.77	46.96	83.45
交通银行	269.51	354.01	439.06	530.76	600.56
中信银行	257.41	367.78	525.97	620.60	657.74
中国光大银行	158.30	209.36	281.60	325.47	402.54
华夏银行	63.57	73.95	101.34	129.80	161.12
平安银行					267.11
招商银行	244.60	316.97	455.80	556.91	647.91
上海浦东发展银行		55.91	116.32	230.97	281.88
兴业银行	1084.99	1464.97	1771.61	2044.11	2430.25
中国民生银行	231.74	304.45	397.25	483.75	679.81
恒丰银行			51.72	81.06	66.69
城市商业银行	469.18	685.22	1058.39	1279.52	1208.44
农村合作机构	1128.37	1355.64	1726.06	2144.74	2603.71
村镇银行		1.83	5.68	11.20	18.71
信托投资公司	0.35	0.39	0.37		
中国邮政储蓄银行	549.28	671.50	808.30	957.58	1131.95
中资财务公司		20.08	29.72	39.49	77.38

注：以上金融机构不含外资银行；2012 年平安银行与深圳发展银行合并为平安银行，2012 年之前的数据并入城市商业银行；农村合作机构包括农村商业银行、农村信用社、农村合作银行。

2-1-6 福建省各金融机构人民币贷款余额

（2008-2012 年）

单位：亿元

名 称	2008	2009	2010	2011	2012
中国工商银行	1461.42	1922.95	2357.10	2712.57	3014.08
中国农业银行	1355.13	1718.92	2052.54	2328.48	2597.83
中国银行	775.95	1067.59	1319.32	1522.43	1754.57
中国建设银行	1742.96	2117.70	2472.00	2802.07	3118.52
国家开发银行	590.17	839.62	1044.87	1309.36	1561.89
中国进出口银行				177.62	264.16
中国农业发展银行	180.04	238.85	289.80	373.70	430.21
交通银行	196.70	281.01	342.64	391.18	445.27
中信银行	247.36	369.55	448.17	506.91	569.94
中国光大银行	206.16	253.84	306.18	368.23	417.95
华夏银行	55.90	62.13	75.98	111.78	137.26
平安银行					251.56
招商银行	242.30	324.12	414.28	485.05	585.97
上海浦东发展银行		53.11	82.10	165.63	247.08
兴业银行	1051.73	1205.81	1422.14	1765.08	2261.36
中国民生银行	197.77	285.94	420.95	461.27	533.12
恒丰银行			28.16	41.45	33.18
城市商业银行	343.40	458.51	602.64	726.26	617.27
农村合作机构	769.72	938.16	1172.92	1410.48	1696.63
村镇银行		1.23	8.81	15.59	25.89
信托投资公司	3.52	4.82	4.40	4.75	5.49
中国邮政储蓄银行	9.80	48.68	120.02	189.55	303.18
中资财务公司		13.24	21.80	26.42	54.99

注：以上金融机构不含外资银行；2012 年平安银行与深圳发展银行合并为平安银行，2012 年之前的数据并入城市商业银行；农村合作机构包括农村商业银行、农村信用社、农村合作银行。

2-1-7 福建省部分银行发展概况

中国人民银行福州中心支行

2012年，中国人民银行福州中心支行完善差别存款准备金动态调整机制，全年地方法人金融机构适度新增贷款使用率高达99.6%，实际新增贷款同比多增43.04亿元；发挥存款准备金工具的流动性调节功效，引导资金回流县域；改进中小企业集合发债的债券融资模式，开辟中小企业直接融资新渠道。制定出台《关于加强和改进金融服务促进福建省实体经济发展的指导意见》、《关于落实小微企业金融支持政策的举措》、《提升金融服务促进中小企业发展》、《进一步做好实体经济发展金融服务的意见和要求》等一系列金融政策，引导金融业服务实体经济发展。参与规划制定《关于在泉州设立国家金融服务实体经济综合改革试验区的总体方案》，方案获国务院批准实施，泉州成为继温州、珠江三角洲后第三个国家级金融综合改革试验区。增强货币政策与信贷政策的联动性，支持金融机构加大对重点在建续建项目、“三农”、中小微企业、民生保障、外经贸、海洋经济和战略性新兴产业等领域的信贷投放力度。

一、服务实体经济发展

采取“先调查、后对接、再跟踪”的创新形式，会同福建省发展改革委召开51个重点项目银企资金对接会，全年银行业金融机构对省级重点项目发放贷款新增458.39亿元，比上年增长58.9%，年末在建省级重点项目贷款余额1109.69亿元，比年初增加239.57亿元。牵头主办第十届“6·18”海峡项目成果交易会金融服务馆展览会，有8个融资机构与20个企业和单位达成22项战略合作意向或贷款协议，总授信额139.95亿元，主要用于支持工业重点企业、中小企业以及科技环保企业发展。推动全省首家科技专业支行落户福建海峡银行，为科技型中小企业提供专业金融服务，促成财政部门集中部分资金开展科技型企业知识产权质押贷款贴息试点，全年有11个金融机构向33个企业发放专利权质押贷款，累计授信额度7.39亿元；制定《关于进一步推动金融支持福建省文化产业发展的实施意见》，细化文化产业金融服务措施，年末全省文化产业贷款余额168.13亿元，增长35.8%，高于全省平均贷款增速17.6个百分点；提出完善外经贸发展金融政策支持体系十五条措施，年末各项贸易融资余额同比多增223.77亿元；推进福建海洋经济发展试点省份建设，牵头编制《涉海金融服务业发展实施计划》，年末全省海域使用权抵押贷款、在建船舶抵押贷款、渔船抵押贷款、沿海沿江资产抵押贷款余额，分别达69.63亿元、10.10亿元、11.87亿元和46.39亿元，全年福建海洋经济总规模保持在全国第5位。创新农村金融服务，确定12个农信社（农商行）开展支农再贷款授信管理新模式试点，引导以抵（质）押担保方式发放支农再贷款，全年对农村合作金融机构累计发放支农再贷款同比增长41.0%，同比多增9.35亿元；继续推动林权抵押增量扩面，年末林权抵押贷款规模居全国第2位，森林保险承保余额同比增长5.3%；联合福建银监局等七部门下发《关于金融支持福建省水利改革的实施意见》，明确水利融资平台“自有现金流”范围，推动银行业金融机构加大对“现金流全覆盖”水利融资平台的信贷支持力度；年末涉农贷款余额同比增长24.0%，增速比本外币各项贷款高5.9个百分点，增量占各项贷款的39.1%，比全国高6.8个百分点。完善中小企业的金融支持体系，推动中小企业区域集优债务融资创新，全省首支区域集优中小企业集合票据成功发行上市；改进金融债券复审和评估方式，促成地方法人金融机构发行小微企业贷款专项金融债券取得零突破；配合福建省政府制定《关于进一步落实扶持小型微型企业发展政策措施的意见》，推动福建省财政厅出资2000万元建立小微企业贷款“风险资金池”，为小微企业贷款提供增信支持；深化中小企业信用体系试验区建设，改善中小企业融资金融生态；全年小微企业贷款增量占企业贷款增量的比重比上年提高6.5个百分点，增量占比较全国高14.5个百分点，居全国第3位。提升民生金融保障，会同福建省农办开展省级财政资金担保的扶贫小额贴息贷款试点，完善促就业小额贷款政策体系，联合福建省妇联等部门，继续推进妇女创业小额贷款“主办行”制度建设，增加中国农业银行作为主办行，指导福建省农村合作金融机构和邮政储蓄银行优先支持符合条件的对象，促成全年20亿元妇女创业小额贷款投放到位，全年累计发放各类促就业小额贷款比上年增长23.6%；督促引导各金融机构严格落实差别化住房信贷政策，加大对保障性住房建设的金融支持力度，改善首套住房金融服务，年末保障性住房开发贷款余额增长32.2%，全年银行业累计发放个人住房贷款增长29.7%，多增204.81亿元。完善跨境业务推进方式，人民币跨境结算业务发展态势良好，全年共办理各类跨境人民币业务比上年增长101.9%，其中贸易项下和资本项下业务占比分别为76.3%和19.5%，优于上年的81.2%和17.5%，跨境业务品种构成趋于均衡；跨境人民币资金实收实付比为1.4∶1，优于上年的1∶1.7，收付平衡状况显著改善。

二、维护金融体系稳定

开展“两管理、两综合（开业管理、营业管理、综合评价、综合执法）”工作，制定下发全省银行业金融机构综合评价办法和综合执法检查办法，理顺新设金融机构开业管理的相关内部操作规程，提高央行管理与服务水平；强化金融业系统性风险监测，做深做实民间融资与非法金融活动、融资性担保业、闽台经济与金融往来等特色项目的定点监测，代福建省政府拟定《关于加强和改进民间融资管理的十条意见》，及时预警提示金融风险，全年省内各级人民银行累计发出金融风险提示133次；推进金融稳定履职新手段，夯实金融机构稳健性现场评估的制度基础，规范开展地方中小银行机构稳健性现场评估，探索证券业、保险业机构现场评估；健全全省金融监管协作机制，建立福建金融监管工作联席会议制度，拓宽金融稳定工作责任书签约范围，深化金融稳定工作责任制；强化金融风险应急管理，出台各类风险事件应急处置措施，规范非银行体系风险的监测、报告及处置行为，成功化解“购物返利”等新型民间融资风险事件；拟定《福建省金融生态县创建考核办法》，科学设置考核指标体系和指标值，年末共有8个县（市、区）开展金融生态县创建试点工作。

三、推动金融服务创新

全面推动省内中小金融机构落实金融统计标准化工作，促成福建海峡银行贷款统计分类标准落地并在全国处于领先水平；受人民银行总行委托，完成全国农信社（农商行、农合行）专项统计制度设计和试点；完善经济金融时序库建设，新收录近200个指标、逾10万个数据；健全经济监测体系，建立中介机构民间融资监测制度。开展第二代现代化支付系统建设，福建成为全国二代支付系统模拟运行试点的四个省份之一。深化农村支付环境建设，年末全省农村地区金融自助终端22.5万台，银行卡助农取款服务点近2.34万个，累计办理取款业务笔数占全国的10%，农村自助服务和助农取款实现“两个100%覆盖”；全省县及县以下地区人均持有银行卡2.8张，银行卡渗透率达25%，均超出人民银行总行设定的发展目标1倍多。制定《福建省银行业金融机构支付系统管理评价办法》，强化对银行机构支付清算纪律现场督查。加快金融IC卡推广应用，全年福建（不含厦门）累计发放金融

IC卡416.39万张，占新增银行卡总数的30.0%，高于全国平均值近1倍；全省所有POS终端和已发放金融IC卡商业银行布放的ATM机均可受理金融IC卡；全省（不含厦门）正式投产或正式签约的金融IC卡行业应用22项，提前超额完成人民银行总行下达的项目建设任务。不断完善征信体系建设，企业和个人征信系统日均查询量分别比上年增长38.9%和12.8%，动产融资登记公示系统登记量居全国第4位，应收账款质押登记公示系统业务量居全国第5位。指导全省有序开展机构信用代码推广应用工作，实现正常户发码全覆盖，并拓展其在反洗钱等业务领域的应用。拓展中小企业和农村信用体系建设，发挥中小企业和农村信用体系试验区建设的示范效应，年末已建信用档案的中小企业近10.06万个，建档中小企业获贷率同比提高2.9个百分点；年末已建信用档案的农户380.39万个，已建档农户累计贷款发生额2573.62亿元，增长20.1%。规范金融机构征信业务监管，出台银行业金融机构征信管理综合评价办法；加强信贷市场和银行间债券市场信用评级监管，提升信用评级行业的公信力。完成全国财税库银横向联网系统在全省税务系统的推广上线，全省电子缴库率居全国第2位；强化国库资金风险管理，建立跨部门的横向联网系统应急处置机制，全省国库经理业务安全高效；设立平潭综合实验区国库，并在全省率先试行非税收入电子缴库新模式；参与“营改增”改革试点，确保“营改增”税款顺利入库；推动国库集中支付改革，实现5类财政直补资金的国库直接支付。在全国率先开发货币金银检查信息系统，完善规章制度执行力建设。精心打造人民币“票亮”工程，提高流通中人民币整洁度，全年共组织投放10元及以下小面额人民币60.27亿元、247077.4万张（枚），分别增长50.7%、32.9%；回收10元及以下小面额残损人民币40.64亿元、95401.2万张（枚），分别增长70.9%、80.9%；组织清分大面额残损人民币775.54亿元、839480千张；大型机械销毁残损人民币862342千张，增长59.0%。建立金融机构涉假投诉机制和假币通报制度，开展金融机构对外误付假币专项治理，福州中心支行被国务院反假货币工作联席会议评为“全国反假货币工作先进集体”。开展反洗钱“政策调研年”和“工作转型年”活动，指导兴业证券开展大额和可疑交易报告综合试点，组织全省实施36个检查项目，发现涉嫌地下钱庄、网络赌博等重点可疑交易线索38条，发出警示性监管意见书46份，全省共审查接收重点可疑交易线索503条，破案40起，主动发布风险提示5份；协助公安机关开展打击经济犯罪“破案会战”，与福州海关签订《反洗钱、缉私工作合作备忘录》，反洗钱调查立项数、案件协查数、“洗钱罪”立案数分别增长28.5%、44.0%、200.0%。

四、拓展闽台金融合作

指导厦门银行与台北富邦银行率先开展业务合作，办理两岸人民币跨境清算、结算等业务，结束了闽台两地人民币绕道第三地代理清算的历史。推动新增中国农业银行、中国建设银行和福建海峡银行成为福建新台币兑换银行，全年新台币兑换量5.8亿元新台币，比上年增长41.1%，约占大陆新台币兑换总量的三分之一。成功争取平潭综合实验区新台币兑换政策，促成外汇总局批准在实验区客货滚装码头和“海峡号”高速客滚轮，设立外币代兑点并开放对境内居民的新台币兑出业务，成为大陆唯一在移动平台上设立、唯一获得居民个人新台币兑出业务许可的代兑点。引导支持中国工商银行在平潭综合实验区设立离岸金融中心和区域业务总部。

2012年，福州中心支行各项工作成效显著，被中国金融工会授予“全国金融五一劳动奖状”，成为全国人民银行系统唯一获此殊荣的单位。

（执笔：王勉）

国家开发银行福建省分行

2012年，国家开发银行福建省分行认真贯彻落实省委、省政府各项工作部署，牢牢把握稳中求进的总基调，坚持“统筹”和“创新”并举，不断扩大融资总量，全力支持福建省科学发展跨越发展，主要经营指标迈上新台阶。全年实现融资总量855.85亿元，其中发放贷款375.63亿元；评审承诺贷款833亿元；截至2012年末，表内外贷款余额2000.66亿元，其中表内贷款余额1412.42亿元；连续41个季度实现本息回收率百分百，不良贷款率0.12%。

一、融资总量创历年新高，确保福建省重大重点项目资金链不断裂

通过统筹表内外资源、开展债券承销、创新金融服务等方式，多渠道打通项目建设资金瓶颈。全年争取总行新增规模197.54亿元，发放的贷款93%以上为中长期贷款，75%以上投向高速公路、铁路、电力、石油石化、城市基础设施等“两基一支”重点建设领域。积极拓宽客户融资渠道，全年共发行6支债券，实现债券承销到位资金109亿元，特别是福建省高速公路公司80亿元中票创造了省内多个之最。全面推开多种融资工具，通过银团贷款、信托、企业理财、融资租赁、夹层投资、保险资金债权投资计划等业务，共引导社会资金371.22亿元投向福建省重点建设项目。

二、密切配合稳增长政策，推进开发性金融合作与重点项目开发评审

深化银政企合作，全年累计与各类客户签署19份合作协议，金额合计5350亿元，为政府与市场之间连接起桥梁和纽带。评审承诺新一批高速公路、铁路、电力等交通、能源类，石油化工、船舶、文化等产业类，水利、保障性住房、中小企业、新农村建设等民生类项目贷款833亿元；特别是总分行联动评审承诺平潭项目贷款228.9亿元，开创了支持园区开发建设的“平潭模式”。促进规划开发一体化，围绕平潭综合实验区、漳州台商投资区、文化、石化等重点区域、重点行业，全年累计完成19篇规划报告，以规划先行推动重点项目开发储备。

三、发挥综合经营优势，提升综合金融服务水平

进一步完善综合金融服务工作机制，加强对核心客户、重点客户的综合营销，大力推动中间业务，满足客户多元化金融需求，全年共开办国内保理、保理代付、企业理财、夹层投资、分组银团、贸易融资、出口收汇、信用证付款等10多项新业务。大力推进与国开行子公司业务合作，协同开展夹层投资、基金募资、融资租赁等业务。继续做好存款组织工作，年末各类存款余额折合人民币153.89亿元，日均存款124.14亿元。

四、稳步推动民生业务发展，服务和谐社会建设

全年共实现水利、中小企业、保障性住房、新农村建设、医疗卫生、抗灾救灾等民生领域融资总量117.96亿元。评审承诺水利项目贷款13.92亿元，实现融资总量9.85亿元。实现保障性安居工程项目融资24.89亿元，建设住房面积约140.43万平方米，惠及1.55万个中低收入家庭。继续巩固永安模式、沙县模式及小额贷款公司等合作，推动永安市社会金融服务平台试点建设，不断丰富中小企业融资渠道，发放中小企业贷款27.82亿元。加大支农力度，扩大农村金融服务覆盖面，推动与福清、永安等现代农业示范区合作，实现新农村建设项目融资总量54.70亿元。

五、不断强化风险防控，确保资产质量优质稳定

继续推进政府融资平台规范与发展，推动各级地方政府注入资产110.18亿元，追加抵质押物价值201.11亿元。开展每月贷款资金发放支付逐笔检查、福州社会保障房项目等专项检查，联合省监察厅开展城市基础设施贷款项目延伸检查，推动落实问题的整改。深入推动信贷资产动态管理年活动，完善信贷合同审查签订制度，推进担保分类监管，强化合同个性化管理和差异化担保管理。加强公路、火电、中小企业等项目风险识别、防范和化解工作，全年共回收贷款本息 238.82 亿元，连续 41 个季度实现本息回收率百分百。

六、深化内部管理，着力提高分行运行效率

加强财务预算与业务计划、资本管理、绩效考核协同，强化财务对业务发展的决策支持作用；推进财务经费、柜面结算等业务精细化管理，夯实财会基础工作。做好全流程信贷等三大系统试点和上线工作；大力推广网银系统，提高 IT 运行保障水平。加强保密技术防范和宣传教育，完善保密管理规章制度建设。完善分行值班管理制度，落实安全保卫和值班工作，确保安全无事故；做好会务接待、固定资产管理、食堂、车辆等后勤保障服务。加强党建和干部队伍建设，建立创先争优长效机制。

（执笔：兰发文）

中国建设银行股份有限公司福建省分行

2012 年，中国建设银行股份有限公司福建省分行紧紧围绕福建省委、省政府的工作决策部署，以服务打好“五大战役”，支持“三化”并举、“三群”联动、“三维”对接为工作重心，扎实深入贯彻落实福建省政府与建设银行总行签订的《建设海峡西岸经济区金融战略合作协议》，主动作为、积极作为、科学作为，充分发挥了海西金融服务主力军的作用。全年通过各种渠道解决省内客户融资需求达 2693 亿元。至 2012 年底，各项贷款余额达 2545.7 亿元，连续九年保持同业第一；当年新增贷款 346.9 亿元，居当地四大银行首位，贷款增幅高于全国建行平均水平 1.4 个百分点。同时，各项业务也快速发展。截至 2012 年末，全口径存款余额 3331.4 亿元，当年新增 399.0 亿元；一般性存款余额 3075.9 亿元，当年新增 396.2 亿元，其中，个人存款新增 223.5 亿元、企业存款新增 172.7 亿元。不良贷款额和不良率继续保持双降，不良贷款额 10.57 亿元，比年初减少 0.27 亿元；不良贷款率 0.4%，比年初下降 0.1 个百分点。

一、加大信贷投放，支持实体经济

全力支持重点项目，争取总行调增福建省特大建设项目贷款规模 78 亿元；建立专家团队，将项目调查、评估、审批等工作前移，为“三化”、“三群”、“三维”重点项目和优势产业提供专属服务，顺利对接“三维”项目 307 个，累计为全省重点项目审批授信 606.7 亿元，出具意向性贷款承诺 226.9 亿元。创新服务小微企业，大力推广“速贷通”、“成长之路”、“小额贷”等品牌产品，创新推出“助保贷”、“善融贷”、“网银循环贷”等特色产品；同时深化“信贷工厂”营运模式，创新推进小企业“零售化”经营，新增小微企业贷款 102.2 亿元，居四大银行首位。全面支持现代农业，先行开展“益农通”个人支农贷款、林权抵押贷款等，重点支持宁德水产养殖业、南平林木业、泉州茶叶产业、漳州花卉水果农副食品等发展。至 2012 年底，涉农贷款余额达 750 亿元，当年新增 147 亿元，增幅达 24.4%。加大支持科技创新力度，通过“信用贷”、“小额贷”、“供应贷”等产品，持续跟进服务 50 多个科技类企业客户，累计投放信贷超过 2.5 亿元，为福州软件园等科技园区的企业提供资金支持近 5 亿元，为部分科技企业提供全面金融解决方案。

二、创新融资方式，集聚金融资源

实施“大金融”、“大投行”战略，通过信用类表外业务和非信贷方式解决客户资金需求975.7亿元。其中，协助华电福新能源、航标控股等两个企业在香港上市，成功募集资金约23.9亿元；为省投资开发集团、建工集团等企业发行短期融资券，累计募集资金15亿元；通过理财产品创新，将社会闲散资金合理合规引入实体经济，为39个优质企业客户募集资金41.83亿元。此外，成立福建建银海峡股权投资基金，为企业进一步拓宽融资渠道。

三、服务区域发展，助力平潭开发

先后与福州市、泉州市、宁德市政府和厦门建行签订战略合作协议，并专门成立落实战略合作协议督导工作组，加大工作力度，服务厦漳泉、福莆宁大都市区建设。同时，进一步加大对平潭的信贷支持和政策倾斜。至年底，在平潭的贷款余额达22.4亿元，居当地四行首位；当年新增5亿元，增幅达28.7%。

四、创新服务方式，促进扩大内需

充分应用建行总行在同业中独家推出的“善融商务”电子商务平台，将网络与金融相结合，为福建省企业免费提供网上开店服务，借助建设银行强大的机构、品牌与客户资源优势，为企业提供遍布全国的销售商机，并通过网络贷款、分期等融资业务促进产品销售与企业壮大。从2012年6月28日推出到年底，共有4403个福建商户入驻善融商务平台，其中154个企业获得融资12.8亿元。支持个人信贷，创新个人助业贷款经营模式，采取“优质信誉+有效抵押+稳定现金流”的形式，重点服务“衣食住行”类大型批发专业市场，累计投放助业贷76.8亿元，年末余额74.9亿元，当年新增16.2亿元，增幅达27.5%；同时，推广财富贷、家装贷、学易贷和黄金质押贷等产品，大力发展小额贷和结算卡等产品，累计发放个人消费经营类贷款105.9亿元，年末余额162.6亿元。创新开展汽车分期、车位分期、家装分期、红木分期、旅游分期等13种信用卡分期付款业务，促进拉动消费，至年底，信用卡分期贷款余额104.8亿元，遥遥领先当地同业。

五、助力民生改善，履行社会责任

第一，积极支持保障住房建设。至年底，房地产开发贷款余额234.2亿元，居同业第一，其中普通住宅项目和保障性住房项目占96.6%；为53个经济适用房、保障性住房楼盘发放个人贷款29.1亿元，帮助2.04万户中低收入居民实现购房梦想。当年投放个人住房贷款218.7亿元，年末贷款余额达799.4亿元，当年新增130.1亿元，惠及50962个家庭。创新应用信托计划解决莆田文献街旧城改造、福州市旧城改造安置项目等项目资金需求21.8亿元。第二，积极向教育、卫生、环保、医疗、文化等民生领域提供金融支持。至2012年底，教育行业贷款余额28.7亿元，当年投放9.6亿元，有力支持了福建省高等院校、高中及职业中专学校建设。卫生行业贷款余额18.9亿元，新增7.5亿元，增幅高达66.4%，支持了龙岩市第二医院等医院的建设，对教育、卫生行业的贷款支持居各个银行之首。节能减排行业贷款余额215.4亿元。同时，支持福建省重点发展的十大文化行业，贷款余额22.5亿元。第三，积极履行社会责任。持续实施为期六年的“资助贫困高中生成长计划”和为期十年的“资助贫困英模母亲计划”公益项目，为全省1200名品学兼优、家境贫寒的高中生和340名英模母亲提供资助。开展形式多样的助残助困助学助农和属地文明共建活动。

（执笔：罗长武）

中国工商银行股份有限公司福建省分行

2012年，福建分行紧紧围绕总行、省行发展战略，主动融入海西经济发展大局，坚持求真务实，稳中求进，深化转型创新，严守风险底线，在复杂严峻的经济金融形势下，保持了健康稳定发展态势。2012年末存贷款余额双双突破2400亿元，资产质量持续保持良好水平，不良率比年初下降0.01个百分点。

一、支持实体经济发展取得新成效

认真落实工总行与福建省政府签署的《战略合作备忘录》，积极发挥主流银行引领带动作用，加大力度服务实体经济、小微企业发展，全年新增表内外融资391.47亿元，增幅17.3%。积极支持新能源发电、高速公路、港口码头等重点在建续建项目，2012年末项目贷款余额599.92亿元，比年初增加76.92亿元；加大先进制造业、战略性新兴产业、现代服务业、文化产业等新四大行业的资金支持，贷款余额达1174.12亿元，比年初增加196.09亿元；助力中小企业成长，小微企业贷款余额670.87亿元，比年初增加74.32亿元，增幅12.5%，实现了“两个不低于”；涉农贷款余额930.53亿元，新增174.31亿元，增幅达23.1%。

二、经营转型取得新进展

围绕“市场、客户、效益、风险”，坚持投行思维开展商业银行业务理念，强化“商行+”综合经营模式，坚持走资本节约型发展道路，高度重视和大力发展金融资产服务业务。全年通过区域理财、收益权信托、北金所等融资63.69亿元，拓宽了融资渠道，通过积极开展股权信托、理财委托贷款、理财委托投资票据、财产收益权信托等理财业务，发行区域理财20期，相当于上年的3.4倍。品牌类投行业务规模不断扩大，实现投行业务收入四行占比34.9%，居同业第一；品牌类投行业务收入占投行总收入的31.3%，比上年提高15.9%。资产托管业务取得重大突破，连续多年保持收入市场占比第一和系统排名前十。贵金属业务强劲增长，同业第一，系统考核排名第二，福建省分行荣获总行“2012年度贵金属业务卓越贡献奖”。信用卡业务经过综合治理实现快速发展，发卡量同业第一；中间业务收入增长了67.6%；不良资产及不良率“双下降”。电子银行业务保持领先，在同业中第一个推出电子银行在线兑奖、同城跨行速汇、牡丹公积金灵通卡、公务卡网银审核报销系统，实现中间业务收入同业第一，增长33.0%。

三、业务创新取得新突破

紧紧围绕客户和市场需求积极开展金融产品和业务创新。独家推出百亿元平潭建设股权投资基金融资方案，积极支持平潭综合实验区建设。加大“省内+省外+境外”全方位服务力度，满足闽商外向型发展和“走出去”金融需求，全年累计办理海外代付16.4亿美元，办理跨境人民币结算131.77亿元，创新推出“外汇掉存通”组合产品，成功运作境外并购贷款等项目。针对“小福建、大闽商”的特点，依托集团现金管理等特色产品引导“闽企回归，闽资回流”。同业第一个与中国电信、中国移动通信福建有限公司开展了“天翼牡丹手机支付业务”、“G3牡丹手机支付业务”，开启金融服务3G时代。首创“工银随军银行保障车”，为军警客户提供随时、随地、随行金融服务。首个推出了电子银行在线兑奖、同城跨行速汇、牡丹公积金灵通卡、牡丹旅游休闲卡、芯片公务卡和网银支持系统，市场反响热烈。

四、服务能力跃上新台阶

在渠道服务供给能力建设上，新增了9个网点、70个离行式自助银行和iPad网上银行和iPhone手机银行客户体验区，并优化了46个网点。在产品创新方面，根据客户新型金融服务需求，加快推进手机银行、芯片卡、3G闪酷卡、PE投资产品、理财、融资租赁、供应链融资、经编机设备按揭贷款、并购贷款、银团贷款等重点产品的创新，为各类客户设计综合金融服务方案，提供全产品服务，让客户感受到产品创新带来的服务增值。在服务团队上，组建并完善了私人银行中心、大客户金融服务中心、平潭建设金融服务团队、工商注册验资服务团队、境外省外闽商服务团队等各类服务团队，为客户提供个性化、精细化金融服务。在加强网点服务建设上，创建了9个个人金融品牌理财工作室，建成14家贵金属旗舰店，打造了20个省行级文明规范服务示范网点和4个中国银行业文明规范服务千佳示范单位，组建了1000人“大堂经理+大堂引导员”服务团队。在维护客户权益方面，规范服务收费，加强投诉管理，全年客户投诉量下降60.6%，连续十九个月实现客户处理满意度100%。在服务内涵上，拓展提供了包括寿山石鉴赏、高端客户高尔夫球赛、南极游、健康讲座等一系列非金融增值服务。

五、品牌建设取得新成果

积极履行企业社会责任，广泛开展了普及金融知识万里行公众金融教育、小微企业宣传月、公益捐款及帮扶、支持环保事业发展、参与自愿献血等活动。倡导和实行绿色办公。开展“建设最安全银行”主题活动，实现金库、营业网点、自助设备适时监控和自助银行监控报警联网，堵截外部欺诈风险事件150余起，帮助客户避免损失2亿元，实现了全年安全零案件。一年来，本行先后荣获“全国文明单位”、“全国模范职工之家”、“福建省和谐企业”等荣誉称号，并涌现出全国五一劳动奖章获得者、中国银行业文明规范服务千佳示范单位、总行军队金融服务先进单位、全国巾帼建功标兵获得者等一大批先进集体和先进个人。

（执笔：陈思滔）

中国农业发展银行福建省分行

2012年，中国农业发展银行福建省分行按照“稳中求进”的总基调，平稳推进各项工作，全行呈现业务运营总体良好，经营效益稳步提升，内部管理不断加强，队伍建设持续推进的局面。

2012年末，全行各项贷款余额430.2亿元，比年初增加56.5亿元，增长15.1%；各项存款余额（含同业存款）118.9亿元，比年初增加39.7亿元，增长50.2%；年末不良贷款余额1.03亿元，不良贷款率0.24%，信贷资产质量保持在先进行之列；实现账面利润10.9亿元，比上年增盈2.7亿元，增长32.2%，人均创利116万元；继续保持“四无”。

一、着力推动有效发展

一是理清思路谋发展。在深入调研基础上，研究制定了“六个提升”的发展战略，即提升支农地位、提升发展质量、提升经营效益、提升创新能力、提升服务水平、提升队伍素质。二是大力支农求发展。认真履行总行与福建省政府签订的战略合作协议，全力确保粮食安全，全年累计投放粮油购调储贷款69.1亿元；着力支持农业农村基础设施建设，全年共发放贷款72.7亿元，支持项目80个。三是完善考核促发展。修订经营绩效考评、财务费用资源分配及县级支行专项考核等办法，使各项考核更有利于可持续发展，更有利于调动全行抓发展的积极性，更有利于资源向基层行倾斜。

二、全力防控信贷风险

一是开展风险排查。对 2012 年 3 月末在本行有贷款余额的商业性贷款客户进行专项排查，对有重大风险隐患的客户制定了应对措施。二是强化信贷重点和薄弱环节管理。对实体企业坚持“十不贷”，严把准入关。严格落实作业监督管理，实行贷款资金支付“双签”管理，建立贷后管理督导制度。三是全力清收化解不良和风险贷款。当年收回不良贷款 175 万元。在经济环境复杂、风险事件频发的背景下，没有出现系统性风险和区域性风险。

三、改善内部运营管理

一是抓好资金计划管理。信贷计划执行率有所提高，信贷资源有效利用。全年办理贴现业务 295 笔，金额 5.8 亿元。加强同业合作，累计存出存入资金 460 亿元。二是提高运营效益。全年各项存款日均余额 111.8 亿元，比上年增加 27.8 亿元，增长 33.2%；加大收息力度，利息收回率达 99.4%；中间业务收入稳中有升，达 1765.7 万元。三是推进法律合规管理。建立法规管理组织体系；认真开展不规范经营行为专项整治工作；规范授权管理，调整差别转授权评价指标，提高其适用性和可操作性。四是加强财务会计管理。修订财务管理、委派财会主管考核和坐班主任短期交流等办法，进一步规范财会管理和运作流程。强化财会监督检查和反洗钱工作。五是提升内审工作水平。完成内部审计条线“双向选择，竞争上岗”工作。认真组织开展各类审计，进行内控评价试点。六是强化信息科技支撑。

四、全面加强队伍建设

一是抓好十八大精神的学习贯彻。二是加强领导班子建设。调整充实了部分省分行处级干部和二级分行、县级支行领导班子。三是加强员工队伍建设。制定了年轻干部培养、专业人才培育、基层员工培训等规划；制定了市场化用工人员转聘、省市分行机关借调、选调人员管理办法，规范了机关劳务派遣管理。四是加强党风廉政建设。实行岗位廉洁从业承诺制，进一步巩固银企廉政共建制度。全面加强管人、管钱、管物、管信贷等重要专业、重要岗位的廉政风险防控工作。五是加强企业文化建设。明确了“五个重点、五个突出”的企业文化建设格局，确定了第一批 10 个企业文化建设示范行；围绕“服务新发展、建功‘十二五’”开展各类创建活动，不断提升创建水平。

（执笔：叶秋英）

招商银行福州分行

2012 年，招商银行福州分行牢牢把握海西发展带来的重大机遇，从容应对错综复杂经营形势的巨大挑战，克服经济增速放缓、金融脱媒加速、同业竞争加剧、利率市场化加快等不利因素，业务拓展和经营管理等多项工作实现良好收官——负债规模再创历史新高，小微业务步入发展快车道，新兴产品和业务亮点纷呈，信贷资产质量保持良好，内部运行管理有条不紊，成立十三年来始终保持安全运营无案件无事故，企业文化实现不断弘扬与传播，社会责任及公益事业进一步发扬光大。

截至 2012 年末，福州分行全折人民币自营存款余额达 431.56 亿元，比上年增长 14.9%；全折人民币自营贷款余额达382.55亿元，增长26.8%；其中，小微贷余额达66.91亿元，全年累计投放68.60亿元；行标口径小企业贷款余额达82.08亿元，较年初增加32.38亿元。不良贷款比率为0.5%，信贷资产质量总体保持良好。连续三年获得“福州市金融机构人民币流通业务管理评价A类行”的荣誉称号；荣获人行福州中心支行年度“全省反洗钱先进集体”；荣获人行年度“福建省金融统计工作综合考评二等奖”。

一、支持小微

积极响应国家支持小微企业的政策号召，全力支持海西小微企业发展。福州分行专设小企业信贷中心、小企业金融部，全面落实小企业专业化经营，为小微贷业务开辟绿色通道，集中有限的信贷资源支持小微企业，解决小微客户融资问题；充分运用“生意贷”、“展翼通”等系列产品，持续开展创新产品研发，为小微以及“千鹰展翼”客群提供强有力的产品支持；先后在龙岩、莆田、泉州、福州等地举办多场“千鹰展翼”推介活动，努力培育具有巨大潜力的创新成长型客户，为众多小微企业提供全面、优质的金融服务。

二、服务海西

积极落实招商局集团与福建省政府签署的深化战略合作框架协议，充分利用本行的产品优势、网络优势、创新优势、服务优势和系统优势以及总行资源倾斜，合理安排贷款规模，加大对海西重点建设项目和优质企事业法人的授信支持力度，为海西经济社会发展提供多产品、一站式服务，并在融资服务、资金管理服务、投资银行业务以及其他综合类等领域提供优质高效的金融服务。

三、风险管控

遵循“保存量、调结构、控新增”的信贷策略，逐步开展全面信用风险管理工作，克服外部经济金融环境带来的不利因素，保障全行信贷业务正常运转。制订操作风险管理制度，完善分行操作风险管理体系，全面提升操作风险管理水平。贯彻落实“风险为本”理念，合理配置反洗钱管理资源。增强全员自律意识和职业操守，加强防范和打击非法集资的宣传教育，严防严控内部案件风险，实现全年零案件零事故。

四、网点建设

把握海西发展的有利时机，福州分行已在福州、泉州、龙岩、莆田四地区设有28个经营网点。继2011年完成龙岩分行、莆田分行两个二级分行的设立后，有条不紊地开展三明分行的筹建工作，并完成平潭支行、福清龙田支行、福建日报社自助银行和4个自助单点的建设以及泉州丰泽支行、江南支行的搬迁；位于海峡金融街的福建招银大厦也即将破土动工。

五、客户服务

多措并举强化服务意识，服务管理水平实现显著改善。建立支行服务管理框架内容，辅导网点营业厅经理开展服务管理工作；推选服务新人、开展个人服务评先评优，从正面带动员工服务积极性；持续开展分行服务评审会议，交流服务管理经验；开展内训师“服务礼仪”送教上门活动，进一步规范网点服务标准。福州江滨支行被授予“2012年度中国银行业文明规范服务千佳示范单位”的称号。

（执笔：李诗婷）

福建海峡银行

2012年，福建海峡银行按照“建设有海峡特色精品银行”的目标，坚持稳健经营，完善风险管理，夯实发展基础，加快特色发展，各项业务总体保持平稳运行。截至2012年末，全行资产总额702.71亿元，比年初增加84.82亿元，增长13.7%。存款余额519.41亿元，比年初增加41.18亿元，增长8.6%；贷款余额347.88亿元，比年初增加60.04亿元，增长20.9%。不良贷款率1.3%，比年初上升0.5个百分点。累计实现拨备前利润13.49亿元，比上年增加2.89亿元，增长27.3%；实现净利润8.01亿元，比上年增加0.48亿元，增长6.4%。各项经营指标均符合或优于监管要求。

一、公司治理更加完善

充分发挥董事会及董事会各专门委员会的科学决策和议事功能，推动制定跨区域布局、风险管理战略、资本补充和拨备提取计划。强化外部审计和市场约束，根据国内和国际会计准则对年度财务决算报告进行审计；加强信息披露，规范地披露了关联交易情况和薪酬管理制度。进一步完善授权制度和激励约束机制。完善对分支机构的绩效管理办法和以目标责任制为核心的部门考核制度。

二、发展创新不断推进

小微企业金融服务不断强化。截至2012年末，全行国标小微企业贷款余额205.38亿元，比年初增加40.49亿元，较上年多增1.07亿元，全年小微企业贷款增速24.6%，高于各项贷款平均增速3.8个百分点，实现“两个不低于”监管要求。银行卡业务特色不断显现。试发行金融IC卡，推出“妈祖平安卡”、“幸福卡”等具有地域特色的主题卡。推进福州市市民卡代收代付、消费应用等民生服务，实现了15项代收代付应用及医院体检优惠等16项消费应用。特色行建设取得阶段性成效。确定了14个特色行及11个特色品牌和6个台资企业重点行及“台企通”品牌。更名设立福州科技支行，开展科技型中小企业融资和专营服务。产品创新成效明显。发行28期海蕴理财系列产品，代销12期、26款南京银行理财产品。试点开展债务融资工具业务和中小企业私募债业务。小微企业金融债券发行申请获得中国银监会批准。试点开展新台币兑换业务。开发福商国业理财系列新5号、6号和同外币币种质押融资产品，推出国内信用证偿付业务和跨境人民币业务。继续深化对台金融合作，加强与华南银行在跨境融资等方面的合作。机构建设稳步推进。福清支行升格分行，闽侯、温州龙湾、福清玉融、宁德福鼎、泉州南安支行等相继开业，三明分行及6个支行获准筹建。

三、风险防控能力持续增强

强化重点领域风险防控。开展对集团客户、关联授信、钢贸行业授信等重点领域全面排查。做好流动性风险管理。加强资产负债管理，提高市场融资能力，开展流动性压力测试。积极构建市场风险管控工作平台，建设资金业务管理系统。增强信息科技风险管理能力。加强业务连续性管理，圆满完成首次同城灾备中心系统切换演练。

四、人员队伍和企业文化建设取得实效

人才引进和培养力度加大。全年共引进同业骨干和信息技术等岗位专业人才88人，选拔提任了207人。持续推进大规模培训工作，全年共完成145场培训，参训人员达12800多人次。深入推进精神文明建设，连续五届获得“省级文明单位”称号，总行工会获得“全国模范职工之家”称号，辖属11个分支行（党团组织）获得市级文明单位（先进党团基层组织）等称号。深入社区、企业开展志愿服务和“普及金融知识万里行”系列活动。

（执笔：王晓慧）

2-1-8 福建省证券业发展概况

2-1-8-1 福建辖区上市公司情况一览表

（2012 年）

上市公司简称	总股本（万股）	总市值（万元）	每股收益（元）	净资产收益率（%）
华映科技	70049.35	1365261.84	0.39	10.65
闽福发A	83487.82	286363.24	0.14	7.65
中福实业	84740.70	405060.56	0.01	1.18
三木集团	46551.96	167587.05	0.03	1.55
永安林业	20276.03	173157.28	0.05	3.08
阳光城	53600.55	830808.59	1.04	26.58
泰禾集团	101717.80	808656.50	0.34	16.09
漳州发展	31630.26	170803.41	0.26	12.40
中国武夷	38945.24	197841.84	0.25	8.09
闽东电力	37300.00	348382.00	0.15	3.65
新大陆	51026.67	413316.00	0.16	5.70
七匹狼	50378.00	951136.64	1.11	17.99
众和股份	48866.01	381643.55	0.08	3.58
国脉科技	86500.00	356380.00	0.08	6.36
浔兴股份	15500.00	115785.00	0.23	5.96
冠福家用	40926.00	164931.78	0.05	3.86
三钢闽光	53470.00	267884.70	-0.40	-7.56
梅花伞	8293.99	123082.84	0.06	2.13
福晶科技	28500.00	169575.00	0.14	6.62
鸿博股份	29818.60	173544.25	0.17	6.45
圣农发展	91090.00	972841.20		0.08
太阳电缆	30150.00	215874.00	0.41	11.24
星网锐捷	35106.00	534313.32	0.64	12.50
三元达	27000.00	178470.00	0.13	3.93
榕基软件	20740.00	299485.60	0.60	9.77
天广消防	20000.00	284800.00	0.69	17.92
泰亚股份	17680.00	153462.40	0.35	10.06
海源机械	16000.00	126080.00	0.04	0.70
闽发铝业	17180.00	186918.40	0.24	4.45
雪人股份	16000.00	164320.00	0.43	6.12

2-1-8-1 续表　　　　（2012 年）

上市公司简称	总股本（万股）	总市值（万元）	每股收益（元）	净资产收益率（%）
兴业科技	24000.00	263040.00	0.61	14.59
福建金森	13868.00	240332.44	0.40	13.19
龙洲股份	16000.00	179840.00	0.68	13.72
腾新食品	7070.00	186365.20	0.93	12.73
中能电气	15490.00	138945.30	0.27	5.97
青松股份	12060.00	153041.40	0.28	6.31
元力股份	13600.00	110704.00	0.17	4.62
纳川股份	20877.75	238423.91	0.46	10.08
富春通信	6700.00	96212.00	0.29	7.47
福建高速	274440.00	612001.20	0.15	5.74
冠城大通	117680.41	771983.46	0.71	24.58
青山纸业	106184.16	306872.22	-0.30	-21.05
福建南纸	72142.00	274861.00	0.03	1.57
福日电子	24054.41	132299.26	0.18	12.24
龙净环保	21381.00	468243.90	1.36	12.02
片仔癀	14000.00	1524880.00	2.49	26.29
福建南纺	28848.37	161839.36	0.08	3.01
凤竹纺织	27200.00	121312.00	0.04	1.97
惠泉啤酒	25000.00	154000.00	-0.29	-6.59
龙溪股份	30000.00	198000.00	0.32	7.95
福耀玻璃	200298.63	1756619.01	0.76	23.10
东百集团	34322.26	248836.38	0.11	3.79
实达集团	35155.84	126209.46	-0.11	-21.49
福建水泥	38187.37	278767.78	0.08	2.43
兴业银行	1078641.11	18002520.18	2.73	24.38
兴业证券	220000.00	2701600.00	0.22	5.56
九牧王	57865.75	936267.84	1.16	15.97
紫金矿业	2181196.37	6052856.80	0.24	19.59
永辉超市	76790.00	1935875.90	0.65	11.83

2-1-8-2　福建辖区证券公司发展情况

（1990-2012 年）

年份	证券公司				期货公司		
	企业数（个）	交易量（笔）	交易金额（亿元）	开户数（万户）	企业数（个）	交易金额（亿元）	开户数（万户）
1990	2						
1991	2						
1992	2						
1993	2						
1994	3	579109	89.93	1.76			
1995	3	511853	73.27	2.75			
1996	3	2915385	2370.83	6.11			
1997	3	5023838	2052.47	11.54			
1998	3	6272101	2551.03	14.44			
1999	3	6403338	2551.30	28.40			
2000	3	7735686	3298.08	39.82			
2001	3	3846792	1472.50	50.10			
2002	3	3714922	1709.51	53.48			
2003	3	3832845	3337.75	71.96			
2004	3	4614592	2757.72	76.64			
2005	3	3943657	1465.43	81.24			
2006	2	10161965	4855.01	91.87			
2007	2	57629015	23554.77	137.76			
2008	2	45616621	14167.39	149.19			
2009	2		37004.93	239.66			
2010	2		24166.49	235.00	2	30200.00	1.04
2011	2		24389.23	156.74	2	51629.19	1.32
2012	2		21542.25	230.88	3	135552.60	1.77

注：证券公司开户数为资金开户数；以上数据不包括厦门。

2-1-8-3　福建辖区证券业发展概况

一、2012 年福建省资本市场概况

2012年，福建省资本市场运行平稳有序，上市公司整体质量稳步提高，证券期货经营机构综合实力持续增强。

截至2012年底，福建省共有上市公司87个，总市值6018.54亿元。2012年度，全省87个上市公司累计实现营业收入5197.69亿元，净利润539.93亿元，分别较上年增长11.2%和14.7%；平均每股收益0.74元，平均净资产收益率15.7%，分别是全国平均水平的1.5倍和1.3倍。

2012年，全省新增境内上市公司6个，共募集资金26.44亿元；3个上市公司通过增发新股实现股权融资257.20亿元；23个次上市公司通过发行公司债券、短期融资券、中期票据、境外发行债券融资等方式实现融资111亿元。全年上市公司累计实现直接融资394.64亿元。

截至2012年底，全省共有3个证券公司，11个证券分公司，3个基金分公司，237个证券营业部，较上年新增5个证券分公司，11个证券营业部。2012年末，3个法人证券公司资产总额286.25亿元、净资产110.20亿元。2012年度，3个法人证券公司实现营业收入26.89亿元，利润总额8.38亿元，237个证券营业部实现营业收入26.15亿元，利润总额5.83亿元；2012年底，全省共有5个法人期货公司，77个期货营业部，较上年新增1个期货公司，8个期货营业部。2012年末，5个法人期货公司资产总额63.85亿元、净资产15.72亿元。2012年度，5个法人期货公司实现营业收入6.02亿元，利润总额1.63亿元，77个期货营业部实现营业收入2.60亿元，利润总额3686.31万元。全年各证券、期货营业部实现证券交易额43122.79亿元、期货交易额65133.84亿元。

二、2012 年监管工作情况

2012年，福建证监局认真贯彻落实中国证监会和福建省委、省政府的各项工作部署，围绕推动发展这一主线，切实履行监管职责，稳步推进辖区资本市场的建设工作。

（一）加强上市公司监管，夯实规范发展基础

一是加大现场检查力度，细致排查化解风险。全年共对36个上市公司进行现场检查，对10个公司的18件信访举报，以及15个公司的25次媒体质疑进行专项核查。根据检查结果，督促上市公司及时整改，揭示和化解了上市公司的风险隐患。同时，开展会计师事务所、保荐机构现场监管以及考核评价，督导中介机构归位尽责。

二是狠抓公司治理和信息披露，夯实规范运作基础。通过专题培训，经验交流、编发专刊等方式，全面推动主板公司实施内部控制规范；举办四期辖区上市公司董事、监事、高级管理人员培训班，编发《上市公司高管人员自律手册》，开展董秘、独立董事履职评价，提高上市公司董事、监事、高级管理人员履职能力和勤勉尽责意识；督促17个公司针对股价异动、媒体关注、市场传闻披露29份澄清公告或重大事项公告，并严格开展年报审计监管，提高上市公司透明度。

三是完善上市公司现金分红机制，强化回报股东意识。通过下发通知、督促修订公司章程、现场核查分红事项等方式，强化上市公司回报股东意识，积极引导上市公司构建符合公司自身特点的现金分红机制。福建辖区有40个上市公司公告了针对2012年年报的现金分红预案，预计派发现金红利130.95亿元，占辖区全部上市公司2012年度净利润总额的27%。

（二）强化证券期货机构合规管理，支持创新

发展，提升服务水平

一是加强合规监管和风险防控。全年对40个证券机构和37个期货机构开展各类现场检查。针对检查发现的问题，采取下发整改通知，责令更换营业部负责人等措施，有效化解风险隐患；完善证券期货营业部分类监管办法，落实量化考核评价管理。每季度召开机构监管例会，通报分类考核结果，督导行业规范自律；严格行政许可审核事项，开展信息系统安全专项检查、严肃查处从业人员违规行为，提高合规管理水平；加强对证券公司各项业务与财务风险的动态监控，明确压力测试工作要求，推动建立健全风控机制；深入开展“积极回报投资者”主题宣传活动等，切实开展投资者权益保护工作。

二是支持创新发展，提高证券公司综合竞争力。指导证券机构开展转融通、现金宝、债券质押式报价回购、中小企业私募债等创新业务和产品；部署开展了“期货行业走基层，服务海西经济”主题活动，推进期货机构大量走访对接企业，增强为实体经济服务的能力；支持华福证券有限责任公司取得融资融券与资产管理业务资格；推动漳州旗滨玻璃有限公司获批设立玻璃交割仓库。

（三）以服务实体经济为出发点，推动区域多层次资本市场发展

一是推动优质企业改制上市。全年举办或协办各类推介会、培训班或座谈会14场次，2000多人次参训，并持续开展调研、业务指导等工作。2012年度，福建辖区新增上市公司5个，首发募集资金23.45亿元，4个企业已通过证监会发行审核、待发行上市，15个企业处于证监会发行审核程序中，共拟募集资金58.09亿元。还有25个企业向证监局备案了上市辅导。

二是推动上市公司借力再融资做大做强。2012年度，福建辖区共有兴业银行股份有限公司等17个次上市公司通过增发、配股、发行债券等方式实现直接融资318.70亿元。2012年底，还有永辉超市股份有限公司等9个上市公司处于证监会再融资审核程序中，拟募集资金112.45亿元。

三是推动区域性场外市场发展。召开了新三板业务座谈会、推介会，加大对高新园区后备企业的挖掘和培育力度，促成券商与企业对接，为扩大试点申报做充分准备；配合省政府开展中小企业私募债试点申请工作。目前，福建省已纳入了中小企业私募债试点范围；配合省政府推进合全省各类产权交易所清理整顿工作，推动海峡股权交易中心尽快实现运营。

（四）加强打非维稳工作力度，强化宣传引导，促进市场健康发展

一是构建综合监管体系，加大资本市场违法违规的惩治力度。推动召开福建省打非联席会议、打击和防控资本市场内幕交易工作联席会议，与福建省公安厅联合签署了《打击证券期货违法犯罪合作备忘录》，并与有关部门密切协作，进一步完善维护资本市场稳定健康发展的综合监管体系。2012年度，累计对133个次上市公司的股价异动、媒体质疑、市场传闻进行处理，对3个上市公司的4起内幕交易进行非正式调查，对1起短线交易事项进行立案调查。累计安排打非联络员26人次，暗访排查非法活动场所14个。向公安机关移送5起涉非案件。市场各类违法违规行为得到综合防控和及时查处。

二是强化宣传与引导，为资本市场营造规范发展的良好氛围。加大行业信息系统安全监管、投资者教育、舆情监控和舆论引导、信访维稳、诚信档案建设等工作力度，及时、深入排查风险隐患；编发4期《福建资本市场动态》、编播40期《福建证券市场》宣传节目，召开全省新闻媒体座谈会等，指导各市场主体、各主流媒体积极开展形式多样、内容丰富的政策宣传和风险警示，提高市场有关各方的规范发展意识。

（执笔：陈张玲）

2-1-8-4 福建省部分证券公司发展概况

兴业证券股份有限公司

2012 年，兴业证券股份有限公司认真贯彻五年发展战略规划的各项目标要求，按照“强基础、促转型、保增长、重质量”的思路，加大创新变革力度，加快转型发展步伐，持续改进内部管理，严格控制经营风险，取得了较好的经营成果，转型成效初步显现。全年实现营业收入 25.39 亿元，比上年增长 9.7%；实现归属于母公司股东的净利润 4.76 亿元，增长 9.4%，收入和利润的变化好于行业平均水平，公司整体实力和核心竞争力得到提升。2012 年末，公司总资产为 227.04 亿元，较年初增长 3.5%；归属于母公司股东的净资产 87.10 亿元，较年初增长 3.4%。

一、加强和改进内部管理，不断提升管理和运营保障水平

（一）大力推进人力资源管理各项改革，人才队伍建设水平有了提升

一是初步构建以战略为导向的绩效管理体系。推动和落地基于全面预算的绩效管理改革，将资源投入向重要业务倾斜，强化绩效考核约束激励，完善绩效激励制度和机制。二是优化人才队伍结构，将人才配置到一线业务中去，重点引进业务型人才，加强固定收益、证券研究、场外业务和资产管理等战略性业务的高端成熟人才引进。三是进一步提升专业队伍素质。强化干部培养，重点推进财富管理专业培训和领导力培训，开展龙腾计划、金星计划、金牛计划、投研“T 计划”等一系列专项能力培训，累计培训 2092 人次。四是以客户为中心的组织架构初步形成。推进总部大部制管理，整合私客部、零售部、运营部，合并设立私人财富管理总部，新设北京、厦门、泉州等 9 个区域分公司，推动各区域分公司向综合业务服务平台发展，加快新型营业网点建设。

（二）持续加强存管服务和系统运维，促进各项业务和创新工作有效开展

为客户提供托管服务，保障基础业务的稳定运作和客户资金的安全，大力开展托管结算创新，推动了公司网上开户业务、统一账户平台建设和全国性 B 股集中式银证转账业务的开展。系统运行安全稳定高效，确保了公司业务正常运营，圆满完成维稳等专项工作，保持了较高的信息安全运维水平。

二、加强风险管控，保障各项业务持续发展

有序开展合规管理、风险管理和审计监察工作，充分发挥内控部门事前预警、事中监控、事后处置功能，确保业务发展规范，风险可控、可测、可承受，公司全年无大的风险事件发生，并连续五年获 A 类 A 级评价。

三、扎实推进转型和业务创新，创新成果逐步显现，各项业务竞争力持续提升

2012 年，公司紧紧围绕行业的新变化、新形势、新机遇，加快向财富管理业务转型，大力推进各项创新业务，经纪业务、机构业务、证券承销、财务顾问、资产管理和投资业务的收入行业排名持续提升。公司收入结构持续优化，传统经纪业务手续费收入占比继续下降，着力发展的固定收益、资产管理、机构客户、融资融券等业务收入占比明显提升。

（一）创新业务成果逐步显现

一是全面取得监管机构主导的创新业务资格。首批获得中小企业私募债承销业务试点资格、柜台交易资格，获得报价回购业务资格、股票约定式购回业务资格、新三板代办股份转让系统主办券商资格以及转融通业务资格等多项创新业务资格。二是创新业务正成为公司新的收入增长来源。融资融券业务收入贡献度逐步提高，已获转融通业务资格，授信额度 20 亿元。报价回购业务发展迅速，业务规模居同期试点券商中第 2 位。成功发行 2 支中小企业私募债，成功推荐 3 个企业在新三板市场挂牌上市。三是建立创新的体制和机制。公司着力营造创新文化氛围，着手建立创新业务跟踪、评估机制和激励机制，为创新探索提供机制保障。

（二）研究综合实力持续提升，机构客户服务拓宽新领域

新财富评选在 2011 年取得优秀成绩的基础上，2012 年团体排名稳步前进 2 位，获得本土最佳研究团队第 8 名，单项奖获奖面进一步拓宽，共获得 7 个研究类单项奖。研究对各项业务的综合支撑作用逐步显现。公司机构业务公募基金分仓收入行业排名近四年持续提升，2012 年上半年进入行业第 11 位。成功开发保险公司及社保基金客户 7 个，积极发展上市公司、私募基金、信托公司等大客户业务，探索建立上市公司业务服务模式，实现首单 QFII 业务，机构销售服务在新财富等第三方评选中获得多个奖项，初步建立了兴业证券研究服务品牌。

（三）资产管理业务投资业绩保持行业前列，业务规模大幅增长

资产管理能力继续提升，整体投资管理业绩业内排名第一，获得和讯网 2012 年度“最佳资产管理券商”等专业奖项，资产管理品牌持续巩固；期末受托资产规模 444 亿元，行业排名第 10 位，比上年提升 4 位；受托客户资产管理业务净收入行业排名第 9 位，比上年提升 3 位。

（四）证券投资业务取得优秀业绩

绝对收益总体良好，相对收益率在可比开放式基金中位居前列，其中，固定收益类投资收益率在 102 只可比基金中排名第 3 位，权益类投资收益率在 209 只普通股票型基金中排第 18 位。

（五）努力提高私人财富管理业务水平，财富管理转型有力推进

加大产品销售力度，年末保有各类金融产品 203 亿元，比年初增加 88 亿；新增客户资产 144 亿元，托管证券市值 2398 亿元，行业排名第 16 位，市场份额较上年提高 6.4%。佣金水平企稳回升，经营业绩稳中有升，代理买卖业务净收入行业排名第 21 位，较上年底实际上升 2 位。

（六）投资银行业务保持良好发展态势

股票债券承销业务收入行业排名第 23 位，比上年提升 1 位。债权融资业务保持快速发展态势，完成主承销 14 个，募集资金 112.5 亿元，承销数量和金额业内排名分别为第 18 位和第 21 位，分别提升 8 位和 5 位，完成业内首单创业板上市公司非公开发行公司债，成为首批中小企业私募债主承销商并完成 2 个私募债备案发行，行业影响力持续提升。股权融资业务受 IPO 审核暂停影响，全年完成 4 个主承销，主承销金额 30.27 亿元，承销数量和金额行业排名分别为第 18 位和第 28 位。

（七）场外业务取得突破

新三板业务签约项目 11 个，挂牌 3 个。成为全国首批获准开展柜台交易业务的七个试点券商之一，正积极探索和推进柜台业务。作为并列第一大股东负责经营福建海峡股权交易中心，筹建工作基本完成，即将开业。

（八）各子公司总体保持良好经营态势

兴业全球基金公司继续保持稳健发展态势，期末托管客户资产市值 331 亿元，投资管理水平稳定，旗下基金均取得正收益，连续五年蝉联“十大金牛基金公司”，全年实现营业收入 4.50 亿元，净利润 1.97 亿元。兴业期货公司业务呈现快速上升态势，客户权益和成交额分别比上年增长 33.0% 和 179.0%，股指期货成交量在中金所排名行业第 1 位，分类评级从 C 类 C 级上升到 B 类 B 级，全年实现营业收入 2.25 亿元，比上年增长 110%，净利润 3213 万元，增长 184%。兴业创新资本公司稳步发展，实现盈亏平衡。积极向财务顾问业务转型，与各地政府合作设立各类产业基金或引导基金，管理资金总规模 11 亿元，较年初增长 57.0%。兴证香港公司稳步开局，已开展经纪、期货和资产管理业务，正在筹备投资银行业务和发行首只离岸私募基金。

（执笔：郑福屏）

信达证券股份有限公司

信达证券股份有限公司（以下简称“信达证券”）是经中国证监会批准，在收购原汉唐证券、辽宁证券的证券类资产基础上，由中国信达资产管理股份有限公司、中海信托股份有限公司、中国中材集团公司作为发起人，于 2007 年 9 月设立的证券公司。2011 年 2 月，公司注册资本为 25.69 亿元。

公司的主要出资人及控股股东中国信达资产管理股份有限公司是经国务院和人民银行批准，由财政部出资于 1999 年 4 月设立的国有独资非银行金融机构，现注册资本金为 251 亿人民币（2010 年 6 月 29 日新注资），是国内第一个金融资产管理公司。经过多年的发展，信达资产管理股份有限公司取得了良好的业绩，各项指标居行业领先水平。在完成不良资产处置的同时，信达资产管理股份有限公司依据国家相关政策积极探索商业化转型之路，陆续搭建了证券、基金、保险、信托等金融服务平台，综合服务金融集团的框架初步形成。

随着业务的发展，信达证券将进一步完善网点布局，构建更加科学高效的机构网络，使得公司能够在多个层面及时、准确的了解资本市场的信息，把握好市场发展的脉动，为投资者提供更加专业和针对性的服务，实现公司与客户的共同发展。2012 年，公司营业网点已从优化前的 10 个省市，扩展至现在的 15 个省市，基本形成了“以北京为中心，以东北、华南为依托，以中东部经济带的中心城市为支点”的业务空间布局。网点布局的优化，不仅强化了公司在重点地区的营销服务能力，而且弥补了公司在中东部发达地区的网点空白，必将为经纪业务及公司的长远发展提供新的动力，带来长远而重要的影响。

公司经纪业务以技术领先的电子化交易为特色，拥有技术先进、安全高效的证券交易平台和完善的客户服务渠道。公司不断强化网上交易业务，整合投资咨询力量，加大新业务品种的开发力度，经纪业务竞争力进一步提高。公司坚持以客户需求为导向，按客户的不同服务需求重构客户服务体系，客户服务的专业化不断提高，个性化优势日渐突出。几年来，公司营业网点不断优化，至 2012 年底在北京、上海、天津、深圳、广东、辽宁等省市拥有 68 个证券营业部，股票基金市场份额不断攀升，从 7‰达到 9‰以上，2012 年排名第 30 位。

截至 2012 年底，公司共有员工 3273 人。其中，研究生以上学历 361 人，本科学历 1645 人，合计占比 61.3%。

公司研发中心是一支由经济学、管理学、理学、工学、法学等多学科博士、硕士组成的具有深厚理论功底和丰富实战经验的高素质专业研究团队，是中国证券研究行列中一支朝气蓬勃的生力军。研发中心每日推出的“信达看盘”、“组合专刊”、“股指早报”等日报产品，定期推出的月度、季度策略报告以其丰富的内容以及对市场的敏锐判断被多个媒体和相关报刊广泛采用，行业公司研究也受到广大投资者的一致好评。研发中心亦以自身雄厚的研究实力，为公司各方面业务的开展提供强大的智力支持。

获奖情况：

——“现金宝”理财产品荣获证券时报“怀新投资杯”中国最佳财富管理机构暨第五届中国最佳证券经纪商评选之“中国最佳资管创新产品”

——获评东方财富网“2012 年度最佳经纪业务证券公司”称号

——被《理财周报》评为“2012 中国券商[金方向]奖榜单之 2012 中国券商最佳资产管理团队”

——获评 2012 中国金牌高成长企业及投行领导人峰会之“中国新锐投行”

——荣获上海证券交易所 2012 年度“引导理

性投资”年度评选优秀组织奖

——荣获中国农业发展银行“2012年度优秀债券承销商”

公司秉承“崇德精业，诚信为本，规范经营，创新发展”的经营思想，以“客户至上”为经营原则，以“专业创造价值”为核心价值观，通过服务创新、产品创新、技术创新，为客户提供专业、优质高效的服务，坚持与客户共同成长，为社会创造更多的经济和社会价值。公司以“激情工作、快乐生活”为企业文化的核心理念，积极推进企业文化建设。

（执笔：吴露生）

天源证券有限公司

天源证券有限公司（以下简称“天源证券”）成立于2002年12月，2006年10月经中国证监会证监机构字[2006]262号文件批复，中国南方航空集团公司成为天源证券的控股股东。2012年初，经国家工商行政管理总局审核，公司名称变更为“天源证券有限公司”。天源证券具有国有大型中央企业经营管理背景和业务运作资源，自成立以来秉承“为客户提供优质的金融服务，为股东创造良好的投资回报”的宗旨，稳健经营、规范运作，保证了客户资产安全和公司资产优良。2012年3月，经中国证券监督管理委员会青海监管局“青证监许可[2012]3号”批复文件正式核准天源证券有限公司变更业务范围，增加“证券自营和与证券交易、证券投资活动有关的财务顾问”业务资格。这是天源证券在拓展经营范围方面的一项新突破，对提高公司竞争力、实现经营目标具有重要意义。

天源证券注重“以人为本”的管理思想，建立并完善了科学的考核制度和奖惩分明的激励机制，汇聚了一批具有较高专业素质和经验丰富的证券专业人才和资深管理精英。天源证券的营业部主要分布在珠三角、渤海湾、东南、东北、西北等地，布局较为合理。天源证券福州营业部是天源证券有限公司的全资分支机构。营业部于2011年6月8日正式开始营业，营业面积逾1200平方米。作为天源证券设在海峡西岸的唯一营业网点，天源证券福州营业部将借助天源证券总部特有的人才、资金、信息、研究力量等资源优势，立足福州面向海峡西岸，以“稳健、求实、高效”的经营作风，充分发挥证券市场的直接融资功能，开辟引进资金途径，以支持地方重点项目建设，推进企业经营机制的转换和改革的深入，并为大众提供更多的投资选择机会。尊重客户的服务理念，先进高效的交易系统，科学规范的管理手段，训练有素的员工队伍，为一个目的——实现客户资产的保值增值和理想的投资回报。同时福州营业部把保护投资者的利益作为工作的重点，不断提升营业部的服务水平和服务质量，加强对投资者的知识宣传和风险教育，注重与投资者的沟通，培养出一流的员工和理性的投资者，力争将营业部打造成具有区域竞争优势，明显经营特色和富有社会责任感的现代证券服务窗口。

开业以来，福州营业部屡创佳绩，综合排名和业绩已位于天源证券全国营业部前列，并在福建地区券商综合排名中居于中上游水平。福州营业部将继续秉承“承载责任、创造财富”的经营理念竭诚为广大的投资者提供更安全、更丰富、更全面、更迅捷的证券金融服务。

（执笔：周博文）

2-1-9　福建省保险业发展概况

2-1-9-1　福建省保险系统机构数

（2003-2012 年）

年份	财产保险公司			人寿保险公司		
	机构数（个）	职工人数（万人）	营销人数（万人）	机构数（个）	职工人数（万人）	营销人数（万人）
2003	137			141		
2004	397	0.41	0.34	1010	0.64	4.30
2005	505	0.56	0.40	971	0.66	5.03
2006	590	0.71	0.59	998	0.72	4.77
2007	783	0.81	0.86	1078	0.87	5.35
2008	1022	1.02	1.46	1218	1.15	7.59
2009	1022	0.99	1.51	1352	1.13	9.16
2010	891	1.01	1.29	1327	1.30	8.30
2011	897	1.15	1.13	1372	1.23	8.09
2012	928	1.26	1.13	1400	1.24	8.32

2-1-9-2　福建省保险公司业务经济技术指标

（2003-2012 年）　单位：亿元

年份	保险金额		保费		赔款支出	
	财产保险公司	人寿保险公司	财产保险公司	人寿保险公司	财产保险公司	人寿保险公司
2003	13355.80	4718.62	31.36	92.30	16.01	11.32
2004	15318.19	9031.69	37.32	98.31	19.14	12.54
2005	19503.20	14043.86	41.37	107.72	27.23	13.32
2006	26623.37	14472.18	52.36	121.99	27.78	17.03
2007	33331.54	26183.30	69.44	147.92	37.02	31.89
2008	58799.91	37200.85	81.21	209.47	49.57	40.61
2009	77706.63	37163.26	96.19	234.46	56.00	38.73
2010	71367.89	43103.10	132.74	290.87	65.44	37.46
2011	70943.49	31104.60	158.51	273.90	76.88	47.02
2012	100495.39	36089.27	184.40	293.30	94.73	55.08

注：2012 年保险金额为有效保单保险金额，保费为原保险保费收入。

2-1-9-3 福建省部分保险公司发展概况

中国人寿保险股份有限公司福建省分公司

中国人寿保险股份有限公司福建省分公司（以下简称“中国人寿福建省分公司”）是中国人寿下属一级分公司，主要经营福建省（不含厦门，以下同）的人寿保险、健康保险、意外伤害保险等各类人身保险业务，现行市场销售近100个险种，构筑了集储蓄、保障、年金、医疗、理财分红为一体的产品体系，是福建保险市场唯一一家年度保费收入上百亿公司。目前，全省共设有 87 个分支机构、2753个代理网点，521个营销服务部，共有员工3281人，拥有销售队伍23208人，是福建机构最全、人员最多、业务规模最大、资产实力最强的寿险公司。

2012年，中国人寿福建省分公司坚持以发展为中心，把转型发展作为主要的发展理念和战略，始终倡导“竞位争先”、“奋进超越”的理念，坚持以价值为核心，努力从“规模推动型”向“价值驱动型”转变，较好实现了巩固市场、达成预算、优化结构、提升效益的目标，总保费（含集团）收入112.05亿元，占福建人身保险市场份额的46.1%，其中股份总保费保持在百亿平台，并首次跻身全国系统十大公司行列。公司不断提升服务保障水平，深入开展柜面服务升级达标活动，柜面服务达标率居全国系统第1位；拓宽保全业务受理渠道、简化业务处理手续、提高业务处理时效，全面启用保全统一作业平台，柜面保全受理效率提升至75.9%，后台保全审核效率提升三分之一；出台二级以下医疗机构和费用补偿型医疗险理算规则，统一全市理赔提调标准，制定提升理赔服务和应对理赔纠纷的具体工作举措；强化基层柜面人员的服务意识和岗位技能，实施客户分类管理，丰富客户服务内容；加强投诉处理跟进、督导及指导力度，建立1个工作日响应、2 个工作日反馈处理意见或处理进程机制。公司始终把依法合规放在工作首要位置，倡导“合规为先”的理念，紧盯“零案件、零处罚、低风险”目标，开展基层柜面全部实现零付费，批量转账业务实现省级集中处理，开展诚信合规主题教育。

在实现公司自身发展的同时，中国人寿福建省分公司主动积极履行社会责任，充分发挥保险保障功能，坚持服务海西发展大局。截至 2012 年末，公司保险覆盖 1452 万人次，为客户提供保险保障金额 10906 亿元，共支付死伤医疗理赔金额 4.58亿元，有效支持地方经济发展。公司积极响应四部委文件精神，积极参与城镇居民大额补充医疗保险、新型农村合作医疗保险、农村居民特困医疗求助，不断扩大商业保险参与社会保障服务范围，提升服务水平。2012年，公司9个县市参与新农合经办工作，参保人数达到111.38万人，为14.70万人次的农民提供了 2.35 亿元医疗补偿服务。公司秉承以“厚德善行”企业文化，热心于助学、扶贫、慈善捐助等公益活动，大力支持见义勇为事业，关心少儿成长和孤寡老人生活，组织开展“岗位学雷锋、服务在基层”、“捐资助学、国寿在行动”、“情牵见义勇士子女”等献爱心活动，并向返乡外来工赠送保险总金额500万元交通意外伤害保险，以实际行动表达对外来工的关爱之情，切实履行企业社会责任。

（执笔：卢星星）

中国平安人寿保险股份有限公司福建分公司

2012年度，中国平安人寿保险股份有限公司福建分公司（以下简称“平安人寿福建分公司”）秉承“诚信守法，简单务实；团结进取，迎难而上；追求卓越，服务领先；创造价值，回馈社会”的司训，围绕“专业、成长、责任、分享”的经营理念，统筹兼顾，科学发展，不断进取，再攀高峰。截至2012年末，福建分公司保费收入达到49.0亿元，较上年增长16.1%。其中，个险业务总保费收入43.9亿元，增长12.4%；银保业务总保费收入3.1亿元，增长57.9%；其他业务渠道总保费收入计2.0亿元。2012年，平安人寿福建分公司下辖泉州中心支公司、漳州中心支公司、龙岩中心支公司、三明中心支公司、南平中心支公司、宁德中心支公司、莆田中心支公司等7个中心支公司，17个支公司，1个营业部及125个营销服务部，合计151家分支机构；其中，营销服务部较上年新增7个，乡镇网点覆盖率逐步提升。分公司内勤员工将近一千四百人，保险代理人一万九千余人。为满足不同年龄、不同层次的客户需求，平安不断推陈出新，加快对已有产品的更新，积极进行新产品的创新，推出了智慧星、护身福等新产品，以满足客户多方位、个性化的保障需求。

为持续推动公司业务及人力的发展，分公司回归本源，提出“营销是树，活动量是根”的经营目标，通过活动量提升带来人力、业绩成长。同时分公司在日常管理及培训中加强对内外勤员工的相关法律知识教育，特别是开展了合规宣传月活动，通过晨会宣导、张贴海报、下发学习邮件、培训授课等形式，生动活泼地对公司合规工作、内控工作、反洗钱工作进行了系统的宣导，帮助员工更好地了解公司合规工作，在日常经营工作中掌握、运用合规、反洗钱知识，严格进行风险管控。积极贯彻监管要求，开展综合治理销售误导工作，分公司因较好实现“全覆盖”要求，在会议中进行分享，并获得肯定与表扬。响应集团“专业价值”主题及监管部门“保护消费者利益”工作要求，分公司面向业务一线队伍、内勤员工开展P-STAR服务文化推广活动，包括后援技能达人挑战赛、“梦想成真”服务金点子征集评选等，确保持续为客户提供主动、简单、及时、方便、可靠的服务，其中包括开展“福建分公司2012年特定客户关爱活动”、“平安人寿客服节少儿家庭才艺大赛”、“平安VIP俱乐部女性主题沙龙活动”、“平安乡村行电影下乡”等活动。加强推动“综合金融”，联合平安其它专业子公司，让更多的客户体验系统、便捷、个性化的平安综合金融服务。为避免突发状况对分公司正常经营的影响，分公司开展BCP消防演习活动，通过消防培训、消防考试、突发演练以及灭火器使用，提高了员工的抗灾意识及自救意识。全体人员在较短的时间内安全有序地完成疏散，顺利完成演习。

“创造价值，回馈社会”和“为客户寻找理赔的理由”一直是公司的社会服务宗旨和行业行为准则。2012年9月，分公司联合产险、养老险、平安银行福州分行、德诚物业与省血液中心展开合作，举办2012年福建平安“爱心传递，生命延续”无偿献血活动，活动共计125名爱心人士参与献血，献血量约4.7万毫升。2012年12月，分公司完成了一宗赔付金额高达397万元的疾病身故理赔案，这也是平安人寿福建分公司历史上赔付金额最高的案件。

（执笔：陈群）

中英人寿保险有限公司福建分公司

中英人寿保险有限公司（以下简称“中英人寿”）由英国英杰华集团与中国中粮集团合资组建，于 2003 年 1 月 1 日正式开业，目前注册资本金达 29.46 亿元人民币。

2012 年，中英人寿福建分公司实现保费收入 3.13 亿元，比上年增长 10.4%；新单保费为 1.28 亿元，下降 13.8%。福建分公司目前在福建省整体寿险市场排名第 12 位，位列省内外资寿险公司第 1 位。2012 年，分公司退保金为 5033.38 万元，增长 41.5%。赔付支出 1459.84 万元，增长 2.7%。

基于公司“服务源自关怀”的客服理念，中英人寿提供的不仅是专业的保险产品，更是全方位的安全保障和贴心的客户服务：

分公司在 2012 年里荣获了多类奖项，并在公益活动中继续履行企业社会责任。

——荣获“最受欢迎外资保险品牌”称号

中金在线财经排行榜是由中国大型财经资讯网站——中金在线举办的大型财经类评选活动，面向全财经行业。财经排行榜依托强大的金融行业背景和专业的运营团队，结合最权威的专家，进行最专业的数据评测，通过采用投资者网络投票和专家评定相结合的方式，评选出最终的排行榜单。它已成为金融行业最权威、最有影响力的年度评选之一，得到国内主流媒体的密切关注和广泛报道。最终，中英人寿脱颖而出荣获“最受欢迎外资保险品牌”荣誉称号。

——荣获全国“反洗钱先进集体”以及 2011 年度“厦门市反洗钱工作先进单位”荣誉称号

在《中华人民共和国反洗钱法》实施五周年之际，基于本司厦门机构认真履行反洗钱义务，全面建立了反洗钱制度和工作机制，在反洗钱内部控制、客户身份识别、大额和可疑交易报告、交易记录保存、反洗钱宣传培训等方面取得了重大进展，中国人民银行授予“中英人寿保险有限公司厦门分公司总经办全国反洗钱工作先进集体”荣誉称号。

同时，中英人寿厦门分公司获得 2011 年度反洗钱保险业A类等级以及“2011年度厦门市反洗钱工作先进单位”荣誉称号。

——“星星点灯”公益活动走进永泰

2012 年 9 月 20 日-21 日，福建中英人寿“星星点灯·关爱留守儿童公益计划”活动志愿者们走进福州永泰大洋中心小学，为学校留守儿童们送上祝福。《中国保险报》、福建电视台、《东南快报》、凤凰网、东南网、福建保险网等多家新闻主流媒体陆续报道本次活动的开展情况。

强强联手打造的中英人寿，秉承英方股东英杰华集团 300 多年专业保险经验，以高效的多元化行销体系，适合不同客户需求的优质保险产品及强大的服务支持系统，立足福建市场，致力于为广大客户提供优质全面的寿险服务。中英人寿福建分公司将进一步深耕机构发展、加强企业文化建设，提升客户服务品质，维护保险消费者权益，借助海西经济发展的有利形势，持续推进公司业务发展。

（执笔：许陈涛）

中国平安财产保险股份有限公司福建分公司

2012年，中国平安财产保险股份有限公司福建分公司（以下简称“平安产险福建分公司”）在集团“品质优先、利润导向、遵纪守法、挑战新高”十六字经营方针的指引下，积极进取，努力提升业务技能和经营管理水平，狠抓服务品质，在实现公司价值的同时努力为客户创造和传递价值，在服务海峡西岸经济区和和谐社会建设中发挥了应有的作用。

2012年，平安产险福建分公司的重大承保项目包括：1月1日，共保福州城市交通轨道1号线工程险项目，总保额约108亿元；3月31日，承保福建电力系统财产一切险、机损险、供电责任险，保额逾100亿元；5月24日，首席承保省属重点项目——福建太平洋电力有限公司湄洲湾电厂财产一切险、营业中断险、机器损坏险、平安雇主责任险、平安公众责任险等一揽子项目，总保额62.3亿元（平安产险占比份额93%，另一共保方为中银保险）；9月15日，与深圳分公司联合承保宁德核电1-2号机组转营运财产险项目，该项目总保额330万美元（其中福建分公司承保份额45%）；10月1日，与人保财险、太平洋财险联合承保福建联合石油化工有限公司财产一切险、机损险、产品责任险，总保额350亿元，其中平安产险共保份额为17%，并独家承保船舶险；12月17日，成功中标2013年度福建省直行政事业单位公务用车统一保险项目。

2012年，平安产险福建分公司累计实现保费收入27.53亿元，比上年增长16.9%。三大险种全面盈利，全年承保利润2.56亿元，市场份额由上年度的19.2%上升至19.4%，进一步巩固了平安产险在福建的第二大财产保险公司地位。

中国平安产险福建分公司在客户服务上不断改革创新，致力加快服务时效、提升服务品质、改善服务质量。车险理赔方面，4月1日，分公司在省内首创运用3G工具IPAD查勘、推出车险理赔“现场报案、现场结案”服务，实现车险极速理赔，并与全省交警、法院合力实施车险人伤多元化调处机制，提升车险人伤案件结案时效；10月1日，全省统一推行“双平”事故简易处理流程，进一步提升客户服务体验。据统计，当年分公司IPAD查勘案件量占比14.9%，平均结案时效5.1小时，3G查勘惠及客户超过2万人次；建立人伤外部调解点18个，人伤调解案件数达3800起，陪同调解率占比51.0%，调解赔付金额达11400万元。

平安产险优质、高效的服务赢得了外界的充分认可。4月17日，福建保监局发文通报辖内19个产险公司2011年度车险理赔服务时效指标测评结果，平安产险总评分大幅超主要竞争对手，位列三大产险公司首位；9月10-14日，中国质量万里行促进会检查组来闽针对各行业产品售后、窗口单位服务质量进行了暗访调查。平安产险福建分公司以优秀的服务品质和现代的服务设施顺利通过检查，并荣获中国质量万里行促进会颁发的“优（A）级”最高评价。

同时，平安产险福建分公司切实发挥保险救灾的基础功能，积极服务海峡西岸建设。2012年，福建分公司累计支付已决赔款133976万元。

此外，分公司还积极践行“企业公民”职责，长期致力于社会公益活动，广受社会各界的赞誉。9月7日、10月26日，分公司先后赴龙岩上杭县旧县乡梅溪平安希望小学及漳州市南靖县长教乡平安希望小学开展“支教爱延续”公益活动，捐赠学习用具、体育用品及课外读物逾3000件；9月26日，分公司联合平安寿险福建分公司、平安养老险福建分公司、深圳德诚物业福州分公司共同举办“爱心传递，生命延续”2012年无偿献血活动，这也是福建平安连续第10年举办无偿献血活动。

（执笔：王映薇）

2-2　2012 年福建税收收入主要统计指标

2-2-1　福建省三大产业

（2012

项　目	国内税收收入合计	国　内增值税	一般纳税人增值税	国　内消费税	营业税	企　业所得税	个　人所得税
合　计	32079750	7591659	7378589	1866981	4900980	6457561	1706084
一、第一产业	29187	5542	4110		3329	6021	6437
二、第二产业	16870133	6056138	5984513	1682546	1248304	2692807	653882
（一）采矿业	555249	270422	244922		14934	181739	29909
煤炭开采和洗选业	245262	164272	142397		9941	42282	13711
石油和天然气开采业	476				9		391
黑色金属矿采选业	61002	36865	36853		1591	12661	1167
有色金属矿采选业	179125	31249	30928		1587	112801	10789
非金属矿采选业	65409	37128	34319		1387	13846	2688
其他采矿业	3975	908	425		419	149	1163
（二）制造业	13199372	5040270	4996929	1682546	70175	1800240	347293
农副食品加工业	182575	122060	120789		1737	34851	4840
食品制造业	191489	116241	115702		1805	45025	7630
酒、饮料和精制茶制造业	277776	145189	144509	55370	608	58850	4560
烟草制品业	1495685	254862	254862	1078668	516	56629	7320
纺织业	288974	183539	182528		562	55322	21762
纺织服装、服饰业	804486	471589	459120		3743	190969	23027
皮革、毛皮、羽毛及其制品和制鞋业	801456	528763	527263		948	190165	29054
木材加工和木、竹、藤、棕、草制品业	86681	62459	60978	27	653	9277	3998
家具制造业	91791	61797	60693		555	14341	4260
造纸和纸制品业	206715	116873	116328		944	58836	7811
印刷和记录媒介复制业	58691	35630	34883		326	13592	2811
文教、工美、体育和娱乐用品制造业	151903	107965	107173		1139	24897	4487
石油加工、炼焦和核燃料加工业	643094	107905	107904	479145	586	1752	5916
化学原料和化学制品制造业	259358	151718	151435	51	1510	76070	10211
医药制造业	88334	53062	53058		431	24199	3613
化学纤维制造业	90679	55788	55767		58	29111	1094
橡胶和塑料制品业	367333	205033	204053	11869	1422	108043	9857

税收收入情况

年）　　单位：万元

城市维护建设税	房产税	印花税	城镇土地使用税	土地增值税	车辆购置税	车船税	耕地占用税	契税	其他各税
895125	388310	234530	216861	1360007	699871	104959	308516	774164	4574142
502	1357	1254	846	287	1274	5	1656	671	6
539460	105117	99785	95658	30447	11459	81	69149	29105	3556195
12598	1066	1167	955	118	609		682	397	40653
8294	136	426	285		117		463	187	5148
	1	2	19		54				
1786	367	219	227	3	38		48	1	6029
1071	347	342	146	115	58		3	60	20557
1213	135	126	195		82		141	149	8319
234	80	52	83		260		27		600
415292	87097	71486	84774	22399	7593	1	58217	23984	3488005
6020	3129	3534	2817	779	198		1845	765	
9052	2513	1597	2430	525	488		3264	793	126
8044	1391	758	1458		70		1176	272	30
93463	1915	1353	824		28			105	2
9783	3859	3489	4040	329	542		3907	1671	169
30275	5955	4865	4311	1723	1145		4126	1943	60815
28007	8676	5121	6478	351	412		2380	1101	
4327	1303	1043	2026	91	193		826	451	7
3800	1792	1003	1495	629	213		1224	682	
6820	3205	1803	3187	473	246		2956	1089	2472
2445	1559	458	1158	47	86		412	167	
6424	2542	1015	2219	242	106		538	324	5
44026	144	1397	1698	82	91		114	223	15
7661	2361	2608	3195	269	224	1	2262	947	270
3629	797	375	729	48	45		1058	348	
1900	335	1456	395	9	64		306	143	20
16095	4075	3157	3766	301	216		2351	1137	11

2-2-1 续表 1　　　　（2012

项　目	合　计	国　内 增值税	一般纳税 人增值税	国　内 消费税	营业税	企　业 所得税	个　人 所得税
非金属矿物制品业	670560	411054	402473		2265	142430	40139
黑色金属冶炼和压延加工业	192584	141289	140013		2650	18891	4583
有色金属冶炼和压延加工业	100863	53062	52977		563	35930	3801
金属制品业	251578	147813	146093		2422	60705	11731
通用设备制造业	326490	135830	134538		2912	48321	11739
专用设备制造业	291586	123510	122755		2627	52335	7329
汽车制造业	429476	193629	193557	56634	1935	52292	11712
铁路、船舶、航空航天和其他运输设备制造业	328991	99465	99119	782	538	30646	3708
电气机械和器材制造业	559415	278076	277624		4693	118587	30647
计算机、通信和其他电子设备制造业	825815	501541	501288		27276	206392	42736
仪表仪器制造业	55988	36370	36171		350	9990	4146
其他制造业	3079006	138158	133276		4401	31792	22771
（三）电力、热力、燃气及水的生产和供应业	**1113120**	**743613**	**741385**		**13406**	**218414**	**66501**
电力、热力生产和供应业	952521	680293	678381		9530	137366	63242
燃气生产和供应业	120760	41311	41301		2001	71855	1469
水的生产和供应业	39839	22009	21703		1875	9193	1790
（四）建筑业	**2002392**	**1833**	**1277**		**1149789**	**492414**	**210179**
房屋建筑业	862598	68	60		472008	246494	85473
土木工程建筑业	325172	466	401		208237	55435	34252
建筑安装业	432296	884	575		249013	104798	47511
建筑装饰和其他建筑业	382326	415	241		220531	85687	42943
三、第三产业	**15180430**	**1529979**	**1389966**	**184435**	**3649347**	**3758733**	**1045765**
（一）批发和零售业	**3528103**	**1444030**	**1328556**	**184435**	**76687**	**716554**	**134775**
批发业	2906619	1090914	1067021	174831	54670	607411	86860
零售业	621484	353116	261535	9604	22017	109143	47915
（二）交通运输、仓储和邮政业	**598942**	**13123**	**10151**		**229102**	**218391**	**56483**
交通运输业	548228	11418	8584		211516	207271	49947
仓储业	30980	1521	1423		9399	8955	2177

年）　　　　单位：万元

城市维护建设税	房产税	印花税	城镇土地使用税	土地增值税	车辆购置税	车船税	耕地占用税	契税	其他个税
19728	11532	4650	12462	593	342		8354	1998	15013
9560	2286	2826	3972	4349	151		1464	543	20
3142	385	2330	513	7	55		521	226	328
9939	4476	3139	4862	237	267		4276	1656	55
8761	3007	1777	3811	1637	182		1714	502	106297
5232	2024	1392	2434	372	269		1655	847	91560
11379	2549	2445	2908	56	215		1775	386	91561
4441	594	630	797	-11	101		3354	821	183125
17588	3775	4103	3779	4159	177		949	1320	91562
24781	6156	9096	3132	891	150		1959	1705	
3138	760	487	542		66		84	55	
15832	4002	3579	3336	4211	1251		3367	1764	2844542
42526	**11134**	**7693**	**4822**	**1015**	**1116**	**1**	**2099**	**418**	**362**
38700	9893	6709	2931	1014	755	1	1537	294	256
2348	396	667	375		180		83	75	
1478	845	317	1516	1	181		479	49	106
69044	**5820**	**19439**	**5107**	**6915**	**2141**	**79**	**8151**	**4306**	**27175**
28432	2185	7500	1078	3484	391		1334	1603	12548
11271	823	3801	2273	107	236		1593	3	6675
15087	1207	3877	714	338	132	79	3157	1147	4352
14254	1605	4261	1042	2986	1382		2067	1553	3600
355163	**281836**	**133491**	**120357**	**1329273**	**687138**	**104873**	**237711**	**744388**	**1017941**
108783	**42966**	**57643**	**15477**	**11963**	**12686**		**6264**	**8264**	**707576**
80553	25399	46186	10035	11137	3774		2732	5310	706807
28230	17567	11457	5442	826	8912		3532	2954	769
16543	**18599**	**5695**	**11128**	**4325**	**17292**	**745**	**4364**	**2298**	**854**
15040	13202	4881	7986	4047	17036	744	2699	1587	854
926	2145	715	2451	258	62		1661	710	

2-2-1 续表 2 (2012

项　目	合　计	国　内 增值税	一般纳税 人增值税	国　内 消费税	营业税	企　业 所得税	个　人 所得税
邮政业	19734	184	144		8187	2165	4359
（三）住宿和餐饮业	**268043**	**300**	**54**		**163449**	**38445**	**31613**
住宿业	114133	216	41		65721	18318	8627
餐饮业	153910	84	13		97728	20127	22986
（四）信息传输、软件和信息技术服务业	**517630**	**13117**	**11798**		**174119**	**229580**	**59637**
电信、广播电视和卫星传输服务业	357265	1112	844		128370	181114	23148
互联网和相关服务	5951	16	3		3184	501	1422
软件和信息技术服务业	154414	11989	10951		42565	47965	35067
（五）金融业	**2614567**	**1599**	**970**		**898536**	**1195311**	**305493**
货币金融服务	2106525	1577	959		733656	1075203	211665
资本市场服务	94436	21	11		11990	33169	44971
保险业	308060	1			131895	17012	41121
其他金融业	105546				20995	69927	7736
（六）房地产业	**4945594**	**81**	**29**		**1538017**	**1027167**	**170725**
（七）租赁和商务服务业	**610071**	**5363**	**2670**		**240393**	**97611**	**82623**
租赁业	32819	748	144		14149	6575	2240
商务服务业	577252	4615	2526		226244	91036	80383
（八）科学研究和技术服务业	**189122**	**3501**	**2531**		**62747**	**40318**	**29887**
（九）居民服务、修理和其他服务业	**471591**	**13979**	**6290**		**176107**	**82223**	**67887**
（十）教育	**38971**	**26**			**9710**	**3874**	**21026**
（十一）卫生和社会工作	**32813**	**26**	**2**		**1415**	**1449**	**27195**
（十二）文化、体育和娱乐业	**92451**	**4945**	**4839**		**36750**	**15919**	**22093**
新闻和出版业	19234	4283	4248		5911	3288	3251
广播、电视、电影和影视录音制作业	14408	590	584		7102	2704	2332
体育	18390	3			1947	3980	9312
娱乐业	29678	6	1		14322	4974	6105
（十三）公共管理、社会保障和社会组织	**189032**	**997**	**30**		**30234**	**8716**	**32980**
（十四）其他行业	**1083500**	**28892**	**22046**		**12081**	**83175**	**3348**

年）　　　　　　　　　　　　　　　　　　　　　　　　　　　　　单位：万元

城市维护建设税	房产税	印花税	城镇土地使用税	土地增值税	车辆购置税	车船税	耕地占用税	契税	其他各税
577	3252	99	691	20	194	1	4	1	
10954	16686	630	3333	487	236		1000	875	35
4488	12658	331	2450	337	117		577	261	32
6466	4028	299	883	150	119		423	614	3
15122	12725	2441	3273	1567	3373		1298	1350	28
8676	9740	875	2430	7	1645		38	109	1
314	212	86	100	2	112			2	
6132	2773	1480	743	1558	1616		1260	1239	27
61991	22921	14518	2300	2389	1153	104064	941	3351	
50494	18781	10586	1789	1761	258	5	6	744	
1041	1245	309	251	336	107	1	276	719	
8973	2334	1874	199	275	275	104053	5	43	
1483	561	1749	61	17	513	5	654	1845	
99897	87285	30647	61291	1196939	2636		104866	624706	1337
16493	27946	9324	10823	58879	5418	10	21939	32728	521
901	4575	431	1435	1279	389		14	37	46
15592	23371	8893	9388	57600	5029	10	21925	32691	475
4906	3877	1727	1089	815	990		16066	23190	9
11325	21768	5314	5411	28078	2089	54	33332	23079	945
635	1500	98	323	626	994		133	26	
97	757	120	71	124	1271		97	187	4
2429	4758	292	2724	1619	450		168	300	4
717	1322	91	232	10	129				
509	852	65	135		119				
129	1506	21	1128	294	24			43	3
911	801	56	861	1179	43		163	257	
5169	17657	4154	1850	19739	2087		37197	22915	5335
819	2391	888	1264	1723	636463		10046	1119	301293

2-2-2　福建省分企业类型

（2012

项　目	合　计	内资					
		小　计	国　有 企　业	集　体 企　业	股份合 作企业	联　营 企　业	#国　有 控　股
一、税收收入合计	**32079750**	**20013807**	**3371797**	**293605**	**245365**	**50194**	**10902**
增值税收入	11992803	5583959	1392506	131586	12376	14537	2979
#一般纳税人	7378589	4362594	706925	38262	12128	14488	2979
小规模纳税人	213070	89829	2623	1700	248	49	
消费税收入	1890646	1291983	828567	668	16		
营业税	4900980	4153884	392118	41963	41999	7975	4456
企业所得税	6457561	4484281	343019	74690	143022	22332	766
个人所得税	1706084	1306079	109069	11525	36342	2418	1758
资源税	93315	87060	7445	2225	556	43	
城市维护建设税	895125	621849	68328	4631	3529	823	429
房产税	388310	277325	38987	8530	2544	431	286
印花税	234530	179680	12815	938	1160	83	17
城镇土地使用税	216861	160785	17279	3311	1067	105	56
土地增值税	1360007	1022752	43758	10728	1278	236	148
车船税	104959	103796	3175	32	110	4	
车辆购置税	699871	120040	25125	1930	583	1190	
烟叶税	56018	56018	56000				
耕地占用税	308516	256086	16754	149	569	15	7
契税	774164	308230	16852	699	214	2	
二、非税收入合计	**5331410**	**4305823**	**511670**	**65402**	**17379**	**6931**	**2177**
教育费附加收入	427492	297179	31753	2415	1747	370	187
文化事业建设费收入	26771	23796	983	59	24	46	36
税务部门罚没收入	2074	1755	96	67	3	8	1
税务行政性事业收费收入	3009	2120	343	42	2	8	8
社会保险基金收入	4439834	3660171	446954	59830	13641	5930	1561
基本养老保险基金收入	2581895	2084260	328750	37891	4772	4163	861
失业保险基金收入	211824	171273	24518	3048	1224	421	317
基本医疗保险基金收入	1432828	1230427	75347	15422	6996	1198	345
工伤保险基金收入	99636	78069	8240	1870	386	101	21
生育保险基金收入	72881	55372	5736	1088	245	47	17
其他社会保险基金收入	40770	40770	4363	511	18		
其他非税收入	432230	320802	31541	2989	1962	569	384
地方教育费附加收入	285654	198291	20882	1692	1200	249	125
地方水利建设基金收入	83960	74224	6387	752	432	211	178
残疾人就业保障基金收入	56843	43903	3973	468	313	105	81
其他存款利息收入	44	44					
其他收入	5729	4340	299	77	17	4	
附列资料：工会经费收入	48199	32845	3208	547	415	31	21

税收收入情况

年）　　　　　　　　　　　　　　　　　　　　　　　　　　　　单位：万元

企业									
股份公司	#国有控股	私营企业	其它企业	港澳台投资企业	#国有控股	外商投资企业	#国有控股	个体经营	附列资料：乡(镇)企业
12174592	**3528576**	**3246495**	**631759**	**4753309**	**279680**	**5613405**	**754220**	**1699229**	**3197609**
2694286	427327	1302884	35784	2930873	9137	3345842	119729	132129	483066
2308001	427271	1273769	9021	1612250	9137	1379727	119729	24018	473199
29421	56	29025	26763	12733		2397		108111	9867
460269	1321	2459	4	47719	2868	550200	483549	744	1356
2894414	942474	624486	150929	265725	105389	234103	39720	247268	877913
3193605	1270782	652260	55353	990161	6339	983119	36805		622009
827036	281125	194065	125624	89565	18623	132471	30496	177969	345524
58183	25497	12630	5978	3639	311	869	14	1747	34401
437864	167706	94711	11963	102760	19963	150404	21786	20112	135775
150921	53228	36121	39791	48818	12524	33112	6694	29055	77105
122935	32998	34641	7108	23665	5179	25281	4326	5904	45741
96825	27464	36883	5315	32505	9913	19099	3919	4472	61866
748040	204013	195924	22788	188347	86552	120431	6390	28477	243059
100373	42505	100	2	337	4	776	220	50	5713
46818		7801	36593	1290		377		578164	
18									
133849	30385	16569	88181	11587	981	4565	261	36278	99101
209156	21751	34961	46346	16318	1897	12756	311	436860	164980
2011712	**622287**	**476904**	**1215825**	**443131**	**88620**	**523009**	**108328**	**58547**	**576351**
207501	77236	47801	5592	49896	9201	70789	10511	9628	76617
10933	2475	5388	6363	629	123	390	84	1956	3395
871	204	477	233	34	3	16	2	269	624
1221	469	185	319	117	58	248	52	524	324
1583597	465264	358791	1191428	349323	69999	392258	85446	38082	120380
1020687	286241	224598	463399	221274	41573	247331	50335	29030	250209
95665	39764	20535	25862	18140	3615	21477	5324	934	23408
397879	119102	92231	641354	90780	21412	104735	25469	6886	116123
36802	9995	12130	18540	10645	1908	10202	2482	720	17689
30077	7693	9222	8957	8484	1491	8513	1836	512	9730
2487	2469	75	33316						3221
207589	76639	64262	11890	43132	9236	60208	12233	8088	75011
138038	50764	32843	3387	33518	6255	47380	7147	6465	52327
42293	15703	23414	735	3183	1579	5280	2495	1273	14327
23912	9102	7500	7632	6227	1391	6651	1921	62	7701
			44						
3346	1070	505	92	204	11	897	670	288	656

2-2-3 福建省营业税分企业

（2012

项 目	合计	内资					
		小计	国有企业	集体企业	股份合作企业	联营企业	#国有控股
一、建筑业	1149789	1109449	132184	18979	12587	873	19
房屋建筑业	472008	462239	45289	10402	9409	43	
土木工程建筑业	208237	204826	43486	2080	1091	201	15
建筑安装业	249013	239792	33022	3629	922	301	
建筑装饰和其他建筑业	220531	202592	10387	2868	1165	328	4
二、交通运输、仓储及邮政业	229102	197996	24736	2186	339	5665	4109
（一）交通运输业	211516	183298	19626	2164	338	5662	4106
铁路运输业	10362	10333	5223	267			
道路运输业	99683	93543	12056	1371	247	87	82
水上运输业	21228	15959	1193	120	76	1552	1
航空运输业	51030	48140	38			4018	4018
管道运输业	382	317					
装卸搬运和运输代理	28831	15006	1116	406	15	5	5
（二）仓储业	9399	7331	1097	22	1	3	3
（三）邮政业	8187	7367	4013				
三、住宿和餐饮业	163449	85961	6762	1277	247	52	13
住宿业	65721	42018	6052	703	3	15	13
餐饮业	97728	43943	710	574	244	37	
四、信息传输、软件和信息技术服务业	174119	97869	14852	27	277	217	167
电信、广播电视和卫星传输服务	128370	59142	14461	1	228	202	167
互联网和相关服务	3184	2763		11		2	
软件和信息技术服务业	42565	35964	391	15	49	13	
五、金融业	898536	878924	85167	1203	27326	56	26
货币金融服务	733656	720420	78409	1202	26773	27	26
资本市场服务	11990	11635	211				
保险业	131895	126881	4928				
其他金融业	20995	19988	1619	1	553	29	
六、房地产业	1538017	1171948	60777	6849	164	305	11
七、租赁和商务服务业	240393	215419	10640	2714	313	373	67
（一）租赁业	14149	10528	548	328	63	5	1
（二）商务服务业	226244	204891	10092	2386	250	368	66
广告业	25479	24609	923	57	28		
知识产权服务	353	327	28				
旅行社及相关服务	3576	3437	677	5	5		
其他商务服务业	196836	176518	8464	2324	217	368	66
八、科学研究和技术服务业	62747	58964	15626	750	159	9	
九、居民服务、修理和其他服务业	176107	150237	12955	4596	155	336	1
十、教育	9710	9603	1022	62	1	4	
十一、卫生和社会工作	1415	1289	9	9	3		
十二、文化、体育和娱乐业	36750	31123	1349	79	21	5	4
十三、其他行业	220846	145102	26039	3232	407	80	39

类型税收收入情况

年）

单位：万元

企业				港澳台投资企业	#国有控股	外商投资企业	#国有控股	个体经营
股份公司	#国有控股	私营企业	其它企业					
720727	37661	205954	18145	8895	1518	6447	934	24998
306102	14794	86188	4806	3129	921	1172	30	5468
129546	11835	25100	3322	140		1260	427	2011
146460	6825	47616	7842	1395	207	1709	110	6117
138619	4207	47050	2175	4231	390	2306	367	11402
135317	33860	28079	1674	12664	3826	12710	4345	5732
126742	30775	27156	1610	11423	3799	11147	4036	5648
4843	2455			29	29			
54912	18537	24237	633	1586	693	1167	486	3387
10900	2747	1197	921	1433	133	3813	2063	23
44084	3412			2252	5	638	349	
317	227			61		4		
11686	3397	1722	56	6062	2939	5525	1138	2238
5527	2182	626	55	940	27	1066	207	62
3048	903	297	9	301		497	102	22
44848	9873	30752	2023	18240	7126	20041	4711	39207
23867	6971	9599	1779	9506	3424	10873	3128	3324
20981	2902	21153	244	8734	3702	9168	1583	35883
59778	30365	15078	7640	21621	6716	54203	11486	426
35541	23448	5641	3068	19107	6053	49832	8953	289
1858	271	890	2			371	10	50
22379	6646	8547	4570	2514	663	4000	2523	87
763542	527036	1575	55	6217	1565	13008	2765	387
613066	457412	933	10	3788	1363	9215	1708	233
11299	4898	100	25	206	51	148		1
121953	54829			1967	104	3047	746	
17224	9897	542	20	256	47	598	311	153
838480	221946	245838	19535	167729	78878	60803	0200	128537
135402	29287	42445	23532	9067	993	6050	837	9857
5671	973	2160	1753	436	80	1593	153	1592
129731	28314	40285	21779	8631	913	4457	684	8265
12805	3075	6401	4395	268	51	152	71	450
200		95	4					26
2302	631	281	167	130		1		8
114424	24608	33508	17213	8233	862	4304	613	7781
26074	5862	6279	10067	1137	585	1344	708	1302
95609	17946	22239	14347	3282	627	4379	851	18209
1168	246	932	6414			31	31	76
203		189	876			20		106
13314	1098	7112	9243	1588	281	1390	364	2649
59952	27294	18014	37378	15285	3274	44677	4408	15782

2-2-4 福建省企业所得税分企业

（2012

项 目	合计	内资					
		小计	国有企业	集体企业	股份合作企业	联营企业	#国有控股
合 计	**6457561**	**4484281**	**343019**	**74690**	**143022**	**22332**	**766**
（一）采矿业	**181739**	**179616**	**16224**	**2889**	**47**	**1**	**1**
煤炭开采和洗选业	42282	42282	13027	1603			
黑色金属矿采选业	12661	12647	818	134		1	1
有色金属矿采选业	112801	111831	92				
非金属矿采选业	13846	12707	2270	1148	43		
其他采矿业	149	149	17	4	4		
（二）制造业	**1800240**	**667054**	**38166**	**4129**	**3345**	**657**	**77**
农副食品加工业	34851	17449	25	75	20	1	
食品制造业	45025	24758	45	166	21	1	
酒、饮料和精制茶制造业	58850	7570	20	57	16		
烟草制品业	56629	56629	28475				
纺织业	55322	28016	21	64	36	262	17
纺织服装、服饰业	190969	44982		65	57		
皮革、毛皮、羽毛及其制品和制鞋业	190165	56726	2	56	122	253	
木材加工和木、竹、藤、棕、草制品业	9277	5592	7	184	4	3	
家具制造业	14341	8229		3	1		
造纸和纸制品业	58836	17953		69	155	12	
印刷和记录媒介复制业	13592	6154	311	148	38	2	1
文教、工美、体育和娱乐用品制造业	24897	6887	4	140	18		
石油加工、炼焦和核燃料加工业	1752	1059		2			
化学原料和化学制品制造业	76070	34315	548	566	30		
医药制造业	24199	13541	455	55	15	47	47
化学纤维制造业	29111	2175		57			
橡胶和塑料制品业	108043	24408	1	99	156		

类型税收收入情况

年）　　　　　　　　　　　　　　　　　　　　　　　　　　　　　　单位：万元

企业							
股份公司	#国有控股	私营企业	其它企业	港澳台投资企业	#国有控股	外商投资企业	#国有控股
3193605	**1270782**	**652260**	**55353**	**990161**	**6339**	**983119**	**36805**
153993	**135715**	**6158**	**304**	**1825**		**298**	
25641	22849	1707	304				
10550	9366	1144		14			
110245	102791	1494		720		250	
7460	709	1786		1091		48	
97		27					
406395	**42130**	**204941**	**9421**	**561445**	**1675**	**571741**	**4224**
12232	549	5094	2	8601		8801	
14625	1236	9900		12976		7291	
6116	485	1361		12827		38453	790
28154	2356						
10709	3312	16870	54	20426		6880	
27197	40	17654	9	114206		31781	
34035	47	22258		97013		36426	
2532	14	2862		2881		804	5
3993	17	4232		3548		2564	
11244	2	6456	17	18689		22194	
2220	17	2996	439	4475		2963	
3397	5	3221	107	10577		7433	
360	36	697		108		585	219
27082	3230	6054	35	9814	344	31941	116
11919	5969	341	709	6590		4068	8
690	3	1428		21010		5926	
15243	80	8828	81	41631		42004	

2-2-4 续表 1 （2012

项　目	合计	内资					
		小计	国有企业	集体企业	股份合作企业	联营企业	#国有控股
非金属矿物制品业	142430	96028	244	547	2082	55	4
黑色金属冶炼和压延加工业	18891	11263	4	1074	88		
有色金属冶炼和压延加工业	35930	26769	6	2	42		
金属制品业	60705	25011	241	76	56	4	
通用设备制造业	48321	19598	26	265	104	7	7
专用设备制造业	52335	16780	7	14	20		
汽车制造业	52292	7412	11	10	144		
铁路、船舶、航空航天和其他运输设备制造业	30646	22540	7096	16	0	1	1
电气机械和器材制造业	118587	33121	35	253	90	2	
计算机、通信和其他电子设备制造业	206392	27634	80	7	6		
仪表仪器制造业	9990	5956	1	5	1		
其他制造业	31792	18499	501	54	23	7	
（三）电力、热力、燃气及水的生产和供应业	**218414**	**187069**	**30122**	**4324**	**367**	**331**	**143**
电力、热力生产和供应业	137366	110631	28614	3867	364	208	21
燃气生产和供应业	71855	68840	95		1	1	
水的生产和供应业	9193	7598	1413	457	2	122	122
（四）建筑业	**492414**	**462051**	**25573**	**7273**	**8289**	**236**	**7**
房屋建筑业	246494	246013	8634	4699	7309	11	
土木工程建筑业	55435	55307	8545	646	394	68	7
建筑安装业	104798	83622	4342	1147	341	108	
建筑装饰和其他建筑业	85687	77109	4052	781	245	49	
（五）批发和零售业	**716554**	**581190**	**165613**	**2862**	**255**	**264**	**162**
批发业	607411	499738	164532	2074	191	225	151
零售业	109143	81452	1081	788	64	39	11
（六）交通运输、仓储和邮政业	**218391**	**194109**	**7788**	**699**	**118**	**12993**	**3**

年）

单位：万元

企业							
股份公司	#国有控股	私营企业	其它企业	港澳台投资企业	#国有控股	外商投资企业	#国有控股
47446	1727	44840	814	26620		19782	
6535	4515	2616	946	965		6663	10
26086	6369	633		7040	33	2121	917
16352	1052	8177	105	18174	858	17520	
13673	175	5335	188	7757		20966	
9363	3507	6340	1036	27972		7583	57
5406	15	1841		14010	402	30870	1968
14381	3851	1046		942		7164	
22448	979	8785	1508	29617		55849	
20137	2542	4436	2968	30194	38	148564	134
4522		1427		2888		1146	
8298		9213	403	9894		3399	
147237	**48140**	**4096**	**592**	**20767**	**40**	**10578**	**952**
73140	43232	3894	544	17972	40	8763	785
68697	1622	46		2573		442	
5400	3286	156	48	222		1373	167
316457	**22458**	**98669**	**5554**	**29758**	**−26**	**605**	
173161	11952	50674	1525	261		220	
35340	4042	9260	1054	108		20	
58559	4965	18236	889	21069	−43	107	
49397	1499	20499	2086	8320	17	258	
328059	**50279**	**82921**	**1216**	**37875**	**2**	**97489**	**3546**
268951	34065	62571	1194	29949		77724	3
59108	16214	20350	22	7926	2	19765	3543
154914	**102909**	**14521**	**3076**	**7082**	**−16**	**17200**	**1220**

2-2-4 续表 2 （2012

项目	合计	内资					
		小计	国有企业	集体企业	股份合作企业	联营企业	#国有控股
交通运输业	207271	188592	7505	686	118	12984	3
仓储业	8955	3717	282	13		9	
邮政业	2165	1800	1				
（七）住宿和餐饮业	**38445**	**20599**	**1140**	**392**	**76**	**14**	
住宿业	18318	9074	937	194	1	1	
餐饮业	20127	11525	203	198	75	13	
（八）信息传输、软件和信息技术服务业	**229580**	**62919**	**841**	**25**	**31**	**350**	**333**
电信、广播电视和卫星传输服务	181114	23397	578			342	333
互联网和相关服务	501	483					
软件和信息技术服务业	47965	39039	263	25	31	8	
（九）金融业	**1195311**	**1120321**	**6077**	**43999**	**129692**		
货币金融服务	1075203	1035163	5037	43977	129692		
资本市场服务	33169	32332	568	21			
保险业	17012	16882	472				
其他金融业	69927	35944		1			
（十）房地产业	**1027167**	**770887**	**25366**	**2586**	**102**	**7060**	**16**
（十一）租赁和商务服务业	**97611**	**88057**	**6265**	**1760**	**454**	**295**	**24**
租赁业	6575	5491	181	302	14	2	
商务服务业	91036	82566	6084	1458	440	293	24
（十二）科学研究和技术服务业	**40318**	**39350**	**10347**	**402**	**102**	**5**	
（十三）居民服务、修理和其他服务业	**82223**	**61617**	**6440**	**2947**	**101**	**121**	
（十四）教育	**3874**	**3534**	**718**	**70**	**28**	**2**	
（十五）卫生和社会工作	**1449**	**1436**		**14**	**7**	**1**	
（十六）文化、体育和娱乐业	**15919**	**11576**	**257**	**54**	**1**	**1**	
（十七）公共管理、社会保障和社会组织	**8716**	**8712**	**1099**	**113**			
（十八）其他行业	**89196**	**24184**	**983**	**152**	**7**	**1**	

年）　　　　　　　　　　　　　　　　　　　　　　　　　　　　　　单位：万元

企业							
股份公司	#国有控股	私营企业	其它企业	港澳台投资企业	#国有控股	外商投资企业	#国有控股
150280	101531	13943	3076	6690	-16	11989	3
3266	1375	147		331		4907	1217
1368	3	431		61		304	
13888	**1983**	**4982**	**107**	**8160**		**9686**	**1**
6192	1000	1682	67	4275		4969	
7696	983	3300	40	3885		4717	1
47762	**16307**	**11261**	**2649**	**95372**	**4056**	**71289**	**554**
17142	14180	4538	797	92214	4056	65503	1
209	39	136	138			18	
30411	2088	6587	1714	3158		5768	553
937237	**727172**	**3033**	**283**	**9804**	**38**	**65186**	**7361**
853984	698716	2265	208	8463	38	31577	7346
31446	18427	233	64	322		515	3
16410	8943					130	3
35397	1086	535	11	1019		32964	9
547410	**97657**	**185854**	**2509**	**186426**	**554**	**69854**	**4883**
59085	**11529**	**15952**	**4246**	**4924**		**4630**	**3**
4178	79	658	156	681		403	
54907	11450	15294	4090	4243		4227	3
16502	**1305**	**4158**	**7834**	**589**		**379**	
36316	**3967**	**10004**	**5688**	**17913**	**3**	**2693**	**518**
413	**27**	**649**	**1654**	**207**		**133**	
586	**315**	**252**	**576**	**9**		**4**	
5283	**268**	**2856**	**3124**	**4211**		**132**	**63**
1534	**1014**	**23**	**5943**			**4**	
20534	**7607**	**1930**	**577**	**3794**	**13**	**61218**	**13480**

2-3 2012年福建省环境状况公报

一、综述

2012年，在福建省委、省政府的正确领导下，全省环保系统认真贯彻党的十七大、十八大和第七次全国环保大会精神，深入贯彻落实科学发展观，扎实推进各项环保工作。在全省经济社会快速发展的同时，环境质量继续保持在优良水平。12条主要水系和集中式生活饮用水源地水质状况继续保持优良，23个城市空气质量均达到二级标准，城市声环境和辐射环境质量基本保持稳定，森林覆盖率继续位居全国首位，生态环境状况指数继续保持在全国前列。

同时，我们也清醒地看到，全省环境形势仍不容乐观，经济社会发展与资源环境压力不断加大的矛盾仍较尖锐，面临着保持现有环境质量、深入推进污染减排、防范环境风险的三大压力。维护生态环境安全，建设更加优美、更加和谐、更加幸福的福建任重而道远。

二、水环境

全省水环境质量总体保持良好水平。主要水系和集中式生活饮用水源地水质保持优良，城市内河、主要湖泊水库和近岸海域海水水质有所改善。

十二条主要水系

全省12条主要水系共设置135个省控水质监测断面，其中行政区间交界断面49个。按《地表水环境质量标准》（GB3838-2002）评价，水质状况为优。水域功能达标率97.9%，较上年提高了1.4个百分点；Ⅰ类-Ⅲ类水质所占比例为95.2%，较上年提高了0.7个百分点。

◆闽江 闽江水质为优，水域功能达标率和Ⅰ类-Ⅲ类水质比例分别为98.5%和98.0%，分别较上年提高了0.3个百分点和0.6个百分点。闽江各河段中，建溪和富屯溪的水域功能达标率均为100%，干流南平段为97.9%，干流福州段为98.6%，沙溪为96.7%。与上年水域功能达标率相比，沙溪和富屯溪分别提高了1.1个百分点和4.2个百分点，建溪持平，干流南平段和干流福州段分别下降了2.1个百分点和1.4个百分点。

◆九龙江 九龙江水质优，水域功能达标率和Ⅰ类-Ⅲ类水质比例分别为93.3%和90.8%，分别较上年提高了5.8个百分点和4.1个百分点。九龙江各河段中，北溪龙岩段、北溪漳州段和西溪的水域功能达标率分别为86.1%、92.9%和100%。与上年水域功能达标率相比，北溪龙岩段、北溪漳州段和西溪分别提高了11.1个百分点、4.8个百分点和2.4个百分点。

◆其他水系 木兰溪、萩芦溪、交溪、霍童溪、敖江、晋江、汀江、漳江和东溪水域功能达标率均为100%，龙江为83.3%。与上年水域功能达标率相比，木兰溪和龙江分别提高了2.8个百分点和8.3个百分点，萩芦溪、交溪、霍童溪、敖江、晋江、汀江、漳江和东溪持平。

城市内河

全省城市内河水域功能达标率为76.3%，较上年提高了5.0个百分点。长乐、泉州、龙海和福安等4个城市内河水域功能达标率均为100%。

集中式生活饮用水源地

9个设区市的31个集中式生活饮用水源地水质达标率为100%，较上年提高了0.3个百分点。平潭综合实验区的1个集中式生活饮用水源地水质达标率为91.9%。14个县级市的23个集中式生活饮用水源地水质达标率为99.2%，较上年提高了0.9个百分点。44个县城的61个集中式生活饮用水源地水质达标率为98.9%，较上年提高了2.4个百分点。

主要湖泊水库

全省11个主要湖泊水库水域功能达标率为58.3%，较上年提高了1.8个百分点。

福州西湖水质为Ⅴ类，达到相应的水域功能要求；厦门筼筜湖水质为劣四类海水，未能达到相应的水域功能要求。

莆田东圳水库、泰宁金湖、宁德古田水库、三明安砂水库和龙岩棉花滩水库水质均达到相应的水域功能要求；泉州惠女水库部分水质未能达到相应的水域功能要求；福州东张水库、福州山仔水库和泉州山美水库水质未能达到相应的水域功能要求。

以湖泊水库综合营养状态指数评价，福州西湖和泉州惠女水库为轻度富营养状态，其余湖泊水库均为中营养状态。

近岸海域海水

近岸海域海水按《海水水质标准》（GB3097-1997）评价，全省近岸海域一类、二类水质占 63.6%，三类水质占 7.6%，四类和劣四类水质占 28.8%。根据 2011 年福建省政府批准实施的《福建省近岸海域环境功能区划（修编）》，按近期（2011-2015 年）水质保护目标评价，全省近岸海域水域功能达标率为 46.8%，较上年提高 16.2 个百分点；按功能区类别评价，水域功能达标率为 61.3%，较上年提高 6.5 个百分点。

6 个主要海域中，按水质保护目标评价，泉州海域水域功能达标率最高，为 69.2%，宁德海域达标率最低，为 8.3%；按功能区类别评价，泉州海域水域功能达标率最高，为 84.6%，为厦门海域达标率最低，为 33.3%。

10 个主要港湾中，按水质保护目标评价或功能区类别评价，湄洲湾水域功能达标率均为 100%，其余港湾均不同程度劣于水质保护目标要求。

措施与行动

全年完成闽江、九龙江、敖江流域水环境综合整治计划重点项目 146 个，合计投资约 18 亿元。晋江流域完成 87 项重点整治任务，汀江流域完成 19 项重点整治任务。对闽江、九龙江、敖江等重点流域水环境进行现场督查，共出动巡查 206 天次 643 人次，巡查大小支流 78 条，巡查水质断面 272 个（次）、水电站库区 78 个（次），涉及 9 个设区市的 69 个县（市、区）。

完成 16 个饮用水源保护项目，建设水源地截污坝 3 座，污水处理设施 198 套，防护网（围网）20.1 公里，截污沟（渠、干管）13.6 公里，标志、警示牌 203 面，取缔、搬迁保护区内养殖场（户）938 个。开展湖库型集中式饮用水水源地专项执法检查，累计出动执法人员 3100 多人次，对全省 320 个湖库型集中式饮用水水源地一、二级保护区的各类污染源开展清查摸底工作。

截至 2012 年底，全省建成城镇生活污水处理厂 104 座，市县污水处理率达 83.9%，新建城镇污水网管约 1000 公里。

编制《福建省百座水库水源地水资源保护达标建设规划报告》，完成 8 座水库水源地水资源保护试点工作。

三、大气环境

全省城市环境空气质量保持优良水平。酸雨污染仍较普遍。

城市空气质量

全省城市环境空气质量保持优良水平，23 个城市空气质量均达到或优于国家环境空气质量二级标准（GB3095-1996），武夷山和福鼎 2 个城市环境空气质量由上年的二级升为一级。

根据全省 9 个设区市发布的环境空气质量日报结果统计，全省设区市优、良天数比例为 99.6%，较上年上升了 1.4 个百分点。厦门、莆田、漳州、南平、宁德优良天数比例均为 100%，其余 4 个城市优良天数比例均大于 98%。

福州、厦门作为第一阶段实施空气质量新标准的城市，按照《环境空气质量标准》 GB3095-2012）评价，福州市 PM2.5 年均值为 0.040mg/m^3、达标天数比例为 92.6%。厦门市 PM2.5 年均值为 0.038mg/m^3、达标天数比例为 97.1%。

酸雨

全省降水 pH 年均值为 5.09，较上年提高了 0.01 个 pH 单位；酸雨出现频率为 47.4%，较上年提高了 3.5 个百分点。全年降水 pH 最低值为 3.41，出现在福州市。

措施与行动

燃煤电厂全部实施脱硫并实现湿法脱硫烟气旁路全面拆除，燃煤电厂已实施脱硝的机组数和装机容量均占应脱硝机组数和应脱硝装机容量的 80%。

重点钢铁企业烧结机、重点玻璃企业炉窑和重点非电工业锅炉已全部实施脱硫，4000 吨/日规模以上的新型干法水泥窑生产线全部完成 SNCR 脱硝设施的安装。全面推进工业集中区集中供热中小燃煤锅炉拆除工作。进一步完善燃煤电厂脱硫电价政策和钢铁烧结机、玻璃炉窑差别电价政策，出台燃煤电厂试行脱硝电价管理办法。

开展铁路、高速公路、国道、省道两侧黑烟污染环境问题专项执法检查，组织各乡镇和部门开展烟尘污染整治工作。

四、声环境、辐射环境、固体废物

城市声环境质量基本保持稳定，辐射环境质量保持良好。

声环境

◆道路交通噪声

全省 23 个城市道路交通噪声平均等效 A 声级为 68.3 分贝。其中，10 个城市道路交通声环境质量属于“好”，12 个城市道路交通声环境质量属于“较好”，1 个城市道路交通声环境质量属于“一般”。

◆区域环境噪声

全省 23 个城市区域环境噪声平均等效 A 声级为 55.4 分贝。其中，13 个城市区域声环境质量属于“较好”，10 个城市区域声环境质量属于“一般”。

辐射环境

全省辐射环境质量保持良好。辐射环境自动监测站全年环境γ辐射剂量率小时均值为 104.8-161.6 纳戈瑞/小时，监测值未见异常升高；9 个设区市陆地瞬时γ辐射剂量率测值范围为 54.0-93.4 纳戈瑞/小时，均保持在天然本底水平涨落范围内；水源地水体的总α、总β放射性活度浓度均低于《生活饮用水卫生标准》(GB5749-2006) 指导值；水源地和近岸海域水体中天然放射性核素活度浓度保持在天然本底水平；土壤放射性核素含量与往年相比无显著变化；大气中气溶胶和沉降物的总α、总β活度浓度均为环境正常水平，与往年相比无显著变化；省放射性废物库和 4 个辐照中心运行良好，各项辐射环境监测指标均符合国家标准要求。

电磁辐射环境国控监测点电磁辐射水平总体情况良好。开展监测的广播电视电磁设施周围环境电磁辐射功率密度测值范围为 0.14-1.08 微瓦/平方厘米，远低于《电磁辐射防护规定》(GB8702-88) 中公众照射导出限值；开展监测的高压输变电设施周围环境工频电场强度测值范围为 131.0-1854 伏/米，磁感应强度测值范围为 1.67-4.10 微特斯拉，均低于《500kV 超高压送变电工程电磁辐射环境影响评价技术规范》(HJ/T24-1998) 中居民区工频电磁场限值。

固体废物

全省工业固体废物年产生量为 8076.55 万吨，综合利用率为 39.18%，排放量为 0.18 万吨。

全省危险废物经营单位 31 个，年度综合利用危险废物 5.13 万吨，处置危险废物 2.01 万吨，处置医疗废物 1.78 万吨。

措施与行动

组织开展中、高考期间环境专项执法活动，全省出动检查 5200 多人次，查处噪声投诉 1231 件。

组织开展全省辐射安全大检查专项行动，共出动检查 7215 人次，排查核技术利用单位 1541 个，废旧金属熔炼企业 56 个，检查退役铀矿点和稀土企业 13 处，对 1032 个单位提出整改要求。全年收贮废旧放射源 86 枚。

做好核与辐射项目的环保审批工作，全年共发放辐射安全许可证 270 份，审批放射性同位素转让申请 133 份，办理放射源异地使用备案 39 份、放射源回收（收贮）备案 67 份和豁免备案 5 份，共处理各类辐射环境投诉 48 件。

推进基层辐射环境监管和监测能力建设，将各设区市、县辐射环境监管和监测能力标准化建设列入年度市长环保目标责任书考核内容。新增福州、厦门、三明3个辐射环境自动监测站。全年共举办5期辐射安全防护培训班，共培训辐射从业人员879人次。

截至2012年底，建成垃圾无害化处理场68座，生活垃圾无害化处理率达92%，其中建成垃圾焚烧发电厂15座。

五、生态环境

全省生态环境质量继续保持在优良水平，森林覆盖率继续位居全国首位，生态环境状况指数继续保持全国前列。水土流失综合治理成效显著，但生态环境仍较脆弱。

土地利用

全省耕地面积113.64万公顷。全年耕地补充面积超过实际建设占用面积242.13公顷，实现了耕地占补平衡。基本农田保护面积114.00万公顷，保护率为85.3%。

水土流失治理

全省完成水土流失综合治理面积225万亩，其中坡耕地改造、水保林、经济林、种草等治理措施面积102万亩，封育治理面积123万亩。

森林

全省森林面积766.67万公顷，森林覆盖率为63.1%，活立木总蓄积量5.32亿立方米。划定生态公益林面积286.27万公顷。

全年共发生森林火灾92起，受害面积0.07万公顷，受害率和发生率分别为0.08‰和1.03次/10万公顷。

森林病虫害发生面积20.07万公顷，成灾面积0.35万公顷，成灾率0.38‰。

海洋

全省近岸海域表层沉积物质量总体状况良好，总体符合第一类《海洋沉积物质量》（GB18668-2002）标准。三沙湾和罗源湾局部海域表层沉积物中铜和砷等含量偏高，符合第二类《海洋沉积物质量》标准。

对全省海域的17个重点区域开展了牡蛎、缢蛏、菲律宾蛤仔和波纹巴非蛤质量监测。结果表明，波纹巴非蛤和菲律宾蛤仔质量状况良好，符合第一类《海洋生物质量》（GB18421-2001）标准。缢蛏和牡蛎质量状况一般，主要是部分区域铜和石油烃残留量偏高，符合第二类《海洋生物质量》标准。经济贝类质量符合《无公害食品 水产品中有毒有害物质限量》（NY5073-2006）标准值的规定。

自然保护

到2012年底，全省共建立自然保护区93个，其中国家级13个，省级26个，自然保护区总面积达47.2万公顷。建成森林公园177个，其中国家级28个，省级128个，县级21个，森林公园总面积达18.5万公顷。建成国家湿地公园3处，面积4387.3公顷。建成5个国家级海洋公园，总面积为188.50平方公里。

全省已经建立世界地质公园2个，国家地质公园12个，省级地质公园2个，上述地质公园总面积42.07万公顷，其中国家级以上地质公园面积39.34万公顷，省级地质公园面积2.73万公顷。

措施与行动

全面推进生态省建设。到2012年底，全省9个设区市、72个县（市、区）完成了生态市、县（区）建设规划并全面组织实施，开展生态建设示范区创建验收工作。

成立由省委书记和省长任组长的福建省水土保持工作领导小组，实行领导挂钩帮扶水土流失治理重点县和扶贫开发工作重点县制度。编制《2012-2015年水土流失综合治理规划》等规划，落实“一县（市）一规划一方案”。

2012年，省级财政专项资金追加3亿元，全省共整合水土保持资金约16亿元，开展22个重点县水土流失综合治理工作，全年完成水土流失治理任务225万亩，占全省任务200万亩的112.5%。

完成全省生物多样性评价与调查工作，《福建省生物多样性评价研究报告》通过环保部验收。组织编制《福建省生物多样性保护战略与行动计划》。

2010-2012 年，全省通过实施农村环境连片整治建成饮用水源地防护设施 295 套、治理设施 290 套；农村生活污水集中式处理设施 1365 套、配套管网 1172.9 公里，分散式污水处理设施 13414 套；购置垃圾箱 83141 个、转运车 3038 辆，建成转运站 213 个、处理设施 58 个；畜禽养殖污染集中处理设施 47 处、分户处理设施 7671 套。

泰宁县政府率先出台的《村级生活污水处理设施运行维护管理暂行办法》获得环保部认可，并在全国范围内推广。

全年新增无公害农产品产地 244 个，产品 119 个；绿色食品产品 65 个；农产品地理标志 8 个。

全省新建农村户用、联户、养殖小区集中供气沼气工程 3.1 万户；新增大中型沼气工程项目 13 个；新建 10 个县级沼气服务中心和 250 个乡村沼气服务网点。

加强野生动植物和湿地保护的宣传力度。持续开展 2 月 2 日“世界湿地日”、3 月 25-31 日“爱鸟周”和 10 月“保护野生动物宣传月”活动。

六、气候变化、自然灾害

气候与水资源

2012 年，全省年平均气温正常，降水偏多，日照偏少，气候总体较适宜。年平均气温 19.5℃，与常年持平，比上年偏高 0.1℃。平均年降水量 1897.0 毫米，较常年偏多约 1.7 成，为 2000 年以来第三多。平均日照时数 1535.2 小时，较常年偏少 163.6 小时，比上年偏少 155.7 小时，为 1961 年以来第三少。

2012 年全省地表水资源量 1511.16 亿 m^3，比多年平均多 28%，入海水量 1333.77 亿 m^3。

自然灾害

全省陆地及近海地区共发生里氏 3.0 级及以上地震 11 次，分别为 1 月 12 日发生在福建永泰的 ML3.2 级地震，4 月 8 日发生在福建东山海域的 ML3.1 级地震，4 月 15 日发生在福建仙游的 ML4.1 级地震和 ML3.4 级地震，5 月 4 日发生在福建顺昌的 ML3.9 级地震，5 月 11 日发生在福建仙游的 ML3.2 级地震，9 月 29 日发生在福建长乐海域的 ML3.9 级地震，10 月 28 日发生在福建东山海域的 ML3.3 级地震，11 月 25 日发生在福建仙游的 ML3.8 级地震和 ML3.4 级地震，11 月 30 日发生在福建仙游的 ML3.3 级地震。

全省共发现赤潮 17 次，累计面积 396.8 平方公里。主要分布于霞浦近岸、连江黄岐半岛沿岸、平潭近岸海域以及莆田南日群岛海域，主要优势藻种为东海原甲藻、米氏凯伦藻和中肋骨条藻等。

年内气象灾害总体偏轻，以冬季低温雨雪冰冻、春季强对流天气、盛夏登陆台风、晚秋和雨季阶段性暴雨洪涝灾害影响较大。共有 8 个热带气旋登陆影响福建省，其中 8 月 3 日正面登陆的第 9 号强台风“苏拉”，使闽江、晋江、九龙江等支流出现超警戒水位洪水，柘荣、连江、罗源等地道路塌方、桥梁冲毁、乡镇受淹。

据统计，2012 年全省因气象灾害导致直接经济损失 47.4 亿元，热带气旋、暴雨洪涝造成的损失最重。

措施与行动

2012 年，全省各级气象部门加强监测预警，围绕重大灾害性天气过程及时启动应急响应，上下联动，做好气象减灾服务工作。福建省气象局共启动应急 13 次，44 天；省级气象部门报送决策气象服务材料 676 份，发布警报 1129 次；全省各级气象部门共发布预警信号 5276 次，预警短信 22618 条，接收达 1.2 亿余人次，气象灾害预警信息覆盖面达 93%。

七、专栏

环境法制

《福建省流域水环境保护条例》于 2012 年 2 月起正式实施。对环保审批事项进行新一轮精简，至 2012 年底省级环保行政审批项目保留 6 项，转变管理方式的省级环保行政审批项目保留5项。

环保目标责任制

落实政府环保责任制，开展《环保目标责任书》2012年度考核，省政府对考核结果予以通报。

生态省建设

到2012年底，长泰县、南靖县、德化县等3个县通过环保部国家生态县建设验收，27个县（市、区）被命名为省级生态县（市、区），100个乡镇（街道）被命名为国家级生态乡镇（街道），8800个村被命名为市级以上生态村。

农村环境连片整治

2010-2012年，全省共有93个示范片区实施农村环境连片整治。整治项目涉及9个设区市和平潭综合实验区、50个县（市、区）、205个乡镇、1285个村庄，受益人口约262万人；项目建设内容包括饮用水水源地保护，农村生活污水处理、生活垃圾处理、畜禽养殖和面源污染整治等。

主要污染物减排

全省上下持续推进减排工作，2012年福建省化学需氧量比2011年减排2.9%，氨氮减排2.3%，二氧化硫减排4.6%，氮氧化物减排5.5%。列入环保部年度考核的化学需氧量、氨氮、二氧化硫、氮氧化物4项指标均完成年度减排目标任务。

重点流域整治

《福建省“十二五”闽江、九龙江、敖江流域水环境保护规划》经省政府批准发布实施。福建省纪委、监察厅自2011年10月起开展全省重点流域水环境综合整治专项监察，共开展检查443次，涉及项目1888项。各级政府及职能部门加强流域整治工作，有效推动畜禽养殖整治、试点小城镇生活污水处理设施建设、水口库区水产网箱养殖治理等一批重点难点问题的解决。

重金属污染防治

编制出台《福建省重金属污染综合防治“十二五”规划2012年度实施方案》，加强制革、电镀、铅锌选矿等行业污染整治，严格控制全省重金属污染物排放量。关停淘汰整合皮革企业，开展铅锌选矿企业废水“零排放”技术示范试点。开展铅蓄电池行业再排查、再整治，全省共排查铅蓄电池企业83个，责令停产整改42个，取缔关闭18个。

行政执法

全省共出动执法人员101065人次，检查企业46227个，挂牌督办重点环境问题62个，立案查处660个。全省共立案查处环境违法案件2152件，处罚金额共计4466万元。1000余条企业环境违法信息进入人民银行征信系统，一批环境违法企业受到金融部门的信贷限制。

环境安全百日大检查

开展环境安全百日大检查活动，共出动人员10280人次，检查企业1957个，重点检查2009年以来发生过较大以上突发环境事件企业整改情况、重点行业及化学品企业、沿海涉油企业和尾矿库企业，责令存在问题的147个企业进行整改。

群众环境污染投诉

2012年，全省共受理12369举报件25281件，办结数25189件，办结率为99.64%，其中完成环保部转办件65件。

排污收费

2012年，全省全年征收排污费43747.97万元，比上年增长4.4%。

福建省获2011年全国排污费征收工作一等奖和排污申报核定工作三等奖。

环保投入

2012年，全省安排省级以上环境保护专项资金95533万元，其中争取中央资金45753万元，省级财政投入资金49780万元，有力促进生态建设、农村环境连片整治和减排任务的完成。

清洁生产与循环经济

公布593个强制性清洁生产审核企业名单，全年完成468个强制性清洁生产评估工作。开展清洁生产评估试点工作，向设区市下放强制性清洁生产评估权限。全省强制性清洁生产咨询机构数量增加到27个。

加快循环经济试点城市、园区、企业的建设。

公布15个循环经济试点城市、24个试点园区和197个试点企业名单，探索、总结发展循环经济的模式和经验，推动全省循环经济工作全面展开。落实资源综合利用税收政策，全年完成197个资源综合企业（产品）认定。

环境监测

编制出台《福建省“十二五”环境监测规划》。完成各项环境质量监测，定期公布全省环境质量状况。完成环境空气质量新标准第一阶段监测工作，福州市、厦门市按计划向公众发布空气质量监测数据。

全省 25 个环境监测站通过标准化建设达标验收。加强减排监测体系建设，完善污染源自动监控网络。开展全省重点整治小流域水质监测、燃煤电厂大气汞排放等专项监测。

武夷山大气背景值监测

2012年，大气环境背景空气质量保持稳定，二氧化硫、二氧化氮、PM10、PM2.5 等项目的年平均浓度分别为 0.0021mg/m³、0.0040mg/m³、0.020 mg/m³、0.015mg/m³，一氧化碳日平均浓度值范围为 0.088-0.994mg/ m³，各项指标均达到或优于《环境空气质量标准》(GB3095-2012）一级标准。其中，PM10、PM2.5 年平均浓度达到或优于世界卫生组织关于颗粒物空气质量准则第3阶段目标值。与上一年度相比，各项指标基本持平。

近岸海域环境监测

福建省近岸海域环境监测站综合楼建成并投入使用，实现了近岸海域环境质量监测全要素的覆盖（除核素以外）检测能力扩增到131项，形成近岸海域沉积物和海洋浮游动植物等生态项目的监测能力。

核事故应急管理

《福建省核电厂核事故场外应急预案》及宁德核电厂分册获得国家批准。福建省核应急委员会第一次全体会议召开，进一步明确了福建省核应急组织体系、协调机制和工作框架。

成功举行“太姥-2012”全省首次核事故应急演习。全省、宁德、福鼎和核电厂四级核应急组织联动，出动人员 1500 余人，车辆和大型装备 300 多台套，演习被国家评估为“优秀”。福建省核应急指挥中心一核与辐射监测业务用房建成投入使用，并实行 24 小时核应急在岗值班。

推进核电厂外围监督性监测系统建设。宁德核电厂外围 1 个前沿监测站和 10 个自动监测站已形成监测能力；福清核电厂外围1个前沿监测站和11个自动监测站的选址工作启动。2012 年 8 月，宁德核电厂开始开展核电厂流出物监测、环境监测和气象监测，共采集 567 个样品，并定期报送监测数据。

突发环境事件

2012 年，全省共发生突发环境事件 4 起，其中因违法排污引发的一般环境事件 1 起，因交通事故引发的一般环境事件 3 起，均得到及时有效处置，未造成重大人员伤亡和财产损失。全年未发生较大以上级别突发环境事件。

环境科技

省政府批准发布《在用点燃式发动机轻型汽车排气污染物排放限值》（DB35/1300-2012）《在用压燃式发动机汽车加载减速法排气烟、度排放限值》（DB35/1301-2012）等 2 项地方排放标准。

福建龙净环保股份有限公司等单位的“特大型电袋复合除尘技术开发与应用”项目获得国家 2012 年度环境科学技术奖一等奖、2012 年度福建省科技进步一等奖；另有 11 项环保类科技成果分获 2012 年福建省科技进步二、三等奖（其中二等奖 3 项、三等奖 8 项）。

福建省环境科学研究院和厦门大学环境与生态学院签署战略合作协议。

环境信息网络建设

实施《国家环境信息与统计能力建设项目》福建省分项目的建设工作，完成减排综合信息平台、环境统计系统、建设项目管理系统等建设。完成福建省环境移动执法信息系统的开发建设，在全省各级环境监察部门推广使用。完善福建省污染源自动在线监控系统功能，保障监控中心日常运行维护。

全省 9 个设区市成立了环境信息中心。

建设项目环境管理

全省共审批 14013 个建设项目的环评文件，对 5579 个建设项目开展了环保设施竣工验收。推行建设项目施工期环境监理，强化项目建设期的环境监管。

完成环罗源湾区域发展规划、福州市畜牧业发展规划、晋江流域综合规划修编和漳平赤水—新桥煤炭矿区总体规划的环境影响评价，完成福建东侨经济开发区等 10 个省级开发区规划的环境影响评价。

环保产业

全省获得国家重点环保实用技术 3 项、示范工程 1 项，省级先进环保实用技术 5 项，7 个产品通过国家环保产品认证，2 个产品通过绿色之星产品认证，4 个产品评选为省级环保产品。5 个企业获得国家环境污染治理设施运营资质证书。

环保部作为主办单位参与筹办第十届中国·海峡项目成果交易会，吴晓青副部长亲临展会指导。省内外 60 多个环保企业共展示污染治理技术成果 48 项，环保技术需求 25 项。展会同期举办了环保技术推介会及现场签约仪式等活动。在第十届中国·海峡项目成果交易会组委会表彰先进评选活动中，福建省环保厅荣获优秀组织奖和优秀布展奖一等奖。

2011 年，全省环境保护及相关产业基本情况调查工作启动。

环境宣传与教育

围绕生态省建设、重点流域综合整治、污染减排、农村环境连片整治等环保重点工作，组织省级以上主流媒体宣传报道福建省环保工作进展和成效 960 余条目，地方主流媒体宣传报道环保工作近 2000 条目。全省编印发放各类环保宣传资料（品）30 余万份。

举办全省环境友好型创建工作培训班，组织开展全省各级环境友好型社区（绿色社区）、环境友好型学校和环境教育基地创建工作。

福建漳江口红树林国家级自然保护区被环保部宣教中心确定为全国首批中日技术合作环境教育基地试点单位。

组织开展“六•五”世界环境日系列宣教活动 200 余项。开展“资源节约，环境友好，大家齐行动”主题宣传教育活动，全省共 202 所学校、253740 名学生参与活动，征集作品 9.6 万份。开展 2012 年福建省“我的环保行动”活动。举办“传承绿色行动、共建美丽家园”2012 年千名青年环境友好使者福建站传承行动启动仪式暨培训活动，全省各高校 250 名青年环保志愿者参训。

对外合作与交流

巩固发展与德国、以色列、斯洛伐克、荷兰、法国、日本、美国、加拿大等国家和港澳台地区的环保交流与合作关系。与日本长崎县环境部签订《环保交流合作备忘录》。举办第五届福建省“绿色世界”少年儿童艺术创作比赛，选送优秀作品参加斯洛伐克“绿色世界”国际大赛。利用“9•8”投洽会平台，成功举办第七届福建省环保项目洽谈会，引进国际先进环保技术。继续开展闽台生态乡镇结对活动。

组团参加澳门国际环保合作发展论坛及展览和香港国际环保博览，推进闽港澳环保产业对接。

（资料来源：福建省环境保护厅）

2-3-1 福建省环境统计主要指标

（2011-2012 年）

指标名称	计量单位	2012
一、煤炭消费总量	**万吨**	**7526.83**
#工业	万吨	7411.85
生活	万吨	114.98
二、主要污染物排放总量控制		
1.二氧化硫排放量	万吨	37.13
#工业	万吨	35.24
生活	万吨	1.89
2.化学需氧量排放量	万吨	66.00
#工业	万吨	9.06
生活	万吨	35.13
3.烟（粉）尘排放量	万吨	25.26
#工业	万吨	23.40
生活	万吨	0.92
4.氨氮排放量	万吨	9.32
#工业	万吨	0.68
生活	万吨	5.28
5.工业烟（粉）尘排放量	万吨	23.40
6.工业固体废物排放量	万吨	0.16
三、工业“三废”排放及处理情况		
1.工业废水排放量	亿吨	10.63
2.一般工业固体废物综合利用量	万吨	6887.40
3.工业废气排放量	亿立方米	14739.28
四、城市环境基础设施建设情况		
1.污水处理厂数	个	147
2.污水设计处理能力	万吨/日	413.41
3.污水实际处理量	亿吨	11.53
生活污水处理量	亿吨	10.29
工业废水处理量	亿吨	1.24
五、环境影响评价		
1.当年开工建设的建设项目数	个	15034
执行环境影响评价制度的建设项目数	个	15034

2-3-2 福建省工业污染治理项目建设情况

（2012 年）

指标名称	计量单位	本年实际
一、工业企业数	个	338
二、老工业污染源项目治理本年施工总数	个	302
#工业废水治理项目	个	109
一般工业固体废物治理项目	个	43
噪声治理项目	个	4
其它治理项目	个	42
三、老工业污染源治理项目本年完成投资	万元	237634.58
#工业废水治理项目	万元	102882.90
一般工业固体废物治理项目	万元	7576.40
噪声治理项目	万元	381.80
其它治理项目	万元	16603.78
#排污费补助	万元	242.00
政府其他补助	万元	1012.50
企业自筹	万元	236380.08
#银行贷款	万元	19724.00
四、老工业污染源治理项目本年竣工总数	个	273
#工业废水治理项目	个	102
一般工业固体废物治理项目	个	42
噪声治理项目	个	7
其它治理项目	个	37
#老工业污染源废水治理项目新增处理能力	万吨/日	34.42
老工业污染源废气治理项目新增处理能力	万立方米/时	2416.70
老工业污染源固废治理项目新增处理能力	万吨/日	0.41

2-3-3 各行业重点调查工业污染排放及处理利用情况

（2012 年）

指标名称	工业企业数（个）	工业废水排放量（万吨）	工业废水处理量（万吨）	工业废气排放量（亿立方米）	烟（粉）尘产生量（吨）	烟（粉）尘排放量（吨）
煤炭开采和洗选业	104	1633.06	1803.44	0.50	359.35	168.91
黑色金属矿采选业	74	1028.76	2054.44	15.27	1280.84	753.71
有色金属矿采选业	121	1817.70	4566.85	2.74	1313.51	34.48
非金属矿采选业	49	534.55	450.12	1.47	491.62	453.50
其他采矿业	2	0.10	0.11	0.06	1.86	0.19
农副食品加工业	537	3055.46	2344.06	52.55	17161.36	2242.09
食品制造业	304	2759.22	2594.01	43.26	13851.76	1496.44
酒、饮料和精制茶制造业	124	1661.49	1740.69	37.44	11961.85	1046.33
烟草制品业	7	38.08	63.61	39.45	3693.30	106.66
纺织业	361	12500.61	13658.75	191.71	115251.31	5945.47
纺织服装、服饰业	133	1046.30	1163.64	12.80	3370.24	540.76
皮革、毛皮、羽毛及其制品和制鞋业	165	1176.67	980.30	44.08	6947.08	1201.87
木材加工及木、竹、藤、棕、草制品业	347	293.54	302.29	205.06	159229.35	7799.26
家具制造业	60	71.64	62.74	19.45	1159.82	218.90
造纸及纸制品业	396	15340.76	27685.47	256.04	188122.46	9831.75
印刷业和记录媒介的复制	25	13.80	13.21	2.83	832.01	132.20
文教、工美、体育和娱乐用品制造业	93	185.50	168.42	7.19	329.13	35.15
石油加工、炼焦及核燃料加工业	9	1532.47	1237.46	335.25	7699.33	1799.53
化学原料及化学制品制造业	340	8102.79	30302.42	482.05	307754.57	13285.36
医药制造业	47	1342.96	1334.60	33.65	4843.86	337.88
化学纤维制造业	13	277.12	349.53	47.63	2536.04	344.64
橡胶和塑料制品业	144	444.80	508.77	314.71	14656.19	1880.38
非金属矿物制品业	1124	2542.06	5331.37	4238.63	10096992.23	104044.66
黑色金属冶炼及压延加工业	117	2139.89	46740.72	2906.29	954289.13	45755.54
有色金属冶炼及压延加工业	89	491.67	495.36	412.67	61017.35	5732.84
金属制品业	315	1072.20	1230.97	105.55	3888.25	2232.13
通用设备制造业	83	111.80	100.00	18.41	2111.09	371.28
专用设备制造业	39	106.75	114.15	17.44	1155.54	310.46
汽车制造业	72	245.60	219.21	41.64	1535.94	376.53
铁路、船舶、航空航天和其它运输设备制造业	47	113.94	74.36	8.04	1528.51	1425.21
电气机械和器材制造业	116	209.68	235.32	53.04	1759.86	271.88
计算机、通信和其他电子设备制造业	89	1049.84	1166.25	327.78	168.27	49.98
仪器仪表制造业	23	151.93	113.95	9.30	21.81	10.74
其他制造业	88	135.45	104.04	38.56	4809.97	377.04
废弃资源综合利用业	37	294.28	354.38	8.00	4739.77	131.00
金属制品、机械和设备修理业	8	14.90	49.64	27.57	19.88	2.62
电力、热力生产和供应业	35	36988.99	24063.51	4380.47	4417058.94	12339.75
燃气生产和供应业	2	3.35	7.17	0.75	123.885	15.84
水的生产和供应业	1	2.40	2.40			

2-4 工业和建筑业

2-4-1 煤炭开采和洗选业

2012年，受市场需求下降等因素影响，福建省煤炭行业主要指标增速较为缓慢。全省规模以上煤炭开采和洗选业企业实现工业总产值147.21亿元，工业增加值87.81亿元，比上年分别增长7.4%和7.1%，增速分别低于全省规模以上工业8.4个百分点和8.1个百分点；完成主营业务收入150.10亿元，增长4.6%；实现利润总额11.90亿元，下降3.5%。从销售区域看，全年全省全部煤炭开采和洗选业实现销售收入166.79亿元，销往省内和省外市场的比重分别为85.5%和14.5%。2012年福建省规模以上煤炭开采和洗选业主要经济指标见下表。

2012年，全省原煤产量达1947.55万吨，比上年增加54.66万吨。龙岩是福建省的主要产煤市，原煤产量939万吨，比上年增长6.4%。

从全国看，2012年全国煤炭市场供需变化大体经历三个阶段：一是前4个月煤炭供需基本平衡，价格平稳；二是5-9月煤炭市场供大于求，需求和价格大幅下降，库存急剧增加；三是进入10月份以来，煤炭需求有所回升，价格保持低位稳定。煤炭市场景气指数未恢复到正常水平。2012年煤炭市场景气指数持续处于负值，12月份指数为-5.5，比11月回升19个基点，反映市场继续回暖，但仍未恢复到正常水平。煤炭价格总体下降，2012年12月28日中国煤炭价格指数170.7点，比年初下降28.8点。

2012年，全国煤炭产量36.6亿吨，比上年增长4.0%，增幅同比回落4.7个百分点。从库存看，煤炭库存居高不下。据中国煤炭工业协会统计，2012年末，全国煤炭企业存煤8500万吨，比上年增加3120万吨，增长58.0%；重点发电企业存煤8113万吨，减少52万吨，下降0.6%，可用天数仍保持在19天以上。

2012年，全国煤炭开采和洗选业固定资产投资5286亿元，比上年增长7.7%，增幅同比回落21.7个百分点。

2012年，全国煤炭行业结构调整迈出了新步伐。一是企业兼并重组取得新进展。2012年末，全国规模以上煤炭企业6200个，比上年减少1500个。其中，山西煤矿企业减至130个，平均单井规模100万吨。二是淘汰落后产能取得新成效。全年关闭小煤矿628处、技改提升小煤矿662处、兼并重组小煤矿388处，淘汰落后产能9780万吨。三是行业集中度不断提高。2012年，产量最大的前4个煤炭企业产量占全国总产量的22.2%，上升了1.5个百分点；产量最大的前8个煤炭企业产量占总产量的30.2%，上升了3.2个百分点。四是大型现代化煤矿建设步伐加快。全国建成年产120万吨以上的大型现代化煤矿850多处，产量占全国的65%左右；年产30万吨以下的小型煤矿产量降至17%以下；安全高效矿井（露天）406处，产量占全国三分之一。五是产业融合发展取得进展。煤炭企业参股、控股电厂权益装机容量占全国的十分之一左右，占火电装机容量的七分之一左右。发电企业办煤矿产能增加，五大发电集团煤矿产能3.1亿吨/年，产量2.5亿吨，占全国电力煤炭消费总量的11.9%左右。

（摘编：林晓霞）

福建省规模以上煤炭开采和洗选业主要经济指标

单位：亿元

指　标	2012年	指　标	2012年
工业总产值	147.21	流动资产年末数	43.00
工业增加值	87.81	利润总额	11.90
主营业务收入	150.10	利税总额	26.88
资产总额	106.68	本年应交增值税	12.02
固定资产净值年末数	30.49		

2-4-2　农副食品加工业

农副食品加工业是福建的优势产业，资源优势明显，发展基础较好。2012年，尽管受到全球经济下滑、市场需求下降等不利因素影响，全行业主要经济指标仍保持较高增速，全年规模以上农副食品加工业企业实现工业总产值1821.29亿元，工业增加值395.88亿元，比上年分别增长17.1%和16.0%，分别高出规模以上工业1.3个百分点和0.8个百分点；实现主营业务收入1781.27亿元，利润总额109.40亿元，分别增长22.3%和25.2%，分别高出规模以上工业9.4个百分点和15.5个百分点。从销售区域看，福建省全部农副食品加工业销售收入销往省内、省外和境外市场的比重分别为51.4%、27.8%和20.8%。2012年福建省规模以上农副食品加工业主要经济指标见下表。

从全国看，2012年全国规模以上农副食品加工业增加值比上年增长13.6%，增幅高出全国规模以上工业3.6个百分点；实现销售产值51313.90亿元，增长22.4%；产销率98.0%，上升0.6个百分点。全年全国产量增速超过20%的产品有：精制食用植物油、大米、速冻米面食品；增速超过10%的产品有：鲜、冷藏肉，饲料，小麦粉，冷冻水产品，成品糖。

农副食品加工业主要包括谷物磨制、饲料加工、植物油加工和制糖加工、屠宰及肉类加工、水产品加工、以及蔬菜、水果和坚果等食品的加工。其中，水产品加工业在福建省农副食品加工业中占较大比重。2012年，福建省全部水产品加工业实现销售收入669.55亿元，占农副食品加工业的35.2%，销往省内、省外和境外三大市场的比重分别为30.8%、24.0%和45.2%，仍以出口为主。

2012年，在全球需求萎缩的形势下，福建省积极开拓国际市场，提升产品价值，打造品牌效应，促进出口贸易等方面取得明显成效。据福州海关统计，全年全省水产品进出口总量达117.90万吨，比上年下降0.2%；出口总额达55.02亿美元，比上年增长14.9%。其中，进口量48.95万吨、进口额7.23亿美元，分别下降0.6%和1.0%；出口量68.95万吨、出口额47.80亿美元，分别增长0.2%和17.8%，出口额居全国第2位；占全省农产品出口总额的62.7%，贸易顺差40.57亿美元，居全国首位，比上年增加7.30亿美元。

从出口市场看，近年来，福建水产品出口在稳住日本、美国、韩国、香港等传统市场的同时，积极开拓台湾、东南亚等新兴市场。随着海峡两岸ECFA签订实施和中国东盟ACFTA生效，全省水产品主要出口市场格局发生较大变化，长期居福建省水产品出口首位的日本，退居第4位，而台湾、东盟跃升为福建省最大的水产品出口地区。2012年，全省水产品对台湾出口7.44万吨，出口额7.94亿美元，比上年分别增长8.9%和28.6%；对东盟出口30.98万吨，下降7.1%；出口额12.69亿美元，增长23.3%。

在市场格局变化的同时，名优水产品出口优势有所增强，鳗鲡、大黄鱼、蟹类、虾类、头足类产品出口增长较快。2012年，全省蟹类出口3.51万吨、6.09亿美元，比上年分别增长4.7%和11.6%；大黄鱼出口2.22万吨、1.77亿美元，分别增长47.8%和78.2%。

近年来，福建省大力扶持水产加工企业发展，特别在水产品精深加工、品牌建设上下功夫，推动水产品向高附加值转变，出口水产品企业逐步走上规模化、高端化，精深加工产品市场占有率不断提升。2012年，全省水产品出口均价6934美元/吨，比上年提高17.6%，其中，烤鳗、蟹肉罐头、对虾、鱿鱼等精深加工产品在出口中体现较高的附加值，如：烤鳗出口33160美元/吨，价格提高20.4%；活鳗出口40790美元/吨，价格提高40.0%。截至2012年底，全省共有28个出口水产品企业获欧盟注册，88个获美国注册，400个左右通过HACCP认证，国际国内市场拓展势头明显加快，水产品知名度得到快速提升。

漳州、福州、宁德已形成福建省重要水产品出口基地。2012年，漳州市水产品出口量31.40万吨、出口额25.49亿美元，出口额继续居全国地级市首位；得益于中国—东盟自由贸易区建设以及ECFA（海峡两岸经济合作框架协议）效应的持续显现，漳州出口东盟、台湾两地区水产品仍保持快速增长。宁德市出口增长较快，出口额达6.17亿美元，比上年增长5[illegible].1%。

（摘编：林晓霞）

福建省规模以上农副食品加工业主要经济指标

单位：亿元

指　标	2012年	指　标	2012年
工业总产值	1821.29	流动资产年末数	672.85
工业增加值	395.88	利润总额	109.40
主营业务收入	1781.27	利税总额	171.91
资产总额	985.90	本年应交增值税	57.14
固定资产净值年末数	192.19		

2-4-3 食品制造业

食品制造业主要包括焙烤食品，糖果、巧克力及蜜饯，方便食品，乳制品，罐头，调味品、发酵制品等各类食品。2012年，福建省规模以上食品制造业完成工业总产值818.21亿元、工业增加值217.74亿元，比上年分别增长17.5%和17.0%，分别高出规模以上工业1.7个百分点和1.8个百分点。2012年福建省规模以上食品制造业主要经济指标见下表。

糖果、巧克力及蜜饯制造业

2012年，福建省全部糖果、巧克力及蜜饯制造业实现销售收入186.28亿元，销往省内、省外、境外三大市场的比重分别为24.9%、55.3%和19.8%，省外市场销售占比逾五成。福建糖果、巧克力及蜜饯制造业总体质量水平较高。据福建省质量技术监督局2012年下半年对全省企业生产的糖果、果冻及巧克力产品进行的监督抽查显示，共抽查365批次产品，抽样批次合格率为98.6%。据福建省人民政府公布的“2012年福建名牌产品”名单显示，全省共有8个糖果、巧克力及蜜饯制造企业的8个产品获得“2012年福建名牌产品”称号，它们分别是：福州大世界橄榄有限公司的大世界牌蜜饯（橄榄、梅、李），如意情集团股份有限公司的如意情牌梅子，盈丰食品股份有限公司的盈豐牌蜜饯（糖水姜、干糖姜），福建亲亲股份有限公司的亲亲+Qinqin+图形牌、亲亲+K+图形牌果冻，福建雅客食品有限公司的雅客+yake+图形牌糖果，福建天线宝宝食品股份有限公司的阿尔卑斯+AERBEISI牌水晶冻，天喔（福建）食品有限公司的天喔+图形牌蜜饯，福建连城健尔聪食品有限公司的健尔聪+图形牌蜜饯（地瓜干）。

从全国看，据中国食品工业协会统计，2012年全国规模以上糖果巧克力企业数与上年基本持平，产量达242.09万吨，增长8.7%。受食品安全危机事件的影响，全年全国果冻产量大幅下滑，不足30万吨，不到2011年的三分之一；果冻出口量超过8万吨，未受较大影响。胶基糖果产量33.33万吨，出口2.05万吨，增长趋缓。2012年末，全国持生产许可证的糖果巧克力生产企业3522个，果冻企业476个。糖果巧克力企业主要分布在广东、山东、福建、江苏、浙江，其中广东950个，占全国企业总数的27.0%；山东259个，占7.4%；福建251个，占7.1%；江苏186个，占5.3%；浙江178个，占5.1%。果冻企业主要分布在广东、福建、浙江等地区，其中广东138个，占全国企业总数的29.0%；福建48个，占10.1%；浙江46个，占9.7%。从各省份看，全年糖果类产量居全国前五位的省份依次是：广东59.24万吨，福建52.93万吨、湖北17.87万吨，上海16.55万吨、湖南15.41万吨。其中，福建增速最快，增幅为27.6%；广东则下降，降幅为12.5%。

从进出口情况看，全年全国糖果类产品出口量22.55万吨，出口额达64264.08万美元，比上年分别增长1.9%和5.0%，增幅较上年有较大下降，主要贸易伙伴为美国、澳大利亚、菲律宾、印度尼西亚、阿联酋。其中，口香糖出口2.06万吨，出口额5104.11万美元，主要贸易伙伴为安哥拉、马来西亚、菲律宾、阿联酋、也门、几内亚、美国。含可可类甜食（含巧克力及巧克力制品）出口4.53万吨，出口额达22271.08万美元；分别增长19.6%和19.8%。糖果类产品出口，以广东、福建、江苏等地口岸为主；巧克力及巧克力制品出口以北京、广东、上海为主。从进口数据比较看，巧克力产品的进口增速优于普通糖果产品。2012年，全国糖食类产品(含口香糖)进口2.9万吨，进口额达9871.35万美元，分别增长19.3%和29.4%；含可可类甜食进口 3.91 万吨，进口额达 27573.36 万美元，分别增长 24.8%和 21.0%。其中，糖食类产品（含口香糖）进口以马来西亚、台湾、美国、香港、德国、韩国、泰国等国家和地区为主，含可可类甜食进口以意大利、比利时、德国、美国、土耳其、新加坡、瑞士等国家和地区为主。

罐头食品制造业

2012 年，福建省罐头食品制造业实现销售收入 239.21 亿元，销往省内、省外、境外三大市场的比重分别为 21.9%、42.0%和 36.1%，以省外和境外市场销售为主。

据福建省人民政府公布的“2012 年福建名牌产品”名单显示，福建共有 5 个罐头生产企业的 5 个产品获得 “2012 年福建名牌产品”称号，分别是：福州金富琳食品有限公司的金富琳牌海鲜香酥鱼罐头、漳州市港昌工贸有限公司的 Q-three+图形牌罐头（果蔬罐头）、龙海市永利来食品有限公司龙虎+LONGHU+图形牌罐头（蘑菇罐头）、漳州市同发食品工业有限公司的同发+TONGFA+图形牌罐头（鱼罐头）、福建易扬食品有限公司的东福光+图形牌水煮笋罐头。

从质量情况看，2012 年下半年，福建省质量技术监督局组织对全省企业生产的罐头产品进行抽查，共抽查全省企业生产的 324 批次样品，合格 318 批次，不合格 6 批次，抽样批次合格率为 98.1%。

福建不仅是罐头产量大省，也是出口大省。漳州、厦门、莆田是福建罐头的主要产区。莆田市在 2007 年“南日鲍”通过国家地理标志认定后，鲍鱼产业得到了快速的发展。“南日鲍”罐头出口额增长近 3 倍。2012 年，莆田市共检验检疫“南日鲍”出口罐头 73 吨，产值达 2470 万元，比上年分别增长约 80%、270%。

漳州已成为我国重要的罐头生产出口基地，罐头出口量约占全国总出口量的 20%。其中，蘑菇罐头出口量占全国同类产品出口量近 80%，竹笋、芦笋、荔枝、龙眼等罐头出口量均占全国 50%以上。2012 年 1-10 月，漳州共出口罐头产品 4.32 亿美元、品种将近 2000 个，出口额占当地农产品出口总额的 32.4%，继续位居漳州出口农产品首位。近年来，随着国际罐头市场竞争激烈，漳州罐头加工企业加快转型升级步伐，2013 年开始新增蚕豆、苹果、马口铁什锦水果、油焖笋、雪菜等 11 个系列品种，进一步丰富了罐头出口品种，提高了国际竞争力。此外，漳州罐头加工企业还发挥当地水产资源丰富的优势，生产高价值水产罐头。以茄汁鱼罐头为例，2012 年前 10 个月出口额达 4500 万美元，比上年增长超五成，占出口罐头产品的 10.4%，提高 3.9 个百分点。

从全国看，2012 年全国规模以上企业生产罐头 971.46 万吨，比上年增长 4.0%。分省份看，福建产量居全国首位，全省规模以上企业罐头产量 236.02 万吨，增长 14.7%；湖北次之，全年规模以上企业罐头产量达 99.64 万吨，增长 28.7%。此外，贵州、陕西、宁夏、河北等省罐头产量增幅较大，分别达 165.0%、47.6%、46.1%和 42.7%。从出口看，受成本高企、市场低迷等因素影响，2012 年全国罐头出口量比上年下降近 3%，为近十年来的首次负增长。从主要品种看，全国蘑菇罐头出口 30.78 万吨，下降 5.7%；出口额 5.22 亿美元，下降 5.9%。2012 年入选全国十人罐头企业品牌的企业分别是：厦门古龙罐头食品有限公司、上海梅林正广和股份有限公司、厦门银鹭食品集团有限公司、大连理想食品有限公司、宁波五洲星集团有限公司、广东甘竹罐头有限公司、福建紫山集团股份有限公司、大连真心罐头食品有限公司、四川省美宁实业集团、福建同发食品集团有限公司。其中，福建共有 4 个企业入围。

（执笔：林晓霞）

福建省规模以上食品制造业主要经济指标

单位：亿元

指 标	2012年	指 标	2012年
工业总产值	818.21	流动资产年末数	235.52
工业增加值	217.74	利润总额	65.40
主营业务收入	800.56	利税总额	93.98
资产总额	470.03	本年应交增值税	24.98
固定资产净值年末数	112.56		

2-4-4 酒、饮料和精制茶制造业

福建省酒、饮料和精制茶制造业主要包括酒的制造业、饮料制造业和精制茶加工三大中类行业。2012年，福建省酒、饮料和精制茶制造业完成工业总产值593.61亿元，比上年增长20.6%；实现主营业务收入614.84亿元，增长16.8%。2012年福建省规模以上酒、饮料和精制茶制造业主要经济指标见下表。

饮料制造业

2012年，全省全部饮料制造业实现销售收入218.58亿元，销往省内、省外、境外三大市场的比重分别为40.3%、57.9%和1.8%，以省外和省内市场销售为主。从产品产量看，福建省规模以上企业软饮料产量达398.19万吨。据福建省人民政府公布的“2012年福建名牌产品”名单显示，福建共有9个饮料生产企业的9个产品获得2012年度“福建名牌产品”称号，分别是：福州大世界橄榄有限公司的果汁饮料，贝奇（福建）食品有限公司的图形+贝奇牌饮料（复合蔬果汁饮料），厦门惠尔康食品有限公司的谷粒谷力牌饮料（其他饮料类），福建省康辉食品有限公司的康辉牌饮料食品，福建闽江源绿田实业投资发展有限公司的闽江源牌莲芯雪饮料，三明市扬晨食品有限公司的扬晨+图形+yangchen牌蛋白饮料（豆奶），福建达利食品集团有限公司的达利园+图形牌茶饮料，福州统一企业有限公司的统一、统一奶茶+图形牌饮料（茶饮料），福建省台福食品有限公司的台福牌饮料（消消火凉茶）。

从全国看，2012年末全国规模以上饮料制造业企业达1582个，资产总额达3217.74亿元，比上年增长16.5%。2012年，受国际与国内宏观经济下行等多重因素影响，全国饮料产量增速回落，但总体仍保持较快增长。2012年，全国饮料制造业共计实现销售收入达4715.92亿元，增长10.2%；利润总额为375.15亿元，增长20.0%。

分产品看，截至2012年9月末，在全国饮料行业中，饮用水、碳酸饮料、茶饮料、凉茶、果汁、功能饮料分别占据了25.7%、21.9%、16.4%、7.2%、22.2%、6.6%的销量份额。从品类结构的变化看，近年来我国饮料行业产品结构不断优化，健康型饮料比重不断上升，碳酸饮料份额呈下降趋势。从各类饮料占比可见，饮用水、果汁、碳酸饮料的市场份额均超过了20%，构成了饮料行业中的主要产品；茶饮料、凉茶、功能饮料、饮用水所占份额较上年有所提高。从品类结构看，不同市场、不同区域的竞争程度差异明显。罐装饮料市场前四强份额最低，凉茶市场前四强份额最高。从消费结构看，由于地区间经济发展水平、消费水平以及消费习惯等差异，我国饮料市场发展不平衡，东部地区饮料消费远远高于中、西部地区。

从企业市场占有情况看，据国家统计局中国行业企业信息发布中心调查显示，2012年全国罐装饮料市场销售排名前十为加多宝、可口可乐、百事可乐、雪碧等，前十位市场占有份额合计67.2%。其中加多宝凉茶占据2012年度全国罐装饮料市场销量第1名。2012年我国消费品市场总体呈现稳定增长的格局，品牌集中度进一步提高。2012年7月至12月，更名后的加多宝罐装凉茶占据罐装凉茶市场份额80%以上。2012年5月，加多宝推出自有品牌，并用3个月时间实现了品牌转换，2012年9月已经完成全年销售任务，2012年销量突破200亿元。

精制茶加工业

2012年末，福建省共有规模以上精制茶加工业企业346个，全年完成工业总产值328.73亿元，出口交货值达8.38亿元。从销售情况看，全年全省全部精制茶加工业实现销售收入381.15亿元，销往省内、省外、境外三大市场的比重分别为39.1%、55.1%和5.8%，以省外和省内市场销售为主。2012年，全省精制茶加工业品牌建设步伐有所加快，据福建省人民政府公布的“2012年福建名牌产品”名单显示，福建共有26个精制茶加工业企业的26个茶产品获得“2012年福建名牌产品”称号，分别是：福建敖峰闽榕茶业有限公司的崟露牌茶叶（乌龙茶、花茶、红茶），福建满堂香茶业股份有限公司的满堂香+图形牌茶叶（绿茶、花茶、乌龙茶），华祥苑茶业股份有限公司的图形+华祥苑+EMPEREUR牌茶叶（乌龙茶），福建闽星集团汇全茶业开发有限公司的土楼红美人牌茶叶（红茶），泉州盛世三和茶业有限公司的图形+三和牌茶叶（铁观音），福建省安溪县冠和茶业有限公司的图形+GUAN HE +冠和牌茶叶（铁观音），福建省安溪县兴溪茶业有限责任公司的图形+耕耘牌茶叶（铁观音）等。

近年来，福建省大力建设生态茶园，发展名优茶，积极拓展国内外茶叶市场，使茶产业得到长足发展。2012年，全省茶园面积332万亩，居全国第5位；茶叶总产量达32.1万吨，居全国第1位；毛茶产值150亿元，居全国第1位。其中，安溪茶园面积60万亩，茶叶总产量6.7万吨，2012年涉茶总产值达101亿元。

2012年全省精制茶加工业发展呈现五大亮点。一是开展特色融资。2012年10月，民生银行厦门分行授信安溪茶产业城市商业合作社5亿元人民币，首期1亿元人民币，成立互助合作基金，助力当地茶产业的发展。二是积极走出去，开展境外品牌营销。2012年，欧盟、日本纷纷提高中国茶叶入境门槛，此举不仅增加了茶叶出口的成本，也带来新的风险。在出口风险加剧、成本上升时，福建不少茶企开始关注品牌输出，提高产品附加值，闽茶企自有品牌的中高档专卖店在国际市场上陆续崛起。如：安溪铁观音欧洲营销中心在法国正式开业，安溪铁观音集团等茶品牌在境外开设专卖店。三是扩大营销渠道，开展网上营销。2012年，茶企营销的重心开始转向网上销售领域。从官方商城，到天猫、京东商城、拍拍网、拉手网……各种网上销售渠道开始被采用。四是开展涉茶营销。2012年7月，海峡都市报闽南版报社联合中国社科院工经所茶产业发展研究中心、中国茶都（安溪）茶叶茶配套商品博览会组委会，开启 2012 年“福建十佳茶具品牌、十佳茶叶包装品牌、十佳茶机械品牌”大型评选活动。历时近 3 个月的评选，近千家茶配套品牌报名参与，引起了各界对茶配套品牌的关注。五是茶产业科技化水平进一步提高。2012 年下半年，茶行业开始积极探索雨天做茶，安溪县政府牵头拨出经费展开研究，研发了乌龙茶初制自动化生产线。该机械不仅解决了雨天做茶，还解决了茶叶生产的用工问题，并做到茶叶原料不落地，能够克服茶叶生产过程中“二次污染”的问题，有利于茶叶的清洁生产。

据农业部统计，2012 年全国茶叶总产量继续增加，干毛茶总产量 176.10 万吨，比上年增长 10.0%。除海南外，各省（区、市）普遍增产。从茶叶分类看，六大茶类普遍增产，红茶和黑茶增幅最大。2012 年，全国红茶产量达 18.10 万吨，比上年增加 4.40 万吨，增长 32.2%；黑茶 17.20 万吨，增加 3.40 万吨，增长 24.8%；绿茶 118.00 万吨，增加 6.70 万吨，增长 6.0%；乌龙茶产量最高，达 21.50 万吨，增加 1.60 万吨，增长 8.0%；白茶 9785 吨，增加 1374 吨，增长 16.3%；黄茶 2028 吨，增加 119 吨，增长 6.2%。2012 年，全国无公害茶园面积达到 2233.00 万亩，增加 168.00 万亩，增长 8.2%；高产优质的无性系茶树良种面积达到 1798.00 万亩，增加 244.00 万亩，增长 15.7%，占茶园总面积的比重由上年的 46%上升到 51%。从出口情况看，2012 年全国茶叶累计出口 31.35 万吨，下降 2.8%；出口量下降的主要原因在于出口欧盟、日本的数量逐年减少。因生产成本提高，2012 年全国茶叶出口总额 10.42 亿美元，增长 8.0%；出口的品种不断增多，出口茶叶品种中 70%为绿茶；出口一百二十余个国家和地区，乌龙茶主要销往日本，普洱茶主要出口周边国家和地区。

从国际市场看，尽管我国是全球产茶大国中唯一能够生产各种类茶的国家，但目前国际茶叶消费市场以红茶为主，我国红茶出口面临肯尼亚、印度、斯里兰卡等红茶主产国的竞争，出口量增长较慢。

（摘编：林晓霞）

福建省规模以上酒、饮料和精制茶制造业主要经济指标

单位：亿元

指　标	2012 年	指　标	2012 年
工业总产值	593.61	流动资产年末数	187.32
工业增加值	200.24	利润总额	63.13
主营业务收入	614.84	利税总额	98.41
资产总额	348.41	本年应交增值税	22.70
固定资产净值年末数	103.90		

2-4-5 纺织及纺织服装、服饰业

2012年，福建省规模以上纺织业完成工业总产值1482.94亿元，实现工业增加值351.52亿元，出口交货值达113.43亿元，实现主营业务收入1442.07亿元，利润总额达96.33亿元，实现利税总额128.29亿元；规模以上纺织服装、服饰业完成工业总产值1408.21亿元，实现增加值466.05亿元，出口交货值达428.65亿元，实现主营业务收入1385.06亿元，实现利润总额142.36亿元，实现利税总额199.27亿元。从销售区域看，全年福建省纺织业销往省内、省外和境外市场的销售收入占全部销售收入的比重分别为40.9%、46.3%和12.8%；纺织服装、服饰业销往省内、省外及境外市场的比重分别为24.3%、34.5%和41.2%。2012年福建省规模以上纺织业和纺织服装、服饰业主要经济指标见下表。

从出口情况看，在国内外宏观经济环境不利背景下，福建省纺织服装企业积极开拓新兴市场，出口保持较快增长。2012年，全省纺织服装出口188.09亿美元，比上年增长11.4%，占全省外贸出口总值的19.2%，增幅比全省出口平均水平高6.0个百分点，比全国纺织服装出口增幅高8.6个百分点。福建省纺织服装产值在全国居第5位，纺织品服装出口跃居全国第4位。

从全国看，2012年全国规模以上纺织业和服装、服饰业增加值比上年分别增长12.2%和7.2%，纺织业增幅高出全国规模以上工业2.2个百分点，纺织服装、服饰业比全国规模以上工业低2.8个百分点；分别实现主营业务收入32173.56亿元和16833.88亿元，分别增长12.2%和10.6%；分别实现利润总额1700.03亿元和1017.40亿元，分别增长13.9%和10.2%；年末资产总额分别达19995.69亿元和9826.19亿元，分别增长11.5%和10.1%；分别拥有从业人员495.24万人和443.92万人，分别下降1.3%和1.2%。2012年，全国纱产量达2984万吨，增长9.8%，增幅同比提高3.1个百分点；布产量达840.8亿米，增长3.3%，增幅同比下降1.3个百分点。据中国纺织工业联合会统计，2012年以来，针对纺织行业产能过剩、店铺数量较多、产品库存高企的情况，部分纺织企业开始放慢项目投资速度。全年全国纺织行业完成固定资产投资额7793.02亿元，增长14.6%，增幅同比下降21.7个百分点。随着人工成本、原材料成本的提高，我国纺织行业向中西部转移。2012年，纺织行业在中部六省固定资产投资额比上年增长15.9%，高出东部地区3.0个百分点。

2012年，全国纺织服装出口形势严峻，全年中有半数月份出口下降，出口增幅为近十年来最低，仅增长2.8%，增幅比全国出口平均水平低5.1个百分点。分贸易方式看，全年全国纺织品服装一般贸易进出口额占贸易总额的比重升至72.0%，其中出口占75.0%，进口占41.4%；加工贸易额占比减至19.2%，其中出口占16.0%，进口占52.4%，分别比2002年下降27.0个百分点、19.7个百分点和38.8个百分点。加入WTO以来，全国纺织品服装贸易方式逐步从以加工贸易为主转向以一般贸易为主、加工贸易为辅。小额边境贸易增长较快，继2011年实现较快增长之后，小额边境贸易在2012年获得了长足的发展，当年出口增长32.5%，进口增长54.4%。对整体出口的拉动作用达到1.2个百分点，仅次于一般贸易。其在整体出口中所占的份额也升至4.6%。小额边境贸易出口增长迅速的国家主要集中在越南、俄罗斯、尼泊尔等国。

分产品看，2012年全国纺织品和服装出口均实现增长，出口额分别为958.0亿美元和1591.8亿美元，比上年分别增长1.2%和3.9%。与上年相比，纺织品的出口价格不涨反降，纺织品服装整体

出口量减价升。服装（包括附件）出口量下降，价格上升；纺织品出口量增长，价格下降。

分主要出口市场看，欧盟市场增长乏力。全年全国对欧盟纺织品服装累计出口 470.9 亿美元，比上年下降 11.9%，近年来首次出现两位数的降幅。其中，纺织品和服装出口额分别下降了 5.7%和 13.6%。对美出口实现小幅增长。全年全国对美纺织品、服装累计出口 389.2 亿美元，增长 3.3%。其中，纺织品增长 4.3%，服装增长 3.0%。东盟市场比重提升，出口增幅较大，成为拉动出口增长的主力。中国—东盟自贸区建成以来，我国与东盟双边纺织品服装贸易发展迅速。全年全国对东盟纺织品服装累计出口 266.6 亿美元，占出口总额的比重达到 10.5%，提高了 2.5 个百分点；出口增幅达 34.2%，东盟已经取代欧盟成为拉动我国出口增长的主要力量。

（摘编：林晓霞）

福建省规模以上纺织业主要经济指标

单位：亿元

指　标	2012 年	指　标	2012 年
工业总产值	1482.94	流动资产年末数	556.31
工业增加值	351.52	利润总额	96.33
主营业务收入	1442.07	利税总额	128.29
资产总额	1020.05	本年应交增值税	26.66
固定资产净值年末数	328.61		

福建省规模以上纺织服装、服饰业主要经济指标

单位：亿元

指　标	2012 年	指　标	2012 年
工业总产值	1408.21	流动资产年末数	642.31
工业增加值	466.05	利润总额	142.36
主营业务收入	1385.06	利税总额	199.27
资产总额	933.29	本年应交增值税	48.81
固定资产净值年末数	195.31		

2-4-6 木材加工和木、竹、藤、棕、草制品业

2012 年末，福建省共有规模以上木材加工和木、竹、藤、棕、草制品业企业 748 个，占全省规模以上工业的 4.9%；全年完成工业总产值 648.80 亿元，出口交货值达 41.77 亿元，实现主营业务收入 634.84 亿元，利润总额达 37.20 亿元。从销售区域看，全年福建省全部木材加工和木、竹、藤、棕、草制品业销售收入销往省内、省外及境外三大市场的比重分别为 42.4%、46.0%和 11.6%，与上年相比，省内、省外市场的比重分别提高了 0.2 个百分点、3.9 个百分点，境外市场比重下降了 4.1 个百分点。2012 年福建省规模以上木材加工和木、竹、藤、棕、草制品业主要经济指标见下表。

木材加工和木、竹、藤、棕、草制品业包含木材加工，人造板制造，木制品制造，竹、藤、棕、草制品制造等中类行业。人造板制造业在福建省木材加工和木、竹、藤、棕、草制品业中占较大比重。2012 年，福建省规模以上人造板制造业完成工业总产值 350.38 亿元，占木材加工和木、竹、藤、棕、草制品业的 54.0%；实现主营业务收入 343.84 亿元，利润总额达 18.25 亿元。

从全国看，截至 2012 年末，我国规模以上木材加工和木、竹、藤、棕、草制品行业企业达 8368 个，资产总额达 4249.49 亿元，比上年增长 15.4%；从业人数 132.47 万人，增长 4.8%。全年实现销售收入 10238.90 亿元，增长 19.7%；实现利润总额 681.11 亿元，增长 23.6%。从主要产品产量看，我国人造板产量达 2.86 亿立方米，增长 19.7%。其中，刨花板产量为 0.13 亿立方米，增长 7.2%；纤维板产量为 0.56 亿立方米，增长 13.1%；胶合板产量为 1.42 亿立方米，增长 18.3%；装饰板产量为 2.86 亿立方米，增长 4.0%。

2012 年，我国人造板出口量和出口额均创新高。虽然受“双反”调查影响，胶合板出口量只有 0.10 亿立方米，增幅收窄 4.6 个百分点；但纤维板和刨花板出口量及出口额均大幅增长。纤维板出口 277.60 万吨，比上年增长 11.0%；刨花板出口 20 多万立方米，增长约 10.0%。

（摘编：官丽曼）

福建省规模以上木材加工和木、竹、藤、棕、草制品业主要经济指标

单位：亿元

指　标	2012 年	指　标	2012 年
工业总产值	648.80	流动资产年末数	147.04
工业增加值	184.41	利润总额	37.20
主营业务收入	634.84	利税总额	58.81
资产总额	277.51	本年应交增值税	17.84
固定资产净值年末数	85.40		

2-4-7 家具制造业

2012年末，福建省共有规模以上家具制造业企业286个，全年实现工业总产值299.04亿元，主营业务收入295.32亿元，利润总额达17.83亿元；产品销售率为98.6%，高于福建省规模以上工业的平均水平（97.8%）。从销售区域看，全年福建省全部家具制造业销售收入销往省内、省外及境外三大市场的比重分别为26.0%、34.5%和39.5%。2012年福建省规模以上家具制造业主要经济指标见下表。

据福州海关统计，2012年福建省出口家具及其零件38.80亿美元，比上年增长14.6%。从出口市场看，美国、欧盟、东盟为出口前三大市场，对拉丁美洲、非洲等新兴市场出口增长迅猛。其中，出口美国11.0亿美元，增长0.1%，占同期全省家具出口总值的28.3%；出口欧盟9.0亿美元，下降1.6%，占23.2%；出口东盟5.0亿美元，增长29.8%，占12.9%；出口拉丁美洲3.3亿美元，增长38.0%；出口非洲1.9亿美元，增长110.0%。从贸易方式看，一般贸易出口额34.5亿美元，占出口总额的89.1%，增长13.1%。

从全国看，2012年全国家具产量达6.54亿件，比上年下降2.4%。从各省份看，浙江省家具产量达1.84亿件，增长1.4%，占全国总产量的28.1%。紧随其后的是广东省、福建省、山东省，分别占总产量的19.8%、15.7%、10.4%。

据中国海关统计，2012年全国家具及其零件出口488.20亿美元，比上年增长28.7%，增幅同比提高了13.7个百分点。

2012年，全国家具制造业频遭贸易壁垒。2011年7月1日，美国实施《复合木制品甲醛标准法案》。该法案严格限制了在全美销售和批发的木制品甲醛释放量，是目前全球对甲醛释放量最严苛的标准。2012年9月，欧盟通过了“木材及木制品规例和新环保设计指令”，要求出口企业在木制品原辅材料的选择上应保证来源合法，须是经过森林管理委员会认证的可持续木材。

（摘编：官丽曼）

福建省规模以上家具制造业主要经济指标

单位：亿元

指 标	2012年	指 标	2012年
工业总产值	299.04	流动资产年末数	149.83
工业增加值	84.56	利润总额	17.83
主营业务收入	295.32	利税总额	27.53
资产总额	219.13	本年应交增值税	7.82
固定资产净值年末数	37.84		

2-4-8 造纸和纸制品业

2012年末，福建省共有规模以上造纸和纸制品业企业459个，全年实现工业总产值758.64亿元，主营业务收入714.38亿元，利润总额达58.97亿元。从主要产品产量看，全年全省机制纸和纸板产量增长11.3%，比全国高出2.8个百分点；纸制品产量增长25.8%，全省总量排名保持在全国第6位。从销售区域看，全年福建省全部造纸和纸制品业销往省内、省外市场和境外市场的比重分别为61.5%、31.8%和6.7%。2012年福建省规模以上造纸和纸制品业主要经济指标见下表。

在美国、欧盟经济持续低迷不振、市场需求依然疲软，国内宏观经济增速明显放缓的情况下，福建省造纸工业运行增速放缓。2012年，全省造纸和纸制品业工业总产值平均增速为11.3%。从产能看，全年卫生用纸原纸产量比上年增长26.6%，主要是恒安（中国）纸业集团和福建恒利集团分别新增产能12万吨和6万吨。包装板纸全年产量增长14.3%，主要是福建联盛纸业龙海项目1期工程投产，该企业在2012年10月和12月新增两条包装纸板生产线，新增产能80万吨/年，新增产量近4万吨。福建联盛纸业（含长泰和龙海两个生产基地）已形成年160万吨的产能，2013年还将新增一条包装纸板和一条铜版纸生产线，形成年170万吨的产能。

从全国看，2012年全国造纸用纸浆产量约7850万吨，比上年增长1.6%；造纸用纸浆消费量约9350万吨，增长3.4%；纸及纸板产量约10300万吨，增长3.7%；纸及纸板表观消费量约10100万吨，增长3.6%。

2012年，全国纸和纸板出口逐步回暖。据中国海关统计，全年共出口纸及纸板（未切成形的）471.2万吨，比上年增长4.6%；出口额56.9亿美元，增长10.2%。其中，新闻纸和牛皮纸出口大幅下降，出口量分别为0.39吨和8.3万吨，分别下降74.6%和32.2%；无机物涂布纸和铜版纸分别出口303.5万吨和141.3万吨，分别增长1.1%和2.4%；瓦楞原纸出口3.3万吨，增长16.5%。

（摘编：官丽曼）

福建省规模以上造纸和纸制品业主要经济指标

单位：亿元

指　标	2012年	指　标	2012年
工业总产值	758.64	流动资产年末数	338.26
工业增加值	200.39	利润总额	58.97
主营业务收入	714.38	利税总额	93.13
资产总额	603.29	本年应交增值税	29.21
固定资产净值年末数	173.76		

2-4-9 印刷和记录媒介复制业

2012年末，福建省规模以上印刷和媒介复制业企业达161个，全年完成工业增加值41.92亿元，比上年增长23.1%；完成工业总产值143.39亿元，实现主营业务收入142.31亿元。产品销售率为98.8%，高于福建省规模以上工业的平均水平（97.8%），实现利润总额12.58亿元。从销售区域看，全年福建省全部印刷和记录媒介复制业销往省内、省外市场和境外三大市场的比重分别为77.6%、15.8%和6.6%。2012年福建省规模以上印刷和记录媒介复制业主要经济指标见下表。

为促进泉州市产业集群的发展，泉州市出台了《关于加快泉州市产业集群发展的若干意见》。2012年，泉州市全面推进占地万亩的中国包装印刷产业（晋江）基地的建设，围绕“打造海峡西岸包装印刷业龙头，抢占两岸包装印刷业制高点”的目标定位，全力推进各项开发建设工作，首期3000亩用地已审核审批入驻企业50个，投资总额约125亿元。同时，还推动石狮、南安印刷产业园区建设，进一步以基地、园区为载体，吸纳一批大中型印刷企业入驻，特别是引进一批境内外有影响力的大型企业进驻。2012年，泉州市印刷产业发展突破百亿元，各类印刷企业达1200多个，占全省印刷企业总数近三分之一。

从全国看，至2012年末，全国规模以上印刷和记录媒介复制业企业达3867个，资产总额达3510.73亿元，比上年增长10.9%；从业人数72.19万人，增长1.0%；全年实现主营业务收入4196.26亿元，增长12.9%；完成利润总额350.82亿元，增长12.9%。2012年，全国印刷品出口量107.36万吨，比上年下降0.7%；出口额34.72亿美元，增长11.8%。

“绿色印刷”，是印刷业近年来一直实施的一个行动。截至目前，全国已通过绿色印刷资质认证的企业超过200个。福建新华印刷有限责任公司于2012年10月通过了国家绿色印刷资质认证终审，标志着福建绿色印刷认证企业实现了零的突破。

（摘编：官丽曼）

福建省规模以上印刷和记录媒介复制业主要经济指标

单位：亿元

指　标	2012年	指　标	2012年
工业总产值	143.39	流动资产年末数	56.76
工业增加值	41.92	利润总额	12.58
主营业务收入	142.31	利税总额	17.84
资产总额	100.86	本年应交增值税	4.45
固定资产净值年末数	28.10		

2-4-10 文教、工美、体育和娱乐用品制造业

2012年末，福建省共有规模以上文教、工美、体育和娱乐用品制造业企业759个；全年完成工业总产值848.04亿元，实现主营业务收入833.75亿元，实现利润总额66.12亿元。2012年福建省规模以上文教、工美、体育和娱乐用品制造业主要指标见下表。

体育用品制造业

2012年末，福建省规模以上体育用品制造业企业有94个；全年完成工业总产值102.64亿元，实现主营业务收入100.33亿元，完成出口交货值70.04亿元，实现利润总额5.48亿元。从销售区域看，全年福建省全部体育用品制造业销售收入中销往省内、省外市场和境外三大市场的比重分别为19.6%、14.2%、66.2%。

厦门同安区健身器材出口额在全国各省直辖市自治区县区中位居第1位，已成为全国最大的健身器材出口基地。据厦门检验检疫局统计，2012年同安区出口健身器材1.65万批，货值6.53亿美元，分别比上年增长14.5%和20.4%，占全国同类出口产品的四分之一，占福建省同类出口产品的94.0%。

2012年，我国体育用品行业增加值占GDP的比重为0.4%。随着我国居民对体育用品多元化、多层次化的需求日益提升，我国体育用品产业的市场容量将进一步扩大。目前国内市场主要的体育用品品牌包括耐克、阿迪达斯、李宁、安踏、特步等，已经建立起比较完善的生产和营销网络，占据了国内体育用品市场大部分市场份额。从省份和产量上看，我国体育用品产业集群主要集中在广东、福建、江苏、浙江、北京、上海等六省市，集中度超过了85%。从企业聚集密度和产品类别上看，运动鞋主要集中在福建晋江、广东东莞、浙江慈溪、江苏昆山；运动服主要集中在福建石狮、广东中山、浙江海宁；体育器材主要集中在浙江富阳、苍南，江苏江都、泰州，河北沧州；篮排足球用品主要集中在上海，天津，浙江奉化、富阳，福建长泰、永安等地。

玩具制造业

2012年末，福建省规模以上玩具制造业企业有52个；全年完成工业总产值53.64亿元，实现主营业务收入51.59亿元，出口交货值达33.72亿元，实现利润2.09亿元。从销售区域看，全年全省全部玩具制造业销售收入中销往省内、省外市场和境外三大市场的比重分别为17.6%、20.5%、61.9%。

2012年，石狮市玩具出口总货值增长八成。据泉州出入境检验检疫局统计，石狮市共检验出口玩具1169批、货值3608.4万美元，分别比上年增长70.7%和82.6%。从出口市场看，全年石狮市玩具分别出口欧盟和美国717.0万美元和1680.8万美元，分别占年度出口总额的19.4%和45.6%。2012年，石狮市向阿联酋出口玩具597.7万美元，占全年总额的16.2%，成为仅次于欧盟和美国的第三大出口市场；出口墨西哥、巴西、阿根廷、委内瑞拉、秘鲁、智利、哥伦比亚、乌拉圭等主要中南美国家217.7万美元，占全年总额的6.0%。现出口市场已达五大洲六十二个国家和地区。

从全国看，据海关统计，2012年我国出口玩具114.5亿美元，比上年增长5.8%，增速比上年放缓1.6个百分点，低于同期我国出口增速2.1个百分点。欧美传统市场仍是我国玩具主要出口市场，东盟跃居成为第三大出口市场。2012年，我国对美国出口玩具40.4亿美元，比上年增长4.9%；对欧盟出口26.10亿美元，下降1.9%；二者合计占同期我国玩具出口总值的58.1%；对东盟出口9.0亿美元，增长33.3%，增幅高于同期我国玩具出口平均增幅27.5个百分点，已超越香港成为我国内地玩

具出口第三大市场；对拉丁美洲出口8.7亿美元，增长8.3%。

2012年，我国玩具出口面临越来越严峻的贸易壁垒。2012年3月23日，欧盟2012/7/EC指令正式实施，再次降低了三类玩具材料中的镉限量，新标准允许的含量普遍比旧标准降低2-4成。其检测的重金属元素也由8种增加到了17种；6月，《美国玩具安全规范 F963-2011》正式施行。由于美国玩具新指令波及的范围较广，涉及玩具生产企业、进口商、消费者、第三方检测机构，并且增加了有害重金属含量的要求，因此被称为“史上最严厉的玩具安全标准”；7月，欧盟各地开始实施《2012/7/EC玩具安全指令》，该指令修订了镉限值标准，再次降低了玩具材料中的镉限量。

工艺美术品制造业

2012年末，福建省规模以上工艺美术品制造业企业有573个；全年完成工业总产值652.91亿元，实现主营业务收入644.04亿元，出口交货值达248.66亿元，实现利润总额56.88亿元。从销售区域看，全年福建省全部工艺美术品制造业销售收入中销往省内、省外市场和境外三大市场的比重分别为21.4%、38.4%、40.2%。

从全国看，据海关统计，2012年我国轻工工艺品进出口总额为7022.70亿美元，比上年增长2.5%，其中出口5650.20亿美元，增长16.4%；进口1372.50亿美元，下降1.2%。从出口方式上看，一般贸易仍是主要出口形式，出口额为3330.74亿美元，增长18.6%，占出口总额的59.0%；加工贸易出口额为1831.30亿美元，增长12.4%，占出口总额的32.4%。从主要出口市场看，对美国出口1227.75亿美元，增长8.7%；对欧盟出口1025.67亿美元，增长2.5%；对香港出口777.81亿美元，增长41.4%；对日本出口355.79亿美元，增长9.1%；对俄罗斯出口150.19亿美元，增长17.5%。从出口省份看，广东省位居第1位，出口额1831.50亿美元，增长9.7%，占全国轻工工艺品出口总额的32.4%；浙江省出口额773.63亿美元，增长9.7%；江苏省出口额580.84亿美元，增长21.0%。福建省位居第4位，出口额404.14亿美元，增长7.2%。

（摘编：官丽曼）

福建省规模以上文教、工美、体育和娱乐用品制造业主要经济指标

单位：亿元

指　标	2012年	指　标	2012年
工业总产值	848.04	流动资产年末数	260.65
工业增加值	252.35	利润总额	66.12
主营业务收入	833.75	利税总额	90.58
资产总额	410.98	本年应交增值税	17.88
固定资产净值年末数	101.14		

2-4-11 化学原料和化学制品制造业

2012 年，福建省规模以上化学原料和化学制品制造业完成工业总产值 1102.57 亿元，比上年增长 15.2%；实现工业增加值 237.79 亿元，增长 14.2%；总产值和增加值均居行业第 23 位；出口交货值达 77.57 亿元，下降 7.0%；实现主营业务收入 1077.38 亿元，增长 5.2%；实现利润总额 51.40 亿元，下降 39.1%。从销售区域看，2012 年福建省全部化学原料和化学制品制造业以省内市场和省外市场销售为主，比重均超过 40%，分别为 46.9%和 43.2%。2012 年福建省规模以上化学原料和化学制品制造业主要经济指标见下表。

据福建省人民政府公布的“2012 年福建名牌产品”名单显示，福建共有 11 个化学原料和化学制品制造企业的 12 个产品获得“2012 年度福建名牌产品”称号，分别是：三棵树涂料股份有限公司的三棵树牌木器漆、三棵树牌乳胶漆，福建海能新材料有限公司的天圭+图形+TIANGUI 牌沉淀水合二氧化硅，福建中化智胜化肥有限公司的中化+SINOCHEM+图形牌复合肥料，福建青松股份有限公司的青松+GREEN PING+图形牌合成樟脑等。

从主要产品产量看，产量比上年增长较快的产品有硫酸（产量 114.10 万吨，增长 73.1%）、化学农药原药（产量 0.84 万吨，增长 33.9%）、合成洗涤剂（产量 17.48 万吨，增长 31.7%）；下降幅度较大的产品有碳酸钠(产量 0.69 万吨，下降 93.1%)、碳化钙（产量 0.64 万吨，下降 89.4%）等。

2012 年，全国化学原料和化学制品制造业工业增加值较上年增长 11.7%，比全国规模以上工业高了 1.7 个百分点，在全国 41 个大类行业中居第 16 位；实现主营业务收入 66673.09 亿元，增长 12.3%，增幅居行业第 22 位；实现利润总额 3683.92 亿元，下降 5.9%。从主要产品产量看，除乙烯产量下降 2.5%外，其他产品如：硫酸、氢氧化钠（烧碱）、碳酸钠（纯碱）、农用氮磷钾化肥、化学农药原药、初级形态的塑料、合成洗涤剂等产量均有所增长，其中，增长较快的产品有：化学农药原药（产量 354.90 万吨，增长 19.0%）、农用氮磷钾化肥（产量 7432.40 万吨，增长 10.9%），增幅均超过 10%。

（摘编：林晓霞）

福建省规模以上化学原料和化学制品制造业主要经济指标

单位：亿元

指　标	2012 年	指　标	2012 年
工业总产值	1102.57	流动资产年末数	428.57
工业增加值	237.79	利润总额	51.40
主营业务收入	1077.38	利税总额	84.74
资产总额	803.47	本年应交增值税	29.11
固定资产净值年末数	224.13		

2-4-12 医药制造业

2012年末，福建省共有规模以上医药制造业企业112个；全年完成工业总产值193.11亿元，实现主营业务收入176.90亿元，出口交货值达18.51亿元，实现利润总额21.93亿元。从销售区域看，全年福建省全部医药制造业销售收入中销往省外市场的比重最高，为58.0%，较上年下降0.9个百分点，已连续三年下降；其次是省内市场，比重为31.2%；境外市场比重较低，仅为10.8%。分行业观察，化学药品原料药制造、化学药品制剂制造、中药饮片加工、中成药生产均以省外市场销售为主；兽用药品制造、卫生材料及医药用品制造均以境外市场销售为主；生物药品制造以省内市场和省外市场销售为主。2012年福建省规模以上医药制造业主要指标见下表。

2012年8月，福建省出台《福建省医药工业“十二五”发展规划》，明确提出着力引导企业战略性并购重组，壮大产业规模，到2015年实现工业总产值550亿元，年均增长25%。福建省上市公司中，金达威的营养强化剂项目入选“十二五”重点项目、片仔癀入选“十二五”重点培育骨干企业。金达威营养强化剂项目总投资1.25亿元，其中固定资产投资1.19亿元，主要建设生产车间、生产辅助建筑、实验和化验中心及办公场所等。2012年，该项目开始试车投产，建设年产5000吨的营养强化剂和添加剂系列产品产能。

今后，福建省将鼓励实施重组整合，支持医药企业间的上下游整合，完善产业链，提高资源配置效率。培育形成销售收入达15亿元以上龙头骨干工业企业3个，10至15亿元的企业3个，完成3个医药企业上市融资。福建省将在福州、厦门、明溪、柘荣等区域完善建设海峡西岸经济区生物医药产业园区，其中厦门海沧生物医药集中区将重点发展基因工程药物、现代中药、海洋药物、天然药物、新型药物制剂等。

从全国看，2012年全国医药工业总产值为18147.9亿元，其中生物医药工业总产值达1852.7亿元，比上年增长20.5%；实现营业收入1775.4亿元，增长18.8%；利润总额为230.1亿元，增长14.3%。生物医药产业在整体医药产业中的比重为10.2%。

2012年，全国生化药进口保持迅猛增长势头，进口额高达27.43亿美元，比上年增长34.2%。全年全国共有1119个企业经营生化药进口，进口额在100万美元以上的企业有159个，上海罗氏制药有限公司、罗氏诊断产品（上海）有限公司、雅培贸易（上海）有限公司、永裕（上海）医药物流营运有限公司、科园信海（北京）医疗用品贸易有限公司、上海国药外高桥医药有限公司、百特医疗用品贸易（上海）有限公司、中国牧工商（集团）总公司、深圳赛诺菲巴斯德生物制品有限公司、辽宁汇明国际贸易有限公司位居全国生化药进口额排名前十位，所占比重合计54.5%。

近年来，我国扶持生物医药产业力度不断加大。2012年10月出台的卫生事业发展“十二五”规划中，已将生物技术列为七大战略性新兴产业之一，并将设立发展专项资金，建立稳定的财政投入增长机制，支持创新成果产业化；2013年发布的新版国家基本药物目录扩容，将基本药物品种由307种扩容至520种，其中化学药品和生物制品约为317种。

（摘编：张琛）

福建省规模以上医药制造业主要经济指标

单位：亿元

指 标	2012 年	指 标	2012 年
工业总产值	193.11	流动资产年末数	101.30
工业增加值	63.62	利润总额	21.93
主营业务收入	176.90	利税总额	30.32
资产总额	185.11	本年应交增值税	7.17
固定资产净值年末数	47.88		

2-4-13 橡胶和塑料制品业

2012 年末，福建省共有规模以上橡胶和塑料制品业企业 649 个；全年完成工业总产值 1197.95 亿元，实现主营业务收入 1189.30 亿元，出口交货值达 200.76 亿元，实现利润总额 105.83 亿元。从销售区域看，2012 年福建省全部橡胶和塑料制品业销售收入中销往省外市场的比重最高，为 46.2%，省内市场销售比重为 28.0%，境外市场销售比重为 25.8%。分行业看，橡胶制品业主要销往省外市场，销售比重达 50%以上；塑料制品业也主要销往省外市场，销售比重达 40%以上。2012 年福建省规模以上橡胶和塑料制品业主要经济指标见下表。

从主要生产企业看，福建佳通轮胎有限公司以生产和销售子午线轮胎为主，2012 年轮胎产量为 1538 万条，比上年下降 5.3%；轮胎销售量为 1538 万条，下降 4.8%。2012 年，该公司注重新产品的开发和试作。在半钢子午胎方面已形成各种不同速度级别系列产品，最高可达到 Y 级(每小时行驶 300 公里)，可以满足欧洲市场对高速公路行驶不限速的需求。在扁平率方面已达到最低 30 的世界先进水平。在花纹系列方面全面涵盖所有的轿车、SUV、轻卡、跑车等适用于不同路况、季节性轮胎。在全钢子午胎方面，到目前为止共开发三十几大花纹系列两百多个规格，涵盖长途高速耐磨、工矿山地、城镇巴士、短途载重、全钢雪地胎等系列。

从全国看，2012 年末全国规模以上橡胶和塑料制品业共有企业 16062 个，全年完成工业增加值比上年增长 10.1%，高于全国平均水平 0.1 个百分点；完成主营业务收入 23879.33 亿元，增长 12.6%；实现出口交货值 3518.22 亿元，增长 6.6%；完成利润总额 1446.35 亿元，增长 20.6%。

分行业看，塑料制品加工业是我国轻工业第一大行业，我国已成为世界上最大的塑料制品生产和消费国家。2012 年，我国规模以上塑料制品业工业总产值近 1.7 万亿元。年产量超过百万吨的省份已达到 16 个。其中，广东省塑料工业连续二十年在国内居领先地位。2012 年，广东省塑料制品总产量

919 万吨，占全国总量的 15.9%；总产值接近 4000 亿元。

2012 年末，全国共有轮胎生产企业 2655 个，比上年增加 153 个。全年累计生产 8.92 亿条，增长 4.2%，增速同比回落 4.3 个百分点。其中，子午线轮胎 4.61 亿条，增长 11.4%，增速同比提高约 6 个百分点。分省份看，我国轮胎生产主要集中在东部沿海，山东、江苏、浙江三省产量 5.91 亿条，占全国的 66.3%。

2012 年，我国出口新的充气橡胶轮胎（以下简称“轮胎”）4.1 亿条，比上年增长 4.1%；价值 158.8 亿美元，增长 7.6%；出口平均价格为每条 38.4 美元，上涨 3.4%。分贸易方式看，全年我国以加工贸易方式出口轮胎 2.9 亿条，增长 4.2%，占同期我国轮胎出口总量的 69.6%。同期，以一般贸易方式出口 1.2 亿条，增长 1.8%，占 28.6%。分省份看，山东为第一大出口省份。2012 年，山东出口轮胎 1.6 亿条，增长 16.2%，占同期全国轮胎出口总量的 38.4%。同期，天津出口 5125 万条，增长 5.3%，占 12.4%；江苏出口 4155 万条，下降 13.1%，占 10.1%；广东出口 4007 万条，下降 5.9%，占 9.7%。从出口市场看，欧美为主要出口市场，对东盟出口增加明显。2012 年，我国对欧盟出口轮胎 7132 万条，下降 10.9%；对美国出口 6876 万条，增长 8.3%；对上述两大市场出口合计占同期我国轮胎出口总量的 33.9%。同期，对东盟出口 2802 万条，增长 12.0%；对巴西出口 2400 万条，下降 4.1%。

尽管美轮胎“特保案”已到期，我国对美国轮胎出口出现恢复性增长，但 2012 年以来，哥伦比亚、巴西等国家接连对我国轮胎出口提出反倾销调查并抬高进口门槛。2012 年 6 月 22 日，哥伦比亚对我国卡客车用轮胎进行反倾销调查；巴西于 6 月 25 日和 9 月 3 日分别对我国摩托车轮胎及自行车轮胎进行反倾销调查，9 月 4 日又将自行车轮胎和汽车轮胎的进口关税从 16%提高到 25%；11 月 1 日，欧盟的轮胎“标签法”开始实施，对进口轮胎的各项性能进行更严格的要求。我国轮胎出口将面临更严重的贸易壁垒。

（摘编：张琛）

福建省规模以上橡胶和塑料制品业主要经济指标

单位：亿元

指　标	2012 年	指　标	2012 年
工业总产值	1197.95	流动资产年末数	454.47
工业增加值	332.21	利润总额	105.83
主营业务收入	1189.30	利税总额	149.02
资产总额	806.22	本年应交增值税	36.25
固定资产净值年末数	221.43		

2-4-14 非金属矿物制品业

2012 年末，福建省共有规模以上非金属矿物制品业企业 1652 个；全年完成工业总产值 1981.72 亿元，实现出口交货值 295.70 亿元，主营业务收入达 1951.49 亿元；产品销售率为 97.6%，略低于福建省规模以上工业平均水平。从销售区域看，2012 年福建省全部非金属矿物制品业销售收入中销往省内市场比重为 41.1%，销往省外市场比重为 35.7%，销往境外市场的比重为 23.2%。分行业看，水泥、石灰和石膏的制造业，水泥及石膏制品制造业主要销往省内市场，销售比重均达 90%以上；砖瓦、石材及其他建筑材料制造业主要销往省外市场；陶瓷制品制造业和玻璃制品制造业主要销往境外市场。2012 年福建省规模以上非金属矿物制品业主要经济指标见下表。

从全国情况看，2012 年全国规模以上非金属矿物制品业完成主营业务收入 4.32 万亿元，比上年增长 12.4%。分行业看，尽管水泥、平板玻璃等行业利润总额分别下降 32.8%、66.6%，但是由于水泥制品、建筑陶瓷、耐火材料制品、玻璃纤维增强塑料材料等行业利润总额分别增长 22.5%、33.8%、10.5%、26.9%和 30.6%，全行业利润总额达 3121.87 亿元，增长 0.7%。

水泥制造业

2012 年末，福建省共有规模以上水泥、石灰和石膏制造业企业 129 个，全年完成工业总产值 292.40 亿元，实现主营业务收入 286.62 亿元，产销率为 98.8%，高出福建省规模以上工业平均水平 1.0 个百分点；年末共有规模以上石膏、水泥制品及类似制品制造业企业 205 个，全年完成工业总产值 254.47 亿元，实现主营业务收入 249.32 亿元，产销率为 99.1%，高出福建省规模以上工业平均水平 1.3 个百分点。从销售区域看，福建省水泥、石灰和石膏制造业销售以省内市场为主，2012 年福建省全部水泥、石灰和石膏的制造业销往省内市场的比重占该行业全部销售收入的 94.4%，销往省外市场的比重为 5.6%，没有销往境外市场；石膏、水泥制品及类似制品制造业销往省内市场的比重为 96.9%，销往省外市场比重为 1.9%，销往境外市场比重为 1.2%。

2012 年，福建省水泥新增产能集中释放，全年水泥产量 7197.6 万吨，比上年增长 15.3%。

从主要生产企业看，福建水泥股份有限公司生产熟料 434.79 万吨、水泥 514.14 万吨，比上年分别增长 10.8%和 18.0%；销售 537.96 万吨，增长 8.1%。截至 2012 年底，福建水泥股份有限公司公司熟料产能达 598 万吨，可配套水泥产能 800 万吨，在建水泥磨粉产能 550 万吨，在建熟料产能 186 万吨。

2012 年 10 月，福建水泥安砂建福二期日产 4500 吨熟料水泥生产线项目开工。二期工程项目与一期基本相同，也是采用新型干法预分解生产工艺，扩建一条带 9000kw 纯低温余热发电的 4500t/d 熟料水泥生产线，年产熟料 148.5 万吨，年产水泥 200 万吨，年发电量为 6210×104kwh，项目总投资为 66000 万元。该项目符合我国水泥工业“重点支持在有资源的地区建设日产 4000 吨及以上规模新型干法水泥项目，建设大型熟料基地”的产业发展政策。

大田红狮水泥有限公司注重引进高新技术，发展循环经济，将废烟气中的一部分热量，通过锅炉产生蒸汽发电，同时将锅炉中的粉尘沉降回收，减少粉尘排放。通过纯低温余热发电和回收粉尘，年可增收 4000 多万元。

从全国看，2012 年水泥产能继续扩大，产量继续增长。全年新增新型干法熟料设计产能 1.6 亿吨，水泥总产能增至30亿吨,全年水泥产量21.8亿吨、比上年增长7.4%,产能利用率再创新低降至72.7%。受我国经济下行和水泥需求增长趋缓,加上水泥产能过剩加剧、环境约束增强等因素影响,全年水泥价格呈现下跌企稳态势,通用水泥年均价比上年下降4%左右,水泥行业利润总额下降了32.8%。

据海关统计，2012年全国共出口水泥1199.7万吨，比上年增长13.1%；出口额6.8亿美元，增长10.2%；出口平均价格为每吨57美元，下跌2.5%。其中，出口普通硅酸盐水泥906.8万吨，增长4.7%，占同期我国水泥出口总量的75.6%；出口水泥熟料275.7万吨，增长52.2%，占23.0%，比重上升5.9个百分点；白水泥出口9.7万吨，增长71.5%，占比提升0.3个百分点。

砖瓦、石材等建筑材料制造业

2012年末，福建省共有规模以上砖瓦、石材等建筑材料制造业企业1039个；全年完成工业总产值1022.58亿元，实现出口交货值150.73亿元，主营业务收入达到1012.04亿元；产销率为98.1%，略高于福建省规模以上工业平均水平（97.8%）。从销售区域看，福建省砖瓦、石材等建筑材料制造业销售以省外和境外市场为主。2012年，福建省全部砖瓦、石材等建筑材料制造业销往省内市场的收入占该行业全部销售收入的21.6%，比上年下降18.0个百分点；销往省外市场的比重为51.0%，提高1.4个百分点；销往境外市场的比重为27.4%，提高16.7个百分点。

全省现已形成了以厦门为出口龙头、泉州为生产基地的发展格局。南安的石板材加工，惠安的石雕制品、墓碑石，福鼎的玄武岩石材，古田的石板材，安溪的花岗岩开采都已经形成了鲜明特色。2012年7月，在晋江市有关部门的强力推动下，晋江市461个无证矿山开采点、无证石材企业已全部关闭。682个石材加工企业，除了109个纳入工艺石认定范围的企业外，其余573个石材企业已全部关闭退出。在晋江市淘汰石材业落后产能，推动石材行业转型转产，促进产业转型升级的同时，福建石材重镇——南安市出台了《关于打造国际石材之都的若干意见（试行）》，拟通过打造大集团、大品牌、大联盟、大产业、大商贸来开启石材产业的新局面。

至2012年底，福建石材行业共有86个上市企业，在资本市场形成了“福建板块”。随着石材业的发展，大企业逐步弱化了低端的板材粗加工，开始往工程石材制品和建筑装饰方面倾斜，并瞄准了高端市场。万隆石业作为行业的龙头企业，投资建设新的天然板材加工和复合板材生产基地，形成年产100万平方米天然板和40万平方米石材复合板的生产能力，预计可以年增销售收入3亿元以上。除了万隆外，目前南安已有东升、华辉、溪石、英良、新东源等一批企业完成或正在进行股改。

从全国看，2012年末全国规模以上砖瓦、石材等建筑材料制造业企业数为7472个，资产总额4734.93亿元，比上年增长18.2%；全行业从业人数126.33万人，增长4.3%。全年实现销售收入9844.77亿元，增长19.3%；完成利润总额753.78亿元，增长22.0%。我国石材的生产主要分布在福建省、广东省、山东省，其中福建与山东为原料与加工生产大省，而广东主要从事进口石材的加工。上述三省占了我国石材生产85%的产量，主要是大理石、花岗石产品。

2012年，全国花岗岩石材及制品出口量745万吨，比上年下降8.1%；出口额31.66亿美元，增长2.9%。

陶瓷制品制造业

2012年末，福建省拥有规模以上陶瓷制品制造业企业136个，从业人员平均人数为6.66万人；全年实现工业总产值171.19亿元，实现出口交货值 88.68 亿元，主营业务收入达到 172.43 亿元，实现利润总额 11.22 亿元；产销率为 99.7%，高出福建省规模以上工业平均水平 1.2 个百分点。从销售区域看，全年福建省全部陶瓷制品制造业销往境外市场的比重占该行业全部销售收入的 53.6%，比上年提高 5.2 个百分点；销往省内市场的比重为 24.9%，提高 4.9 个百分点；销往省外市场的比重为 21.5%，下降 10.1 个百分点。

2012 年 2 月，欧盟对我国陶瓷餐具和厨房用具进行反倾销立案调查，福建省近 200 个企业涉案，案件总额达 4213 万美元。自 2013 年 5 月 16 日起，欧盟对原产地为中国的陶瓷餐具征收 13.1%至 36.1%的反倾销税，期限为 5 年。此次终裁税率相对初裁最高 58.8%的税率虽然有所降低，但仍将对福建陶瓷企业的出口造成一定影响。欧盟作为福建省日用陶瓷的第二大出口市场，2012 年全省共有 208 个相关出口企业，出口额 4095 万美元，比上年下降 2.8%；2013 年一季度，全省仅对欧盟出口 590 万美元，同比下降 39.6%。

福建省陶瓷企业出口面临的压力不仅来自欧盟，印尼、墨西哥、巴西等越来越多的国家对福建省日用陶瓷餐具发起了反倾销调查。其中，巴西的反倾销调查涉及福建省企业 66 个；2013 年 5 月 2 日，墨西哥决定继续对原产于中国的陶瓷餐具进行反倾销调查，对于价格低于每公斤 2.58 美元的，征收海关进口单价与此参考价之间的差价，征收差价程度不得超过墨调查机关为每家应诉出口商确定的倾销幅度。

从全国看，2012 年全国陶瓷砖出口 63.52 亿美元，比上年增长 33.4%，与上年同期相比，出口额增速提高近 10 个百分点。我国陶瓷砖出口主要贸易国排在前五位的依次是：沙特阿拉伯、美国、阿拉伯联合酋长国、巴西、马来西亚。其中，出口沙特阿拉伯增长 44.9%，占我国陶瓷砖出口总额的 7.2%；出口美国增长 8.9%，占 4.4%；出口阿拉伯联合酋长国增长 12.3%，占 4.2%。在主要出口贸易国中，对马来西亚、印度尼西亚、南非的出口快速增长，增长一倍左右。

（摘编：张琛）

福建省规模以上非金属矿物制品业主要经济指标

单位：亿元

指　标	2012 年	指　标	2012 年
工业总产值	1981.72	流动资产年末数	673.67
工业增加值	559.11	利润总额	153.77
主营业务收入	1951.49	利税总额	235.96
资产总额	1412.01	本年应交增值税	63.33
固定资产净值年末数	473.37		

2-4-15 黑色金属冶炼和压延加工业

2012 年末，福建省拥有规模以上黑色金属冶炼和压延加工业企业 350 个，资产总额 1037.42 亿元；全年完成工业总产值 1564.98 亿元，出口交货值达 23.77 亿元，实现主营业务收入 1546.52 亿元。从销售区域看，2012 年福建省全部黑色金属冶炼和压延加工业销往省内市场的比重最高，为 68.4%；其次是省外市场，为 29.7%。分行业看，炼钢业、炼铁业、黑色金属铸造业和钢压延加工主要销往省内市场，铁合金冶炼业销往省内、省外市场的比重分别为 42.7%和 53.9%。2012 年福建省规模以上黑色金属冶炼和压延加工业主要经济指标见下表。

从主要生产企业看，2012 年福建三钢闽光股份有限公司（以下简称“三钢闽光”）共生产焦炭 86.45 万吨，比上年下降 0.2%；入炉烧结矿 623.52 万吨，增长 30.6%；生铁 457.33 万吨，增长 25.4%；钢坯 517.57 万吨，增长 15.6%；钢材 492.04 万吨（其中委托该公司控股股东三钢集团公司加工生产中板 89.57 万吨），增长 13.3%；销售钢材 506.98 万吨，增长 15.7%；完成工业总产值 176.99 亿元，下降 5.1%。

2012 年，三钢闽光强化科技创新，自主创新能力日渐增强。铁前系统深入开展配煤、配矿、混合煤喷吹攻关，促进降本增效。“构建高效低成本洁净钢制造平台”等 2 个项目获冶金企业管理创新成果三等奖。轧钢减量化和柔性化轧制技术体系建设成效明显，持续优化铁前、钢后 MES 系统，推进能源 EMS 系统开发和 ERP 前期工作。先后开发了 40Cr 合金结构钢盘圆、PSB500 精轧钢筋、美标冷镦钢 10B21 盘条、Q420B、Q390B 低合金高强度钢板等新产品，优化了品种结构。此外，还加强知识产权保护，获得授权专利 21 项，其中发明专利 1 项。“炼钢系统稳态化”等 4 个项目通过省级科技成果、新产品鉴定评审。

（摘编：张琛）

福建省规模以上黑色金属冶炼和压延加工业主要经济指标

单位：亿元

指　标	2012 年	指　标	2012 年
工业总产值	1564.98	流动资产年末数	521.06
工业增加值	289.41	利润总额	47.15
主营业务收入	1546.52	利税总额	113.16
资产总额	1037.42	本年应交增值税	61.39
固定资产净值年末数	347.56		

2-4-16 有色金属冶炼和压延加工业

2012年末，福建省共有规模以上有色金属冶炼和压延加工业企业135个，资产总额885.70亿元；全年完成工业总产值810.56亿元，实现主营业务收入846.42亿元。从销售区域看，全年福建省全部有色金属冶炼和压延加工业实现销售收入855.76亿元，其中，销往省外市场的比重最高，为55.5%；省内市场和境外市场的比重分别为35.7%和8.8%。2012年福建省规模以上有色金属冶炼和压延加工业主要经济指标见下表。

从主要生产企业看，紫金矿业集团股份有限公司2012年度年报显示，该公司矿产金产量为32.08吨，占全国矿产金产量的9.4%；矿产铜产量为10.46万吨，占全国矿产铜产量的6.4%；实现利润总额85.56亿元，占全国黄金企业实现利润的24.5%；实现销售收入484.15亿元，比上年增长21.8%。截至2012年底，该公司资产总额为673.54亿元，较年初增长28.7%。厦门钨业股份有限公司2012年度年报显示，该公司实现主营业务收入87.66亿元，比上年减少25.8%。全年公司研发支出1.93亿元，占净资产比例的3.4%，占营业收入的2.2%，完成了国家产业振兴与技术改造专项、福建省科技重大专项等七个重大项目的申报工作，同时完成了厦钨国家级企业技术评价等六项企业技术资质认定等工作，获得科技项目专项资金3010万元；获福建省优秀新产品奖、紫金奖等科技奖励四项。

从全国看，2012年全国规模以上有色金属工业实现主营业务收入40682.94亿元，比上年增长14.7%；实现利润总额1427.37亿元，下降10.4%。全年全国黄金产量达到403.10吨，增长11.7%，连续六年位居世界第一。其中，矿产金341.80吨；铜精矿产量为162.57万吨，增长17.4%。

2012年，我国有色金属冶炼及压延加工业完成投资4484.88亿元，比上年增长20.6%。同时，随着国家找矿战略的实施，企业积极加大资源勘探和开采力度，有色金属采矿业完成投资1477.34亿元，增长19.0%，占整个有色金属行业投资的24.8%，冶炼和压延加工业投资占比为75.2%。

（摘编：魏滨）

福建省规模以上有色金属冶炼和压延加工业主要经济指标

单位：亿元

指 标	2012年	指 标	2012年
工业总产值	810.56	流动资产年末数	435.29
工业增加值	178.26	利润总额	91.97
主营业务收入	846.42	利税总额	105.90
资产总额	885.70	本年应交增值税	9.42
固定资产净值年末数	200.98		

2-4-17 通用设备制造业

2012年末，福建省共有规模以上通用设备制造业企业472个，从业人员年平均人数达11.30万人；全年完成工业总产值757.12亿元、工业增加值210.49亿元，出口交货值达163.17亿元，实现主营业务收入752.12亿元，实现利税总额88.75亿元，其中利润总额达60.71亿元。2012年福建省规模以上通用设备制造业主要经济指标见下表。

从销售区域看，2012年福建省全部通用设备制造业销售收入中销往省外市场的比重最高，为48.2%；其次是省内市场，为27.6%；境外市场所占比重最小，占24.3%。分行业看，通用零部件制造业主要销往省内市场，比重达52.7%；锅炉及原动设备制造业，泵、阀门、压缩机及类似机械制造业，其他通用设备制造业等通用设备主要销往省外市场，比重分别达78.6%、62.2%、57.4%；文化、办公用机械制造业主要销往境外市场，比重达65.4%。

从地区看，2012年全省通用设备制造业企业主要集中在泉州、厦门、福州，其规模以上企业数占全省企业数的55.9%。

从主要生产企业看，福建龙溪轴承（集团）股份有限公司是国内较大的关节轴承供应商和出口商，是中国机械工业核心竞争力100强企业、国家火炬计划重点高新技术企业、国家创新型试点企业；是关节轴承国家行业标准主起草单位，承担关节轴承国家、行业标准的制修订工作。公司研发体系完善，拥有全国唯一的关节轴承研究所、博士后科研工作站、省级企业技术中心、工程技术研究中心和福建省重点实验室。2012年，该公司加大出口市场开拓力度并取得实质性突破，以全国最高评分入选 CAT 亚太地区战略合作供应商，获得卡特 SQEP 金牌认证、林德（中国）最佳质量奖等荣誉，关节轴承、轴套成功进入 CAT、VOLVO 等十多家国际跨国公司全球采购体系。

从全国看，2012年全国规模以上通用设备制造业工业增加值比上年增长8.4%，比全国规模以上工业低1.6个百分点；实现主营业务收入3.69万亿元，增长10.5%；实现利润总额2452.97亿元，增长4.2%；年末资产总额达2.99万亿元，增长12.8%。

（摘编：郑芳）

福建省规模以上通用设备制造业主要经济指标

单位：亿元

指　标	2012年	指　标	2012年
工业总产值	757.12	流动资产年末数	358.09
工业增加值	210.49	利润总额	60.71
主营业务收入	752.12	利税总额	88.75
资产总额	570.06	本年应交增值税	23.15
固定资产净值年末数	127.23		

2-4-18 专用设备制造业

2012年末，福建省共有规模以上专用设备制造业企业419个，全年完成工业总产值522.37亿元，实现出口交货值51.50亿元，利税总额达57.25亿元，产品销售率为96.7%，低于福建省规模以上工业平均水平（97.8%）。2012年福建省规模以上专用设备制造业主要经济指标见下表。

从销售区域看，2012年福建省全部专用设备制造业销售收入中销往省外市场的比重最高，为60.1%；其次是省内市场，为30.1%。分行业看，采矿、冶金、建筑专用设备制造业，食品、饮料、烟草及饲料生产专用设备制造业，纺织、服装和皮革加工专用设备制造业，环保、社会公共服务及其他专用设备制造业主要销往省外市场，省外市场销售比重均在50%以上；化工、木材、非金属加工专用设备制造业主要销往省内市场，省内市场销售比重在50%以上。

从地区看，全省专用设备制造业企业主要集中在泉州、福州、厦门，其规模以上企业数占全省总数的63.7%。

从主要企业看，厦门厦工机械股份有限公司主要产品为装载机、挖掘机，近年推出节能环保型的蓄电池叉车、双燃料叉车等产品。2012年，该公司持续加大研发投入、坚持技术创新，开发静液压智能装载机、大型挖掘机、小型机、混凝土泵车、旋挖钻机等新产品22项，其中9项达到国内先进水平，产品技术改进40余项，获得专利授权30项。2012年，该公司继续推进2011年承接的国家重大科技支撑计划项目2项，新承接国家重大科技支撑计划项目1项，开展8个应用基础研究项目，建设结构试验台、焊接实验室、工业设计实验等3个试验室。近年，该公司研发了全国第一台天然气动力装载机并实现了批量销售。2012年，该公司装载机产量1.85万台，销量达2.19万台。

从全国看，2012年全国规模以上专用设备制造业工业增加值比上年增长8.9%，比全国规模以上工业低1.1个百分点；实现主营业务收入2.73万亿元，增长9.3%；实现利润总额1884.89亿元，增长0.8%；年末资产总额达2.45万亿元，增长14.4%。

（摘编：郑芳）

福建省规模以上专用设备制造业主要经济指标

单位：亿元

指　标	2012年	指　标	2012年
工业总产值	522.37	流动资产年末数	373.01
工业增加值	127.83	利润总额	37.36
主营业务收入	550.75	利税总额	57.25
资产总额	555.03	本年应交增值税	16.76
固定资产净值年末数	99.76		

2-4-19 汽车制造业

2012 年末，福建省共有规模以上汽车制造业企业 339 个，全年完成工业总产值 854.07 亿元，实现主营业务收入 820.81 亿元，产品销售率为 97.6%，略低于福建省规模以上工业平均水平（97.8%）；汽车产量达 18.65 万辆。从销售区域看，2012 年福建省全部汽车制造业以省内市场和省外市场为主，当年销往省内市场的销售收入占该行业全部销售收入的 29.2%，销往省外市场的比重为 58.0%。2012 年福建省规模以上汽车制造业主要经济指标见下表。

2012年12月18日，总投资20亿元的新龙马15万辆汽车扩建项目建成投产，第一款微型客车在2013年3月全面上市。该项目是福建省“十二五”期间全力打造的重点项目。2012年12月18日，新龙马与五菱柳机动力公司年产30万台发动机项目战略合作协议举行签字仪式。该项目总投资15亿元，占地300亩。项目预计在2013年底完成总装生产线建成投产，2014年11月完成机加生产线建成投产。新龙马汽车扩建项目和发动机项目建成投产达标后，将每年新增工业产值130亿以上，拉动上下游产业和配套厂投资50亿元以上，拉动产值达100亿元以上，新增就业岗位上万个。

从全国看，2012年全国汽车市场实现平稳增长，节能与新能源汽车快速发展，出口高速增长，产业集中度进一步提高，汽车产业结构进一步优化。2012年，全国规模以上汽车制造业完成工业总产值5.29万亿元，比上年增长11.8%。据中国汽车工业协会统计，全年全国汽车产量1927.18万辆，增长4.6%；汽车销量1930.64万辆，增长4.3%，产销增幅较上年分别提高了3.8个百分点和1.8个百分点。其中，乘用车产销分别完成1552.37万辆和1549.52万辆，分别增长7.2%和7.1%；商用车产销分别完成374.81万辆和381.12万辆，分别下降4.7%和5.5%。从产品看，全年1.6升及以下排量乘用车销售1040.50万辆，增长5.7%，占乘用车销售市场的67.2%；自主品牌乘用车销售648.50万辆，增长6.1%，占乘用车销售市场的41.9%。其中，自主品牌轿车销售304.96万辆，增长3.5%，占轿车市场的28.4%，市场份额下降0.7个百分点，较排名第二的德系车高出5.0个百分点。2012年，全国汽车整车出口105.61万辆，比上年增长29.7%。其中，乘用车出口66.12万辆，增长38.9%；商用车出口39.49万辆，增长16.8%。

（摘编：郑芳）

福建省规模以上汽车制造业主要经济指标

单位：亿元

指 标	2012 年	指 标	2012 年
工业总产值	854.07	流动资产年末数	402.27
工业增加值	207.07	利润总额	57.23
主营业务收入	820.81	利税总额	101.86
资产总额	621.36	本年应交增值税	34.59
固定资产净值年末数	139.18		

2-4-20 铁路、船舶、航空航天和其他运输设备制造业

2012 年末，福建省共有规模以上铁路、船舶、航空航天和其他运输设备制造业企业 173 个，全年完成工业总产值 305.94 亿元，实现出口交货值 80.74 亿元，利税总额达 28.52 亿元，产品销售率为 97.3%，略低于福建省规模以上工业平均水平（97.8%）。2012 年福建省规模以上铁路、船舶、航空航天和其他运输设备制造业主要经济指标见下表。

从销售区域看，2012 年福建省全部铁路、船舶、航空航天和其他运输设备制造业销售收入中销往省外市场的比重最高，为 40.9%；其次是省内市场，为 30.6%。分行业看，铁路运输设备制造业、摩托车制造业、自行车制造业主要销往省外市场；船舶及相关装置制造业、潜水救捞及其他未列明运输设备制造业主要销往省内市场；航空、航天器及设备制造业主要销往境外市场。

船舶制造业是福建省铁路、船舶、航空航天和其他运输设备制造业中的主要行业。2012 年，在全球航运业疲软、国际船舶市场低迷的背景下，福建省规模以上船舶工业企业完成工业总产值 222.80 亿元、出口产值 106.80 亿元、出口创汇 12.02 亿美元（含游艇）；修船 2620 艘，产值为 22.66 亿元；新建船舶 836 艘、178 万载重吨；实现销售收入 164.00 亿元、利税总额 12.34 亿元、利润总额 9.12 亿元。福建船企新接船舶订单 858 艘、128 万载重吨，合同金额为 138.60 亿元，与上年相比艘数增加 258 艘，吨位减少 7 万吨，金额增加 24 亿元。截至 2012 年底，全省船企手持船舶订单 362 艘、213 万载重吨，合同金额为 189.20 亿元，与上年相比艘数增加 23 艘，吨位减少 75 万载重吨，合同金额基本持平。全年实现主要业务收入 164.00 亿元，实现利润 9.12 亿元。

面对低迷的船市，福建省船企寻找突破，差异发展，扬长避短，错位竞争，取得了一定成效。如：福安市由市政府牵头，金融部门与船企联手合作，开通融资绿色通道，为企业解决了融资难问题，确保生产的正常运行；漳州市在三大主力船舶接单难情况下，及时采取全方位经营策略，大量承接小吨位的运沙船，内河摆渡客船和小马力渔船等 446 艘。

2012 年，福建本土化船舶配套业继续壮大。如：福建某船企新开发的海水制冰技术获得成功，其产品在渔船市场前景看好；福州某船企与央企强强联合，优势互补，有效推动我国大型高端设备国产化。

从全国看，2012 年末全国规模以上船舶工业企业有 1647 个，全年完成工业总产值 7903 亿元，比上年增长 3.4%。其中，船舶制造企业完成产值 5951 亿元，下降 0.1%；船舶配套企业完成产值 1130 亿元，增长 15.1%；船舶修理企业完成产值 181 亿元，增长 11.6%；船舶改装企业完成产值 317 亿元，增长 23.6%。

2012 年，全国造船企业完工出口船 4949 万载重吨，比上年下降 20.9%；承接出口船订单 1496 万载重吨，下降 45.9%；年底手持出口船订单 8844 万载重吨，下降 35.3%。

2012 年，全国规模以上船舶工业企业完成出口交货值 2684.0 亿元，比上年下降 11.6%。其中，船舶制造企业完成出口交货值 2443.0 亿元，下降 12.6%；船舶配套企业完成出口交货值 115.0 亿元，增长 7.5%；船舶修理企业完成出口产值 44.3 亿元，下降 5.8%；船舶改装企业完成出口交货值 25.2 亿元，下降 15.7%。

（摘编：郑芳）

福建省规模以上铁路、船舶、航空航天和其他运输设备制造业主要经济指标

单位：亿元

指 标	2012 年	指 标	2012 年
工业总产值	305.94	流动资产年末数	152.94
工业增加值	87.20	利润总额	19.79
主营业务收入	285.38	利税总额	28.52
资产总额	257.56	本年应交增值税	6.86
固定资产净值年末数	59.31		

2-4-21 电气机械和器材制造业

2012 年，福建省规模以上电气机械和器材制造业完成工业总产值 1336.12 亿元，主营业务收入达到 1270.40 亿元，完成利润总额 111.56 亿元。产品销售率为 96.7%，低于福建省规模以上工业平均水平（97.8%）。2012 年福建省规模以上电气机械和器材制造业主要经济指标见下表。

从销售区域看，2012 年福建省全部电气机械和器材制造业销售收入中销往省外市场的比重最高，为 44.8%；其次是境外市场，为 28.5%。分行业看，电线、电缆、光缆及电工器材制造业主要销往省内市场；输配电及控制设备制造业、电池制造业、非电力家用器具制造业主要销往省外市场。

电机制造业是福建省电气机械和器材制造业中较有特色的一个行业。2012 年，福建省共有规模以上电机制造业企业 185 个，工业总产值达 375.39 亿元；实现出口交货值 171.57 亿元，主营业务收入达到 351.17 亿元，完成利润总额 30.88 亿元。产品销售率为 95.0%，低于福建省规模以上工业平均水平。全省电机制造业企业主要集中在宁德福安。从 1958 年在福安诞生全市第一家电机企业——闽东电机厂至今，闽东电机电器产业已从福安拓展到福鼎、东侨、霞浦、寿宁、柘荣、周宁等周边县（市、区），形成合理分布、协调发展的区域布局，先后获评“中国中小电机出口基地”、“全国百佳产业集群”、“中国中小电机之都”、“中国化油器名城”、“中国按摩保健器具生产出口基地”，2012 年又成为“国家火炬中小电机特色产业基地”。截至 2012 年底，宁德市共有整机、加工配套企业和派生的医疗保健电器产品生产企业 1000 多个，其中，规模以上电机电器企业 122 个、新技术企业 22 个、创新型企业 65 个、福建省战略性新兴产业企业 25 个。

2012 年 5 月，福建省出台了《关于加快推进闽东电机电器千亿产业集群发展措施的通知》，从规划编制、土地配套、财税扶持、技术改造等九个方面提出了具体扶持措施，以加快闽东电机电器产业

发展。

尽管全球市场低迷，但闽东电机产业依然获得良好发展。2012年，宁德市电机电器产业实现产值439亿元，比上年增长18.6%；实现出口额8.87亿美元，增长15.4%，出口国家和地区突破150个。2013年1-6月，经宁德检验检疫局检验的出口福安电机产品1.77亿美元，同比增长4.7%。从主要出口市场看，出口欧盟等高端市场同比增长20.8%；出口新兴市场如俄罗斯势同比增长61.8%。

为推动企业创新、加快产业升级，宁德市积极帮助企业申报国家、省级科技计划项目，推进企业技术中心建设、“产学研”合作等科技创新平台建设。闽东电机国家特色产业基地获得科技部批准，省级化油器产品质量检验中心列入2013年国家级化油器产业发展公共平台建设项目补助计划，25个企业被认定为福建省战略性新兴产业企业。2012年，全市上报电机电器企业列入福建省“百项千亿”投资计划技改项目22项，总投资达18.55亿元，其中14个项目列入计划，2个项目列入中央重点振兴和技术改造项目。2012年，宁德电机电器产业有58个科技创新项目成果。其中，尤迪电机“混合动力汽车带拨叉机构驱动电机”项目获得福建省技术发明一等奖。

从全国看，伴随着国家在电力、装备制造、以及高新技术领域的政策支持和引导，全国电气机械和器材制造业仍处于较快增长阶段。2012年末，全国规模以上电气机械和器材制造业企业为2.04万个，资产总额达40695.48亿元，比上年增长10.6%；全年增加值比上年增长9.7%，比全国规模以上工业低0.3个百分点；实现主营业务收入53287.23亿元，增长9.7%；实现利润总额2978.87亿元，增长8.3%。2012年，全国电气机械和器材制造业固定资产投资594.14亿元，增长9.2%，增幅较上年回落51.2个百分点，低于同期全国制造业平均固定资产投资增幅15.5个百分点。

2012年末，全国规模以上电机制造行业企业数为2439个，从业人数达73.24万人，下降1.8%；全年实现销售收入6396.50亿元，比上年增长6.5%；完成利润总额403.45亿元，增长11.9%。

（摘编：郑芳）

福建省规模以上电气机械和器材制造业主要经济指标

单位：亿元

指　标	2012年	指　标	2012年
工业总产值	1336.12	流动资产年末数	679.78
工业增加值	351.09	利润总额	111.56
主营业务收入	1270.40	利税总额	160.65
资产总额	1008.63	本年应交增值税	41.46
固定资产净值年末数	165.45		

2-4-22 计算机、通信和其他电子设备制造业

电子信息产业是福建省三大主导发展产业之一。2012年，福建省信息产业克服国际和国内整体经济环境的严峻影响，继续保持较快速度增长。2012年，全省信息产品制造业完成工业总产值3902.0亿元，比上年增长13.7%；完成工业销售产值3815.8亿元，增长13.7%。

2012年末，福建省共有规模以上计算机、通信和其他电子设备制造业企业449个，全年实现主营业务收入2739.54亿元，实现利润总额136.13亿元、利税总额169.81亿元；产品销售率为98.4%，高于全省规模以上工业平均水平（97.8%）。2012年福建省规模以上计算机、通信和其他电子设备制造业主要经济指标见下表。

从销售区域看，2012年福建省全部计算机、通信和其他电子设备制造业销售收入中销往境外市场的比重最高，为60.0%；其次是省外市场，为32.3%。分行业看，通信设备制造业、广播电视设备制造业、其他电子设备制造主要销往省外市场；计算机制造业、视听设备制造业、电子器件制造业主要销往境外市场。

2012年，全省计算机、通信和其他电子设备制造业主要呈现以下特点：

一是3个产业集群实现千亿目标。其中，新型显示产业集群1350亿元，计算机及网络产品产业集群和软件及信息技术服务业集群均超过1000亿元。“十二五”规划确定的6个产业集群中的另外3个也实现了平稳增长，新一代移动通信产业集群450亿元，LED和太阳能产业集群400亿元，物联网产业集群400亿元。

二是大型重点项目增效明显。如：全球最薄液晶显示器生产线量产带动产值同比增长39%；新能源锂电池技术全球领先，产品为苹果手机、宝马汽车等世界著名品牌配套；光电触控面板一条龙项目投产带动产值同比增长38.5%。

三是一批企业呈现高成长势头。2012年，全省信息产品制造业领域750个规模以上企业中，产值增长50%以上的企业有150个，其中58个实现成倍以上增长，百亿制造业企业已达7个，比上年新增2个。

四是一批自主创新成果国内国际领先。截至2012年底，全省有50多个信息产业软硬件企业产品技术在专业细分领域居全国之首乃至全球领先水平。如：国内首批3英寸和4英寸碳化硅半导体外延晶片填补国内空白；80公斤级蓝宝石晶体带动福建省成为国内最大的LED晶体衬底材料供应基地；自动化工业通用技术平台达到国际领先水平；全国第一枚数字对讲机芯片已经实现商用产业化；文档和电子书软件技术全球领先，直接和间接用户已达5亿；数字移动多媒体高端芯片及应用方案技术先进性和国际市场占有率全球第二。

从全国看，2012年国际政治经济形势复杂多变，国内经济发展困难增多，我国电子信息产业发展速度有所放缓，但在全行业各方共同努力下，产业发展呈现缓中趋稳态势，生产增速小幅攀升，效益状况不断好转，产业结构调整步伐加快，继续为推动信息化发展和促进两化深度融合发挥积极作用，在国民经济中的重要性进一步提高。

一是产业规模不断壮大，行业增速保持领先。2012年，全国电子信息产业销售收入突破十万亿元大关，达到11.0万亿元，增幅超过15%；其中，规模以上制造业实现收入84619亿元，比上年增长13.0%，增幅高于同期工业平均水平2.0个百分点；增加值增长12.1%，高于同期工业平均水平2.1个百分点；利润及税金增速分别高于工业平均水平0.9个百分点和9.9个百分点，在工业经济中的领先和支柱作用进一步凸显。

二是出口小幅增长，贸易结构趋于优化。2012年，全国电子信息产品出口 6980 亿美元，比上年增长 5.6%，增幅比上年回落 6.3 个百分点，低于全国外贸出口增幅 2.3 个百分点，占全国外贸出口额的 34.1%。一般贸易出口稳步增长，出口额 1229 亿美元，增长 2.8%，增速高于加工贸易 3.4 个百分点。全年全国电子信息内资企业出口比重提升，出口额 1550 亿美元，占比 22.2%，比上年提高 3.5 个百分点。新兴市场开拓成效明显，如对泰国、印尼和越南的出口增速分别达 21.7%、11.7%和 32.3%。

三是经济效益逐步好转。2012 年，全国规模以上电子信息制造业实现销售收入 84619 亿元，比上年增长 13.0%；利润总额 3506 亿元，增长 6.2%；销售利润率达 4.1%，比上年回落 0.3 个百分点；收入、利润及税金增速分别高于工业平均水平 2.0 个百分点、0.9 个百分点和 9.9 个百分点。

四是制造业转型发展与产业转移步伐加快。2012 年，全国规模以上电子信息制造业中，电子元件、电子器件、电子测量仪器及电子专用设备等基础行业销售产值比重达到 39.4%，比上年提高 0.7 个百分点；实现内销产值 38263 亿元，增长 15.5%，高于平均水平 2.9 个百分点，内销比重比上年提高 1.2 个百分点；内资企业销售产值（24928 亿元）与出口交货值（4773 亿元）分别增长 18.4%和 13.4%，高于平均水平 5.8 个百分点和 3.1 个百分点，所占比重比上年提高 1.4 个百分点和 0.3 个百分点。

五是核心技术不断突破，新增长点加快孕育。2012 年，全国电子信息产业多项核心关键技术取得突破，采用国产处理器和软件的神威蓝光千万亿次计算机技术水平处于国际先进行列，自主开发的 8GbDDRII 存储器芯片出货量超过 430 万片，自主研发的智能手机浏览器用户超过 3 亿，国产智能终端芯片销售超过 4 千万颗。数字视听领域，产业链各环节实现协调发展和良性互动，广州、杭州等数字家庭应用示范工程用户达到 50 万户；新型显示领域，生产线、相关材料及设备的研发和产业化步伐加快，液晶面板全球市场占有率超过 10%，国内电视面板供应自给率突破 20%，国内面板骨干企业采购国产材料的金额比例超过 25%；此外，多晶硅、锂离子电池关键材料及传感器等领域的技术研发和产业化步伐明显加快。

（摘编：郑芳）

福建省规模以上计算机、通信和其他电子设备制造业主要经济指标

单位：亿元

指　标	2012 年	指　标	2012 年
工业总产值	2795.03	流动资产年末数	1123.68
工业增加值	601.58	利润总额	136.13
主营业务收入	2739.54	利税总额	169.81
资产总额	1552.00	本年应交增值税	27.71
固定资产净值年末数	292.90		

2-4-23 仪器仪表制造业

仪器仪表是国民经济各个领域实现现代化的重要装备。随着市场需求的不断扩大以及人类生活水平提高，仪器仪表行业已经成为国际社会各个国家争相提高高科技产业重要的国际性战略行业。

2012 年末，福建省共有规模以上仪器仪表造业企业 125 个，从业人员达 3.36 万人；全年完成工业增加值 43.41 亿元，完成工业总产值 134.60 亿元，实现主营业务收入 131.42 亿元，利税总额达 13.46 亿元，实现利润总额 9.59 亿元，产品销售率为 98.2%，高于福建省规模以上工业平均水平（97.8%）。2012 年福建省规模以上仪器仪表制造业主要经济指标见下表。

从销售区域看，2012 年福建省全部仪器仪表制造业销售收入中销往境外市场的比重最高，为 49.3%；其次是省外市场，为 35.6%。分行业看，专用仪器仪表制造业主要销往省外市场；钟表与计时仪器制造业，光学仪器及眼镜制造业，其他仪器仪表制造业主要销往境外市场。

从地区看，2012 年全省规模以上仪器仪表及文化、办公用机械制造业主要集中在福州、厦门、漳州，其规模以上企业数占全省总数的 66.1%。

从主要生产企业看，福建上润精密仪器有限公司是专业从事仪表、自动化技术产品研发、设计与制造的公司，其产品通过了欧盟 CE 认证、TUV 认证、RoHS 认证、ATEX 认证以及独联体国家的 GOST-R 认证、GOST-K 认证。

从全国看，2012 年末全国规模以上仪器仪表制造业企业数达 3610 个；资产总额达 5563.01 亿元，增长 14.2%；从业人员达 98.02 万人，增长 4.5%；全年工业增加值比上年增长 12.6%，高于全国规模以上工业 2.6 个百分点；出口交货值达 1084.46 亿元，增长 17.2%；实现主营业务收入 6533.30 亿元，增长 18.2%；实现利润总额 542.54 亿元，增长 12.0%。据中国海关统计，全国仪器仪表出口额 305.86 亿元，增长 13.3%，增速较上年下降了 7.4 个百分点。2012 年以来，全国出台一系列支持仪器仪表制造业出口的相关政策，其中《仪器仪表行业“十二五”规划》要求“十二五”期间仪器仪表行业出口额超过 300 亿美元，且出口增幅大于进口增幅，其中本土企业的出口比例将大于 50%。这将对全国仪器仪表行业的技术进步和出口起到强有力的支持。

（摘编：郑芳）

福建省规模以上仪器仪表制造业主要经济指标

单位：亿元

指　标	2012 年	指　标	2012 年
工业总产值	134.60	流动资产年末数	62.23
工业增加值	43.41	利润总额	9.59
主营业务收入	131.42	利税总额	13.46
资产总额	97.39	本年应交增值税	3.25
固定资产净值年末数	19.16		

2-4-24 建筑业

2012 年，福建省完成建筑行业总产值 4749.65 亿元，比上年增长 21.0%。全省资质以上的总承包和专业承包企业完成建筑业总产值 4399.93 亿元，增长 19.2%；实现增加值 1644.40 亿元，占全省 GDP 的 8.3%。据福建省地税局统计，全省建筑业上缴地方税收 189.49 亿元，增长 21.4%，占全省地税总收入的 14.7%，其中企业所得税 38.90 亿元，增长 22.4%。分设区市看，福州、厦门、泉州等 3 个设区市共完成产值 2963.10 亿元，占全省建筑业总产值的 67.3%。漳州市产值增幅最大，增长 45.7%；其次为莆田，增长 32.0%。八个“建筑之乡”县市完成建筑业总产值 1138.7 亿元，占全省产值的 25.9%，增长 18.0%。其中，惠安、上杭共完成产值 484.70 亿元，占八个“建筑之乡”完成产值的 42.6%；龙海市增幅最高，增长 62.8%；平潭增幅则大幅度下降。2009-2012 年福建省建筑业企业主要经济指标见表 2-4-24-1。

2012 年，全省建筑企业拓展省外市场的能力进一步增强。全年全省完成省外产值 1691.30 亿元，比上年增长 12.5%。分企业看，重点骨干企业在拓展省外市场表现不俗，省外产值超过 5 亿元的 88 个（省外产值 10-20 亿元的 28 家，20-30 亿元的 10 家，30 亿元以上的 5 家），较上年增加 9 个，完成省外产值 1109 亿元，占全省省外产值的 65.6%。分县市看，八个“建筑之乡”县市完成省外产值 703.90 亿元，增长 20.9%，高于全省平均增幅 8.4 百分点，占全省省外产值的 41.6%，发挥着主要支撑作用。其中，龙岩的外向度超过 50%，平潭、上杭、闽清的外向度超过 70%。从地域分布看，在广东完成产值 338.30 亿元，占全省省外产值的 20%，在广西、山东完成超百亿元，形成了以广东、广西、山东、江苏、江西、安徽为重点的区域市场。

截至 2012 年底，全省建筑业企业现有 4487 个，较上年末增加 831 个。其中，产值 10 亿元以上的企业有 103 个（20-30 亿元的 25 个，30-50 亿元的 16 个，50 亿元以上的 5 个），比上年增加 12 个，产值合计 2306.59 亿元，占全省产值的 52.4%。

2012 年，福建省全面部署开展预防和解决建设领域欠款欠薪工作，全年共妥善处理拖欠农民工工资投诉 371 起、涉及金额 19790 万元，拖欠工程款投诉 335 起、涉及金额 21405 万元，共有 32 个列入欠薪企业黑名单。推行建筑劳务分包和工程担保制度，全省 1216 个新开工项目实施劳务分包；1699 项实施业主工程款支付担保和承包商履约担保。

2013 年 1 月 15 日，为推进福建省建筑市场信用体系建设，进一步增强企业诚信意识，经福建省建筑业协会评选，确认了 20 个建筑业企业 2012 年的信用等级，具体名单见表 2-4-24-2。

从全国来看，2012 年我国建筑业全年完成总产值 13.53 万亿元，较上年增长 16.2%；全社会建筑业增加值 35459 亿元，增长 9.3%；房屋建筑施工面积 98.1 亿平方米，增长 15.2%；完成固定资产投资 4305.6 亿元，增长 24.6%；具有资质等级的总承包和专业承包建筑业企业实现利润 4818 亿元，增长 15.6%，其中国有及国有控股企业 1236 亿元，增长 21.9%。

注：本文数据均为快报数。

（摘编：朱翔）

2-4-24-1 福建省建筑业企业主要经济指标

（2009-2012 年）

项 目	2009	2010	2011	2012
一、企业单位数（个）	**2479**	**2606**	**2734**	**2959**
二、总产值（亿元）	**2302.37**	**3062.17**	**3873.87**	**4713.38**
增加值	756.18	969.86	1180.79	1627.40
竣工产值	1387.78	1742.46	2215.23	2597.08
三、房屋施工面积（万平方米）	**21690.97**	**28406.86**	**35674.45**	**41821.78**
#本年新开工	9704.00	14349.31	16628.65	16476.39
四、房屋竣工面积（万平方米）	**7435.06**	**9095.78**	**10943.78**	**12343.77**
#住宅	4468.37	5474.72	6772.69	7407.13
五、年末从业人员（万人）	**182.97**	**229.57**	**219.09**	**249.64**
六、全员劳动生产率（元/人）				
按总产值计算	118616	134520	120330	182738
按增加值计算	38958	42605	36678	63094
七、工资总额（亿元）	**544.16**	**713.35**	**890.32**	**1282.62**
八、财务指标（亿元）				
资本金合计	457.24	511.59	663.86	769.54
流动资产年末数	1136.30	1321.15	1643.98	2029.75
固定资产原值	285.95	327.21	370.07	434.08
固定资产净值	237.58	268.69	282.90	334.92
企业总收入	2235.59	2816.29	3647.99	4392.40
工程结算收入	2222.26	2801.82	3627.84	4373.98
工程结算成本	1992.95	2512.58	3247.24	3912.71
利润总额	66.05	87.91	127.02	152.82
工程结算利润	127.54	168.45	245.39	302.06
利税总额	160.87	195.61	266.64	319.26

2-4-24-2 福建省建筑业企业信用评价名单

（2012 年）

序号	单位名称	序号	单位名称
信用评价 AAA 级企业（6 个）			
1	福建宏盛建设集团有限公司	4	福建宏鼎项目管理有限公司
2	中闽建设有限公司	5	福建省日晟建设工程有限公司
3	福建士联建设有限公司	6	福建巨岸建设工程有限公司
信用评价 AA 级企业（10 个）			
1	福建省华荣建设集团有限公司	6	泉州市佳美安全消防工程安装有限公司
2	福建省榕源建设工程有限公司	7	中泰（福建）混凝土发展有限公司
3	厦门特房建设工程集团有限公司	8	福建联谊建筑工程有限公司
4	福建省世新工程营造有限公司	9	福建华建工程建设有限公司
5	福建共荣建筑装饰工程有限公司	10	武夷山市顺鑫建设工程有限公司
信用评价 A 级企业（4 个）			
1	福建省中城建设工程有限公司	3	石狮市协和建筑工程有限公司
2	福建腾飞园林古建筑有限公司	4	福建省闽泽消防工程有限公司

2-5 服务业

2-5-1 批发和零售业

2012年，全球经济增长明显放缓，国内经济增长面临较大的下行压力。在此背景下，福建省全年实现社会消费品零售总额7256.53亿元，比上年增长15.6%，高出全国平均水平1.6个百分点；增速居全国第11位，东部地区第1位；扣除物价实际增长13.9%，增速居全国第4位。

分销售地域看，全年城镇市场实现消费品零售额6563.57亿元，比上年增长16.0%；乡村市场实现零售额585.97亿元，增长14.6%。城镇市场与乡村市场增幅差距由上年的4.9个百分点缩小至1.4个百分点。

分设区市看，2012年全省各设区市社会消费品零售额增幅差距扩大。其中，增幅居全省前三位的是福州、漳州、三明和宁德，福州和漳州比上年分别增长19.1%和17.3%；三明和宁德并列第三，均增长17.1%。其余地市的增长情况依次为：莆田增长16.8%，泉州和南平增长16.7%，龙岩增长15.5%，厦门增长10.2%。增幅最高与增幅最低的差距由上年的3.5个百分点扩大至8.9个百分点。

分销售业态看，2012年全省限额以上零售企业中，网上商店实现零售额22.30亿元，比上年增长2.1倍。据阿里巴巴官方统计，截至2012年11月底，天猫商城和淘宝网福建省的交易额达410亿元，规模居全国第8位，占同期福建社会消费品零售总额的比重为5.8%。另外，随着大型城市综合体的不断发展，家居建材店、购物中心等零售业态发展加快，全年分别实现零售额85.77亿元和10.30亿元，分别增长66.5%和107.9%。

分销售类别看，2012年全省家具类零售额比上年增长47.8%，金银珠宝类增长47.4%，服装、鞋帽、针纺织品类增长32.5%，食品、饮料、烟酒类增长24.9%（其中食品类增长24.4%），日用品类增长22.8%，化妆品类增长18.6%，汽车类增长14.7%，石油及制品类增长13.8%，通讯器材类增长8.1%，家用电器和音响器材类增长6.1%，体育、娱乐用品类下降6.1%。

从企业规模情况看，2012年福建省批发零售业企业聚集度不断提高。全年全省限额以上企业实现零售额3190.63亿元，比上年增长21.8%；占全省社会消费品零售总额的比重达到44.6%，比重提高1.7个百分点，拉动全省社会消费品零售总额增长9.2个百分点；贡献率达58.1%。同期限额以下企业及个体户实现零售额3958.91亿元，增长11.6%；拉动全省社会消费品零售总额增长6.7个百分点，占全省社会消费品零售总额的比重由上年同期的57.1%下降到55.4%。

从全国看，2012年我国社会消费品零售总额21.03万亿元，比上年增长14.3%，扣除价格因素，实际增长12.1%。按销售地域统计，城镇消费品零售额为18.24万亿元，增长14.3%；乡村消费品零售额为2.79万亿元，增长14.5%。

在限额以上企业商品零售额中，通讯器材类零售额比上年增长28.9%，家具类增长27.0%，建筑及装潢材料类增长24.6%，中西药品类增长23.0%，粮油类增长19.9%，肉禽蛋类增长18.0%，服装类增长17.7%，文化办公用品类增长17.7%，日用品类增长17.5%，化妆品类增长17.0%，金银珠宝类增长16.0%，家用电器和音像器材类增长7.2%，汽车类增长7.3%。

注：本文数据均为快报数。

（摘编：张琛）

2-5-2 铁路、道路、水上、航空运输业

2012 年，福建省交通运输行业围绕“大港口、大通道、大物流”发展战略，坚持稳中求进，努力推进交通运输科学发展，全省交通运输行业运行平稳。全年全省各种运输方式实现旅客发送量 8.37 亿人，比上年增长 3.2%；旅客周转量 771.93 亿人公里，增长 6.6%。实现货运量 8.44 亿吨，增长 12.2%；货物周转量 3877.73 亿吨公里，增长 13.9%。

一、旅客运输情况

从旅客运输方式看，公路仍是福建省居民出行的主要选择方式。2012 年，福建省公路运输完成客运量 7.51 亿人，占福建省旅客发送总量的 89.7%，居第 1 位；铁路运输完成客运量 0.53 亿人，占 6.3%；水路运输完成客运量 0.17 亿人，占 2.0%；航空运输完成客运量 0.17 亿人，占 2.0%，分别居第 2、3、4 位。

（一）铁路运输

2012 年，福建省铁路旅客运输大幅增长。全年全省铁路运输完成客运量 5295.00 万人，比上年增长 12.8%，增幅分别比公路、水路、航空高出 10.4 个百分点、6.2 个百分点和 2.8 个百分点，增速位居各种运输方式之首；旅客周转量 184.78 亿人公里，增长 7.2%。

（二）公路运输

2012 年，福建省公路旅客运输发展平稳，货物运输保持较快增长。全年全省公路运输完成客运量 7.51 亿人，比上年增长 2.4%；旅客周转量 368.52 亿人公里，增长 2.3%。

（三）水路运输

2012 年，福建省水路旅客运输较为稳定、货物运输较快增长。全年全省水路运输完成客运量 0.17 亿人，比上年增长 6.6%；旅客周转量 2.72 亿人公里，增长 13.0%。

（四）民航运输

2012 年，全省航空完成旅客运输量 1531.65 万人，比上年增长 12.9%；旅客周转量 188.97 亿人公里，增长 16.5%。2012 年，全省福州、厦门、晋江、武夷和冠豸山 5 个机场旅客吞吐量达到 2809.66 万人次，增长 9.9%；增幅回落了 4.7 个百分点。其中，旅客进港量 1369.20 万人次，增长 10.7%。

二、货运情况

2012 年，福建省货物运输较快增长。其中，公路运输完成货运量 5.94 亿吨，比上年增长 13.1%，占全省货物运输总量的 70.4%；水路运输完成货运量 2.11 亿吨，增长 11.8%，占 25.0%；铁路运输完成货运量 3868.10 万吨，增长 1.1%；航空运输完成货邮运输量 17.58 万吨，增长 5.6%。

（一）铁路运输

2012 年，福建省铁路货物运输平稳增长，全年铁路运输完成货运量 3868.10 万吨，比上年增长 1.1%；货物周转量 181.10 亿吨公里，下降 3.6%；增幅分别回落了 0.5 个百分点和 5.6 个百分点。

（二）公路运输

2012 年，福建省公路运输完成货运量 5.94 亿吨，比上年增长 13.1%；完成货物周转量 771.09 亿吨公里，增长 16.9%；增速居各种运输方式之首。公路货物量增幅分别比铁路、水路和航空高出 12.0 个百分点、1.3 个百分点和 7.5 个百分点，货物周转量增幅分别比铁路、水路和航空高出 20.5 个百分点、2.5 个百分点和 7.4 个百分点。

（三）水路运输

2012 年，福建省水路运输完成货运量 2.11 亿吨，比上年增长 11.8%；货物周转量 2922.99 亿吨公里，增长 14.4%；分航区看，远洋运输完成货运量 0.21 亿吨，增长 15.5%，货物周转量 653.99 亿吨公里，

增长30.5%；沿海运输完成货运量1.63亿吨，增长9.5%，货物周转量2258.12亿吨公里，增长10.4%，增幅分别回落了9.8个百分点和6.0个百分点；内河运输完成货运量0.27亿吨，货物周转量10.88亿吨公里，分别增长22.1%和30.0%，增幅分别提高了0.8个百分点和1.1个百分点。

（四）民航运输

2012年，福建省航空运输完成货邮运输量16.65万吨，比上年增长5.3%；货邮周转量2.33亿吨公里，增长10.0%，增幅分别回落了19.5个百分点和16.2个百分点。厦门、晋江、武夷和冠豸山5个机场货邮吞吐量40.60万吨，增长6.7%；增幅回落了2.5个百分点。其中，货邮出港量为24.77万吨，增长7.0%。

三、港口吞吐量平稳增长

随着福建省交通基础设施完善，外省“借闽出海”通道效应持续扩大，促进港口生产发展，强化了港口枢纽作用。全省沿海港口完成货物吞吐量4.14亿吨，比上年增长10.9%；集装箱吞吐量1073.07万标准箱，增长10.6%。2012年，厦门港大力推进东南国际航运中心建设，加大与福州港、汕头港内支线合作，开辟东山至厦门内支线，内支线集装箱增长较快；同时鼓励国际集装箱中转业务发展，积极拓展箱源，一系列措施使得集装箱吞吐量完成720万标箱，增长11.4%；福州市开通马尾—江阴集装箱穿梭巴士航线，鼓励船务公司多开辟远洋干线及近洋航线，巩固和加密远洋干线，聚集箱量，促进福州港集装箱完成183万标箱，增长9.9%。两大港口集装箱业务的较快增长带动了全省集装箱吞吐量的增长。全年全省集装箱完成吞吐量1073万标箱，实现1000万标箱的突破，增长10.6%。其中，外贸集装箱吞吐量完成672万标箱，增长8.6%。

四、“两岸”运输发展平稳

2012年，厦门至台中、基隆及平潭至台中两条海上客滚定期航班已实现常态化经营，“小三通”客运已成为两岸往来主要通道，两岸往来的快速便捷交通体系逐步形成。全年福建对台完成客运量163.45万人，货物吞吐量2199.77万吨，集装箱吞吐量71.25万标箱，分别比上年增长4.3%、1.8%和6.2%。

五、固定资产投资力度加大

2012年，福建省完成公路水路交通固定资产投资871.17亿元，比上年增长14.3%，占全省全社会固定资产投资的6.9%。全省23个集中连片特困地区贫困县完成公路水路交通固定资产投资153.06亿元。

（一）公路建设

2012年，全省完成公路建设投资736.63亿元，比上年增长15.2%。高速公路完成投资490.41亿元，增长3.1%；普通公路完成投资246.22亿元，增长50.4%，其中完成农村公路建设投资17.06亿元，完成农村公路建设改造2800公里。启动“年万里农村公路安保工程”活动，完成农村公路安保工程6350公里，公路安全畅通环境逐步形成。集中连片特困地区贫困县完成公路建设投资152.12亿元。

（二）水运建设

2012年，全省水运工程完成投资106.38亿元，比上年增长16.4%。其中，港口项目96.81亿元，航道项目9.21亿元，分别增长15.5%和21.3%；渡船更新和渡口改造完成0.36亿元。集中连片特困地区贫困县完成水运建设投资0.94亿元。

（三）运输站场建设

2012年，全省运输站场建设完成投资11.10亿元，比上年增长41.9%。其中，运输枢纽站场建设10.71亿元，增长46.1%；农村客运站点建设0.40亿元，下降19.6%。

（四）交通支持系统建设

2012 年，全省交通支持系统建设完成投资 1.56 亿元，其中信息化项目 0.68 亿元，内河安全应急救助 0.18 亿元，港口支持保障（装备、基地项目）建设 0.63 亿元，交通综合执法建设 0.07 亿元。

（五）公共运输配套设施建设

2012 年，全省公共运输配套设施建设完成投资 15.51 亿元，其中城市公交车辆更新购置 7.19 亿元，公交枢纽站建设 2.7 亿元，农村客运车辆更新购置 1.53 亿元，甩挂运输车辆购置 3.93 亿元。

六、交通基础设施建设进一步完善

（一）公路

2012 年末，全省公路总里程达 9.47 万公里，比上年末增加 2338.80 公里。全省等级公路里程 7.65 万公里，比上年末增加 2833.47 公里。等级公路占公路总里程的 80.8%，提高 1.0 个百分点。其中，福建海西高速公路网里程 3493.97 公里（含厦门快速路 121.60 公里），增长 788.47 公里，占公路总里程的 3.7%，提高 0.8 个百分点。全省农村公路（含县道、乡道、村道）里程达 8.27 万公里，增加 1535.13 公里。全省所有的乡（镇）、建制村均通硬化路。全省公路桥梁达 2.24 万座、144.50 万米，分别增加 1276 座、24.50 万米。全省公路养护里程 9.47 万公里，占公路总里程的 100%。全省公路绿化里程 8.00 万公里，公路绿化率 94.3%。

（二）内河航道

2012 年末，全省内河航道通航里程 3245.28 公里。其中，等级航道 1268.65 公里，占总里程的 39.1%，与上年末持平。全省内河航道共有 154 处枢纽，其中具有通航功能的枢纽 30 处。通航建筑物中，有船闸 21 座、升船机 1 座。

（三）港口

2012 年末，全省港口拥有生产用码头泊位 558 个，比上年末增加 18 个，其中沿海港口生产用码头泊位 472 个，增加 18 个；内河港口生产用码头泊位 86 个，与上年末持平。全省沿海港口拥有万吨级及以上泊位 137 个，增加 8 个。

七、交通运输装备略有提升

（一）公路营运汽车

2012 年末，全省拥有公路营运汽车 25.66 万辆，比上年末增长 7.3%。拥有载货汽车 23.63 万辆、147.75 万吨位，分别增长 7.9%和 14.9%。其中，普通载货汽车 21.08 万辆、93.24 万吨位，分别增长 6.9%和 18.8%；专用载货汽车 2.54 万辆、54.51 万吨位，分别增长 17.3%和 8.9%。拥有载客汽车 2.03 万辆、53.19 万客位，分别增长 0.5%和 4.2%。其中，大型客车 7487 辆、30.88 万客位，分别增长 9.8%和 11.8%。

（二）水路运输船舶

2012 年末，全省拥有水上运输船舶 2707 艘，比上年末减少 0.8%；净载重量 687.42 万吨位，增长 11.5%；载客量 2.92 万客位，增长 2.6%；集装箱箱位 10.34 万标箱，增长 14.9%；船舶功率 211.69 万千瓦，增长 7.6%。

2013 年 5 月，福建省运输管理局发布 2012 年福建省道路运输企业排行榜。在福建省道路客运企业排行榜中，福建龙洲运输股份有限公司客运量、企业车辆数、资产总额均排名第 1 位；在福建省道路货运企业排行榜中，厦门象屿太平综合物流有限公司居货运量排行榜第 1 位，福建盛丰物流集团有限公司居货运周转量排行榜第 1 位，福建盛辉物流集团有限公司居资产总额第 1 位。福建省道路运输企业排名前十位企业情况见表 2-5-2-1 至 2-5-2-6。

（摘编：张琛）

表 2-5-2-1 福建省道路客运企业客运量前十名排行榜

（2012 年）

排名	企业名称	排名	企业名称
1	福建龙洲运输股份有限公司	6	泉州市汽车运输总公司
2	福建省汽车运输有限公司	7	福建莆田汽车运输股份有限公司
3	福建闽通长运股份有限公司	8	福建华威股份有限公司
4	漳州市长运集团有限公司	9	福建武夷交通运输股份有限公司
5	宁德市汽车运输集团公司	10	惠安县第二运输公司

表 2-5-2-2 福建省道路客运企业车辆数前十名排行榜

（2012 年）

排名	企业名称	排名	企业名称
1	福建龙洲运输股份有限公司	6	福建闽通长运股份有限公司
2	宁德市汽车运输集团公司	7	漳州市长运集团有限公司
3	泉州市汽车运输总公司	8	福建华威股份有限公司
4	福建省汽车运输有限公司	9	福建莆田汽车运输股份有限公司
5	福建武夷交通运输股份有限公司	10	福建省中国旅行社汽车公司

表 2-5-2-3 福建省道路客运企业资产总额前十名排行榜

（2012 年）

排名	企业名称	排名	企业名称
1	福建龙洲运输股份有限公司	6	福建华威股份有限公司
2	福建省汽车运输有限公司	7	福建武夷交通运输股份有限公司
3	厦门特运集团有限公司	8	福建闽通长运股份有限公司
4	泉州市汽车运输总公司	9	福建莆田汽车运输股份有限公司
5	漳州市长运集团有限公司	10	福建省中国旅行社汽车公司

表 2-5-2-4　福建省道路货运企业货运量前十名排行榜

（2012 年）

排名	企业名称	排名	企业名称
1	厦门象屿太平综合物流有限公司	6	永定县顺利联合运输有限公司
2	厦门港务运输有限公司	7	福建省四通物流有限公司
3	龙岩市新农机汽车运输有限公司	8	福建宏途渣土运输有限公司
4	龙岩市曹溪联合运输有限公司	9	福建盛辉物流集团有限公司
5	南靖县兴安汽车发展有限公司	10	福建盛丰物流集团有限公司

表 2-5-2-5　福建省道路货运企业货物周转量前十名排行榜

（2012 年）

排名	企业名称	排名	企业名称
1	福建盛丰物流集团有限公司	6	建瓯市德峰汽车物流有限公司
2	福建盛辉物流集团有限公司	7	南靖县兴安汽车发展有限公司
3	厦门港务运输有限公司	8	福建省四通物流有限公司
4	龙岩市曹溪联合运输有限公司	9	永定县顺利联合运输有限公司
5	宁德市汽车运输集团公司	10	永定县丰田联合运输有限公司

表 2-5-2-6　福建省道路货运企业资产总额前十名排行榜

（2012 年）

排名	企业名称	排名	企业名称
1	福建盛辉物流集团有限公司	6	南靖县兴安汽车发展有限公司
2	福建盛丰物流集团有限公司	7	厦门港务运输有限公司
3	宁德市汽车运输集团公司	8	福建省四通物流有限公司
4	建瓯市德峰汽车物流有限公司	9	建瓯市建州汽车发展有限公司
5	龙岩市新农机汽车运输有限公司	10	福建省永春鸿业汽贸有限公司车队

2-5-3 邮政业

2012年，福建省邮政业务快速发展。全年全省邮政企业和规模以上快递企业业务总量完成78.69亿元，比上年增长32.7%；业务收入（不包括邮政储蓄银行直接营业收入）完成71.74亿元，增长24.2%，增幅分别提高了8.4个百分点和3.7个百分点。

分业务类型看，2012年，全省传统邮政业务整体增幅不大。函件业务完成24554.00万件，比上年增长0.3%；包裹业务完成167.03万件，下降0.7%；机要通信完成30.67万件，增长0.5%；订销报纸完成71874.27万份，增长7.0%；订销杂志完成3808.83万份，下降5.0%；汇兑业务完成858.38万笔，下降18.5%。

随着电子商务快速发展，推动了以电子商务为依托的快递行业快速发展。2012年，福建省快递业务发展较快，规模以上快递企业快递业务量完成25593.84万件，比上年增长62.4%；快递业务收入完成42.1亿元，增长33.0%。

分地区看，福州、厦门和泉州三地市占全省快递业务量的比重分别为22.6%、26.1%和30.7%；其中泉州市业务量创新高，超过厦门位居第1位；福州、厦门和泉州三地市占全省快递业务收入的比重分别为22.1%、30.7%和25.7%。

分企业类型看，2012年福建省民营快递企业市场业务量继续提升，增幅同比提高9.0个百分点，占总业务量的73.5%；业务收入增幅同比提高10.4个百分点，占总收入的55.9%。而国有企业市场业务量增幅同比下降8.3个百分点，占总业务量的25.5%；业务收入增幅同比下降6.7个百分点，占总收入的34.4%；外资企业业务收入增幅同比下降3.7个百分点，占总收入的9.7%。

据国家邮政局统计，2013年1-7月，福建省规模以上快递服务企业业务量达2.21亿件，同比增长72.1%；快递业务收入达32.48亿元，增长43.2%；业务量和业务收入均位居全国第6位，次于广东、上海、浙江、江苏、北京。自2012年7月以来，福建省快递业务量已连续13个月增长逾60%，2013年以来的增幅均超70%。全国快递业务量排名前50位城市中，福建省泉州（7574.9万件）、福州（5712.5万件）、厦门（4363.1万件）、莆田（1994.7万件）分列第12位、第15位、第24位、第43位；全国快递业务收入排名前50位城市中，福建省泉州（9.19亿元）、厦门（8.59亿元）、福州（8.01亿元）、莆田（3.01亿元）分列第15位、第17位、第19位、第43位。

从全国情况看，2012年全国邮政企业和全国规模以上快递服务企业完成业务收入（不包括邮政储蓄银行直接营业收入）1980.9亿元，比上年增长26.9%；业务总量完成2036.8亿元，增长26.7%。从业务类型看，2012年全国邮政函件业务完成70.7亿件，下降4.1%；包裹业务完成6874万件，下降0.1%；报纸业务完成190.2亿份，增长4.6%；杂志业务完成11.3亿份，增长5.1%；汇兑业务完成2.3亿笔，下降13.6%。

2012年，全国规模以上快递服务企业业务量完成56.9亿件，比上年增长54.8%；业务收入完成1055.3亿元，增长39.2%。其中，同城业务收入完成110.2亿元，增长67.3%；异地业务收入完成635.5亿元，增长42.5%；国际及港澳台业务收入完成205.6亿元，增长11.3%。分业务类型看，2012年同城、异地、国际及港澳台快递业务收入分别占全部快递收入的10.4%、60.2%和19.5%；业务量分别占全部快递业务量的23.1%、73.7%和3.2%。与上年同期相比，同城快递业务收入的比重上升1.7个百分点，异地快递业务收入的比重上升了 1.4 个百分点，国际及港澳台业务收入的比重下降了 4.9 个百分点。分地区情况看，2012 年全国东、中、西部地区快递业务收入的比重分别为 82.3%、9.3%和 8.4%，业务量比重分别为 81.9%、10.5%和 7.6%。与上年同期相比，东部地区快递业务收入比重上升了 1.2 个百分点，快递业务量比重上升了 2.0 个百分点；中部地区快递业务收入比重下降了 0.6 个百分点，快递业务量比重下降了 0.7 个百分点；西部地区快递业务收入比重下降了 0.6 个百分点，快递业务量比重下降了 1.3 个百分点。

在 2012 年首届京交会上，全国共有 9 个快递企业和天猫实现标的为 50 亿元的战略合作，双方在 2012 年双十一创造了 10 天内近 2 亿件包裹的处理量，日处理量突破 3000 万件，实际服务规模超过 100 亿元。

2013 年京交会上，原有的 9+1 模式进一步扩容，合作企业进一步增多，合作范围进一步扩大，合作内容进一步加深，签约标的达到了 200 亿元。

2012 年，我国中西部地区以及三四线城市的网购需求迅猛增长，为了满足更广泛的中西部内陆城市以及三四级城市以下的电子商务发展需求，此次京交会天猫首次与邮政、快递企业实现了快件自提服务和货到付款服务合作。根据自提协议，邮政和天猫将在中西部地区内陆城市为消费者提供更便捷贴身的物流服务，更好的满足三四线城市消费者旺盛的网购需求。而根据 EMS 与天猫达成的货到付款协议，用户可通过支付宝技术无需现金或者刷卡，就能手机短信支付货款。

在一二线网购主要城市，快递公司也与天猫展开了深度的合作。天猫与顺丰速运合作针对一些特定的行业市场比如 3C 数码行业，做出专业合作解决方案，根据消费者的实际需求，提供更具确定性的快递增值服务。而双方合作率先推出的是“预约配送”服务，消费者下单时就可选择一周内任一天指定时间收取货物，部分城市还提供最晚到 21 点的预约配送。

（摘编：张琛）

福建省邮政业务基本情况

（2008-2012 年）

项　目	2008	2009	2010	2011	2012
邮电业务总量（亿元）	883.43	995.77	1194.20	513.50	594.90
函件（万件）	26671.00	25991.00	25198.60	24493.51	24554.00
邮政业务总量（亿元）	32.65	35.66	35.98	59.31	78.69
特快专递（万件）	1663.90	2063.00	2566.00	4567.70	4410.00
集邮业务（万枚）	4509.00	4196.80	3526.30	3378.00	5267.00

注：2008-2010 年数据以 2005 年为不变价计算；2011 年数据以 2010 年为不变价计算。

2-5-4 住宿和餐饮业

近年来，随着福建温福高铁、福厦高铁等沿海动车线的贯通，福建高铁沿线旅游城市也受到了投资商的高度关注。福建省高端酒店项目建设步伐加快，在全省范围内兴起了一股新建、扩建高星级酒店的热潮。2012年，全省星级酒店数量大增，但一星级酒店只剩1个，二星级、三星级酒店也在逐年减少。截至2012年底，全省星级饭店424个，客房总数为54923间（套），床位数为93053个。全年新增星级饭店38个，其中五星级5个，四星级11个，三星级22个。

2012年，福建省各星级饭店树立优质服务理念，注重质量管理，服务质量明显提升，市场环境安全有序，游客满意度稳步提升。一是注重改造提升。2012年，福建省各星级饭店投入相当资金对硬件进行改造，优化服务产品，根据市场需求，完善配套项目建设，全年全省四、五星级饭店共投入装修改造资金达4亿余元。二是注重培训，确保服务质量。各星级饭店着力强化人力资源建设，加大培训力度，服务技能和服务水平明显提升。采取请进来、走出去和奖励考察等多种培训方式，强化在岗员工技能提升；通过开展优质服务案例竞赛、技能比赛、个性化服务范例教育等手段，极大地提升了个性化、人性化服务水平和服务意识。三是注重文明建设，确保行业优良形象。各星级饭店采取多形式、多渠道、多层次的宣传发动，把精神文明建设作为提升服务意识的手段精心打造，以树企业形象、创优质服务为目标，积极开展政治教育、法制教育和“讲文明、树新风”活动以及多种形式的技能比赛等。各星级饭店健全管理制度，落实质检措施，强化标准化管理，管理水平明显提升。健全质监机构、落实人员、细化措施，全面落实三级质量检查制度，保证了服务产品品质。此外，各星级饭店加强对外包部门的管理，把外包部门的卫生、节能、消控、仪容、礼节、着装、服务和消防安全都列入饭店质检范围，保证外包场所的服务与饭店保持一致，维护了星级饭店的整体形象。

从全国看，2012年全国五星级酒店的数量进一步增加。中国旅游饭店业协会发布显示，截至2013年1月16日，全国五星级酒店的数量已达721个；五星级酒店建设不再局限于一线城市，而是向二三线城市扎根，甚至扩充到县域城区。

由迈点旅游研究院的全国星级酒店开业报告统计数据显示，2012年共有154个五星级酒店开业，在所开业的五星级酒店中，仍是以国际联号的为主，但是与上年度相比，开业的国内品牌酒店数量明显增多。

2012年，从五星级酒店分布看，排名前十位的分别是广东、江苏、浙江、北京、上海、福建、山东、安徽、重庆和四川。其中，广东以107个居首位，其次为：江苏68个，浙江66个、北京62个、上海55个。浙江的五星级酒店数量增长最快，主要集中在杭州和宁波两个地区，其中杭州18个，宁波17个。

（摘编：张琛）

2-5-5 电信、广播电视和卫星传输服务业

2012 年，福建省电信业完成业务总量 516.21 亿元，比上年增长 13.9%，增幅同比回落了 5.4 个百分点；完成业务收入 422.67 亿元，增长 10.1%。截至 2012 年末，福建省电话用户总数达到 5066 万户，比上年底增加 498 万户；其中全省 3G 电话用户达到 840 万户，增长 87.1%。全省电话普及率达到 136.2%，上升了 12.5 个百分点。全省电话交换机容量达到 9329 万门，增长 4.5%；移动电话基站数达到 8.6 万个，增长 10.3%；其中，3G 电话基站数 3.3 万个，新增 26.9%；光缆线路长度 57 万公里，新增 17.5%。全省光缆线路长度达到 57 万公里，增长 17.5%。

从主要企业看，中国电信福建公司重点以智慧政务、智慧经济、智慧民生三大领域为切入点，全面助推福建省智慧城市建设。在智慧政务方面，数字城管、环保 e 通、防汛 e 通等信息化产品已经实现广泛应用。在智慧经济方面，福建电信推动实施“智慧企业”，加速交通物流的行业信息化等。目前，福建省已有恒安、七匹狼、格林、特步、九牧王等 6 万多个企业指定实施“智慧企业”方案；全省已有 400 多个物流企业，2 万多部车辆使用智慧物流应用。在智慧民生方面，福建电信致力于推进智慧社区建设，促进基层管理，激发基层活力。同时加快智慧医疗，智慧校园的普及和推广，着力提升民生服务信息化水平。

2010 年初，中国移动福建公司与福州市鼓楼区政府合作，在福州市鼓楼区打造“物联网鼓楼示范区”，涉足居家物联、交通物联等九大物联网应用领域。经过三年的发展，福建物联网产业逐步辐射到全省各行各业。

除了物联网应用外，中国移动福建公司于 2012 年底在国内率先建立了无线城市“云”平台，为全球移动互联网开发者提供“一站式”服务。无线城市“云”平台可提供短信、彩信、定位、地图、支付等 15 项基础能力；在此基础上，中国移动福建公司向开发者提供跨终端运行的各类技术解决方案，实现各类移动应用在不同手机终端上的适配。

自福建联通客服中心开通“短号直通车”服务以来，2012 年短号使用量较 2010 年增涨了 4.5 倍，目前每月客户使用量超过 630 万。2012 年 7 月开通的“自助语音服务系统”，实现了“菜单扁平化”，语音导航服务开通 3 个月，日均使用量增长了 60.3%。

（摘编：张琛）

福建省电信业务基本情况

（2008-2012 年）

项　目	2008	2009	2010	2011	2012
电信业务总量（亿元）	850.78	960.11	1158.22	454.19	516.21
本地电话用户（万户）	1431.00	1245.00	1046.00	1015.00	1017.00
移动电话用户（万户）	2368.00	2639.00	3022.00	3553.00	4049.00
互联网用户（万户）	1240.00	1052.00	2388.00	2872.00	3461.00

2-5-6 软件和信息技术服务业

近几年，福建信息产业规模持续壮大，产业带动面和影响面不断增强，已成为全国重要的信息产业聚集区。

2012年，全省软件及信息技术服务业继续保持较快速度增长。实现销售收入 1100 亿元，比上年增长 30.0%；信息产品及信息技术服务出口超过300 亿美元，占福建省出口总额的三分之一。全省共有五个企业入选第十二届中国软件业务收入前百家企业。具体名单和位次为：福州福大自动化科技有限公司（第16位）、福建星网锐捷通讯股份有限公司（第43位）、一丁集团股份有限公司（第63位）、福建新大陆电脑股份有限公司（第 66 位）、福建富士通信息软件有限公司（第99位）。

从主要企业看，福建联迪获评“2011-2012 中国金融POS机市场年度成功企业”，在2012年中国银联POS机7个产品包的招标中，该公司中标5个，保持国内市场占有率第一，并开发电子商务市场，成为京东方、腾讯拍拍等POS支付方案提供商。星网锐捷获数字标牌行业四项大奖，入选 2012 年工信部首批工业企业品牌培育试点企业、2012年福建省首批海西产业人才高地。三元达公司的全国无线网络优化设备市场占有率进一步上升。美亚柏科承建的厦门超级计算中心正式运营。瑞芯微电子、厦门4399、趣游网络、厦门雅讯、福大自动化、联迪公司、福建富士通、时代华奥等取得了30%以上的高增长。2012年2月，福建省政府授予福建捷联电子有限公司生产的AOC牌液晶显示器等18项产品“福建名牌产品”称号，其中，入选福建名牌产品的软件业企业名单见下表。

软件园建设方面，2012年以来，福建软件产业园区重大项目先后落地开工，中国联通云计算产业园基地已确定项目建设用地；和中国普天公司与国脉科技的新一代信息产业研发和生产基地进入项目选址阶段；中国联通集团授权福建联通在厦门筹办动漫支撑中心；中星微电子监控产品生产项目已完成公司注册；中国移动福建数据（云计算）中心项目积极进行前期运作和市场开拓。

在政策支持上，2012年国家陆续出台了《国家规划布局内重点软件企业和集成电路设计企业认定管理试行办法》（发改高技[2012]2413 号）、《财政部 国家税务总局关于进一步鼓励软件产业和集成电路产业发展企业所得税政策的通知》（财税[2012]27号）等系列国发4号文的配套文件。福建为更好的落实这些国家政策，随即出台了《福建省人民政府转发国务院关于进一步鼓励软件产业和集成电路产业发展若干政策的通知》（闽政文[2012]59 号）、《福建省信息化局关于支持信息产业小型微型企业快速健康发展的若干意见》（闽信办[2012]139号）。2012年末，福建省政府办公厅批转下发了《平潭综合实验区服务外包产业扶持政策》。支持平潭建设两岸服务外包合作示范区，支持平潭列入“中国服务外包示范城市”；设立专项资金，用于支持服务外包平台建设、服务外包示范园区建设和人员培训、鼓励服务外包企业申请国际认证、支持企业开拓国际市场；鼓励引进服务外包领军企业，对符合条件的享受福建省总部经济优惠政策；鼓励培养服务外包人才，对服务外包企业新录用大专以上员工，给予企业每人不超过 4500元及培训机构每人不超过500元的培训支持等。

从全国看，2012年软件产业共实现软件业务收入 2.5 万亿元，比上年增长 28.5%。2012 年，全国软件业出口增长低迷。全年全国软件业实现出口368亿美元，增长18.0%，增速分别低于2011年、2010年0.5个百分点和6.8个百分点。其中，嵌入式软件出口增长13.0%，增速继续处于低位；外包服务出口增长54.0%，对软件出口增长贡献率达到

60.0%。

2012 年，全国 15 个中心城市（副省级城市）共实现软件业务收入 1.37 万亿元，占全国总收入的 55%，较上年提高近 1 个百分点；增长 31.4%，增幅高于全国平均 2.9 个百分点。15 个中心城市的软件产业构成中，软件产品的比重和增速分别高于全国 1.4 个百分点和 3.2 个百分点；数据处理和运营服务收入增长达 43.7%，增幅高出全国 7.8 个百分点；软件出口占全国比重超过 70%，增长 18.8%，增幅高出全国 0.8 个百分点。

（摘编：张琛）

2012 年入选福建名牌产品的软件业企业名单

序号	商标及产品名称	企业名称
1	歌航+gehang 牌车载智能信息系统	福建星网锐捷通讯股份有限公司
2	新大陆、NEWLAND、图形牌电子收银秤（智能溯源秤）	福建星网锐捷通讯股份有限公司
3	图形+锐捷网络牌锐捷路由器操作系统	福州思迈特数码科技有限公司
4	图形+榕基牌 RJ-DIS 榕基数字档案全文信息管理系统	福建新大陆电脑股份有限公司
5	图形+榕基牌 RJ-CMS 榕基内容管理系统	福建星网锐捷网络有限公司
6	图形+榕基牌 RJ-WISP 榕基无线信息服务平台	福建榕基软件股份有限公司
7	福昕牌福昕 PDF 电子文档处理套件（Foxit PDF Phantom）	福建榕基软件股份有限公司
8	LANDI 牌电话 POS 应用软件	福建榕基软件股份有限公司
9	LANDI 牌 POS 银行卡零售电子支付软件	福州福昕软件开发有限公司
10	三奥牌数字播控系统	福建联迪商用设备有限公司
11	NEW DOONE 牌网上客户服务中心系统	福建联迪商用设备有限公司
12	二奥牌媒体资产管理系统	福建省三奥信息科技股份有限公司
13	福鋭思牌药品（器械）电子追踪监管平台	福建新东网科技有限公司
14	SIERT 牌机器人系统	福建省三奥信息科技股份有限公司
15	图形牌基于 SOA 的全民医保 IDT 平台	福建锐思软件开发有限公司
16	图形牌企业邮箱	厦门思尔特机器人系统有限公司
17	图形牌小游戏	易联众信息技术股份有限公司
18	南方科宇牌医药管理系统（GSP 系统）	厦门三五互联科技股份有限公司

2-5-7 房地产业

2012年，福建省房地产业发展平稳，投资增长幅度回落，建设施工进度放缓。

2012年，全省房地产开发投资2824.12亿元，比上年增长17.4%，增幅同比回落14.7个百分点。从构成看，建安投资是促进房地产开发投资保持增长的动力。2012年，全省建安投资1925.90亿元，增长32.1%，增幅虽比上年回落24.7个百分点，但仍保持较快增长，对房地产开发投资增长的贡献率高达112.0%；土地购置费支出688.16亿元，由上年增长3.8%转为下降13.4%，影响了房地产开发投资的增长。按工程用途分，商品住宅投资1751.98亿元，增长11.4%；办公楼投资189.22亿元，增长63.5%；商业营业用房投资370.38亿元，增长38.1%；其他投资512.54亿元，增长13.8%。

2012年，全省商品房施工面积21121.50万平方米，比上年增长11.5%，增幅同比回落23.9个百分点。其中，商品住宅施工面积14731.19万平方米，增长8.5%，增幅同比回落21.3个百分点。

2012年，全省商品房竣工面积2232.78万平方米，比上年减少418.93万平方米，由上年增长16.6%转为下降15.8%。其中，商品住宅竣工面积1564.62万平方米，比上年减少442.72万平方米，由上年增长16.2%转为下降22.1%。

2012年，全省商品房销售面积3258.94万平方米，比上年增长20.4%，增幅同比提高15.7个百分点。其中，住宅销售2741.96万平方米，增长23.9%，增幅同比提高20.7个百分点。全省商品房销售额达2817.70亿元，增长34.1%，增幅同比提高5.6个百分点。其中，住宅销售额2293.90亿元，增长39.1%，增幅同比提高13.9个百分点。商品房销售量和销售金额再创历史新高。2008-2012年福建省房地产开发投资完成情况见表2-5-7-1。

2012年，福建省房地产业协会开展房地产开发经营“诚信企业”、“优秀经理”等评选活动，福州汇诚房地产有限公司等70个房地产开发企业获得“2011-2012年度诚信企业”称号，具体名单见表2-5-7-2。

从全国看，受经济放缓等因素影响，2012年全国房地产开发投资总额71804亿元，比上年增长16.2%。其中，住宅投资总额49374亿元，增长11.4%；办公楼投资和商业营业用房投资增长分别为31.6%和25.4%，远远高于住宅投资增长幅度。

从全年看，全国商品房及住宅销售面积和金额逐季增加，均创历史新高。全年全国商品房销售面积111304万平方米，比上年增长1.8%，商品房销售额64456亿元，增长10%；住宅销售面积98468万平方米，增长2.0%，住宅销售额53467亿元，增长10.9%。全年商品房销售额的增长幅度大于销售面积增长幅度8.2个百分点；住宅销售额的增长幅度大于销售面积增长幅度8.9个百分点。截至2012年底，全国商品房待售面积36460万平方米，比上年末增加7752万平方米。

2012年，全国房地产企业市场集中度继续提高，大型品牌房地产开发企业优势显著。万科等三个房企销售超千亿元，进入前十名、前二十名的企业门槛均有提高。房地产企业对于商业银行的依赖度有所下降，企业自筹资金和销售回款等在开发资金来源中比重有所上升。房地产开发项目直接和社会资本对接有新的突破，促进了房地产金融的创新和规模提升。全年全国房地产开发企业本年到位资金96538亿元，比上年增长12.7%，增速同比回落4.8个百分点。其中，国内贷款14778亿元，增长13.2%；利用外资402亿元，下降48.8%；自筹资金39083亿元，增长11.7%；其他资金42275亿元，增长14.7%。在其他资金中，定金及预收款26558亿元，增长18.2%；个人按揭贷款10524亿元，增长21.3%。

（摘编：张琛）

表 2-5-7-1 福建省房地产开发投资完成情况

（2008-2012 年）

项　目	2008	2009	2010	2011	2012
企业数（个）	3268	3316	3634	3576	3140
完成投资额（亿元）	1129.09	1136.35	1818.86	2402.61	2824.12
本年资金来源（亿元）	1890.40	2253.30	3093.69	4193.02	4874.60
#国内贷款	313.56	394.65	432.46	391.62	523.63
利用外资	41.02	13.86	18.17	27.68	7.84
自筹资金	425.50	458.17	1099.64	1428.68	1426.79
施工面积（万平方米）	11459.72	11668.17	14189.73	18937.98	21121.50
本年新开工面积	2797.74	2423.35	4679.56	7069.47	5342.97
#住宅	8647.71	1860.99	3399.53	4880.09	3565.11
本年竣工面积（万平方米）	1906.15	2240.26	2242.47	2651.71	2232.78
#住宅	1422.84	1690.85	1715.87	2007.34	1564.62
土地购置面积（万平方米）	1076.24	1120.61	1540.42	1540.26	925.64
商品房销售额（亿元）	712.61	1477.83	1611.32	2101.58	2817.70
#住宅（亿元）	562.26	1299.09	1300.13	1649.34	2293.90
商品房销售面积（万平方米）	1625.67	2723.23	2575.62	2706.72	3258.94
#住宅（万平方米）	1250.00	2420.83	2139.26	2213.30	2741.96

表 2-5-7-2　2011-2012 年度福建省房地产开发经营诚信企业名单

序号	企业名称	序号	企业名称
1	福州世欧房地产开发有限公司	19	厦门市杏林建设开发公司
2	福州汇诚房地产有限公司	20	建发房地产集团有限公司
3	融侨集团股份有限公司	21	德化县城镇房地产开发公司
4	正荣（福州）置业发展有限公司	22	福建冠亚集团有限公司
5	福建三木集团股份有限公司	23	福建省聚龙养生发展有限公司
6	福建省直房地产开发公司	24	泉州市泉港庄园开发有限公司
7	福建三盛房地产开发有限公司	25	福建浔兴房地产开发有限公司
8	福清中联置业有限公司	26	德化县民益建设投资有限公司
9	福州骏建房地产开发有限公司	27	泉州诚源房地产有限公司
10	福州江滨建设开发公司	28	永春县桃城房地产开发有限公司
11	福建新大陆地产有限公司	29	汇丰置业（中国）有限公司
12	福州融辉房地产有限公司	30	福建省领汇房地产开发有限公司
13	福建恒力房地产发展有限公司	31	泉州市住宅建设开发有限公司
14	福州深深房地产开发有限公司	32	泉州东海开发有限公司
15	厦门市东区开发公司	33	正荣（莆田）置业发展有限公司
16	厦门古龙房地产有限公司	34	福建欧氏建设发展有限公司
17	厦门住宅建设集团有限公司	35	莆田市龙翔房地产开发有限公司
18	厦门汇景集团有限公司	36	福建天博房地产开发有限公司

2-5-7-2 续表

序号	企业名称	序号	企业名称
37	莆田市飞旋房地产开发有限公司	54	福建三钢房地产开发有限公司
38	福建省天安房地产有限公司	55	福建百德置业有限公司
39	寿宁县鑫润房地产开发有限公司	56	宁德市海天房地产开发有限公司
40	福建省九龙房地产有限公司	57	展旺地产（福建）有限责任公司
41	厦门国贸地产集团有限公司	58	福建省尤溪县恒昌房地产开发有限公司
42	厦门经济特区房地产开发集团有限公司	59	福建三明市林立房地产开发有限公司
43	厦门禹洲集团地产投资有限公司	60	三明环球房地产发展有限公司
44	厦门海投房地产有限公司	61	福建省上杭县杭鑫房地产开发有限公司
45	联发集团有限公司	62	龙岩市安居住宅建设有限公司
46	厦门新景地集团有限公司	63	龙岩市晟龙房地产开发有限公司
47	厦门市筼筜新市区开发建设公司	64	连城汇豪房地产开发有限责任公司
48	明发集团（漳州）房地产开发有限公司	65	福建金华厦房地产开发有限公司
49	福建东信房地产开发有限公司	66	福建融华置业有限公司
50	福建省诏安县百华房地产开发有限公司	67	福建象屿房地产开发有限公司
51	漳州万达广场有限公司	68	世纪亿发集团有限公司
52	漳州闽华房地产开发有限公司	69	福建锦溪房地产开发有限公司
53	福建旗滨集团有限公司	70	福建省紫云景苑房地产开发有限公司

（排名不分先后）

2-5-8 旅行社及相关服务业

2012年末，福建省共有旅行社786个，比上年增加71个。其中，一般社723个，增加55个；出境社63个，增加16个。2013年1月，依据福建省《旅行社服务质量信用等级划分与评定》标准，福建省旅游局公布符合评定标准的旅行社5A级8个、4A级旅行社18个。福建省8个5A级旅行社为：福建省海外旅游实业总公司福州建发国际旅行社、中国国旅（厦门）国际旅行社、厦门铁路国际旅行社、厦门龙游天下旅行社有限公司、晋江市航空假日国际旅行社、漳州中国旅行社、福鼎新世纪旅行社。18个4A级旅行社为：福清信天游航空旅游有限公司、福清市光大旅行社、福州市国际旅行社、福建省佳诚国际旅行社、福建省金龙国际旅行社、厦门中旅假日旅行社、漳州建发国际旅行社有限公司、漳州青年旅行社有限公司、仙游假日国际旅行社、莆田康辉旅行社、莆田市假期旅行社、龙岩运通旅行社、龙岩厦旅国际旅行社、龙岩交通旅行社、龙岩山水旅行社、连城冠豸山青年旅行社、长汀汀洲旅行社、武夷山中信国际旅行社。

2013年7月，国家旅游局依据2012年度全国旅行社统计调查指标和经营情况，按照2012年度全国旅行社统计调查排序标准，排出了2012年度全国百强旅行社。福建省有六个企业入选，分别是：福建省中国旅行社、厦门建发国际旅行社有限公司、福建省康辉国际旅行社股份有限公司、福建省春秋国际旅行社有限公司、厦门旅游集团国际旅行社有限公司、福建省旅游有限公司。

自2009年福建省旅行社责任保险统保示范项目实施以来，项目运行服务水平稳步提高。随着“示范项目”在福建省的逐步普及和实施，旅行社参保规模不断扩大，偿付能力不断提高，进一步提升了示范项目利用保险“大数法则”转移风险的能力，大大增强了福建省旅行社的抗风险能力。截至2012年11月30日，全省已参加2012年旅行社责任保险统保的旅行社共计651个，投保率87.0%。示范项目运行三年来，厦门市始终保持统保率100%，龙岩市、莆田市连续两年保持统保率100%，三明市、漳州市统保率2012年也实现了100%，南平市统保率达到90%以上，泉州市也已提升至80%以上，福州市、宁德市目前统保率65%。

从全国看，2012年底我国共有旅行社24944个，比上年增长5.3%。经营状况方面，国内游和出境游业务保持高速增长，入境游保持平稳发展，呈现“两高一降”的态势；但三大市场中旅行社的游客接待量在总旅游接待量中所占份额总体不高，在国内旅游中占5%，入境游18%，出境游35%左右。在区域分布上，旅行社数量排在前十位的省份分别是：山东、江苏、浙江、广东、河北、辽宁、上海、河南、湖北和北京，上述地区旅行社数量的总量占到全国旅行社总量的55.8%。在空间分布格局基本形成了三个梯队，第一梯队是山东、江苏、浙江，这三个省份的旅行社均达到1500个；第二梯队是河北、北京、辽宁、上海等，这些省市的旅行社数量分别为1000个左右；其余省份列入第三梯队，旅行社数量均在800个以下。

（摘编：张琛）

福建省旅游业发展情况

（2008-2012 年）

项　目	2008	2009	2010	2011	2012
国内旅游人数（万人次）	**8562.19**	**9706.41**	**11417.07**	**13595.01**	**16210.13**
住宿设施接待人数	4678.00	5045.56	5902.00	7140.22	8081.78
居民家庭接待人数	447.57	519.79	599.81	695.00	920.62
一日游游客人数	3436.62	4141.06	4915.26	5759.79	7207.73
国内旅游收入（亿元）	**851.62**	**955.18**	**1135.07**	**1361.66**	**1650.00**
外省游客消费	415.12	532.65	655.16	769.63	922.62
本省多日游游客消费	335.12	290.02	342.28	425.00	512.55
一日游游客消费	101.38	132.51	137.63	167.03	214.83
国内游客构成（%）					
一、按性别分					
男	55.9	55.7	57.0	57.2	56.0
女	44.1	44.3	43.0	42.8	44.0
二、按年龄分					
14 岁以下	1.3	1.4	0.9	1.2	1.1
15-24 岁	22.2	19.4	18.8	17.2	16.5
25-44 岁	48.3	52.4	54.9	53.5	53.4
45-59 岁	22.0	21.2	20.4	22.9	23.7
60 岁以上	6.1	5.5	5.0	5.2	5.3
国内游客消费构成（%）					
交给旅行社	9.8	13.0	11.5	10.7	11.1
长途交通	17.6	17.2	24.0	23.6	23.0
住宿	12.3	12.9	17.1	16.5	16.5
餐饮	12.9	13.2	12.5	13.9	13.5
购物	18.3	17.4	17.0	17.5	18.8
游览	8.1	7.2	5.9	5.9	5.7
娱乐	5.7	6.0	5.1	5.3	4.7
市区交通	2.9	3.0	2.3	2.1	2.1
邮电通讯	2.4	1.9	1.2	1.0	1.0
其他	10.0	8.1	3.4	3.5	3.5

区域概况

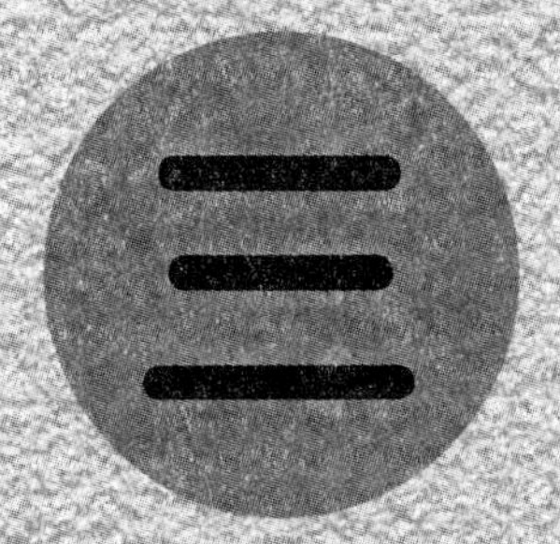

本篇规模以上工业主要指标数据来源于各设区市公开出版物。

3-1 各设区市金融机构人民币主要存贷款情况

3-1-1 各设区市金融机构人民币各项存款情况

（2008-2012 年） 单位：亿元

地 区	2008	2009	2010	2011	2012
合 计	**11643.69**	**14522.24**	**17985.12**	**20714.46**	**24283.68**
省 级	100.82	55.82	75.10	237.26	285.99
福州市	3858.76	4740.58	5909.42	6706.94	7707.28
厦门市	2430.42	3160.42	3961.84	4419.87	5151.40
莆田市	474.17	594.96	716.27	859.33	1062.99
三明市	513.12	637.24	754.47	903.29	1068.65
泉州市	2175.04	2685.74	3276.23	3779.67	4510.73
漳州市	707.94	856.47	1085.49	1247.83	1500.53
南平市	498.11	621.74	751.86	864.93	991.61
龙岩市	520.70	683.64	784.76	908.43	1093.96
宁德市	364.61	485.63	669.68	786.91	910.54

注：以上数据不含外资银行。

3-1-2 各设区市金融机构人民币各项贷款情况

（2008-2012 年） 单位：亿元

地 区	2008	2009	2010	2011	2012
合 计	**9430.03**	**9430.03**	**15006.91**	**17895.85**	**21209.82**
省 级	244.10	244.10	119.67	250.57	550.38
福州市	3078.22	3078.22	4953.91	5835.43	6711.77
厦门市	2101.73	2101.73	3165.14	3826.79	4555.93
莆田市	346.28	346.28	616.71	730.07	888.30
三明市	407.02	407.02	694.76	826.72	985.04
泉州市	1589.77	1589.77	2600.56	3020.97	3527.68
漳州市	481.91	481.91	798.97	961.71	1148.23
南平市	389.35	389.35	615.25	718.47	796.68
龙岩市	393.73	393.73	723.39	874.55	1038.97
宁德市	397.91	397.91	718.56	850.58	1006.84

注：以上数据不含外资银行。

3-2 各设区市环境保护主要指标

3-2-1 各设区市工业“三废”排放及处理率情况

（2012 年）

地　区	工业废水						
	重复用水率（%）	生产耗水率（%）	COD 去除率（%）	石油类去除率（%）	挥发酚去除率（%）	氰化物去除率（%）	氨氮去除率（%）
福州市	74.27	9.24	93.65	97.98	100.00	98.52	78.10
厦门市	91.96	29.96	94.60	99.93	90.75	96.99	64.17
莆田市	25.85	52.14	77.22	65.86		4.10	51.29
三明市	86.80	10.08	85.56	96.23	98.16	87.46	73.95
泉州市	84.88	10.83	93.25	94.78	81.40	98.53	90.19
漳州市	56.51	88.26	91.27	75.56	90.32	98.65	80.26
南平市	63.78	28.01	88.17	49.48	49.93	30.18	90.65
龙岩市	91.65	6.75	72.20	86.25	98.99	88.36	37.21
宁德市	47.80	37.37	71.70	80.37			72.86

3-2-1 续表

（2012 年）

地　区	工业废气			工业固废			
	SO_2去除率（%）	氮氧化物去除率（%）	烟（粉）尘去除率（%）	综合利用率（%）	贮存率（%）	处置率（%）	排放率（%）
福州市	65.89	22.89	97.84	89.94	1.59	9.00	
厦门市	61.42	49.64	99.49	90.94	0.36	9.36	
莆田市	65.05	1.77	97.07	86.81	13.83	0.31	
三明市	40.89	2.94	99.05	81.56	3.60	14.86	0.01
泉州市	70.00	7.50	96.79	95.25	2.00	2.75	
漳州市	72.98	7.52	98.74	95.48	0.01	4.51	
南平市	1.38		97.90	88.68	0.34	10.98	
龙岩市	50.15	0.07	99.25	88.83	0.42	10.76	
宁德市	74.19	0.17	97.68	94.63		5.37	

3-2-2 各设区市工业污染排放及处理利用情况

（2012 年）

项　目	全省	福州市	厦门市	莆田市	三明市
工业企业数（个）	5740	467	370	376	793
工业用水量（万吨）	603618.71	57725.78	89958.93	4338.50	149469.80
废水治理设施数（套）	3461	410	321	141	575
废水治理设施处理能力（万吨/日）	736.03	131.03	30.54	10.03	231.46
废水治理设施运行费用（万元）	161724.52	24657.62	16381.60	3052.90	18130.70
工业废水处理量（万吨）	173787.73	23451.91	28434.77	1653.54	60226.64

3-2-2 续表　　（2012 年）

项　目	泉州市	漳州市	南平市	龙岩市	宁德市
工业企业数（个）	1294	784	483	554	603
工业用水量（万吨）	189601.26	26512.06	26510.85	55228.67	4246.94
废水治理设施数（套）	743	508	275	323	163
废水治理设施处理能力（万吨/日）	131.80	74.60	46.31	67.41	12.81
废水治理设施运行费用（万元）	54518.70	15933.20	8089.80	18584.30	2364.70
工业废水处理量（万吨）	32771.00	9678.34	7766.18	8172.55	1627.68

3-3 各设区市企业工商登记注册情况

3-3-1 各设区市内资企业

（2012

项　目	全省	省局本部	福州市	厦门市
年末企业数	54321	1509	10086	7911
#法人企业	24494	1264	4602	4163
年末注册资金（亿元）	6946.22	1522.41	754.91	2036.29
本年开业数	4219	108	785	539
本年注销数	2353	28	547	418
一、国有企业				
年末企业数	9246	511	1747	887
#法人企业	4682	482	807	456
注册资金（亿元）	408.22	110.95	56.01	82.15
本年开业数	271	3	65	22
本年注销数	312	16	74	28
二、集体企业				
年末企业数	15346	133	3367	753
#法人企业	7754	132	2181	616
注册资金（亿元）	108.71	7.88	29.60	11.84
本年开业数	374	4	43	3
本年注销数	777	3	246	23
三、股份合作企业				
年末企业数	1768	1	198	65
#法人企业	1176	1	105	65
注册资金（亿元）	115.75	0.30	13.83	0.37
本年开业数	50		6	
本年注销数	140		17	15
四、公司				
年末企业数	27060	853	4574	6119
#法人企业	10723	638	1444	2999
注册资金（亿元）	6307.22	1402.21	653.47	1941.40
本年开业数	3507	101	670	514
本年注销数	889	9	140	325
五、其他企业				
年末企业数	901	11	200	87
#法人企业	159	11	65	27
注册资金（亿元）	6.31	1.07	2.00	0.53
本年开业数	17		1	
本年注销数	235		70	27

工商登记注册情况

年）　　　　　　　　　　　　　　　　　　　　　　　　单位：个

莆田市	三明市	泉州市	漳州市	南平市	龙岩市	宁德市
2501	4505	8922	6488	4636	4270	3493
1170	2022	3793	2706	2105	1414	1255
262. 93	205. 62	1008. 12	439. 14	171. 12	362. 51	183. 18
195	399	866	503	302	243	279
123	100	325	325	203	129	155
292	889	1177	927	1170	890	756
159	369	566	633	638	270	302
10. 92	24. 41	53. 48	23. 53	26. 62	12. 92	7. 24
14	15	85	33	18	7	9
16	14	20	43	33	27	41
792	1251	2405	2725	1439	1404	1077
369	805	985	921	854	487	404
8. 75	7. 05	20. 99	8. 58	5. 56	6. 19	2. 27
11	41	60	127	9	24	52
52	40	43	210	68	18	74
101	41	517	409	99	140	197
76	36	494	227	50	60	62
4. 06	14. 87	40. 41	17. 74	5. 66	8. 87	9. 63
24	1	14	4	1		
4		21	26	1	41	15
1311	2136	4612	2417	1797	1781	1460
561	796	1737	916	559	588	485
238. 57	159. 02	891. 87	389. 20	133. 22	334. 27	164. 00
146	342	706	339	259	212	218
51	42	112	46	97	42	25
5	188	211	10	131	55	3
5	16	11	9	4	9	2
0. 63	0. 26	1. 37	0. 09	0. 06	0. 26	0. 04
		1		15		
	4	129		4	1	

3-3-2 各设区市外资企业工商登记注册情况

(2012年)

地 区	年末企业数（个）	投资总额（亿美元）	注册资本（亿美元）
总 计	**23381**	**1457.44**	**804.43**
省局本部	449	161.80	88.94
福州市	4118	220.63	121.09
厦门市	8043	447.64	247.93
莆田市	814	58.56	27.32
三明市	542	21.69	11.55
泉州市	5825	272.74	180.85
漳州市	2240	204.56	92.27
南平市	493	18.40	9.87
龙岩市	571	35.27	17.47
宁德市	286	16.16	7.13

3-3-3 各设区市个体户工商登记注册情况

(2012年)

地 区	年末户数（户）	从业人员（人）	资金数额（亿元）
总 计	**950274**	**2588665**	**518.06**
福州市	158106	321519	67.79
厦门市	114594	916752	45.37
莆田市	73216	159573	54.08
三明市	77416	148727	48.29
泉州市	176686	401225	102.20
漳州市	122819	208592	45.73
南平市	73445	143860	55.23
龙岩市	79210	151885	55.75
宁德市	74782	136532	43.62

3-4 各设区市工业发展概况

福州 2012年，福州市工业经济保持稳健增长。全年全市实现工业增加值1493.48亿元，比上年增长14.0%；完成出口交货值1308.03亿元，增长9.0%。继2011年突破5000亿元之后，2012年全市工业总产值再上6000亿元新台阶，达6353.25亿元，增长15.3%。其中，规模以上工业总产值5890.58亿元，增长15.7%。

分行业看，规模以上工业36个行业中，20个行业增速超过全市平均水平，17个行业产值总量超过百亿。

2012年，福州市工业经济运行呈现以下特点：

一是工业经济支柱地位日益突出。2008年以来，全市工业增加值年均增长15.0%，工业对经济增长的贡献率由2008年的34.4%提高到2012年的42.7%。

二是南北"两翼"集聚优势更加凸显。2012年，南北"两翼"四县（市）完成规模以上工业总产值3177.81亿元，比上年增长17.2%，占全市规模以上工业经济总量的54.0%，比重同比提高1.2个百分点，对全市规模以上工业经济增长的贡献率达58.7%。

三是轻、重工业比例更加协调。2012年，全市规模以上轻工业完成产值2582.38亿元，比上年增长21.9%；重工业完成3308.19亿元，增长11.3%，重工业与轻工业产值比例由上年的58.8∶41.2调整为56.2∶43.8。

四是主导产业拉动作用强劲。2012年，全市纺织服装、化纤制造业产值首次突破千亿，达1001.76亿元，比上年增长37.0%，成为拉动规模以上工业经济增长最强劲的行业。产值超百亿行业增幅居各行业前列，如：化学纤维制造业完成产值299.91亿元，增长42.8%；纺织业完成601.46亿元，增长29.2%；化学原料和化学制品制造业完成131.84亿元，增长27.7%；皮革、毛皮、羽毛及其制品和制鞋业完成319.53亿元，增长27.0%；非金属矿物制品业完成286.13亿元，增长25.4%。

五是企业效益指数稳步提高。2012年，全市规模以上工业综合经济效益指数为264.4，比上年提高16.7个点；实现主营业务收人5389.24亿元，增长14.1%；实现利润总额331.58亿元，增长13.7%。

六是科技创新助推经济增长方式转变。截至2012年末，全市共有高新技术企业317个；市级以上企业技术中心188个，其中国家级企业技术中心3个、省级企业技术中心67个；行业技术创新中心38个，覆盖全市大部分重点行业；国家创新型试点企业4个，国家创新型企业3个，省级创新型（试点）企业170个；5项产品入选"2012年度国家重点新产品计划"。

七是产品质量监管力度加强。2012年末，全市共有国家产品质量监督检验中心1个，产品检测实验室101个，法定计量技术机构8个。2012年，全市质量技术监督部门共抽查生产领域2177个企业产品4743批次，批次合格率为95.5%。全市共有8项国家地理标志保护产品，322项产品获得"福建名牌产品"称号，共有5个企业获得首届政府质量奖。

厦门 2012年，国际经济形势持续低迷，厦门市委、市政府积极应对，努力克服工业订单不足、原材料价格上涨、用工成本上升等各种不利因素的影响，紧紧抓住海西建设重大机遇，稳步实施"十二五"工业规划，全年规模以上工业实现平稳增长。

2012年，全市工业实现总产值为4664.66亿元，比上年增长13.3%。规模以上工业实现增加值1072.57亿元，增长12.5%；实现工业总产值

4430.79 亿元，增长 13.1%。

2012 年，厦门市工业经济运行呈现以下特点：

一是工业集中度进一步提升。厦门的工业企业继续朝着集约化、大型化方向发展。至 2012 年底，全市规模以上工业企业年产值上亿的达 473 个，占全市规模以上工业企业数 31.5%。其中，年产值在 10 亿元以上的企业有 59 个；年产值在 50 亿元以上的企业有 15 个；年产值在 100 亿元以上的企业有 7 个，比上年增加 3 个，共完成产值 1391.45 亿元，占全市规模以上工业产值的 31.4%。

二是十三条产业链表现优异。2012 年，全市重点培育的 13 条产业链完成工业总产值 3027.78 亿元，占全市规模以上工业的 68.3%，对全市工业经济增长的贡献率为 132.2%，拉动工业总产值增长 17.3 个百分点。13 条产业链中，有 6 条产业链的产值突破百亿元大关，分别为：平板显示产业链，完成产值 980.74 亿元，接近千亿元大关，比上年现价增长 12.9%；计算机与通讯设备产业链，完成产值 752.12 亿元，增长 14.6%；汽车产业链，完成产值 334.97 亿元，增长 5.0%；农副产品与食品加工产业链，完成产值 289.56 亿元，增长 13.0%；输配电及控制设备产业链，完成产值 146.33 亿元，增长 3.7%；烟草加工与销售产业链，完成产值 103.31 亿元，增长 13.8%。除现代工程机械产业链和船舶产业链外，其余 11 条产业链均比上年实现增长，为厦门工业的增长做出积极贡献。

三是主要支柱行业依然是厦门工业的重要支撑。至 2012 年末，全市电子、机械两大主要支柱行业企业共有 649 个，全年完成工业总产值 2843.89 亿元，占全市规模以上工业的 64.2%，对全市工业经济增长的贡献率为 90.0%，拉动工业总产值增长 11.8 个百分点。其中，电子行业完成工业产值 1762.46 亿元，占全市规模以上工业的 39.8%，增长 15.7%；机械行业完成工业产值 1081.43 亿元，占全市规模以上工业的 24.4%，下降 2.8%。

四是高新技术企业表现突出。截至 2012 年底，全市规模以上高新技术企业 336 个，共完成工业总产值 1877.38 亿元，占全市规模以上工业总产值的 42.4%，比上年增长 21.4%，高出全市规模以上工业 8.3 个百分点，对全市工业经济增长的贡献率为 99.5%，拉动工业总产值增长 13.0 个百分点。

五是产销率保持较高水平，工业经济运行质量持续回升。2012年，全市工业企业实现销售产值 4386.52亿元，比上年增长5.1%；产销率达到99.0%，比全省平均水平高出1.2个百分点，在全省九地市中仅次于莆田市居第2位。2012年，全市规模以上工业经济效益综合指数为205.7，2012年下半年以来，工业经济效益指数逐月回升。

莆田　2012 年，莆田市积极应对外需不足等困难，持续打好“五大战役”，加强经济运行监测，加大实体企业帮扶力度，促进了全市工业经济平稳较快发展。2012 年，全市工业实现增加值 579.41 亿元，比上年增长 14.1%。全年全市规模以上工业实现总产值 1647.31 亿元，增长 16.9%。分经济类型看，股份制工业实现产值 849.51 亿元，增长 22.4%，增幅居各经济类型首位；国有工业实现产值 121.67 亿元，增长 5.6%。分轻重工业看，轻工业完成产值 1127.85 亿元，比上年增长 19.9%；重工业完成产值 519.45 亿元，比上年增长 10.9%；轻工业超过重工业，轻重工业比重由 2011 年的 67.8∶32.2 调整为 68.5∶31.5。分行业看，家具制造业工业总产值增长 74.2%，仪器仪表制造业增长 39.8%，纺织服装、服饰业增长 32.3%，有色金属冶炼和压延加工业增长 27.5%，皮革、毛皮、羽毛及其制品和制鞋业增长 16.0%，计算机、通信和其他电子设备制造业增长 14.7%，电气机械和器材制造业增长 13.6%，化学原料和化学制品制造业增长 12.7%，非金属矿物制品业增长 5.6%，通用设备制造业增长 4.8%。

2012 年，莆田市工业经济运行呈现以下特点：

一是工业引领经济增长。2012 年，全市工业对经济增长的贡献率达 54.1%，拉动经济增长 6.9 个百分点，仍是推动莆田经济增长的主要引擎。

二是产业集群持续壮大。2012 年，制鞋产业产值达 363.16 亿元，仍是莆田市第一大产业；工艺与创意产业产值达 187.38 亿元，比上年增长 29.2%；木材浆纸产业产值达 92.08 亿元，增长 27.6%；纺织服装产业产值达 82.79 亿元，增长 24.6%；金属冶炼和压延加工产业产值达 30.69 亿元，增长 21.3%。

三是经济效益良好。2012 年，全市规模以上工业企业实现利润总额 90.89 亿元，比上年增长 25.5%。其中，股份制企业实现利润总额 39.98 亿元，增长 17.7%；外商及港澳台投资企业实现利润总额 24.27 亿元，增长 10.2%；国有控股企业实现利润总额 22.97 亿元，增长 60.7%。规模以上工业企业经济效益综合指数为 272.1，比上年提高 29.0 个点；产品销售率达 99.4%，比上年提高 0.2 个百分点。

三明 2012 年，三明市各级部门通过强化政策支持、创新驱动、服务保障等方面措施，为工业经济持续较快增长提供了有力保障。2012 年，三明市规模以上工业增加值为 629.00 亿元，比上年增长 17.5%。分注册类型看，国有企业、股份制企业和外商及港澳台投资企业分别完成工业增加值 17.54 亿元、498.66 亿元和 44.24 亿元，比上年分别增长 31.7%、18.6%和 7.6%。

2012 年，全市规模以上工业企业实现利润总额 58.30 亿元，比上年增长 5.6%。分注册类型看，股份制企业实现利润总额 45.85 亿元，下降 3.5%；外商及港澳台投资企业实现利润总额 4.42 亿元，下降 18.8%；私营企业实现利润总额 41.40 亿元，增长 12.5%；国有及国有控股企业实现利润总额 5.55 亿元，下降 13.8%。

2012 年，三明市工业经济运行呈现以下特点：

一是工业强力支撑经济发展。2012 年，全市工业对经济增长的贡献率达 57.6%，拉动地区生产总值增长 7.0 个百分点；规模以上工业增加值 629.00 亿元，比上年增长 17.5%，增幅比全省高 2.3 个百分点，居全省第 2 位。

二是龙头企业带动作用显著。至 2012 年末，全市产值超亿元的企业有 576 个，比上年净增 103 个；全年实现工业总产值 1672.80 亿元，比上年增长 17.4%，高于全市平均水平 1.4 个百分点；占全市规模以上工业总产值的 75.4%，对规模以上工业增长的贡献率达 80.2%。

三是非公工业企业贡献率超九成。2012 年，全市非公有制工业实现增加值 505.36 亿元，比上年增长 20.6%，对规模以上工业增长的贡献率达 91.8%。其中，私营企业实现增加值 424.12 亿元，增长 22.1%。

四是小微企业增速快于大中型企业。2012 年，全市规模以上小微企业实现增加值 466.86 亿元，占全市规模以上工业的 74.2%，比上年增长 19.6%；而大中型企业增加值 162.14 亿元，增长 12.1%。

五是六个产业产值超二百亿元。2012 年，全市八大产业实现增加值 558.25 亿元，比上年增长 17.3%；占全市规模以上工业的 88.8%，对规模以上工业的增长贡献率达 88.6%。分产业看，冶金、林产、机械、采矿、纺织、化工六个产业产值超二百亿元，其中化工产业首次突破二百亿元；建材、纺织、化工、冶金四大产业增加值增速高于全市水平，分别高于全市规模以上工业 8.8 个百分点、5.5 个百分点、4.6 个百分点和 2.4 个百分点。

六是超六成工业品产量实现增长。全市 103 种主要工业品中有 67 种产量实现了不同程度增长，增长面达 65.0%，其中 23 种产品产量增幅超过 30%。主要产品如：钢材 518.41 万吨，比上年增长 9.0%；水泥 2092.60 万吨，增长 10.7%；发电量 114.69 亿千瓦时，增长 105.5%。

七是产销衔接良好。2012年，全市规模以上工业产品销售率98.6%，比全省高0.8个百分点，居全省第3位。其中，轻工业产销率97.8%、重工业产销率98.9%，分别高于全省0.4个百分点和0.8个百分点。

八是工业园区加快发展。至2012年末，全市14个重点开发区入驻规模以上工业企业501个，比上年净增39个；全年实现工业总产值807.67亿元，比上年增长18.0%，高于全市平均水平2.0个百分点；产值占全市规模以上工业比重为36.4%，比上年提高2.9个百分点，对规模以上工业产值增长的贡献率达39.2%。

泉州 2012年，泉州市继续加大扶持服务企业力度，加强工业经济运行监测调度，工业经济运行良好。2012年，全市实现工业增加值2645.79亿元，比上年增长14.3%。其中，规模以上工业增加值2295.38亿元，增长16.7%，增速比全省平均水平高1.5个百分点。分行业看，全市规模以上37个行业大类工业增加值实现全面增长，其中酒、饮料和精制茶制造业，家具制造业，石油加工、炼焦和核燃料加工业，非金属矿物制品业，金属制品业，汽车制造业等14个行业增加值增幅超20%。

2012年，全市出口额达123.74亿美元，居全省第3位；比上年增长14.8%，高于全省平均水平9.4个百分点，分别比福州、厦门高出27.1个百分点和9.4个百分点。从出口产品看，全市汽车船舶类商品出口2.88亿美元，增长36.0%；陶瓷品出口2.68亿美元，增长11.1%；纺织鞋服箱包类商品出口69.79亿美元，增长9.8%；食品烟酒饮料类商品出口1.23亿美元，增长6.4%。

2012年，泉州市工业经济运行呈现以下特点：

一是工业支撑力度持续加大。2012年，全市工业增加值对经济增长的贡献率达66.1%，拉动经济增长8.1个百分点。纺织服装、建筑建材、工艺制品、食品饮料、机械制造五大传统产业规模以上工业增加值增长17.7%，石油化工、电子信息、修船造船、汽车及配件、生物医药五大新兴产业规模以上工业增加值增长14.3%；晋江龙峰集团总部建设项目、福建翔运纺织15万锭精梳纺纱项目、福建联合石化环氧乙烷及乙二醇项目等一批工业项目开工建设，北车（泉州）海峡轨道客车维修组装项目、晋江百宏年产33万吨差别化化学纤维生产项目、玖龙纸业（泉州）高档牛卡纸项目等一批工业项目投产。

二是民营经济加快转变提升。2012年，泉州市出台实施推进民营企业“二次创业”的若干意见，启动民企转型升级专项扶持行动计划，全年规模以上民营工业企业实现增加值2043.78亿元，比上年增长17.7%，占规模以上工业增加值的比重达89.0%；完成民间投资1303.36亿元，增长23.6%；对接民企产业项目110个，总投资1234亿元；新增上市企业3个；新增中国驰名商标32件、马德里商标国际注册97件。

三是产业集群持续壮大。2012年，全市规模以上工业产值超10亿元产业达21个，实现产值7471.00亿元，从业人员126万人。其中，超百亿元产业15个，超千亿元产业3个，5个产业集群跻身“中国百佳产业集群”。

四是工业效益稳步提高。2012年，全市规模以上工业经济效益综合指数为235.3，比上年提高5.5个点。全市规模以上工业主营业务收入8017.03亿元，实现利税总额882.45亿元，比上年分别增长14.4%和16.1%；其中利润总额557.19亿元，增长10.9%。亿元企业利润增长较快，全年亿元企业实现利润总额488.25亿元，占规模以上工业利润总额的87.6%，拉动规模以上工业利润总额增长10.0个百分点。全市37个行业大类中，有36个行业实现了盈利，创造利润最多的前三个行业分别是：皮革毛皮羽毛及其制品和制鞋业，纺织服装、服饰业和非金属矿物制品业，合计创造利润总额305.17亿元，占规模以上工业利润总额的54.8%。

漳州 2012年，漳州市紧紧围绕“工业化提速，城市化提升，现代农业提效”发展重点，克服全球经济危机、出口形势严竣等国内外经济形势影响，大力发展优势产业、龙头产业，带动了全市工业经济继续保持较快发展，运行质量继续提高。全年全市实现工业增加值825.07亿元，比上年增长15.6%，对经济增长的贡献率达51.5%，拉动 GDP 增长6.5个百分点。其中，规模以上工业完成增加值750.21亿元，增长16.9%；完成工业总产值2680.53亿元，增长17.0%；实现利润总额208.80亿元，增长21.0%。

2012 年，漳州市工业经济运行呈现以下特点：

一是重点企业拉动有力。至 2012 年末，全市亿元企业数首次突破 500 个，达到 585 个，比 2009 年增长 2.2 倍，3 年翻一番；全年亿元企业完成产值 2198.52 亿元，比上年增长 18.6%；完成增加值 610.98 亿元，增长 18.6%，增幅高于全市平均水平 1.7 个百分点，拉动全市规模以上工业增长 14.9 个百分点。

二是民营工业增势强劲。2012 年，全市规模以上民营工业企业实现增加值 372.75 亿元，比上年增长 26.3%，增幅高于全市平均水平 9.4 个百分点，拉动规模以上工业增长 11.7 个百分点。

三是重点产业聚集加快。2012 年，全市四大主导产业实现增加值 497.04 亿元，比上年增长 17.7%，占全市规模以上工业的 66.3%，对规模以上工业增长的贡献率达到 68.9%。其中，特殊钢铁增长最快，增幅达到 26.8%，高于全市平均水平 9.9 个百分点。四大新兴产业实现增加值 181.17 亿元，增长 20.7%，高于全市平均水平 3.8 个百分点，对规模以上工业增长贡献率达到 29.4%。其中，食品工业贡献突出，对规模以上工业增长贡献率达到 30.1%。

四是主要行业较快增长。在八大主要行业中，黑色金属冶炼和压延加工业、造纸和纸制品业、食品制造业、农副食品加工业增加值比上年分别增长 26.8%、25.1%、22.0%和 19.7%，均高于全市平均水平。

五是经济效益提高较快。2012 年，漳州市规模以上工业经济效益综合指数为 261.6，比上年提高 23.8 个点；实现利润总额 208.80 亿元，比上年增长 21.0%。分轻重工业看，轻工业实现利润总额 108.40 亿元，比上年增长 34.8%；重工业实现利润总额 100.30 亿元，增长 9.0%。分行业看，全市 35 个行业大类中，有 32 个行业实现盈利，3 个行业亏损。盈利行业中，利润总额排名前三位的行业分别是：农副食品加工业、汽车制造业、造纸和纸制品制造业。

南平 2012 年，南平市突出抓龙头铸链条，进一步深化产业梳理，制定并启动实施食品、旅游两个千亿产值行动计划，进一步整合提升食品加工、旅游、机电制造、竹木加工、纺织箱包等传统产业，加快培育生物医药、光电、文化创意等新兴产业，全市工业保持了较为平稳的发展态势。2012 年，全市工业总产值达 1262.74 亿元，比上年增长 15.1%。其中，规模以上工业总产值突破 1100 亿元，达到 1120.12 亿元，增长 15.7%。全年全市工业实现增加值 331.63 亿元，增长 15.7%。其中，规模以上工业增加值 286.85 亿元，增长 16.6%。党的十七大以来，南平市规模以上工业总产值和增加值年均增速分别为 19.9%和 18.4%，轻重工业比重由 2007 年的 40.0∶60.0 调整为 2012 年的 44.8∶55.2，五年间轻工业比重提升了 4.8 个百分点，年平均提升近 1 个百分点。

2012年，南平市规模以上工业实现主营业务收入1038.60亿元，比上年增长19.3%；实现利润总额54.00亿元，增长19.2%；上交税金总额33.28亿元，增长40.6%；亏损企业亏损面为8.4%，企业亏损总额2.81亿元，下降51.1%。

2012年，南平市工业经济运行呈现以下特点：

一是产值超亿元企业拉动作用明显。至2012年末，全市亿元企业达到257个；全年完成规模以上工业产值825.10亿元，占全市规模以上工业总产值比重的73.7%，对全市规模以上工业增长贡献率达71.8%，拉动全市规模以上工业增长10.0个百分点。

二是产业集聚进一步加快。林产加工、冶金建材、食品加工、机械（装备）制造、纺织服装五大传统优势产业工业总产值全部实现两位数增长。2012年，规模以上五大传统优势产业完成工业总产值893.14亿元，占全市规模以上工业总产值比重的79.7%。其中，食品加工产业增长20.3%、纺织服装产业增长19.1%、林产加工产业增长17.0%、机械（装备）制造产业增长13.2%、冶金建材产业增长11.6%。

三是工业园区引领作用凸显。2012年，南平工业园区、闽北经济开发区、荣华山组团三大市级产业园区完成投资57亿元，引入企业76个，新增工业产值37亿元。全市三大园区规模以上工业实现产值97.45亿元，占全市规模以上工业产值的8.7%，比上年提高1.7个百分点。其中，南平工业园区完成规模以上工业产值61.15亿元，增长11.1%；荣华山组团完成规模以上工业总产值32.03亿元，增长212.6%；闽北经济开发区完成规模以上工业总产值4.27亿元，增长77.7%。

四是新增规模以上企业对工业增长贡献大。2012年，全市新增规模以上工业企业37个，新增产值22.30亿元，对全市规模以上工业增长的贡献率达11.9%，拉动全市规模以上工业增长1.7个百分点。

龙岩 2012年，龙岩市出台扶持工业稳定增长的12条政策措施，开展"千名干部进千企"帮扶活动，工业实现了持续平稳发展。2012年，龙岩市全部工业增加值655.22亿元，比上年增长15.8%。全年全市规模以上工业增加值446.79亿元，增长17.1%；工业总产值1260.06亿元，增长15.9%；实现利润总额130.82亿元，增长5.8%。其中，股份制企业实现利润总额102.01亿元，增长10.8%；外商及港澳台投资企业实现利润总额11.29亿元，下降30.1%。

2012 年，龙岩市工业经济运行呈现以下特点：

一是工业经济对全市国民经济的支撑地位依然稳固。2012年，全市规模以上工业增加值占GDP的比重为32.5%；工业总产值达1260亿元，五年来年均增长20.7%。

二是重点行业发展成为工业经济的支柱。2012年，全市烟草、机械、钢铁、建材、有色、能源、纺织、农副产品加工业等重点产业实现工业总产值1113.31亿元，比上年增长38.9%，占全市规模以上工业总产值的89.0%，拉动全市规模以上工业增长11.9个百分点，对规模以上工业增长的贡献为84.3%。其中，机械、能源、有色金属、建材、农副食品加工业、烟草六大产业产值超百亿元：机械产业总产值183.49亿元，现价下降1.9%。其中，能源产业总产值158.49亿元，现价增长5.2%；农副产品加工产业总产值155.42亿元，现价增长19.1%；建材产业总产值137.12亿元，现价增长1.4%；烟草产业总产值127.53亿元，现价增长6.9%。

三是产业空间布局优化，园区工业增势良好。2012年，全市8个省级工业园区完成工业总产值689.97亿元，比上年现价增长18.5%，增幅比全市规模以上工业平均水平快6.0个百分点，对全市规模以上工业总产值增长的贡献率达76.9%。四个百亿园区——上杭工业园区、龙州工业园区、长汀开发区、龙岩经济开发区规模以上工业分别完成总产值194.73亿元、140.73亿元、104.88亿元和100.38亿元，共占规模以上工业的为42.9%。龙岩经济开发区、稀土工业园区分别升级为国家级经济技术开发区和省级工业园区。

四是工业运行质量不断提高。近年来，龙岩工业企业努力转变经济发展方式，及时适应市场需求变化，积极向结构优化、技术先进、高产出、高效益的现代企业模式发展，工业经济的整体质量和效益得到不断提高。2012年，龙岩市规模以上工业经济效益综合指数为300.5，比上年提高9.2个点，位居各设区市第2位，比2007年提高29.3点。其中，主营业务收入达1322.57亿元，比上年增长12.9%；实现利润总额130.82亿元，增长5.8%。

宁德　2012年，面对严峻复杂的国内外形势，宁德市委、市政府认真贯彻落实中央关于稳中求进的发展基调，及时出台相应的政策措施；工业企业积极应对，注重成本控制，转变发展战略，加强管理，保障宁德市工业经济的平稳运行，工业总量再创历史新高。

2012年，宁德市规模以上工业实现增加值459.67亿元，比上年增长19.8%；总产值1791.06亿元，增长17.8%；实现利润总额105.25亿元，增长88.2%。其中，股份制企业实现利润总额94.73亿元，增长82.8%；外商及港澳台投资企业7.23亿元，增长230.9%。

2012年，宁德市工业经济运行呈现以下特点：

一是生产增速保持首位。2012年，全市规模以上工业增加值和产值总量均创历史新高，增幅分别比全省平均水平高4.6个百分点和2.0个百分点，继2005年以来连续八年位居各设区市首位。工业对经济增长的贡献率超过六成。

二是九成行业实现增长。2012年，全市34个行业中有31个行业产值实现增长，15个行业增速高于全市平均水平。从总量上来看，产值超过百亿的行业有7个，依次为：黑色金属冶炼和压延加工业，电气机械和器材制造业，橡胶和塑料制品业，有色金属冶炼和压延加工业，农副食品加工业，电力、热力生产和供应业，铁路、船舶、航空航天和其他运输设备制造业。该七个行业完成产值1297.97亿元，占全市规模以上工业产值的72.5%，拉动全市规模以上工业增长13.3个百分点。

三是非公企业支撑显著。2012年，全市规模以上非公有制工业企业实现增加值426.67亿元，比上年增长21.5%，占全市的比重为92.8%，拉动规模以上工业增长19.5个百分点，对规模以上工业增加值增长的贡献率达98.7%；总产值达1637.76亿元，增长19.6%，占全市规模以上工业比重为91.4%，拉动规模以上工业增长17.6个百分点，对规模以上工业增加值增长的贡献率达98.6%。

四是亿元企业对工业经济的贡献率突出。至2012年末，全年产值过亿的工业企业达400个，占规模以上工业企业的39.4%；全年完成工业总产值1494.81亿元，占全市规模以上工业企业的83.5%，拉动全市规模以上工业产值增长15.8个百分点。

五是中小微企业贡献突出。2012年，全市规模以上中小微工业企业实现产值1116.07亿元，比上年增长20.7%，增速比全市平均水平高2.9个百分点；占全市的比重为62.3%，拉动规模以上工业增长12.3个百分点；对规模以上工业的贡献率达到69.2%，比上年提高了2.2个百分点。

注：本文数据采用快报数。

（摘编：郑芳）

3-4-1 各设区市规模以上工业主要指标

（2012 年）

指 标	计量单位	福州市	厦门市	莆田市	三明市	泉州市
总 量						
企业数	个	2119	1658	942	1662	4270
工业总产值	亿元	5954.89	4486.35	1676.62	2248.65	8378.49
主营业务收入	亿元	5688.49	4549.75	1648.25	2199.28	8214.19
资产总额	亿元	4068.32	3972.45	1036.20	1179.62	5738.85
利润总额	亿元	385.76	247.30	123.27	65.86	658.25
利税总额	亿元	614.55	396.48	176.38	138.56	1024.03
本年应交增值税	亿元	184.57	78.41	40.60	61.06	232.76
占全省比重						
企业数	%	13.8	10.8	6.2	10.8	27.9
工业总产值	%	20.0	15.1	5.6	7.6	28.2
主营业务收入	%	19.5	15.6	5.6	7.5	28.2
资产总额	%	19.1	18.6	4.9	5.5	26.9
利润总额	%	19.1	12.2	6.1	3.3	32.5
利税总额	%	18.8	12.1	5.5	4.2	31.3
本年应交增值税	%	21.3	9.0	4.7	7.0	26.8

3-4-1 续表　　　　　　　　（2012 年）

指　标	计量单位	漳州市	南平市	龙岩市	宁德市
总　量					
企业数	个	1692	910	965	1115
工业总产值	亿元	2722.37	1141.66	1266.52	1829.11
主营业务收入	亿元	2693.90	1096.89	1352.50	1736.71
资产总额	亿元	1952.18	817.59	1586.63	1003.72
利润总额	亿元	222.27	60.76	133.65	125.53
利税总额	亿元	374.82	99.03	262.94	186.80
本年应交增值税	亿元	139.78	30.00	47.44	53.25
占全省比重					
企业数	%	11.0	5.9	6.3	7.3
工业总产值	%	9.2	3.8	4.3	6.2
主营业务收入	%	9.2	3.8	4.6	6.0
资产总额	%	9.1	3.8	7.4	4.7
利润总额	%	11	3.0	6.6	6.2
利税总额	%	11.4	3.0	8.0	5.7
本年应交增值税	%	16.1	3.5	5.5	6.1

3-4-2 各设区市食品加工及制造业

食品加工及制造业包括农副食品加工业，食品制造业，酒、饮料和精制茶制造业。2012年，全省全部食品加工及制造业实现销售收入 3439.40 亿元，占全部工业的11.6%。从主要产品看，福建省水产品、精制茶、罐头等产品产量居全国前列。

水产品加工业

近年来，在福建省委、省政府加快建设海洋经济强省战略指引下，全省水产品加工业积极调整产业结构，加快增长方式转变，呈现出又好又快的发展势头。初步建立闽南、闽东两大渔业加工产业集群和福清龙田、海峡西岸（连江）水产品加工示范基地、漳州东山海峡两岸水产品加工集散中心，宁德霞浦台湾水产品集散中心；拥有省级以上水产龙头企业125个，其中农业产业化国家重点龙头企业8个；东山县海魁水产集团有限公司、福建腾新食品股份有限公司分别在德国法兰克福、国内A股市场成功上市。

福州 为推进福建省水产品菜篮子生产基地建设，提高水产品应急供应能力，提升标准化水产健康养殖技术，福清市港头光辉养鳗场、连江天源水产养殖有限公司、连江百胜水产开发有限公司等9个企业参与2012年福建省“菜篮子”产品生产扶持项目建设。

受欧债危机持续蔓延的影响，2012年福清市水产加工业的主要出口国日本消费市场严重萎缩，而技术壁垒和美国对生熟虾制品不明朗的关税政策，加上国内原辅料价格、用工成本持续上涨，致使福清水产加工食品在国际上逐步丧失价格优势，福清部分水产加工企业出口严重下滑。据福清检验检疫局统计，2012年福清辖区烤鳗出口仅135批，出口批次、数量等同比大幅下降。针对以上情况，福清市水产加工企业积极进行新产品的开发，申请对外注册，扭转出口不利局面。2012年，福清市共有5个企业6种新增产品注册，2个企业新增对外注册，新增出口水产品1283.55吨、出口额1038.87万美元。其中，宏益公司从原来的烤鳗零出口跃居为烤鳗出口辖区第一，华盛公司沙丁鱼、海参等产品先后打开澳大利亚和香港市场，出口增幅超过了1500%。

漳州 2012 年，漳州市水产品加工量达 72.3 万吨，产值157.1亿元，比上年分别增长4.9%和19.2%；水产品出口总量达38.37万吨，出口创汇26.5亿美元，分别增长33.1%和39.5%，居全省首位；全市渔业经济总值374.9亿元，水产品总量达154.4万吨，渔业产值185.7亿元。

从出口看，2012年漳州检验检疫局共检验检疫出口水产品5.57亿美元，比上年增长40.8%。得益于中国—东盟自由贸易区建设以及ECFA（海峡两岸经济合作框架协议）效应的持续显现，2012年，在国际经济形势低迷的情况下，漳州出口东盟、台湾两地区水产品仍保持快速增长，共出口东盟1563批、金额2.33亿美元，分别增长17.7%和73.5%；出口台湾256批、金额6187.54万美元，分别增长48.0%和72.4%。新兴出口品种——海水虾和水产罐头出口增长迅速，占出口比例接近30%，大大提高了水产品的出口竞争力。其中，海水虾出口 246批、金额9162.67万美元，分别增长1.1倍和1.9倍；水产类罐头出口 1229 批、金额 6013.69 万美元，分别增长28.2%和71.1%。

在闽台水产业合作密集地的漳州东山岛，总投资 15 亿元人民币的海峡两岸水产品精深加工产业园现已初具规模。其中，东海岸公共保税仓已投入运行，未来将逐步建成闽台水产业合作的一个重要平台，加强两岸在水产捕捞、养殖、加工、贸易等方面的互补合作，助推海峡两岸水产品精深加工产业园成为辐射闽粤浙台乃至东南亚、南太平洋的水产品加工集散基地。

宁德 近年来，随着宁德市软、硬环境的不断完善和环三开发热潮的推动，宁德市水产品加工持续增长。2012 年，全市水产品加工量 19.3 万吨，比上年增长 23.8%；加工产值 62.4 亿元，增长 62.6%。

据宁德市检验检疫局统计，2012 年全市共检验检疫出口水产品 11.8 万吨，金额 6.28 亿美元，比上年分别增长 43.0%和 65.3%。分月份看，宁德市水产品自 2012 年 7 月以来，连续 6 个月出口额超 5000 万美元。分市场看，香港、东南亚、韩国、台湾等国家和地区为宁德市主要出口市场，出口额分别达 19115.9 万美元、17243.4 万美元、12042 万美元、4298.2 万美元，合计 52699.5 万美元，占出口总额的 83.9%。分产品看，宁德水产品出口品种主要为冻大黄鱼、冻鲭鱼、冻沙丁鱼、冻白鲳鱼、冻罗非鱼、冻带鱼、冻小黄鱼等。其中，大黄鱼出口 10556.1 吨、出口额 7116.7 万美元，分别增长 67.9%、79.6%。2012 年，宁德市水产品加工业呈现四大特点：

一是企业规模逐步扩大。2012 年，全市水产加工企业达 300 多个，其中省级水产产业化龙头企业 19 个，省级以上农业产业化龙头企业 7 个，市级龙头企业 33 个，省市龙头企业初步形成了集养殖、加工、出口、贸易为一体的产业链，规模日趋扩大；有 5 个企业对欧美注册；8 个企业年出口额超过 1000 万美元。

二是产业逐渐往精深加工高产值方向发展。近年来，宁德市水产品加快转变发展方式，由粗加工向精加工，由低附加值向高附加值，由低科技化向高科技化转变。如：宁德市某食品生产企业计划综合利用水产品下脚料（鱼鳞等）投产胶原蛋白，开发胶原蛋白食品级市场，和高校合作科研攻关，通过产学研结合的产业发展模式变废为宝，大大提升了产品附加值；宁德市某食品生产企业 2013 年始投产马口铁罐头制品，主要为附加值高的鲍鱼罐头与海参罐头。

三是品牌建设成效显著。2012 年，全市全行业共有 4 个中国驰名商标和 18 个福建省名牌及省著名商标称号；大黄鱼系列加工产品、真鲷鱼片、鱼类罐头、海带寿司、即食海苔等一批精深加工产品市场占有率不断提升。随着加工企业规模档次的提升，全市已有 1 个企业通过了欧盟认证，4 个通过对美认证。

厦门 2012 年，厦门市水产业经济总产值 55.81 亿元，占海洋经济总量的 18.0%。其中，水产品总产量 2.96 万吨，产值 6.02 亿元；水产品加工产量 15.37 万吨，产值 24.92 亿元；生产对虾苗 3974 亿尾，产值 5.55 亿元，国内市场占有率在 50%以上；水产品出口 8.64 万吨，出口额 24300 万美元；水产品批发市场交易量 10.23 万吨，交易额 39.32 亿元。现有水产苗种场 236 个，中心渔港 1 个，群众性渔港 21 个，规模以上水产加工企业 13 个，大型水产品批发市场 2 个。

精制茶加工业

福州 近年来，在福州市委、市政府的大力扶持下，福州市茉莉花茶屡获殊荣，产业发展持续向好。据统计，全市现有茶园 14.4 万亩，茉莉花园 1.8 万亩，从事茶业生产经营的人员近 10 万人；有茉莉花茶企业 100 多个，其中国家农业产业化重点龙头企业 2 个、中国驰名商标 2 个、中国茶叶百强企业 6 个、国家农产品（茶叶）加工研发中心 1 个、院士工作站 2 个。2008 年，福州市茉莉花每公斤价格为 12-20 元，均价为 16 元；2012 年为 24-48 元，均价为 36 元，上涨 125%。2012 年 10 月，国际茶叶委员会授予福州茉莉花茶“世界名茶”称号。这也是自 2011 年 10 月福州市荣获“世界茉莉花茶发源地”称号之后再获的荣誉。2012 年，福州茉莉花茶品牌价值达19.89亿元。随着福州茉莉花茶知名度和品牌价值的不断提高，茉莉花茶出口平均单价是全国茶业平均价格水平的近一倍，出口单价为茶叶中最高。2012年，茉莉花茶出口平均单价为6.22美元/公斤，而全国茶叶出口平均单价为3.24美元/公斤；其中，以福州茉莉花茶的出口单价为最高，福州产的中档茶如茉莉银毫出口单价为65美元/公斤、茉莉龙珠（三春）为55美元/公斤。

泉州 安溪是全国第一产茶大县。2012年，安溪县涉茶总产值首次突破100亿，达到101亿元，比上年增长9.8%。

2012年，安溪茶产业发展呈现三大亮点：

一是茶品牌发展较快。2012年，安溪茶产业商标国际化注册步伐进一步加快。继“安溪铁观音”地理标志证明商标在欧洲、东南亚等十二个国家和地区注册的基础上，向挪威、澳大利亚、日本、新加坡等三十三个国家和地区知识产权机构提交商标国际注册申请材料；2012年安溪县新增中国驰名商标1件（中闽魏氏）、著名商标9件，全县累计36件；新增知名商标14件，全县累计49件。

二是茶科技、茶人才培养实现新突破。2012年，安溪县的雨天做青技术，以全价利用、多元发展提高夏暑茶效益，研制乌龙茶全自动不落地生产线三大课题研究，取得了新突破。其中，自动化、清洁化、全天候乌龙茶初加工新技术工艺生产线在安溪诞生。茶叶人才培养基地方面，2012年秋季安溪茶学院招生，这意味着安溪实现了从引进人才到成为茶叶人才培养基地的转型；同时，安溪本土茶叶人才也在不断提升，开展了安溪铁观音制茶工艺大师评选；启动实施“万千百十提升工程”，全年培训3万名茶农。

三是龙头企业积极筹备上市，发展特色融资。2012年，八马、日春、三和、中闽魏氏、华祥苑、大自然等安溪茶企开始积极筹备上市。2012年10月上旬，民生银行厦门分行为安溪茶产业城市商业合作社授信5亿元人民币，首期1亿元人民币，成立互助合作基金，助力安溪茶产业的发展。

宁德 2012年，宁德市茶叶产量7.58万吨，比上年增长8.2%，产量继续居全省首位。近年，宁德市通过品牌提升、市场建设等方式全面发展现代茶产业。2013年上半年，宁德市委、市政府出台《关于进一步促进茶产业发展的意见》，为宁德市茶产业发展确定了目标：到2017年，全市茶园面积稳定在100万亩，比2012年增加5.05万亩，增长5.3%；茶叶总量9万吨，比2012年增加1.42万吨，增长18.7%；全市毛茶产值超45亿元，比2012年增加15亿元，增长50.0%；商品茶产值突破120亿元，比2012年增加45亿元，增长60%；茶叶类“中国驰名商标”数增加到10个，地理标志证明商标增加到15个左右。

南平 武夷山是南平茶叶的主产区，也是全国大红袍的主要产区。近年来，武夷山市委、市政府高度重视茶产业，把茶产业列为支柱产业，借助武夷山是世界双遗产地、旅游胜地的优势，将茶产业与旅游业紧密地结合在一起。从2006年开始，持续组织茶企业在北京、上海、哈尔滨、广州、深圳、香港、福州等地开展“浪漫武夷，风雅茶韵”系列茶旅促销活动，努力打造“武夷山大红袍”品牌，推动了武夷山茶产业呈现跨越式发展，茶叶生产规模增长较快。2012年，武夷山茶叶种植面积13.8万亩，注册茶企1215个，涉茶人员6万人。

政和是全省最大的白茶产区，现有茶叶面积96745亩，年产茶叶12153吨，产值39027万元。其中，白茶2882吨，产值7205万元。白茶主要产区在东平镇，年产量占全县的70%，其次是石屯镇，星溪乡和铁山镇也有少量生产。全县现有加工白茶的厂家20多个。

三明 三明是多茶类生产区，主要有绿茶、青茶（乌龙茶）、红茶三大茶类，还生产少量白茶、黑茶。

尤溪县是福建省和全国的重点产茶县。2012年，尤溪县茶业产值达3.67亿元，比上年增长18.3%。全县茶叶总面积近10万亩，2012年茶叶总产量超过1万吨。近年来，尤溪县相继出台了一系列的优惠政策和扶持措施，做足茶业“生态”文章。积极引导茶企在提升品质上做足功课，全县已有10个茶企完成了茶叶生产环境、加工流程等清洁化改造。尤溪县还引导企业使用“尤溪绿茶”地理标志集体商标，打响尤溪绿茶“华东第一绿”的品牌，并将尤溪红茶以“尤溪红”作为公用品牌向市场推介。

2012年，大田县茶园面积达8.65万亩，茶叶产量4210吨，产值6.3亿元，涉茶人员6.3万人。在产品质量方面，“大田高山茶”被农业部批准为国家农产品地理标志登记保护；获福建省名牌产品2个，福建省著名商标2件，省级龙头企业2个；“江山美人茗茶”荣获2012中国国际茶产业投资展览会“最具投资潜力品牌”称号，在三明市首届品牌茶评比中获一等奖1个，二等奖2个，4个企业9个产品获绿标使用权和3个企业完成生产许可证登记。

漳州　2012年，漳州市茶叶产量快速增长。其中，茶叶实有面积新增0.62万亩；采摘面积35.12万亩，比上年增加1.75万亩；总产量5.52万吨，增长18.4%；实现产值36.97亿元，增长7.2%。漳州市高度重视茶产业发展，将其列为现代农业发展的八大特色优势产业加以推动。特别是在加速现代农业“七个一批”建设过程中，积极扶持产业化发展，向产业要质量，向品牌要效益。目前，平和“白芽奇兰”、华安“铁观音”、南靖“土楼红美人”、云霄“枇杷花”等茶叶品种知名度迅速提升，部分产品行销海内外。

龙岩　茶产业是龙岩市特色优势产业，近几年来以平均每年2万亩的速度发展，新植面积连续五年名列全省前茅。2012年，龙岩市茶园总面积达21万亩，茶叶总产量超1.5万吨，毛茶产值达4亿多元。主种品种为铁观音、水仙、软枝乌龙、金观音等。

截至2012年底，龙岩市的茶叶企业有2个获得无公害食品认证，11个获得绿色食品认证，5个获得有机食品认证；福建省梁野山茶业有限公司的“梁野山”牌、福建鑫宏峰茶业有限公司的“宏峰”牌等6个茶企的品牌被评为“福建省著名商标”；漳平市九鹏茶叶有限公司的“九鹏牌水仙茶”、上杭县清源茶叶发展有限公司的“清源山牌铁观音”等10个茶企的产品被评为“福建省名牌农产品”称号；有30个茶企被评为“龙岩市龙头企业”，其中福建好日子食品有限公司和福建漳平鸿鼎农场开发有限公司分别被评为“省级龙头企业”，突破了龙岩市茶叶企业“无龙头”的现状。

2012年各设区市规模以上农副食品加工业、食品制造业及酒、饮料和精制茶制造业主要指标见下表。

（摘编：林晓霞）

各设区市规模以上农副食品加工业主要指标

（2012 年）

单位：万元

地　区	企业数（个）	工业总产值	主营业务收入	资产总额
福州市	181	4561038	4397508	2250651
厦门市	66	1537338	1568601	1353884
莆田市	59	1560410	1501684	684732
三明市	69	751759	735719	227052
泉州市	48	1512264	1458232	763314
漳州市	244	5009231	4968282	2651556
南平市	63	1114100	1018400	1024800
龙岩市	54	558562	580321	287603
宁德市	113	1608199	1583955	615395

续上表

单位：万元

地　区	利润总额	利税总额	本年应交增值税	从业人员年平均人数（人）
福州市	298379	478555	161304	32531
厦门市	53244	60224	5552	12688
莆田市	104119	127106	17405	11005
三明市	22855	38662	13334	6248
泉州市	86401	105884	13613	8009
漳州市	343617	672921	317211	68166
南平市	21400	30300	6200	18000
龙岩市	16600	18610	1145	5060
宁德市	147420	186788	35521	15250

各设区市规模以上食品制造业主要指标

（2012 年）　　单位：万元

地　区	企业数（个）	工业总产值	主营业务收入	资产总额
福州市	49	1040283	1008346	497290
厦门市	40	460615	452244	553691
莆田市	21	293550	308852	177833
三明市	32	697914	675736	247796
泉州市	87	2469554	2422621	1508645
漳州市	148	2019250	1985105	1114691
南平市	36	514200	485200	295800
龙岩市	47	362836	360317	172585
宁德市	21	323902	307245	131991

续上表　　单位：万元

地　区	利润总额	利税总额	本年应交增值税	从业人员年平均人数（人）
福州市	99632	142827	37774	12774
厦门市	8845	23224	12302	10964
莆田市	25343	32991	6151	3448
三明市	28222	46233	16493	4262
泉州市	231189	317110	74833	37599
漳州市	157092	240457	75981	37915
南平市	40800	57600	14300	7400
龙岩市	26371	35196	5563	7975
宁德市	36475	44226	6432	4725

各设区市规模以上酒、饮料和精制茶制造业主要指标

（2012 年）

单位：万元

地　区	企业数（个）	工业总产值	主营业务收入	资产总额
福州市	31	580919	578597	261096
厦门市	22	944895	1299805	785974
莆田市	12	433905	441475	331162
三明市	32	231292	227230	142438
泉州市	90	1532904	1449275	765729
漳州市	56	601220	595946	410670
南平市	69	453400	430900	235200
龙岩市	40	184352	180404	99431
宁德市	117	973285	944860	452480

续上表

单位：万元

地　区	利润总额	利税总额	本年应交增值税	从业人员年平均人数（人）
福州市	39804	69414	21687	7232
厦门市	91085	166610	59006	16942
莆田市	61967	128696	34941	5481
三明市	9573	19209	4159	3270
泉州市	226001	315803	46023	21287
漳州市	61202	92197	22735	9759
南平市	39500	59600	14900	6500
龙岩市	17394	21313	2731	3119
宁德市	84843	111288	20509	13678

3-4-3 各设区市纺织及纺织服装、服饰业

福建省纺织及纺织服装、服饰业主要分布在福州、厦门、三明、泉州、龙岩等设区市，在发展中已初步形成门类齐全的纺织产业链，一个发展重心（泉州）、二个支撑点（福州、厦门）、五条发展轴（泉州厦门—龙岩、泉州厦门—三明、泉州厦门—漳州、泉州福州—莆田、泉州福州—南平）的纺织产业基本构架。

福州 纺织业是福州市的传统行业，也是福州市的主导产业之一。自上世纪八十年代后期至九十年代初期，福州市纺织工业历经外商投资和乡镇企业的崛起，建立了一批织造、染整、服装企业。到了世纪交替之际，随着国企的压锭改造，纺织工业又迎来了发展机遇。以棉纺织业为龙头率先迅猛发展，并向产业链两头延伸，化纤工业、织造业、染整业、服装业也有很大的发展，出现了一批技术含量较高、实力雄厚的规模龙头企业。截至 2012 年底，福州市已拥有纺织能力 800 万纱锭，以经编为主的织造业生产的面料占据全国市场份额五分之三，花边产品占据全国市场份额的五分之二。金源纺织、华源纺织、长源纺织、恒源纺织等四个企业入围全国纺织企业百强。尤其是几年来，福州市纺织产业规模持续扩大，产业竞争力进一步增强。至 2012 年末，福州市共有规模以上纺织及纺织服装、服饰业企业 304 个。全年实现工业总产值 670.18 亿元，实现出口交货值 54.91 亿元。其中，长源纺织、锦源纺织、长乐第二棉厂、立峰纺织、金泰纺织等重点企业工业总产值增幅均在 40%以上，锦纶民用丝产能达 50 万吨以上，位居亚洲同类产品产能前列。

有“中国纺织产业特色基地”之称的长乐市是福州市的主要纺织产业集聚地，已形成集棉纺、化纤、经编、纬编、机织、印染、服装为一体的较完备的纺织工业体系，是国内纺织业和产业集聚发展最快的地区之一，形成了以松下、漳头、凤阳为主的染整产业集群，以峡潭路沿线为主的化纤产业集群，以鹤上、两港为主的棉纺产业集群，以丹阳、坨下为主的经编产业集群。截至 2012 年底，长乐市规模以上纺织及纺织服装、服饰业企业有 187 个，占福州市的 61.5%；全年实现出口交货值 14.61 亿元，占福州市的 26.6%。

三明 纺织业是三明市的传统支柱产业之一，以外向型为主，产品主要出口至欧美地区。至 2012 年末，全市共有规模以上纺织及纺织服装、服饰业企业 223 个。全年实现工业总产值 264.89 亿元，实现出口交货值 3.55 亿元。

有着“中国革基布名城”之称的尤溪县纺织业起步于上世纪八十年代末。经过多年发展，尤溪县纺织业已发展到一定水平，形成了具有地方特色的纺纱—织布—染整—服装（涂层）纺织一条龙产业链，是福建省重点纺织产业集中区，在三明纺织业中占有重要地位。至 2012 年末，全县共有规模以上纺织及纺织服装、服饰业企业 92 个，占三明市的 41.3%。全年实现工业总产值 74.10 亿元，占三明市的 28.0%。近年来，尤溪县政府加大力度推进纺织业建设。一是向长乐、温州、泉州等地借智引资，确定实施“做大平台、做长链条、做大总量、做优产业、块状发展”思路。由上海金特集团投资建设、总投资 60 亿元以上的福建德为聚纤、德坤织染项目已于 2012 年 8 月在尤溪县经济开发区城南园开工。这两个关联项目是近几年三明纺织行业投资规模最大的项目，将生产导电纤维、锦纶、长丝织造、服装面料等国家重点培育发展的纺织产品。此外，尤溪县政府还全力加快星纺纺织、宏亿纺织、瑞源纺织 3 个总投资达 80 亿元的重大项目建设。二是加大对纺织企业的税费、资金、人才引进等方面扶持力度。2012 年，尤溪县政府划出 500

万元作为扶持纺织工业发展专项基金，安排 2000 万元作为企业还贷周转金；金融机构也加大了对纺织企业的信贷支持力度，将新增贷款的75%用于纺织企业项目建设，推动纺织产业的新一轮发展，还出台了十九条具体举措进行专项扶持。三是推进“一园一中心”建设，计划用 7 到 8 年左右时间，建设以节能、节水、安全生产和企业增效为目标的 3.5 万亩“城南生态园”和 1 万亩“轻纺生态中心”。全面建成后，“一园一中心”的产值可达 300 亿元。

泉州　泉州是我国重要的纺织服装生产基地和出口基地。纺织服装业是泉州工业经济第一支柱产业。泉州纺织服装产业已形成了涵盖棉纺、化纤、织造、染整、成衣加工、辅料生产、市场营销、品牌经营等较为完善的产业链，形成了从婴童服装到成人服装，从内衣到运动服装、休闲服装等较完整的产品结构，拥有纺织服装生产企业及其相关配套的纺织面料、辅料、零配件等企业 1 万多个，上市企业 53 个，拥有七匹狼、柒牌、劲霸、九牧王等一大批知名品牌，形成了产值近 2000 亿元的纺织服装产业集群，产业总体规模多年位居全省首位、全国前列。至 2012 年末，全市共有规模以上纺织及纺织服装、服饰业企业 995 个。全年实现工业总产值 1495.11 亿元；纺织品出口额达 47.8 亿美元，比上年增长 11.5%，占同期福建省纺织品出口总值的 25.5%。其中，出口服装及衣着附件 37.4 亿美元，增长 10.5%；出口纺织纱线织物及制品 10.4 亿美元，增长 15.4%。

晋江市被称为“全国纺织产业基地市”，拥有一条集服装生产、面料辅料生产、服饰配件生产、产品开发销售等为一体的相当完整的纺织服装产业链，生产纺织服装所需的各种原辅料均可在该区域生产和配套。该区域拥有近万个纺织企业，涵盖纺织、漂染、成衣加工生产、辅料生产、市场营销等各个领域，在全国设有几千个销售网点、两万多个专卖店，与五十多个国家建立了购销关系，不仅塑造了一大批著名服装品牌，许多国际知名的服装品牌也在此定单生产。至 2012 年末，全市共有规模以上纺织及纺织服装、服饰业企业 445 个，占泉州市的 44.8%。全年实现工业总产值 587.62 亿元，占泉州市的 39.3%；出口交货值达 171.22 亿元，占泉州市的 43.3%。

2012 年各设区市规模以上纺织业及纺织服装、服饰业主要经济指标见下表。

（摘编：赵清）

各设区市规模以上纺织业主要指标

（2012 年）　　　　单位：万元

地　区	企业数（个）	工业总产值	主营业务收入	资产总额
福州市	227	5703574	5561615	3787096
厦门市	60	689476	647654	931959
莆田市	27	298707	302841	366905
三明市	171	2390039	2330343	891871
泉州市	241	4500939	4359277	3413828
漳州市	37	314461	308825	177855
南平市	32	430500	417400	264700
龙岩市	21	380096	374940	319263
宁德市	7	121569	117780	47020

续上表　　　　单位：万元

地　区	利润总额	利税总额	本年应交增值税	从业人员年平均人数（人）
福州市	449155	533579	66655	66582
厦门市	25401	41297	13218	15497
莆田市	16673	26467	8333	5230
三明市	38830	91694	46816	26382
泉州市	353929	463454	90905	70348
漳州市	17970	33393	13349	8493
南平市	15000	27000	10300	7000
龙岩市	31720	46870	13855	6916
宁德市	14543	19142	2975	1138

各设区市规模以上纺织服装、服饰业主要指标

（2012 年）

单位：万元

地　区	企业数（个）	工业总产值	主营业务收入	资产总额
福州市	77	998252	966804	401554
厦门市	141	1062071	1051171	1207950
莆田市	38	557111	552733	242714
三明市	52	258883	256730	72193
泉州市	754	10450111	10278047	7014234
漳州市	40	221396	220887	79020
南平市	16	94700	95100	61600
龙岩市	71	380634	369340	234002
宁德市	12	58979	59725	19567

续上表

单位：万元

地　区	利润总额	利税总额	本年应交增值税	从业人员年平均人数（人）
福州市	54560	93590	34545	25957
厦门市	171135	242076	60692	40611
莆田市	60558	77806	13529	11107
三明市	6049	13149	6103	6086
泉州市	1080454	1483586	344070	295084
漳州市	16449	29240	11486	8849
南平市	5700	8600	2400	3700
龙岩市	25729	40278	13505	16401
宁德市	2897	4446	1360	3030

3-4-4 各设区市木材加工和木、竹、藤、棕、草制品业

山多林多是福建省的一大特色和优势。福建省木材加工和木、竹、藤、棕、草制品业主要分布在林木资源丰富的南平、三明、龙岩等地。

南平 2012年末，南平市共有规模以上木材加工和木、竹、藤、棕、草制品业企业261个；全年实现工业总产值207.99亿元，利税总额达20.25亿元。

2012年，南平市造林绿化扎实推进，林业产业平稳发展，林权改革持续深化，共完成造林绿化面积47.98万亩，实现林业总产值370.86亿元，比上年增长14.8%。全市商品材产量174.07万立方米，下降1.9%；毛竹产量9443万根，增长15.0%；篙竹产量3387万根，增长6.1%。

三明 2012年末，三明市共有规模以上木材加工和木、竹、藤、棕、草制品业企业287个；全年实现工业总产值269.87亿元，利税总额达18.66亿元。

2012年，三明市完成林业产业总产值581.60亿元，比上年增长11.1%，其中规模以上林产加工业产值422.50亿元，增长12.4%。全年全市新签约林业项目83项，总投资90.70亿元。金森林业成功上市，闽山化工"闽山及图"跻身中国驰名商标行列，新增和其昌竹业"和其昌及图"等6项福建省著名商标。

三明市绿化面积全省最大，在持续深化的林改中，该市围绕"生态林业"和"民生林业"主题，着力生态保护，突出资源增长，推进产业发展。力争到2015年，三明林业产业总产值突破700.00亿元。

龙岩 2012年末，龙岩共有规模以上木材加工和木、竹、藤、棕、草制品业企业56个；全年实现工业总产值37.45亿元，利税总额达4.00亿元。

2012年，龙岩市大力发展非木质利用产业，依靠科技进步，加快绿色发展。全年全市实现林业总产值222.80亿元，比上年增长15.1%。

2012年，龙岩市生产商品材58.70万立方米，比上年下降12.8%；实现林产工业产值136.90亿元，增长5.9%，其中规模以上林产工业产值达101.00亿元，增长16.0%；林产品出口额达2.23亿美元，增长17.0%，占全市外贸出口总额的10.6%。

从主要生产企业看，2012年7月，漳平木村·美丽家园控股有限公司成功上市，成为龙岩市第3个上市的林业企业，全市第11个上市公司。其"美丽家园"荣获"中国驰名商标"称号，成为龙岩市林业企业首个驰名商标。公司产品远销欧洲、北美、亚太等二十多个国家（地区）和国内的十多个省市。

宁德 2012年末，宁德市共有规模以上木材加工和木、竹、藤、棕、草制品业企业37个；全年实现工业总产值28.95亿元，利税总额达3.06亿元。

2012年，宁德市完成规模以上林业工业产值160.27亿元，比上年增长35.7%，产值增幅居全省第1位。新增宁德霍童溪、屏南古峰、福安蟾溪、霞浦福宁湾、福安化蛟、周宁仙岗山、福鼎大洋山等7处省级森林公园，全市省级以上森林公园达15个；霞浦杨梅岭国有林场柳杉良种基地被确定为国家重点林木良种基地，实现宁德市国家级林木良种基地"零"的突破，全市6个项目被列入国家林业局、省林业厅科技计划。

2012年各设区市规模以上木材加工和木、竹、藤、棕、草制品业主要经济指标见下表。

（摘编：官丽曼）

各设区市规模以上木材加工和木、竹、藤、棕、草制品业主要指标

（2012 年）

单位：万元

地 区	企业数（个）	工业总产值	主营业务收入	资产总额
福州市	33	229410	225632	136634
厦门市	6	21827	21587	17163
莆田市	17	218848	187250	239140
三明市	287	2698700	2679082	867139
泉州市	10	241995	225977	56282
漳州市	41	333268	334254	215812
南平市	261	2079900	2019800	933600
龙岩市	56	374520	370117	221175
宁德市	37	289478	284613	88156

续上表

单位：万元

地 区	利润总额	利税总额	本年应交增值税	从业人员年平均人数（人）
福州市	11331	24126	8570	5099
厦门市	1016	1763	584	875
莆田市	24247	26873	1535	3839
三明市	110838	186634	66571	31903
泉州市	18177	26209	5627	4002
漳州市	33637	49463	14130	5763
南平市	123000	202500	64500	35100
龙岩市	31118	39969	6637	7027
宁德市	18634	30620	10297	5130

3-4-5 各设区市家具制造业

漳州 漳州是福建家具生产、出口主要集中地，占福建家具产业的60%，是华东地区乃至全国最大的钢管家具生产出口基地之一。2012年末，漳州市共有规模以上家具制造业企业95个；全年完成工业总产值76.96亿元，实现主营业务收入76.48亿元。

漳州家具产业的特点：一是以出口为主，产品定位在钢管家具和高档木家具上。其中，木制家具以高档西式仿古家具、板式家具和整体橱柜为主，产品95%出口；钢管家具以中、低档为主，数量大、品种多，产品90%出口。主要出口美国、欧盟、中东、日本、东南亚等国家和地区，属外向型产业集群。二是产业集群效应初显。漳州市国辉工贸有限公司等龙头企业，通过了IS09001-2000国际质量体系认证，拥有自营进出口权，企业具有较强的研发能力、生产能力、竞争力。漳州市国辉工贸有限公司先后与美国、欧盟、英国、香港地区等企业签订高档曲木家具、实木薄板贴面两个技术合作项目。漳州红梅家具有限公司已经在香港注册，并准备在法国注册。漳州“国辉工贸”和“红梅家具”分别组建了漳州家具技术研发中心和漳州钢管家具研发中心，投入大量科研经费开发研制具有自主知识产权的新产品，进一步提高了市场占有率和竞争力。三是具有较完善的产业链。漳州家具有木制家具和金属家具两大系列产品，带动木料贸易、钢管加工、皮革、装饰、包装、五金、玻璃、运输等配套行业的发展，逐步涌现了一批家具制造专业村、产业镇和特色产业区，区域集中化趋势明显，具备了较为完善的产业链。如：钢管家具表面涂层热固性粉末涂料的生产企业漳州万安实业有限公司和漳州万顺粉末有限公司，在配套钢管家具生产的同时企业自身也快速发展壮大，产值双双超亿元，企业研发、质量、产能均在全省同行业名列前茅。四是具有较好发展环境。漳州政府高度重视家具产业，出台了一系列扶持政策，鼓励发展家具产业。

莆田 2012年末，莆田市共有规模以上家具制造业企业29个；全年完成工业总产值27.03亿元，实现主营业务收入26.87亿元。

仙游县古典工艺家具产业已成为该县的支柱产业和“十二五”期间重点发展的产业，已被福建省列入“加快产业集聚、培育产业集群”的重点项目之一和莆田市“十二五”期间重点发展的产业集群之一。截至2012年底，全县共有工艺美术企业3471个，从业人员达12万多人，拥有国家级工艺美术大师1人、国家级木雕艺术大师4人、省级工艺美术大师14人、省级工艺美术名人26人。仙游县已成为我国最大的木雕生产基地和三大红木古典家具主产地之一。仙游县“十二五”规划提出，到2015年，在古典工艺家具产业将培育15个骨干优势企业，形成5-8个产值10亿元以上的龙头企业，其中2个以上产值突破30亿元以上，1个产值上百亿元，争取2个以上企业上市。仙游县加大扶持力度，搭建大平台、培育大企业、争创大品牌、开拓大市场，推动古典工艺家具产业做强做大。已建成“十公里工艺长街”，工艺产业园区工艺博览城项目也已完成研发大楼的建设。

2012年各设区市规模以上家具制造业主要经济指标见下表。

（摘编：官丽曼）

各设区市规模以上家具制造业主要指标

（2012 年）　　　　　　　　单位：万元

地　区	企业数（个）	工业总产值	主营业务收入	资产总额
福州市	44	689507	681212	290595
厦门市	26	342845	338920	561609
莆田市	29	270314	268678	154932
三明市	21	137922	136800	71225
泉州市	28	412990	408118	390481
漳州市	95	769646	764821	536345
南平市	18	186200	177600	112100
龙岩市	14	84856	84120	35229
宁德市	11	96071	92874	38853

续上表　　　　　　　　单位：万元

地　区	利润总额	利税总额	本年应交增值税	从业人员年平均人数（人）
福州市	34180	50479	12063	12610
厦门市	15521	21377	4604	8602
莆田市	17144	28178	7470	5778
三明市	8115	11224	2273	1531
泉州市	40583	56257	11389	8080
漳州市	45709	80045	31565	21216
南平市	8300	13800	4800	4200
龙岩市	4547	7661	1897	2025
宁德市	4144	6268	1823	1749

3-4-6 各设区市造纸和纸制品业

泉州 2012年末，泉州市共有规模以上造纸和纸制品企业 129 个；全年实现工业总产值 321.06 亿元，占全省造纸和纸制品业的比重为 40.3%。

纸制品业是晋江市的一大支柱产业。全市已有 12 个纸制品企业通过了 ISO9000 质量管理体系认证，大部分规模以上企业都建立了高标准的质检室、实验室或检验中心。全市纸制品行业已拥有中国驰名商标 1 个（恒安集团的“安尔乐”牌卫生巾），福建省著名商标 3 个（分别为“安儿乐”牌纸尿裤、“心相印”牌纸巾和“AP”牌文化用品系列），福建省名牌产品 2 项（分别为“安乐”、“安尔乐”牌卫生巾和“恒达”牌文化用品、日历精品系列）。

从主要生产企业看，优兰发公司先后建成了日处理能力分别为 2400 吨和 480 吨的污水处理设施，成为福建省造纸行业第一个通过 ISO14000 环境管理体系认证的企业，生产的包装用纸产品基本垄断了当地市场，“优兰发”复印纸系列产品以 8.1% 的市场占有率位居国内同行业前列；恒安集团的“心相印”系列纸品和“安尔乐”卫生巾在全国同类产品市场份额均居第 1 位；恒达公司的“AP”牌文化用品系列以 15.0%的市场占有率位居全国同类产品市场前列。

龙岩 2012年末，龙岩市共有规模以上造纸和纸制品企业 16 个；全年实现工业总产值 15.17 亿元，主营业务收入 14.71 亿元。

从主要生产企业看，龙岩金龙纸业有限公司与台湾客商合作，共同投资 1.43 亿元建设年产 5 万吨特种纸生产线。该项目分两期实施，第一期项目计划投资 8000 万元，建设年产 8000 吨的 1880 型高透成型纸、水松原纸生产线一条，年产 1.40 万吨的 2400 型育果袋纸、牛皮纸生产线二条，年产 1.20 万吨、60 万件的 3200 型神纸生产线一条。

三明 2012年末，三明市共有规模以上造纸和纸制品企业 46 个；全年实现工业总产值 64.64 亿元，占全省造纸和纸制品业的比重为 8.5%。

从主要生产企业看，福建铙山纸业集团有限公司影摹纸销量占国内市场的 95.0%。2012 年，该公司实现影摹纸产量 1 万吨，产值 1 亿元，利税 1000 多万元。

福州 2012年末，福州市共有规模以上造纸和纸制品企业 53 个；全年实现工业总产值 55.72 亿元，占全省造纸和纸制品业的比重为 9.2%。

福州市积极响应国家淘汰落后产能举措，抓紧淘汰落后产能生产线，并购置新生产线。截至 2013 年 5 月，罗源雄丰纸业有限公司、罗源县景源纸业有限责任公司、福建省闽清县塔庄凉亭废纸复制厂、闽清县金沙镇下林再生造纸厂、闽清县白樟新昇制纸厂、闽清县白樟镇前庄纸屑再生厂、闽侯县和丰纸业有限公司等 7 个纸业企业抓紧淘汰落后产能生产线，并购置新生产线。如：罗源雄丰纸业有限公司投资上亿元进行技改，新购置一条 2800 型五叠网生产线，并淘汰现有一条 1575 型多缸圆网造纸生产线，将于 2013 年下半年试机投产。该项目落成后，年产纸板能力达 25 万吨。该项目已列入 2013 年福建省“百项千亿”重点技改项目。

2012 年各设区市规模以上造纸和纸制品业主要经济指标见下表。

（摘编：官丽曼）

各设区市规模以上造纸和纸制品业主要指标

（2012 年）　　　　单位：万元

地　区	企业数（个）	工业总产值	主营业务收入	资产总额
福州市	53	557195	526884	265912
厦门市	47	343999	343037	669857
莆田市	32	432243	420721	218676
三明市	46	646354	609944	533381
泉州市	129	3210588	2873198	2483567
漳州市	95	1769289	1758539	1200973
南平市	24	313900	304100	464800
龙岩市	16	151725	147101	112359
宁德市	17	161041	160303	83419

续上表　　　　单位：万元

地　区	利润总额	利税总额	本年应交增值税	从业人员年平均人数（人）
福州市	24340	50930	23830	7798
厦门市	10999	21066	8743	8380
莆田市	26164	37793	9236	5334
三明市	897	13827	11551	10287
泉州市	315835	476069	126595	40037
漳州市	190820	295902	100986	20403
南平市	7900	13100	3900	5100
龙岩市	6161	10478	3405	3356
宁德市	6594	12086	3846	1909

3-4-7 各设区市医药制造业

福州 2012年，福州市规模以上医药制造业实现工业总产值62.61亿元，占全省医药工业的比重为32.2%。2012年底，海峡医药城动工。该项目是福建省重点项目，总用地面积62.18万平方米，总建筑面积约281万平方米，地上建筑面积约152万平方米，主要建设现代医药中心、综合性医院、大型养生村及相应的商务办公、商务酒店、停车等配套设施。该医药城建成后，将搭建闽、台医药材贸易，并辐射港、澳、东南亚地区，促进闽产道地药材的种植、加工、销售；整合福建省医药资源，引进国内外医药企业的入驻，促进福建省医药研发、生产、流通企业及福建省整个医药产业链的发展。

厦门 2012年末，厦门市拥有规模以上医药制造业企业15个；全年实现工业总产值25.83亿元，实现出口交货值3.68亿元，利润总额达3.20亿元。

2012年，厦门市生物与新医药产业实现工业总产值165.90亿元，比上年增长34.8%，占全市规模以上工业总产值的3.4%；实现主营业务收入165.10亿元，增长36.9%；出口交货值8.7亿美元，增长28.3%；36个上亿元产值企业实现总产值149.52亿元，增长36.0%。海沧作为厦门市生物医药港的核心区，2012年全区生物与新医药产值为46.58亿元，拥有重点企业11个，占全市重点企业的三分之一。区内企业以研发生产高附加值的生物技术产品为主，产业聚集效应初显。

2013年4月，厦门市发布《厦门市促进生物与新医药产业发展若干扶持政策汇编》。重点引导企业成为技术创新的主体，鼓励企业设立研发机构，引进培育一批高水平的企业技术创新团队。此外，在科技创新公共服务平台建设、科技成果产业化、支持建立产业技术创新战略联盟和特色产业基地等方面均有较大力度的扶持。

三明 2012年末，三明市拥有规模以上医药制造业企业13个；全年实现工业总产值19.23亿元，实现出口交货值3.45亿元，利润总额达1.31亿元。初步形成了以南方生物、紫杉园、汉堂制药、华健生物等企业为主的天然药物提取业；以福建华灿、麦丹生物等企业为主的生物制造业；以百事达、丰润化工、金湖炭素、青州日化等企业为主的药用辅料业；以永安森发、明溪天馨、将乐科利达等企业为主的香精香料业；以威耳动科、三药兽药等企业为主的动物兽药业；以海天蓝波、博峰生物等企业为主的医疗器械业等六个特色板块。

2012年，三明市生物医药及生物产业重大项目开发建设取得成效，酶工业生产基地项目已完成投资8600万元，完成制剂生产车间、综合楼等建设工程，完成了口服制剂、冻干粉针生产线设备安装和GMP装修；福建融和制药有限公司建设已投资7000万元，完成中药饮片车间土建、净化装修，口囤车间、提取车间开始基础工程。

宁德 2012年，宁德市医药工业总产值26.5亿元，比上年增长17.5%，位居全省第3位。

为推进药业经济的发展，落实宁德市委、市政府“建设二大园区、三大基地、五大重点项目，打造百亿生物医药产业”的发展要求，2012年以来，宁德市加大对重点企业、知名品牌企业、新落户企业的帮扶。柘荣太子参产业升级步伐加快，建成太子参种质资源圃，实施太子参产业链延伸项目10个，新建太子参良种繁育基地1000亩、GAP中心示范片2000亩。

2012年各设区市规模以上医药制造业主要经济指标见下表。

（摘编：张琛）

各设区市规模以上医药制造业主要指标

（2012 年）

单位：万元

地　区	企业数（个）	工业总产值	主营业务收入	资产总额
福州市	26	626054	536096	568455
厦门市	15	258257	259205	385803
莆田市	6	29463	29202	30696
三明市	13	192250	187037	100661
泉州市	14	192932	183068	170451
漳州市	8	156363	145420	254539
南平市	10	201200	191000	226700
龙岩市	11	100791	93827	57510
宁德市	9	173734	144099	56273

续上表

单位：万元

地　区	利润总额	利税总额	本年应交增值税	从业人员年平均人数（人）
福州市	59949	84634	20002	8128
厦门市	31972	49854	15813	5627
莆田市	1950	2720	574	555
三明市	13125	19747	5698	2101
泉州市	20518	28947	7540	4158
漳州市	49222	61704	10679	2341
南平市	24900	30100	4600	2200
龙岩市	8037	10672	2065	1821
宁德市	9617	14743	4690	1518

3-4-8 各设区市非金属矿物制品业

福建是全国建材生产大省。目前福建省水泥的生产主要集中在三明、龙岩等地；作为全国陶瓷四大产区及主要的集散地之一，陶瓷产业也是福建省传统产业中最具代表性的行业之一，主要分布在晋江、德化、南安、闽清等地；石材产业主要集中在厦门、南安、惠安等地。

水泥制造业

三明 2012 年，三明市散装水泥推广成效显著。全年全市散装水泥供应量 666 万吨，比上年增长 2.9%；使用量 586 万吨，增长 9.9%；散装率 31.8%；预拌混凝土发放量 518 万立方米，增长 24.2%。在全省九地市中实现“两个率先”，一是率先辖区内各县（市）全部成立了散装水泥管理机构；二是率先辖区内各县（市）全部开征了散装水泥专项资金。

龙岩 2012 年，作为福建最主要的水泥产区，龙岩市经受着产能过剩问题的考验。由于 2011 年底和 2012 年初新增了 400 万吨的熟料产能，以及春驰新丰集团生产线的灾后复产，全年龙岩地区水泥产量达到 3094 万吨，比上年增长 15.8%。但是产量的增长并没有带来效益的同步增长，龙岩新型干法水泥企业的熟料产能发挥率为 88%，水泥产能发挥率为 76%，水泥价格低迷，全年利润仅为 2.64 亿元，比上年下降了 71.0%。虽然仍有部分机立窑企业，但是在市场低迷的情况下，机立窑企业整体亏损，2012 年产量仅为 300 多万吨，比上年减少了近一半，而且约有三分之一是采购旋窑熟料生产的。

为了加快淘汰落后水泥产能，促进水泥工业优化升级，根据《龙岩市人民政府关于下达 2013 年淘汰落后产能计划的通知》，2013 年全市将淘汰落后水泥产能企业 28 个，产能 490 万吨。

永定县原有持证机立窑生产企业 22 个，产能 416 万吨；粉磨生产企业 2 个，产能 44 万吨。经过几年努力，2013 年底将全部关闭淘汰。在淘汰落后产能的同时，永定加快水泥行业优化升级，推动水泥产品向低能耗、高标号、高质量、旋窑化方向发展，进一步提高资源利用率、降低能源消耗、减少环境污染、提高行业的整体技术水平和竞争能力。先后建成闽福建材有限公司、国产实业（福建）水泥有限公司、华润水泥（永定）有限公司三个大型旋窑水泥企业，水泥产能共计 600 万吨，上交税收近亿元，成为海西新型干法旋窑水泥重要生产基地。

泉州 2012 年，泉州市水泥行业发展平稳。从主要生产项目看，惠安华润年产 180 万吨水泥异地扩建项目、永春美岭新型干法水泥改扩建项目、德化海峡新型水泥生产项目入选泉州市 2012 年重点项目。福建德化海峡水泥一期 4500t/d 熟料线生产线将在 2013 年 8 月份试生产。该项目是福建省重点建设项目，2012 年 10 月正式动工，该项目工程分两期建设：第一期建设一条带 7500kW 纯低温余热发电的 4500t/d 水泥熟料生产线和年开采量 250 万吨的石灰石矿山，投资额约 9.5 亿元（含矿山投资）；第二期扩建一条 4500t/d 水泥熟料生产线，投资额约 8.5 亿元。项目占地 1000 多亩，总投资 18 亿元，项目全线投产后，可实现年产值 8 亿元，税收 7000 万元，利润 1.2 亿元。

砖瓦、石材等建筑材料制造业

泉州 近几年来，泉州石材产业引进意大利、西班牙、德国的先进加工设备，创新科技成果 140 多项，新产品不断开发，产值不断攀升。全市现有石材企业 1300 多个，泉州关区注册石材企业约 400 个，其中 AA 类企业 2 个，占泉州关区 AA 类企业的 10.5%；A 类企业 35 个，占泉州关区 A 类企业的 9.4%，成为我国规模最大、种类最齐全的石材生产出口基地。

2012 年，泉州市石材商品进出口贸易 9.18 亿美元，比上年增长 7.6%。其中，进口额占全国三成以上，列厦门港之后，居全国第 2 位，进口主要品种均为印度荒料石。

2012 年，泉州市以保税仓储方式进口重点生产原材料，大大缓解了企业资金周转压力，减少了企业物流成本。据统计，2012 年泉州海关共监管石材公共保税仓库入出 2.43 万吨，货值 584.57 万美元；其中入库 1.33 万吨，货值 218.03 万美元，比上年分别增长 77.6%和 71.8%。

南安水头作为我国最大的石材集散地，聚集了超过 1500 个的加工企业，产值超过 4 亿元的企业有 8 个，石材产量占全国的 50%，产品市场份额占全国的 70%。目前，已有中轻资源进出口公司、中国工艺（集团）公司、中国航空工业集团公司等三大央企陆续进驻水头。

2012 年 1 月，泉州市民营企业“二次创业”大会后，惠安大力发展雕艺产业。惠安制定了《石雕石材项目准入规定》，规划雕艺产业园，工艺美术大师职称评定升级，成立石、木、玉雕作品版权登记服务中心；同年 6 月 2 日，惠安县出台《关于促进石雕石材产业发展的扶持措施》、《惠安县石雕石材行业规范管理意见》和《惠安县石雕石材行业准入条件》三个文件，其中《产业发展的扶持措施》涵盖了建设用地、财税金融、争创品牌、企业上市、开拓市场、拓展产业链、技术人才培育、雕艺版权保护、附则等 7 大部分 27 个方面内容；《石雕石材行业规范管理意见》则提出了适用对象、工作目标、工作内容、长效管理机制等方面规范管理意见；而《石雕石材行业准入条件》则对项目准入、规模、用地、投资建设、设备、安全环保卫生及清洁生产、附则等提出 7 大方面的要求。随着三个文件正式实施，该县石雕石材行业将步入健康发展的快车道。

厦门　在全球经济疲软不振的大背景下，厦门海沧口岸进口石材量逆势走强，2012 年厦门口岸进口石材 360.17 万吨，比上年增长 24.7%，首次居全国各口岸之首。

厦门海沧口岸进口石材以高档装修材料所需的大理石为主，2012 年共进口 287.11 万吨，占总进口量近八成。进口石材的来源地主要有芬兰、挪威、意大利、西班牙、乌克兰、美国、加拿大、葡萄牙、埃及、土耳其、印度等 11 个国家和地区。目前，厦门有超过 1200 个石材进出口企业，有 6000 多家石材加工厂散布在厦门及其周边地区。

陶瓷制品业

泉州　德化是我国陶瓷文化的发祥地之一，与江西景德镇、湖南醴陵并称为“中国三大古瓷都”。陶瓷业是德化的支柱产业与民生产业，全县有陶瓷企业 1400 多个，近 10 万从业人员，年产值上百亿元，是我国最大的陶瓷工艺品生产和出口基地。

近年来，由于德化陶瓷业赖以生存的瓷土价格持续走高，为了降低生产成本，当地企业开始集约化利用瓷土。目前，德化 1000 多个陶瓷企业全部实现了碎瓷再利用。同时德化陶瓷业加快承接中国台湾及欧洲、日本陶瓷的“绿色”技术转移，成功研发出纳米抗菌瓷、红壤陶等环保型产品，特别是针对轻质陶易碎的特点，重点研发出的重质陶，已占新产品的 40%-50%。

漳州　2012 年，漳州市出口卫浴陶瓷 5388.25 万美元，比上年增长 7.1%。出口市场前三位的分别是美国、韩国和加拿大，其中出口美国 4484.89 万美元，增长 13.4%。此外，漳州市还开辟了厄瓜多尔、哥伦比亚、牙买加、日本等八个出口市场。从出口种类看，卫生洁具、马桶、水箱及配件分列出口额前三位，其中水箱及配件出口额增长尤为迅猛，比上年增长 1.6 倍。

2012 年各设区市规模以上非金属矿物制品业主要经济指标见下表。

（摘编：张琛）

各设区市规模以上非金属矿物制品业主要指标

（2012 年）　　　　单位：万元

地　区	企业数（个）	工业总产值	主营业务收入	资产总额
福州市	227	2869434	2801861	2341651
厦门市	69	976717	975480	1275800
莆田市	33	388106	354218	197228
三明市	147	1889271	1884609	1251336
泉州市	785	9587746	9507428	5228087
漳州市	142	1733405	1688177	1513375
南平市	37	353700	308100	216600
龙岩市	90	1267992	1255272	1762333
宁德市	122	750774	739775	333695

续上表　　　　单位：万元

地　区	利润总额	利税总额	本年应交增值税	从业人员年平均人数（人）
福州市	323514	446953	97939	40061
厦门市	51586	84858	28433	20630
莆田市	24750	39203	12518	4584
三明市	38919	98179	52206	17714
泉州市	835368	1228481	269579	202598
漳州市	140586	246661	95257	21537
南平市	8900	20100	9100	4400
龙岩市	48637	98007	42686	14511
宁德市	65428	97245	25532	10296

3-4-9 各设区市冶金行业

冶金行业包括黑色金属矿采选业、有色金属矿采选业、黑色金属冶炼和压延加工业、有色金属冶炼和压延加工业四大行业。

福州 2012年，福州市规模以上冶金工业实现工业总产值606.79亿元，主营业务收入达571.54亿元，实现利润总额18.65亿元。其中，有色金属矿采选业完成工业总产值2.17亿元，主营业务收入2.01亿元，实现利润总额0.02亿元；黑色金属冶炼和压延加工业完成工业总产值505.54亿元，主营收入477.13亿元，实现利润总额20.85亿元；有色金属冶炼和压延加工业完成工业总产值99.08亿元，主营业务收入92.40亿元。钢铁行业是当前福州市工业产值居前的三大行业之一，主要分布在长乐、罗源和马尾等临港区域。2012年，福州市规模以上钢铁行业拥有41个企业，工业总产值达511.50亿元。

泉州 2012年，泉州市规模以上冶金工业实现工业总产值246.12亿元，主营业务收入达247.81亿元，实现利润总额15.64亿元。其中，黑色金属矿采选业完成工业总产值54.96亿元，主营业务收入53.12亿元，实现利润总额3.88亿元；有色金属矿采选业完成工业总产值14.11亿元，主营业务收入13.97亿元，实现利润总额1.69亿元；黑色金属冶炼和压延加工业完成工业总产值119.14亿元，主营收入117.80亿元，实现利润总额2.73亿元；有色金属冶炼和压延加工业完成工业总产值57.91亿元，主营业务收入62.92亿元，实现利润总额7.35亿元。

从主要生产企业看，福建三安钢铁有限公司是集钢铁、冶金、水电站，贸易等多种行业的钢铁联合企业，是福建省大型民营企业，是福建省第二大钢铁企业，工程项目占地1600亩，总投资16亿元，具有年生产160万吨铁、200万吨钢、200万吨材的综合生产能力。三安钢铁的主体设备有2座60 m²烧结机、3座400 m²炼铁高炉、2座50吨氧气顶吹转炉、1座600吨混铁炉、2台4机4流方坯连铸机、1座20000 m²制氧机、1条棒材连轧生产线、1条线材连轧生产线。三安钢铁的主导产品有："国光"牌热轧带肋钢筋，规格为Φ10毫米-Φ40毫米，普通线材规格为Φ5.5毫米-Φ12毫米。

三明 2012年，三明市规模以上冶金工业实现工业总产值436.05亿元，主营业务收入达435.66亿元，实现利润总额5.29亿元。其中，黑色金属矿采选业完成工业总产值49.16亿元，主营业务收入48.54亿元，实现利润总额0.87亿元；有色金属矿采选业完成工业总产值51.71亿元，主营业务收入49.99亿元，实现利润总额3.72亿元；黑色金属冶炼和压延加工业完成工业总产值293.90亿元，主营业务收入299.26亿元，实现利润总额0.11亿元；有色金属冶炼和压延加工业完成工业总产值41.28亿元，主营业务收入37.87亿元，实现利润总额0.60亿元。

从主要生产企业看，2012年在全国钢铁企业普亏的严峻形势下，福建三钢集团主要经济技术指标继续保持同类型企业先进水平，全年产钢694.77万吨，比上年增长21.5%；生铁630.93万吨，增长34.3%；入炉烧结矿854.80万吨，增长38.1%；钢材681.54万吨，增长21.9%；焦炭170.01万吨，增长1.4%。全年完成工业总产值259.42亿元，增长1.1%；实现销售收入279.95亿元，利润总额8101.67万元，缴纳税金8.91亿元。该公司在"2012年度中国制造业企业500强"中位列第172位，比上年前进4位。

2013年，三钢集团坚定实施低成本基础上的差异化战略，加快转变发展方式，积极实施结构调整，大力推进降本增效、节能减排和环境保护，着力打造绿色三钢、科技三钢、和谐三钢、幸福三钢。2013年1-4月，三钢集团产钢272.51万吨，实现销售收入101.50亿元、利税总额4.09亿元，主要技术经济指标继续保持同类型企业先进水平。

龙岩 2012年，龙岩市规模以上冶金工业实现工业总产值272.78亿元，主营业务收入达360.63亿元，实现利润总额69.09亿元。其中，黑色金属矿采选业完成工业总产值17.35亿元，主营业务收入16.78亿元，实现利润总额2.71亿元；有色金属矿采选业完成工业总产值2.64亿元，主营业务收入2.61亿元，实现利润总额0.37亿元；黑色金属冶炼和压延加工业完成工业总产值49.10亿元，主营业务收入71.19亿元；有色金属冶炼和压延加工业完成工业总产值203.69亿元，主营业务收入270.05亿元，实现利润总额66.27亿元。

为进一步做大做强以“A+H”股上市公司——紫金矿业为龙头的有色金属产业，上杭县政府出台一系列有效政策，健全研发、金融、信息、物流、人才等配套体系，使有色金属产业发展步入了快车道。2006-2010年，上杭铜产业产值增长了14倍，2011年产值达100.15亿元，比上年增长72.7%。2012年，上杭将有色金属产业提升为千亿级产业来规划，推动全县金铜产业加快发展。全年全县金铜产业实现产值203亿元，首次突破200亿元大关，“海西铜都”雏形已现。紫金矿业、紫金铜业、金山黄金冶炼等重点企业拉动效应突出，三个企业共完成产值131.3亿元。

宁德 2012年，宁德市规模以上冶金工业实现工业总产值433.25亿元，主营业务收入达395.47亿元，实现利润总额16.33亿元。其中，黑色金属矿采选业完成工业总产值0.26亿元，主营业务收入0.26亿元，实现利润总额0.04亿元；有色金属矿采选业完成工业总产值7.70亿元，主营业务收入7.16亿元，实现利润总额0.61亿元；黑色金属冶炼和压延加工业完成工业总产值252.96亿元，主营业务收入245.60亿元，实现利润总额8.47亿元；有色金属冶炼和压延加工业完成工业总产值172.32亿元，主营业务收入142.44亿元，实现利润总额7.20亿元。

从全国看，2012年全国生产粗钢7.17亿吨，比上年增长3.1%；生铁6.58亿吨，增长3.7%；产钢材（含重复材）9.52亿吨，增长7.7%，增速分别比上年回落4.2个百分点、4.7个百分点和2.2个百分点。从各省份看，新疆、贵州、福建、吉林、云南、广西粗钢产量增速超10%；山西、江苏、河北粗钢产量分别增长9.4%、8.0%和6.2%，高于全国平均增速；而天津、上海等经济发达地区及重庆、湖南等产能集中度较高的省市产量下降超过7%。2012年，我国出口钢材5573万吨，增长14.0%；进口钢材1366万吨，下降12.3%；进口钢坯36万吨，下降43.3%；坯材合计折合净出口粗钢4207万吨，增长26.3%，增速与上年基本持平。2012年，全国钢材价格水平总体低于上年。2012年12月底，中国钢铁工业协会钢材综合价格指数为105.3，较年初下降15.2个点。截至2012年末，三级螺纹钢全国均价为3808元/吨，较上年下跌672元/吨；3.0mm热轧均价为4081元/吨，下跌273元/吨。2012年，全国钢铁行业固定资产投资6584亿元，增长3.0%，其中黑色金属冶炼和压延加工业投资5055亿元，同比下降2.0%。

2012年各设区市规模以上冶金行业主要经济指标见下表。

（摘编：郑芳）

各设区市规模以上冶金行业主要指标

（2012 年）

单位：万元

地　区	企业数（个）	工业总产值	主营业务收入	资产总额
福州市	55	6067911	5715403	4415863
厦门市	35	1469560	1472408	1786228
莆田市	16	308756	301100	457219
三明市	165	4360489	4356551	2618370
泉州市	59	2461241	2478133	1197640
漳州市	80	2759544	2740157	2048620
南平市	45	1401100	1389100	732900
龙岩市	83	2727847	3606269	5659478
宁德市	104	4332470	3954655	1512283

续上表

单位：万元

地　区	利润总额	利税总额	本年应交增值税	从业人员年平均人数（人）
福州市	186542	526352	327992	26395
厦门市	96051	116308	13719	9566
莆田市	-1481	1639	1768	1254
三明市	52939	181255	103122	29901
泉州市	156440	230570	50134	19943
漳州市	166018	292560	119220	29516
南平市	37700	73000	25000	11000
龙岩市	690942	767739	50134	15859
宁德市	163272	280563	104871	17286

3-4-10 各设区市汽车制造业

福州 2012 年，福州市共出口汽车 25 批，数量 154 辆，货值达 118.78 万美元，批次、数量、金额分别比上年增长了 13.6%、40.0%、26.7%。出口车型涵盖厢式运输车、轿车与商务车等多种车款，出口至越南、柬埔寨、多米尼加、哥斯达黎加等国家和地区。

汽车工业是闽侯县的龙头产业，闽侯县拥有东南汽车和奔驰汽车两个整车厂和 180 多个汽车配套厂，是福建省重要的汽车制造生产基地。2012 年，闽侯县青口共有 20 多个零部件企业建成投产，目前已形成约 200 个汽车配套企业的规模，其产值几乎比肩整车企业。从主要生产企业看，2012 年初，东南（福建）汽车工业有限公司发布了战略规划，围绕自主研发，从车身设计到动力总成，争取在体系每个环节都实现全面飞跃，同时整合双品牌资源优势，陆续推出多款新车。全年该公司汽车销量 7.91 万辆，比上年增长 6.6%；出口整车 146 台，出口货值近百万美元，数量及货值分别比上年增长 36.4%与 8.7%。福建奔驰汽车工业有限公司作为戴姆勒在亚洲、大洋洲唯一的商务车制造中心，也是产品线最全的基地，2012 年福建奔驰汽车工业有限公司实现了出口零的突破，共出口汽车 2 批。

厦门 埃及是厦门客车的传统出口市场。近几年，厦门产客车在埃及颇受好评，截至 2012 年底，厦门出产客车在埃及当地的保有量已超过了 15300 辆，占到了埃及国内二十五座以下客车 80%以上的市场份额，成为了当地客车保有量最大的客车品牌。2012 年，针对国际市场的新变化，厦门汽车生产企业对产品实行有针对性的更新换代工作，以更好地适应埃及市场的需求。全年向埃及出口汽车 8192 辆，比上年增长约 58%；出口额达 6460 万美元，增长超过 65%。而俄罗斯作为厦门客车目前正在深入挖掘的市场，2012 年厦门客车出口俄罗斯达到了 175 辆，出口额超过 1600 万美元。从主要生产企业看，2012 年厦门金龙联合汽车工业有限公司销售客车 2.87 万辆，增长 13.0%，其中大中型客车、轻型客车分别销售 1.54 万辆、1.33 万辆，分别增长 5.7%和 22.9%；厦门金龙旅行车有限公司销售客车 2.38 万辆，增长 2.9%，其中轻型客车销售 1.60 万辆，增长 9.9%。从出口看，厦门金龙汽车股份集团有限公司全年共出口各类客车 18819 辆，增长23.2%；出口收入 41.35 亿元，增长 2.9%，出口收入占主营业务收入的比重约为 22.2%。

龙岩 汽车产业是龙岩市重点打造千亿级机械产业的核心产业集群之一。近年来，龙岩市强力推动汽车产业发展，汽车制造和零部件生产呈现出持续快速发展的良好态势，产业链不断完善，上下游产业配套能力显著提高。截至 2012 年 11 月，全市拥有整车生产企业 1 个、专用车生产企业 8 个、低速货车生产企业 2 个，各种汽配企业 100 多个，拥有较强的汽车零部件加工配套能力，如龙岩载货汽车零部件的本地配套率可达 70%以上，缸套、皮带轮等零部件生产企业与克莱斯勒、奔驰、宝马等国际知名汽车制造厂家建立了长期配套供应关系。

2012 年各设区市规模以上汽车制造业主要经济指标见下表。

（摘编：郑芳）

各设区市规模以上汽车制造业主要指标

（2012 年）

单位：万元

地　区	企业数（个）	工业总产值	主营业务收入	资产总额
福州市	95	2836593	2578446	2073288
厦门市	57	2007638	1980623	1759720
莆田市	6	89767	82254	48206
三明市	12	369437	362195	162871
泉州市	76	685198	687823	402982
漳州市	32	1730538	1729520	940421
南平市	10	132800	133000	93600
龙岩市	30	487166	464413	635231
宁德市	21	201578	189853	97347

续上表

单位：万元

地　区	利润总额	利税总额	本年应交增值税	从业人员年平均人数（人）
福州市	117483	317580	122773	33182
厦门市	98031	138487	29517	19942
莆田市	2513	3870	1188	2156
三明市	6340	21590	14397	2299
泉州市	47111	67729	15429	11892
漳州市	238248	383993	142151	20163
南平市	6600	12600	5200	3100
龙岩市	47145	58053	9188	5739
宁德市	8812	14694	5378	4166

3-4-11 各设区市计算机、通信和其他电子设备制造业

福州 目前福州市已形成了以平板显示产业、计算机外设产业、通信及网络终端产业、集成电路产业、新型光电子元器件产业、LED 照明产业、系统集成产业为代表的电子信息产业。2012 年，福州市电子信息产业完成销售收入 1058 亿元。福州融侨开发区获得“国家显示器产业园”、“国家新型工业化产业示范基地”和“国家平板显示高新技术产业化基地”等称号。其中，光电科技园已入驻冠捷、捷联、华冠、睿鸿光电、福光光电、天邦电讯等 20 个电子信息企业，总投资达 60 多亿元，全部达产后，产值将达 240 多亿元。

厦门 2003-2012 年，厦门市光电产业不断发展壮大，成为目前福建省仅有的两个千亿产业集群之一。2003-2012 年，厦门市光电企业从 50 个发展到 300 多个，产值从 35 亿元增长到 1260 亿元，增长 35 倍，年平均增长率在 40%以上。截至 2012 年末，厦门光电产业拥有 23 个企业技术中心（其中 3 个国家级、7 个省级、13 个市级），3 个重点实验室（其中 1 个国家级、1 个省级、1 个市级），3 个国家级博士后工作站，7 个工程技术研究中心（其中 2 个省级、5 个市级）。厦门市光电产业专利授权逐年增长，仅半导体照明领域，2008-2011 年，企业已申请的半导体照明专利共计 976 件，年均增长 23.0%。2012 年，全市光电高新技术企业 97 个、产值上亿元企业 51 个，分别占光电总产值的 49.3% 和 87.4%。2012 年，厦门立达信光电有限公司与台湾晶元光电合作成立的大陆首个两岸合作研发中心，对提升福建省的光电产业核心竞争力具有重要示范意义。

漳州 2010 年，云霄光电产业主要靠节能灯创造了 25 亿元的产值；2011 年，云霄光电产业通过借重台湾技术，又新增了 25 亿元产值；2012 年，云霄光电产业产值突破 100 亿元大关，比上年增长 60.2%；纳税增长 48.6%，光电产业从业人员逾 1.5 万人。云霄节能光电科技产业园已成为两岸高校和科研机构光电技术转移的示范基地。截至 2012 年末，云霄已有 20 多个台资光电项目落户，总投资 90 多亿元。

泉州 作为泉州市五大新兴产业之一，电子信息产业是继五大传统产业之后，迅速发展起来的高新技术产业。2012 年 1-11 月，全市电子信息产业规模以上工业企业实现产值约 180.32 亿元，同比增长 17.5%。自 2010 年泉州成立“福建省移动通信产业联盟”，2013 年泉州成为全国唯一一个自主创新以数字专网产品为主的新型工业化示范基地。2012 年 6 月，泉州光电行业协会与台湾台固通绿能科技公司签署联合共建“海峡两岸光电科技技术研究开发中心”协议书。2013 年 5 月，福建省政府办公厅下发的《福建省加快物联网发展行动方案（2013-2015 年）》提出，泉州将重点建设通信传输产业基地。泉州将以国家级微波通信产业基地和海西电子信息产业育成基地（专用通信设备“新型工业化产业示范基地”）为依托，加快物联网传输层面的通信设备和短距离通信设备研究，建设无线通信关键技术测试等公共服务平台及技术研究中心。“十二五”期间，泉州市将以打造国家重点电子信息产业基地、软件服务外包产业新兴城市、新兴产业与传统产业融合发展示范区为目标，力争至 2015 年，全市信息产业产值超 500 亿元。

2012 年各设区市规模以上计算机、通信和其他电子设备制造业主要经济指标见下表。

（摘编：郑芳）

各设区市规模以上计算机、通信和其他电子设备制造业主要指标

（2012 年）

单位：万元

地　区	企业数（个）	工业总产值	主营业务收入	资产总额
福州市	97	7126071	6844334	3862035
厦门市	177	17567426	17428848	9497228
莆田市	39	908735	870377	477992
三明市	9	72472	71791	22944
泉州市	56	1223124	1118703	1019810
漳州市	37	694261	710370	491577
南平市	9	191300	187800	41900
龙岩市	22	149051	146504	100718
宁德市	3	17887	16680	5752

续上表

单位：万元

地　区	利润总额	利税总额	本年应交增值税	从业人员年平均人数（人）
福州市	421813	548189	105174	62732
厦门市	734489	834274	80041	172768
莆田市	29698	45654	12872	9500
三明市	1153	1656	302	1342
泉州市	76745	128448	36337	18690
漳州市	80634	116692	34560	11697
南平市	8700	10900	1700	1100
龙岩市	6539	10050	2796	4386
宁德市	1498	2235	661	320

3-5　各设区市建筑业发展概况

建筑业是国民经济的重要物质生产部门，它与整个国家经济的发展、人民生活的改善有着密切的关系。2012年，福建省建筑业深入贯彻落实省委省政府和住房城乡建设部的要求，抓产业发展，以工程质量安全为核心，规范建筑市场为主线，围绕行业“规范化、标准化、信息化、集约化、工业化”的发展方向，着力破解行业面临困难和问题，推进行业加快转变发展方式，营造公平的市场环境和良好的发展环境，促进建筑业持续健康发展。

福州　2012年，福州市建筑业实现增加值1442亿元。2002-2012年，福州市建筑业总产值从114.9亿元增长到1544.7亿元，10年间增长12.4倍，年平均增速为29.7%，2012年福州市建筑业产值占到全省的35.1%。

厦门　2012年，厦门市建筑业增加值210.08亿元，比上年增长11.4%。全年全市具有资质等级的建筑业企业完成建筑业总产值641.41亿元，增长14.9%，其中建筑工程产值597.16亿元，增长14.5%；安装工程产值39.53亿元，增长25.4%；当年全市建筑企业新签合同价款688.52亿元，增长12.4%。

莆田　2012年，莆田市建筑业取得了持续较快发展，对推动全市经济社会发展、改善民生等方面作出了重要贡献。2012年，莆田市建筑业企业完成建筑业总产值244.86亿元，比上年增加59.33亿元，比上年增长32.0%；按项目所在地计算完成建筑业总产值217.31亿元，增长25.0%；建筑业增加值120.77亿元，增长24.7%。2012年，莆田市建筑业签订合同额为490亿元，增长36.5%；在外省完成产值94亿元，增长30.6%；建筑工程产值235亿元，增长35.1%，竣工产值163亿元，增长89.5%。

2008-2012年，莆田市建筑业总产值年度增长率分别为19.4%、34.9%、44.6%、49.3%、32.0%，年均增长39.9%。莆田市各县区建筑业都有较快发展，但各地发展不平衡。按注册地计算，建筑业总产值增长速度最快的县区是仙游县，比上年增长75.0%；其次是秀屿区，增长63.5%。按项目所在地计算，建筑业总产值增长速度最快的县区是北岸经济开发区，增长74.4%；其次是秀屿区，增长29.4%。按注册地计算，建筑业总产值在80亿元以上的县区有城厢区(93.98亿元)和荔城区(80.62亿元)，两县区建筑业总产值之和占全市建筑业总产值)的71.3%。按项目所在地计算，北岸经济开发区建筑业总产值最高，达49.10亿元。

当前建筑行业资质结构的调整应向金字塔型结构转变，自上而下分成施工总承包、专业承包、劳务分包三类，而莆田市建筑行业该结构呈明显的倒金字塔型。2012年，莆田市建筑业施工和专业总承包企业数之比为3.13：1，2011年为2.54：1，2010年为2.09：1，该比例逐年升高。2012年，莆田市建筑业从业人数比上年增长26.5%，2011年增长33.2%，2010年增长36.4%。在157个总专包建筑业企业中，有97个有限责任公司，占到61.8%。私营企业47个，占29.9%。国有建筑业企业4个，占2.5%。

三明　2012年，三明市资质内建筑业总产值304.65亿元，比上年增长30.3%。其中，在三明市完成的产值180.97亿元，占资质内建筑业总产值的比重达59.4%，增长29.1%；在省外完成的产值59.20亿元，增长25.5%。

近年来，三明市政府推出一系列措施使得2012

年建筑业产值收入首次突破300亿元大关，超额完成全年目标，创三明市建筑业产值历史新高。如：近年来三明市政府相继出台了《三明市人民政府关于扶持建筑业发展壮大的若干意见》、《三明市人民政府关于扶持建筑业发展壮大的若干补充意见》等文件，从资质审批、金融信贷、税收优惠、财政补贴、人才支持、科技创新、工程创优等方面加以扶持；重点扶持建筑企业申请专业承包资质，鼓励总承包企业拆分优势专业成立独立法人；大力推行电子评标，确保招标投标工作公平、公正；开展建筑企业行业信用评价工作，逐步推进建筑市场信用体系建设；鼓励企业“走出去”，拓展外埠市场。

泉州 2012年，泉州市建筑行业坚持以科学发展观为指导，积极实施“项目带动”与“两个加快”发展战略，继续打好“五大战役”，深化“城市建设管理年”活动，取得了新的成效。2012年，全市建筑业实现增加值294.84亿元，比上年增长22.5%；全市建筑业完成总产值776.70亿元，增长15.3%；其中省外产值完成319.70亿元，增长28.8%。

漳州 2012年，漳州市建筑业实现增加值142.64亿元，比上年增长29.0%；资质等级以上的总承包和专业承包建筑企业完成产值247.88亿元，现价增长45.3%。其中，建筑工程产值204.22亿元，现价增长44.5%；安装工程产值42.54亿元，现价增长50.8%；实现竣工产值156.75亿元，现价增长51.5%。

南平 2012年，南平市全社会建筑业实现增加值95.00亿元，比上年增长19.3%。全年全市资质等级以上的总承包和专业承包建筑业企业完成建筑业总产值87.80亿元，增长16.2%；房屋建筑施工面积801万平方米，增长9.6%；房屋建筑竣工面积237万平方米，增长79.3%。

龙岩 2012年，龙岩市建筑业全社会建筑业实现增加值129.12亿元，比上年增长21.8%，增幅较上年回落9.7个百分点。企业签订合同额655.20亿元，比上年增长26.9%；完成总产值403.60亿元，比上年增长21.7%。其中，省内完成产值200.00亿元，增长20.5%；省外完成产值203.60亿元，增长23.0%，占全市建筑业总产值的50.4%。全年全市房屋建筑施工面积 3662 万平方米，增长10.4%；房屋建筑竣工面积 1326 万平方米，增长19.7%。2012 年，漳平建筑业在地产值累计完成18.94亿元，增长1.6倍，增幅比龙岩市平均水平高出155.4个百分点。主要是“漳永”高速动工建设增加在地产值 7.95 亿元，拉动漳平建筑业在地产值同比提高108.6个百分点。

2012年，上杭积极发挥“中国建筑之乡”的品牌效应，努力拓展建筑产业的发展空间，建筑业全年实现产值179亿元，比上年增长20.7%。为了进一步促进建筑产业健康发展，2012年，上杭县出台落实了《关于进一步扶持建筑产业发展壮大的若干意见》等政策，加快建筑业人才培养，改进服务建筑企业方式，促进建筑企业发展壮大。与此同时，积极鼓励县内建筑企业实施“走出去”战略，拓展外埠市场，内联外扩，优势互补，从而实现建筑市场的地域空间和产业空间的“双拓展”。

宁德 2012年，在大批项目开工建设，加快城镇化建设的步伐，新建保障性住房、改善城镇基础设施建设等民生工程的推动下，宁德市建筑业生产保持了快速、健康、协调发展的良好势头，为促进全市经济发展发挥了积极作用。2012年，全市全社会建筑业实现增加值 93.32 亿元，比上年增长26.1%，增速高出GDP增速 13.5个百分点，对GDP增长的贡献率由2011年的10.5%提高至16.5%，创历史新高。全年全市101个施工总承包和专业承包建筑业企业共完成产值148.07亿元，增长27.7%。其中，建筑工程增长27.3%，安装工程增长45.7%。2012年初，受商品房调控政策影响，宁德市建筑业企业新签合同额同比大幅度减少，降幅最大达32.8%（一季度），下半年以来随着各地保障性住房、市政改造项目等开工，降幅逐步收窄，从10月份开始实现增长。全年全市共新签合同额161.71亿元，增长18.9%，占全部签订合同额的66.8%。2012年，宁德市建筑业企业在外省完成产值66.31亿元，增长53.2%，业务涵盖全国29个省（市、自治区），占全市建筑业总产值的44.8%，比上年提高7.4个百分点，拉动全市建筑业总产值增长19.9个百分点。2012年，宁德市建筑业房屋建筑施工面积1461.59万平方米，增长17.4%；实现竣工面积418.29万平方米，增长20.3%。全年全市房屋建筑施工面积中，实行投标承包面积1323.34万平方米，占90.5%，比上年提高0.9个百分点。

注：本文数据均采用快报数。

（摘编：朱翔）

各设区市总承包和专业承包建筑业企业主要经济指标

（2012年）

地 区	企业数（个）	期末从业人员数（人）	劳动生产率（按总产值计算）（元/人）	企业总收入（万元）	利税总额（万元）
福州市	884	767561	186445	15479597	904093
厦门市	509	607387	142725	7655080	404075
莆田市	172	127969	205698	2327466	227075
三明市	178	111435	203651	2867138	266458
泉州市	497	391991	204063	7648018	750875
漳州市	185	120463	214049	2038165	151765
南平市	188	47352	201554	808645	62835
龙岩市	219	247520	179010	3850942	326030
宁德市	127	74757	201375	1248899	99371

3-6 各设区市服务业发展概况

3-6-1 各设区市批发和零售业

福州 2012年，福州市实现社会消费品零售总额2259.03亿元，比上年增长19.1%。城乡消费市场协调发展，城镇市场实现商品零售额2168.57亿元，增长18.9%；乡村市场实现商品零售额90.46亿元，增长24.0%。限额以上企业实现商品零售额1220.20亿元，增长26.3%，占社会消费品零售总额的比重由上年的51.6%提高到54.0%。消费热点不断涌现，改善居住、交通出行、文化娱乐、健康保健、增值保值等相关消费迅速增长。在限额以上企业商品零售额中，建筑及装潢材料类商品零售额增长110.2%、金银珠宝类增长73.5%、电子出版物及音像制品类增长53.8%、家具类增长50.9%、中西药品类增长48.9%、石油及制品类增长19.4%。城乡流通体系不断健全，全年新建改造“农家店”67个，升级改造城乡农贸市场20个，扶持新建便利店100个。全市拥有大中型专业批发市场50个，总面积213.09万平方米，增长33.0%；连锁经营企业105个，连锁网点3300个。

厦门 2012年，厦门市实现社会消费品零售总额881.91亿元，比上年增长10.2%。其中，批发业零售额60.54亿元，下降1.7%；零售业零售额703.63亿元，增长11.0%；住宿业零售额22.47亿元，增长7.4%；餐饮业零售额95.27亿元，增长13.7%。

限额以上企业零售额515.37亿元，比上年增长7.7%，占全市社会消费品零售总额的58.4%；限额以下单位实现零售额366.54亿元，增长14.0%。全年零售额超亿元的批发零售贸易企业98个，零售额393.71亿元，净增26.01亿元，增长7.1%。

在限额以上批发零售贸易企业商品零售额中，汽车类零售额173.51亿元，比上年增长3.8%；石油及制品类零售额79.44亿元，增长12.8%；食品、饮料、烟酒类零售额66.11亿元，增长6.5%；服装、鞋帽、针纺织品类零售额42.59亿元，增长8.4%；日用品类零售额20.03亿元，增长3.2%；金银珠宝类零售额10.88亿元，增长0.8%；通讯器材类零售额7.76亿元，增长7.4%；化妆品类零售额4.94亿元，增长1.1%。

莆田 2012年，莆田市实现社会消费品零售总额380.70亿元，比上年增长16.8%，扣除物价因素，实际增长13.0%。分城乡看，城镇消费品零售额339.47亿元，增长17.5%；乡村消费品零售额41.24亿元，增长11.5%。

在限额以上批发和零售业商品销售额中，石油及制品类比上年增长153.5%，木材及制品类增长65.2%，建筑及装潢材料类增长58.9%，服装、鞋帽、针纺织品类增长15.6%，家用电器和音像器材类增长15.5%，粮油、食品、饮料、烟酒类增长14.3%，金属材料类增长12.8%，汽车类增长12.8%。

三明 2012年，三明市实现社会消费品零售总额319.16亿元，比上年增长17.1%。按经营地统计，城镇消费品零售额283.56亿元，增长17.7%；乡村消费品零售额35.59亿元，增长13.2%。按规模统计，限额以上批零和住餐业零售额138.82亿元，增长23.0%；限额以下批零和住餐业零售额180.34亿元，增长13.0%。

在限额以上企业商品零售额中，日用品类零售额比上年增长39.3%，汽车类增长34.6%，食品、饮料、烟酒类增长33.7%，服装、鞋帽、针纺织品类增长 21.2%，金银珠宝类增长 17.5%，文化办公用品类增长 16.7%，家用电器类增长 16.3%。

泉州 2012 年，泉州市实现社会消费品零售总额 1663.07 亿元，比上年增长 16.7%。按经营地统计，城镇消费品零售额 1452.82 亿元，增长 16.9%；乡村消费品零售额 210.25 亿元，增长 15.6%。按消费形态统计，商品零售额 1487.76 亿元，增长 16.9%；餐饮收入额 175.31 亿元，增长 15.7%。

在限额以上批发和零售业零售额中，文化办公用品类零售额比上年增长 14.9%，通讯器材类下降 6.4%，家用电器和音像器材类下降 3.7%，建筑及装潢材料类增长 116.0%，食品、饮料、烟酒类增长 34.1%，服装、鞋帽、针纺织品类增长 103.5%，汽车类增长 15.9%，石油及制品类增长 15.4%，体育、娱乐用品类增长 30.1%。

漳州 2012 年，漳州市实现社会消费品零售总额 621.06 亿元，比上年增长 17.3%。其中，限额以上零售额 211.00 亿元，增长 27.3%；限额以下零售额 410.06 亿元，增长 12.8%。分地区看，城镇零售额 560.57 亿元，增长 17.4%；乡村零售额 60.49 亿元，增长 16.1%。

在限额以上零售额中，汽车类比上年增长 38.7%，粮油、食品、饮料、烟酒类增长 31.7%，服装、鞋帽、针纺织品类增长 32.6%，家用电器和音像器材类增长 25.8%，石油及制品类增长 11.4%。

南平 2012 年，南平市实现社会消费品零售总额 346.45 亿元，比上年增长 16.7%。分销售地看，城市实现消费品零售额 299.66 亿元，增长 17.5%；乡村实现消费品零售额 46.79 亿元，增长 11.8%。分行业看，批发业实现零售额 18.76 亿元，增长 30.7%；零售业实现零售额 279.22 亿元，增长 15.2%；住宿业实现零售额 3.87 亿元，增长 18.5%；餐饮业实现零售额 44.60 亿元，增长 20.5%。分规模看，限额以上实现零售额 110.64 亿元，增长 27.3%；限额以下实现零售额 235.81 亿元，增长 12.3%。

在限额以上企业商品零售额中，中西药品类，家具类，食品、饮料、烟酒类，粮油类，汽车类等商品的零售额增长较快，分别比上年增长了 91.1%、79.2%、59.6%、37.8%和 30.7%。

龙岩 2012 年，龙岩市社会消费品零售总额 423.53 亿元，比上年增长 15.5%，扣除价格因素，实际增长 12.7%。按经营地统计，城镇消费品零售额 383.69 亿元，增长 15.7%；乡村消费品零售额 39.84 亿元，增长 13.3%。

在限额以上批发和零售业零售额中，汽车类零售额比上年增长 24.7%，粮油类增长 85.0%，肉禽蛋类增长 20.1%，服装类增长 91.3%，日用品类增长 2.3%，文化办公用品类增长 7.3%，通讯器材类增长 41.3%，化妆品类增长 23.3%，金银珠宝类增长 128.8%，中西药品类增长 65%，家用电器和音像器材类下降 0.2%，家具类增长 44.6%，建筑及装潢材料类下降 10.5%。

宁德 2012 年，宁德市实现社会消费品零售总额 320.85 亿元，比上年增长 17.1%。按经营地统计，城镇消费品零售额 280.8 亿元，增长 17.8%；乡村消费品零售额 40.05 亿元，增长 12.3%。按消费形态统计，商品零售额 284.20 亿元，增长 17.3%；餐饮收入额 36.65 亿元，增长 15.9%。

在限额以上企业商品零售额中，服装、鞋帽、针纺织品类比上年增长 85.3%，日用品类零售额增长 56.7%，食品、饮料、烟酒类增长 40.1%，汽车类增长 35.7%，家用电器和音像器材类增长 16.6%，石油及制品类增长 7.3%。

注：本文数据均为公报数。

（摘编：张琛）

3-6-2 各设区市铁路、道路、水上、航空运输业

福州 2012年，福州市交通基础设施建设不断完善，2012年末全市高速公路总里程430公里，高速铁路总里程158公里，福州港生产性泊位128个，福州空港国内航线（含港澳台）53条、国际航线7条，城市立体化交通格局基本形成。交通运输能力不断增强。旅客运送量中，公路旅客发送量18395.41万人次，比上年增长4.9%；水路旅客发送量99.46万人次，增长38.6%；民航旅客吞吐量785.20万人次，增长9.1%，其中旅客出港量402.86万人，增长9.3%。货物运送量中，公路货物发送量10676.56万吨，增长11.2%；水路货物发送量6525.61万吨，增长7.7%；民航货邮吞吐量9.69万吨，增长10.7%，其中货邮出港量5.68万吨，增长10.6%。港口货物吞吐量9373.27万吨，增长14.1%，集装箱吞吐量182.50万吨，增长9.9%。2012年海峡两岸往来更加方便快捷，“海峡号”对台高速客滚航线成为海峡两岸往来的“黄金走廊”。全年对台客运直航进出旅客13.87万人次，增长251.5%；对台直航集装箱吞吐量31.37万标箱，下降0.7%；空中直航旅客吞吐量31.43万人次，下降2.1%；货邮吞吐量0.54万吨，增长41.7%。

厦门 2012年，厦门市旅客运输量1.45亿人次，比上年增长4.7%；旅客运输周转量263.89亿人公里，增长11.3%；货物运输量1.36亿吨，增长14.3%；货物周转量941.80亿吨公里，增长13.3%。至年末，厦门港有生产性泊位139个（含漳州），其中万吨级以上泊位62个；全年港口货物吞吐量1.72亿吨，增长10.1%；港口集装箱吞吐量720.17万标箱，增长11.4%；厦金航线航班每天36次，全年运载旅客136.75万人次，下降1.0%。

厦门空港现开通运营城市航线131条，在厦门机场通航运营的外国（地区）航空公司20个，与22个国际城市（含香港、澳门、台北、高雄）通航。空港旅客吞吐量1735.41万人次，比上年增长10.1%，其中，国际及地区航线旅客吞吐量211.29万人次，增长7.0%；空港货邮吞吐量27.15万吨，增长4.2%。

莆田 2012年，莆田市公路货物运输周转量36.68亿吨公里，比上年增长19.0%，水路货物运输周转量40.37亿吨公里，增长14.5%。公路旅客运输周转量54.02亿人公里，增长2.6%，水路旅客运输周转量0.16亿人公里，增长13.6%。港口完成货物吞吐量2315万吨，增长11.4%。

三明 2012年，三明市交通运输业各种运输方式完成货运量9490.50万吨，比上年增长9.6%。其中，铁路运输完成货运量890.29万吨，下降9.2%；公路运输完成货运量8596.07万吨，增长12.1%；水路运输完成货运量4.14万吨，增长3.5%。完成客运量3946.61万人，增长2.8%。其中，铁路运输完成客运量102.85万人，下降8.0%；公路运输完成客运量3811.13万人，增长3.0%；水路运输完成客运量32.63万人，增长17.9%。

2012年，三明市公路累计通车里程13684公里，比上年增长1.8%。其中高速公路535公里。共有1696个行政村开通客运班车，占全部建制村的98%。农村公路改造、硬化8827公里，硬化路面通村率100%。

截至2012年末，全市民用汽车保有量达到13.58万辆，比上年末增长14.6%，其中私人汽车保有量10.85万辆，增长18.6%。民用轿车保有量6.98万辆，增长21.1%，其中私人轿车保有量6.12万辆，增长24.2%。

泉州 2012年，泉州市各种运输方式完成旅客运输量1.43亿人次，比上年增长2.5%；旅客周转量75.48亿人公里，增长10.0%。其中，铁路旅客发送量534.67万人次、旅客周转量5.02亿人公里，分别增长61.9%和51.1%；公路客运量1.36亿人次、旅客周转量70.42亿人公里，分别增长1.2%和8.0%；水路客运量9.39万人次、客运周转量0.04亿人公里，均下降6.7%；航空运输旅客吞吐

量 197.58 万人次，下降 1.1%。全年各种运输方式完成货物运输量 1.41 亿吨，增长 19.5%；货物周转量 1009.37 亿吨公里，增长 24.3%。其中，铁路运输 1031.60 万吨、周转量 14.77 亿吨公里，分别增长 1.4%和 4.0%；公路运输 7334.04 万吨、周转量 73.99 亿吨公里，分别增长 16.8%和 14.1%；水路运输 5777.97 万吨、周转量 920.61 亿吨公里，分别增长 27.2%和 25.6%；航空运输 3.12 万吨，增长 36.1%。全年港口完成货物吞吐量 10371.51 万吨，比上年增长 11.2%。集装箱吞吐量完成 169.7 万标箱，增长 8.2%。

2012 年，泉州市共新建、改建公路 212.05 公里。全市公路通车总里程达 14701.58 公里，比上年增加 352 公里；其中二级及二级以上高级公路里程 2248.97 公里，其中高速公路里程 362 公里；公路密度达 133.65 公里/百平方公里。

截至 2012 年末，全市汽车保有量达到 67.43 万辆。其中私人汽车 59.07 万辆，增长 19.5%。全市共有营运汽车总数 66013 辆，其中客运班车 6212 辆（含出租车 2990 辆），货运汽车 59801 辆。年末拥有省际运输船舶 222 艘，总载重 180 万吨。

漳州　2012 年，漳州市完成公路运输货运量 5037.49 万吨，比上年增长 10.3%；水路运输货运量 1931.91 万吨，增长 15.3%。公路运输货运周转量 60.19 亿吨公里，增长 17.0%；水路运输货运周转量 18.20 亿吨公里，增长 63.5%。公路客运量 5426.04 万人，增长 0.6%；水路客运量 169.85 万人，增长 8.4%。公路运输旅客周转量 28.84 亿人公里，增长 0.6%；水路运输旅客周转量 0.30 亿人公里，增长 4.7%。沿海港口货物吞吐量 5161.27 万吨，增长 3.9%；集装箱吞吐量 49.58 万标箱，下降 1.4%。

南平　2012 年，南平市旅客运输量 3567.3 万人，比上年增长 0.1%；客运周转量 41.95 亿人公里，增长 4.3%。货物运输量 4123.1 万吨，增长 14.6%；货运周转量 91.05 亿吨公里，增长 9.8%。

2012 年末，全市民用汽车保有量 63.87 万辆（包括三轮汽车和低速货车），比上年末增长 7.8%，其中私人汽车保有量 60.73 万辆，增长 7.8%。摩托车保有量 51.20 万辆，增长 5.5%。

2012 年，南平市以高速公路、高速铁路为代表的重大交通基础设施项目建设取得新进展，龙浦、宁武、松建高速公路建成通车，邵光高速公路开工建设，京台高速公路南平段加快建设，延顺、顺邵、南平联络线高速公路前期工作有序推进；京福高速铁路南平段、向莆铁路南平连接线加快建设，南三龙铁路南平段、浦建龙梅、衢宁铁路南平段前期工作继续推进；武夷山机场改扩建项目开工建设，武夷山新机场项目前期工作加快推进，直升机通航综合服务基地项目在武夷山开展选址工作。

龙岩　2012 年，龙岩市全年铁路货物运输周转量 22.32 亿吨公里，增长 1.0%；公路货物运输周转量 143.69 亿吨公里，增长 16.0%。民航货物运输周转量 39.81 万吨公里，增长 19.2%；铁路旅客运输周转量 8.08 亿人公里，增长 60.5%；公路旅客运输周转量 16.96 亿人公里，下降 1.3%；民航旅客运输周转量 421.63 万人公里，增长 16.3%。

2012 年末，全市公路通车总里程为 12620.22 公里，比上年增长 2.2%。其中，高速公路 529.85 公里。年末铁路营业长度 352 公里。

2012 年末，全市民用汽车保有量达到 23.38 万辆，比上年末增长 18.2%，其中个人汽车保有量 19.87 万辆，增长 19.9%。载客车保有量 16.28 万辆，增长 19.9%，其中个人载客车保有量 14.56 万辆，增长 20.7%。

宁德　2012 年，宁德市交通运输业各种运输方式完成货运量 2678 万吨，完成货物运输周转量 85.58 亿吨公里，分别比上年增长 9.9%和 16.0%；完成客运量 8058 万人，完成旅客运输周转量 40.78 亿人公里，分别增长 11.6%和 25.8%。

全年港口完成货物吞吐量 2036.95 万吨，比上年增长 1.7%。其中外贸货物吞吐量 1157.43 万吨，增长 1.8%。

（摘编：张琛）

3-6-3 各设区市邮政业

福州 福州是全国首批创建国家电子商务示范城市，也是全国对台邮件、快递的集散中心。2012年，福州市邮政业务平稳发展，全市完成邮政业务收入6.36亿元，比上年增长11.0%。至2012年末，全市共有邮政局（所）231处，邮路总长度11010公里。

厦门 2012年，厦门市完成邮政业务总量25.02亿元，比上年增长20.3%。从主要企业看，作为厦门地区规模最大、服务能力最强的快递公司之一，福建省邮政速递物流有限公司厦门市分公司主要经营国内、国际EMS特快专递业务。凭借邮政速递物流完善的航空和陆路运输网络，EMS业务通达全球200多个国家和地区以及国内近2000个城市。

三明 2012年，三明市邮政业业务总量2.21亿元，比上年增长15.4%；邮政业务收入2.66亿元，增长11.0%。

泉州 2012年，泉州市完成邮政业务收入5.90亿元，比上年增长10.7%。2012年，泉州邮政企业总规模居全省第一，规模以上快递服务企业业务量居全省第一，占全省三分之一。国内外知名快递企业顺丰、中通、圆通、申通、韵达、联合包裹、中外运—敦豪、联邦快递等均已在泉州市设立分拨中心线办事处。其中，顺丰快递在晋江投资3.8亿元建设集现代化全自动分拨、智能仓储管理与配送于一体的分拨运转中心，计划将泉州打造成其在东南沿海的航空枢纽基地。

漳州 2012年，漳州市邮政业（包含速递）业务总量4.22亿元，比上年增长9.4%；全市邮政业（包含速递）业务总收入4.73亿元，增长8.8%。

南平 2012年，南平市完成邮政业务总量2.60亿元，比上年下降0.5%。2012年，南平市在全市建立了541个邮政“便民服务站”，85个“海西报刊亭”，132个农资连锁店，不断拓展和延伸邮政服务的领域和空间。同时，南平市邮政局竭力服务中小企业，积极启动服务中小企业“千企工程”，通过联合经贸委、发展改革委、企业家协会共同推广使用邮政直复营销拓展企业市场。

龙岩 2012年，龙岩市全年邮政业务收入2.17亿元，比上年增长9.8%。

（摘编：张琛）

3-6-4 各设区市电信业

福州 2012年，福州市电信业务平稳发展，全市完成电信业务收入 100.95 亿元，比上年增长 11.3%。至年末，固定电话交换机容量 327.25 万门；固定电话用户 198.00 万户，比上年末增加 4.49 万户；移动电话用户 881.31 万户，比上年末增加 59.54 万户，其中 3G 电话用户 191.18 万户，比上年末增加 82.50 万户；互联网宽带接入用户 172.50 万户，比上年末增加 28.75 万户。

厦门 2012 年，厦门市完成电信业务总量 75.04 亿元，比上年增长 19.0%。至年末，全市固定电话用户 155.26 万户，增长 1.1%；移动电话用户 586.37 万户，增长 11.9%；全市电话普及率为 202 部/百人，增长 7.4%；固定电话普及率为 42 部/百人，比上年略降；移动电话普及率为 160 部/百人，增长 10.3%；互联网宽带接入用户数为 128.57 万户，增长 27.7%。

莆田 至 2012 年末，莆田市电话用户总数达到 328.52 万户，其中固定电话用户 67.85 万户，移动电话用户 260.67 万户；互联网用户 149.81 万户。全年共发送短信息 10.03 万条。

三明 2012 年，三明市电信业务总量 27.99 亿元，比上年增长 16.4%；电信业完成主营业务收入 19.06 亿元，增长 5.4%。至年末，全市电话用户总数 288.50 万户，减少 21.70 万户，其中固定电话用户 53.50 万户，减少 0.70 万户；移动电话用户 235.00 万户，减少 21.0 万户；互联网用户为 35.53 万户，新增 6.58 万户；固定电话交换机容量 72.60 万门，与上年持平；移动电话交换机容量 310 万户，增长 14.8%；互联网宽带接入端口 89 万个，增长 17.1%；移动电话基站数 6222 个，增长 12.3%；光缆线路长度达到 4.47 万公里，增长 25.9%。全年共发送短消息 3.2 亿条，增长 23.2%。

泉州 2012 年，泉州市完成电信业务收入 99.72 亿元，比上年增长 7.1%。至年末，全市局用固话交换机总容量 451.12 万门，移动通信交换机总容量 1508 万门；城乡固定电话用户达 235.54 万户，移动电话用户 1000.67 万户；互联网用户 159.88 万户，增长 16.3%，其中宽带接入用户 159.71 万户，增长 16.3%。

漳州 2012 年，漳州市完成电信业务总量 48.01 亿元，比上年增长 14.0%。至年末，全市城乡固定电话用户 88.49 万户，移动电话 477.08 万户，宽带网用户 72.31 万户。

南平 2012 年，南平市完成电信业务收入 19.18 亿元，比上年增长 5.8%。至年末，全市固定电话用户总数达到 54.6 万户，减少 1.3 万户；移动电话用户数 258.6 万户，增加 4.5 万户；电话交换机容量 441.1 万门，增加 37.0 万门；互联网用户数 45.1 万户，增加 9.1 万户。

龙岩 2012 年，龙岩市电信业务收入 22.13 亿元，比上年增长 7.9%。至年末，全市固定及移动电话用户总数达 348.1 万户，新增 40.4 万户，其中固定电话用户达 53.3 万户，减少 2.2 万户；移动电话用户达 294.8 万户，新增 42.6 万户；互联网用户达 39.5 万户，新增 5.5 万户，互联网宽带接入端口 76 万个，下降 5.9%。

宁德 至 2012 年末，宁德市共有固定电话用户 58.34 万户，比上年末下降 2.5%；移动电话用户 294.23 万户，增长 9.2%；固定电话交换机容量 86.51 万门，减少 10.9%；移动电话交换机容量 409.3 万户，增长 4.1%。光缆线路长度 4.39 万公里，增长 11.7%。

（摘编：张琛）

3-6-5 各设区市软件和信息技术服务业

福州 福州软件园自 1999 年创建以来，遵循“可持续发展、生态型、山水园林式科技园区”的理念进行规划、建设，目前已建成一至四期工程，开发面积约 2 平方公里，建筑面积近 100 万平方米。产业区内，电力、通讯、有线电视、给排水及公众多媒体宽带网都按高标准建设，接入每座研发楼内；生活区内，公寓楼、运动场、公交、餐饮、自助式银行等配套设施一应俱全。2012 年 2 月，福州软件园被评定为“国家软件和信息服务示范基地”，是全国首批获评的 8 个软件园区之一。

2012 年，福州软件园经济运行保持稳健发展态势，全年完成技工贸总收入 230 亿元，比上年增长 10.6%；税收 6.4 亿元，增长 2.7%。

2012 年，福州软件园共引进企业 73 个，其中外资企业 2 个。2012 年 3 月，富春通信在创业板上市，园区上市企业达 4 个。目前，网络与 IDC 研发支撑等无偿或非盈利服务覆盖福州软件园 150 多个企业，实现骨干企业的互联互通，无线网络可为园区 400 多个企业提供无线上网服务。福州软件园还与服务提供商共建海西动漫产业服务平台实验室、微电影创作实验室、软件园云计算服务中心等，提升平台服务能力。目前，福州软件园共有入驻企业 436 个，其中产值超亿元的企业 17 个，全国软件收入百强企业 2 个，国家重点软件企业 3 个，园区内集聚各类技术人才 13000 多名。产值、税收均占全省软件业的半壁江山，成为海峡西岸经济区软件企业最重要的集聚地。

2012 年，福州市原创动画产量达 14866 分钟，居全国第 4 位，比上年增长近 50%，福州市动漫游戏产业基地在全国 24 个动画基地中居第 3 位。

自 2006 年在福州软件园建设福州市动漫游戏产业基地起，福州市动漫产业从无到有，产业规模从小到大。动漫产业已成为福州市经济发展的新引擎。基地从成立之初动漫企业不足 10 个，从业人员两三百人，全年原创动画产量仅 300 多分钟，产值不到亿元；到如今全市动漫企业超过百个，从业人员 1.5 万人，产值 17.2 亿元。

为推动榕台动漫产业合作，实现海峡两岸动漫产业更好对接，福州软件园积极利用文博会、海交会等经贸活动平台，努力推动榕台企业在动漫创意交流合作上实现新突破。截至 2012 年，共组织 100 多个企业参加两届海峡两岸文博会，共签约 20 多个文化产业项目，总签约额近 21 亿元。其中，福建神画时代与台湾和利得多媒体共同投资 1.45 亿新台币合拍的动画电影“小星星的愿望”在台北签约。

作为福州市唯一入选商务部首批 34 个国家电子商务示范基地的海峡电子商务产业基地，福州市动漫游戏产业基地建筑面积已达 2 万平方米，总投资额已达 1.8 亿元，已建立团队运营培训中心、专家服务中心、呼叫与技术外包中心、创新研究所、移动商务模式创新研究中心、测评与监理中心、海峡电子商务育成中心、上市服务中心、情报战略研究中心等 9 个中心；还建立了“云”计算与“云”服务平台、海峡商通电子商务支付平台等 3 个平台。截至 2013 年 5 月，海峡电子商务产业基地已吸引台湾正品网、台湾声世纪数位科技有限公司、福建金领生活电子商务有限公司等两岸三十余个电子商务企业入驻。福州市动漫游戏产业基地已成为一个集采购、物流、在线支付、专业配送为一体的两岸电子商务产业中心。

厦门 厦门作为全国首批科技创新型城市，大力发展包括软件业在内的高端服务业，推动发展模式转型和产业结构提升，取得了显著成效。2012 年，厦门市软件和信息服务业总销售收入 461.3 亿元，厦门软件园区企业实现销售收入 263.77 亿元，占比为57.2%，占据“半壁江山”。厦门软件园作为软件产业聚集发展的主要载体，对促进厦门市产业结构调整升级发挥了重要作用，已成为全市调结构、转方式的“主战场”之一。

2012年，厦门市新增认定软件企业73个，累计达到539个；新增软件产品登记665件，累计达到3288件；新增认定动漫企业19个，累计达到78个；成功举办第五届厦门国际动漫节，共有来自30个国家（地区）的3158部作品参赛，比上年增长25.3%；中国动漫集团厦门基地正式开业，国际动画协会厦门分会挂牌成立。

2012年12月，厦门市共有12个软件和信息技术企业获得了厦门市年度科学技术进步奖，占获奖项目总数的22%，其中厦门软件园企业9个榜上有名，分别是：美亚柏科的“电子数据综合取证系统”和盛华电子的“射频手机用户识别卡（2.4G RF-SIM）”荣获一等奖；易联众的“基于SOA的全民医保IDT平台”、雅迅的“工程机械车辆远程智能监控系统”、爱德森的“手套式传感器及EMT电磁检测系统”等3个企业的科技产品获得二等奖；优迅的“FTTH系统核心收发IC芯片产业化示范项目”、卫星定位的“出租车智能监控报警调度管理系统”、矿通科技的“机车信集闭智能指挥系统”、民航凯亚的“厦门凯亚民航旅客数据服务协同管理信息系统”等4个企业获得科技进步三等奖。另外3个软件和信息技术企业科技产品获奖的是精图信息、麦克奥迪和联想移动。

2012年，厦门软件园加强与台湾产业交流合作，两岸信息服务业对接交流会在厦门软件园成功召开，两岸四十多个软件和信息服务企业参加对接，台湾中华资讯软体协会连续第二年担任厦门国际动漫节的协办单位，并组织企业参展、参赛；同时还与台湾中华资讯软体协会、台湾物联网协会等对接，力促其落地厦门软件园三期，设立海西总部或大陆总部。

截至2012年底，厦门市软件台企突破百个，达102个。在102个台企中，入驻厦门软件园二期的台资软件企业有47个，占厦门市台资软件企业的46.1%。

2013年上半年，厦门软件园企业实现销售额133亿元，同比增长19.1%。软件园三期也于2013年开始招商，外地申请入驻厦门软件园三期的企业增多，其中包括全国软件100强企业等骨干企业。如：福州福大自动化科技有限公司已入驻厦门软件园三期。截至2013年7月，软件园三期意向投资企业累计275个，意向面积237.5万平方米。通过入园审核企业166个，面积已达198万平方米。

厦门软件园三期规划有若干个聚落组团，包括起步区、订单式自建区、电子商务区、两岸云计算产业示范区、文创动漫游区、嵌入式产业区、物联网产业区、诚毅大街综合配套区等。该园区设有公共政务大厅、人才培训基地、公寓、酒店、商贸、休闲、体育场馆等综合配套设施，园区内还规划有科技创意街区、动漫展示街区、休闲步行街区等。按规划，园区将构建技术、人才、市场、金融、通信、综合配套等服务体系，为入园企业提供全程快捷优质的入园一站式服务。通过六大智能应用体系打造智慧园区，推进厦门“转方式、调结构”的发展。

（摘编：张琛）

3-6-6 各设区市房地产业

福州 2012 年，福州市房地产开发完成投资 972.27 亿元，比上年增长 0.9%；商品房销售面积 841.50 万平方米，增长 35.5%，其中住宅 733.96 万平方米，增长 38.0%；商品房销售额 941.49 亿元，增长 48.9%，其中住宅 781.26 亿元，增长 53.7%。

厦门 2012 年，厦门市房地产开发投资 518.88 亿元，比上年增长 18.4%，其中土地购置费 198.15 亿元，增长 6.8%，占房地产投资的比重为 38.2%，占全社会固定资产投资的比重为 14.9%。全市商品房施工面积 3579.73 万平方米，增长 1.9%；商品房新开工面积 817.57 万平方米，下降 22.7%；商品房销售面积 615.34 万平方米，增长 38.2%，其中住宅销售 480.27 万平方米，增长 76.5%。至 2012 年底，全市商品房待售面积 248.96 万平方米，下降 0.04%，其中住宅待售面积 72.31 万平方米，下降 19.5%。

莆田 2012 年，莆田市房地产开发投资完成 198.59 亿元，比上年增长 36.0%。商品房销售面积 205.50 万平方米，增长 8.5%。其中，现房销售面积 14.62 万平方米，下降 0.8%；期房销售面积 190.88 万平方米，增长 9.9%。商品房销售额 139.62 亿元，增长 23.9%。商品房待售面积 121.18 万平方米，增长 122.9%。

三明 2012 年，三明市房地产开发投资 139.98 亿元，比上年增长 32.4%。按工程用途分，商品住宅投资 87.12 亿元，增长 24.4%；办公楼投资 2.18 亿元，增长 106.8%；商业营业用房投资 26.09 亿元，增长 52%。商品房销售面积 218.72 万平方米，增长 4.6%；销售额 126.6 亿元，增长 16.9%。

泉州 2012 年，泉州市房地产开发投资 395.50 亿元，比上年增长 44.2%。按工程用途分，商品住宅投资 243.99 亿元，增长 49.3%；办公楼投资 26.22 亿元，增长 249.0%；商业营业用房投资 58.04 亿元，增长 90.6%。商品房销售面积 553.70 万平方米，增长 14.7%；销售额 365.14 亿元，增长 7.0%。

漳州 2012 年，漳州市房地产开发投资 254.49 亿元，比上年增长 14.0%。本年竣工房屋建筑面积 203.01 万平方米，增长 13.7%，其中，竣工住宅建筑面积 164.37 万平方米，增长 16.2%。商品房销售面积 351.20 万平方米，增长 3.7%。其中，现房销售面积占 8.6%，期房销售面积占 91.4%。商品房销售额 196.87 亿元，增长 6.6%。

南平 2012 年，南平市房地产开发投资 85.84 亿元，比上年增长 24.9%。商品房建筑施工面积 900.83 万平方米，增长 14.5%（本年新开工面积 293.67 万平方米，下降 8.7%）；商品房竣工面积 98.22 万平方米，下降 41.9%；商品房销售面积 167.98 万平方米，增长 11.5%。

龙岩 2012 年，龙岩市房地产开发投资 120.53 亿元，比上年增长 37.2%。其中，商品住宅投资 68.43 亿元，增长 41.5%。商品房销售面积 154.96 万平方米，增长 26.8%；销售额 93.44 亿元，增长 45.9%。在建廉租住房 30.55 万平方米，年底竣工 12.3 万平方米；经济适用住房施工面积 32.17 万平方米，竣工面积 4.65 万平方米。

宁德 2012 年，宁德市房地产开发投资 138.04 亿元，比上年增长 39.9%，其中商品住宅投资 93.31 亿元，增长 39.9%。商品房竣工面积 80.67 万平方米，下降 27.2%。商品房销售面积 150.03 万平方米，增长 2.0%，其中商品住宅 135.96 万平方米，增长 9.8%。商品房销售额 112.41 亿元，下降 2.4%。

（摘编：张琛）

3-6-7 各设区市旅行社及相关服务业

福州 2012年，福州市旅行社组织、接待游客量增长迅猛。全年全市旅行社接待游客209.96万人次，比上年增长86.8%。其中，入境游客20.70万人次，增长59.7%；国内游客189.26万人次，增长90.3%，其中省内游客占23.0%，省外游客占77.0%。2012年，全市旅行社组织出境旅游36.31万人次，比上年增长65.7%。

厦门 2012年，厦门市共有旅行社173个（不含外地在厦分社30个），其中出境组团社20个，一般旅行社153个。全年全市共接待国内外游客4124.43万人次，比上年增长17.1%；旅游总收入539.88亿元，增长19.1%。接待国内游客3894.41万人次，占接待总人数的94.4%，增长16.8%；接待入境游客230.02万人次，占接待总人数的5.6%，增长21.4%。国内旅游收入440.54亿元，增长17.9%；旅游创汇15.77亿美元，增长24.4%。

莆田 2012年，莆田市共有旅行社31个，其中一般社30个，出境社1个。全年全市共接待国内外游客1136.91万人次，比上年增长17.1%；实现旅游总收入91.38亿元，增长17.8%。其中，境外游客24.60万人次，增长20.8%，旅游外汇收入1.92亿美元，增长22.9%；国内游客1112.31万人次，增长17.0%，实现国内旅游收入79.22亿元，增长17.5%。

三明 2012年，三明市共有旅行社57个，其中一般社56个，出境社1个。全年全市共接待国内旅游人数1257.41万人次，比上年增长16.1%；国内旅游收入78.50亿元，增长16.9%。旅游总人数1262.27万人次，增长16.1%；旅游总收入81.09亿元，增长16.9%。

泉州 2012年，泉州市共有旅行社81个，其中一般社75个，出境社6个。全年全市共接待国内外游客3246.8万人次，比上年增长22.9%。其中，国内游客3086.2万人次，增长17.8%；境外游客160.6万人次，增长10.3%。境外游客中，外国人及华侨19.7万人次，增长10.0%；港、澳同胞114.4万人次，增长10.3%；台湾同胞26.5万人次，增长10.4%。全年实现旅游总收入376.1亿元，增长22.9%；旅游创汇9.0亿美元，增长13.5%。

漳州 2012年，漳州市共有旅行社61个，其中一般社58个，出境社3个。全年全市共接待游客1380.65万人次，比上年增长15.6%；旅游总收入达143.15亿元，增长16.7%。其中，国内游客1347.58万人次，增长15.7%，国内旅游收入128.70亿元，增长16.5%；入境游客33.07万人次，增长12.6%，旅游外汇收入2.29亿美元，增长21.8%。

南平 2012年，南平市共有旅行社107个，其中一般社105个，出境社2个。全年全市共接待旅游总人数1868.46万人次，比上年增长22.9%，其中接待境外旅游人数21.80万人次，增长10.7%；实现旅游总收入223.44亿元，增长22.8%，其中旅游创汇7072.59万美元，增长11.3%。

龙岩 2012年，龙岩市共有旅行社41个，其中一般社36个，出境社5个。全市全年旅游总收入109.35亿元，比上年增长23.7%，其中国内旅游收入107.1亿元，增长23.2%。全年接待旅游总人数1484.49万人次，比上年增长22.3%，其中国内旅游人数1478.54万人次，增长22.3%；入境游客5.95万人次，增长42.8%。

宁德 2012年，宁德市共有旅行社88个，其中一般社86个，出境社2个。全年全市共接待旅游总人数950.51万人次，比上年增长14.1%；旅游总收入72.56亿元，增长15.1%。其中，接待国内旅游人数949.01万人次，增长14.1%；接待入境旅游人数1.5万人次，增长50.4%。

注：本文数据均为公报数。

（摘编：张琛）

民营企业

2012年福建民营工业发展综述

2012年，受世界经济下滑、有效需求不足、生产成本上升等因素影响，福建省民营工业生产有所减缓，销售有一定程度的下滑，但主要指标仍保持两位数增长。

一、生产增速略有减缓，总体低于上年同期水平

2012年，福建省民营工业实现增加值5947.77亿元（快报数，下同），比上年增长16.4%，占全部工业增加值的比重为66.2%，对全部工业增加值增长的贡献率达75.7%，同比上升6.2个百分点。其中，规模以上民营工业实现增加值5159.87亿元，增长17.5%，增幅同比下降1.3个百分点；规模以下民营工业实现增加值787.90亿元，增长9.4%，增幅同比下降4.6个百分点。分季度观察，规模以上民营工业全年增加值同比增幅呈“N”形走势。一季度高开，二季度回落至全年最低点，三季度略有回升，四季度再次回落。与上年同期相比，除第三季度外，一、二、四季度同比增幅均低于上年同期水平。分大类行业观察，有20个占54.1%的行业增加值同比增幅高于全省平均水平；15个占40.5%的行业高于20%。分地区看，9个设区市增加值同比增幅（现价）呈“四高一平四低”。其中，宁德市、南平市、漳州市、莆田市4个设区市增幅高于全省平均水平，宁德市以33.0%的增幅居设区市首位；福州市与全省平均水平持平；其余4个设区市低于全省平均水平。厦门市同比仅增长7.8%，比全省平均水平低了11.5个百分点。

二、出口交货值同比增幅低于上年同期水平

2012年，福建省规模以上民营工业实现出口交货值3313.59亿元，比上年增长14.9%，增幅同比下降5.8个百分点；占规模以上工业出口交货值的比重为56.7%，对规模以上工业出口交货值增长的贡献率为73.0%。从全年走势看，出口交货值季度同比增幅与上年同期水平的差距逐季扩大。四季度同比增幅为14.4%，比上年同期低了8.7个百分点，差距比一、二、三季度分别扩大了7.9个点、2.5个点和1.9个点。分地区观察，9个设区市出口交货值增幅同比“一升八降”。除厦门市出口交货值增幅同比提高2.6个百分点外，其余8个设区市同比增幅不同程度下降。其中，三明市、龙岩市、泉州市、南平市4个设区市下降幅度均在10个百分点以上。

三、经济效益较大幅度下降，总体呈现“缓中趋稳”

主营业务收入同比增幅大幅下滑。2012年，福建省规模以上民营工业实现主营业务收入18468.16亿元，比上年增长15.2%，增幅同比下降15.8个百分点。分季度观察，一季度规模以上民营工业主营业务收入同比增幅较高，二、三季度逐季下降，四季度略有回升，比三季度提高了0.1个百分点。分大类行业观察，有27个占73.0%的行业主营业务收入同比增幅低于20%，18个占48.6%的行业低于全省平均水平。分地区观察，9个设区市主营业务收入增幅同比均下降。其中，三明市和龙岩市降幅居设区市前列，同比分别下降34.4个百分点和30.9个百分点。

利润总额同比增幅大幅下滑，季度增幅“前低后高”。2012年，福建省规模以上民营工业实现利润总额1234.40亿元，比上年增长14.7%，增幅同比下降17.7个百分点。从全年走势看，二、三季度逐季下降，三季度为全年最低点，仅增长8.0%；四季度大幅回升至18.2%，为全年最高点。

对规模以上工业税金总额增长的贡献率下降。2012 年，福建省规模以上民营工业实现税金总额 582.76 亿元，比上年增长 26.8%，占全省规模以上工业税金总额的比重为 52.5%，对规模以上工业税金增长的贡献率为 60.8%，同比下降 4.3 个百分点。

亏损面扩大，亏损额进一步增加。2012 年，福建省规模以上非公有企业亏损企业数为 1061 个，比上年增加 242 个；亏损面为 7.6%，同比扩大 0.8 个百分点；亏损额为 95.51 亿元，比上年增长 114.9%，增幅同比上升 6.9 个百分点。

四、企业总量进一步壮大

截至 2012 年底，福建省共有民营工业企业 65047 个，比上年增加 754 个，占全部工业企业数的比重达 95.5%。其中，规模以上民营工业企业有 11607 个，占规模以上工业企业数的比重为 79.1%。从增量看，规模以上民营工业企业数同比增加 1885 个，占规模以上工业企业数增量的 79.1%，对规模以上工业企业数增长的贡献率达 94.3%。

五、对规模以上工业吸纳就业的贡献率下降

截至 2012 年底，福建省规模以上民营工业有从业人员 282.38 万人，比上年增长 5.4%；占规模以上工业从业人员数的比重达 70.2%；对规模以上工业吸纳就业的贡献率达 76.3%，同比下降 0.6 个百分点。

六、竞争力略有减弱

2012 年，福建省规模以上民营工业竞争力略有减弱。其中，偿债能力和获利能力同比下降，营运能力同比持平。从具体指标看，资产负债率和产权比率分别为 49.5%和 98.0%，同比分别提高 0.2 个百分点和 0.7 个百分点；总资产报酬率为 10.6%，同比下降 0.2 个百分点；总资产周转率为 1.6 次，流动资产周转率为 2.7 次，同比均持平。

（执笔：赵清）

4-1 农林牧渔业民营经济增加值

（2008-2012 年） 单位：亿元

行业名称	2008	2009	2010	2011	2012
总 计	**1158.17**	**1182.74**	**1363.67**	**1612.23**	**1790.14**
农业	484.22	522.67	616.32	716.77	797.14
林业	97.26	104.99	122.08	153.08	165.06
畜牧业	223.96	192.22	198.53	250.14	264.16
渔业	307.62	316.08	376.37	436.93	504.31
农林牧渔服务业	45.11	46.78	50.37	55.31	59.48

注：农林牧渔业民营经济是指农林牧渔业中扣除国营农场部分。由于近年来国营农场比重越来越小，且国营农场大部分由个人承包，因此可将农林牧渔业全部视为民营经济。

4-2 规模以上民营工业经济总量

（2008-2012 年）

年份	企业数 （个）	工业总产值 （亿元）
2008	12509	6609.93
2009	12649	7723.30
2010	15340	12776.51
2011	9722	16798.65
2012	11607	18999.52

续上表

年份	工业增加值 （亿元）	从业人员 （万人）
2008	1789.34	235.69
2009	2113.93	194.55
2010	3609.85	257.40
2011	4740.64	241.90
2012	5159.87	282.38

注：鉴于资料可得性原因，2009 年及以前规模以上民营工业仅包括集体、私营、港澳台独资企业，2010 年始调整为集体、私营、港澳台独资企业和联营经济中的民营部分。

4-3 建筑业民营企业建筑总产值

（2011-2012 年）　　单位：万元

行业名称	行业代码	2011	
		建筑总产值	竣工产值
总　计	—	**1149327**	**812659**
房屋和土木工程建筑业	47	919161	658233
建筑安装业	48	93402	71822
建筑装饰业	49	116772	81066
其他建筑业	50	19992	1538

续上表　　单位：万元

行业名称	行业代码	2012	
		建筑总产值	竣工产值
总　计	—	**1367009**	**973093**
房屋建筑业	47	1041107	759244
土木工程建筑业	48	92486	68751
建筑安装业	49	56445	44608
建筑装饰业和其他建筑业	50	176973	100491

注：鉴于资料可得性原因，建筑业民营企业仅包括集体、港澳台商投资企业。

4-4 限额以上批发和零售贸易业民营企业销售总额

（2011-2012 年）　　单位：万元

行业名称	行业代码	2011	2012
总　计	—	**31520432**	**36980579**
批发业	**51**	**25034241**	**29134495**
农、林、牧产品批发	511	283735	339559
食品、饮料及烟草制品批发	512	2246406	2626176
纺织、服装及家庭用品批发	513	5571631	6918176
文化、体育用品及器材批发	514	157515	209823
医药及医疗器材批发	515	572500	681673
矿产品、建材及化工产品批发	516	11243718	13972703
机械设备、五金产品及电子产品批发	517	2798756	2406679
贸易经济与代理	518	646672	654198
其他批发业	519	1513309	1325508
零售业	**52**	**6486191**	**7846084**
综合零售	521	1215551	1415232
食品、饮料及烟草制品专门零售	522	390106	504404
纺织、服装及日用品专门零售	523	387940	601985
文化、体育用品及器材专门零售	524	125862	202633
医药及医疗器械材专门零售	525	145399	181455
汽车、摩托车、燃料及零配件专门零售	526	3114287	3631630
家用电器及电子产品专门零售	527	677152	763269
五金、家具及室内装饰材料专门零售	528	260494	340767
货摊、无店铺及其他零售业	529	169401	204709

注：限额以上批发和零售贸易业民营企业包括集体、私营、港澳台商独资企业。

4-5　限额以上住宿和餐饮业民营企业营业收入

（2011-2012 年）

单位：万元

行业名称	行业代码	2011	2012
总　计	—	**1190568**	**1449973**
住宿业	**61**	**430589**	**500175**
旅游饭店	611	355618	409516
一般旅馆	612	56030	70163
其他住宿业	619	18941	20496
餐饮业	**62**	**759979**	**949798**
正餐服务业	621	634895	768068
快餐服务业	622	116262	168401
饮料及冷饮服务业	623	4196	7858
其他餐饮业	629	4626	5471

注：限额以上住宿和餐饮业民营企业包括集体、私营、港澳台商独资企业。

4-6　房地产业民营企业主要财务指标

（2011-2012 年）

指　标	计量单位	2011	2012
企业数	个	1990	1654
资产总额	万元	40085892	44607591
负债总额	万元	28506704	32795779
所有者权益	万元	11579188	11811812
主营业务收入	万元	7072668	7249468
利润总额	万元	1100483	984416
从业人员年平均人数	人	37485	37804

注：房地产业民营企业包括集体、私营、港澳台商投资企业。

4-7 限额以上批发和零售贸易业民营企业数

（2011-2012 年）

行业名称	行业代码	2011		2012	
		法人单位数（个）	占限额以上批发和零售贸易业比重（%）	法人单位数（个）	占限额以上批发和零售贸易业比重（%）
总　计	—	**2704**	**53.7**	**3365**	**53.8**
批发业	**51**	**1472**	**52.1**	**1853**	**52.6**
农、林、牧产品批发	511	21	42.0	27	42.2
食品、饮料及烟草制品批发	512	112	44.6	146	45.1
纺织、服装及家庭用品批发	513	347	59.1	554	58.3
文化、体育用品及器材批发	514	27	48.2	32	47.8
医药及医疗器材批发	515	41	35.0	45	34.6
矿产品、建材及化工产品批发	516	603	52.2	752	53.0
机械设备、五金产品及电子产品批发	517	220	55.6	201	55.5
贸易经济与代理	518	17	34.7	17	35.4
其他批发业	519	84	50.3	79	49.7
零售业	**52**	**1232**	**55.7**	**1512**	**55.4**
综合零售	521	227	57.9	245	58.2
食品、饮料及烟草制品专门零售	522	108	49.5	177	50.0
纺织、服装及日用品专门零售	523	71	59.2	106	59.6
文化、体育用品及器材专门零售	524	32	56.1	45	56.3
医药及医疗器械材专门零售	525	42	47.2	45	47.9
汽车、摩托车、燃料及零配件专门零售	526	420	54.0	494	53.1
家用电器及电子产品专门零售	527	207	64.3	239	64.1
五金、家具及室内装饰材料专门零售	528	80	57.6	110	57.0
货摊、无店铺及其他零售业	529	45	47.4	51	47.7

注：限额以上批发和零售贸易业民营企业包括集体、私营、港澳台商独资企业。

4-8 限额以上住宿和餐饮业民营企业数

（2011-2012 年）

行业名称	行业代码	2011		2012	
		法人单位数（个）	占限额以上住宿和餐饮业比重（%）	法人单位数（个）	占限额以上住宿和餐饮业比重（%）
总　计	—	**710**	**57.4**	**802**	**57.2**
住宿业	**61**	**290**	**47.9**	**325**	**47.7**
旅游饭店	611	189	43.9	205	43.1
一般旅馆	612	85	56.3	103	57.2
其他住宿业	619	16	66.7	17	65.4
餐饮业	**62**	**420**	**66.7**	**477**	**66.3**
正餐服务业	621	395	67.6	451	67.1
快餐服务业	622	12	50.0	12	50.0
饮料及冷饮服务业	623	6	66.7	7	63.6
其他餐饮业	629	7	53.8	7	58.3

注：限额以上住宿和餐饮业民营企业包括集体、私营、港澳台商独资企业。

4-9 建筑业民营企业年末从业人员数

（2012 年）

行业名称	行业代码	年末从业人员数（人）	占全部建筑业比重（%）	年末从业人员数（人）	占全部建筑业比重（%）
总　计	—	**49347**	**2.0**	**106**	**3.6**
房屋建筑业	47	39374	2.5	45	3.7
土木工程建筑业	48	3685	1.3	17	3.4
建筑安装业	49	2527	2.9	17	4.6
建筑装饰业和其他建筑业	50	3761	0.7	27	3.0

注：鉴于资料可得性原因，建筑业民营企业仅包括集体、港澳台商投资企业。

专题研究

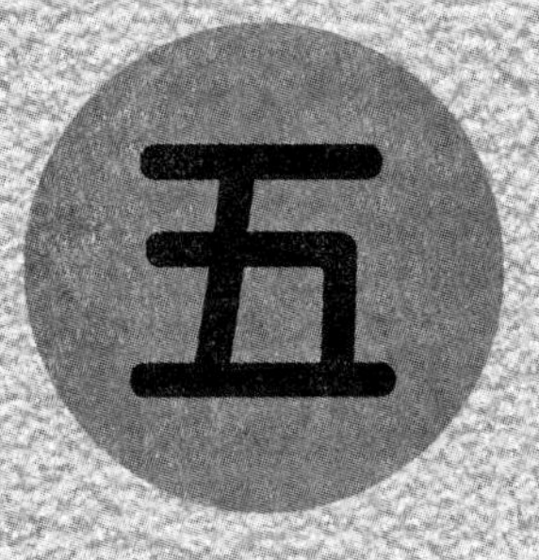

工业生产稳中有升 工业投资尚显不足

2012年，面对复杂严峻的外部环境，福建加快转变工业发展方式，积极推动产业转型升级，工业生产实现稳中有升。

一、工业经济运行的基本情况

（一）工业生产稳中有升，总量再上新台阶

从各月工业增加值增速看，2012年月度工业增加值增速以3月份的16.0%（1、2月份受春节因素影响不可比）回落到4月份的全年最低点（14.0%），5月至8月在14.1%-15.9%的区间波动，9月起连续三个月呈现逐步上扬走势，11月份达到最高点（16.5%），12月有所回落仅增长15.6%的运行过程，呈现出小幅波浪形走势。从各月累计增速看，从1-2月的14.1%稳步提高到全年的15.2%，呈现稳中有升的曲线。2012年福建省规模以上工业增加值增速见图1。

图1 2012年福建省规模以上工业增加值增速

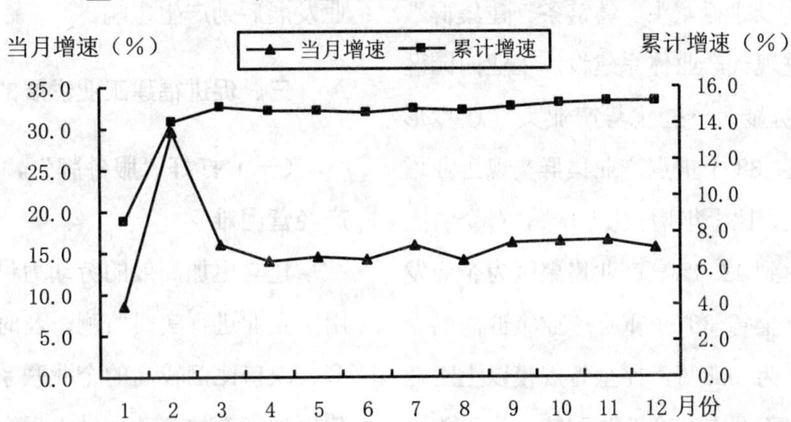

从实现的工业增加值总量看，有三个月完成工业增加值总量突破700亿元，分别是3月份（778.99亿元）、11月份（733.62亿元）和12月份（744.32亿元）。全年规模以上工业实现工业增加值达到7856.29亿元，比上年增长15.2%。

（二）内销比重持续提高

2012年，全省规模以上工业实现内销产值22915.46亿元，比上年增长16.8%，比同期出口交货值增速快5.6个百分点；内销产值占销售产值的比重为79.7%，比上年提高0.5个百分点。27个大类行业内销产值占销售产值的比重较上年有所提高，其中15个行业实现工业增加值增速超过全省平均水平，14个行业实现利润总额增速高于全省平均水平。

（三）县域工业增长优势明显

2012年，全省县域规模以上工业实现增加值4639.50亿元，比上年增长18.2%，增速高于规模以上工业平均水平3.0个百分点；增加值占规模以上工业总量的59.1%，比上年提高2.6个百分点；对规模以上工业增长的贡献率为68.6%，比上年提高7.3个百分点。

（四）利润增速高于全国平均水平

2012年，全省规模以上工业经济效益综合指数为243.5，比上年、上半年和前三季度分别高8.4个点、12.7个点和12.2个点；实现主营业务收入28892.89亿元，增长12.9%；上缴税金1110.37亿元，增长22.3%。

全年全省规模以上工业企业利润水平总体呈

先扬后抑再扬的“N”字型走势。利润总额增速由1-2月的下降0.4%提升至1-4月的增长8.4%后，由于受到企业经营各项要素成本持续上涨影响，利润总额增速出现下挫，1-8月利润总额增速回落至当年的次低点（仅增长1.5%），此后利润总额增速逐月加快，1-9月、1-10月和1-11月分别增长2.2%、2.9%和4.9%。全年全省规模以上工业企业实现利润总额1779.15亿元，比上年增长9.7%，增幅比全国平均水平（5.3%）高4.4个百分点，比东部地区平均水平（5.1%）高4.6个百分点，居全国第10位，东部地区第3位。

（五）产业集群显示优良效应

近年来，福建以“抓龙头、铸链条、建集群”为导向，加快推进现代产业体系建设，工业向园区集聚的趋势十分明显，一些优势产业集群逐步形成。2012年，全省38个重点产业集群实现工业增加值3482.17亿元，比上年增长14.6%，对全省工业增长的贡献率达到42.8%。产业集聚区为企业发展提供优势平台，全省38个重点产业集群内的企业成本费用利润率为6.8%，比全省规模以上工业平均水平高0.1个百分点，企业盈利能力优于集群外企业。

龙头企业不断发展壮大。2012年，全省亿元工业企业达到5569个，实现增加值6596.53亿元，比上年增长17.5%；占规模以上工业总量的84.0%，对规模以上工业增长的贡献率为94.8%。

二、工业经济运行中存在的问题

除成本要素上升，国际市场环境依然扑朔迷离等发展环境之外，主要还存在以下二个问题：

（一）工业结构仍需调整

尽管近年来福建省装备制造业快速发展，但是相对于整个工业来说，仍显弱势。2012年，全省装备制造业实现工业增加值1770.76亿元，比上年增长13.2%，增幅低于全省平均水平2.0个百分点。另一方面，主要耗能行业增速偏快。全年全省主要耗能行业实现增加值1894.05亿元，比上年增长16.3%，增幅比全省平均水平高1.1个百分点。

（二）工业投资额度、质量都有所减弱

2012年，全省工业领域完成投资4548.19亿元，比上年增长22.9%，增幅同比回落12.3个百分点；占固定资产投资比重为36.5%，比上年下降0.9个百分点。内涵式投资有待提高，技改性投资，质量提高性投资260.74亿元，比上年增长1.4%，增速较上年回落25.2个百分点；三废治理投资32.26亿元，比上年下降4.3%，增速较上年回落35.3个百分点。工业投资力度的减弱和质量的下降将对工业发展后劲产生影响。

三、促进福建工业发展的建议措施

（一）打好“服务牌”，切实帮助企业解决生产经营困难

建立更加高效的劳动力供需预警平台，对重点用工企业进行实时监测，及时帮助招工缺口人数较多、缺口比例较高的企业联系劳动力就业市场；组建更加高效的劳动力供求平台，最大限度地避免用工与求职两者之间的摩擦性失衡。建立规范、常规性的银行与企业融资联系机制。

（二）打好“国际牌”，切实帮助企业实施战略性的“走出去”

鼓励企业积极开展境外加工贸易，在境外建立加工基地、营销服务网络和研发机构，实现产地多元化，减少贸易摩擦，实现“全球生产、全球经营”。此外，为促进产业升级，应建立对外投资的服务机构和配套体系，向企业提供必要的金融、财政支持，鼓励“走出去”的企业到科技资源密集的地方设立研发机构和高新技术企业，开发生产具有自主知识产权的高新技术产品，提高企业的核心竞争力。

（三）打好“升级牌”，切实实现产业结构高

端化

在福建省工业总量中占有较大比重的电子信息产业应以由组装型的产品加工向产品系统整合、整体方案设计、核心元器件设计制造和软件开发服务等方向转变；装备制造业要充分利用目前已经具备的产业基础和科研基础，以满足国民经济需求和国外中高端市场为目标，强化核心关键技术研发和行业基础共性技术研究，集中力量开发并实施科技攻关重大专项，提升重大技术装备集成创新能力，通过自主创新攻克重点领域技术难题，提升产业竞争力。

（四）打好“创新牌”，切实优化产业技术创新的体制环境

针对福建工业经济关键技术和关键零部件仍然主要依赖进口的情况，抓住最有潜力的产业领域，选择紧具优势和基础的关键技术，开展核心技术原始创新，组建国家级产业技术创新战略联盟，着力推进一批重大科技专项，尽快突破一批产业共性关键技术，开发一批具有自主知识产权和自主品牌的高端产品。

注：本文数据均为快报数。

（执笔：陈海丹）

2012年福建省民营工业经济统计监测报告

一、2012年福建省民营经济发展现状与特点

（一）私营企业和个体工商户总量不断扩大

一是私营企业户数增加，资金总量进一步扩大。2012年，全省新增私营企业6.05万户，新增注册资本2194.89亿元；截至2012年底，福建省共有私营企业34.74万户，比上年增加了4万户，注册资金达15696.38亿元，增长了22.8%。二是个体工商户总量扩大。2011年11月起实行的《个体工商户条例》取消了原暂行条例在经营范围、从业人员等方面的一些限制，为个体工商户发展提供了更加宽松的制度环境，吸引了部分投资者将目光投向个体经营，促进了全省个体工商户总量不断扩大。根据工商登记注册口径统计，2012年，全省新登记个体工商户19.22万户，比上年增长2.3%；新登记资金数额155.60亿元，增长21.3%。截至2012年底，个体工商户95.03万户，比上年增加了10.08万户；注册资金达518.06亿元，增长了24.8%。三是私营企业和个体工商户总量的增加带动就业人数较快增长。截至2012年底，全省私营企业及个体工商户从业人员达573.07万人，比上年增加60.60万人，增长11.8%。其中，个体工商户增长较快，从业人员258.87万人，增加30.45万人，增长13.3%。

（二）GDP增长略快于全省平均水平，二产比重继续上升

2012年，全省民营经济实现增加值13196.38亿元，比上年增长12.4%，增幅比全省GDP高出1.0个百分点；占全省GDP的比重达67.0%，比上年提高0.5个百分点。分产业看，第一、二、三产业分别实现增加值1755.39亿元、7457.73亿元、3983.27亿元，分别增长24.2%、17.3%、6.7%；三次产业结构由2011年的13.6∶55.4∶31.0变化为2012年的13.3∶56.5∶30.2；与2011年相比，第二产业比重在2011年提升0.6个百分点的基础上，继续提升1.9个百分点。近几年全省民营经济增加值见表1。

表1　福建省民营经济增加值

（2010-2012年）　　单位：亿元，%

分组指标	2010			2011			2012		
	增加值	同比增幅	占该产业比重	增加值	同比增幅	占该产业比重	增加值	同比增幅	占该产业比重
民营经济	9735.30	14.2	66.1	11682.31	12.4	66.5	13196.38	12.4	67.0
#第一产业	1347.63	3.4	98.8	1592.89	4.4	98.8	1755.39	4.2	98.8
第二产业	5333.95	19.9	70.9	6466.54	16.6	71.3	7457.73	17.3	73.2
第三产业	3053.72	8.7	52.2	3622.88	10.1	52.7	3983.27	6.7	51.5

（三）民间投资比重不断提高

近年来，福建省出台的《关于进一步鼓励和扩大民间投资的若干意见》等一系列鼓励民间投资、吸引民资回归的政策措施，从项目审批、资金安排、财税扶持、技改支持、融资服务等方面吸引民间投资，民间投资比重不断提高。2012年，全省民间投资[1]总额达6657.31亿元（不含农户），比上年增长27.1%，增幅高出全社会平均水平1.6个百分点；

[1] 指国有投资、港澳台商投资和外商投资以外的投资。

占全社会投资总额的比重达52.4%，比上年提高了1.8个百分点；对全省投资增长的贡献率达58.7%。近几年福建省民间投资总额见表2。

表2 福建省民间投资总额

（2010-2012年） 单位：亿元，%

分组指标	2010		2011		2012	
	投资总额	同比增幅	投资总额	同比增幅	投资总额	同比增幅
全社会	8273.42	30.0	9885.67	27.5	12709.66	25.5
#国有	2653.66	20.6	3657.74	14.4	4821.17	30.9
民间	4374.11	38.7	4998.91	41.6	6657.31	27.1
外商港澳台	1071.62	26.0	1229.02	19.7	1231.18	2.2

（四）出口势头好于其他类型企业

2012年，受全球经济增长下滑、国际市场需求不振等因素影响，全省民营企业出口增速较大幅度下滑。但在国家及福建省相关政策的支持下，全省民营企业积极调整产品结构，开发新兴市场，拓展营销渠道，出口增幅仍高于其他类型企业。据海关统计，2012年全省民营企业出口494.15亿美元，比上年增长11.0%，增幅分别高出国有企业、外商投资企业9.9个百分点和11.0个百分点；占全省出口总额的比重超五成，达50.5%，提高了2.5个百分点；对全省出口的贡献率为97.7%，拉动全省出口增长5.3个百分点。

（五）对财政收入的贡献作用增强

据省税务部门资料显示，2012年全省税收总额达3207.98亿元，比上年增长18.1%。其中，民营经济税收总额为900.52亿元，增长12.4%，拉动全省税收总额增长7.3个百分点（见表3），对全省财政收入增长的贡献率为24.1%，提高0.3个百分点。

表3 福建省民营经济税收情况

（2012年） 单位：亿元，%

分类	税收总额	占全省税收总额比重	同比增长
税收总额	3207.98	100.0	18.1
民营经济税收总额	900.52	28.1	12.4
#个体经济	71.18	2.2	-27.8
民营企业	829.34	25.9	18.0
#集体经济	29.36	0.9	
私营经济	324.65	10.1	11.6
港澳台商投资经济	475.33	14.8	24.3

注：①资料来源于福建省国税局和福建省地税局；②本表所指的民营经济包括集体经济、私营经济、港澳台商投资经济、个体经济。

二、2012年福建省民营工业发展状况

（一）全部民营工业

2012年，受世界经济下滑、有效需求不足、生

产成本上升等因素影响，全省民营工业生产有所减缓，销售有一定程度的下滑，但主要指标仍保持两位数增长。全年全省全部民营工业实现增加值、主营业务收入、利润总额比上年分别增长 16.4%、14.5%和 15.0%，分别占全部工业的 66.2%、66.9%和71.2%，对全部工业增长的贡献率分别为75.7%、81.2%和 111.8%。企业数和从业人员进一步增加。2012 年末，全省共有民营工业企业 65047 个，比上年增加 754 个，占全部工业企业数的 95.5%；共有从业人员 402.11 万人，增长 5.6%，占全部工业的比重为 77.9%。2012 年福建省全部民营工业主要经济指标情况见表 4。

表 4　福建省全部民营工业主要经济指标情况

（2012 年）　　单位：亿元

分类	绝对数	比上年增长（%）	占全省全部工业比重（%）
工业增加值	5947.77	16.4	66.2
主营业务收入	21116.95	14.5	66.9
利润总额	1344.40	15.0	71.2
企业数（个）	65047	1.2	95.5
从业人员（万人）	402.11	5.6	77.9

（二）规模以上民营工业

1. 生产增速有所减缓，总体略低于上年。 2012 年，全省规模以上民营工业实现增加值 5159.87 亿元，比上年增长 17.5%，增幅比上年下降 1.3 个百分点。分季度观察（见图 1），全省规模以上民营工业增加值增幅呈“N”形走势，一季度高开，二季度回落至全年最低点，三季度略有回升，四季度继续回落；与上年同期比较，除第三季度外，一、二、四季度增加值增幅均低于上年同期增幅。分大类行业观察，超半数行业增加值增幅高于全省平均水平。2012 年，全省规模以上民营工业涵盖的 37 个行业中，有 20 个占 54.1%的行业增加值同比增幅高于全省平均水平；15 个占 40.5%的行业增加值增幅高于 20%，其中增加值总量居全省民营工业前十位的行业中，纺织服装、服饰业增加值增幅最高，为 25.9%。分地区看，九个设区市增加值增幅呈“四高一平四低”（见图 2）。2012 年，宁德、南平、漳州、莆田四个设区市规模以上民营工业增加值增幅（现价）均高于全省平均水平，其中宁德市增幅为33.0%，居设区市首位；福州市增幅与全省平均水平持平；其余四个设区市增幅低于全省平均水平，其中厦门市仅增长 7.8%，低于全省平均水平 11.5 个百分点。

2. 出口交货值比上年增幅低于上年。 2012 年，全省规模以上民营工业实现出口交货值 3313.59 亿元，比上年增长 14.9%，增幅下降 5.8 个百分点；占规模以上工业的比重为 56.7%，对规模以上工业出口增长的贡献率为 73.0%。从全年走势看（见图 3），季度增幅与上年同期的差距逐季扩大。四季度规模以上民营工业出口交货值增长 14.4%，同比降低 8.7 个百分点，差距比一、二、三季度分别扩大了 7.9 个点、2.5 个点和 1.9 个点。分地区观察，九个设区市出口交货值增幅“一升八降”（见图 4）。2012 年，除厦门市出口交货值增幅比上年提高 2.6 个百分点外，其余八个设区市增幅有不同程度的下降，其中，三明、龙岩、泉州、南平四个设区市下降幅度均在 10 个百分点以上。

图1　福建省规模以上民营工业增加值同比增幅

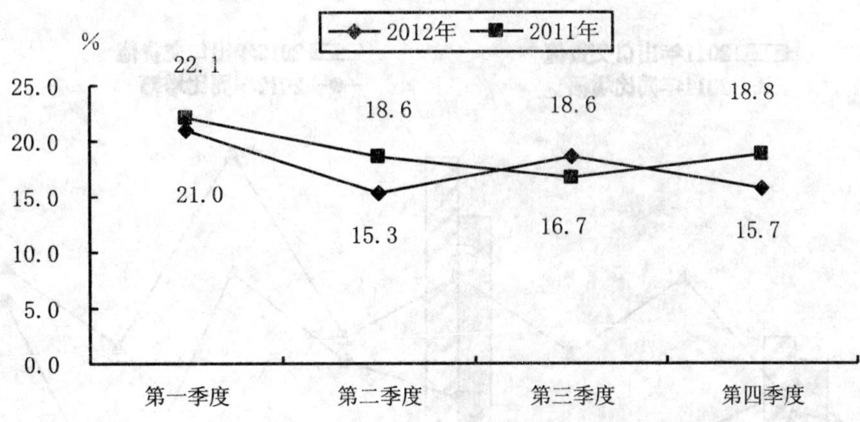

图2　2012年福建省各设区市规模以上民营工业增加值及增幅（现价）

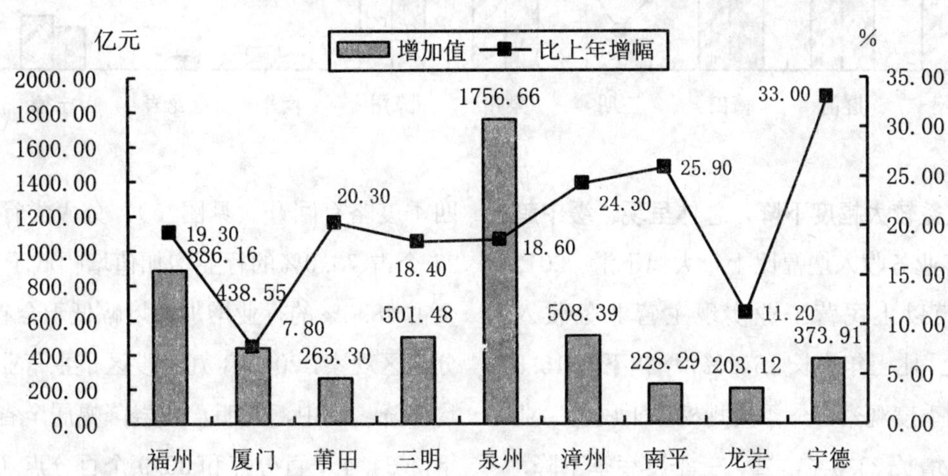

图3　福建省规模以上民营工业出口交货值增幅

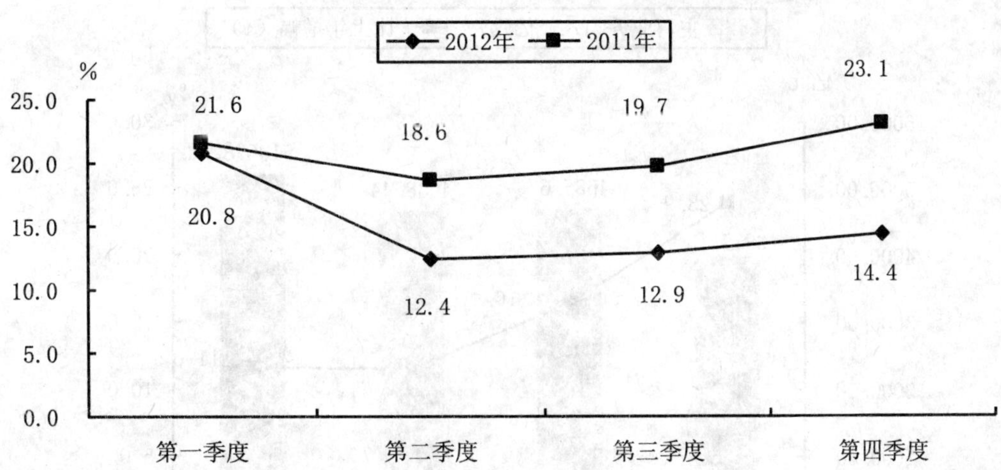

图 4　福建省各设区市规模以上民营工业出口交货值及同比增幅

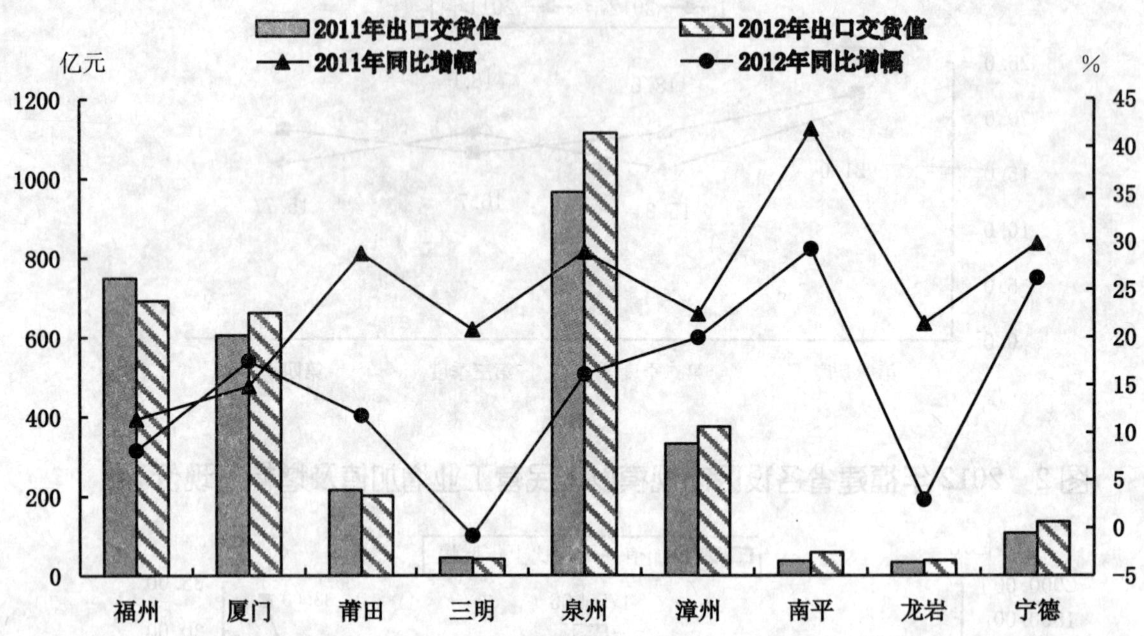

3. 经济效益较大幅度下降，总体呈现“缓中趋稳”。(1)主营业务收入增幅比上年大幅下滑。2012年，全省规模以上民营工业实现主营业务收入18468.16亿元，比上年增长15.2%，增幅下降15.8个百分点。分季度观察，一季度规模以上民营工业主营业务收入增长23.9%，二、三季度逐季下降，四季度略有回升（见图5）。分大类行业观察，有27个占73.0%的行业增加值增幅低于20.0%，18个占48.6%的行业增加值增幅低于全省平均水平。分地区观察，2012年九个设区市主营业务收入增幅均下降，其中，三明、龙岩降幅居全省前列，分别下降34.4个百分点和30.9个百分点（见图6）。

图 5　2012 年分季度福建省规模以上民营工业主营业务收入及增幅

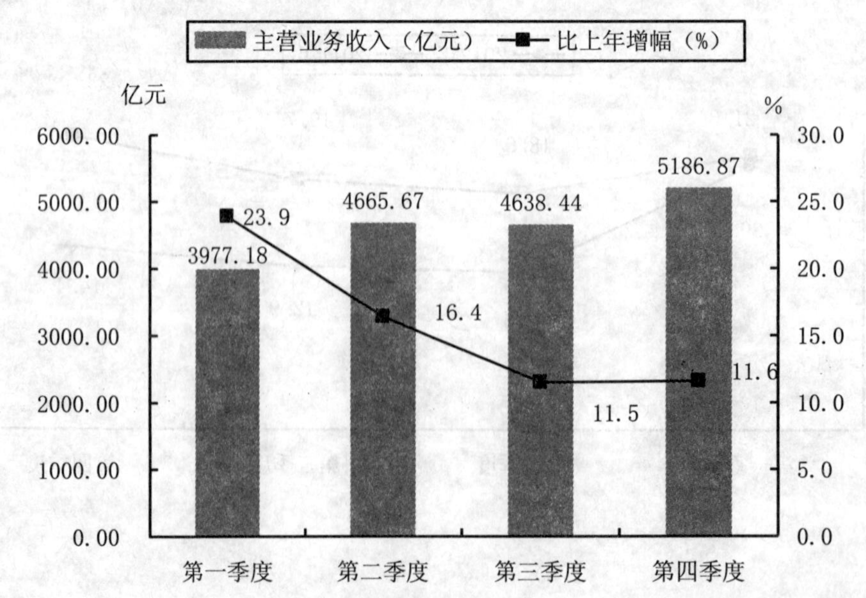

图6 福建省各设区市规模以上民营工业主营业务收入及同比增幅

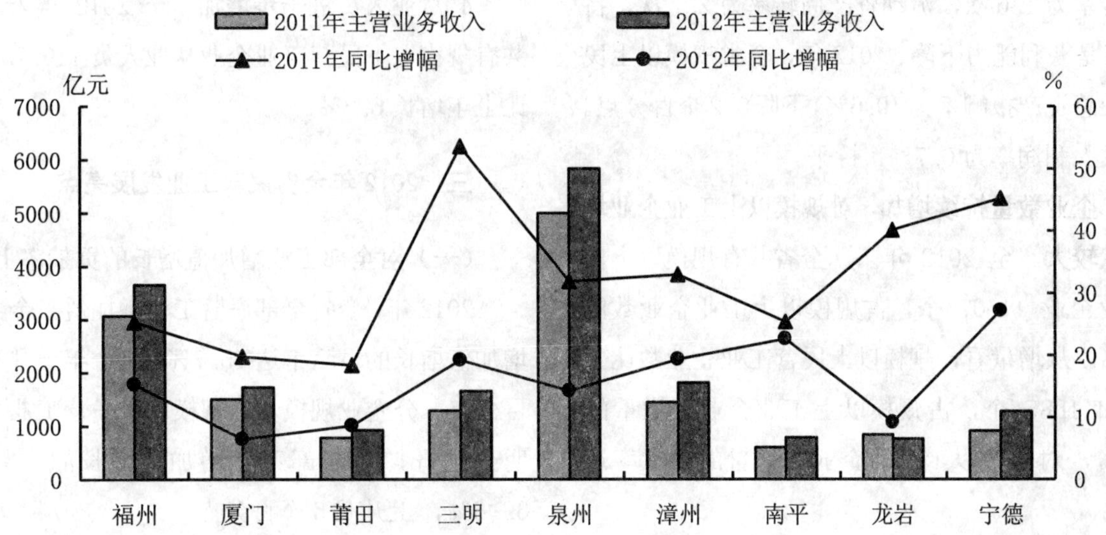

(2)利润总额增幅偏低，季度增幅“前低后高”。2012年，全省规模以上民营工业实现利润总额1234.40亿元，比上年增长14.7%，增幅下降17.7个百分点。从全年走势看，二、三季度逐季下降，三季度为全年最低点，仅增长8.0%；四季度大幅回升至18.2%，为全年最高点（见图7）。

图7 2012年分季度福建省规模以上民营工业利润总额及增幅

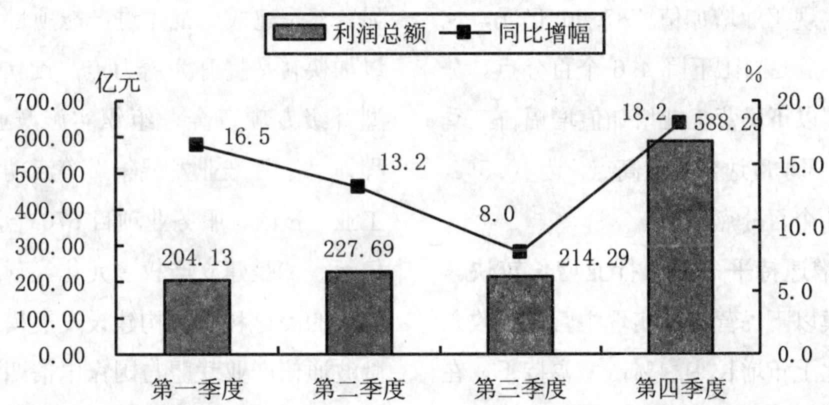

(3)亏损面有所扩大，亏损额进一步增加。2012年，全省规模以上非公有企业亏损企业数为1061个，比上年增加242个；亏损面为7.6%，扩大0.8个百分点；亏损额为95.51亿元，增长114.9%，增幅上升6.9个百分点。

4. 对规模以上工业吸纳就业和税金增长的贡献率均下降。至2012年末，全省规模以上民营工业从业人员282.38万人，比上年增长5.4%；占规模以上工业从业人员数的比重达70.2%，对规模以上工业吸纳就业的贡献率达76.3%，下降0.6个百分点。2012年，全省规模以上民营工业实现税金总额582.76亿元，增长26.8%；占全省规模以上工业的52.5%；对规模以上工业税金增长的贡献率为60.8%，下降4.3个百分点。

5. 偿债能力及获利能力下降，营运能力持平。与上年比较，反映偿债能力及获利能力的民营工业主要指标有所下降，营运能力持平。一是偿债能力下降。至2012年末，全省规模以上民营工业资产负债率和产权比率分别为49.5%和98.0%，比上年分别提高0.2个百分点和0.7个百分点。二是营运能力持平。2012年，全省规模以上民营工业总资产周转率为1.6次，流动资产周转率为2.7次，持平。三是获利能力下降。2012年，全省规模以上民营工业总资产报酬率为10.6%，下降0.2个百分点。销售收入利润率为6.7%，持平。

6. 企业数量持续增加，对规模以上工业企业增量贡献较大。至2012年末，全省共有规模以上民营工业企业11607个，占规模以上工业企业数的79.1%。从增量看，规模以上民营工业企业数比上年增加1885个，占规模以上工业企业数增量的79.1%，对规模以上工业企业数增量的贡献率达94.3%。

（三）规模以下民营工业

1. 生产总体保持平稳增长。面对国内外经济增速放缓及要素成本上升等问题，福建省各级政府采取各种积极有效的措施，扶持小微工业健康发展，规模以下民营工业总体平稳增长。2012年，全省规模以下民营工业实现工业增加值787.90亿元，比上年增长9.4%，增幅同比下降4.6个百分点。分季度看，全省规模以下民营工业增加值增幅自三季度开始逐季回升，四季度达全年最高点，达10.5%，高出上年同期3.6个百分点。

2. 销售收入增速持平，部分行业增长较快。2012年，全省规模以下民营工业实现主营业务收入2648.79亿元，比上年增长9.4%，增幅持平。在规模以下民营工业38个大类行业中，18个行业主营业务收入增长，部分行业增长较快。如：在2012年全省降水量较往年丰富、河面径流量大的自然因素作用下，电力、热力生产和供应业实现主营业务收入52.94亿元，增长29.7%；受上网电价上调的利好政策影响，电力、热力生产和供应业实现利润13.06亿元，增长69.5%。

3. 出口销售收入下降。受市场需求疲软、订单减少等影响，全省规模以下民营工业企业产品出口销售收入有所下降。据对全省218个规模以下民营出口工业企业抽样调查，2012年出口产品销售收入6.87亿元，比上年下降6.2%。

4. 从业人员进一步增加。至2012年末，全省共有规模以下民营工业企业从业人员119.73万人，比上年增长6.2%。

三、2012年全省民营工业发展亮点

（一）对全部工业增加值增长的贡献率上升

2012年，全省全部民营工业增加值对全部工业增加值增长的贡献率达75.7%，比上年上升6.2个百分点。分企业规模看，规模以上民营工业贡献率明显上升，对全部工业增加值增长的贡献率为69.6%，上升8.6个百分点。

（二）泉州市民营企业“二次创业”成效初显

泉州是全省民营经济发展的龙头。为进一步促进泉州民营企业发展，2012年1月，福建省人民政府出台《关于进一步促进泉州市民营经济发展十条措施的通知》，加快推进泉州“二次创业”，成效初显。一是建成一批先进产能项目。2012年，泉州市以加快转变提升为着力点，设立5亿元民营企业转型升级专项资金，组织实施产业升级“四化”工程、“第三产业发展年”等活动，全年全市共建成工业、技改、服务业项目670个，新增年产能1950亿元。二是建立产权多元化、营运专业化、使用社会化的民办科研机构建设发展模式。如：泉州数字微波通信产业联盟与国家电信四所、三十八所、北航、北大、清华等合作，在泉州微波通信产业基地建设常设研究机构，开展核心技术攻关，抢占国内外技术制高点。三是企业总部回归步伐加快。截至2012年底，泉州市累计引进企业总部或营销中心300多个。其中，石狮有61个运营总部回归，南安有82个总部回迁或意向回迁，惠安9个总部项目中已有2个动工建设，晋江恒安、安踏、九牧王、匹克、361度、特步、富贵鸟、达利、菲莉、金鹿等多家本土品牌的总部项目也在动工建设。

（三）“走出去”步伐加快，成效提高

据对全省3939个民营工业企业跟踪监测调查，

与 2011 年相比，2012 年全省民营工业企业“走出去”步伐加快，成效提高。主要表现在：一是“走出去”企业数比重有所上升。2012 年实施“走出去”战略的企业有 952 个，约占列入调查企业数的 24.2%，比上年上升 4.6 个百分点。文教、工美、体育和娱乐用品制造业，皮革、毛皮、羽毛及其制品和制鞋业，电气机械和器材制造业是全省民营工业企业“走出去”的主要行业，上述三个行业“走出去”企业数累计占列入调查企业数的 21.8%，比上年上升 13.5 个百分点。二是境外设立营销网络、研发机构的企业数比重上升。在实施“走出去”战略的企业中，在境外设立营销网络的企业占 70.5%，设立境外研发机构或设计中心的企业占 8.1%，分别上升 9.4 个百分点和 2.8 个百分点。三是“走出去”成效进一步提高。930 个占列入调查企业数 23.6%的企业反映“走出去”取得成效，其中获得新技术、新工艺的企业占 23.7%，上升 8.9 个百分点；提升了竞争力的企业占 43.4%，上升 8.7 个百分点；产品结构得到优化的企业占 30.4%，上升 4.8 个百分点。

四、2012 年福建省民营工业生产经营存在的主要问题及困难

（一）生产成本上升

2012 年，全省民营工业各项生产成本持续上涨。全年全省规模以上非公有企业主营业务成本为 21585.12 亿元，比上年增长 14.4%，增幅与主营业务收入 14.5%的增幅基本持平；主营业务成本占主营业务收入的比重为 85.6%，高出全省规模以上工业 0.2 个百分点。①用工成本持续上涨。近几年，受物价水平上涨、各省市相继上调最低工资标准、用工紧缺等因素影响，全省企业用工成本呈现持续、较大幅度的上升走势。2012 年，全省规模以下民营工业企业应付职工薪酬 297 亿元，增长 13.5%；从业人员月均薪酬为 2067 元，增长 23.1%。②利息支出增长较快。尽管近两年福建省加大了金融对小微民营企业的信贷扶持力度，降低小微企业融资成本，但全省民营企业利息支出仍较快增长，占财务费用的比重进一步上升。2012 年，全省规模以上非公有企业利息支出 214.95 亿元，比上年增长 21.8%；利息支出占财务费用的比重为 89.6%，比重上升 3.8 个百分点。造成福建省民营企业利息支出增长较快的主要原因：一是贷款利率与法定存款准备金率连续上调。近年来，国家多次上调金融法定存款准备金及基准利率，不仅加剧了企业融资困难，也进一步抬高了融资成本。2011 年 1 月-2012 年 6 月，金融机构存款准备金率上调了 2.0 个百分点，贷款基准利率从 5.81%上调至 6.31%，上调幅度为 8.6%。二是贷款利率上浮比例偏高。据对全省 30 个民营企业调查显示，53.3%的企业反映贷款利率上浮比例偏高，其中有一半的企业反映一年期贷款利率比基准利率上浮 30%以上。

（二）两金占比进一步上升

2012 年，民营企业销售难度加大，库存增加，应收账款和产成品存货总额增加。全年全省规模以上非公有企业应收账款和产成品存货总额为 3614.66 亿元，比上年增长 18.0%，增幅高出全省规模以上工业 0.7 个百分点；占流动资产的比重为 37.3%，比重同比上升 0.7 个百分点，高出规模以上工业 1.9 个百分点。据福建省纺织服装出口基地商会资料显示，2012 年全省纺织服装行业部分大型民营工业企业库存创历史新高，部分企业存货量高达 5 亿元以上，个别企业平均存货周转天数由 2011 年的 49 天上升至 86 天。

（三）税费负担仍较重

2012 年，为进一步扶持小微企业发展，减轻压力，福建省出台了多项减税政策，但总体上看，民企税费负担仍较重，税金上缴比重继续上升。全年全省规模以上非公有企业税金总额 807.32 亿元，比上年增长 27.7%；占主营业务收入的比重为 3.2%，比重同比上升 0.9 个百分点。

（四）出口面临较大困难

1. 订单明显下降。2012年以来，债务危机持续蔓延，全球经济明显下滑，国际市场需求下降。据资料显示，全年世界经济增长率仅为2.2%，低于2011年2.7%和2010年4.0%的增长水平。受国际市场需求下降等因素影响，全省民营工业外贸订单明显下降。据对有签外贸订单的1343个民营工业调查，2012年1343户企业新签外贸订单总额比上年下降40.1%。

2. 贸易保护措施进一步升级。在全球经济复苏乏力的背景下，一些国家或地区为保护本国或本地区经济，围绕市场、技术、标准等方面，出台了一些贸易保护措施。与往年相比，保护措施的种类呈多样化，从最初的配额限制、反倾销、特保，到目前的反补贴、技术壁垒、召回等；涉案金额大幅增长。据福建省外经贸厅统计，2012年全省共遭遇贸易保护案件45起，比上年增长21.6%；涉案企业956个，增长13.4%；涉案金额4.49亿美元，增幅高达104.1%。民营企业是全省出口的主力军，民营企业出口额占全省出口总额的五成左右，贸易保护措施进一步升级对民营企业出口影响较大。

3. 出口订单向周边国家转移。随着生产要素成本的不断提高，越来越多境外客户开始将订单转向劳动力更廉价、政府优惠政策更多的东南亚国家，导致全省鞋、服装等劳动密集型产品出口订单减少。据福建省纺织服装出口基地商会统计，2012年全省纺织服装产品约10%的出口订单流向南亚、东南亚低成本国家。

五、促进福建省民营经济发展的几点建议

（一）多措并举解决用工难题

一是要加快转型升级，引进先进设备和技术，提高效率，减少用工。如：2012年，长乐市某纺企通过引进先进设备和技术，棉纺锭每万锭用工人数降至45人，达到行业较高水平，劳动用工成本减少了50%；福建某电路板公司通过引进先进设备，一线工人需求量下降了25%。二是建立培训基地，开展“订单式”技能培训。采取“政府搭台、校企唱戏”方式，深入开展“校企联姻”活动，企业与学校联合建立人才培训基地；也可依托职业中学、技校等劳务培训平台，在剩余劳动力较多的地区，开展“订单式”技能培训，既帮助剩余劳动力就业，又有效地解决了企业用工荒。三是采取措施，减轻用工成本压力。针对目前企业用工成本较高的现状，建议在政策允许下，采取“缓交”或“补贴”措施，减轻民企用工成本压力。在这方面，可借鉴浙江省的做法，如：浙江省于2009年在全国率先启动了金融危机时期帮扶中小企业的政策——“五晚四减三补贴”政策，即“五晚”就是五项社会保险晚交，“四减”就是除了养老保险以外，其他的四项保险集中减少一个月，“三补贴”是指困难的中小企业可以享受社保补贴、岗位补贴和技能培训补贴，该政策在一定程度上减轻了企业负担，进一步帮扶企业平稳发展。

（二）继续加大对小微企业的金融扶持力度

近几年，福建省金融扶持小微企业的力度较大，成效显著。至2012年末，已连续四年实现了“两个不低于”目标；2012年，全省小微企业贷款余额居全国第6位、增量居全国第5位，小微企业贷款余额在企业类贷款余额中的比重达35.1%，居全国第3位。为此，建议继续加大对小微民营企业的金融扶持力度。一是扩大金融服务小微企业的覆盖面，将更多的小微企业纳入银行金融服务范围。二是加快推进金融产品创新。在抵质押物方面，积极探索信用贷款；贷款还款方式方面，探索年审制、循环贷款、无还款续贷等方式，减轻小微企业申请续贷期间需偿还贷款的资金压力。福建省部分银行的做法值得推广。如：建设银行泉州分行开发了纯信用融资产品“信用贷”和“善融贷”，2013年1月至4月期间，累计审批信用类贷款75笔金额9000万元，放款金额5500万元，其中发放“善融贷”25笔、金额2284万元；泉州银行推出了“无间贷”还款方式，即符合规定的小微企业在续贷期间无需

偿还本金，该方式有效破解了小微企业因续贷带来的资金紧张，并降低了融资成本。三是进一步完善小微企业的贷款利率定价机制。根据小微企业具体情况，科学、合理地确定差别化贷款利率，对发展前景好、信用记录好、有订单、有销路的小微企业实行优惠利率。加大“七不准、四公开”专项治理力度，降低小微企业融资成本。

（三）进一步加大对小微企业的税收扶持力度

近两年，尽管福建省出台了多项小微企业的税费减免政策，但总体上看，税收减免受惠面较窄，部分政策还有待落实。如：2012 年 1 月 1 日至 2015 年 12 月 31 日，福建省对年应纳税所得额低于 6 万元（含 6 万元）的小微企业所得税实行减半征收；2015 年底前确有困难的小微企业可减免房产税、城镇土地使用税。但部分小微企业反映，对于年应纳税所得额低于 6 万元的微型企业或经营困难、出现亏损的小微企业帮助不大。为此，建议进一步加大对小微企业的税收扶持力度，提高小微企业年应纳税所得额的标准，扩大所得税减半征收的企业受惠面；进一步加大税收优惠政策落实力度。

（执笔：林晓霞）

2012年福建省小微工业发展状况分析

2012年，在国家及福建省陆续出台扶持小微企业发展政策的推动下，福建省小微工业生产和效益主要指标均呈两位数增长。但经营成本上升、出口竞争力下降等因素仍制约小微工业更好更快发展。

一、发展概况

（一）全部小微工业

2012年，福建省全部小微工业生产和效益主要指标均呈两位数增长，比上年增幅均高于全部工业（见表1）。对全部工业产值、增加值、主营业务收入增长的贡献率分别为55.7%、57.1%、71.6%；对全部工业利润总额和从业人员增长的贡献率均超过100%，分别达112.8%和108.1%。分季度观察，产值和增加值增幅比上年均为前升后降。一季度产值和增加值增幅为年内最高水平，之后小幅波动。

表1 福建省全部小微工业生产和效益主要指标

（2012年）

指　标	计量单位	数值	比上年增长（%）	占全部工业的比重（%）	增幅比全部工业（百分点）
产值	亿元	14550.52	19.4	45.3	4.2
增加值	亿元	4006.07	18.7	46.3	4.1
主营业务收入	亿元	14792.96	20.5	46.9	7.9
利润总额	亿元	799.35	32.6	42.3	22.4
从业人员（不含规模以下个体企业）	万人	279.56	11.1	54.1	5.8

（二）规模以上小微工业

1. 生产保持较快增长，累计比上年增幅较为平稳。2012年，福建省规模以上小微工业实现产值11875.24亿元、增加值3218.17亿元，比上年分别增长21.9%和21.2%，增幅比规模以上工业分别高出6.1个百分点和6.0个百分点，占规模以上工业的比重分别为40.4%和41.0%。①从全年走势看，产值和增加值累计比上年增幅较为平稳（见图1），除1-3月增幅较高外，其它月份均在20%左右浮动。②分大类行业观察，增加值比重最大的5个行业对小微工业增加值增长的贡献率也最大，依次是非金属矿物制品业（增加值335.79亿元，贡献率12.5%），农副食品加工业（增加值246.00亿元，贡献率6.9%），纺织业（增加值156.54亿元，贡献率5.5%），皮革、毛皮、羽毛及其制品和制鞋业（增加值166.09亿元，贡献率5.1%），化学原料和化学制品制造业（增加值161.95亿元，贡献率5.1%）。③分地区观察，泉州市仍然是福建省小微工业增加值比重最大的设区市，2012年实现增加值753.22亿元，占全省近四分之一，对全省小微工业增加值增长的贡献率达26.3%，居各设区市之首。

2. 出口交货值累计比上年增幅总体下降。2012年，福建省规模以上小微工业实现出口交货值1419.40亿元，比上年增长16.6%，占规模以上工业的比重为24.3%。①从全年走势看，出口交货值累计同比增幅从1-3月始，除1-7月持平、1-11月略有回升外，总体逐月下降，1-12月降至年内最低增幅（见图2）。②分大类行业看，在有出口的31个大类行业中，计算机、通信和其他电子设备制造业，有色金属冶炼和压延加工业等7个行业出口交货值比上年下降。其中，出口交货值比重占全省第5位的计算机、通信和其他电子设备制造业比上年下降2.0%。主要原因：一是福建省小微电子企业大多停留在组装等低端水平，易受市场需求影响；二是欧盟2012年8月实施的《报废电子电气设备指令》，对进入欧盟市场的电子电气产品做出了更为严苛的要求，影响了小微电子企业对欧盟的出口。

图1　2012年福建省规模以上小微工业产值和增加值增幅

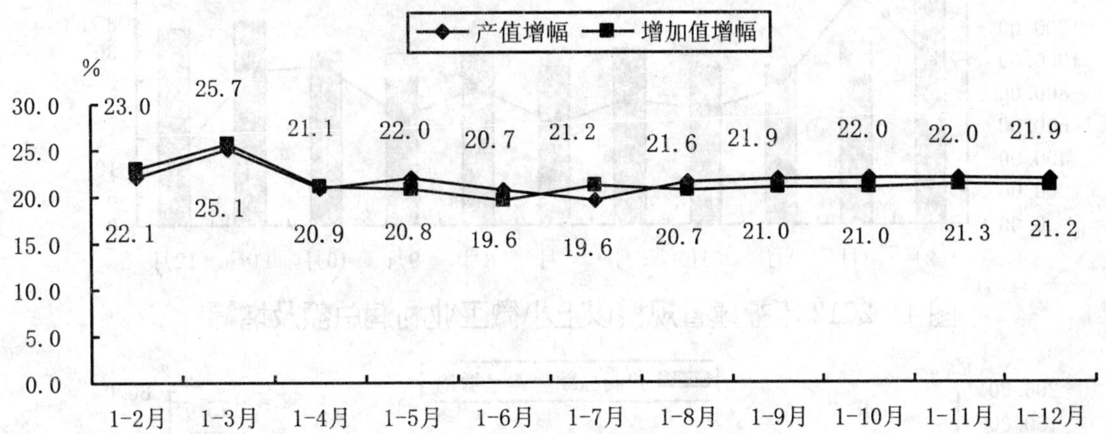

图2　2012年福建省规模以上小微工业出口交货值增幅

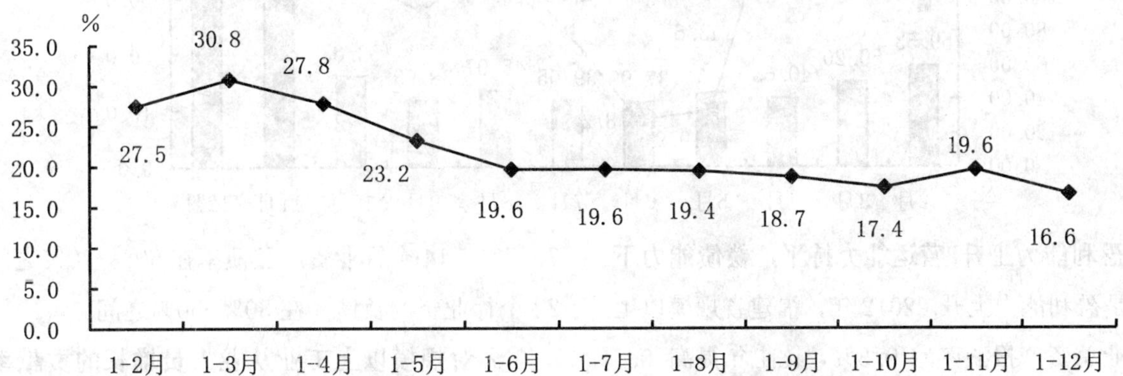

3. 主营业务收入增长，单月增幅起伏较大。 2012年，福建省规模以上小微工业实现主营业务收入12144.17亿元，比上年增长23.3%，增幅比规模以上工业高出10.4个百分点，占规模以上工业的比重为42.0%。从全年走势看，主营业务收入单月同比增幅起伏较大（见图3）：3月份实现全年最高增幅，4-5月逐月回落，6-11月曲折变化，12月受上年同期基数较大的影响大幅回落，为全年最低增幅。

4. 利润总额快速增长，单月同比增幅呈波浪状。 2012年，福建省规模以上小微工业实现利润总额689.35亿元，比上年增长35.1%，同比增幅比规模以上工业高出25.4个百分点，占规模以上工业比重为38.7%。①从全年走势看，利润总额单月同比增幅呈波浪状（见图4）：前4个月逐月上升，5月份受生产成本大幅上涨影响增幅大幅下挫；6月份增幅是年内最低增幅，7-12月振荡走高。其中，11月份增幅达52.4%，创年内最高增幅。②分大类行业观察，除黑色金属矿采选业，皮革、毛皮、羽毛及其制品和制鞋业，有色金属矿采选业，烟草制品业等4个行业外，其余34个行业利润总额比上年均增长。其中，有9个行业增幅在50%以上。

在上网电价上调和 2012 年降水量较往年丰富等共同作用下，电力、热力生产和供应业利润总额增幅达 197.7%，对小微工业利润总额增长的贡献率达 12.1%，增幅和贡献率均居各行业首位。

图 3　2012 年福建省规模以上小微工业主营业务收入及增幅

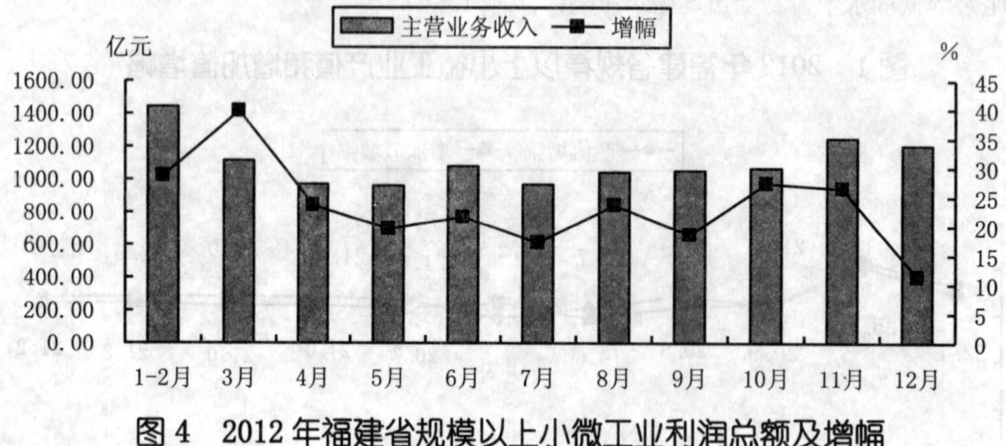

图 4　2012 年福建省规模以上小微工业利润总额及增幅

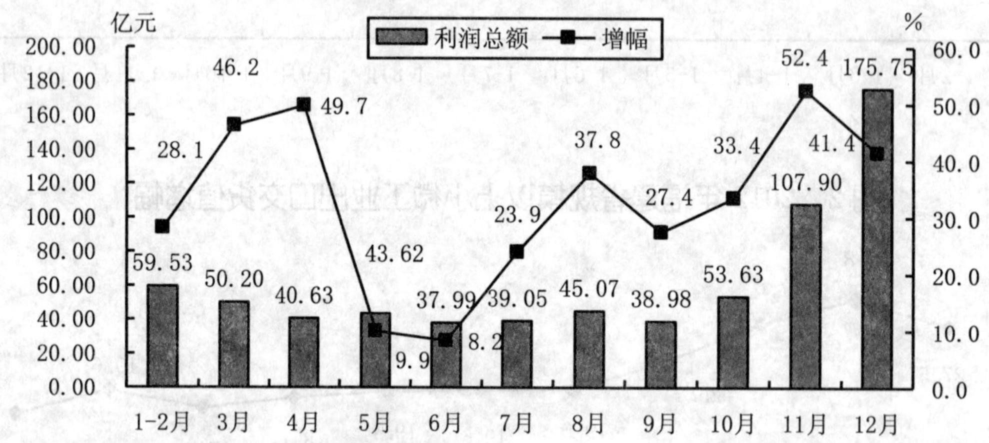

5. 盈利能力上升，营运能力持平，偿债能力下降。一是盈利能力上升。2012 年，福建省规模以上小微工业总资产报酬率为 9.3%，比上年提高 0.7 个百分点；销售利润率为 5.7%，提高了 0.5 个百分点。分大类行业看，25 个行业总资产报酬率比上年上升，上升面达 65.8%；26 个行业销售利润率上升，上升面为 68.4%。二是营运能力持平。2012 年，福建省规模以上小微工业总资产周转率为 1.7 次，流动资产周转率 3.0 次，均与上年持平。三是偿债能力下降。2012 年末，福建省规模以上小微工业资产负债率和产权比率分别为 53.1%和 113.2%，比上年分别提高了 0.3 个百分点和 1.5 个百分点。分大类行业看，资产负债率最低的是烟草制品业，为 6.6%；最高的是电力、热力生产和供应业，达 70.5%；14 个行业资产负债率在 50%-70%之间；22 个行业资产负债率在 30%-50%之间。

6. 对规模以上工业从业人员增长的贡献率超 100%。2012 年末，福建省规模以上小微工业从业人员 159.83 万人，比上年增长 15.2%，占规模以上工业从业人员的比重为 40.3%，对规模以上工业从业人员增长的贡献率为 111.0%。分大类行业观察，皮革、毛皮、羽毛及其制品和制鞋业，纺织服装、服饰业，农副食品加工业等 3 个行业对小微工业从业人员增长的贡献率较大，均在 6.5%以上。

（三）规模以下小微工业

1. 生产较为平稳，季度增幅呈 V 型。2012 年，福建省规模以下小微工业产值和增加值分别为 2675.28 亿元和 787.90 亿元，均比上年增长 9.4%。

分季度观察，产值和增加值增幅均呈V型变化，总体在10%上下浮动。一季度均为10.2%，二、三季度有所回落，四季度略有回升，均为10.5%。

2.运行质量提高，主要指标有所好转。2012年，福建省规模以下小微工业实现主营业务收入2648.79亿元，比上年增长9.4%，高于广东省（比上年增长8.5%），低于山东省（增长18.2%）和江西省（增长10.1%）；实现利润总额110.00亿元，增长18.6%，增幅比生产增幅快9.2个百分点，高于江西省（增长7.5%）和浙江省（下降7.2%）；总资产报酬率为6.2%，比上年提高0.8个百分点；成本利润率为7.7%，提高0.7个百分点。

3.从业人数增长，工资收入提高。截至2012年末，福建省规模以下小微工业企业从业人员119.73万人，比上年增长6.2%；为从业人员带来了297亿元工资性收入，增长13.5%。

二、发展特点

（一）对全部工业利润总额和从业人员增长的贡献率超100%

2012年，福建省全部小微工业实现利润总额799.35亿元，比上年增长32.6%，占全部工业的比重为42.3%，对全部工业利润总额增长的贡献率达112.8%。同期，大型工业、中型工业利润总额比上年分别下降5.5%、增长1.9%。2012年末，福建省全部小微工业企业从业人员有279.56万人，比上年增长11.1%，占全部工业企业的比重为54.1%，对全部工业企业从业人员增长的贡献率为108.1%。同期，大型工业、中型工业从业人员比上年分别增长0.2%和下降1.6%。

（二）税负低于其它规模工业

近年来，各级政府部门出台了一系列扶持小微企业的税收优惠政策，如提高增值税、营业税起征点，减半征收企业所得税，免征印花税等，对小微企业的税收减负起到了一定的作用。2012年，福建省规模以上小微工业税金总额为379.06亿元，占主营业务收入的比重达3.1%，比规模以上大、中型工业分别低2.1个百分点、0.3个百分点。

（三）小微企业金融扶持政策取得成效

一是贷款增速较高。2012年末，福建省小微企业贷款余额为4846.32亿元（本外币不含票据），比上年增长19.7%，增幅比全省平均水平高出4.5个百分点，比大型企业、中型企业分别高出12.1个百分点、4.2个百分点。二是专项治理降低了融资成本。自2012年2月开展治理以来，福建省银行业（不含厦门）累计取消服务收费项目539项，调低服务收费标准203项，清退针对小微企业的不合理收费1602笔、金额达3566万元，一定程度上降低了融资成本。三是金融产品创新一定程度上缓解了融资困难。如：建设银行福建省分行与省政府合作推出小微企业“助保贷”产品，将财政与企业资金搭成担保基金池，有效放大财政资金杠杆效应；在信用贷款方面，兴业银行、建设银行福建省分行、民生银行泉州分行分别推出“积分贷”、“信用贷”、“流水贷”等无抵押信贷产品，一定程度上破解了小微企业缺乏抵押物的难题。

三、福建省小微工业面临的主要困难和问题

（一）融资成本和用工成本上升增大企业经营压力

一是融资成本上升。尽管各级政府积极采取措施，鼓励金融机构降低对小微企业的融资门槛，2012年国家也下调金融机构人民币存贷款基准利率。但受抵（质）押物有限、担保要求严格、放贷时间长等影响，民间借贷仍是部分小微工业企业的重要融资渠道。而目前民间借款年利率基本在20%左右，增加了企业利息支出。2012年，福建省规模以上小微工业利息支出120.22亿元，比上年增长35.6%，增幅分别比规模以上大、中型工业高出23.8个百分点、17.2个百分点；规模以下工业企业利息支出24.10亿元，增长27.7%。二是用工成本上升。据对全省973个规模以下小微工业企业调

查显示，45.8%的企业反映用工成本高是目前影响发展的主要原因，比重比上年提高15.8个百分点，居各问题之首。部分企业反映员工工资上涨后，用工成本高于承接订单的利润，因此放弃了订单；部分企业反映员工工资上涨，较大程度增加了生产经营成本，不敢招工。

（二）资金短缺现象更加严重

尽管近年来各级政府以及有关部门加大对小微企业的资金扶持，但在生产经营规模扩大、成本上升、货款回收不及时等因素影响下，福建省部分小微工业企业资金短缺现象更加严重。据小微工业监测调查显示：一是反映流动资金短缺的企业比重上升。在4237个小微工业企业中，反映流动资金短缺的企业占48.7%，比重同比提高2.5个百分点。其中，缺口额占本期流动资产平均余额比重在10%以上的企业占48.3%，提高0.9个百分点。二是反映固定资产投资资金短缺的企业比重上升。在有进行固定资产投资的3682个企业中，反映固定资产投资资金短缺的企业达35.1%，比上年提高4.5个百分点。三是反映改建及技术改造资金短缺的企业比重上升。在有进行改建及技术改造的3613个企业中，反映改建及技术改造资金短缺的调查企业达35.1%，比上年提高3.5个百分点。

（三）出口面临更多挑战

一是市场需求不振，新签外贸订单额下降。据国际有关机构发布的报告显示，2012年世界经济增长幅度为2.2%，不仅低于2011年2.7%的增长率，也远低于2010年4.0%的增长水平。低速的经济增长使国际市场需求不振，福建省小微工业企业新签外贸订单额下降。小微工业监测调查显示，2012年，列入调查有承接新签外贸订单的1431个小微工业企业新签外贸订单额为549.43亿元，比上年下降4.5%。二是人民币持续升值，削弱出口竞争优势。自2005年人民币汇改以来，人民币对美元每年都在升值，2006-2012年人民币对美元每年的升值幅度分别为6.8%、6.9%、3.3%、0.1%、3.1%、5.1%和0.3%。人民币持续升值使得出口企业压力进一步加大，削弱小微工业出口竞争优势。三是新兴国家迅速崛起。越南、印尼等新兴国家具备货币贬值、人力成本相对较低等优势，近年来加快工业化进程，成为福建省强有力的竞争对手。而福建省出口型小微工业企业面临人民币持续升值、成本上升等困难，竞争优势逐渐减弱，境外客户订单逐渐向新兴国家转移。如：2012年，越南对美国的出口额为196亿美元，比上年增长16.2%，同期福建省对美国的出口额下降1.1%；越南对欧盟的出口额为200.31亿美元，增长22.7%，同期福建省对欧盟的出口额下降8.4%。

四、促进福建省小微工业稳健发展的几点建议

（一）增强成本上涨消化能力

一是要积极开拓中高端产品市场。低端产品利润低，对企业成本上涨的消化能力弱。中高端产品除了更易塑造品牌之外，还能减轻成本上涨压力。如：作为我国灯具加工出口基地之一的广东顺德，70%的灯具企业为中小企业，面对成本上涨等多重影响，部分灯具企业减少低端产品出口，积极开拓LED灯、太阳能灯和无极灯等中高端节能产品市场。2010年，广东顺德灯具出口额达3.03亿美元，比上年增长34.2%，创历史新高。二是要适时转变市场运作模式。工业品进入市场，存在较多中间环节，环节多不利于企业成本控制，广东省家居业推行的工厂直销模式值得借鉴。2012年，由全国工商联家具装饰业商会、广东省家具商会牵头，组织工厂搭建的全球家居交易集散平台—品牌家具工厂批发城，集聚众多品牌家具工厂进驻广州金海马家居芳村博览中心，创建展销一体批发直销平台，实现工厂与消费者直接面对面交易，大量减少中间环节，降低成本费用，使家具价格普遍低于市场价50%-70%。

（二）积极应对资金短缺

2011年以来，各级政府相继出台了一系列扶持政策减轻小微企业的负担，但这些措施对于一些小

微企业的效力还不显著，因此建议：一是金融机构进一步有针对性地拓展金融服务范围。福建省小微工业中除机械、石化、电子等三大主导产业生产比重较大之外，纺织、食品等也是福建省小微工业中优势相对较强、生产比重相对较大的行业。金融机构应根据福建省小微工业行业特色及现状，有针对性地拓展金融服务范围。如：2012 年，民生银行泉州分行和泉州食品行业协会联合发起筹建了食品饮料行业中心。该食品饮料行业中心对泉州食品企业提供金融支持，其中民生银行泉州分行计划两年内提供 30 亿元资金助力泉州食品产业，有针对性地促进区域优势行业的发展。二是企业抱团发展，共同应对。对于生产同类产品的小微工业企业而言，可以组成联盟，通过集中采购原辅料，提高对原辅料供应企业的议价能力，降低采购成本，一定程度上提高流动资金的使用率。

（三）多措并举促出口

一方面积极运用优惠的对外贸易政策。截至 2013 年 8 月，我国已与 31 个国家和地区建立 18 个自贸区，与自贸区、部分地区签署了“零关税”等优惠政策，有助于形成价格优势，提高福建省工业品出口竞争力。福建省小微工业企业应积极运用相关政策，扩大出口。如：福建某纺企运用对东盟出口零关税政策，加大了对越南和印尼市场的开拓力度，2012 年实现出口交货值 2329.70 万元， 比上年增长 3.6 倍。另一方面出口企业之间应加强协作。福建省外贸订单受汇率等影响以短期订单居多，部分订单出现“短、急”等特殊情况，企业之间应加强协作，开展优势互补，进行订单对接，保出口市场份额。

（执笔：魏滨）

福建小微企业融资难问题的成因与对策

小微企业是国民经济的重要组成部分，对解决农村劳动力就业、增加农民收入，促进工业经济稳定、健康、持续发展发挥十分重要的作用。据测算，我国50%的税收、60%以上的GDP、80%左右的进出口、90%以上的新增就业，均由中小企业创造，而小微企业单位数占中小企业单位数90%以上。与大中企业相比，小微企业规模小、抗风险能力弱等，使其在市场经济竞争中总体处于弱势地位，尤其融资难问题长期以来困扰着小微企业的发展。本文运用翔实的调查资料，对福建省小微企业融资状况进行分析，并提出破解小微企业融资难的若干对策建议。

一、全省小微企业贷款增速继续领先，贷款增量占比居全国前列

（一）贷款余额增速继续领先

2012年末，全省小微企业贷款余额达4752.29亿元，比上年增长18.6%，增速比人民币各项贷款高1.9个百分点，分别比大、中型企业高13.1个百分点和6.0个百分点。

（二）贷款增量占比居全国前列

2012年末，全省境内人民币企业贷款共增加1517.3亿元，其中小微企业贷款增加745.7亿元，比上年多增54亿元，占企业贷款增量的比重同比提高6.4个百分点。全年小微企业贷款增量占新增企业贷款的44.2%，比上年提高6.5个百分点，较全国高14.5个百分点，居全国第3位。

二、小微企业资金需求大，融资难和融资贵问题仍较突出

尽管福建省出台了多项扶持小微企业的政策措施，小微企业新增贷款也不断增加，但相对数量快速增多、融资需求快速增长的小微企业，仅是杯水车薪，融资难和融资贵问题仍是小微企业难以逾越的一道“坎”。

（一）资金需求大

据对全省4237个小微企业的调查显示，2012年反映流动资金紧缺的企业占48.7%，比重同比提高2.5个百分点。在调查的36个工业行业中，14个行业均有五成以上企业反映流动资金无法满足需要；占小微工业产值比重较大的10个行业中，资金紧缺面较大的分别是纺织服装、服饰业，纺织业，农副食品加工业，非金属矿物制品业，木材加工和木、竹、藤、棕、草制品业，分别占被调查企业数的58.1%、57.6%、53.1%、47.4%、46.5%。

（二）融资难

由于银行贷款担保要求严格、手续繁琐、审批时间长等原因，小微企业从银行渠道融资仍较为困难。据对全省973个小微企业调查显示，有向银行借款需求的企业有293个。其中，仅8.9%能全部借到，15.4%能大部分借到，16.0%只能少部分借到，而近六成的企业未能成功获得银行贷款。2012年泉州市13万个企业中，只有1.7万个企业获得银行贷款，获得贷款的企业数比重仅为13.1%。

（三）融资贵

2012年，全省小微工业企业利息支出144.32亿元，比上年增长34.2%，增幅分别高于大、中型工业企业22.4个百分点和15.8个百分点。

三、造成小微企业融资难的主要原因

（一）银行业占主导地位，企业融资渠道单一

我国的金融体系，银行业占主导地位。从融资结构看，2012年全国社会融资总量中，仅13.9%来自于债券和股票。据2011年对全省6070个小微企业调查显示：全省六成多小微企业仍单纯依赖银行贷款和民间融资，较少获得上市、风险投资等融

资方式。从资产规模看，银行业的资产占全部金融机构资产约90%以上。银行主导的金融结构导致系统性风险主要在银行体系内积累，同时银行信贷管理体系的制约及对风险控制的高要求决定了其难以将信贷资源更多更大力度向小微企业倾斜，对经济转型和产业升级金融支持比较有限。

（二）小微企业不良贷款率偏高，银行普遍存在“惜贷”

据银监会统计，全国小企业的不良贷款率是其他企业的1倍，500万元以下的小微企业贷款是企业贷款不良率的4倍。据福建银监局统计，截至2012年末，全省金融机构微型企业贷款不良率为1.59%，分别高出大、中型企业1.41个百分点和0.56个百分点，其中单个授信500万元以下的小微企业不良贷款率达2.57%。小微企业不良贷款率偏高，银行普遍“惜贷”。尤其在当前经济周期调整的背景下，市场不确定因素增加，加大了小微企业的经营风险，致使银行对小微企业贷款更为谨慎。据全省258个小微企业调查，占27.6%的调查企业反映融资难，其中四成多企业反映银行信贷管理的制约及对风险控制的要求制约企业进行银行融资。

（三）企业规模和固定资产偏少，缺乏有效抵押

1.规模偏小。尽管近几年全省小微企业有了一定的发展，但企业规模仍偏小。2012年全省规模以上小微企业户均资产总额为0.62亿元，2011年户均资产总额为0.52亿元，而2011年全国平均水平为0.64亿元。

2.固定资产偏少，缺乏有效抵押。贷款抵押担保是银行防范风险的主要手段，但大部分企业规模偏小，无法提供可担保抵押的财产。据全省258个企业调查，占27.6%的调查企业反映融资难，其中近四成企业是由于缺乏有效抵押物；另据福州市188个小微企业调查，63.8%的小微企业无自有厂房（场地），特别是经营年份在5年以内，处于成长期的小微企业，占76.6%均是租用厂房（场地）。

（四）企业内部财务管理不规范，信用意识缺乏

1.财务管理不规范。大部分小微企业普遍存在财务不健全现象，很多小微企业没有建立严格的财务管理制度。据人行福州中心支行统计，截至2012年底，全省仅4700多个企业获得信用评级，其中绝大部分为大中企业，而小微企业无法获得信用评级主要是因为财务制度不规范。

2.信用意识缺乏。部分小微企业信用意识淡薄，自身对塑造诚信形象重视不够，有意无意发生逾期还款或拖欠贷款等不良行为，造成银行放贷慎之又慎。据人行福州中心支行统计，截至2013年4月底，全省中小企业信用信息基础数据库入库中小企业累计达10万多个，但由于信用记录不良等原因，仅约1.5万个企业获得贷款。

四、对策建议

（一）加快推进金融体制改革，建设多元化金融体系

1.大力推动民间资本进入金融业。大力培育民间专业资产管理和投资管理机构等民间金融组织，推动民间资本进入金融业。民间资本管理公司是介于小额贷款公司和股权投资公司之间的一种新平台，是中小企业融资与民间资本投资对接的平台。可借鉴温州市积极鼓励民间资本管理公司加强与银行业金融机构的合作的做法。

2.发展多层次资本市场。大力发展区域股权交易市场。目前全省已有2个股权交易中心，若按全省符合入场门槛的企业数占10%来计算，可以新增3至4个交易所。从业务领域来看，可借鉴武汉股权托管交易中心的做法，他们自2011年11月运行至2012年8月，已为19个公司办理了23笔股权质押融资业务，融资总金额达33.1亿元，有效缓解了中小企业融资困难。

3.完善政府特殊担保机制。可借鉴国际上一些国家解决小微企业融资难的做法。如美国的小企业管理局下属很多小企业投资公司，主要提供银行担保，激励银行把资金贷给小企业，担保基金只在贷款失败时才进行支付。根据美国国会的统计，这些小企业投资公司从 1960 年开始运行以来，无一个因坏账经营失败。福建省在此方面已有所尝试，也取得一定成效，可以加以推广。如 2012 年 9 月份，省政府与建设银行福建省分行合作推出小微企业"助保贷"业务，将财政与企业资金搭成担保基金池，有效放大财政扶金的杠杆效应；泉州市政府正在筹备设立"小微信贷风险补偿基金"。一旦银行发生的小微信贷坏账符合该基金条件，则该补偿基金进行赔付，充分激发银行的贷款积极性。

4. 进一步完善小微企业信贷管理机制。一是针对小微企业单独配置人力和财务资源，建立或完善专门的小微企业审贷机制和服务平台，做到小微企业审批流程标准化、专业化、简约化；二是完善小微企业信贷人员尽职免责机制，对小额贷款信贷员主要考核风险抵扣后利润水平的高低；三是适当放宽小微企业贷款不良率的容忍度。

（二）进一步提高小微企业金融服务能力

1. 继续创新小微企业信贷产品。近年来，各金融机构针对全省中小民营企业多的特点，创新服务，为中小微企业量身定做各具特色的信贷产品，成效明显。如：民生银行泉州分行推出"流水贷"、兴业银行推出"积分贷"、建设银行福建省分行推出"信用贷"、"供应贷"等一系列无抵押信贷产品；莆田部分金融机构针对古典家具推出"木艺通"、"仙作通"，针对珠宝行业推出"珠宝通"及"3 户、5 户、7 户"联保贷款，均取得良好效果。建议继续创新信贷产品。

2. 加强投贷联动。银行业可联合私募股权基金等投资机构，向科技型、成长性好的小微企业提供股权、债权相结合的融资产品。2012 年，浦发银行携手上海国际集团创业投资有限公司、上海市再担保有限公司共同推出"投贷宝"产品，对中小企业特别是符合国家产业导向的七大新兴产业中的科技型中小企业按照一定的股权投资和银行贷款配置比例，给予"投资+贷款+"的一揽子解决方案，可以借鉴。

3. 提高金融服务水平。银行业要扩大服务领域，提高服务水平，为小微企业提供财务顾问、战略规划、发债承销等金融服务，帮助科技型、成长性好的小微企业成长上市。

（三）加快推进信用体系建设

1. 积极打造小微企业信用综合平台。整合各方面资源，建立公开、透明，能够反映小微企业经营、财务、信用、交易等信息的信用综合平台。2012 年 10 月，浙江省在全国率先组织开展小微企业信用评级工作，计划到 2014 年完成 3 万个以上的企业信用评级；同时通过公开竞标，引入两家信用评级机构进行信用评级。泉州市目前正在打造集工商、银行、税务等信息为一体的小微企业综合服务信用平台，同时准备引进第三方机构对小微企业进行信用评级并对所评级的企业提供融资担保，此举不但将在很大程度上突破信息不对称的瓶颈，而且将评级与融资有效结合，值得全省借鉴与推广。

2. 企业加强信用建设。一方面，健全及合规的财务制度是小微企业获得信用评级的关键一步。财务管理混乱、会计信息失真，难以判断企业真实的财务和经营状况，是银行对小微企业"畏贷"、"惜贷"的重要原因。因此，一是按照现代企业管理制度要求，规范财务制度，不断提高企业财务透明度，不断提升融资能力和发展能力。二是实行财务管理服务外包。作为企业规避管理风险的一种有效手段，财务管理服务外包能利用专业机构的专业技能对企业财务系统进行统一管理，能有效提高财务管理水平。另一方面，小微企业是社会信用体系建设的一员，企业要增强信用意识，加强信用体系建设。

（执笔：郑芳）

2012年福建省产业结构与运行质量情况分析

2012年，福建省实现GDP19701.78亿元，比上年增长11.4%。其中，第一产业实现增加值1776.47亿元，增长4.2%，对经济增长的贡献率为3.2%；第二产业实现增加值10288.59亿元，增长14.6%，对经济增长的贡献率为67.9%；第三产业实现增加值7636.72亿元，增长8.5%，对经济增长的贡献率为28.9%。三次产业结构由2011年的9.2∶51.6∶39.2调整为2012年的9.0∶52.2∶38.8。

一、产业结构优化

（一）农林牧渔业结构稳步调整

2012年，全省农林牧渔业总产值3007.18亿元，按可比价计算比上年增长4.3%，增幅比上年提高0.2个百分点。农业、林业、牧业、渔业和农林牧渔服务业产值结构为42.0∶8.6∶16.0∶30.0∶3.4。与上年相比，农业和渔业产值占比分别提高0.4个百分点和1.3个百分点，林业、牧业和服务业产值占比分别下降0.1个百分点、1.5个百分点和0.1个百分点。

1.优质新品种示范推广好、经济作物品种结构优化。2012年，全省加大优质稻、高效蔬菜新品种示范推广，主要粮油作物良种覆盖率达98.7%，优质专用率达81.5%，蔬菜良种覆盖率达93.5%。全省经济作物在保持较快增长的同时，继续加强经济作物品种结构优化，培育优势产区，发展特色产品，加快品牌开发与市场开拓。播种面积增长较快的有盆景园艺、花卉和药材等。其中，盆景园艺播种面积5.39万亩，比上年增长35.5%；花卉播种面积22.39万亩，增长19.9%；药材播种面积22.91万亩，增长19.8%。

2.造林任务超额完成，林权改革取得新进展。2012年，全省共完成造林绿化面积331.22万亩，占总任务数的110.4%，超额完成全年300万亩造林任务。林权制度改革继续深化。全省林权登记发证率达98.7%，比上年提高11.5个百分点；林权证到户率达96.1%，提高14.6个百分点。全省已建立各类林业合作组织3751个，涉及农户数251.56万户，经营面积783.68万亩。森林综合保险有效拓展。全省在保森林面积10575.63万亩，总在保率92.0%，其中省级以上生态公益林4289.82万亩，在保率100%；商品林6285.81万亩，在保率87.2%。

3.水产品总产量平稳增长，水产养殖和远洋渔业结构优化。2012年，全省水产品总产量为628.61万吨，比上年增长4.1%，增幅比上年提高1.3个百分点。水产品产量继续保持全国第三。其中，实现养殖产量406.12万吨，与上年比，海水养殖增长5.2%，淡水养殖增长6.3%。海水养殖主要是进一步培育鲍鱼、对虾、海带、紫菜等高优品种和“北参南养”，全年海参产量1.55万吨，增长118.3%。淡水养殖主要是通过优势水产品产业带的建设，大力开展名特优水产品的养殖，重点发展养殖草鱼、南美白对虾、罗非鱼等优势品种。调整优化远洋渔业结构，加快推进远洋基地建设。

（二）工业集聚升级逐步形成

2012年，全省全部工业实现增加值8644.19亿元，比上年增长14.2%，对经济增长的的贡献率达56.2%，拉动GDP增长6.4个百分点。全省工业产业集聚升级调整，结构不断优化。

1.电子和石化两大主导产业发展较快。近几年，福建着力培育电子、机械、石化三大主导产业，有力带动了工业经济发展。2012年，全省规模以上电子和石化产业分别实现增加值607.59亿元和907.01亿元，分别比上年增长19.0%和17.3%，增幅分别高于同期规模以上工业平均增速3.8个百分点和2.1个百分点。

2.工业产业集聚升级。福建工业向重点地区和园区集聚的趋势十分明显，一些优势产业集群逐步形成。工业集聚区的工业增加值增长较快，对工业的贡献率不断提高。2012 年，全省 38 个重点产业集群实现工业增加值 3482.17 亿元，比上年增长 14.6%，对规模以上工业增长的贡献率达 42.8%。龙头企业不断发展壮大。2012 年，全省亿元以上工业企业突破 5000 个，达 5569 个，累计实现增加值 6596.53 亿元，增长 17.5%，占规模以上工业总量的 84.0%，对规模以上工业增长的贡献率达 94.8%。

3. 民营工业支撑作用明显。2012 年，全省民营工业实现增加值 5159.87 亿元，占全省规模以上工业的 65.7%，所占比重创 2006 年以来新高，比上年提高 2.9 个百分点；实现增加值比上年增长 17.5%，增幅高于同期规模以上工业 2.3 个百分点；对规模以上工业增长的贡献率为 73.9%，比上年提高 7.7 个百分点。

（三）服务业结构不断优化

近几年来，福建省把发展服务业作为经济增长的重要环节来抓，相继出台了鼓励和促进服务业发展的政策措施。全省服务业在总量增长的同时，行业结构得到进一步调整改善。

1. 金融业有力推进福建省经济的发展。2012 年，福建省金融业实现增加值 999.40 亿元，比上年增长 14.0%；增幅比上年提高 7.4 个百分点，比同期 GDP 和服务业增加值增幅分别高 2.6 个百分点和 5.5 个百分点；增加值占服务业比重为 13.1%，比上年提高 0.6 个百分点。

2. 批发零售业中网络消费等新兴业态方兴未艾。2012 年，全省限额以上零售企业中，网上商店实现零售额 22.30 亿元，比上年增长 2.1 倍。据阿里巴巴官方统计，截至 2012 年 11 月底，福建省在其旗下的天猫商城和淘宝网的交易额达 410 亿元，交易规模居全国第 8 位，占同期福建社会消费品零售总额的比重为 5.8%，人均网购金额超过 1000 元。此外，随着大型城市综合体的不断发展，家居建材店、购物中心等零售业态发展加快，2012 年实现零售额 85.77 亿元和 10.30 亿元，分别增长 66.5%和 107.9%。

二、经济运行质量提高

（一）三大需求共同拉动经济平稳较快增长

1. 投资质量进一步提升。2012 年，全省投资整体处于逐步回落的走势，但投资结构调整力度增强，更加注重投资质量的提升：一是第一产业投资力度明显加大。全省第一产业投资 216.80 亿元，比上年增长 42.1%，主要投向观光示范建设、规模化养殖建设、立体集约化建设等新型农业现代化建设项目。二是民生工程投入保持较快增长，教育投资比重提高。全省水利、环境和公共设施管理业投资 1072.26 亿元，增长 32.5%，增幅比上年提高 11.7 个百分点；教育投资 194.88 亿元，在上年增长 45.8%的基础上再增长 31.8%。三是基础设施投资不断推进，交通运输投资增幅稳步提高。全省基础设施投资 3495.58 亿元，增长 22.4%，增幅比上年提高 12.2 个百分点。其中，市政建设投资 1130.46 亿元，增长 35.5%，增幅提高 16.6 个百分点。在交通运输方面，全省交通运输投资 1268.28 亿元，增长 23.5%。四是企业技术改造投资力度明显加大。全省改建和技术改造项目投资 1205.24 亿元，增长 40.7%，增幅比上年提高 17.6 个百分点，增幅分别比新建项目投资、扩建项目投资高 9.7 个百分点和 16.4 个百分点，也比全省投资平均增幅和工业投资增幅高 14.8 个百分点和 17.8 个百分点。

2. 消费需求稳中趋旺。2012 年，全省消费品市场表现活跃。全省实现社会消费品零售总额再创新高，突破 7000 亿元大关，初步统计达 7149.54 亿元，比上年增长 15.9%，增速居全国第 10 位；扣除物价实际增长 13.9%，实际增速居全国第 4 位。居民消费由过去的传统消费向多元消费转变，其中，保值增值型、文化型、保健型消费热点不断升温。全省限额以上企业实现家具类零售额 59.75 亿元，增长 47.8%；金银珠宝类商品零售额 49.44 亿元，增长 47.4%；中西药品类零售额 74.66 亿元，增长 47.3%；文化办公用品类零售额 67.03 亿元，增长 22.4%。

3. 进出口贸易结构进一步优化。2012 年，全省进出口总值 1559.27 亿美元，比上年增长 8.6%。一般贸易进出口 1058.03 亿美元，增长 13.2%，占全省进出口总值的 67.9%。其中，进口 382.38 亿美元，增长 26.5%；出口 675.66 亿美元，增长 6.8%。加工贸易进出口 410.93 亿美元，增长 0.8%。其中，进口 155.61 亿美元，与上年持平；出口 255.32 亿美元，增长 1.3%。一般贸易进出口增幅比全省进出口平均水平高 4.6 个百分点，比加工贸易进出口增幅高 12.4 个百分点。

（二）物价和金融环境较宽松，资源环境进一步改善，经济发展的可持续性增强

1. 物价涨幅得到有效控制。2012 年，全省居民消费价格比上年上涨 2.4%，涨幅比上年回落 2.9 个百分点；消费品价格上涨 3.1%，涨幅回落 3.1 个百分点。

2. 金融对经济增长的支撑力提高。2012 年以来，福建省金融形势比较好，为全省经济运行提供了较好的外部支撑条件。至 2012 年末，福建省金融机构存款余额 24283.68 亿元，比上年增长 15.3%，贷款余额 21209.80 亿元，增长 16.8%。

3. 资源节约和环境保护取得较好成效。2012 年，全省万元 GDP 能耗比上年下降 5.7%，规模以上工业万元增加值能耗下降 14.1%，比上年降幅扩大 12.9 个百分点。从行业看，全省 38 个行业中有 34 个行业万元增加值能耗下降，下降面达 89.5%。

（三）工业经济效益较好，利润增速高于全国平均水平

2012 年，全省规模以上工业经济效益综合指数为 243.5，比上年提高 8.4 个点；实现主营业务收入 28892.89 亿元，比上年增长 12.9%；上缴税金 1110.37 亿元，增长 22.3%。全省规模以上工业企业实现利润总额 1779.15 亿元，增长 9.7%，增幅比全国平均水平（5.3%）高 4.4 个百分点，比东部地区平均水平（5.1%）高 4.6 个百分点，居全国第 10 位，居东部地区第 3 位。

（四）城乡收入差距略有缩小，就业状况改善

收入差距有所缩小。从城乡收入占比看，2012 年福建省农村居民人均纯收入 9967 元，为城镇居民人均可支配收入的 35.5%，而 2011 年这一比例为 35.2%。从城乡收入增速看，2012 年福建省农村居民人均纯收入增长 13.5%，城镇居民人均可支配收入增长 12.6%。

就业形势较好。2012 年，福建省城镇新增就业人员 65.38 万人，比上年增长 5.0%。城镇登记失业率为 3.6%，实现福建省政府 4%以内的年度目标。下岗失业人员再就业人数 13.91 万人，增长 5.7%；新增农村劳动力转移就业 43.71 万人，增长 4.3%。

注：本文数据均为快报数。

（执笔：陈玲）

2012年福建省产业损害预警分析报告

一、福建省工业发展概况

2012年，在国际市场需求不振、全球经济放缓、贸易保护主义呈现扩大与升级的情况下，福建省加快转变发展方式，积极推动产业转型升级，工业生产稳中有升，出口增长。

（一）工业生产稳中有升，总量再上新台阶

2012年，全省规模以上工业实现增加值7856.29亿元，比上年增长15.2%。从月增速看，除1-2月春节因素不可比外，3-12月呈现小幅波浪形走势；分月累计增速看，从1-2月的14.1%逐渐提高到全年的15.2%，稳中有升。分大类行业观察，除电力、热力生产和供应业外，其余37个行业增加值比上年均增长。其中，金属制品、机械和设备修理业，有色金属冶炼和压延加工业，化学纤维制造业等3个行业以43.3%、32.8%、26.1%的增幅居行业前列。

（二）主营业务收入增幅明显放缓

2012年，全省规模以上工业实现主营业务收入28892.89亿元，比上年增长12.9%，增幅比上年下降了15.1个百分点。分大类行业观察，除黑色金属矿采选业外，其余37个行业主营业务收入均有不同程度增长。其中，金属制品、机械和设备修理业（增长55.6%），化学纤维制造业（增长23.4%），文教、工美、体育和娱乐用品制造业（增长23.1%）等3个行业增幅居行业前列；主营业务收入超千亿元的11个行业共实现主营业务收入18285.61亿元，比上年增长12.2%，对规模以上工业主营业务收入增长的贡献率达60.2%。

（三）盈利水平大幅下降

2012年，全省规模以上工业实现利润总额1779.15亿元，比上年增长9.7%，增幅比上年下降了14.9个百分点。分大类行业观察，有12个行业利润总额低于上年水平。其中，化学原料和化学制品制造业（下降39.1%）、黑色金属冶炼和压延加工业（下降35.9%）、黑色金属矿采选业（下降22.3%）降幅均过20.0%。

（四）进出口增幅总体高于全国平均水平

2012年，福建省外贸进出口1559.30亿美元，比上年增长8.6%。其中，进口580.90亿美元，增长14.6%；出口978.40亿美元，增长5.4%。全省进出口、进口和出口总值在全国分别位列第7位、第8位和第6位，进出口、进口增幅分别比全国平均水平高2.4个百分点和10.3个百分点，出口增幅比全国低2.5个百分点。

二、2012年福建省产业安全状况评估

（一）纺织产业

2012年列入福建省纺织产业安全监测的行业有纺织业，纺织服装、服饰业，皮革、毛皮、羽毛及其制品和制鞋业3个行业。2012年，全省规模以上纺织产业实现工业增加值1561.88亿元，比上年增长15.3%；实现主营业务收入5179.99亿元，增长13.2%；实现利润总额389.52亿元，增长11.5%；纺织品、服装出口总额为188.21亿美元，增长11.5%。影响福建省纺织产业安全的主要因素如下：

1. 主要市场需求减弱。欧美历来都是全国服装出口的主要市场。受欧债危机影响，欧美国家和地区失业率居高不下，消费需求下降，制约了全国纺织服装的出口。据统计，2012年前三季度，欧盟纺织服装进口总额比上年下降14.5%，美国纺织服装进口总额下降0.6%。主要市场需求减弱，给全国服装出口带来了较大影响。

2. 贸易保护主义进一步扩大和升级。 在欧债危机影响下，各国贸易保护主义进一步抬头，对福建省纺织服装出口产生较大影响。如：2012 年 1-9 月，欧盟 RAPEX 系统对我国纺织服装类产品发出通报 236 起，同比增长 81.5%；而上半年全球针对我国纺织品服装类产品的贸易救济涉案达 14 起，同比增长 55.6%。

3. 发展中国家竞争力提升。 近年来，越来越多的发展中国家凭借低成本和后发优势，竞争力不断提升，成为我国强有力的竞争对手。如：印度是全球第二大棉花和丝绸生产国；孟加拉国已成为全球最大的棉 T 恤出口国和第二大针织品出口国，针织品出口额约是我国的三分之一；2012 年 1-4 月，我国出口至美国的纺织品和服装仅占美国类似产品进口总额的 36.1%，同比下降 4.0 个百分点；出口至日本的纺织品和服装仅占日本从全球类似产品进口总额的 73.0%，同比下降了 2.0 个百分点；同期，印度、越南、孟加拉国等国家在美国和日本的市场份额不同程度上升。

（二）石化行业

2012 年列入福建省石化行业安全监测的行业有化学原料及化学制品制造业、化学纤维制造业。2012 年，全省规模以上石化行业实现增加值 451.61 亿元，比上年增长 17.1%；实现主营业务收入 1593.93 亿元，增长 10.8%；实现利润总额 74.55 亿元，下降 30.1%；化学工业及其相关工业的产品出口总额 25.46 亿美元，下降 11.8%。影响福建省石化行业安全的主要原因：

1. 原油价格高位运行。 2012 年，国际油价始终在高位行走，全年石油均价为 112 美元/桶，创历史最高年度均价水平。中东地区的紧张局势加剧了业界对供需关系的担忧，这也成为了全球石油市场的主旋律。

2. 部分原材料产品产能过剩。 据专业协会统计，到 2012 年底，我国尿素产能过剩约 1800 万吨；磷肥（折纯）产能超过国内需求 1000 多万吨；氯碱产业全年装置利用率约 70%，聚氯乙烯装置利用率约 60%；甲醇装置开工率约 50%；电石行业新增产能约 400 万吨，远超过全年淘汰 127 万吨产能，装置利用率约 76%。

3. 贸易摩擦和技术壁垒加剧。 2012 年，石化行业出口步履维艰，贸易摩擦随之加剧。根据中国石油和化学工业联合会的统计数据，2012 年，国外对我国石化行业贸易救济新立案件共 13 起，比 2011 年增加了 4 起。涉案金额共计 3.28 亿美元。

（三）汽车制造业

2012 年，全省规模以上汽车制造业实现增加值 203.90 亿元，比上年增长 9.6%；实现主营业务收入 811.23 亿元，增长 6.2%；实现利润总额 51.71 亿元，下降 4.0%；车辆及其零附件出口总额 17.76 亿美元，增长 8.2%。影响福建省汽车制造业安全的主要因素如下：

1. 出口产品低端为主。 我国汽车出口多数是劳动密集型和资源密集型产品。出口的汽车零部件大部分是技术含量低的产品，而核心零部件几乎都是由外资企业或者合资企业生产制造。整车出口以载重车等商用车为主，轿车所占比重偏低，主要是中低端的经济型车。

2. 国际贸易壁垒制约汽车工业发展。 汽车类产品具有高附加值、高技术含量以较高收益率的特性，是一国国民经济的支柱产业之一，在国际贸易中，各国对汽车产品的进口也都设置了较高的贸易壁垒以保护国内汽车制造业。我国汽车行业整体上缺乏核心技术，对进口国的相关法规、技术门槛研究把握不够透彻，容易受到进口各种非关税壁垒的影响。

（四）计算机、通信和其他电子设备制造业

2012 年，全省规模以上计算机、通信和其他电子设备制造业实现增加值 607.59 亿元，比上年增长 19.0%；实现主营业务收入 2755.61 亿元，增长9.1%；实现利润总额122.87亿元，下降9.9%；计算机及相关电子元气件出口总额83.28亿美元，增长22.2%。影响福建省通信设备、计算机及其他电子设备制造业安全的主要因素如下：

1.境外市场需求减弱。通信设备、计算机及其他电子设备制造业是我国出口总额最大，对外依存度较高的行业。2012年，世界经济发展放缓，国际市场需求减弱，对福建省该行业出口影响较大。

2.核心技术缺失，产业升级面临严峻挑战。我国电子行业主要技术依赖于国外，缺乏核心竞争力。以液晶显示器为例。目前，国外企业通过转移落后生产线，出售原材料、加工装配等方式对国内企业进行控制，核心技术仍掌握在外方手中，一些国内企业处于“投产即落后”的困境。目前国内已建、在建或将建的液晶面板8.5代线，在韩国、中国台湾已于2006年、2007年基本建成，按照韩国折旧期5年、台湾折旧期6年的标准，这些8.5代线将在2012、2013两年完成折旧。此外，OLED作为下一代先进显示技术即将成为主流，传统LCD屏幕的附加值势将走低，国内近年来在这些生产线上的巨额投资将失去市场。

3.面临“知识产权争端”和“技术性贸易壁垒”双重压力。一方面，美、日、欧等国家和地区均建立了严格的知识产权保护制度。另一方面，高新技术产品贸易存在复杂而苛刻的技术性贸易壁垒。而我国高新技术产业由于关键技术和专利的缺乏，高新技术产品出口常常受到限制。

（五）轻工业

2012年，列入福建省轻工业安全监测的行业有家具制造业、造纸和纸制品业、橡胶和塑料制品业、金属制品业、其他制造业。2012年，全省规模以上轻工业实现增加值880.68亿元，比上年增长16.1%；实现主营业务收入3032.14亿元，增长14.2%；实现利润总额212.97亿元，增长30.1%；塑料及其制品、橡胶及其制品，木及制品、木炭、软木、编结材料制品，木浆等、废纸、纸、纸板，杂项制品出口总额达58.57亿美元，下降0.8%。影响福建省轻工业安全的主要原因：贸易壁垒日益增多。轻工业产品与人的日常生活息息相关，因此，近年来越来越多的国家和地区加强了轻工产品的技术标准，制约了我国轻工业品出口。如：2012年9月，欧盟通过的“木材及木制品规例和新环保设计指令”，要求出口企业在木制品原辅材料的选择上应保证来源合法，必须是经过森林管理委员会认证的可持续木材。而全球获认证的木材大约只有10%，中国市场上获认证的木材则不足1%。美国于2011年7月1日起实施的《复合木制品甲醛标准法案》严格限制了在美国销售的木制品甲醛释放量，是目前全球对甲醛释放量最严苛的标准。

（六）黑色及有色金属业

2012年，列入福建省黑色及有色金属业安全监测的行业有黑色金属冶炼和压延加工业、有色金属冶炼和压延加工业。2012年，全省规模以上黑色及有色金属业实现增加值529.69亿元，比上年增长23.6%；实现主营业务收入2367.68亿元，增长10.7%；实现利润总额127.90亿元，下降10.1%；珠宝、贵金属及制品、贱金属及其制品出口额达50.31亿美元，增长5.3%。影响福建黑色及有色金属业安全的主要因素如下：

1.贸易摩擦增多。随着欧洲主权债务危机进一步蔓延，各国为支持本国产业的发展，贸易保护主义加剧，国际贸易摩擦不断。近几年，美国、加拿大、欧盟等发达国家，以及印度、阿根廷等发展中国家频繁对我国出口的铜管、铝型材、铝板带箔、铝轮毂、金属镁等产品发起反倾销。

2.自主创新能力弱，产业结构性矛盾突出。我国有色金属工业总体处于国际产业链分工的中低端，高端产品开发能力弱。2012年我国出口的铜、铝加工材平均价格分别为8570美元/吨和3470美元/吨，而进口平均价格分别为10100美元/吨和

6380美元/吨。

（七）机械设备制造业

2012年，列入福建省机械设备制造业安全监测的行业有通用设备制造业、专用设备制造业、电气机械和器材制造业、仪器仪表制造业4个行业。2012年，全省规模以上机械设备制造业实现增加值682.00亿元，比上年增长8.7%；实现主营业务收入2668.17亿元，增长7.8%；实现利润总额179.05亿元，增长8.7%；机电、音像设备及其零件、附件、光学、医疗等仪器、钟表、乐器及其零件、附件出口额达261.64亿美元，增长3.5%。影响福建省机械设备制造业安全的主要因素如下：

1. 应收账款较高。据不完全统计，2012年以来，全国机械行业客户平均违约率达25%-30%。如此高的违约率，造成企业应收账款始终居高不下，对企业的生存造成重大影响，已经成为行业走出低谷的巨大包袱。

2. 产能严重过剩。以装载机和挖掘机为例，2012年国内市场上各类装载机生产商数量超过50多个，28个主要企业控制了90%以上的市场份额。挖掘机生产厂商约为40个，23个主要企业控制了80%以上的市场份额。全球挖掘机的年增需求不到40万辆，我国目前的产能就已达到这个数字，两大主导产品生产企业存在着严重产能过剩。

3. 核心技术创新能力不足。在机械产品上，我国具有完全自主知识产权的核心技术并不多，克降产品占据了较大比重，目前国内企业新产品开发和老产品更新速度在加快，但是借鉴国际先进产品进行技术移植或重新克隆的较多，虽然改变了机型，但其中核心技术、关键零部件自主开发的少。

（八）非金属矿物制品业

2012年，全省规模以上非金属矿物制品业实现增加值589.33亿元，比上年增长21.2%；实现主营业务收入1935.22亿元，增长16.7%；实现利润总额141.87亿元，增长6.7%；矿物材料制品、陶瓷品、玻璃及其制品出口总额55.12亿美元，增长2.6%。影响福建省非金属矿物制品业安全的主要因素如下：

1. 出口退税率的取消压缩企业利润空间。2012年，6.0%的石材出口退税率的取消，使全行业出口利润遭遇“速降”。由于原先市场定价被打破，石材出口企业对外接单十分谨慎，大多企业处于观望状态，在一定时期内将导致出口萎缩，同时企业利润空间进一步压缩，企业收入受到影响。

2. 贸易摩擦增多。2012年，我国日用陶瓷连遭国际反倾销调查。2月17日，欧盟对我国日用陶瓷发起反倾销调查，涉案金额7.13亿美元；8月30日，墨西哥也对中国日用陶瓷发起反倾销调查，涉案金额4500万美元；8月31日，俄罗斯、白俄罗斯和哈萨克斯坦经济共同体发起日用陶瓷一般性保障措施的调查，以保护国内产业为由，向全球设立贸易壁垒。

（九）食品制造业

2012年，列入福建省食品制造业安全监测的行业是农副食品加工业、食品制造业。2012年，全省规模以上食品制造业实现增加值622.27亿元，比上年增长16.3%；实现主营业务收入2553.12亿元，增长20.5%；实现利润总额150.85亿元，增长25.5%；活动物、动物产品，植物产品，动、植物油、脂、蜡、精制食用油，食品、饮料、酒及醋、烟草、烟草及烟草代用品的制品出口总额达75.48亿美元，增长9.8%。影响福建省食品制造业安全的主要因素如下：

1. 国家取消部分农产品出口退税。2012年3月1日起，国家取消了14个类别、200多种蔬菜产品的出口退税。一方面，降低了企业利润空间，企业在国际市场上的竞争力被削弱，以简单加工出口的农产品企业所面临的生存压力越来越大。另一方面，没有出口退税作为依托，企业以出口退税作为担保的融资方式将不再存在，企业的资金链将进一步绷紧。

2. 农产品加工程度低，技术创新能力薄弱。一是福建省农产品加工业发展水平相对落后，出口农产品中初级产品占大多数。产品质量和加工水平低，不利于出口企业培育核心竞争力，而且容易引发国外进行反倾销或采取保障措施。二是福建省大多数农产品技术含量低，传统产品多，创新产品少，新品种研发和技术创新能力弱，不适应国际市场消费多样化需要。

3. 绿色壁垒加剧茶叶出口风险。仅 2012 年 1 月 24 日至 26 日期间欧盟就集中通报 4 批中国输欧茶叶农残超标，通报产品包括茉莉花茶、绿茶和乌龙茶，出口地区包括福建、浙江、广东等地。通报国家包括德国、保加利亚、意大利和捷克。

四、对策建议

（一）抓紧落实外贸扶持政策

深入贯彻国务院出台的促进外贸稳定增长八大措施，尤其对政策效果最为直接、企业最为关心的出口退税政策、出口信用保险政策、贸易融资等金融支持政策。

（二）结构性上调部分商品出口退税率

税制改革过程中，国家已对出口退税制度先后 7 次进行了重要调整。根据当前情况，应在保持原有政策框架的基础上，适当进行结构性微调，主要加大出口退税政策对附加值高、技术含量高、节能减排、自主创新、国产品牌等商品的支持力度。

（三）切实减轻外贸企业负担

针对当前外贸企业要素成本快速提高、利润下滑的问题，建议进一步全面清理涉及进出口环节的各项不合理收费，对部分必收的行政事业性收费降低缴费比例；对国家预期颁布或正在制定的各项减税措施，争取加快出台落实，同时研究制定若干临时性减税与税收优惠措施，切实减轻企业负担；简化进出口报关手续，实施进、出口关税减免政策。

（四）扩大稀缺性产品进口

抓住国际大宗商品价格回落，处于相对低点的有利时机，加大国内急需的和依赖度高的战略资源、大宗商品进口。通过拨付专项基金、降低进口关税、实施进口补贴等方式，加快粮食、能源原材料、关键零部件、先进技术设备的进口，尤其应扩大以石油为重点的能源进口，尽快完善国家战略资源储备机制，防止由于国际突发事件导致大宗商品价格反弹引发的经济损失。

（五）打好“国际牌”，切实帮助企业实施战略性的“走出去”

鼓励企业积极开展境外加工贸易，在境外建立加工基地、营销服务网络和研发机构，实现产地多元化，减少贸易摩擦，实现“全球生产、全球经营”。此外，为促进产业升级，应建立对外投资的服务机构和配套体系，向企业提供必要的金融、财政支持，鼓励“走出去”的企业到科技资源密集的地方设立研发机构和高新技术企业，开发生产具有自主知识产权的高新技术产品，提高企业的核心竞争力。

（执笔：官丽曼）

2012年福建对外贸易情况

2012年以来，国际金融危机深层次影响继续显现，特别是欧洲主权债务危机深化、蔓延，世界经济复苏明显减速，国际市场需求下滑，中国经济下行压力加大，福建省对外贸易发展面临的内外部环境复杂严峻。面对复杂、严峻形势，省委、省政府高度重视，持续加大对外经贸发展的扶持力度，对外贸易总体保持平稳增长态势。

一、进出口增幅高于全国平均水平

2012年，全省实现进出口总值1559.27亿美元，比上年增长8.6%，其中进口580.91亿美元，出口978.36亿美元，分别增长14.6%和5.4%。全省累计实现贸易顺差397.45亿美元，比上年减少24.08亿美元，下降5.7%。进出口、进口和出口总值在全国分别位列第7位、第8位和第6位，进出口、进口增幅分别比全国平均水平高2.4个百分点和10.3个百分点，出口增幅比全国低2.5个百分点。

二、全年各月进出口增幅波动较大

2012年以来，受国内外多重因素影响，除2月份外，全省进出口运行呈逐月走低态势。首月，全省进出口总额121.64亿美元，同比增长6.1%，增幅同比回落35.5个百分点；2月份，进出口总额91.40亿美元，增长34.3%；3月份起全省进出口企稳，各月进出口总额均保持在110亿美元以上，增幅保持平稳态势。

2012年福建省进出口逐月累计增长速度图

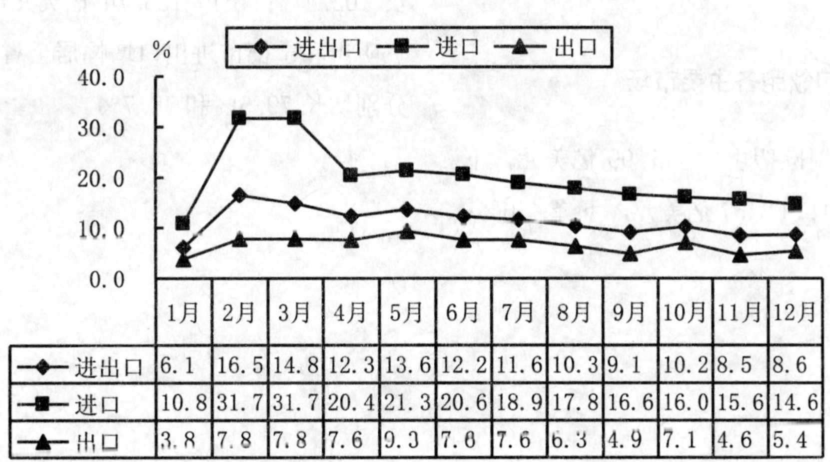

	1月	2月	3月	4月	5月	6月	7月	8月	9月	10月	11月	12月
进出口	6.1	16.5	14.8	12.3	13.6	12.2	11.6	10.3	9.1	10.2	8.5	8.6
进口	10.8	31.7	31.7	20.4	21.3	20.6	18.9	17.8	16.6	16.0	15.6	14.6
出口	3.8	7.8	7.8	7.6	9.3	7.6	7.6	6.3	4.9	7.1	4.6	5.4

三、一般贸易进出口对全省进出口贡献作用突出

2012年，全省一般贸易进出口1058.03亿美元，比上年增长13.2%，比全省进出口平均水平高4.6个百分点，增长贡献率达99.9%，拉动全省进出口增长8.6个百分点。其中，进口382.38亿美元，增长26.5%；出口675.66亿美元，增长6.8%。同期，加工贸易进出口410.93亿美元，增长0.8%。其中，进口155.61亿美元，与上年基本持平；出口255.32亿美元，增长1.3%。一般贸易进出口增幅比加工贸易进出口增幅高12.4个百分点。

四、民营企业出口增幅居各类企业之首

2012年，全省民营企业进出口631.79亿美元，比上年增长12.3%。其中，出口494.15亿美元，增

长11.0%，出口增幅居各类企业之首，分别比国有企业和外商投资企业出口高 9.9 个百分点和 11.0 个百分点，对全省出口贡献率达 97.7%，拉动全省出口增长 5.3 个百分点。同期，国有企业出口 92.94 亿美元，增长 1.1%；外商投资企业出口 391.27 亿美元，与上年基本持平。

五、传统商品出口形势好于机电产品和高新技术产品出口

2012 年，全省传统商品中，服装及衣着附件出口 138.02 亿美元，比上年增长 12.0%；鞋类出口 102.44 亿美元，增长 10.4%；农产品出口 75.60 亿美元，增长 9.8%；纺织纱线、织物及制品出口 49.79 亿美元，增长 11.1%；家具出口 38.75 亿美元，增长 14.6%；玩具出口 3.06 亿美元，增长 19.0%。同期，全省机电产品出口 354.03 亿美元，增长3.7%；高新技术产品出口 140.11 亿美元，增长 2.1%。

六、对东盟出口领跑各主要市场

2012 年，全省对欧盟出口 171.99 亿美元，下降 8.4%；对日本出口 62.57 亿美元，下降 4.6%；对美国出口 179.07 亿美元，下降 1.1%。同期，全省对东盟出口 142.11 亿美元，增长 22.3%，增幅比全省平均水平高出 16.9 个百分点，比欧盟、日本和美国等主要出口市场分别高 30.7 个百分点、26.9 个百分点和 23.4 个百分点，对全省出口贡献率达 51.7%，拉动全省出口增长 2.8 个百分点。从国别看，菲律宾、马来西亚、越南为福建省对东盟地区的前三大出口国，其中对菲律宾出口 35.00 亿美元，增长 51.0%；对马来西亚出口 30.42 亿美元，增长 24.6%；对越南出口 17.67 亿美元，下降 2.9%。

七、泉州市进出口贡献率超六成

2012 年，泉州进出口总额 250.85 亿美元，增长 47.0%，比全省进出口增幅高 38.4 个百分点，对全省进出口贡献率为 65.0%，拉动全省进出口增长 5.6 个百分点。其中，进口 127.11 亿美元，增长 102.4%；出口 123.74 亿美元，增长 14.8%。三明市和宁德市进出口增幅居全省第 1 位、第 2 位，分别增长 79.5%和 48.7%。

（执笔：许红琳）

福建省生产性服务业发展情况分析

一、发展现状

（一）生产性服务业规模壮大

福建省生产性服务业增加值从 2005 年的1194.73亿元提高到2012年的3914.08亿元，年均增长速度为13.2%，分别比同期第三产业增加值和全省 GDP 增速高 1.0 个百分点、0.2 个百分点。生产性服务业增加值占第三产业增加值及全省 GDP 的比重由2005年的46.8%、18.2%，上升到2012年的51.3%、19.9%。

（二）内部结构有所优化

2012年，福建省生产性服务业中信息传输、计算机服务和软件业，金融业，租赁和商务服务业，科学研究技术服务业等新兴服务业实现的增加值占生产性服务业比重为 48.8%，比 2005 年上升了9.7 个百分点。作为传统型服务业的交通运输、仓储和邮政业，批发业增加值占生产性服务业比重由2005年的60.9%下降至2012年的51.2%。生产性服务业内部结构表现为新兴生产性服务业比重提高，呈现出由劳动密集型向知识密集型转化的趋势。

（三）企业数量增加

全省生产性服务业法人单位数由 2004 年经济普查时的2.84万个增加到2012年的12.71万个，增长了 347.5%，是同期第三产业法人单位数增幅的2.6倍。其中批发业，信息传输、计算机服务和软件业法人单位增速较快，分别增长了509.4%和360.9%。

（四）投资规模扩大

2012 年，全省生产性服务业固定资产投资2153.27亿元，占全部投资的17.3%，比上年增长22.6%。其中，租赁和商务服务业投资增长71.6%，是生产性服务业投资增速最快的行业。金融业，信息传输、计算机服务和软件业，交通运输、仓储和邮政业等生产性服务业固定资产投资分别增长29.6%、21.9%和21.0%。

（五）劳动生产率较高

2005 年，福建省生产性服务业劳动生产率为7.43万元/人，比同期全社会劳动生产率高3.86万元/人，比第三产业高2.97万元/人。到2011年，福建省生产性服务业劳动生产率为12.36万元/人，比同期全社会劳动生产率高4.89万元/人，比第三产业高4.19万元/人，比较优势进一步扩大。

二、对国民经济的影响

（一）对经济增长贡献率提高

2012年，全省生产性服务业对经济增长贡献率为16.1%，拉动经济增长1.8个百分点。其中，金融业对经济增长贡献率 6.1%，拉动经济增长 0.7 个百分点，贡献作用居第三产业首位。

（二）拓宽劳动就业渠道

生产性服务业从业人数由2005年的163.10万人增加到2011年的344.64万人，占第三产业从业人数比重由 27.9%提高到 39.0%。生产性服务业成为吸纳城乡新增就业的重要渠道。

（三）与工业关系日趋紧密

生产性服务业和制造业的关系止在变得越来越密切，这主要表现是制造业的中间投入中服务的投入大量增加。从 2010 年福建省投入产出表看，福建省制造业每生产 1 个单位产品需要生产性服务业投入直接和间接的产品 0.28 元，占全部投入的9.3%，比 2007 年分别提高了 0.02 元和 0.5 个百分点。

三、存在问题

（一）生产性服务业规模、比重与其他省市相

比还有一定的差距

2011年，广东、浙江、上海生产性服务业增加值占该省市GDP比重分别比福建省占比高出4.0个百分点、3.0个百分点、20.9个百分点。2005年，上述三个省份生产性服务业占GDP比重分别比福建省高出1.3个百分点、2.3个百分点、13.7个百分点。对比占比情况，福建省生产性服务业在规模上仍有差距，且差距有扩大的趋势。生产性服务业总体水平不高，尚不能对福建省产业结构优化升级形成有力支撑。

（二）发展层次较低，新型业态发展滞后

福建省生产性服务业仍以交通运输、仓储和邮政业，批发业为主，传统型生产性服务业比重偏高。2012年，交通运输、仓储和邮政业，批发业占全部生产性服务业的比重分别为28.0%、23.1%；而新兴生产性服务行业中，信息传输、计算机服务和软件业，租赁和商务服务业，科学研究技术服务业的发展则明显滞后。2012年，这三个行业占全部生产性服务业的比重分别为10.2%、9.7%、3.3%。

（三）地区之间发展水平差距较大

福建省生产性服务业产业发展起步较晚，地区之间发展水平差距较大。2005年，泉州的生产性服务业增加值为299.74亿元，比第2位的福州多3.93亿，是位居末位南平的5.8倍。2011年，福州生产性服务业增加值为945.39亿元，反超出泉州178.63亿元，是居末位南平的7.1倍，地市间差距不但没有缩小，反而在增大。

四、若干建议

（一）加大政策支持，降低准入门槛，完善市场竞争机制

对影响大、带动作用强，并有利于制造业升级、解决就业、符合条件的生产性服务业企业，通过税收优惠、放宽信贷条件、项目融资、设立产业投资基金的方式，降低金融服务业等行业准入门槛，调动各方资本进入服务业，促进市场竞争。

（二）细化产业分工，促进生产性服务业与制造业互动发展

企业要充分发挥核心竞争力，主辅分离，聚焦于自己核心业务的同时，积极将辅助业务外包出去给比较优势更强的其他企业，降低企业成本，提升企业的核心竞争力。

（三）推动行业协会建设，促进生产性服务业发展

从发达国家生产性服务业发展的经验来看，通过组建行业协会的形式来加强和完善生产性服务业市场的管理。例如，美国物流协会、注册会计师协会，通过行业内的交流，为从业人员提供各种信息、项目、服务和相关活动，促进从业人员的参与积极性。这不仅能在一定程度上培养企业在缺乏决策支持或出现问题时寻找专业服务机构的意识，还能通过信息的沟通与互动，进一步构建分层次竞争协作相结合的市场结构，培育成熟的专业服务市场体系。

（四）鼓励企业战略联盟，提升企业自主创新能力

要积极鼓励生产性服务业企业组建各种形式的战略联盟，增强企业技术集成与产业化能力，促进各种形式的知识流动与技术转移。鼓励生产性服务企业以商标、专利等为纽带，进行跨地区、跨行业兼并和重组。

注：本文所分析的生产性服务业仅包括交通运输、仓储和邮政业，批发业，信息传输、计算机服务和软件业，金融业，租赁与商务服务业，科学研究技术服务业等6个行业。

（执笔：张凌远）

福建小微信息服务业发展特征与问题

信息服务业主要包括信息传输服务业、信息技术服务业（含软件业、IC设计业、计算机服务业）、信息内容服务业（含动漫游戏业、互联网信息服务业、增值服务业等），它是创造GDP重要来源的生产性服务业，也是为第一、二产业和其他服务业优化经济资源和创造生产动力的激励性产业，它具有高科技、高增长、高渗透性、高增加值、高效益、高就业、高创新“七高”特征，是国民经济的基础性、战略性和先导性产业。党的十八大报告明确指出推动服务业特别是现代服务业发展壮大是推进经济结构战略性调整和加快转变经济增长方式的主攻方向。福建省政府工作报告也提出发展壮大现代服务业，积极推动电子商务、信息服务、服务外包等生产性服务业与制造业融合发展。当前福建服务业以小微企业为主，2012年全省16.92万个服务业企业单位中，大型服务业企业仅325个，中型企业4825个，大中型服务业企业仅占服务业企业总数的3.0%，小微企业的成长直接影响服务业的发展。如何让小微服务业企业快速成长，已是当务之急。

一、当前福建小微信息服务业发展基本特征

据对全省133个小微信息服务业抽样调查表明，当前福建小微信息服务业处于低收入、低盈利、低资金、低投入、低政策的发展初级阶段。

（一）综合经营状况一般

反映经营状况一般的有69个，占被调查企业的51.9%；经营状况不佳的有44个，占被调查企业的33.1%。

（二）低收入

被调查企业反映营业收入减少的有50个，占被调查企业的37.6%，持平的有29个，二者合计占被调查企业的59.4%。2012年，全省小微信息服务业户均营业收入49.6万元，比全省服务业小微企业户均营业收入85.3万元低35.7万元。

（三）低盈利

调查企业收益盈利的有68个，占被调查企业的51.1%，其中盈利减少的有40个，占盈利企业近六成；亏损的有45个，占被调查企业的33.8%，其中亏损增加的有36个，占亏损企业的八成。

（四）低资金

一台电脑，一张办公桌，一两个人就可以开张营业了，由于准入门槛低，小微信息服务企业对资金需求很低。被调查企业中没有融资的企业达116个，占被调查企业的87.2%；而反映资金紧张的企业仅有32个，占被调查企业的24.1%。

（五）低政策

小微企业量大，行业多，又缺乏引导，经营处于无序、自生自灭状态，对政策的要求度低，能享受的政策也少。虽然近年来福建出台了关于支持小微企业发展的相关文件，从资金扶持、减轻企业负担、帮扶企业拓展市场、推动企业人才建设等方面给小微信息服务企业予帮助，但惠及面较小，在被调查企业中仅有36个企业享受税收优惠政策，占被调查企业的27.1%。

（六）低投入

当前福建小微信息服务企业主营业务以低端产品为主，缺乏科研经费的投入。在被调查的企业中，76个为科研经费零投入，占被调查企业的57.1%，另有7个企业是减少科研经费投入，仅有26个企业是增加科研经费投入。同时在问及企业如何获取新技术等科技成果时，68个企业反映没有获取途径，占被调查企业的51.1%。缺乏自主研发的拳头产品和核心产品，小微企业难以在市场立足。

二、当前福建小微信息服务业发展面临的三大问题

（一）用工问题

1.用工成本上升。在调查的133个小微信息服务业企业中，有88个企业反映用工成本的快速上升，已是困扰小微信息服务业发展的首要难题，占被调查企业的66.2%。莆田某企业反映，普通工月工资由2012年的1800多元，上调为2013年的2100元，加上社保近380元和培训支出，2013年企业的劳动力成本大大增加；尤溪县某企业用工成本每年均以20%的速度递增，预计2013年普通员工和管理技术骨干工资将分别达到1800元和3000元。

2.人难招，专业技术人才更难招。福建省各地公司均有存在缺工问题的类似情况，特别是一些专业技术人才，这样的问题对公司扩大经营规模造成了较大影响。

3.人难留，流动性大。许多公司反映，公司人员的流动率高，一些公司甚至反映花费了金钱和精力培养出的员工，其它企业待遇高一点，就出现马上跳槽的现象。

（二）市场问题

有64个企业反映市场需求不足，缺乏信息服务业产业群及产业链，缺少人才、技术交流、市场判断的平台，是阻碍小微信息服务业发展壮大的又一难题，占被调查企业的48.1%。惠安县某企业提出，本地没有类似福州、厦门的“软件园”或晋江、石狮的“互联网协会”，信息不通畅，打算要搬迁；漳州市一些公司由于缺乏人才等问题也于2012年3月搬迁厦门。

（三）政策宣传落实问题

有93个企业认为政府有关部门要加大对小微信息服务业的政策扶持及宣传落实力度，让政府的优惠政策惠及更多的企业，占被调查企业的69.9%。福建省信息化局《关于支持信息产业小型微型企业快速健康发展的若干意见》于2012年6月颁布实行，但从被调查企业反馈回来的信息看，知之甚少。

三、当前小微信息服务业发展有三大企盼

一盼有平台。希望政府积极探索建立省、市、县三级联网的政策发布、用工信息网络，让各地小微企业可以在同一平台上查询。

二盼有人才。希望劳动社会保障、社会培训机构等部门能针对企业用工需求，举办职业技能培训班，开展高校与企业“订单式”培训，建立“有效培训、就地转移”的快车道，为企业培养对口实用人才。

三盼有机制。希望政府及有关部门能及时发布工资指导线和人力资源市场工资指导价位，建立企业工资正常增长机制，引导企业合理确定和及时调整职工工资，稳步提高职工薪酬福利待遇水平，使员工留得住、干得开，共谋发展。

（执笔：罗萍）

福建总部企业发展效应及影响因素分析

总部企业是企业发展的龙头，是推动总部经济发展的重要实体，是一个地区经济发展实力和竞争力的重要体现。本文研究的总部企业特指总部在福建省内的企业和总部在省外但在福建设有法人资格的子公司。

本文主要从总部企业角度来看总部经济发展的效果。为了解福建总部企业的发展情况，福建调查总队围绕总部企业发展问题走访了有关部门，深入企业开展了调研，并利用大量的统计资料，深入分析了总部企业发展现状、带动效应，应用计量模型剖析了总部企业发展的影响因素，并提出进一步发展总部企业的思路建议，旨在为各级政府和社会各界了解福建总部企业发展状况和科学决策提供参考。

一、总部企业发展现状

总部企业发展呈现数量增多，发展加快，科技含量提升，技术水平提高，安置就业增加的特点。

（一）总部企业数量增多

福建总部企业的数量逐渐增多，据不完全统计，2011 年全省总部企业有 559 个，比 2008 年增长 121.8%。从区域分布情况看，沿海居多，集中度较高，其中福州 160 个，比 2008 年增长 58.4%；厦门 109 个，比 2008 年增长 31.3%；泉州 120 个，比 2008 年增长 37.9%；福、厦、泉总部企业数占全省的 69.6%。从行业分布看，制造业 292 个，批发零售业 114 个，建筑业 54 个，三大行业企业数占全省的 82.3%。

图 1　2011 年福建总部企业分布情况

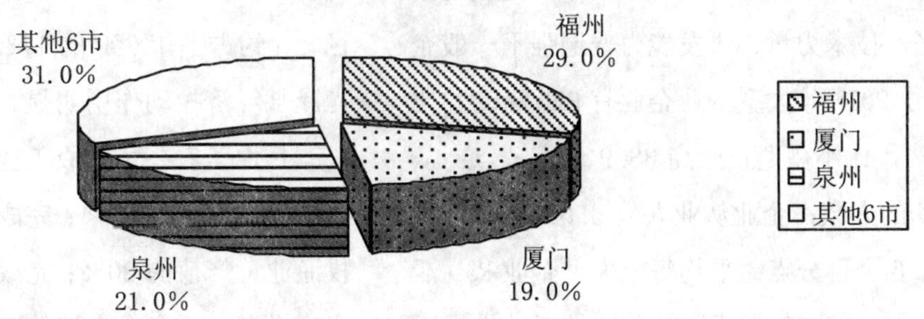

（二）总部企业规模提升快

在近几年经济形势日益复杂的情况下，总部企业还保持较强劲的发展势头。据对 53 个重点总部企业调查显示，2011 年实现营业收入 4890.35 亿元，比上年增长 32.1%；实现资产总额 4081.67 亿元，增长 27.9%；实现利润总额 303.72 亿元，增长 26.5%，呈现迅猛发展势头。

表 1　53 个重点总部企业主要指标

（2010-2011 年）　　单位：亿元

指标	2010	2011	2011 年比上年增长（%）
资产总额	3191.26	4081.67	27.9
营业总收入	3702.22	4890.35	32.1
利润总额	240.15	303.72	26.5

（三）较大型总部企业发展势头良好

近年来，福建大型总部企业发展势头良好，对经济的带动和辐射作用进一步增加。厦门建发集团有限公司创立于 1980 年 12 月，经过 31 年不断的创新与变革，已发展成为注册资本 35 亿元人民币、资产总额超过 660 亿元、年营业收入超过 820 亿元的福建大型实业投资企业集团，主要业务涵盖供应链运营、房地产开发、旅游酒店、会展业等多个领域，2011 年位列中国企业 500 强第 119 名、中国服务业 500 强第 43 名。紫金矿业集团股份有限公司是中国最大的黄金生产企业、第二大矿产铜生产企业和重要的锌、钨、铁生产企业，位居美国《福布斯》2010 年全球 2000 强企业第 1128 位和 2011 中国企业 500 强第 268 位，2011 年企业总资产 523.20 亿元，净资产 250.09 亿元，实现营业收入 397.64 亿元。

（四）技术水平不断提升

总部企业集中了大量的知识型人才，也决定了其技术水平、技术力量、研发能力普遍强于一般企业。据统计，2011 年大型工业企业有 R&D 活动的比例达 46.3%，比小微型企业高 38.9 个百分点；从事 R&D 活动的人数占企业从业人数 3.6%，比小微型企业高 2.6 个百分点；平均每个大型企业 R&D 活动内部经费支出 2565 万元，这些科技活动指标远高于小型企业。

南平太阳电缆股份有限公司近年来注重特种电缆的研发，开发“船用电缆”，“耐高温电缆：氟塑料和硅橡胶”等特种电缆，制造出国内外船舶市场上急需的船用特种电缆新产品，增强了企业的市场竞争力。该公司的船用电缆系列产品目前已通过中国船级社、美国船级社、德国劳氏船级社、法国船级社等的认证，是电线电缆国家标准委员会的成员之一，参加了数十项国家标准和行业标准的制定。

福矛酒业集团是福建一个大型综合酒类企业，拥有多名国家级、省级白酒评酒员和高级品酒技师、以及为数众多经验丰富的酿酒专业人才，采用的是世界先进精密检测设备和国内一流的灌装设备。2011 年，福矛酒业集团挑选出福矛大曲、堆积发酵物、三种功能酵母菌随神舟八号飞船“飞天”，开展空间诱变育种实验。2012 年，福矛酒业集团筛选出更多类型的酿酒酵母菌，搭载神舟九号载人飞船进入太空，与北京神箭神舟航天空间科技中心展开更加紧密、更为深度的空间微生物科研领域的合作。

二、总部企业发展的带动效应分析

（一）区域经济带动效应

总部企业规模大，对福建经济发展的带动作用明显。2008 年，全省 252 个总部企业实现营业收入 3954.71 亿元，据测算实现的增加值约为 1400 亿元，约占当年 GDP 的 13%。2011 年，全省总部企业营业收入据测算约 8000 亿元，实现的增加值约为 3000 亿元，约占当年 GDP 的 17%。福建圣农集团公司对光泽县经济拉动作用明显。统计数据显示，2012 年 1-9 月，圣农公司完成工业总产值约占全县规上工业企业总产值的 90%；完成牧业产值约占全县农林牧渔业总产值的 80%；完成项目投资约占全县固定资产投资（不含农户）的 50%。

（二）产业乘数效应

理论上，一个制造业跨国公司总部向一个区域迁移，都会带动一批与其有紧密业务关联的服务公司随之迁移。总部经济也将带动当地商务写字楼房地产等项目发展。通过总部企业这种“乘数效应”可以扩大一个区域的经济总量，提高第三产业结构水平，提升区域经济竞争力。福建省汽车工业集团有限公司旗下的东南（福建）汽车工业有限公司和所在地福州闽侯县的案例印证了这种“乘数效应”。1995 年，该集团与台资企业联手在闽侯成立东南汽车，为闽侯这一经济落后的县城注入现代工业血液。十多年时间里，青口汽车城已经从当年的东南汽车“一枝独秀”发展为东南汽车、福建奔驰交相辉映，配套企业“众星拱月”的格局。2011年，汽车整车业实现产值约130亿元，配套的零部件产业实现的产值也超百亿元。同时，相应的第三产业也在发展壮大：集二手汽车交易、汽车用品买卖、车辆检测、办证服务于一体的海峡汽车文化广场各项功能逐步完善；包括苏宁物流、盛辉物流、永辉物流、新华都物流等在内的全省、全国知名的物流企业接连布局周边地区。一个汽车企业带来一系列的产业链，改变了整个县域经济的发展面貌。

（三）吸纳就业效应

总部企业通过学习培训、技术推广等方式，培育熟练的生产技术人才和企业管理人才。2008年，全省252个总部企业安置就业133.22万人，约占全省城镇单位就业人数22.3%，显示出强大的就业吸纳能力。如：某集团不仅吸纳了厦门附近乡村的富余劳动力3000多人在工厂就业，还通过在厦门、漳州、宁化、建宁以及山东、湖北等地建立生产用原料基地等途径，辐射带动2.5万多户8万多人。福建圣农集团公司的快速扩张使劳动力需求旺盛，有效地缓解了当地就业压力。据统计，2012年9月末，企业从业人员数约占全县城镇单位从业人员总数的60%，与2005年对比，从业人员数增长了2.6倍。

（四）税收贡献效应

总部对于所在区域的税收贡献包括两个方面：一方面是企业的税收贡献效应。总部企业投资规模大、生产资料流动量大、市场交易量大，为企业创造了大量利润。另一方面是公司员工的个人税收贡献效应。总部企业吸纳大量的劳动力，这些员工将通过个人所得税的方式为当地的税收做出贡献。总部企业对地方的税收贡献明显，2008年全省252个总部企业上交税金达155.7亿元，相当于当年全省1.72万个规模以上工业企业税收总额的27.8%。

（五）城市形象提升效应

一方面，总部企业的成长会带动所在地经济条件的改善，促进当地城市建设综合水平提升。如在银鹭集团的推动下，集团驻地马塘村由当年贫穷落后的小村落，逐步发展成为一个经济发达、环境优美的“全国文明村”，并因是银鹭的总部所在地而为世人所知晓。另一方面，一个区域如果聚集了大批的企业总部，则侧面说明这个区域的商务环境、综合环境比较优越，能够提升这个区域的美誉度，增强吸引力。泉州东海片区滨海企业总部区、晋江滨江商务区等新兴的开发区因为有安踏、九牧王等多个知名企业总部的入驻，迅速建立声望，成为福建总部经济建设浪潮中烫金的名片。这些新兴总部经济区域的良性健康发展，也必将进一步增强泉州经济的总体竞争实力，巩固泉州“经济强市”的地位，对外地企业和科研中心形成较强的“磁铁效应”。

三、影响总部企业发展的主要因素

总部经济的发展过程是总部企业成长、集聚的过程。一个区域总部经济的发展水平，受到区位优势、交通条件、人力资源、政策环境等各方面条件的制约；一个总部企业的诞生和成长，在考虑以上外部环境的同时，更需考察自身的发展壮大能力。

（一）自身因素对总部企业发展的影响

本文借用柯布—道格拉斯生产函数（C-D生产函数）来定量分析促进总部企业发展壮大的内在因素。

C-D生产函数是许多学者用来定量分析影响经济增长的因素的常用工具，其基本形式为：

$$Y=A_0K^{\alpha}L^{\beta} \tag{1}$$

式中Y表示总产出，K表示资本投入，L表示劳动投入，α 表示资本弹性系数，β 表示劳动力弹性系数，A_0是表示随着时间变化的技术进步、管理水平的提高和劳动素质提高等因素在内的广义技术进步水平。

近来有学者对此函数进行改进，将广义的技术进步水平分离成直接技术进步和间接技术进步两部分，引入新的变量 M 用以表示直接技术进步，A_0 则表示剩余的间接技术进步部分。改进后的函数更有利于考察直接技术进步对产出的贡献，其表现形式为：

$$Y=A_0K^{\alpha}L^{\beta}M^{\theta} \qquad (2)$$

借用改进后的 C-D 生产函数，我们利用计量经济软件 Eviews 6.0，对福建 2008 年在研究开发（R&D）方面有经费投入的 104 个集团企业有关资料进行建模分析，以考察投资、劳动力、科技投入等因素对总部企业发展的影响力度。其中 Y 为企业当年的营业收入，K 为固定资产净值，L 为从业人员数，直接技术进步因子 M 用当年的 R&D 经费投入表示。

1. 回归模型

由于选取的是非时间序列数据，利用最小二乘法进行回归分析是比较理想的方法。将（2）式求对数得：

$$LnY=LnA_0+\alpha LnK+\beta LnL+\theta LnM \qquad (3)$$

表 2 变量相关系数表

	LnK	LnL	LnM	LnY
LnK	1.000000	0.753809	0.525373	0.823442
LnL	0.753809	1.000000	0.557349	0.827056
LnM	0.525373	0.557349	1.000000	0.617634
LnY	0.823442	0.827056	0.617634	1.000000

如表 2 所示，因变量 LnY 和自变量 LnK、LnL 的相关系数达到 0.8 以上，呈现强相关；与 LnM 的相关系数为 0.6176，相关程度也较高。

根据（3）式，利用 OLS 法估计参数，得到回归模型如下：

$$LnY=2.788+0.401\times LnK+0.492\times LnL+0.119\times LnM \qquad (4)$$

（6.229）　（6.020）　（5.785）　（2.920）

$R^2=0.794$，D-W=1.846，F=128.6，括号内为各参数对应 T 值。

2. 模型检验

根据检验结果可知，在显著性水平 0.05 条件下，R^2 显著，T、F 检验均能通过，模型拟合度较好，并且能够在近 80% 的程度上解释了因变量 LnY 的变动因素。因序列属于截面数据，需进一步进行以下检验，判断模型合理性。

（1）多重共线性

为判断 LnK、LnL 和 LnM 3 个自变量之间是否存在多重共线性，计算其方差膨胀因子。对应的 3 个拟合方程在显著性水平 0.1 条件下，均通过检验，R^2 分别为 0.584.0.604 和 0.336，相应的方差膨胀因子 VIF 值分别为 1.52、1.57 和 1.13，可以认为自变量之间的多重共线性较小。

（2）残差正态性

对未标准化的残差进行正态性分析，K-S 检验结果如下：

偏度 S 为 0.297，峰度 K 为 3.829，J-B=4.509，对应的概率为 0.105>0.05，基本可以认为残差服从正态分布。

通过上述检验，可以判定方程（4）为合理的回归方程。

3.模型最终结果和结论

将相关结果代入方程（2），得模型最终结果：

$$Y=16.248K^{0.401}L^{0.492}M^{0.119} \tag{5}$$

根据模型可得出以下推论：

（1）系数 A_0为正，α、β、θ 均大于 0，说明随着 K 值、L 值、M 值的增长，Y 值也随之增加，这意味着资本、劳动力和科技三要素对总部企业的营业收入增长具有正向推动作用。

（2）β=0.492，α=0.401，θ=0.119，β>α>θ，说明假如投入等值的劳动力、固定资产和研发（R&D）费用，劳动力投入引起的营业收入增长最明显，固定资产投入次之。也就是说劳动力投入和资本投入是决定总部企业发展的最直接要素，同时，科技投入也在发挥积极的作用。

图 2　残差正态性检验结果

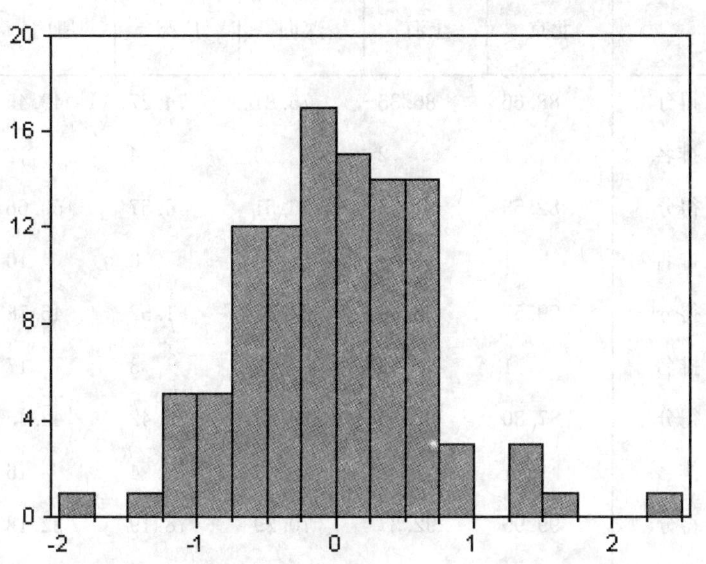

Series: RESID	
Sample 1 104	
Observations 104	
Mean	-6.87e-16
Median	-0.010820
Maximum	2.364530
Minimum	-1.837362
Std. Dev	0.670271
Skewness	0.297236
Kurtosis	3.829001
Jarque-Bera	4.509439
Probability	0.104903

（二）外部因素对总部企业发展的影响

影响总部企业发展的外部因素，主要有城市基础设施、城市经济实力、城市开放程度、城市人才聚集度等。北京市社会科学院总部经济课题研究组构建了一套指标体系，从城市的基础设施、商务设施、研发能力、专业服务、政府服务和开放程度等六个方面加以综合衡量。

从省内看，福州、厦门、泉州发展总部企业的外部优势更为明显。福州是省会城市，厦门是开放程度较高的城市，泉州是制造业较为发达的中心城市，这三个城市无论从经济实力、基础设施、专业服务、开放程度等方面看，都优于省内的其他中心城市，因此福州、厦门、泉州聚集了全省 70%的总部企业。

从全国看，福建中心城市发展总部经济的条件与发达城市比还有差距。北京市社会科学院对全国 35 个主要城市总部经济发展水平的研究结果显示，2012 年北京、上海、深圳、广州总部经济发展水平全国领先，在 35 个城市中分列前四，属于第一能级；而福建厦门、福州总部经济发展能力分别居第 12 位和第 21 位，处于中游附近，属于第三能级。

分细项看，厦门的政府服务水平特别突出，排名第 2 位；基础条件居全国第 10 位；开放程度居全国第 12 位；但商务设施、研发能力和专业服务水平三方面需要加强。从二级指标得分情况看，厦门市有着完善的基础设施和良好的社会人文环境，国际开放度高，但与第一能级的城市比，经济实力存在差距，总部资源相对弱势，研发能力明显不足，与其他城市间的区域合作有待加强，而且商务基本设施和专业服务如金融保险服务能力、专业咨询服务能力也亟待提升。

福州的比较优势在于环境质量、信息基础设施和政府服务水平，但经济实力、研发能力和第一能级城市比明显存在差距。同时，部分指标间发展不平衡弱化了一些优势条件的效用，如福州的信息基础设施水平居全国第5位，但商务基本设施水平在35个城市中居第34位，商务设施总体水平仅排名第15位；专业咨询能力全国第8位，但金融保险水平排名第20位，专业服务总体水平排名居15位；国际开放程度第12位，但区域开放程度第22位，总体开放程度落后至第18位。

表5　35个主要城市总部经济综合发展能力排名（部分）

（2012年）

指标			北京	上海	深圳	广州	厦门	福州
综合实力		得分	88.66	86.35	75.81	74.27	49.45	40.02
		排名	1	2	3	4	12	21
分项指标	基础条件	得分	82.53	81.38	76.51	76.57	50.66	39.97
		排名	1	2	4	3	10	23
	商务设施	得分	99.57	96.90	64.32	81.52	45.78	46.40
		排名	1	2	7	3	17	15
	研发能力	得分	87.80	82.55	75.64	70.42	42.45	27.01
		排名	1	2	3	4	16	32
	专业服务	得分	99.99	92.37	70.29	78.19	32.18	42.25
		排名	1	2	4	3	27	15
	政府服务	得分	84.19	93.25	84.19	57.86	92.99	54.81
		排名	8	1	7	13	2	14
	开放程度	得分	85.75	84.36	87.49	74.12	53.27	40.57
		排名	2	3	1	4	12	18

四、促进福建总部企业进一步发展的思考

当前各地高度重视总部经济的建设，加大对总部企业的扶持力度。工作的重点应是发挥优美的环境优势、优质的政府服务水平优势、特殊的地理区位优势，立足于培育并留住具有特色的本土总部企业，同时积极补足区域总部经济发展分项短板，增强对外埠总部企业和跨国公司职能总部的吸引力。

一要藉天时，将政策优惠用实用足，为企业加大投资创造更优越的条件，为吸引各类总部企业落户福建创造更有利的环境。为加快福建总部经济发展，争取省外企业来省内开设企业总部，扶持省内总部企业发展壮大，福建省人民政府于2011年、2012年先后两次下文对促进总部经济发展提出扶持意见，在企业开办、办公用房、经营奖励各方面提供税费减免的优惠，对新引进的总部企业的高层

次管理和技术领军人才，也给予各种优惠。各地的配套政策也相继出台。要加大政策的宣传力度，一方面有利于吸引更多的优质企业来闽落户，另一方面也有利于总部企业将政策用足，腾出更多的资金以扩大再投资壮大企业规模。符合总部企业资质条件的企业也应抓紧时间，积极申报，享受政策利好。

二要因地利，扶持适宜“本地水土”的总部企业。近年来，全省各地相继提出发展总部经济的规划和构想，在竞争中这些城市之间要找准各自的定位，避免竞争同质化。每个城市各有特色，在发展总部方面，可以针对各自的优势，发展相应的总部。例如，作为省会城市的福州能够为企业提供更好的政策服务，可以把一些国有大企业总部安置在福州；作为经济特区的厦门可以依托良好的区位优势着力提升对外开放水平，以外向型经济为核心，吸引国际化的企业聚集；而泉州拥有坚实的制造业产业基础，可以侧重发展制造业总部企业。无论发展哪种类型的总部企业，都需要现代化的资金流、信息流和物流与之相适应，所以要重视优化服务环境，加大商务设施投入，逐步建立适应总部经济长远发展的金融等专业化服务体系，降低总部企业的运行成本。

三要借人和，积极吸引各类高科技人才和高素质劳动力，为总部企业进一步发展提供技术支撑，提升研发和科技成果转化水平。从宏观而言，有利于弥补福建城市发展总部经济的研发能力短板；从微观而言，有利于总部企业劳动力素质和科技创新水平以提升企业竞争力。为吸引更多的高科技人才和高素质员工流向省内的总部企业，形成“人才洼地”，应鼓励高校院所和科研机构来省内设立分支机构，如联合办学、委托研发等，一方面引进专业人才，借脑生“才”；一方面借以培养更优秀的本土人才，自“学”成才。

（执笔：吴文芳　林凯　李映　陈晓艳）

福建企业并购重组的新特点、新成效及相关建议

企业并购重组是扩大企业规模、提升企业管理水平、增强企业核心竞争力的重要途径。近年来为了加快经济发展方式转变，调整优化产业组织结构，国家高度重视企业兼并重组工作，出台了一系列文件，推进企业重组整合，不断提升企业综合实力。为了深入了解福建企业并购重组开展情况，有关部门对省内部分企业开展调研，了解企业并购重组后的运作情况和面临的困难，有针对性地提出相关对策建议。

一、近年来企业并购重组的新特点

福建企业并购活动早在 20 世纪八、九十年代就已开始，当时市场体系发育还不够成熟，企业并购以政府主导、市场化运作为辅的方式逐步推进。随着市场经济体制的逐步完善，企业并购重组活动呈现新的特征。

据不完全统计，2009-2012 年福建各类型企业发生并购重组 215 起，涉及 340 个企业。其中，福建辖区上市公司（除厦门外，下同）发生并购 102 起，累计金额 210.72 亿元；外资企业发生百万美元以上的并购 86 起，累计金额 13.54 亿美元（见表 1）；省属企业由 31 个整合为 16 个。

（一）市场主导型企业并购重组更加活跃

从 2009-2012 年企业并购情况看，上市公司平均每年发生并购活动 25.5 起，涉及企业 32.5 个，年均并购金额 52.68 亿元；外资企业年均发生并购 21.5 起，涉及 43 个企业，年均并购金额 3.38 亿美元。其中，以 2010 年并购活动最为活跃，上市公司、外资企业并购起数、单位数、金额都达到四年的顶峰（见表 1、图 1）。

2012 年与 2009 年相比，企业并购规模不断扩大。2012 年，福建上市公司并购 23 起，比 2009 年增长 15.0%；涉及企业 30 个，比 2009 年增长 25.0%。2012 年，福建外资企业并购 19 起，比 2009 年增长 18.8%。从涉及金额看，2012 年福建上市公司并购金额 36.64 亿元，比 2009 年增长 22.7%（见图 2）。

（二）政府主导和市场调节相结合的企业并购重组更加有序

2008 年底开始，福建对省属国有企业实行第一轮重组工作，整合成立了投资集团、能源集团、交通集团、外贸集团和华侨实业集团五大集团，省属企业由原来的 31 个整合为 16 个。2012 年成立了福建省稀有稀土（集团）有限公司，同时对五大集团的业务和功能进行进一步梳理，将华侨实业集团的医药企业划入交通集团，将华侨实业集团（除医药企业外）划入冶金控股公司，将由华侨实业集团托管的乡镇企业联合总公司并入外贸集团。经过两轮重组，省属国有资产布局结构进一步优化，发展战略进一步明晰，企业规模进一步扩大，核心竞争力进一步增强。其中，福建投资集团 2012 年总资产达 569.38 亿元，比 2008 年重组初期增长 165.8%；实现营业总收入 28.41 亿元、投资收益 15.88 亿元、利润总额 14.02 亿元、净利润 13.02 亿元。

（三）重点行业并购重组更加强劲

2010 年以来，国家出台了《关于加快推进重点行业兼并重组的指导意见》等文件，明确了汽车、钢铁、水泥、机械制造、电解铝、电子信息、医药、稀土九大重点行业企业兼并重组的目标和任务。福建也出台了一系列文件，加快重点行业并购重组步伐，加快了社会资源向优势企业的集中，并提升了重组企业的盈利能力、持续发展能力和核心竞争力。2009-2012 年，福建辖区上市公司（除厦门外）重点行业发生并购的公司有 32 个，涉及金额 40.62 亿元，占全部并购企业（除房地产、有色金属行业企业外）55.4%。

表 1 福建企业并购情况

(2009-2012 年)

	上市公司			外资企业		
	并购起数	企业单位数	并购金额（万元）	并购起数	企业单位数	并购金额（万美元）
2009	20	24	298686.70	16	32	31149.32
2010	29	38	870531.71	29	58	74486.26
2011	30	36	571594.01	22	44	20046.41
2012	23	30	366428.46	19	38	9685.27

图 1 2009-2012 年企业并购情况

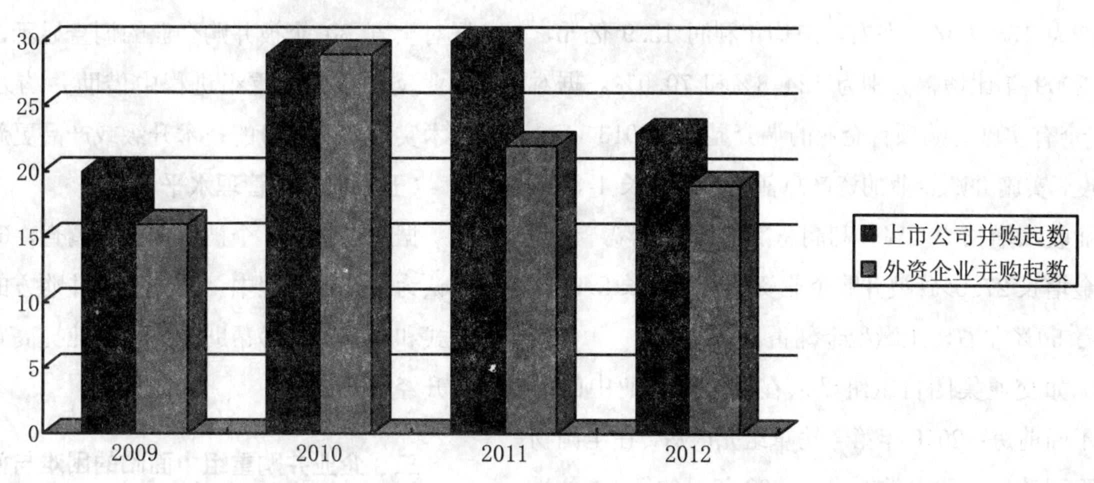

图 2 2009-2012 年企业并购金额情况

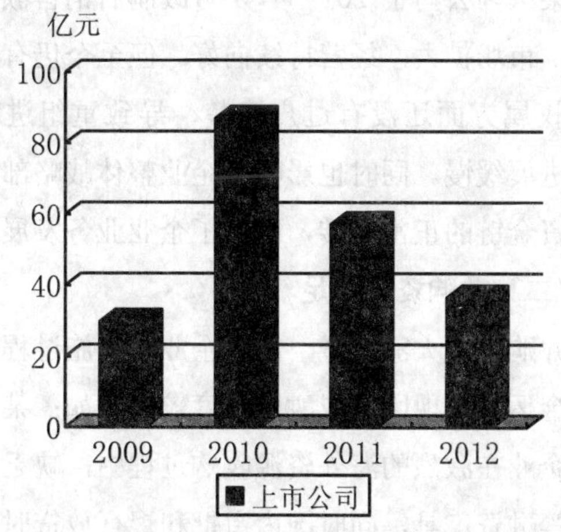

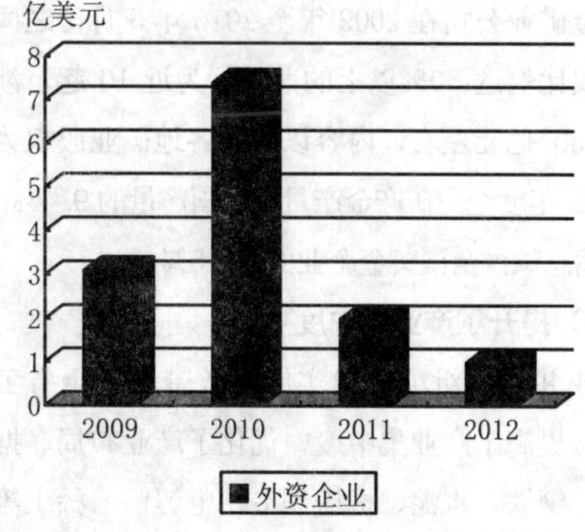

（四）跨行业、跨地区并购重组更加普遍

2009-2012 年，福建辖区上市公司（除厦门外）发生跨行业并购 20 起，涉及 32 个企业，金额 12.73 亿元；发生跨地区并购 67 起，占总并购数的 65.7%，涉及50个企业，金额108.88亿元。

（五）企业并购重组方式更加多元

随着市场经济体制的逐步完善，企业并购方式日趋多元化，有增资扩股、股权置换、吸收合并等。一是通过收购或资产转换等形式取得控股权；二是通过承担债权债务、接收资产实现整合；三是通过增资扩股、股权置换等形式引进战略投资者。

二、企业并购重组取得的新成效

（一）增强了企业实力

2009年福建辖区（不包括厦门）开展兼并业务的10个上市企业，经过3年的发展，2012年户均资产为138.1亿元左右，户均年利润12.9亿元，与2009年比增幅分别为124.8%和70.0%。据对16个有实施并购项目企业的调查显示，2013年一季度，实施并购企业的资产总额比上年增长4.3%，营业收入增长7.2%，利润总额增长6.7%，上缴税金增长27.0%；被并购企业资产总额增长8.9%，减亏50%左右，上缴税金翻番。

如交通集团自重组以来在全国同行业中的排名不断前进：2010年第一轮重组完成后，在全国物流百强的排名即由重组前（2008年）的第14位进到第11位，2012年前进到第8位；2011年在中国服务业500强中居第204位，2012年前进到第160位。紫金矿业公司在2009年至2013年5月份之间涉及股权比例达50%以上的兼并行为近10起，涉及金额50亿元左右，内容以收购各地矿业股权为主，2012年度企业矿产金产量占全国产量的9.4%，实现利润总额占全国黄金企业的24.5%。

（二）提升了产业集中度

企业并购重组项目的实施有效带动了全省工业发展，提高了产业集中度，优化了产业布局。据对汽车、钢铁、水泥、机械制造、电解铝、稀土等重点行业的调研显示，经过近几年的并购重组，福建部分行业集中度明显提高，中成药生产、船舶制造、电线电缆等行业前5大企业的资产总额已经占到全行业的50%以上，稀土、铝冶炼等行业占比已达到90%以上。

（三）优化了资源配置

在并购重组过程中，对业务相近、产业相关的企业进行整合，能够优化资源配置，形成优势互补或产业协同，增强了企业竞争力。龙岩市政府和厦钨合资设立龙岩稀土资源开发有限公司，整合全市的稀土资源和采矿权限，采用规范先进的工艺统一开采，提高了资源利用水平，避免了滥采滥挖，降低了对环境的破坏程度。

（四）推动了技术升级

并购重组的过程还推动了合作方的技术升级。据对全省30个被并购企业的调查显示，73.3%的企业反映在并购重组进程中借助并购方的资金或技术实力实现自身的技术升级或产品更新。

（五）提升了管理水平

据对全省30个被并购企业调查，66.7%的企业认为在并购过程中，通过引入并购方的先进管理模式和经验，能够帮助被并购企业提高管理水平，提升经济效益。

三、企业并购重组中面临的困难与问题

（一）产权变更进展不够顺利

某医药公司于2011年5月改制后销售额大幅增加，市场扩大，经营持续向好。但至今仍有部分产权权属方面还没有过户清楚，导致重组进程搁置，进展缓慢。同时也影响了企业整体战略部署，以及资金链的正常运转，制约了企业业务发展。

（二）并购资金不足

并购需要大额资金，部分企业在实施过程中反映资金运转出现困难或融资难度较大。如：某集团反映企业在激烈的海外资源收购过程中，缺乏并购债券等融资工具，同时国内审批和银行放贷时间过长，使企业错失较好的海外收购机会。

（三）企业文化融合较为困难

并购后双方的文化碰撞会给企业在整合工作

中带来很多问题，要妥善处理这些问题才能避免并购的失败。在实施并购过程中，部分企业反映来自并购双方企业文化整合方面的阻力。如：某公司是国内综合实力最强的木质粉状活性炭生产企业，于2012年3月收购了位于内蒙古自治区东北部的活性炭生产企业。并购双方在战略目标、资源优势等方面能达成一致的共识，并形成协作和互补，收购较为顺利。但企业也反映，由于南北文化差异明显，双方文化融入有一定困难。

四、对策建议

（一）引导企业以市场竞争方式开展并购重组

发挥市场机制的作用是做好企业并购重组工作的根本出发点，促进企业并购重组必须充分发挥市场配置资源的基础性作用，让市场竞争引导各种要素资源流向优势企业，流向优势产业，优化资源配置，实现企业优胜劣汰和产业结构升级，增强经济发展的活力和动力。

（二）加大企业并购重组的政策扶持力度

一是通过进一步调整相关法规，企业并购重组在办理注册、更名、过户等手续时要跟踪服务，简化审批手续，减少流转环节，工商、国土等部门限时办理。二是可继续在财政、税收、金融服务等方面出台优惠政策，加大财政扶持力度，例如扩大优惠性税种的适用范围，设立并购基金，为企业提供直接投资、委托贷款等多种融资支持；支持符合条件的并购重组主体企业上市融资，拓宽融资渠道。三是鼓励企业海外并购，建立面向民营企业海外并购提供财务支持的专业银行；在并购贷款利率上给予企业优惠；为并购提供杠杆融资以及其他金融创新手段的支持。

（三）强化企业并购重组后的整合和管理

企业并购重组过程中应根据自身中长期发展战略需求选择与自身匹配度高的目标企业，着重实现业务流程的有效衔接和融合，对各自资源禀赋和技术优势认真梳理，使其在并购重组后的业务流程中得到突出和加强。同时要做好人力资源、财务业务和企业文化等方面的整合，以先进的管理模式取代劣势的管理模式，以先进的企业文化引导员工端正思想观念、价值取向和行为方式，从而形成企业的向心力和凝聚力，建立高效、融合的组织机构。

（执笔：吴文芳　李映　陈晓艳）

龙岩经济发展方式转变现状、问题与对策

近年来，龙岩市深入贯彻落实科学发展观，抢抓国家支持海西建设和原中央苏区发展的机遇，持续抓好“构建三大体系、发展两大经济、实施四个带动”的工作部署，有力推动全市经济发展方式的转变。

一、推进经济发展方式转变取得的成效

（一）经济结构得到调整

市委、市政府先后组织开展了“三个不低于”、“五大战役”等活动，策划、储备、开工、投产一批重大项目，全市上下形成“抓项目、促发展、调结构”的良好氛围，开展“五大战役”活动，加快推进一批重特大项目的进程。全市地区生产总值从2005年的386亿元增长到2012年的1375亿元，增长2.57倍，财政总收入（不含基金）从2005年的58亿元增长到2012年的237亿元，增长3.1倍，三次产业比例由2005年的21.0∶45.3∶33.7调整到2012年的11.8∶57.1∶31.2。

（二）产业结构优化升级

按照“龙头企业——产业链——产业集群——产业基地”的发展思路，市政府制订并实施了《龙岩市工业发展与空间布局规划》和《龙岩工业调整和振兴实施方案》，着力打造一批全国和海西产业基地。一是领军企业带动产业发展的势头强劲。实施“五大战役”，培育了一批主业突出、核心竞争力强的大企业、大集团。二是产业集聚速度加快。有色金属产业产值超过200亿元，机械、农副产品加工业均突破150亿元，烟草、建材产业先后过百亿。产业向园区集中的速度加快，龙州工业园区2009年已创造百亿产值，龙岩经济开发区2012年突破百亿产值；2012年，龙岩经济开发区正式升级为国家级经济技术开发区，稀土、汽车、光电、硬质合金等专业园区也已形成。三是新兴产业培育取得进展。稀土产业被福建省政府列为20个重点培育的产业基地之一，龙岩着力打造“全国稀土产业基地”。2012年，稀土工业园区被认定为省级工业园，被评为第二批福建省新兴工业化产业示范基地。截至2013年5月，园区已累计签约项目11个，总投资39.4亿元。

（三）城乡统筹协调发展

以“城市建设年”为依托，加快调整和优化城乡结构。拓展中心城市的发展空间，商务、物流商贸、人居三大板块加快推进，完善了城市功能，“绿亮美”工程的实施，提升了城市品位。中高档百货商场、动漫科技产业园、紫金体育公园、美食娱乐城等一批重点项目的建成，提升了龙岩中心城市在海西发展中的地位和作用。“五城同创”有序推进，成功创建国家园林城市。各县（市、区）突出县域经济特色，提升县域城市产业聚集、辐射带动能力。15个省、市小城镇综合改革建设试点完成投资156.70亿元，有力促进了城乡统筹发展。此外，银行为城乡统筹发展提供了大力支持。2012年，农业发展银行龙岩分行在坚持做好粮棉收购储备资金供应管理的同时，围绕农业产业实体经济和土地收储重点项目，累计发放贷款19.40亿元，增长20.1%，贷款余额突破44.70亿元，比年初增长31.1%。

（四）科技创新能力增强

创建了国家可持续发展实验区和全国首个可持续发展产业示范基地，建立了1个国家重点实验室和2个国家级企业技术中心。推进实施了100个技术创新项目，积极争取一批重大科技攻关项目列入国家重大科技专项计划。2012年，全市共取得科技成果61项，其中省部级以上应用科技成果55项；科技成果中达到国际先进水平的有3项，国内先进水平的有53项。企业创新主体意识增强，福建龙岩喜鹊纺织有限公司等企业在北京、上海等大城市建立了研发中心。

（五）生态环境不断改善

完成水土流失治理 48.6 万亩，长汀水土流失治理经验在全国推广，被评为全国生态文明和现代林业建设示范县。新罗万安、漳平永福获国家级生态乡镇命名。稳步推进龙津河流域综合治理，关闭落后产能企业 58 个。通过落实节能减排“问责制”，抓好煤炭、水泥、冶金等重点行业的节能减排工作，随着福建龙净环保股份有限公司新型干法水泥窑脱硝技术的应用，全市水泥企业的氮氧化合物将大量减少。

二、存在的主要困难和问题

（一）经济总量小、结构不合理

2012 年，龙岩 GDP 为 1375 亿元，仅占全省的 7.0%。三次产业比例为 11.8∶57.1∶31.2，与全省相比，第一产业比重较全省高 2.8 个百分点，第三产业比重较全省低 7.6 个百分点。

（二）产业发展层次低、规模小的问题亟待解决

农业综合效益不高，农民持续增收的难度较大；高新技术产业发展相对滞后。2012 年，全市被列入高新技术企业的 56 个企业产值为 129 亿元。2012 年，全市产业规模最大的机械产业产值为 183.49 亿元，仅占全省机械产业产值的 4.2%。现代服务业和生产性服务业发展滞后。旅游产业配套设施还不够完善，附加值较高的旅游项目少。文化产业发展的氛围还不够浓厚。

（三）城镇化进程明显滞后

2012 年，龙岩城镇化率 50.0%，比全省平均水平低 9.6 个百分点、比全国低 2.6 个百分点。中心城市辐射区域经济发展的能力有限，教育、卫生等公共服务资源配置不均衡，完善城市功能和生态建设的压力较大；县域城市普遍存在规模小、经济实力弱、功能不完善的问题；中心镇的发展处在起步阶段，还不能起到联结城乡、促进城乡一体发展的作用。

（四）自主创新能力较弱

受地域和经济社会发展水平限制，引进高层次人才的难度较大。大部分企业创新主体意识不强，新产品研发经费投入严重不足。科技创新公共服务平台不够完善，扶持企业自主创新的力度不够。培育企业家队伍和提高企业经营管理水平的工作有待进一步加强，企业技工短缺问题较为普遍。

（五）经济社会发展与资源环境约束的矛盾较突出

龙岩是资源型山区城市，工业发展对资源的依赖性强，基本是以原材料、初级产品为主要产品结构，产品附加值低，处于产业链的下端，短期内难以解决经济社会发展与资源环境约束之间的矛盾。2012 年，全市工业总产值中，采掘业的比重占 7.9%。截至 2012 年末，全市仍有高耗能行业企业 277 个，涉及非金属矿物制品，黑色金属冶炼和压延加工，有色金属冶炼和压延加工，电力、热力、燃气及水生产和供应，化学原料制造以及造纸等行业。

三、加快龙岩经济发展方式转变的几点建议

把推动跨越发展和结构调整作为转变经济发展方式的主要任务和主攻目标。在跨越发展中调整和优化经济结构，争取到“十二五”末，三次产业结构比例可考虑调整到 5∶52∶43 左右，城镇化率可调整到 50%以上。

（一）加快推动产业跨越发展

1. 加快现代农业发展。根据龙岩的实际情况可以通过三种途径加快转型升级。一是发展高优农业。通过“公司+农户”、“专业合作社+农户”等形式，发展有一定规模的高优商品农业，建设生鲜农产品供应市场；二是发展农产品加工业。通过“加工企业+基地+农户”的形式，实现一产向二产的跨越。提高农产品加工业的发展水平，以肉制品、果蔬制品、竹制品为重点，延伸农产品加工产业链，发展农业精深加工业。引导农业企业增强品牌意识，以品牌提升农产品市场竞争力；三是立足三农资源，发展观光农业或休闲度假农业。充分利用生

态优势、距沿海城市较近的区位优势和城镇人口集聚增长趋势，大力发展乡村旅游业。以景区概念建设乡村，以产业的观念开发三农资源，以服务理念打造休闲产品，以农村的自然人文风貌和生产、生活、生态为乡村旅游核心资源，以农事、农产品、农活、农俗、农民为着力点，以农民的利益为主要出发点和归宿点，高起点规划一批乡村旅游群落、乡村休闲连绵带、乡村度假板块等乡村旅游综合体。

2. 促进工业转型升级。一是推进主导产业集群化。依托龙工配件园，大力引进工程机械上游零部件生产企业，重点突破发动机、变速箱、高端齿轮、物流机械和路面机械等一批项目。加快汽车工业园建设，加快实施一汽凯鲍中重卡、新龙马年产 15 万辆汽车扩建以及一批专用车等龙头项目。加快推进福龙马环卫工业园建设。大力发展大气污染治理设备，争取在水污染防治设备、固体废弃物外置装备、噪声控制设备等方面实现新突破。争取环保产业列入国家创新基金创新产业集群扶持计划。二是传统产业高端化发展。着力推进烟草、农产品加工、煤炭等传统产业转型升级。积极推进石化、钢铁、汽车等产业进行企业战略性重组，做大做强领军企业，培育十亿企业，增强产业整体竞争力。加快推进中心城市“优二进三”，支持卓鹰、卓龙、龙纸、佳丽斯、喜鹊、龙化等企业通过异地搬迁，实现改造提升。开展“百家重点耗能企业节能行动”，强化节能减排目标责任落实。大力发展循环经济，加强清洁生产。

3. 大力发展现代服务业。一是加强对现代服务业的政策支持。服务业的发展水平是衡量一个国家或地区经济社会发达程度的重要标志。服务业的发展直接涉及到龙岩的工业化、城市化进程，在经济社会长期发展中占有重要地位，因此要从战略高度谋划服务业的大发展。按照《加快龙岩市服务业的实施意见》，切实落实好政策扶持，以推动服务业综合改革，逐步建立“产业互动、区域联动”的现代服务业体系，促进全市服务业发展提速、比重提高、水平提升。二是培育现代服务业发展主体。着力培养一批具有较强活力和竞争力的现代服务业发展主体，形成重点服务业和特色服务业集聚区。结合龙岩实际，推动交通运输业、现代物流业、商贸流通业、金融服务业、科技与信息服务业、文化创意产业、社区服务业、农村服务业、旅游业等重点领域服务业的发展。三是培养高素质的现代服务业人才。在服务业中，人是最核心的因素。要高度重视现代服务业人才的引进、培养和使用，建立人才引进激励机制，加快引进高层次、高技能和熟悉现代管理的高级服务业人才。实施服务业人才能力培训工程，不断提高服务业从业人员素质。

（二）提高城镇体系规划建设水平

1. 关注民生，提高中心城市品位。一是进一步完善城市定位。城市定位对城市的发展方式、发展目标的确定起着重要的作用。为适应加快经济发展方式转变的需要，对龙岩的城市定位进行修定和完善，用简洁明确的语言，把“生态、文化、兴业、现代”等特征更准确地表达出来。二是做足、做好山、水文章，建设生态城市。充分发挥好“城在山中，山在城中”的自然特色，根据现有的地形地貌和生态环境搞好开发建设，决不能影响和破坏原有的生态。可以学习香港的做法选择在一些条件较好的半山坡上建设高尚住宅区，使山和城市的融合更具特色。规划建设好山的绿化、城市公共场所的绿化、住宅小区的绿化、企事业单位的绿化、家庭住宅的绿化，把龙岩建设成全国最具特色的绿化城市。针对城市内河水少、水体污染较严重的问题，持续加大龙津河、小溪河上游水体污染治理力度，在上游规划建设一批污水处理厂，逐步把龙津河、小溪河集雨范围内的林地划为生态公益林，增强涵养水源的能力。加快城市湿地公园和一批内湖景观建设，创新城市水系管理体制、机制，确保水质达标。通过山、水、城的完美结合，把中心城市建设成山清水秀的活力生态魅力之城。三是高度重视文化建设，建设文化城市。通过挖掘龙岩城市历史文化资源，展示龙岩城市文化特色，提升龙岩城市文化品位，培育龙岩城市文化形象。规划好文化体育活动场所的开发建设，在人民广场附近，利用人民会堂、体育公园、博物馆等比较集中的优势，规划建设图书馆、科技馆、高档影剧院等大型文化项目，形成大型文化综合体。利用各处的公园、广场等，通过社区群团等组织开展更为丰富多彩的群众健身、街操、歌舞等活动，提升龙岩城市的文化活力。

2. 突出特色，建设县域城市和中心镇。按照“高起点规划、高标准建设、高效能管理”的要求，把县域城市建设成为特色明显的现代城市。中心镇建设按照“规划为先、产业为重、集聚为要、运作为本、突出特色”的发展思路，充分利用周边乡镇的产业发展、生态、资源等优势，进行统一规划，分步实施。以创建国家环保模范城市为抓手，通过构建中心城市“一主三新一卫”，打造30个工业强镇、20个商贸重镇和10个旅游名镇的“321工程”和实施老区百村建设的“100工程”，全力推动城镇化进程。

（三）加快科技创新步伐

1. 用好政策。充分利用全国可持续发展产业示范基地的政策优势，通过国家发展改革委、工信部、科技部等部委牵线搭桥，引进一批高科技项目和人才，建立国家重大科技成果转化基地，台湾高技术产业往大陆转移承接基地和国际科技合作基地。努力创造条件吸引全国一流的专家学者、科研人员在市高新技术开发区、稀土工业园区设立国家级院士工作站，探索和创新院士工作站的运作模式，努力提升自主创新、消化吸收创新和集成创新的能力。

2. 加大对中小企业科技创新的扶持力度。政府部门出台相关的政策支持，依照市场机制的运作模式，发挥好龙工、龙净等企业较强的科技创新力量和先进的检测装备优势，帮助广大中小企业解决好科技创新的相关问题。积极与国家有关科研部门、大专院校联系，帮助企业引进最新科研成果和技术，努力提高企业的科技创新能力。

3. 积极探索项目、资金、科技等要素相结合的路子。借鉴经济发达地区风险投资基金和创业投资基金成功运作的经验，对在龙岩设立风险投资基金和创业投资基金的企业和个人给予政策扶持，对运作成功的给予奖励。

（四）加快循环经济发展

促进人与自然的和谐发展是落实科学发展，加快经济发展方式转变的本质要求。必须牢固树立环保意识，绝不能以牺牲环境为代价换取经济的一时发展。一是切实提高资源综合利用率。目前，龙岩工业废气、废水、废渣等“三废”治理与发达国家存在较大差距，应按照“减量化、再利用、资源化”的原则，从资源开采、生产消耗、废物产生等各个环节，建立资源循环利用体系，提高资源综合利用率。二是突出项目建设，拓展循环经济产业形成体系。要继续坚持以项目建设为抓手，围绕产业链条延伸、产业间相互衔接、废弃物综合利用、新产品新工艺开发，谋划推进一批节能、节水、节材、资源综合利用、节能减排循环经济补链、接续项目，大力推动循环经济的产业基地、产业园区和企业建设，进一步加快建设科学高效的循环型工业体系，持续拓展循环产业链条的深度和广度。三是加强循环经济技术研发和人才引进，大力促进循环经济健康发展。要在继续完善政策的基础上，充分发挥协会及各类研究中心等中介机构的力量，通过引进、消化、吸收和自主创新，形成一批具有自主知识产权的先进技术，鼓励支持重点企业与大专院校、科研单位联合，加大技术研发和产品开发力度，促进循环经济健康发展。

（执笔：许静）

助推龙头企业升级　加快现代农业提效

发展农业产业化是推进城乡统筹发展的重要途径，是对传统农业经营方式的重大变革，积极推进农业产业化发展可以加快农业产业结构调整，提高农业现代化水平，促进农业增效，农民增收。中共漳州市第十次党代会提出了“现代农业提效”的宏伟战略，给漳州市农业产业化的发展带来了难得的机遇。摆脱传统农业落后面貌必须发展现代农业，增加农民收入必须发展现代农业，跟上工业化、城市化发展步伐必须发展现代农业，而现代农业的目标就是要实现产业化。龙头企业是农业产业化发展的主力军，是推动现代农业提效的重要抓手，因此，深入分析漳州市农业产业化及龙头企业发展的现状和问题，探索解决的理念和思路，具有十分重要的意义。

一、农业产业化的内涵和作用

内涵：农业产业化作为一种农村经济发展实践中的新生产物，其崭新的生产经营方式和产业组织模式，实质就是农业专业化。普遍认为：农业产业化就是以市场为导向，以提高经济效益为中心，以利益为联结纽带，发挥资源产业优势，合理配置生产要素，实行区域化布局，专业化生产，一体化经营，社会化服务，企业化管理，把产供销、贸工农、经科教紧密结合起来，逐步实行农业生产的专业化、商品化和社会化。

作用：一是加快农业弱质产业地位的改变。农业产业化把农产品生产、加工、销售的利益有效地连接在一起，不仅可以实现农产品生产经营的增值效益，而且增强了农业开发的深度和广度，加快了改变农业弱质产业地位的进程；二是解决分散农户与大市场相衔接的矛盾。农业产业化就是以农民为主体，把分散的农户引导到大生产、大市场中去求得整体效应，同时最大限度地化解市场风险，以实现农业增产、农民增收；三是加快城乡差距的缩小和农村剩余劳动力的转移。农业产业化经营使得农民既可获得从事种植业、养殖业的利益，又可以分享工业和商业所得的利润，加快实现农民富裕的目标，同时还为农村剩余劳动力开辟了广阔的就业门路，提高了农民的收入，缩小了城乡差距；四是推动农业国际化，积极参与国际经济大循环。

二、漳州市农业产业化发展现状

近年来，漳州以工业化理念谋划发展农业，积极促进农业产业化经营，发挥农业产业化龙头企业和专业合作组织在推动农业增效、农民增收方面的积极作用，全市农业产业化经营形成了规模扩大、领域延伸的新格局，农业产业化发展走在全国地级市前列。

（一）产业化规模不断扩大

截至2011年，全市农业产业化组织达1700多个，市级以上龙头企业数达到183个，其中省级36个，国家级8个。仅2011年就新增4个国家级重点龙头企业，新增省级龙头企业7个。至2011年底，全市183个龙头企业共有从业人员7.88万人，累计总产值391.08亿元，实现利润18.42亿元，出口创汇23.90亿元，分别比上年增长24.1%、56.2%、41.0%。天福、海魁分别在香港、德国成功上市，有十几个龙头企业列入上市后备企业，共上缴税金10.65亿元，与上年基本持平，全市纳税超过1000万元的龙头企业有13个，其中紫山、同发、绿宝等进入“中国罐头十强”企业。

（二）龙头企业辐射带动作用突显

目前，全市有超亿元龙头企业近百个，年销售收入5亿元的25个，超过10亿元的达10个。通过积极推广“公司+农户+基地”模式，带动农户八十多万户和产业基地四百多万亩。龙头企业通过与农户签订保护价合同等形式，共带动本地生产基地种植面积140.74万亩，比2006年增长9.8%；带动本地禽类饲养1394万只，比2006年增长25倍；带动水产养殖面积27.31万亩，比2006年增长2倍多；带动农户87.36万户，农户从产业化经营组织直接得到的收入为96.22亿元，平均每户1.1万元。

（三）农业专业合作社蓬勃发展

一批运作比较规范的农产品行业协会、农民专业合作经济组织应运而生，搭起农户与市场沟通的桥梁，促进了农产品质量的稳定提高和合作社与社员的共赢。目前，全市农民合作组织总数超过900个，注册资金超过20亿元，近百个农业合作社与超市建立产销对接关系，年销售额超3亿元。

（四）科技转型加速品牌升级

一大批龙头企业加大了科技创新力度，加快向高新技术转变，开发了有较高科技含量的新产品，东方、绿宝食品集团成立了食用菌院士工作站，大闽食品公司也设立了博士后工作站，这些举措均促进了漳州品牌建设的快速发展。至2012年底，全市有涉农“中国驰名商标”20多个，“福建省著名商标”90多个，“福建省名牌产品”130多个。累计有11类268个产品通过绿色食品认证，52个产品通过有机产品认证，分别约占全省的30%和40%。

三、当前漳州市农业产业化经营面临的问题

漳州市农业产业化整体水平当前虽处于快速发展阶段，但在产业提质升级、加强行业竞争力、突破技术瓶颈、扩大银企合作、带动农户、拓展市场等方面仍有一些不足和差距，主要表现在以下几个方面：

（一）民间投、融资困难

受房地产、民间金融信贷等产业高利润吸引，民间资本多流向这些高利润行业，而对农产品加工业的投资热情很低。今后几年民间投资仍有加速向这些产业流动的趋势，农产品加工业融资困难是一个不容忽视的问题。

（二）优势产业竞争力不足

近年来漳州市食品加工业发展较快，涉及粮食、肉类、食用菌、水果、蔬菜和水产品等多个领域，漳州食品加工业已逐步发展成为全国闻名的优势产业，漳州也因此成为继烟台、漯河之后全国第三个“中国食品名城”，但其行业规模及在全国所占的市场份额均远不及这两个地级市。

（三）缺乏“航母型”领军龙头企业

尽管这几年漳州市产业化发展较快，龙头企业规模不断扩大，但整体上看，企业规模还是偏小，目前漳州市规模最大的龙头企业产值不到30亿元，超10亿元的企业也仅有10个，而同是中国食品名城的烟台，许多大型龙头企业产值超过50亿元，甚至上百亿元，漯河的“双汇集团”一个产值就达到500亿元，超过漳州183个龙头企业的总和，这明显与漳州这个农业大市和“中国食品名城”的地位极不相称。

（四）行业整体素质和创新能力不高

由于缺乏总体发展规划和市场培育，导致漳州市龙头企业总体经营管理水平不高，一些中小型龙头企业从业人员素质偏低。尽管漳州市农产品资源丰富、特色明显、质量上乘，但企业在科技开发创新方面重视不够，投入明显不足。2011年，全市183个龙头企业科技开发投入为2.45亿元，平均每个仅为134万元，企业科技开发投入仅占销售收入的千分之六，远低于通常的2%-3%，比例明显偏低。

（五）龙头企业带动和服务能力还亟待增强

当前漳州市中介市场发育还不成熟，龙头企业与农户的联结，缺乏有效载体，大多数龙头企业与

农户之间的利益关系较多地表现为简单的买卖关系，缺乏长期稳固的合作，如资金协作、信息共享、技术培训等合作方式。

四、加快漳州市农业产业化发展的几点思路

农业产业化是农业和农村经济工作中一件带有全局性、方向性的大事，党的十八大提出，要转变经济方式，实现新型“四化”，即工业化、信息化、城镇化和农业现代化，漳州市政府 2012 年提出了现代农业发展重点抓“七个一批”建设，即一批设施农业基地、一批大龙头企业、一批规范化的专业合作社、一批农业品牌、一批农产品批发市场、一批休闲观光农业和一批水利水保工程，在这些项目建设中，龙头企业是重要的承担载体，也是漳州市“现代农业提效”的主要生力军。

（一）突出重点，集中力量做大做强骨干龙头企业

龙头企业是农业产业化的关键环节和根本动力，漳州市农业产业化龙头企业规模较大、带动能力较强的龙头企业偏少。因此培育壮大龙头企业，依然是当前推进农业产业化工作中第一位的任务。一是要明确重点扶持对象，围绕农业产业化主导产业和特色产业，分层次、有选择的重点扶持 3-5 个市场前景好、竞争力强、带动面大、年销售 50 亿元或有望上百亿元的龙头企业。二是要加大对重点龙头企业的政策扶持力度。认真落实有关税收、抵扣、金融、出口、引资、运输、用水用电等各项优惠政策。加大土地要素供给优惠，龙头企业所需生产用地视同重点项目用地，龙头企业的农产品生产基地、农业科技示范园以及设施农业用地等，视同农业生产用地。同时要加快龙头企业规模扩张，支持和鼓励重点龙头企业以资本运营为纽带，开展跨区域、跨行业、跨所有制的兼并联合，组建企业集团。三是要着力提升龙头企业的精深加工能力。充分发挥加工型骨干龙头企业的引领作用，推进农产品深度加工开发和综合利用，延伸产业链，大幅度提高农产品加工率，逐步实现农产品由鲜销向加工、由初加工向精深加工转变，提高农产品附加值。

（二）科学规划，大力发展主导产业和特色产业

主导产业是农业产业化的前提和支柱，是一个地区经济优势的集中体现，正确选择主导产业，有利于促进农业区域化和专业化的发展，有利于促进农业产业化向纵深发展。各地自然条件和资源秉赋不同，发展主导产业必须根据市场需求、技术进步方向以及资源特点和比较优势，因地制宜，择优而选，在产业区域化的前提下，调整、优化产业结构，扶持发展专业户、专业村、专业乡和专业市场，使分散经营逐步走上专业化、区域化、规模化的路子，推进主导和特色优势农产品向主产区集中，形成“一县一品”的主导产业和特色产业生产格局，如平和的“蜜柚”、华安的“茶都”、南靖的“兰花”、云霄的“枇杷”、龙海的“百花村”等。

（三）积极引导，不断提高农民的组织化程度

一是要加快发展农民专业合作社。积极引导和推动农民建立各种新型专业合作经济组织，鼓励村组干部、农技人员、专业大户、农村经纪人发起和领办农民专业合作社，全面落实扶持农民专业合作社发展的各项优惠政策和措施。二是要推广创新农业产业化多种组织形式。大力推广“公司+基地+农户”、“公司+合作社+农户”等成熟农业产业化组织形式，鼓励龙头企业和农户按照自愿互利的原则，以土地、山林、劳动入股的形式发展股份制、股份合作制组织，引导企业与农户等合作主体按照市场分工与协作的要求，建立长期稳定共赢的利益联合体。三是完善利益联结机制。对于当前广泛采用的合同、订单农业、租赁反包、股份合作等利益联结形式，要及时引导其向规范化、稳定化方向发展，提高合同履约率。鼓励龙头企业采取建立风险基金、保护价收购、利润返还等形式，与农户建立合

理的利益联结机制，鼓励农民专业合作社向股份合作制方向发展。

（四）加强科技创新，强化龙头企业的科技支撑意识

科技创新是推进产业化快速发展，促进产业化升级的主要动力。因此，要大力整合科技资源，对农产品关键加工技术进行攻关。企业应加大科技创新开发投入，主动与科研院所、大专院校合作，走农科教相结合和产学研相结合的路子，应用高新技术改造传统落后的生产工艺和生产手段，拓宽加工层次、深度，延长产业链条。

（五）优化投资环境，拓宽融资渠道

漳州市龙头企业多为涉农企业，贷款难、融资难已成为许多中小企业的共性问题，特别是一些农产品加工企业用于收购农产品的资金尤为紧张。2012 年 12 月，漳州市农业银行与漳州市农办刚刚签订了支持漳州农业产业化企业助推“中国食品名城”建设战略合作框架协议，争取了 80 亿元的支持食品工业的信贷规模，应大力支持引导龙头企业积极申请，龙头企业要发挥资金或贷款抵押标的物优势，为合作社和农户提供担保，或预选借款给农户，以收购农产品的方式偿还，要在与农户建立互信关系中发挥主导作用。政府要建立农业产业化资金稳定增长机制，安排一定的农业产业化的专项资金，对农业产业化龙头企业扩大生产规模的项目贷款贴息；对获得知名品牌企业进行奖励；对龙头企业建设和扩大基地、推广良种和标准化体系建设给予补贴；鼓励财政资金对农业产业化企业的支持，同时积极引导民间资本注入农业产业化的发展。

（执笔：刘建忠）

福州市工业技术创新与成效调查分析

福建产品市场占有情况调查资料显示：2012年福州市工业产品在省内、省外、境外三大市场销售收入及市场份额整体呈“两降一升”态势，其中省内、省外市场销售收入及市场份额比上年双下降，同时，境外市场销售收入和市场份额均上扬。而当年福州市工业经济发展增速明显放缓，全年虽实现销售收入5167.02亿元，但增速大大低于往年。为深入了解福州工业产品市场竞争力状况，本文对164个规模以上工业企业技术创新与成效进行问卷调查，通过分析问卷并走访市直有关部门及企业，对工业企业科技创新与产品竞争力进行剖析，为各级党委、政府宏观经济决策提供参考。

一、近年福州市工业企业技术创新概况

近年来，福州市加快创新型城市建设步伐，着力推进科技与经济社会发展紧密结合，积极发挥科技在转变经济发展方式和调整经济结构中的支撑引领作用，不断完善科技创新和公共服务体系建设。加大高新科技工业园区建设，2012年福州市高新技术企业317个，实现高新技术产业产值2200亿元，占全部工业产值的42.5%。加大科技创新扶持力度。到2012年末，全市拥有7个国家创新型（试点）企业，122个省级创新型（试点）企业；全市共有市级以上企业技术中心188个，其中国家级3个、省级67个、市级118个，在福州企业科技创新中发挥越来越重要的作用。

（一）企业科技活动参与度提升

2011年，福州市2050个规模以上工业企业中有R&D活动企业为306个，所占比重为14.9%，比上年高4.1个百分点；企业科技机构176个，企业数与科技机构数之比为11.6∶1（即每11.6个企业拥有1个科技机构），优于2010年的19.2∶1。可见，随着企业R&D活动比重不断提高，企业科技机构数量逐渐增加，福州规模以上工业企业参加科技活动的积极性渐渐增强，科研开发与技术创新意愿逐步提升。问卷调查结果显示：2012年，56.7%的企业开展了技术创新活动，福州企业科技创新意识和科技活动参与度在提升。

（二）企业科技人员队伍扩大

科技活动人员投入强度既能反映企业技术创新能力，也能体现企业对技术创新的重视程度。资料显示，2011年福州市规模以上工业企业共有R&D人员2.1万人，比上年增长15.7%，比重由2010年的2.9%提升到3.2%。问卷调查结果也显示，2011-2012年科研人员增加的企业比重均过半，分别为59.3%和58.8%。另外，超八成R&D人员集中在大中型工业企业，且39.3%的R&D人员集中在通信设备、计算机及其他电子设备制造业。

（三）企业科研经费投入加大

问卷调查结果显示，2012年超九成企业在过去一年里增加了技术创新资金投入。其中，16.1%企业科技投入增长率超过50%，18.3%的企业科技投入增长率在15.0%-49.0%（见图1）。从R&D经费投入来看，2011年福州市规模以上工业企业R&D经费投入达到49.94亿元，比上年增长10.3%。其中，内部经费支出达到46.96亿元，增长13.9%；外部经费支出为2.97亿元，下降26.4%，说明企业内部创新能力增强。分行业看，通信设备、计算机及其他电子设备制造业，非金属矿物制品业。交通运输设备制造业R&D经费投入最多，占全部工业企业R&D经费的比重分别为31.5%、19.0%、9.0%。

图1　福州市工业企业技术创新资金投入增长率分布情况

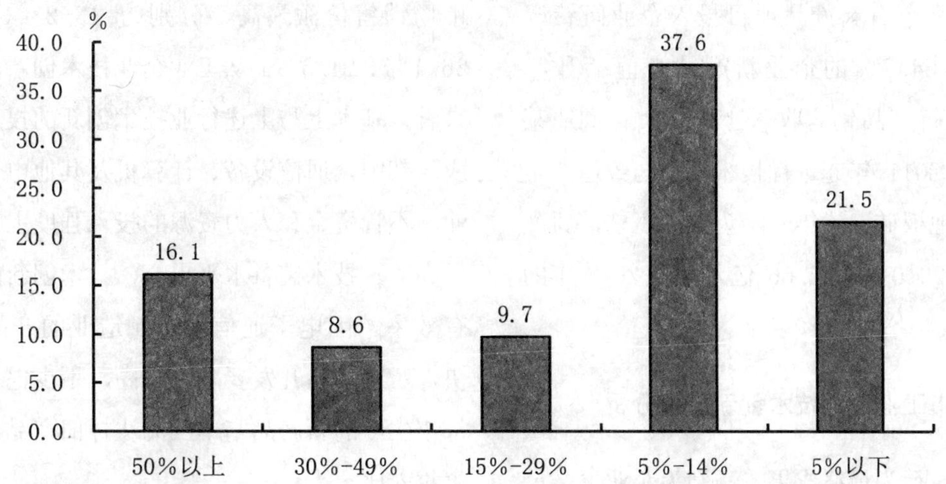

（四）企业专利数量增长

专利是体现企业技术创新成果及能力的一个重要指标。从重视程度上看，随着科技活动的逐步深入，越来越多的企业意识到拥有专利的重要性。问卷调查显示，七成企业认为专利对公司目前发展很重要，21.1%的企业则认为专利对公司未来发展很重要。从拥有专利类型上看，67.7%的企业已拥有专利技术，其中59.1%的企业拥有实用型专利，36.6%的企业拥有发明型专利，22.6%的企业拥有外观设计专利（见图2）。从专利申请数量上看，2011年福州市规模以上工业企业专利申请数为2307件，比上年增长3.7%。其中，发明专利申请1035件，增长9.5%；有效发明专利1231件，增长73.9%。如：福耀玻璃工业集团股份公司与福建工程学院联合研发的科研成果“汽车玻璃深加工的关键制造技术及应用”荣获国家技术发明奖二等奖，也是2012年度福建省唯一获国家技术发明奖项目。目前该项目已获授权国家发明专利20项，实用新型专利59项，全面突破了国外垄断和专利壁垒。

图2　福州市工业企业拥有专利情况

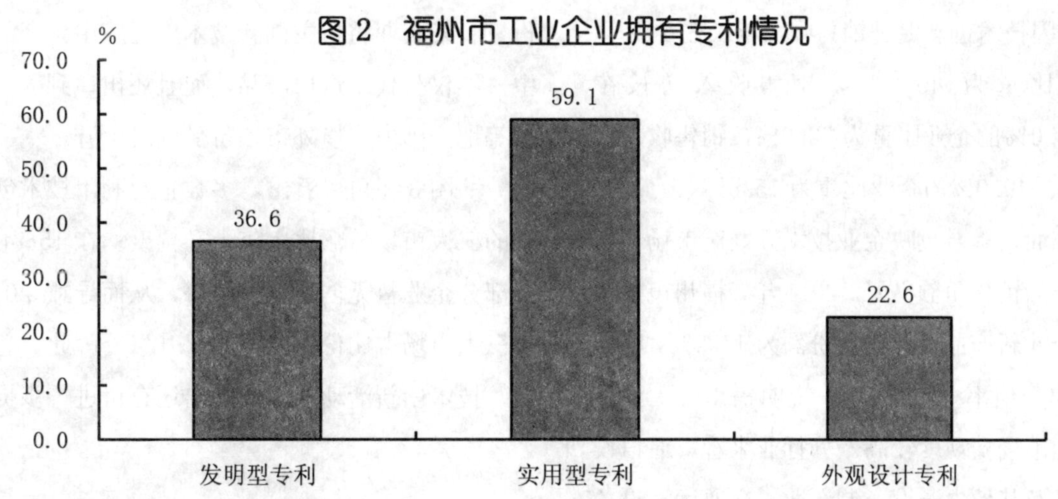

（五）企业新产品项目与产销基本正常

新产品生产和销售情况反映创新成果转化的水平和效率。2011年，福州市规模以上工业企业的新产品开发项目总计为1251项，比上年增长11.9%；完成新产品产值776.17亿元，比上年下降6.4%；实现新产品销售收入735.86亿元，与上年基本持平。按企业规模来看，大型工业企业表现良好：2011年新产品开发项目数比上年增长140.6%；新产品销售收入增长 57.9%，占全市新产品销售收入的 76.1%。据对 68 个有新产品项目投入企业问卷调查结果显示：64.7%的企业新产品产值上升，61.8%的企业新产品销售收入上升。如：闽清某陶瓷生产企业 2011 年起进行技术创新与改造，全面生产全抛釉地板砖，次年升级为喷墨工艺，新产品销售收入从 2010 年的 5.66 亿元增至 2012 年的 20.52 亿元，年均增长 90%以上。

二、福州市工业企业技术创新成效分析

产出是企业行为最终成果，赢利为企业生产最终目的。收益性产出和竞争性产出是衡量企业效益和产品竞争力的重要指标。收益性产出反映技术创新为企业创造的销售收入增量，包括新产品出售获得的收入。竞争性产出则反映企业技术创新带来的市场竞争力变化，通常用产品市场占有率来体现。二者关键均看是否能成正比，是否所占份额相当，有长远发展潜力。

（一）企业收益性产出正常

问卷调查结果显示，一方面，90.1%的企业表示 2012 年通过技术创新带来了当年销售收入的增长。其中，因技术创新促进销售收入增长在 15%以下的企业比重为 46.2%，销售收入增长在 15.0%-29.0%的企业比重为 22.0%，销售收入增长在 30.0%-49.0%的企业比重为 15.4%。

另一方面，综合反映企业技术开发对市场适应能力的新产品销售份额良好。2011 年，福州市规模以上工业企业新产品市场销售份额为 14.5%，略低于新产品的产值率（14.6%），说明福州市工业企业新产品的市场实现度较高。分行业来看，通信设备、计算机及其他电子设备制造业，交通运输设备制造业，医药制造业，有色金属冶炼和压延加工业市场销售份额最高，分别为 43.2%、29.2%、26.1%、21.3%。从工业企业技术创新的实现效率来看，基本上与上述行业技术创新的投入水平相适应。其中，通信设备、计算机及其他电子设备制造业，不管资金和人力资源的投入强度上都是行业中最高的，技术装备水平也高，技术创新的实施也更有效率。因电子通信设备制造业的产品更新换代快，对新产品开发要求也较高，不少电子类大公司每年生产的新产品基本上淘汰掉旧产品，新产品销售收入比重大。

（二）企业竞争性产出有待进一步提升

问卷调查结果显示，67.0%的企业因开展技术创新活动带来省内市场份额上升，68.1%的企业因技术创新带来省外境内市场份额上升，48.4%的企业因技术创新带来境外市场份额上升（见图 3）。如闽清某陶瓷生产企业技改后生产的陶瓷品成为福州陶瓷业最先进的产品，并被评为“福建省名牌产品”，省内市场销售份额从 2010 年的 20.0%上升至 60.0%；某纺织机械生产企业因技术创新已跻身世界一流经编机生产商，产品占国内市场 90.0%的份额；某企业将自主创新技术广泛应用到产品生产中，不仅替代了进口产品，而且还出口到美、欧、日等地，国内、境外市场份额同时上升。

从图 3 还可以看出，多数企业利用技术创新带来的三大市场份额比上年上升幅度均在 15%以下，且部分企业暂无创新竞争态势，从而导致 2012 年度三大市场占比份额“两降一升”，因此，总体上说，技术创新活动竞争性产出还有待进一步提升。

图 3　技术创新对市场竞争力影响分布情况

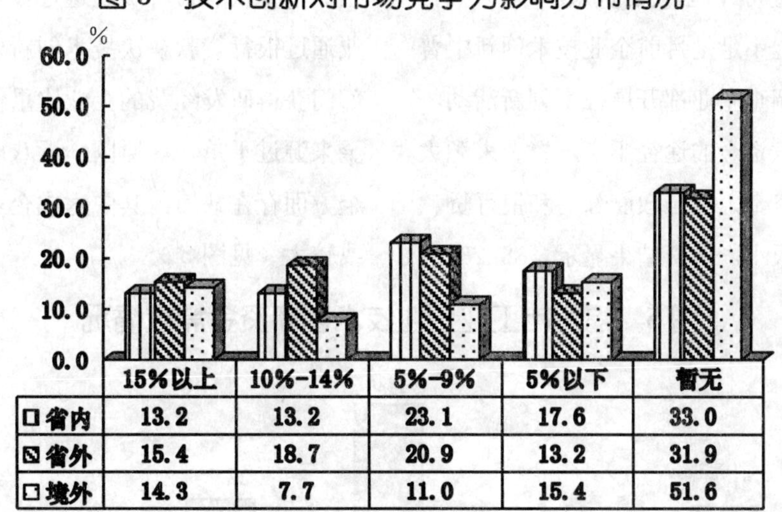

	15%以上	10%-14%	5%-9%	5%以下	暂无
省内	13.2	13.2	23.1	17.6	33.0
省外	15.4	18.7	20.9	13.2	31.9
境外	14.3	7.7	11.0	15.4	51.6

三、福州市工业企业技术创新的主要问题

近年来，福州企业大多从技术创新中获益，加大了投入力度；政府也从各方面加以政策扶持和奖励，取得了一定成效。但由于技术创新成效往往不能立竿见影，诸多条件不成熟的企业，特别是中型企业，或最终缺乏创新的恒心与毅力，或创新成效不够明显和长远。从调查及统计资料汇总分析来看，当前福州企业技术创新实践中主要存在的问题有四个方面：

（一）企业技术人才不足，文化素质偏低

问卷调查显示，57.7%的企业认为缺乏高素质技术人才是企业未开展技术创新的主要问题，36.6%的企业认为在技术研发人才方面的缺口“很大或较大”，39.8%的企业认为缺口“一般”，只有 8.6%的企业认为“没有缺口”。而对于开展技术创新的企业来说，由于在职称评定、培训深造、发展前景等方面能提供的选择有限，与求职者期望相距甚远，企业人才引进困难，普遍存在人才缺口。

此外，从科研人员的素质来看，福州市工业企业科研人员水平仍然偏低，从中高级职称及研究生以上学历人员占研发人员总数的比例来看，45.2%的企业该比例低于 10%，该比例在 70%以上的企业仅占 4.3%（见图 4）。科研人员素质偏低导致企业自主创新跟不上市场步伐，阻碍企业进一步发展。

图 4　福州市工业企业技术研发人才构成情况

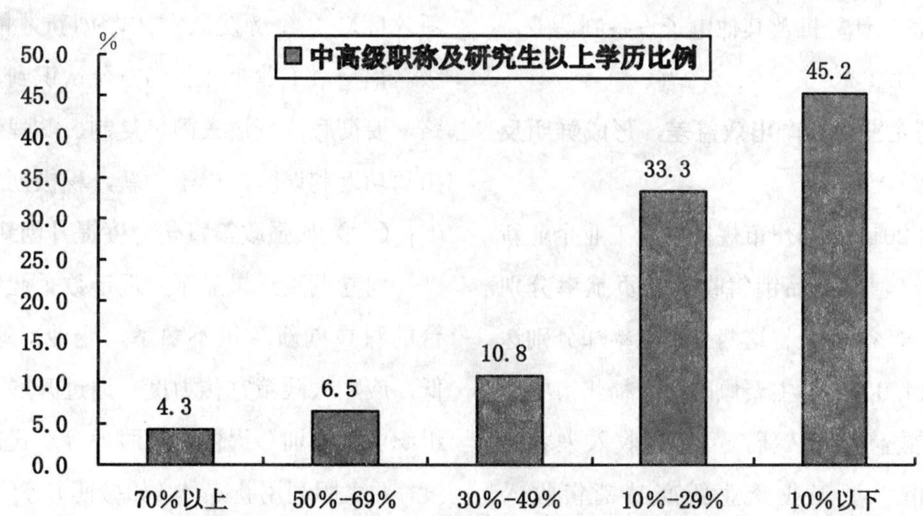

（二）企业资金紧张，创新资金来源单一

调查反映，资金不足是目前企业技术创新中普遍问题，虽然不少调查企业都开展技术创新活动，但企业获取研究开发资金的途径不广，资金来源大部分都是企业自筹资金，来自政府部门和银行贷款的科技活动资金量很小。调查结果显示，88.2%的企业主要依靠自有资金进行技术创新，10.7%的企业通过银行贷款解决技术创新资金需求，而从政府部门获得研发经费的企业比重仅占 1.1%。由于资金来源过于单一等原因，近八成企业在技术创新资金方面存在缺口；其中六成企业认为缺口比重一般或较大（见图 5）。

图 5　福州市工业企业技术创新资金需求情况

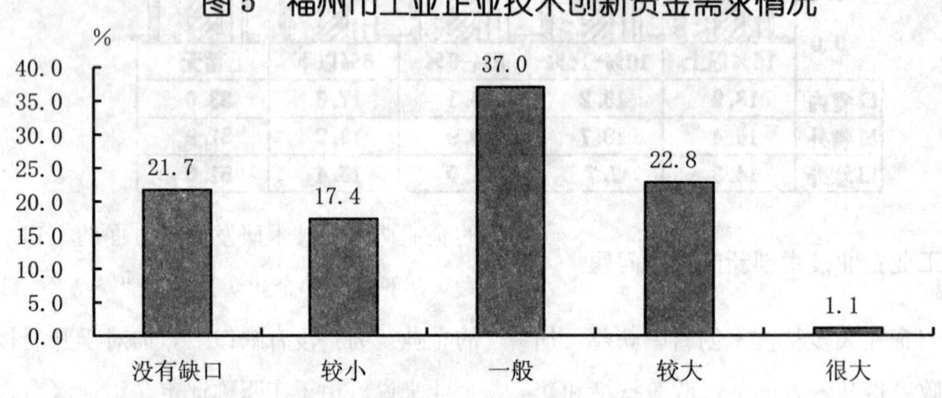

（三）R&D 投入强度偏低，难以维持企业生存与长远发展

资料显示，2011 年福州市工业企业 R&D 经费虽然有所增长，但投入强度（R&D 经费支出占产品销售收入比重）仍处于较低水平，仅为 0.97%，略高于全省平均水平（0.72%），离企业维持生存水平（2%）有相当差距，更谈不上长远发展（5%）。分行业看，福州市所有行业 R&D 投入强度均在 5%以下，R&D 投入强度超过 2%的主要是：医药制造业，非金属矿物制品业，仪器仪表及办公用机械制造业，通信设备、计算机及其他电子设备制造业，分别为 4.0%、3.9%、3.6%、2.2%。

（四）中型企业科技产出效益差，形成鲜明反差

资料反映，2011 年福州市规模以上工业企业新产品对工业总产值和产品销售收入的贡献率分别是-69.0%和 0.1%，而全省这两个贡献率却分别达到 12.0%和 14.0%，其主要原因在于福州市中型企业科技产出效益低。从新产品销售收入来看，2011 年福州市中型工业企业新产品销售收入 104.24 亿元，同比下降 67.4%，与大型、小型工业企业新产品销售收入分别增长 57.9%、25.4%形成鲜明反差，直接导致全市新产品销售收入下滑 29.5%，极大影响新产品的贡献率。

四、促进福州市工业企业技术创新的几点建议

党的十八大提出实施创新驱动发展战略，强调推动科技和经济紧密结合，着力构建以企业为主体、市场为导向、产学研相结合的技术创新体系，提高科学研究水平和成果转化能力。本文认为，创新才能转变经济发展方式，创新才能促进产业升级。福州市工业企业应当充分认识到，创新才有出路，要彻底改变过去简单复制、贴牌生产做法，走出急功近利误区，勇于创新，积极创新。

（一）加强政策宣传力度提升创新意愿

问卷调查结果显示，近半数企业对福州市已出台的科技创新政策不熟悉，企业对政策知晓度偏低，应加大政策宣传力度。通过开展科技活动周、组织业务培训、提供科技服务等形式来加强宣传力度，并大胆利用新媒体（如微博）等信息传播方式，

扩大知晓范围，充分发挥科技创新政策的激励和引导作用，帮助企业理解和运用各类优惠政策，促进企业自主创新，尤其是中型企业创新意愿的提升。

（二）落实多渠道技术创新资金投入体系

问卷调查结果显示，72.0%的企业希望政府提供科技创新专项资金，31.1%的企业希望获得银行的创新专项贷款。解决技术创新资金紧张问题，需要加强政府对企业科技投入的引导作用。应建立多元化、多渠道、多层次的科技投入体系，形成以政府投入为引导、企业投入为主体、金融机构贷款为支撑、社会集资和引进外资为补充、优惠政策扶持的科技投入体系。同时，鼓励金融机构扩大科技项目贷款规模，提高对科技项目的贷款比例，对高新技术成果商品化、产业化给予重点支持，完善科技与金融结合双赢机制。

（三）进一步完善技术创新人才支撑机制

调查结果显示，71.3%的企业希望政府提供科技人才专业培训，61.0%的企业希望政府提供科技成果转化实务培训服务，45.7%的企业希望政府提供专业人才招聘服务。对此，一方面政府要建立并且完善科技人才的服务平台，重视引进紧缺人才，提供专业技术人才技术培训，为企业技术创新储备力量。另一方面，要创造条件吸引高素质科技人才，建立并落实有助于科技创新的人才激励机制，积极为科技人员创造工作条件，敢为有为作为，引得进，用得好。

（四）加强产学研合作及成果转化

充分利用省会城市高校、科研院所较强的科研优势和人才优势，鼓励并促成多层次、多形式的合作交流，建立技术合作关系，将分散于企业、高校、科研单位人才有效组织起来，在人才优势互补基础上协同攻关，寻求关键技术领域的突破。同时，加强开发有市场前景的新产品项目，提高科技投入与产出效率，促进成果转化，打造自有品牌，获取市场竞争优势。

（执笔：余雪英）

福州纺织企业生产经营情况调查

纺织业是福州的传统行业，也是福州的主导产业之一。近期，在原材料价格波动、市场需求疲软和相关产品价格回落等因素的共同作用下，纺织企业的生产经营受到了一定程度的影响，为深入了解福州市纺织企业的生产经营情况，有关部门对福建嘉达、长隆、正泰等 18 个大中小型纺织企业进行调研。

一、纺织业发展现状

自上世纪 80 年代后期至 90 年代初期，福州市纺织工业历经外商投资和乡镇企业的崛起，建立了一批织造、染整、服装企业。到了世纪交替之际，随着国企的压锭改造，纺织工业又迎来了发展机遇。以棉纺织业为龙头率先迅猛发展，并向产业链两头延伸，化纤工业、织造业、染整业、服装业也有很大的发展，出现了一批技术含量较高、实力雄厚的规模龙头企业。目前，福州市已拥有纺织能力 800 万纱锭，以经编为主的织造业生产的面料占据全国市场份额五分之三，花边产品占据全国市场份额的五分之二，产业竞争力进一步增强。

（一）集群特征显现

福州市纺织产业集群主要在长乐市。2013 年一季度，长乐市规模以上纺织业完成产值 226.66 亿元，比上年增长 23.1%。截至 2012 年底，长乐市规模以上纺织企业有 187 个，占福州市的 82.4%；产值过亿的企业有 82 个，占全市 80.4%。因开发生产纺织原料满足国内纺织企业发展的化纤、纱线、经编面料等的需求，而长乐市成为国内纺织业和产业集聚发展最快的地区之一，形成了以松下、漳头、凤阳为主的染整产业集群，以峡漂路沿线为主的化纤产业集群；以鹤上、两港为主的棉纺产业集群，以丹阳、垅下为主的经编产业集群。2005 年，长乐市被授予“中国纺织产业基地市”，长乐的金峰镇和松下镇分别为“中国经编名镇”和“中国花边名镇”。

（二）投资主体具有区域特色

福州的纺织工业投资主体具有明显的区域特色。福州、福清的相当部分企业以外商投资为主体，而长乐市又以民营资本为投资主体。长乐籍在外地企业家握有大量流动资金，政府通过创建投资平台，促进民营资本回归创业，收到很好效果。目前，外商投资和民营投资这两大主体共同发展纺织业的格局已经形成。

（三）产业规模持续扩大

随着国企的压锭改造，福州市纺织工业规模迅速扩大，发展迅猛。2001 年规模以上纺织业工业总产值仅为 33.6 亿元，2004 年规模以上纺织业工业总产值首次超百亿元，达 114.28 亿元；2012 年规模以上纺织业工业总产值达 570.36 亿元。其中，部分重点企业产值增长在 40%以上，锦纶民用丝产能达 50 万吨以上，位居亚洲同类产品产能前列。

2001-2012 年福州市规模以上纺织业工业总产值

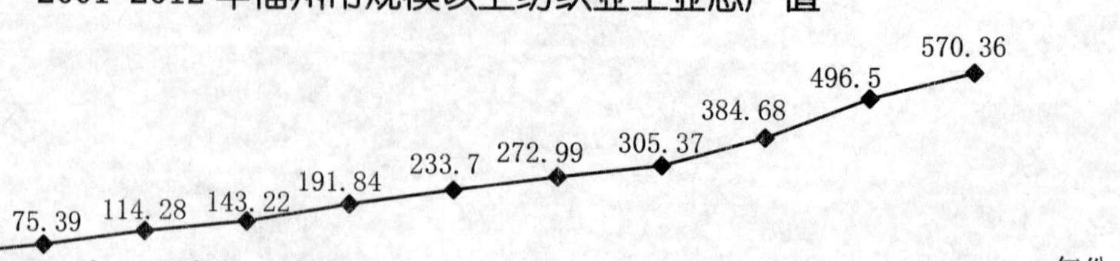

二、纺织企业生产经营情况

（一）开工率较高

调查显示，18 个纺织企业开工率平均达 89.9%，13 个企业开工率在 90%以上，其中 6 个企业实现 100%开工。虽仍有 55.6%的企业存在缺工现象，但平均缺工率仅为 7.7%，缺工情况有所好转。

（二）生产经营平稳，订单充足

据对 18 个纺织企业调查显示，2013 年一季度实现工业总产值 72.86 亿元，比上年增长 23.3%；订单量增长 27.3%。

（三）技术装备水平提高

调查中，7 个纺织企业在近两年引进具有国际领先水平的新设备，产能提高 2-3 倍，用工大幅缩减，为企业发展带来了新契机。如：长乐某针织公司 2011-2012 年间投入近 1 亿元购买了德国卡迈尔耶经编机 48 台，与国内同行业相比居于领先地位，产能提高 3 倍，用工缩减了 66.7%；福州某纺织公司 2012 年投入近 700 万元，分三次引进 4 台意大利萨维奥自动络筒机和 1 台德国赐莱福自动络筒机，用工缩减了 75%，产品质量档次提高，实现产品质量实时跟踪监测；某纺织公司投入 700 多万元，引进 6 台日本村田自动络筒机，用工缩减了 55%，产品质量显著提高。

三、存在的主要问题

（一）资金紧张

当前仍然是买方市场，买方不仅要求价格优惠，工艺精良，还要求付款期限延长，导致企业回款周期延长，并且出厂价格下跌、库存增加，使企业流动资金紧张。据调查，有 33.3%的企业表示库存增加，比上年增长 16.3%。如：福州某纺织生产企业一季度库存比上年增加 20%，库存正常是 1000 吨以内，3 月份最高时达到 1800 多吨，积压达 80%。正常库存期为 15-20 天，现在延长至 2 个月，增加了企业资金周转天数，流动资金紧张。

（二）成本上涨

调查中，有 77.8%的受访企业表示生产成本增加，平均比上年增长 22.4%，其中，原材料成本、劳动力成本、设备更新成为生产成本增加的主要因素。一是超过 50%的受访企业表示一季度原材料成本较 2011 年同期有所上涨。如：某针纺公司一季度原材料成本比上年增长 20%。二是有 83.3%的受访企业劳动力成本上涨，平均增长 17.7%。如：某纺织生产企业，已经连续三年上涨员工工资，年平均上涨幅度 10%；还有一些公司，每年两次加工资，2010 年工资水平为 2000 元/月，2012 年上涨到 3200 元/月，2013 年上涨到 4000 元/月，最高工资达 5600 元/月，且对熟练工工作满半年给予 2000 元现金奖励。三是受访企业中有 7 个近两年购买了新进设备，4 个企业新增生产线并淘汰过剩落后生产线。

（三）棉价制约

由于我国连续两年大量收储棉花，使国内棉花市场价格长期处于高位， 2012 年 3 月份棉花差价在 4000 元/吨左右，2012 年国内外棉花价差一度高达 6000 元/吨。棉花价格倒挂制约我国纺织企业的发展。一是出口受阻。棉花价格在国际市场失去竞争优势，巨大的用棉成本差异严重削弱了纺织企业的国际竞争力，导致订单流失，出口受阻。如：部分纺织生产企业表示，产品出口没有竞争力，原材料差价较大，利润空间小，只是为了稳定客户而少部分出口。二是高端产品企业发展受阻。国家收储棉花的质量标准较低，很难满足高端产品企业对棉的异性纤维的质量要求，企业只能以更高的价位向市场上收购质量较好的棉花。而碍于进口棉的配额限制，企业往往拿不到自己所需配额，要花费更高的价格买“配额”，致使原材料成本居高不下，制约企业发展。

（四）利润减少

在原材料价格波动、市场需求疲软和相关产品价格回落等因素的共同作用下，一季度，福州市纺织业出厂价格比上年下降 4.5%，同比回升 2.8 个百分点，纺织原料类购进价格比上年上涨 1.3%，同比上升 0.3 个百分点。据调查，18 个受访企业利润总额为 1785.30 万元，下降 14.0%。其中，一季度，受访企业有 5 个亏损，亏损面为 27.8%。

（五）信心不足

调查显示，33.3%的受访企业认为下一阶段企业经营形势不明朗，22.2%的企业认为不太乐观，44.5%的企业认为可能会趋好。如，一些公司表示一方面，西欧市场触底反弹的迹象并不明显，国内企业对此并不看好，下一阶段市场情况依然不乐观；另一方面，生产成本没有下降的空间，而介于市场因素，产品价格也没有上涨空间，有些企业现在是少进货、少生产、慢出货，以减少亏损，希望市场能够稳定。

四、对纺织行业发展的几点思考

（一）市场手段与宏观调控兼顾

国储棉计划稳定了国内棉花价格，保护了棉农的利益，但也提高了企业生产成本，削弱企业竞争力。在实行了两年的大规模收储后，可适当调整政策方向，实行差别化收储。如对中间流通环节较少、质量较好的新疆棉采取市场化经营，国家将补贴直接补给农民；对于内地棉采取收储一半、市场消化一半的政策，在市场流通部分给予一定的补贴。

（二）加快产品结构调整，积极推进产品结构优化升级

企业要把产品结构调整作为应对市场变化的重要举措，在产品的“高精尖”上下功夫，大力发展高附加值产品、绿色产品，减少低档次、“大路”产品产量，提高产品竞争力，努力实现产业升级。一是加快对企业现有设备的更新，优化工艺。12 个受访企业设备主要使用的是 2000 年左右购置的设备，4 个企业主要使用 90 年代左右购置的设备，企业应加大对现有设备的技术改造，降低成本，提高产品质量。二是创立自主品牌。调查中，长乐市部分纺织公司依托品牌产品，一季度订单量比上年增长 90%，充分显示了自主品牌对于企业发展的强大贡献力，因此，企业可以加大技术投入，通过不断创新，开发个性化、功能化、高性价比、高附加值的品牌产品，提高市场竞争力。

（三）政府企业齐力降低成本

明确行业优化调整和持续发展的目标和方向。引导企业搞好内部管理，全方位挖掘降低成本的潜力。大力支持企业技术进步，鼓励行业在降低能耗、减少用工、提高附加值上下工夫，使企业尽快走出困境。另外，在调查中，不少企业反映税负仍然较重。在纺织行业市场疲软的情况下，可适当对企业减轻税赋压力，解决长期困扰棉纺行业的“高征低扣”问题。

（执笔：黄艳）

三明市生物医药产业发展情况分析

生物医药产业是由生物技术产业和医药产业组成的产业，是国家支持发展的新兴产业。“十一五”时期，三明市将生物医药产业纳入重点培育的产业之一，经过几年来的努力，三明市已成为全省发展生物医药重点区域，明溪、三元、泰宁列为生物医药试点县，占全省5个试点县的60%，有17个重点项目纳入《福建省生物医药产业振兴实施方案》，生物医药产业发展取得了显著的成效。

一、发展成效

（一）产业初具规模

至2011年底，全市生物医药产业拥有规模以上企业55个，实现工业总产值55.79亿元，增加值18.09亿元，完成产品销售收入48.81亿元，利税总额3.41亿元，比2006年分别增长4.4倍、3.5倍、10.0倍和7.7倍。产业增加值占全市规模以上工业增加值的比重由2006年的0.8%上升到2011年的3.0%。2012年1-8月，生物医药产业实现工业增加值12.27亿元，同比增长16.5%，占全市规模工业增加值的比重达3.2%。初步形成了以南方生物、紫杉园、汉堂制药、华健生物等企业为主的天然药物提取业；以福建华灿、麦丹生物等企业为主的生物制造业；以百事达、丰润化工、金湖炭素、青州日化等企业为主的药用辅料业；以永安森发、明溪天馨、将乐科利达等企业为主的香精香料业；以威耳动科、三药兽药等企业为主的动物兽药业；以海天蓝波、博峰生物等企业为主的医疗器械业等六个特色板块。

（二）科研力量明显增强

近年来，三明市生物医药企业持续推进产学研合作，先后与中科院上海药物研究所、复旦大学、中国药科大学等36所高校、科研单位实现科企对接。目前在建院企项目25项，科技投入3094万元，工程投入近4亿元。全市建立了4个博士后工作站，建立生物组培中心5个。现有省级企业技术中心3个，市级企业技术中心7个；高新技术企业8个；有效发明专利11件。红豆杉、雷公藤等中药材GAP示范基地建设等3个项目列入福建省区域重大科技专项。

（三）品牌兴药成效显著

三明市重视生物医药产业品牌创建工作，着力提升道地药材的知名度。目前，三明市被国家林业局授予全国首个“国家林业生物产业基地”。明溪、三元、梅列、永安被誉为“中国红豆杉之乡”、“中国草珊瑚之乡”、“中国黄精之乡”和“中国金线莲之乡”称号等，永安金线莲2011年获得“国家地理标志产品”称号，草珊瑚、虎杖、黄精、建莲等4个品种经中国中药协会组织评审认定为“全国道地优质药材”。南方制药、汇天生物药业等9个生物医药企业通过GMP认证，拥有福建名牌产品11项，其中2011年新增3项。

（四）药用植物基地建设取得进展

三明地处福建中、西部的戴云山脉北面、武夷山脉南部，森林面积2645.5万亩，森林覆盖率高达76.8%，是中国南方重点林区之一，素有“绿色宝库”之称。这里气候温和，雨量充沛，生态良好，为各种动植物的繁衍生长提供了良好的条件，成就了三明的生物多样性。天然药用生物资源种类多、质量好、贮量大，仅天然药用植物资源有1700多种，是福建发展生物技术产业的重点区域，也是海峡西岸名副其实的中药材种质资源库。全市现有药材种植企业25个，专业合作社26个，种植品种近30个，2011年全市新植药材和特用植物面积达6.99万亩，累计建成面积达36.69万亩。建成以红豆杉、雷公藤、草珊瑚、互叶百千层等为主的天然植物药原料基地，以厚朴、金银花、茯苓、灵芝为主的中药饮片原料基地，以金线莲、黄精、铁皮石斛为主的珍稀濒危药用植物基地。南方红豆杉、雷公藤、草珊瑚人工种植面积分别达 6.0 万亩、3.9 万亩和 2.2 万亩，种植面积全国最大。泰宁雷公藤、三元草珊瑚、明溪红豆杉、建宁莲子列入福建省 GAP 示范基地建设。

（五）产品市场空间较大广阔

据工业产品市场占有情况调查资料，三明生物医药产品销售区域省外市场占主导地位，2011 年医药制造业产品省外市场销售比重达 64.6%，比全市平均水平高 33.0 个百分点。一些产品在国内市场具有较强的竞争力，发展前景较好。如：福建紫杉园生物有限公司、福建南方制药股份有限公司生产的紫杉醇，福建汇天生物药业有限公司生产的抗感染药等。

二、发展存在的问题

（一）生物医药产业规模偏小

据工业产品市场占有情况调查资料，2011 年三明医药制造业完成销售收入 14.86 亿元，占全省的比重仅 8.4%，居全省第 6 位，比最高的福州市低 24.8 个百分点。在三明市重点培育的林产加工、冶金、机械、采矿、纺织、化工、建材和生物医药八大产业中，生物医药产业产值占全市规模以上工业总产值的比重最低，仅占 2.8%，对全市规模以上工业增长贡献率仅为 2.7%，分别低于三明市第一大产业林产加工产业 17.9 个百分点和 21.9 个百分点。目前，生物医药产业整体规模小，尚处于起步阶段。

（二）医药制造业成长性偏低

从医药制造业上看，企业群体成长的步伐依然迟缓。一是原有一些优势企业发展低迷。如一些企业持续数年徘徊不前，有的生产规模不断萎缩。二是成长性不足。2006 年，三明市医药制造企业为 14 个，到 2011 年只增加了 1 个。

（三）创新能力较弱

近年来，三明市生物医药产业研发投入逐年增加，但研发投入强度（R&D 经费与主营业务收入比）仍然较低，2011 年为 0.5%，低于全省 0.7%的平均水平，居全省第 6 位。其中，医药制造业研发投入仅占产品销售收入 1.1%，低于全省 2.6%的平均水平，居全省第 7 位。由于投入相对不足，发明专利少，优势品牌少。2011 年，全市规模以上工业专利申请数、发明专利仅分别占全省的 1.7%和 1.4%，均列全省最后一位。目前多数企业以生产原料药和老品种药为主。2011 年，全市有国家级名牌产品 5 个，生物医药产业无一个。医药产业拥有福建名牌产品 11 项，仅占全市（135 项）的 8.1%，其中医药制造业无一项；获得福建省著名商标 11 件，占全市（146 件）的 7.5%，其中医药制造业仅有 1 件。

（四）人才不足，资金紧张

三明生物医药产业起步较晚，经济欠发达，对人才的吸引力不强。据调查，有 50%的生物医药样本企业反映缺人才，特别是高尖端人才。生物医药产业是一个高技术、高投入、长周期、高风险的产业，无论是在创业初期还是成长的阶段都需要大量资金支持。调查显示，有 60.0%的企业表示缺资金，资金缺口从几十万到上千万不等。据泰宁县某医药生产企业反映，从研发新药至批量生产需要 5 至 8 年，在此期间需消耗资金 2 亿元。

三、加快生物医药产业发展的建议

（一）拓宽融资渠道

一是建立产业创业风险投资引导基金。要发挥政府资金的引致效应，引导社会资金进入创业风险，委托高素质的创投公司进行运作，专注于生物医药产业的投资，放大政府资金使用效率。二是鼓励生物医药企业进入资本市场，尝试发行企业债券，开辟多种融资渠道，使企业迅速得到资本扩张。三是建立医药企业贷款担保机构。为企业研发及产业化发展提供融资担保，提高企业信誉贷款担保资金额度，保证企业资金流量。四是建立医药产业发展专项基金。通过财政拨款等方式建立医药产业发展专项基金，要把资金用于产业化的关键领域和关键环节，使产业尽快形成突破。

（二）培育龙头骨干企业

积极引进国内外大型企业围绕三明市现有企业的优势产品和生产资质，通过联合、兼并、改制、参股、控股等形式实施战略性并购重组，实现规模扩张，形成具有较大规模和一定竞争优势的大企业（集团）。鼓励生物医药及生物产业基地和产业园区加大招商引资力度，吸引国内外大型企业或者机构来三明投资建厂，扶持现有年产值超 5000 万元并具有发展潜力的生物医药骨干企业和农业产业化龙头企业加快发展。

（三）扶持企业自主创新

支持企业围绕新产品、新技术、新工艺的研发和产业化，组建产学研用技术创新战略联盟，强化自主创新、集成创新和引进消化吸收再创新，实现产品、技术研发向仿创结合发展，努力掌握一批产业核心技术和关键技术；建立产学研结合机制，推进技术成果对接，利用国内名校名所的技术优势，为企业自主创新提供技术支撑。培育强势优势品牌，充分发挥道地药材原产地的优势，加强中药关键技术的研发和传统优势品种的深度开发。重点扶持临床疗效确切、具有品牌优势和市场规模的生物医药大品种，形成一批具有较强市场竞争能力的品牌企业和品牌产品。

（四）加快创业平台建设

以建设海西经济区天然植物药产业基地为契机，坚持以天然植物药、氨基酸和酶制剂产业为主打特色，着力加强和完善中药研发、中药材规范化种植、中药工业开发和中药商贸流通等“四大平台”。加快推进国家酶工业生产基地，麦丹生物科技产业园建设，为推三明市生物医药产业集聚，加快生物医药产业跨越发展提供有力保障。

（五）推进人才队伍建设

大力培养和吸引生物医药及生物产业高层次和工程化人才，落实福建省建设海西人才高地和三明市政府人才引进的相关政策，加快产业适用人才的培养。进一步充实和完善三明学院、三明技术学院、三明农科所等大、中专院校及科研机构的科研设施，加强生物学科和配套专业的建设。采取形式多样的人才引进办法，吸引省内外专业技术人才到三明领办、创办生物医药及生物产业企业，建立三明生物医药及生物产业专家顾问和杰出人才奖励制度。为生物医药及生物产业加快发展提供有力的人才支撑。

（执笔：陈逢炳）

漳州市文化产业的实践与思考

唯物史观认为，物质生产与文化生产是人类社会的基本实践活动。文化生产有自身发展演变的基本规律，具有明显的物质性和历史继承性。文化产业是文化和经济相互渗透而形成的新兴产业。文化产业作为一种特殊的文化形态和特殊的经济形态，影响了人民对文化产业的本质把握。党的十七届六次会议指出“文化是民族的血脉，是人民的精神家园。”漳州市文化产业状况如何，问题何在，应如何解决？本文进行深入调查与分析，为漳州市文化产业发展提供参考。

一、文化产业的内涵及意义

（一）文化产业的内涵

“文化产业”最初出现在霍克海默和阿多诺合著的《启蒙辩证法》一书之中。它的英语名称为Culture Industry，可以译为文化工业，也可以译为文化产业。联合国教科文组织关于文化产业的定义如下：文化产业就是按照工业标准，生产、再生产、储存以及分配文化产品和服务的一系列活动。

2004年，由中宣部和国家统计局牵头，我国文化产业统计工作开始着手进行，第一次比较完整地反映了我国文化产业发展的总体规模和基本构成，这个阶段的探索研究，对建立我国文化产业统计具有十分重要的作用。此后，国家统计局利用第二次全国经济普查资料对2008年全国文化产业主要指标进行测算，还利用常规统计年报数据测算了2005年、2006年、2007年和2009年全国文化产业增加值等主要指标的数据。2010年，国家统计局正式建立了文化产业统计制度，制定了详细的产业统计工作方案和统计调查制度。文化统计工作在全国范围内全面展开。为建立科学可行的文化及相关产业统计制度，国家统计局发布了“文化及相关产业分类（2012）（国统字[2012]63号）”，将“文化及相关产业”界定为“为社会公众提供文化产品和文化相关产品的生产活动的集合。”根据定义，文化及相关产业包括：

1.以文化为核心内容，为直接满足人们的精神需要而进行的创作、制造、传播、展示等文化产品（包括货物和服务）的生产活动。

2.为实现文化产品生产所必需的辅助生产活动。

3.作为文化产品实物载体或制作（使用、传播、展示）工具的文化用品的生产活动（包括制造和销售）。

4.为实现文化产品生产所需专用设备的生产活动（包括制造和销售）。文化产业统计以《国民经济行业分类》（GB/T 4754-2011）为基础，根据文化及相关单位生产活动的特点，兼顾部门管理需要和可操作性，借鉴了联合国教科文组织的《文化统计框架-2009》的分类方法，分为文化产品的生产，文化相关产品的生产两大部分，根据管理需要和文化生产活动的自身特点分为10个大类，依照文化生产活动的相近性分为50个中类，120个小类。

（二）发展文化产业重要意义

1.中华民族屹立于世界民族之林的方式。一个国家的经济实力、科技实力，最后都要归结到文化的层面上，体现为文化的力量，文化精神的力量，文化创新的力量。民族文化是民族的根，民族精神是民族的魂。根深才能叶茂，有魂才有力量。我们在全面建设小康社会的进程中，一定要把民族精神进一步弘扬起来，使全体人民始终保持昂扬向上的精神状态。每一个民族可歌可泣的历史进程都凝结了自己独有的民族精神和文化品格，每一个民族的民族精神和文化品格都充实着世界文化的宝库。人类文明进步的历程表明，没有先进文化的引领，就没有一个国家，一个民族屹立世界先进之林。

2. 满足人民群众文化需求的重要手段。近年来，我国文化产业发展突出反映了文化产业在满足人民群众文化需求上的重要作用。文化产业已成为我国经济发展的一个新的增长点，增长速度明显高于国民经济增长速度。但我国文化产业整体上仍处于发展初期，面临着前所未有的历史性机遇与挑战。大力发展文化产业，不断满足人民群众对精神文化的需求，任重道远。

3. 和谐文化建设的重要内容。历史经验告诉我们，先进的意识如果没有强大的优势文化产业作支撑，就难以巩固已经确立的主导地位。任何观念形态的东西，都有赖于一定的物质载体体现出来，传播开去。因此，要构建社会主义核心价值体系，推进和谐文化建设，就必须解放和发展文化生产力，大力发展文化产业，增强主流意识形态影响力。

4. 提高地区综合实力的重要途径。发展文化产业项目对拉动经济发展具有重要的促进作用，其增加值是地区生产总值的重要组成部分。未来世界的竞争将是文化生产力的竞争，在综合国力竞争中，文化生产力的地位和作用将越来越突出。文化产业已成为 21 世纪核心产业。我们要以科学发展观为指导，积极探索文化生产力发展的特点和规律，深化文化体制改革，促进文化产业的快速发展。

5. 文化产业成为新的经济增长点。文化产业成为我国经济结构战略性调整和产业升级的一个重要选择方向，成为促进经济发展，调整产业结构，提高消费水平的重要手段。

二、漳州市文化产业主要实践

近年来，漳州市文化产业增长势头迅猛，经济效益提高，整体实力有所壮大。2011 年，全市从事文化及相关产业活动单位 3960 个，比 2010 年增长 9.7%，居全省 9 个设区市第 4 位；拥有资产 185.01 亿元，增长 14.1%，居第 4 位；主营业务收入为 195.43 亿元，增长 24.1%，居第 5 位；实现增加值 61.09 亿元，增长 26.9%，居第 5 位；文化产业从业人员 6.02 万人，增长 2.5%，居第 4 位；文化产业法人单位增加值占本地区生产总值比重为 3.5%，比 2010 年提高 0.1 个百分点，居第 6 位。

（一）审时度势，优化文化发展环境

2011 年底，中共漳州市委出台了《关于推动社会主义文化大发展大繁荣的实施意见》，同时结合实际制定出台了《漳州“十二五”文化改革发展专项规划》等鼓励支持文化改革发展的新政策，目前，漳州市正抓紧组织制订《漳州市人民政府关于加快文化产业发展若干政策》，将从财政、土地、金融等方面给予文化产业龙头企业、重大项目和重点园区扶持，为文化繁荣发展提供了科学指导，创造了良好的发展环境。

（二）因地制宜，激发文化发展活力

漳州市立足本地资源和文化发展的实际，着力打造具有地方特色的文化品牌，探索适合自身的发展道路，拉开文化强市建设的序幕。11 个县（市、区）紧密结合各县实际，精心筛选出具有较强示范性和导向性、突出地方特色的文化产业项目，涉及开漳文化、名人文化、书画产业、文化旅游、现代影视、印刷产业等。在文化产业竞赛项目活动中，全市文化产业拟总投资 106.2 亿元，2012 年度拟计划投资 9.9 亿元，第一季度累计投资 2.2 亿元，占全年投资总额的 21.8%。全市文化事业项目总投资 14.8 亿元，2012 年度计划投资 1.8 亿元。

（三）摸清家底，迈开文化强市步伐

为准确掌握全市文化产业发展规模、产业结构、整体效益等发展变化情况，全面了解文化产业在国民经济和社会发展中的地位和作用。漳州市着手开展文化产业单位清查工作，摸清漳州市文化产业家底。从单位数量、从业人员数量、资产规模、经营收入等方面，逐步建立和完善覆盖本辖区的文化产业基本名录库系统，确保调查数据较好地衡量和体现全市文化产业发展现状、速度和趋势，为制定有关发展规划、推动文化强市战略的实施提供更加科学的决策依据。

（四）主动作为，扶持文化产业发展

根据漳州市的资源优势和产业基础，漳州市委、市政府确立了文化创意、出版印刷、影视动漫、演艺娱乐、文化旅游、工艺美术等六大产业为优先发展重点产业，并组织实施漳州市文化产业“310计划”，即规划建设十大园区，扶持做大十大企业，组织实施十大项目。通过规划引导建设一批文化产业的重点园区和示范基地，带动全市文化产业的整体性发展。目前，漳州市正着手制定《漳州市文化产业示范园区基地评选认定和扶持办法》，在推进9个省级和17个市级文化产业示范基地建设的同时，继续加快建设一批市级文化产业园区，引导项目向园区集中、企业向基地聚集，促进文化产业集群发展。漳州市有“福建土楼旅游有限公司”、“万利达集团有限公司”、“天福茶博物院”、“漳州市国辉工贸有限公司”等11个企业获省级文化产业示范基地命名，还有南靖海峡印刷工业园、长泰“龙人古琴文化基地”等正在积极筹建中。对于这些已经起步或已有雏形的文化产业园，漳州市将进一步加大扶持力度，改善基础设施等硬件环境，为吸引更多文化企业聚集漳州创造良好条件。

（五）招商引资，创造良好投资环境

近年来，漳州市坚持“政府主导、社会参与、市场运作”的原则，充分利用各级各界组织召开的文化会展活动，促进文化企业与外界的交流与合作。2011年，漳州市编印《漳州市文化产业招商项目手册》，挑选72个文化产业招商推介项目，依托海峡两岸（厦门）文化产业博览交易会、中国国际投资贸易洽谈会等平台，推出、对接一批文化产业招商引资项目。2012年5月初，漳州市文化产业招商推介访问团赴港开展招商、推介活动，并取得显著成效。芗城区博达文化创意园、龙文区青蛙王子·动漫文化创意园、诏安海峡两岸文化创意书画产业园等7个项目在现场成功签约，签约项目涵盖文化旅游、动漫游戏、文化创意、文化会展、文化设施建设等领域，总投资额超过66亿元人民币，在全省九个设区市中名列前茅。

三、对漳州市发展文化产业的SWOT分析

近年来，漳州市文化产业运行呈现增长速度平稳加快，产业结构持续优化，集聚效应更加凸显，区域发展亮点增多，经济贡献率不断提升等特点。优势和劣势并存，机遇和挑战同在。

（一）漳州文化产业发展的优势

1.文化事业的持续健康发展为文化产业的萌生提供了充足营养和坚实基础。全市现有群艺馆12个，文化馆11个，博物馆、纪念馆12个，图书馆10个；图书藏量107万册，比上年增长50.7%；专业艺术团体11个，演出场次5033场，场次比上年增长75.3%。电影放映单位23个，影剧院10个。《闽南日报》年发行2100万份，《漳州广播电视报》年发行157.6万份。全市拥有广播电台11套，电视台2套。广播综合人口覆盖率99.03%，电视综合人口覆盖率99.04%。新增4项国家级非物质文化遗产，新改扩建乡镇综合文化站23个，农家书屋350个。

2.经济高速增长，收入水平提高，文化消费激增，为文化产业发展创造了雄厚的经济基础和广阔的市场空间。近年来，随着漳州市经济快速增长，居民生活质量得到改善，人们的审美情趣、文化需求也不断提高，“精神食粮”已成为人们生活中不可或缺的部分。2010年，全市GDP为1430.7亿元，实现五年翻一番；2011年，达到1768.20亿元，增长14.7%。2011年，全市城镇居民人均可支配收入和农民人均纯收入分别为21137元和9128元，比2005年分别增长了88.0%和94.0%。“十一五”期间，城镇居民人均可支配收入和农民人均纯收入年均增长率分别为12.3%和12.0%。这预示着文化消费能力有很大的提升空间。

3.闽南文化丰富厚重，历史悠久，文化遗产众多，文化资源保护以及产业发展具有一定的基础。漳州自唐拱二年（686）建州以来，历经一千三百多年的沧桑，创造了独具特色的地域文化，历史文化积淀深厚，处处洋溢着浓郁的历史文化气息和深厚的文化韵味。这块旧时山海接大川的土地，既是国家历史文化名城，又是台胞主要祖藉地和著名侨乡，形成了贯穿古今，具有鲜明地域特色和时代风貌的城市文明。波澜壮阔的发展历史、改革开放的辉煌成就、绚烂多彩的社会生活、乡土浓郁的民间文化，是取之不尽、用之不竭的文化源泉，为挖掘传统文化资源的现代经济价值提供了巨大的开发潜力。文化底蕴深厚，民俗风情多姿，历代名人辈出。布袋木偶戏、芗剧等民间艺术丰富多彩，书画、剪纸、灯谜艺术也有广泛的群众基础和精深造诣。芗城区、龙海县、华安县、漳浦县、东山县、诏安县分别被文化部命名为“灯谜艺术之乡”、“民间绘画之乡”、“玉雕艺术之乡”、“剪纸艺术之乡”、“音乐之乡”和“书画艺术之乡”。

（二）漳州文化产业发展的劣势

当前，漳州市文化产业仍处于探索、培育的初级发展阶段，尚未形成规模优势，同厦门、福州、泉州等先进地市相比有一定差距，只有清醒认知我们的劣势，才能准确定位，谋求突破。

1. 文化产业尚未成为漳州市的支柱产业，市场主体地位尚未确立。漳州市文化产业领域小型企业居多，现代大型文化企业寥寥无几。文化产业组织的小型化，资源优势的分散化，难以适应强势市场竞争的要求。部分文化产业单位没有完全成为自主经营、自负盈亏的市场主体，一些由事业单位转制的文化企业组织，思想观念仍停留在依赖政府资金办文化的基础上，缺乏市场营运活力和团队创意活力。

2. 文化资源的产业要素发掘不够，资源占有意识和创新开发意识相对薄弱。目前，漳州本土文化资源没有得到全面盘点与评估，文化产品特色不鲜明、品种不丰富、包装不时尚，缺乏系统超前、视角独特的二次开发，各种文化资源要素得不到市场确认、产品链接和营销整合，难以完全转换成产业资源。比如，一些著名的旅游资源尚未发掘出深遂的文化内涵，缺乏旅游主题吸引物。远离产业化开发和市场化运作的资源对文化产业而言只能是“水中月、镜中花”，这与漳州市作为全国优秀旅游城市很不协调。

3. 文化产业人才队伍总量不足、素质不高，影响后续发展。漳州 183 个文化系统事业单位的文化产业从业人员 966 人，具有中级及以上职称的 212 人，占 25.5%，其中高级只占 3.5%，特别是农村基层文化人才匮乏，影响文化产业人才队伍的战斗力和竞争力。

4. 文化产业管理体制滞后于形势发展的需要。漳州市文化体制改革总体滞后于经济体制改革，政府文化管理部门职能转变迟缓，还未真正从“政府办文化”的管理模式中解脱出来，“以文养文”、“文化搭台，经济唱戏”等观念还比较浓厚，对文化的生产属性缺乏足够的认识。对文化企业的管理仍习惯于部门管理、行业管理模式，企业单位小而全、组织形式单一，产业集中度偏低，产业意识、市场意识、创新意识不足，经营机制、动作模式较为陈旧，管理粗放。文化工作者的积极性还没有真正调动起来，创造的精神文化产品与人民群众日益增长的文化需求还有较大的差距。2010 年，全市艺术表演团体 11 个、从业人员 478 人，比 2005 年的 11 个、545 人有所回落。2010 年，全市艺术表演出场次 787 场，比 2005 年的 986 场有所回落，可见适应社会主义市场经济体制要求的管理体制和运行机制尚未形成。

5. 基层文化建设薄弱的现象仍然存在。当前漳州市基层文化建设总体上仍然滞后于经济建设，其突出表现是投入不足，设施简陋，人才缺乏。地区之间，城乡之间，发展很不平衡，基层文化生活，特别是农村文化生活仍然比较贫乏。部分农村地区由于缺少健康向上、生动活泼的业余文化活动，使封建迷信和各种不良现象有了抬头的机会，屡禁不止。

党的十七届六中全会提出要深化文化体制改革，推动社会主义文化大发展大繁荣，为漳州市文化改革发展带来了千载难逢的机遇；休闲旅游产业的兴起带来新的刺激点增长点；两岸关系的新发展带来新的推动力等也给漳州文化产业发展带来新的机遇。另外，区域影响力较低，人才、项目的吸引力弱；文化产业经济未成型，文化产业基地尚未形成；外来文化企业带来新的冲击，影响到本土企业的发展，是漳州文化产业发展面临的挑战。

四、对漳州市开展文化产业发展的一些思考

文化研究大师汤因比提出“挑战与回应，是一个民族文明擎升的主要杠杆”。文化是一个城市的核心竞争力，文化建设是国民经济和社会发展的重要组成部分，加快文化产业发展是落实科学发展观的具体体现。大力发展漳州市文化产业，增强文化产业整体实力和竞争力，推动漳州市经济又好又快发展，必须要紧紧抓住当前文化产业面临的良好机遇，积极应对挑战，做好文化产业发展规划，打造文化产业发展平台，完善文化产业政策环境，形成具有漳州特色的文化产业体系。

（一）各级党委政府更加重视发展文化产业

由政府宏观把握，对本土产业加以扶持，打造“龙头企业”，积极开展各种文化交流与合作，培育形成一批文化龙头企业、特色文化企业，发展一批具有较强实力和竞争力的大型文化企业集团。应在资源配置方面进一步向文化产业倾斜，鼓励发展数字出版、移动多媒体，动漫游戏等文化产业新业态，推动文化产业与旅游、金融、科技等融合发展。加强政策倾斜和主体导向，来推动文化产业的整体发展，建立文化产业促进机构；通过多种形式（产业协会、企业名录、人才库等），加强政府文化部门与文化产业界之间的互动关系，建立有效的市场机制，规范市场环境，进一步健全产业政策，从市场准入、资金支持、税收优惠、人才培养、出口扶持、产业基地建设、知识产权保护等方面为文化产业发展提供良好环境；加强对本土文化企业的扶持力度，在项目、资源上优先给予，鼓励本土文化企业全面发展，充分运用本土的价值观与文化特色以增加竞争力，让本土企业能够拥有更多机会承办大型活动，对重点企业进行重点宣传，对产业内先进企业或个人进行表彰和奖励；此外，还要加强对文化创意产业理论的研究与提升，以课题研究、专题研讨等形式，推动漳州本土学者对文化产业、创意产业等内容的关注与研究。

（二）高度重视文化产业统计工作形成文化产业统计的合力

文化产业涉及范围广、难度大，要求高，是一项系统的工作，要确保文化统计工作的制度化，规范化，为文化产业统计工作的顺利开展提供良好的保障。

漳州市文化产业统计调查内容复杂，涉及面广，数量多且新兴行业不断涌现，当前现有的文化产业统计手段不能满足文化产业统计数据的获取，从而影响文化产业统计数据准确已成为文化产业统计工作中的主要矛盾。我们要充分认识加强和完善文化产业统计工作的必要性和紧迫性，切实采取有力措施，提高文化产业统计工作水平。

现有的文化产业统计框架需要充实；改善调查环境，提高调查对象的配合程度；统计对象的配合程度关乎统计数据的质量，要采用灵活多样的方式，加强对文化产业统计工作重要性和必要性的社会宣传，让各级文化统计单位的领导充分认识到产业统计工作的重要作用，提高对文化产业统计工作的认识；加强统计法制宣传，加大统计执法力度，查处一批统计违法单位和个人，提高被调查单位的支持配合度，改善文化产业统计调查环境；客观实际核算，确保数据的真实性。扎实开展数据的质量评估和审定工作，建立相应的工作规范，提高数据的准确性和可比性；切实加强文化产业统计基础性工作。包括加强统计力量，完善制度方法，基层数据和数据收集渠道等，进一步规范文化产业统计工作；加强文化产业统计监测；科学的规划离不开全面、系统、及时的统计。随着文化产业的迅速发展，文化产业统计已成为迫切而艰巨的任务。由于文化产业是一个较新、宏观的概念，文化产业统计还面临着许多问题。文化产业是一个跨部门、跨行业的集合体。涉及部门较多，调查范围广，调查对象主要集中在服务业，统计工作难度较大。

（三）注重人才培训，提高文化产业发展能力

产业统计是一项专业性强，内容新，业务要求高的工作。发展文化产业，归根到底是人才的竞争。在文化产业社会效益向经济效益转变的过程中，优秀人才的发掘和利用是至关重要的一环。漳州市许多文化资源没有转化为市场资源，许多相对优势资源没有做大做强，与缺少优秀复合型人才有很大关系。因此，要努力形成一支适应文化现代化建设需要、结构合理、业务水平高的复合型文化产业人才队伍。一方面要大力培养复合型文化产业人才队伍。一是多层次、多渠道培养和造就懂文化、善管理、会经营的文化产业人才，培养和扶持一批具有创新能力的经营有方的文化经纪人、制作人和文化企业管理人才；二是多渠道引进高层次文化产业人才。制定文化产业人才培养规划，构筑文化产业人才高地，形成结构合理，梯次清晰、门类齐全的高层次人才队伍，建立文化人才信息库，促进人才合理流动。健全、完善文化产业人才培养激励机制，充分发挥工艺美术、旅游等职业教育集团作用，加强产学研结合，支持高等院校、职业技术学院、社会培训机构与文化创意企业开展合作办学，适时开展多层次，多类型、有针对性地文化创意专业教育培训，提高文化产业人才培养的适应性和针对性。通过企业招聘，产业项目实施，创造良好条件和发展环境，面向国内外引进各类高层次高素质文化产业发展人才。加快文化企事业单位内部人事制度改革，建立公开竞聘，考试选拔等制度，拓宽人才选拔途径，完善社会保障制度和收入分配政策，鼓励人才流动；三是吸引国内外文化名人和优秀文化经营人才来漳创业，形成漳州市文化产业的人才资源库。另一方面改革人才管理体制，完善人才激励机制。探索艺术、学术、技术、管理等各类要素参与收益分配的办法，对有突出贡献的文化人才予以重奖，对经营效益好的管理者实行年薪制，并落实社会保障衔接政策，努力营造有利于优秀文化人才脱颖而出的社会环境。

（四）做好文化产业发展规划

目前，漳州市文化资源的开发、文化资源的整合、文化产业资本的积累都还处在一种初级状态。基于这种现实，制定科学的发展规划尤其重要，找准发展文化产业的“切入点”非常关键。漳州作为一座独具特色的海滨城市，必须以创新的精神，从城市的实际出发，因地制宜地制定好具有地方特色的文化产业发展规划，确定文化产业发展重点，集中自身优势，建设一批机制灵活、运作高效的产业化基地，建立多条文化产业链，形成优势产业群，发挥产业集群效应，壮大文化产业规模，增强区域核心竞争力。

一是整合优势资源，促进文化资源与经济资源的深度结合。抓住漳州本土文化的基点，发挥漳州生态、人文等传统文化优势，充分发挥创意，构建文化产业链，如将东山关帝、三平祖师、云霄开漳圣王等故事进行整合，大胆引入影视、网络等平台，以动漫等形式进行表现，在提升文化品位、深化文化内涵的同时，发展文化传媒创意、休闲创意、数字服务创立等文化产业，并通过相关的渠道进行发行；扩大木偶、书画剪纸、民间刺绣、华安玉雕等特色产品和芗城、龙海等6个艺术之乡的品牌效应，加强产品开发，提高市场竞争力；鼓励本土文化企业寻求外援，提供文化创意产业的专业知识培训，针对广告、设计、产品开发、组织变革、管理、培养人力资源等进行提升自我。通过博览会或论坛的形式，推动文化资源与经济资源的相结合。在条件允许的情况下成立文化产业基金，扶持一批本土文化产品，或为文化创意产业领域提供更多的风险资本和创投基金。二是充分发挥科技对文化产业发展的支撑作用，运用数字、网络等高新技术促进文化创意、动漫、数字立体电影、数字出版等新兴文化业态发展。发展网络文化，移动多媒体广播电视，开发移动文化信息服务，数字娱乐产品等业务，加快广播电视数字化和电影放映数字化进程。加强核心技术研发，运用高新技术改造提升传统演艺、娱乐，电影等设施和技术，发展高新技术印刷。建立健全以企业为主题，市场为导向，产学研相结合的文化创新体系，努力掌握一批具有自主知识产权的核心技术和关键共性技术。进一步创造条件，优化环境，推动文化企业把技术创新作为企业发展的重要依托，使企业成为研究开发投入的主体，实施文化科技创新项目的主体，文化科技创新成果转化的主体；三是进一步整合演艺资源，重塑文化市场主体，加快现代演艺营销体系建设，加快推动国有文艺院团改革。深化公益性文化单位内部改革，建立健全竞争激励约束机制，推成责任明确，行为规范，富有效率，服务优良的运行机制。加快转变政府职能，继续推进政企分开，政事分开，政资分开，政府与市场中介组织分开和管办分离，推动文化行政管理部门切实履行好政策调节，市场监管，社会管理、公共服务等职能。

（五）拓展对台对外文化产业对接，精心打造城市文化品牌

一个品牌凝聚和体现着城市的功能、理念、整体价值取向，它在给城市带来社会效益的同时，也推动着经济发展。对漳州而言，在文化建设方面还比较薄弱，必须高度重视在文化建设方面做更多的基础性工作，努力提升漳州的城市文化品位。一方面加强民俗文化宣传和发展，举办有地域特色的节日文化活动，引导市民群众积极参与。围绕重点发展的文化旅游业、民族民间艺术品创作等主导文化产业，进行科学规划布局，建设一批富有特色和影响力的文化产业基地。另一方面积极参与国内外的文化交流活动，进一步加大宣传和营销力度，提升其文化附加值，在挖掘和发扬自身丰富文化历史资源的同时，借鉴和吸收国内外优秀文化思想，形成具有威海特色的城市文化品牌。

着力打造文化产业交流平台。继续办好海峡两岸文博会、艺博会、茶博会、旅博会、图交会和金门书展等活动，打造海峡版权精品博览会等新平台，扩大漳台两地在出版发行、影视制作、网络动漫、表演艺术、文化旅游等领域的交流合作活动。积极推动两岸文化产业对接，发挥区位优势，吸引更多台资文化企业来漳建立生产基地、地区总部、研发及营销中心。加强海峡两岸相关文化产业协会交流合作，在各方面扩大漳台文化贸易，使漳州成为海峡两岸文化产业交流中心。加大漳台文化交流，培养具有影响力的文化产业品牌。贯彻实施“十庙百团”、“十业百行”、“十姓百村”、“十品百项”等四个“十百”交流工程，推进漳台文化交流；将这种交流变成双向互动，既要走出去，也要请进来，结合漳州文化产业的发展，吸引台湾区域的文化企业落地漳州，带来先进文化产业的理念、技术、人才，甚至带来相应的项目与资金，从而形成具有漳州地域特色的文化产业品牌。

2011 年，漳州市文化产业实现增加值已达 61.09 亿元，占 GDP 的 3.5%，漳州市文化产业发展势头良好，结构调整加快，优势行业凸显，新兴业态活跃，政策引导有力，闽台合作密切，正朝着规模逐步扩大、速度逐步加快、效益逐步提升的态势运行。我们正处在一个文化创新风起云涌的时代，文化产业将成为建设美好社会的精神基石和活力源泉。呼唤和激发文化的伟力，弘扬和培育民族精神，是漳州文化产业发展的目标和方向。我们坚信，在文化事业的百花齐放与文化产业的百舸争流中，漳州文化的明天将更加辉煌灿烂。

（执笔：洪宝石美）

三明市战略性新兴产业的培育与发展

战略性新兴产业是引导未来社会经济发展的重要力量，发展新兴产业已成为世界主要国家抢占新一轮经济和科技发展制高点的重大战略。新兴产业蕴藏着生机和潜力，但是否能够真正得到迅速发展，除了取决于产业本身的层次高低、产业发展空间大小以及与现有产业结构的关联度，还取决于新兴产业发展路径的选择及相应的具体对策。

一、战略性新兴产业内涵及发展路径

（一）战略性新兴产业内涵

战略性新兴产业是指在经济发展的特定阶段，以科技重大突破为前提，以新兴技术和新兴产业深度融合为基础，能够引致社会新需求、带动产业结构调整和经济发展方式转变，并能在一段时期内成长为对国家综合实力和社会进步具有重大影响力的主导产业、先导产业或支柱产业的行业和部门。战略性新兴产业是新兴科技和新兴产业的深度结合，其基本特征是：有稳定且有发展前景的市场需求；有良好的经济技术效益、能带动一批产业的兴起。2010 年 10 月《国务院关于加快培育和发展战略性新兴产业的决定》明确将节能环保、新一代信息技术、生物、高端装备制造、新能源、新材料和新能源汽车七个产业确定为战略性新兴产业。

（二）主要发展路径

结合全国各地战略性新兴产业发展规划及实际发展经验，在我国战略性新兴产业的主要发展路径有 5 种。具体实践中，既可能是其中的一种，也可能是其中几种的优化组合。

自主创新产业化，指通过创新内部技术、机制、管理等形成的新兴产业，其优点是稳健、有序、可控，拥有自主知识产权。

产业链扩展与延伸，指在传统产业的基础上，改变原有动力、材料、结构、工艺而采取新的技术路线，形成新的产业链。

承接国际高端产业转移，主要通过引进国外的资本和技术，这是战略性新兴产业国际化的主要路径。

产业高端要素引进，通过引进国内外人才、技术、重要资源、管理等高端要素发展战略性新兴产业，并形成产业集聚区。

产业融合形成新业态，这些产业往往是技术、服务、创意的综合体，如为制造业服务的现代服务业、传媒创意产业等。

二、培育和发展战略性新兴产业的路径、政策借鉴

（一）路径借鉴

全省加快发展新兴产业的目标和路径非常明确，当前各地正按照《福建省“十二五”战略性新兴产业暨高技术产业发展专项规划》的总体部署，大力发展新一代信息技术、生物与新医药、新材料、新能源、节能环保、高端装备制造、海洋高新产业等七大新兴产业，加快向创新型经济转型升级。

福州市提出要“扩大科技对外开放，增强集成创新和引进消化吸收再创新能力，建设创新型城市”。目前，福州市计算机与网络产品、光电、现代通信、微电子、环保、生物与新医药等产业已成为新兴产业发展的重要抓手，海西高新技术产业园、马尾科技园、洪山科技园和仓山科技园成为集聚创新资源、发展先进生产力的有效载体。

厦门市以“重点突破、全面发展，科技创新、突显核心竞争力，政府引导、市场发力，国际合作、培育品牌，政策扶持、形成合力”为基本原则向自主创新产业化、产业高端要素引进、产业融合形成

新业态方向发展。厦门新材料产业集群也初具规模，已涌现出福建三安集团有限公司、厦门钨业股份有限公司、厦门新凯复材科技有限公司等一批新材料企业，还建设了一批研发中心，如厦门钨业股份有限公司的国家钨材料工程技术研究中心、厦门大学材料学院的省级特种先进材料重点实验室等，厦门正在成为先进复合材料、化工新材料、高性能结构材料、电子信息材料等高新技术产业的聚集地。

泉州市注重产业链的扩展与延伸，微波通信产业已形成“基础技术研究—新材料—功能模块—通信整机—系统优化”较为完整的产业链，微波通信模块销售额占全国市场60%以上，直放站占20%，已成为国内唯一的国家火炬计划微波通信产业基地，是国内民用微波通信射频部件的最大生产基地。

（二）政策借鉴

1.注重政府主导，突出政策扶持。江西省战略性新兴产业规划在全国率先出台，围绕十大战略性新兴产业，重点实施209个项目，力争年度投资达到700亿元左右。武汉市出台了一批扶持新兴产业的优惠政策，各部门用于产业发展的基金统筹60%投向新兴产业。

2.注重科技创新，推动科技成果产业化。江苏省重点选择了专用芯片、太阳能光伏、风力发电、生物质能、轨道交通、生物技术等新兴产业领域，设立一批重大专项，加强产业发展关键环节的技术突破，着力推动重大科技成果的转化。宁波市政府投资10多亿元，引进中科院有关研究人员，建立新材料研究所。

3.注重配套服务，提供优质发展环境。安徽省将建设国家（芜湖）汽车零部件产品质量检验中心，为新能源汽车整车及零部件产业技术进步和区域科技创新提供支撑。深圳市建设高新技术公共技术平台，由政府、企业、高校、行业组织等多元主体投入，采取市场化运作，面向社会开放，服务中小企业，研究开发产业共性与关键性技术。

4.注重开放合作，引进高端人才。无锡市将在海外设立10个引才工作站，地点集中在美国、日本、加拿大、澳大利亚等留学人员和创新创业人才集聚地，把引才重点定位在传感网、新能源、集成电路设计等新兴产业领域。

三、三明市战略性新兴产业发展现状及存在问题

（一）发展现状

1.产业发展技术优势较明显。全市已有近500个企业与清华大学、复旦大学和同济大学等189所高校、科研单位开展产学研合作，合作项目近1000个。建立37个工程（技术）研究中心和企业技术中心，其中包括4个博士后工作站、1个国家重点实验室、14个省级技术中心、18个市级技术中心，特别是在新兴产业领域拥有了一批优势技术。如：某生物科技公司拥有酶工程技术优势，是全国唯一系统生产工具酶的厂家；三明某技术开发公司通过与国内多所大学技术合作，实施汽车安全气囊专用的超细硝酸胍产业化和用超细硝酸铜开发生产项目，填补国内空白。明溪县利用本地的种植红豆杉技术，与复旦大学利用红豆杉提取紫杉醇技术实现对接，形成紫杉醇产业，该县已成为国内最大规模的红豆杉培育和紫杉醇生产中心。

2.重点领域初具规模。在生物医药产业方面，三明充分利用红豆杉、草珊瑚、雷公藤、黄精、虎杖、金线莲、金银花、铁皮石斛等药材资源和生物产业基础，形成“原料基地培育—有效成分提取—生物制品加工”生物医药及生物产业链。至2012年，全市累计发展中草药材种植42.31万亩，生物医药企业85个（其中规模以上企业56个），完成生物医药及生物产业产值52.7亿元、比上年增长16.3%。在新材料产业方面，突出抓好三明金属新

材料产业园等园区和永安新越金属材料等项目建设。其中永安新越金属材料年产 20 万吨真空镀膜带钢项目产品及技术可填补国内空白，项目建成投产后，预计年产值达 17 亿元、税收 2 亿元。

3. 重点企业经济效益凸显。在全市新兴产业加快发展中，各地加大对重点企业的扶持、培育力度，一批重点企业规模不断壮大，经济效益稳步增加，有力带动了全市新兴产业的发展。

4. 企业分布相对集中，具有一定的集聚效应。三明市初步认定的 103 个战略性新兴产业企业分布在全市十二个县（市、区），其中中轴区域（即市区、沙县和永安）集聚了 40 个战略性新兴产业企业，占全市战略性新兴产业企业总数的 38.8%，2011 年实现工业产值占全市的 57.7%，实现战略新兴产业产值占全市的 60.3%。

（二）存在的问题

1. 产业政策体系尚需完善，扶持力度有待进一步加大。目前尚未形成中央和地方相结合的统一的规划体系，产业发展没有明确的政策、法规约定。各地、各行业、各部门的规划细则尚在谋划当中。培育新兴产业是三明经济发展的当务之急，必须进一步加快三明引导新兴产业发展的策体系建设，尽快明确战略性新兴产业的发展方向，加大科技投入和政策扶持力度。

2. 人才瓶颈矛盾突出。从全市新兴产业的现状来看，高层次、复合型的技术带头人和技能型人才严重不足，缺乏技术创新的动力和沟通协调机制，造成自主创新能力不强，拥有自主知识产权的企业不多。虽然一些高新技术企业吸引了一批科技人才，但由于缺乏良好的用人机制，造成了很难留住高级人才的局面。

3. 创业融资体系脆弱加快发展后劲不足。由于新兴产业投资风险大，回收期较长，银行惜贷，民间资本直接融资热情不高，融资渠道单一，导致资金较少投入到新兴产业中。同时企业之间项目、资金的有效对接缺少沟通平台和途径，导致双方信息沟通不畅，有项目的企业缺乏资金，有资金的企业找不到项目。

4. 产业集聚度不高，发展环境尚需优化。由于新兴产业所属门类较多，行业较为分散，与其配套的上下游产业未完全进入，尚未形成配套齐全，功能完备的分工合作的产业链。当前，经济发展面临的不确定性因素较多，战略性新兴产业基础设施和服务体系以及培育和发展所需的资源条件、科技人才等要素都需要合理布局。

四、三明市战略性新兴产业发展路径评析

（一）承接国内外高端产业转移

承接国内外高端产业转移主要是围绕在经济技术上存在一定前后向关联关系的产业环节，采取以项目为中心的招商引资方式，培育和发展有竞争力的新能源、新材料等新兴产业，使其成为全市战略性新兴产业国际化的重要路径。在招引的重点产业领域上，该路径重点突出了太阳能光伏、垃圾处理装备及资源综合利用、不锈钢复合板、新一代轻纺化工材料、稀有金属深加工等领域，初步形成了产业结构在产业空间和地域布局上较为合理的产业结构。以 2012 年落户台商投资区吉口产业园的福建省三明金明稀土有限公司为例，是三明近几年引进的大项目之一，项目最终将建设成年产 10000 吨稀土分离、3000 吨稀土金属、1000 吨高性能发光材料、6000 吨钕铁硼永磁性材料等深加工产业链，将带动三明稀有金属加工新兴产业的崛起。

但着眼于三明长远发展，不能仅是简单的引进外来资本和技术，而更应该抓住国内外发达地区资本大规模转移的机遇，提高战略性新兴产业“引进来”的规模和水平，从优化投资环境和完善产业链上着力，招大、引强、选优，更大力度发展开放型经济，逐步实现从一般性的产业承接到引进战略性新兴产业基地的大突破。

（二）产业链扩展与延伸模式

产业链扩展与延伸模式主要是基于各个地区客观存在的区域差异，着眼发挥区域比较优势，借助区域市场协调地区间专业化分工和多维性需求的矛盾，以产业合作为实现形式和内容。对于那些资源禀赋及生产成本尚具有一定优势的传统产业，采用该模式可在较短的时间内、付出较少的代价实现产业升级。三明各县（市、区）的基础条件、具体情况不尽相同，而延伸产业链将使各地更好地发挥自身特有优势，并逐步掌控产业链重要环节甚至核心环节，以最有效率的方式发展新兴产业，这是全市战略性新兴产业初步形成的重要基础。如大田县以循环经济理念构建轻纺新型面料产业循环经济链条，做足无纺布、合成革等上游产品，带动延伸纺织服装、鞋业、家具、箱包等产业链条，使整个产业上下游产品配套发展，实现了资源利用最大化和产品多次增值。

但是目前三明企业完成新产业链的延伸或转换，多数是迫于竞争压力，被动地适应市场，企业自身的主动性并不强，认知度也不高，直接影响了发展的稳定性和持续性。如何立足现有实际，找准重点突破环节，使区域产业结构由低价值产业区进入到高价值产业区，由单一的产业结构演变为多元化的产业结构，还有很多需要进一步研究和努力的地方。

（三）自主开发模式

新兴产业的发展源自新产品的研发、技术上的突破。提高产业竞争力，从市场上获取最大利益，必须提高企业创新力，开发自主型的技术，形成自主型产业价值链。三明只有具备了有力的技术支撑、特殊的技术优势，并将技术创新成果以最优投入产出效率迅速转化为实际生产能力，才能避免在新兴产业发展浪潮中处于被动，改变在新一轮区域竞争中的劣势地位。这种自主开发模式是全市发展战略性新兴产业的根本路径。作为福建省首批战略性新兴产业骨干企业的某技术公司近年来科研投入不断加大，2012 年投入科研经费 1530 万元，占销售收入的 5.7%。截至 2013 年 6 月，该企业专利授权量达 35 项，其中发明专利 5 项、实用新型专利 30 项，2012 年实现战略新兴产值 2.08 亿元。某制药公司通过自有专利成果转化，建设国内第一条伊马替尼片剂生产线。该项目可年产伊马替尼原料药 5000 吨、片剂成品药 2400 万片，实现产值 14.5 亿元、利税 5 亿元。

五、推动三明市战略性新兴产业发展的对策

（一）以科技为基础

围绕产业发展的重点领域和关键环节，每年摸排梳理一批共性关键技术，集中力量进行重点突破，并集中财力物力予以重点扶持，着力突破一批制约产业发展的技术瓶颈。尤其是战略性新兴产业属于高技术、高投入、高风险、高回报的产业，其核心竞争力主要体现在长期技术优势和产品标准话语权，意味着在落实企业技术创新研发补助、税收优惠等激励机制的同时，更需探索形成一种企业技术创新的风险分担和化解机制，同时严格落实知识产权开发和保护机制，鼓励企业参与相关标准制（修）订工作，全力为企业科技创新营造良好外部环境，加快构建形成较为完善的区域创新体系。

（二）以项目为载体

进一步加大产业招商、定向招商工作力度，积极争取国家级、省级重大战略性新兴产业项目落户建设；创新项目重点紧盯区域内龙头骨干企业，推进民营企业与新兴产业对接。重点实施一批战略性新兴产业项目专项，确定有市场、有潜力、有核心技术的重大项目作为示范项目，进行“一事一议”专项扶持，集中财力物力进行重点突破，并严格落实项目联系、难题协调、督查通报等相关机制，确保项目早开工、早竣工、早见效。尤其要加快建立较为完善的项目决策机制，设立专门的战略性新兴

产业专家库，并成立由相关职能部门、专家组、协会等组成的项目评审委员会，对相关项目引进落户、政策享受等出具评审意见，供政府决策参考，更好地推进产业持续健康发展。

（三）以人才为支撑

要面向海内外重点引进具有国际领先水平、拥有自主知识产权的重大项目领军人才和创新团队来创业，根据项目水平及投资情况，予以一定的创业启动资金扶持，政府创投基金优先投资，享受三明相应的人才政策，并结合高端领军人才的实际情况，建议可在市区建设专门高层次人才生活区，政策待遇上予以一定倾斜，积极营造有利于人尽其才的良好环境。同时，要加强企业家及高级经营管理人才的培训教育，通过成立企业家俱乐部，分层分批举办论坛等形式，激发其创业创新积极性；关注成长型企业家培养，实施中青年企业家千人培训计划，通过挂职、结对等方式，提升其各方面素质和能力。

（四）以政策为导向

制定战略性新兴产业发展规划，进一步明确发展导向，明确工作重点，落实保障措施；制定出台培育和发展战略性新兴产业配套政策，建议市县设立专项基金，市县联动加大培育发展力度。加快构建战略性新兴产业投融资体系，发挥政府资金的引导作用，围绕战略性新兴产业发展重点，统筹扶持战略性新兴产业关键技术、共性技术研发，支持科技型中小企业利用主板、中小板和创业板市场上市直接融资，鼓励优质科技型中小企业发行集合债券，利用市内外产权交易市场进行股权融资；引导各金融机构建立适应战略性新兴产业特点的信贷体系和保险、担保联动机制，促进知识产权质押贷款等金融创新，完善担保风险补偿机制。建立健全部门帮扶和领导联系制度，帮助解决企业发展、项目推进中存在的困难和问题，并积极营造“鼓励创新、宽容失败”等有利于战略性新兴产业培育发展的环境氛围。

（执笔：何建忠）

龙岩市第三产业发展“短板”解析及对策建议

发展第三产业对于促进转变经济发展方式和优化升级产业结构、增强经济综合实力和竞争力，促进市场充分发育、缓解就业压力、拉动消费、维护社会和谐稳定都具有重要作用。第三产业是现代城市经济的主体，是衡量地方经济发展水平和质量的重要指标。近年来，龙岩市加大力度采取措施，有效促进了第三产业的健康发展，但仍存在发展水平不高、内部结构不优、消费需求不足等问题，已成为全市产业发展的“短板”，并制约着全市国民经济的快速健康发展。本文从龙岩市第三产业发展现状出发，分析存在的主要问题，并提出相应对策建议。

一、发展现状

近年来，龙岩市第三产业呈现健康发展的态势，成为拉动国民经济增长的重要力量。主要呈现以下特点：

（一）总量不断扩大

由于全市工业化、城镇化进程明显加快，为第三产业发展提供了广阔的发展空间，使第三产业的总量不断壮大。2012 年，全市第三产业实现增加值 428.36 亿元，总量居全省第 6 位，分别比 2010 年、2005 年增加 94.04 亿元和 281.94 亿元。

（二）传统主导产业较突出

2012 年，龙岩市交通运输仓储及邮政业、批发零售业和住宿餐饮业等传统的第三产业实现增加值 178.52 亿元，占第三产业的比重为 41.7%。其中，交通仓储业、邮电通信业实现增加值为 71.44 亿元，占第三产业的比重为 16.7%；批发零售、住宿餐馆业实现增加值 107.09 亿元，占第三产业的比重为 25.0%。

（三）新兴产业不断拓宽

近年来，全市第三产业发展领域进一步拓宽，金融业、房地产业、营利性服务业、非营利性服务业等新兴行业有了较快发展。2012 年，这些行业共实现增加值 249.84 亿元，比 2005 年增长了 3.2 倍，占第三产业的比重 2005 年的 55.6%提高到 2012 年的 58.3%。现代物流业初显端倪，相继涌现出福建信运冷藏物流有限公司、龙岩象屿物流园区有限公司等一批较大型的物流企业，中外运综合物流中心、龙门物流园二期等项目开工建设。房地产业持续发展，2012 年房地产开发投资 120.5 亿元，比上年增长 37.1%。金融业取得较快发展，金融机构本外币存、贷款余额双双突破千亿元大关，民生、交通银行入驻龙岩。2012 年，龙岩金融业实现增加值 50.0 亿元，占第三产业的比重达 11.7%，比 2005 年的 7.2%提高了 4.5 个百分点。旅游业发展较快，全市新增 3 个国家 4A 级旅游景区。2012 年，全市旅游总收入 108 亿元，比上年增长 22.2%；接待游客 1480 万人次、增长 22.0%。

二、存在的主要问题

虽然龙岩市的第三产业取得了长足发展，但发展速度较慢，占全市经济总量份额较小，在全省的排位比较靠后，与龙岩市经济发展水平不相称。主要存在以下问题：

（一）发展水平有待提高

一是总量偏小。2012 年，龙岩市第三产业增加值占全市 GDP 比重仅为 31.2%，比全省平均水平低 7.6 个百分点，比厦门、福州分别低 19.1 个百分点和 14.6 个百分点，比周边的漳州、三明分别低 5.0 个百分点和 1.9 个百分点，居全省各设区市末位。与国际通行的英格尔斯现代化标准（第三产业占生产总值比重）45%以上的要求还有很大差距，与西方发达国家 60%-70%的水平相差更远。二是速度偏慢。2012 年，龙岩市第三产业增速为7.2%，比上年低 0.9 个百分点，比全省平均水平低 1.3 个百分点，比全市 GDP 低 4.9 个百分点。

（二）内部结构有待优化

传统第三产业占较大比例，新兴产业发展不足，具有现代产业结构特征的现代物流、旅游、金融保险、房地产、科技文化、信息咨询、中介服务等新兴行业所占比重低，市场结构不合理制约了一、二产业的协调发展和第三产业的壮大。在现代物流业方面，企业数量虽然不少，但规模小、实力弱、功能单一、管理水平、信息化程度和技术装备水平不高，能提供综合服务和供应链一体化的不多，专业化、社会化的物流需求不足。在商贸流通业方面，现代化流通方式缺乏，市场的产业带动效益和聚集效应不明显，生产资料、生产要素等大型专业市场缺乏，与支柱产业关联度不强，大多数商业设施仍定位在一般性消费和购物，品牌差异和特色差异不明显。在金融行业方面，金融业发展不平衡，地方金融份额低、单个规模小、金融产品比较单一；县域金融供给水平偏低，农村金融组织发展滞后，中小企业融资难，企业融资过度依赖于间接融资的状况没有根本改观。在房地产业方面，中低档普通住宅和保障性住房投资额占城镇房地产开发投资额的比重较小。在旅游业方面，缺乏具体核心竞争力的大企业，旅游产品结构单一，旅游产业链不健全，过夜旅游人数占比不大。在文化业方面，龙岩市的文化产业处于起步和培育阶段，总量小、比重低，整体实力和综合竞争力较弱。

（三）消费需求有待提升

龙岩市城乡居民消费仍以实物类商品消费为主，服务类消费比重较小。一是消费仍停留在基础型消费上，在文化娱乐等方面的享受型消费不多。2012 年，全市城乡居民人均食品消费支出占消费总支出的比重分别为 37.9%、45.4%，而人均文化教育娱乐服务支出仅分别占 12.9%、8.3%。二是房价持续高位运行，城乡居民家庭居住支出增长较快，用于居住的消费比重较大。2012 年，全市城乡居民人均居住支出分别比上年增长 5.5%、12.2%；占消费总支出的比重分别为 12.9%、14.9%。三是城乡居民收入实际增幅低于当期的 GDP 增长速度，对消费市场的增长有所抑制。2012 年，全市城乡居民收入人均收入实际增速分别为 10.0%、11.3%，比 GDP 增速分别低 2.1 个百分点和 0.8 个百分点。

三、加快发展的若干建议

（一）加大财税扶持

每年安排一定数额的资金设立市级第三产业发展引导资金，重点用于支持带动性强、聚集效应明显的关键领域，薄弱环节、新兴业态的服务业项目，支持有条件的县（市、区）开展服务业综合改革试点工作，以及与国家引导资金的配套。税务部门要切实落实新的企业所得税法和国家已出台的扶持现代物流业、旅游业、科技服务业、软件产业、涉农服务业、金融业、育养服务业、医疗服务业和小型微利服务企业等的相关税收优惠政策。

（二）拓宽融资渠道

金融机构应逐步增加第三产业的贷款规模，加大对符合条件的服务业企业授信额度。积极增加金融服务品种，包括设计门票收益权质押贷款等符合旅游企业特点的融资产品，拓展著作权（版权）质押贷款业务等支持文化产业发展的金融业务等。鼓励股权投资机构、创业投资机构以及规范的信用担保机构积极面向服务业企业开展业务。有关部门要进一步建立完善中小企业信用担保体系和风险分担机制。鼓励担保机构为中小服务业企业提供融资担保，加快推进融资租赁业发展，积极搭建中小企业融资平台，增加中小额贷款公司数量。培育服务业企业上市后备资源，支持符合条件的服务业企业上市融资和发行债券。组建和引入风险投资、创业投资基金，多渠道筹措服务业发展资金。鼓励发展金融业，对在龙岩市新设立或迁入的金融机构，给予一定数额的补助。

（三）优化内部结构

一是加快发展生产性服务业。重点打造机械配件物流中心、汽车交易市场等专业批发市场，加快商贸综合体建设。加快推进现代化专业物流园区建设，构建物联网，同时鼓励和支持物流企业做大做强。二是促进消费性服务业发展。通过落实“大旅游”发展思路，规划发展旅游商品定点市场、旅游文化等措施，大力发展旅游业，发挥旅游业带动其他消费性服务业发展的作用。三是通过制定积极的金融、财税和土地政策，营造发展环境，加快发展金融服务和科技服务、信息服务、商务服务、会展服务等新型服务业。

（四）促进消费升级

提高社会保障的范围和水平，减轻居民在住房、医疗、教育等方面的负担，努力解除居民扩大消费的后顾之忧，增强居民消费信心。要培育和引导绿色的、理性的、节约的消费观。倡导居民追求生活质量而非抑制性消费，形成消费与生产的良性循环。要组织开展多样化的科技、文体和艺术活动，为居民健康、文明、科学消费提供载体，让市民亲身感受到文化消费的价值，形成文化消费的习惯。大力发展消费信贷，在信贷方式、利率等方面为居民提供优惠，从而使居民的潜在需求变为现实需求，以便提升消费层次，促进消费档次的不断提高。

（执笔：黄小娉）

发展生产性服务业　推进产业结构升级

发展生产性服务业能够细化和深化专业化分工，降低社会交易成本，提高资源配置效率，在现代经济发展中具有不可替代的作用。

一、生产性服务业发展现状

（一）总体规模不断扩大

近年来，随着莆田市推进“工业化”进程的步伐加快，工业化水平大幅提高，形成了对生产性服务业的强大需求，直接促进了生产性服务行业的迅猛发展。服务业增加值总量由2005年的126.30亿元增加到2011年的338.54亿元，生产性服务业增加值由2005年的71.81亿元增加到2011年的184.50亿元，分别增长了1.7倍和1.6倍。从七大生产性服务行业来看，农业服务业，金融业，租赁和商业服务业，科学研究、技术服务和地质勘查业发展较快，2011年分别实现增加值7.01亿元、43.82亿元、5.04亿元、2.21亿元，分别是2005年的13.7倍、6.0倍、4.6倍和3.6倍。

（二）内部结构逐步调优

2005年以来，生产性服务业增加值年均增长17.0%。农业服务业，金融业，租赁和商务服务业，科学研究、技术服务和地质勘查业发展步伐较快，年均增长速度分别为54.8%、34.7%、29.0%和24.0%，分别比莆田市地区生产总值年均增长速度快35.3个百分点、15.2个百分点、9.5个百分点和4.5个百分点；占生产性服务业增加值由2005年的0.7%、10.2%、1.5%和0.8%调整到2011年的3.8%、23.8%、2.7%和1.2%。交通运输邮政业，批发零售业，信息传输、计算机服务和软件业发展相对较慢，年均增长速度分别为7.8%、16.6%和11.1%，分别比莆田市地区生产总值年均增长速度慢11.7个百分点、2.9个百分点和8.4个百分点；占生产性服务业增加值由2005年的36.6%、38.9%和11.2%调整到2011年的22.4%、37.9%和8.2%。批发和零售业增加值占生产性服务业增加值的比重一直居七大生产性服务业之首，是莆田市生产性服务业的支柱产业（见表1）。

表1　莆田市生产性服务业增加值内部结构表

单位：万元，%

	2011年		2005年	
	绝对额	比重	绝对额	比重
生产性服务业	1648827	100.0	718054	100.0
农林牧渔服务业	63866	3.8	5100	0.7
交通运输、仓储和邮政业	422157	22.4	262850	36.6
信息传输、计算机服务和软件业	158636	8.2	80618	11.2
批发和零售业	607643	37.9	279109	38.9
金融业	343670	23.8	73369	10.2
租赁和商务服务业	33301	2.7	10944	1.5
科学研究、技术服务和地质勘查业	19554	1.2	6064	0.8

二、生产性服务业发展面临的问题

（一）总体规模较小、所占比重较低

2011年，莆田市生产性服务业实现增加值

184.50 亿元，占第三产业比重为 54.5%，比全省平均水平低 7.0 个百分点；占 GDP 比重为 17.6%，比全省平均水平低 6.5 个百分点，位居全省九设区市第九位；与制造业增加值的比值为 0.39，比全省平均水平低 0.2 个点，位居全省九设区市第 9 位（见表 2）。与先进地区水平差距更大，生产性服务业总体规模较小，发展相对滞后。

表 2　福建省各设区市生产性服务业比对表

（2011 年）　　　　单位：亿元，%

	生产性服务业增加值	生产性服务业/GDP	生产性服务业/第三产业	生产性服务业/制造业
全省	4231.46	24.1	61.5	0.61
福州	1144.27	30.6	67.3	0.91
厦门	776.01	30.6	63.7	
莆田	184.50	17.6	54.5	0.39
三明	256.83	21.2	63.3	0.65
泉州	894.92	25.1	69.5	0.50
漳州	333.74	18.9	52.3	0.51
南平	170.90	19.1	56.1	0.66
龙岩	233.43	18.8	60.3	0.51
宁德	183.59	19.7	56.4	0.58

（二）内部结构层次相对低下

从生产性服务业内部结构来看，2011 年在莆田市生产性服务业中，批发和零售业占 37.9%，交通运输仓储邮政业占 22.4%，而新兴的信息传输、商务服务业和科技服务业比重较低，其中信息传输、计算机服务和软件业占 8.2%，租赁与商务服务业占 2.7%，科学研究、技术服务和地质勘查业占 1.2%，由此可见内部结构层次相对较低，以传统服务业为主导。

（三）生产性服务业难以支撑制造业升级需求

与工业化进程相比，莆田市生产性服务业发展相对滞后，尤其是商务服务不够发达，会展、展览等行业发展缓慢，科技服务实力不强，现代物流起步较慢，难以支撑当前制造业提升和产业链向纵深延伸所需配套服务的要求，成为制约区域产业提升的重要因素。

（四）生产性服务业知识密集程度较低

生产性服务业一般都是知识密集程度较高的产业，其产品价值体现在服务的输送和知识产权上。生产性服务人员的知识储备、专业化水平在其中起到了决定性的作用，但莆田市从事生产性服务业从业人员的专业知识层次还比较低，每十万人中从事科技研究与开发的技术人员仅有 18 人。

三、推进生产性服务业发展的几点建议

（一）大力发展现代物流业

1. 加强规划引导和政策扶持。按照城市定位、港口功能定位，加快编制莆田市现代物流业发展专项规划，研究出台进一步促进现代物流业发展的优惠政策，适当降低地方性税费征收标准，鼓励外挂车辆返回原籍；加大财政税收扶持，对重点物流项目，在税收、规费和建设用地上给予倾斜，对新办的物流企业和传统的运输企业转入现代物流业的实行适当的税收和规费扶持政策。

2. 突出重点项目和园区建设。按照“两岸五基地四园六中心”的物流发展格局，基本形成湄洲湾北岸临港物流带，重点建设罗屿矿石物流基地、莆头木材物流基地、盘屿油品物流基地、秀屿 LNG 物流基地和东吴煤炭物流基地等湄洲湾北岸地区大型“五行”物流基地，适时启动兴化湾南岸临港物流带规划和建设；大力推进铁路货运物流园、涵江物流园、黄石商贸物流园、枫亭物流园等四个大型综合性和专业性物流园区建设；积极建设国际商贸城物流中心、青山物流中心、白沙综合物流中心、鲤南物流中心、榜头物流结点城市和辐射海峡两岸的现代物流中心。

3. 培育物流品牌企业。按照产业化、规模化的方向，加快培育名星物流、鸿达物流等一批具有实力的第三方物流企业，形成国有、民营、外资互相补充、互相竞争、共同发展的市场格局。加大物流项目的招商引资力度，扶持壮大本地物流企业，争创国内知名航运、物流和代理品牌企业。吸引台湾、香港等国内外知名航运企业来莆田市投资发展港口物流、代理业务和航运业务。

4. 提升重点项目服务水平。支持信息平台建设，对物流信息平台建设给予支持，促进物流与信息流、资金流高度融合，实现电子信息平台的信用保障功能，推进物流配送化、交易电子化、管理网络化、流通效率化目标的实现。积极支持物流项目申报省物流重点项目和省物流调整振兴规划项目，组织物流企业申报福建省现代物流业发展专项资金，争取中央、福建省物流专项补助资金。

5. 加强物流业务知识培训。邀请物流专家、省内外先进物流企业家、台港专业物流机构为莆田市企业培训物流运行管理业务知识。加强物流人才培养培训，鼓励市内高校、学院按照市场需求开办和设置现代物流专业及课程，为物流业发展储备人力资源。

（二）加快发展科技信息服务业

1. 培育重点行业。重点培育信息服务、生物技术服务、研发设计服务、技术创新服务、科技成果交易与服务等科技信息服务行业。围绕主导产业发展和战略性新兴产业培育、扶持发展一批高水平的研发、设计等服务企业，积极引进境内外著名公司在莆田市设立研发中心，依托特色产业基地建设一批研发设计公共服务平台，加强共性和基础性技术研发。

2. 构建技术创新联盟。构建以企业为主体的产学研技术创新联盟，加快创新成果的转化和应用。支持莆田高新区申报国家级高新技术产业开发区，推进 LED 产业园申报国家级特色产业基地。鼓励有条件的园区和企业建立博士后工作（流动）站或专家流动站。

3. 建设市、县（区）科技信息服务平台。结合“金科工程”的实施，整合农科教等行业部门的科技、信息资源，建立一批科技信息化示范基地和综合信息服务站。建立完善以市、县（区）生产力促进中心为主要内容的科技中介机构服务平台，多渠道为企业技术咨询、管理咨询、制造业信息化、信息资源和人才与技术中介等提供优质服务。建立科技服务从业人员资质认定制度，重点培养技术经纪人、咨询师和企业诊断师等专业人才。

4. 大力发展信息服务业。加快“数字莆田”建设，推进信息传输业发展，完善互联网、通信、广电等基础网络，开展物联网应用服务，大力发展网络信息传输服务、网络增值服务和互联网服务。加快发展信息技术服务，支持信息处理、软件开发、系统集成产业、集成电路设计产业发展。重点建设移动电子商务、信息服务促进工程、企业信息化公共服务平台等。鼓励行业、区域、企业建设第三方电子商务平台，鼓励企业利用阿里巴巴等电子商务平台进行网上市场拓展。

（三）培育发展会展业

1. 加强会展业规划与引导。制定莆田市会展业发展规划。在参照福建省及其他地市会展业发展情况基础上，结合莆田市区位、产业特点和社会经济发展情况，立足现在，着眼未来，制定和实施长期及近期的会展业发展规划，有计划、有步骤地发展莆田市的会展业。出台相关的扶持政策，落实国家、福建省关于加快现代服务业发展的政策，认真研究出台鼓励莆田市会展业加快发展的政策措施，对会展业的发展给予政策扶持。

2. 加快会展场馆基础设施建设。多渠道筹措建设资金，采取政府主导、企业为主、社会参与的多元投资，规划建设大型专业性会展中心。进一步完善莆田工艺美术城、莆田国际木业展示交易中心、莆田药品医疗器械展销馆的配套设施，建成多功能的会展场馆，吸引国内外会展公司来莆办展。

3. 打造地方特色品牌展会。积极打造海峡工艺品博览会、中国（秀屿）国际木材交易会、秀屿医疗器械博览会等地方特色的品牌展会，进一步提升办会规模、规格、参展企业数量、展会服务水平，把展会办成国内外行业知名展会。选取莆田市集聚度高的产业，集中力量举办一批有一定规模和影响力的专业展览，为优势产业提供一个贸易洽谈、新产品开发、信息交流和产业结构调整的平台，促进优势产业的持续发展。

4. 培育发展会展公司。加大会展龙头企业培育，组建专业会展公司，从政策扶持、项目培育、人才引进、交流培训等方面重点扶持和培育，提高会展企业的策划、组织能力，发挥龙头企业的带动作用。通过政策优惠，鼓励国内外大型会展公司来莆田市办展，促进莆田市会展业发展。

5. 培养专业会展人才。创造良好的用人环境，吸引各地优秀会展专才来莆田市工作；除引进人才外，可在莆田学院、湄州湾职业技术学院等高校设立与会展业相关的专业，进行本土培养。充分发挥高校和行业资源整合的双重优势，强调理论与实践结合，注意提高学员理论素养，突出实务培训，建立专业的人才队伍，增强会展业发展后劲。

（四）积极发展金融服务业

1. 不断完善金融组织体系。充分发挥莆田特色优势，进一步鼓励各类金融机构进驻莆田，构建竞争性的金融市场格局。特别是要加强与交通银行、招商银行、华夏银行、光大银行等境内外股份制银行对接，通过制定优惠政策，大力吸引银行、保险、证券、期货、信托等各类国内外知名金融机构来莆设立分支机构，构建莆田金融集聚区。

2. 努力拓宽融资渠道。认真落实福建省、莆田市推进企业直接融资的扶持政策，支持莆田市重点企业、龙头企业通过公开上市和发行短期融资券、中期票据等方式筹集资金。探索建立股权交易市场，为企业搭建股权交易平台，促进股权流动、优化资源配置。引导和规范民间融资健康发展，充分调动和运用民间资金，投向新兴产业及仿古家具、金银饰品、工艺美术等莆田特色产业。

3. 加快建立长效服务机制。加强特色产业及新兴产业发展的金融支持，围绕国家关于十大产业振兴发展规划，鼓励发展创业风险投资，充分发挥政府投资基金的作用，引导金融资本投向鞋革服装、食品加工、工艺美术等具有传统优势的产业领域和新材料、新能源等新兴产业，强化金融机构对全市产业转型升级与新兴产业发展的服务质量，从根本上建立金融资本服务于经济转型发展的长效机制。

4. 创新改进涉外金融服务。立足于莆田市区优势和比较突出的外向型经济特点，加强和改进涉外金融服务。丰富对外贸易金融产品，拓展信用证融资、押汇、保理、退税账户监管融资、信用保险保单融资等贸易融资业务，大力推广应用以远期结售汇为主的外汇衍生产品，研究开发各类外汇资金交易产品，协助企业加强人民币汇率风险管理。完善银行资金结算服务，创新人民币结算产品，鼓励企业在跨境贸易中以人民币计价结算，降低汇率风险，大力推进出口人民币计价结算，缩短出口退税流程，加速企业资金流转。

5. 加强规范金融市场秩序。推动金融机构加快管理创新和制度创新，健全金融突发事件应急预案体系，加强民间非法金融活动的查处，严厉打击高息放贷、非法集资、骗贷等扰乱金融秩序的不法行为，切实维护莆田金融市场稳定发展。

（执笔：邱金粦）

2012年厦门市重点服务业运行情况

2012年，厦门市重点服务业调查单位数共计808个，实现营业收入796.3亿元，与上年相比增长12.0%；累计实现增加值278.2亿元（按现价计算，下同），增长10.5%，占地区生产总值比重为9.9%。

一、重点服务业运行基本情况

（一）港口航运城市特征显著

2012年，厦门市交通运输、仓储和邮政业实现营业收入493.4亿元，比上年增长10.8%，其中货物运输业全年营业收入达282.6亿元，增长9.6%。该行业拥有厦门航空有限公司、厦门港务控股集团有限公司等大型龙头企业；信息传输、软件和信息技术服务业实现营业收入123.5亿元，占总营业收入的15.5%，增长15.4%，其中互联网和相关服务行业呈快速发展态势，实现营业收入19.0亿元，增长61.2%；实现营业利润2.0亿元，增长15.4%。该行业拥有中国移动通信集团福建有限责任公司厦门分公司、中国电信股份有限公司厦门分公司、四三九九网络股份有限公司、国网信通亿力科技有限责任公司等龙头企业；租赁和商务服务业实现营业收入89.2亿元，增长15.3%。该行业拥有厦门建发国际旅行社有限公司、厦门旅游集团国际旅行社有限公司、厦门国际会展控股有限公司等大型企业；卫生和社会工作行业实现营业收入4.4亿元，增长31.7%；教育业实现营业收入1.3亿元，增长26.4%；房地产业实现营业收入20.2亿元，增长16.3%；科学研究和技术服务业实现营业收入34.6亿元，增长14.7%；居民服务、修理和其他服务业实现营业收入4.8亿元，增长12.8%；水利、环境和公共设施管理业实现营业收入8.0亿元，增长2.3%；文化、体育和娱乐业实现营业收入16.8亿元，下降1.6%。

（二）思明区、湖里区占据厦门市重点服务业的主导地位

2012年，厦门市思明区重点服务业调查企业达490个，实现营业收入298.7亿元，占全市营业收入的37.5%；湖里区重点服务业调查企业达178个，实现营业收入447.3亿元，占全市营业收入的56.2%；海沧区重点服务业调查企业达45个，实现营业收入23.8亿元，占全市营业收入的3.0%；集美区43个重点服务业调查企业实现营业收入达12.1亿元，占全市营业收入的1.5%；翔安区21个重点服务业调查企业实现营业收入8.7亿元，占全市营业收入的1.1%；同安区31个重点服务业调查企业实现营业收入达5.7亿元，占全市营业收入的0.7%。

2012年，厦门市思明区重点服务业实现增加值113.8亿元，占总增加值的40.9%，比上年增长8.6%；湖里区重点服务业实现增加值141.3亿元，占总增加值的50.8%，增长13.1%；海沧区重点服务业实现增加值15.2亿元，占总增加值的5.5%，增长4.4%；集美区重点服务业实现增加值3.9亿元，占总增加值的1.4%，增长30.1%；翔安区重点服务业实现增加值2.6亿元，占总增加值的0.9%，增长20.9%；同安区重点服务业实现增加值1.4亿元，占总增加值的0.5%，下降37.7%。

图 1　2011-2012 年厦门市各区重点服务业增加值

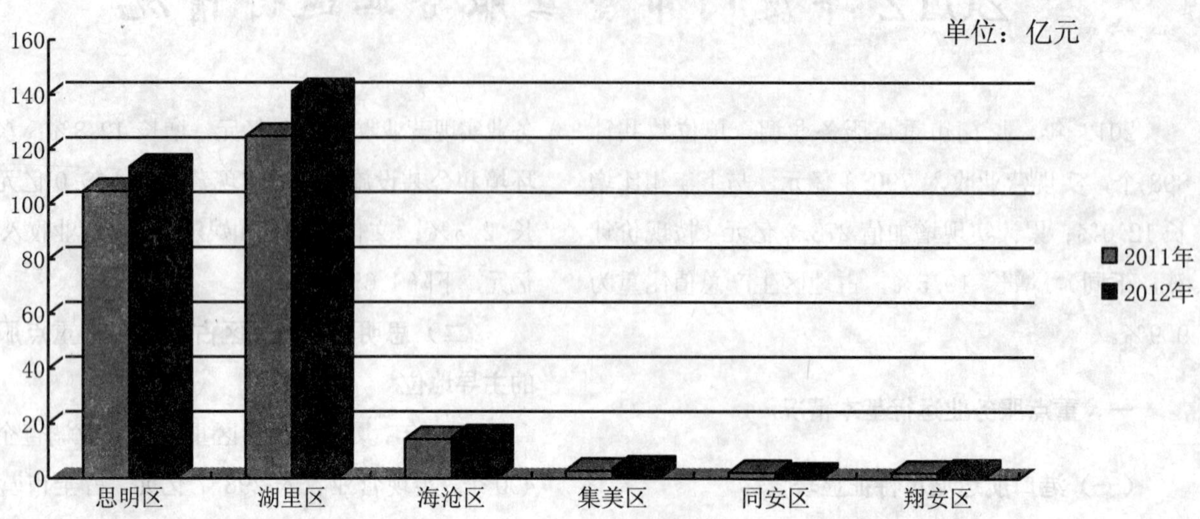

（三）龙头企业带动作用明显

2012 年，在厦门市重点服务业所涉及的 29 个行业中，营业收入排名前三名的分别是：交通运输业，信息传输、软件和信息技术服务业，租赁和商务服务业。交通运输业重点服务业调查企业共计 218 个，实现营业收入 481.1 亿元，占总营业收入的 60.4%；实现增加值 146.1 亿元，占总增加值的 52.5%。其中，营业收入过十亿元的企业共 6 个，其营业收入达 321.2 亿元，占该行业营业收入的 66.8%；实现增加值 98.3 亿元，占该行业增加值的 67.3%。信息传输、软件和信息技术服务业 124 个重点服务业调查企业实现营业收入 123.5 亿元，占总营业收入的 15.5%，实现增加值 57.1 亿元，占总增加值的 20.5%。其中，营业收入过十亿元的企业共 3 个，其营业收入达 66.3 亿元，占该行业营业收入的 53.7%；实现增加值 35.2 亿元，占该行业增加值的 61.7%。租赁和商务服务业 160 个重点服务业调查企业实现营业收入 89.2 亿元，占总营业收入的 11.2%；实现增加值 21.3 亿元，占总增加值的 7.7%。其中，营业收入过十亿元的企业 1 个，其营业收入达 10.8 亿元，占该行业营业收入的 12.1%；实现增加值 5.3 亿元，占该行业增加值的 24.9%。

（四）重点服务业企业开展电子商务比重较低

2012 年，全市重点服务业调查企业使用计算机的企业达 786 个，占总调查企业数的 97.3%。利用互联网开展电子商务销售的企业达 39 个，仅占全市重点服务业调查企业数的 4.8%；电子商务销售金额达 65.4 亿元，仅占营业收入的 8.2%。其中，销售给消费者个人 7.6 亿元，销售给企业 57.8 亿元。利用互联网开展电子商务采购的企业达 36 个，仅占全市重点服务业调查企业数的 4.5%，全年电子商务采购金额为 1.4 亿元。

（五）厦门市重点服务业营业收入占全省比重达 40.8%

厦门市重点调查企业共计 808 个，占全省调查企业数的 28.6%；实现营业收入 796.3 亿元，占全省调查企业营业收入的 40.8%，比上年增长 12.0%，高出全省平均水平 0.1 个百分点；实现营业利润 76.0 亿元，占全省调查企业营业利润的 34.5%，下降 0.3%，高出全省平均水平 0.4 个百分点。

二、运行中存在的主要问题

（一）营业成本上升速度较快

2012 年，厦门市重点调查的 808 个重点服务业企业营业成本同比增长 12.7%，比营业收入增速高出 0.4 个百分点。营业利润同比下降 0.3%，除科学研究和技术服务业，租赁和商务服务业，信息传输、软件和信息技术服务业保持小幅增长外，其余行业营业利润均呈下降趋势。

（二）传统服务业占比较大，重点服务业整体发展水平有待提高

在厦门市的服务业中，港口物流、商业贸易占据主导地位，而作为现代服务业组成部分的商务服务业营业收入占总营业收入的比重为 11.1%，软件和信息技术服务业营业收入占总营业收入的比重为 4.4%，文化艺术业营业收入占总营业收入的比重为 0.1%，租赁业营业收入占总营业收入的比重为 0.1%，科技推广和应用服务业营业收入占总营业收入的比重为 0.03%。

厦门市大型重点服务业企业偏少，影响服务业整体水平的提升。2012 年，营业收入过十亿元的企业仅 10 个，占厦门市重点服务业企业数仅为 1.2%。

图 1　2012 年厦门市重点服务业各行业营业收入比重

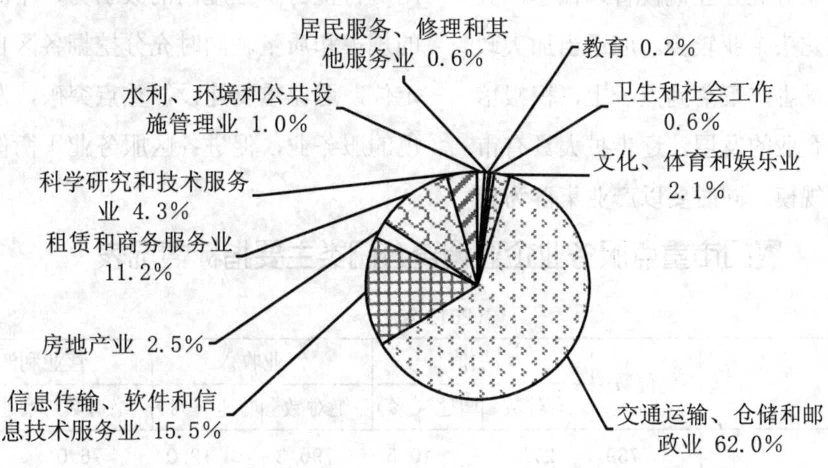

（三）岛外各区服务业发展较缓

厦门市呈现传统经济发达区域服务业发展速度快且占比高，而欠发达区域发展速度较为落后的特点，各区间的差距拉大。思明区、湖里区占据厦门市服务业的主导地位，分别实现营业收入 298.7 亿元、447.3 亿元，占全市的比重分别为 37.5%、56.2%。但海沧区、集美区、翔安区、同安区分别实现营业收入 23.8 亿元、12.1 亿元、8.7 亿元、5.7 亿元，占全市比重分别为 3.0%、1.5%、1.1%、0.7%。其中，集美区、同安区、海沧区增幅较缓，与上年同期相比营业收入分别增长 19.8%、7.4%、0.3%。

图 2　2012 年厦门市重点服务业各区营业收入比重

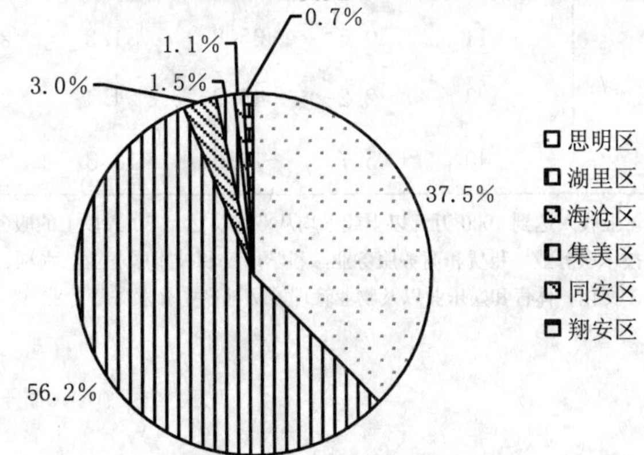

三、几点建议

（一）落实相关优惠政策，发展电子商务

不断挖掘厦门市重点服务业的增长潜力，鼓励企业推行科学管理和技术创新以降低由于原材料价格和人力成本上涨带来的营业成本压力。同时鼓励企业提高信息化水平，利用互联网提高电子商务销售、采购在企业生产经营中的比重。

（二）提高服务业企业的竞争力

目前厦门市重点服务业企业规模普遍偏小，具有带动性作用的大型龙头企业较少。应适当加大政策倾斜力度，将各项优惠政策落到点子上，积极培育和引导大中型服务企业的发展，逐步扩大具有市场潜力的中小企业的规模。同时要以产业集群为依托，加速建设专业服务中心，大力支持建立行业技术开发中心、信息服务中心等，推动厦门市服务业的发展，提高服务业整体发展水平。

（三）科学谋划，促进各区服务业平衡健康发展

根据《厦门市国民经济和社会发展第十二个五年规划纲要》提出加快发展第三产业，打造海峡西岸最具竞争力的现代服务业集聚区的要求，以“一区三中心”等重大平台建设为抓手，改善硬件，利用对台优势增强厦门的吸引力，不断提升服务产业的规模和质量。同时充分挖掘各区自身优势，找准定位，避免重复建设，重点突破，发展具有产业特色的服务业，促进各区服务业平衡健康地发展。

厦门市重点服务业企业调查分门类主要指标情况表

（2012 年）

单位：亿元

	单位数	增加值		营业收入		营业利润		从业人员平均人数（人）
		绝对数	增速（%）	绝对数	增速（%）	绝对数	增速（%）	
总　计	**789**	**278.1**	**10.5**	**796.3**	**12.0**	**76.0**	**-0.3**	**172841**
交通运输、仓储和邮政业	234	151.1	11.1	493.4	10.8	36.1	-1.6	74640
信息传输、软件和信息技术服务业	122	57.1	9.4	123.5	15.4	23.1	0.02	19372
房地产业	90	14.1	14.2	20.1	16.4	2.0	0.1	28528
租赁和商务服务业	155	21.3	13.3	89.1	15.3	6.0	9.1	22555
科学研究和技术服务业	86	21.0	12.2	34.6	14.7	6.5	7.6	11903
水利、环境和公共设施管理业	21	3.0	2.6	8.0	2.3	1.3	-19.7	3321
居民服务、修理和其他服务业	26	2.2	15.9	4.8	12.8	0.5	-16.3	3707
教育	11	0.6	35.3	1.3	26.4	0.03	235.0	926
卫生和社会工作	3	2.2	45.9	4.4	31.7	-0.5	10.7	2437
文化、体育和娱乐业	40	5.7	-19.0	16.8	-1.6	1.0	-21.6	5447

注：重点服务业调查企业是指年营业收入达到 1000 万元以上或平均从业人员达到 50 人以上的服务业法人单位。调查范围包括：交通运输、仓储和邮政业，信息传输、软件和信息技术服务业，租赁和商务服务业，科学研究和技术服务业，水利、环境和公共设施管理业，居民服务、修理和其他服务业，教育，卫生和社会工作，文化、体育和娱乐业以及物业管理、房地产中介服务等行业。

（执笔：袁青青）

莆田市投资结构优化研究

投资结构在很大程度上决定着国民经济的发展速度和经济效益。从需求的角度来看，投资结构合理可以使现有的人力、物力、财力得到充分的利用，实现产业结构及整个经济结构的优化，有利于提高投资效益，实现经济良性循环。从供给的角度来看，投资结构优化可以把有限的资金投向更多用于发展瓶颈和基础产业，增加有效供给，更加合理利用经济资源，实现经济增长方式从粗放向集约转变。因此，投资结构的优化具有非常重要的理论意义和现实意义。莆田市如何通过投资结构的优化，促进社会经济持续健康发展、产业结构的优化和升级，提高投资质量和效益，增强经济内生动力，成为摆在我们面前迫切需要研究解决的重大课题。

一、研究背景和意义

（一）研究背景

经济增长按其定义来说是一个总量概念，表明人均产出的增加。因此经典的发展经济学理论更注重要素投入的研究，而忽略了结构变动对于经济增长的贡献。虽然英国经济学家威廉·配第最早注意到经济增长与产业结构变动之间存在关联，但他未能看到按照人口平均产值的高增长率与生产结构的高变换率之间的内在关系。最先对此关系作出经验性总结的是英国经济学家克拉克，他搜集和整理了二十多个国家的数据，以揭示增长与结构变动的历史关联得出的结论是：随着人均国民收人水平的提高，劳动力先由第一次产业向第二次产业转移，当人均国民收人水平进一步提高时，劳动力就向第三次产业转移。

自从库兹涅茨出版了其名著《各国的经济增长》后，经济增长与结构变动之间的关系才开始成为经济学家普遍关注的一个重大问题。库兹涅茨运用经过改善的研究方法，对 17 个国家的原始资料分别作了截面分析和历史分析，从中得出的结论是：19 世纪至 20 世纪里，发达国家的经济增长与结构变动密切相关，现代经济增长已不仅仅是一个总量问题。他认为：“如果不去理解和衡量生产结构中的变化，经济增长是难以理解的。”也就是说，如果离开了结构分析，将无法解释增长为什么会发生和怎么发生的，因而现代经济增长本质上是一个结构问题。

钱纳里使用库兹涅茨的统计归纳法进行了更为广泛的分析，构造了反映结构转换的主要变量典型性关系的“发展模式”，以更加深人地研究现代经济发展中总量增长与结构变动的联系。为了将分析的结果更广泛地适用于各国和各种经济过程，钱纳里进一步使用了几个基本的回归方程对“发展模式”复合，得出一个具有一般意义的“标准结构”。根据“标准结构”的描述性结论，结构变化的 70%-80%发生于人均 GNP 在 100 至 1000 美元的国家之间，其中最重要的积累过程和资源配置过程都发生显著的、深刻的变化，结构的改善往往伴随着资源配置效率的提高。

金德尔伯格和布鲁斯·赫里克曾根据经过整理的实际数据，设计了两个经济结构（欠发达和较发达）的投入产出模型，通过比较发现，在较发达经济结构的投入产出模型中，经济增长更具有专业化倾向，结构效益就上升到最重要的地位，成为现代经济增长的基本支撑点。这种来自结构的经济效益，其意义远远超过个别的劳动生产率提高的经济效益。

在我国，周振华从理论上对经济增长中的结构关联效应、结构弹性效应、结构成长效应和结构开放效应进行了系统研究，揭示了结构变动在经济增长中的作用。

总之，经济学家已经通过大量的统计分析，确认结构与总量是不可分割的，现代经济增长不仅是一个总量增长的过程，而且也是一个结构成长的过程，结构变动是经济增长的内生变量，也就是说结构的变动或者结构调整对经济增长具有重大影响。总量的高增长率与结构的高变动率无疑是现代经济增长的两大基本特征。

（二）研究意义

投资与经济发展之间是相互促进、互相制约的关系。一方面，投资是经济增长的三驾马车之一，投资对拉动经济增长有着不可替代的重要作用，没有投资就不可能有产出，没有投资的增长，经济就不可能保持一定的发展速度。同样，没有经济增长，投资就成为无源之水。正是由于投资与经济增长之间的紧密关系，使得投资的波动会诱发经济的波动，投资的结构会影响经济的结构。调整和优化投资结构是当前和今后一个时期经济发展的主线，是保持经济发展后劲和提高竞争力的根本性措施。党的十七大报告指出："加快转变经济发展方式，推动投资结构优化升级，这是关系国民经济全局紧迫而重大的战略任务。"经过多年的发展，莆田市的投资结构优化升级取得明显成效，对促进莆田市经济的快速发展发挥了重要作用。当前莆田市正处在工业化加速发展期，要实现经济又好又快发展，就必须在相当长的时期内保持一定规模的固定资产投资，并通过优化投资结构，提高投资效益，推动产业结构优化和技术升级，提升工业的自主创新能力和市场竞争力。

1. 投资结构通过市场需求结构影响产业结构。投资结构是构成市场需求结构的重要因素之一。投资总量在不同产业、部门间的分布将直接改变已有的产业结构格局。一方面，投资总量会在总体上影响生产投资品的产业。投资总量增长加快时，对投资品的需求就多，从而拉动生产投资品的产业发展；如果投资总量下降，生产投资品的产业就会萎缩。另一方面，产业投资结构还会影响生产投资品的产业构成。因为，不同产业的投资，其投资品需求具有较大差异，对生产投资品的各产业的拉动作用也不同。

2. 投资结构通过市场资源供给影响产业结构。一方面，产业投资结构通过形成固定资产决定各产业的产出能力。固定资产在生产和使用过程中会逐渐消耗而最后丧失效用，必须通过产业投资形成新的固定资产来补偿、替换被消耗掉的固定资产，即实现固定资产的再生产，才能保证原有的产出能力或进一步扩大产出能力。现存的各产业的固定资产和产出能力是过去产业投资分配的结果，而现在和未来的投资结构又决定着未来各产业的产出能力。另一方面，在投资带来的生产能力形成后，在供给方面将会影响产业结构的调整。这是由于产业结构不断优化的一个重要前提条件是代表先进发展方向的产业能够获得其发展所需要的生产要素，因此投资结构将通过劳动力资源、资本资源和技术资源的供给情况，在一定程度上决定产业结构调整的进程和方向。

3. 投资结构通过自身的优化影响产业结构的优化与升级。一个国家经济发展的进程，不仅体现为总量的增长，更为重要的是经济结构的合理化与高级化。而促进经济增长质量提高的根本动力在于科技进步和高、精、尖产业的开辟，在整个过程中，投资结构的优化是产业结构优化与迅速升级的重要保证。因为，投资结构变化是产业结构变化的先导，产业结构的变化与辐射效应又是投资结构在动态中升级优化的保证，从而进一步使产业结构向更高级水平发展，由此形成投资结构和产业结构的良性循环。

4. 投资结构通过技术进步影响各产业之间的关联。各产业之间的关联关系是由一定的技术水平决定的，技术进步带来的产品生产消耗的减少和效率的提高，会使产品生产过程中的生产要素及中间产品的投入下降或产生替代，使产品成本降低，产品价格下降，对这些产业的产品需求就会上升，使得该产业竞争力增强。相反，对技术水平较低的产业，产品的需求就会相对降低。长此以往，各产业间的关联关系就会发生改变。

二、莆田市投资波动的阶段性分析

改革开放以来，莆田市坚持以科学发展观统揽经济社会发展全局，积极调整产业结构，转变经济发展方式，以大投资促进大发展，不断加大固定资产投资力度，特别是近年来抓住《海峡西岸经济区发展规划》颁布的重大历史机遇，莆田集中力量加强基础产业和基础设施建设，加快推进工业化、城镇化和农业现代化进程，确保了全市固定资产投资的持续快速增长。同时，通过不断优化投资结构，培育了一批新的经济增长点，投资在经济增长中的地位和作用进一步增强，为全市经济的又快又好发展提供了有力支撑。

表1　莆田市固定资产投资规模及其增长率

（1983-2011 年）　　　　单位：亿元，%

年份	固定资产投资额	增长率	年份	固定资产投资额	增长率
1983	0.90	—	1998	44.80	22.7
1984	1.18	31.1	1999	55.05	22.9
1985	1.90	61.7	2000	67.24	22.1
1986	2.10	10.5	2001	48.27	-28.2
1987	2.57	22.1	2002	48.71	0.9
1988	3.71	44.5	2003	59.30	21.8
1989	4.25	14.6	2004	79.57	34.2
1990	4.44	4.6	2005	115.41	45.0
1991	5.31	19.4	2006	165.18	43.1
1992	7.46	40.5	2007	240.93	45.9
1993	17.95	140.6	2008	301.83	25.3
1994	24.41	36.0	2009	362.70	20.2
1995	28.31	16.0	2010	496.52	36.9
1996	26.27	-7.2	2011	725.19	60.7
1997	36.51	39.0			

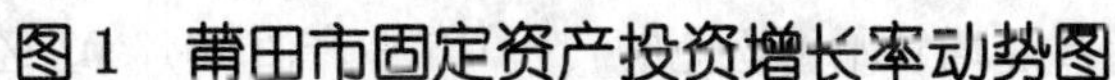
图1　莆田市固定资产投资增长率动势图

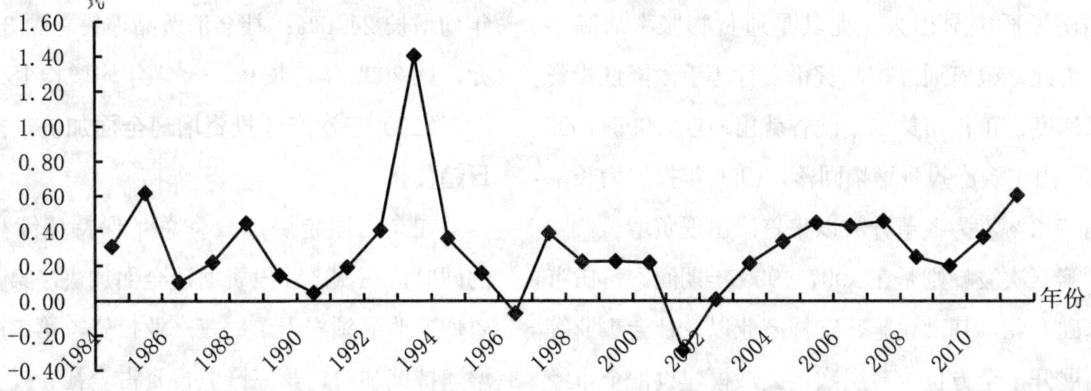

投资波动是指投资总量增长率的上升或下降，即表现为不同年份投资总量增长率的急剧上升、相

对平缓和突然下降，甚至出现负增长。莆田市固定资产投资规模由 1983 年的 0.90 亿元增长到 2011 年的 725.19 亿元，年均增长 27.0%，尤其是近几年投资规模不断扩大，投资率不断攀升。通过图 1，可以看到莆田市固定资产投资增长率波动很不平稳，在 1984-2011 年间固定资产投资增长率大致出现了四次波峰与三次波谷。

第一次波峰出现在 1986-1988 年间。1982 年，党的十二大提出到二十世纪末使国民生产总值翻两番的目标后，根据此目标莆田市实施了积极的财政政策，加大了固定资产投资力度，全市投资形势逐步好转。随着投资规模的扩张，1985 年固定资产投资增长率高达 61.7%。1989-1991 年，我国经济进入旨在压缩投资规模的“硬着陆”调整期，特别是 1989 年政府为抑制“抢购风”而出台了一系列紧缩性的经济政策，致使莆田市在 1990 年的投资增长率降到 4.6%，出现了改革开放以来的第一次低谷。

第二次波峰出现于 1991-1993 年期间。党的十四大确定我国由计划经济体制向社会主义市场经济体制转变，并逐步建立和完善社会主义市场经济体制的方针的影响下，举国上下再次掀起改革开放的热潮，固定资产投资规模在基本建设投资和房地产投资快速增长的拉动下迅速膨胀。莆田市在这种政策的指引下，创改革开放以来投资增长率的新高，1993 年莆田市固定资产投资增长率达到 140% 的历史新高。但是，投资的超高速增长不可避免的使经济矛盾突显出来，尤其是通货膨胀率居高不下。为此，政府通过控制货币发行等手段降低投资增长速度，莆田市第二个波谷就出现在 1995-1996 年间，固定资产投资增幅回落，1996 年投资增长率降到-7.2%，为改革开放以来首次出现负增长。

第三次波峰则是在 1997-1999 年期间。莆田市对基础产业、基础设施、支柱产业以及社会事业等方面展开了全方位、多层次、大规模建设，全市经济和社会发展速度加快。1997 年，固定资产投资增长率从上年的-7.2%攀升到 39.0%，随着固定资产投资额逐年攀升。2001 年固定资产投资增速下降到 -28.2%，为改革开放以来莆田市固定资产投资的最波谷。

第四次波峰是在 2003 年至现在。2005 年全球金融危机爆发并逐渐影响中国，我国政府制定了“保增长”的工作目标，在出口受阻、消费增长较慢的大环境下通过扩大投资来保持中国经济的稳定发展。莆田市充分利用机遇，在大项目带动战略背景下，不断加大投资力度，近年来又持续开展“五大战役”。通过固定资产投资在实现保增长的同时，也加快了城市建设步伐，实现跨越发展，努力缩小与省内发达地市的差距。

三、莆田市投资结构现状

（一）投资持续高位运行，经济效益显著提高

近年来，莆田市固定资产投资持续高速增长，投资规模不断扩大，成为带动经济发展的主要动力。2007-2011 年，莆田市全社会固定资产投资累计完成 1477.17 亿元，年均增长 31.7%。在投资强劲增长带动下，全市经济持续快速增长，经济效益显著提高。2011 年，全市实现地区生产总值 1063.50 亿元，比 2007 年增长 173.5%，年均增长 14.8%；财政总收入 103.28 亿元，比 2007 年增长 126.1%，年均增长 22.6%，其中地方财政收入 63.93 亿元，比 2007 年增长 168.4%，年均增长 28.0%；规模以上工业产值 1647.07 亿元，比 2007 年增长 240.7%，年均增长 24.6%；社会消费品零售总额 338.02 亿元，比 2007 年增长 95.5%，年均增长 18.3%。

（二）三次产业投资增速全面加快，投资结构日趋优化

在全市固定资产投资总量保持持续高速增长的同时，三次产业投资增速全面加快，第一产业投资增速明显领先于二、三产业投资，第二产业投资增速持续加快，第三产业投资占全社会投资的比重最高、对全社会投资的贡献最大。2011 年，莆田市

第一产业完成投资额 15.13 亿元，比 2007 年增长 269.9%，年均增长 38.7%，占全社会固定资产投资的比重为 2.1%，比 2007 年提升 0.4 个百分点；第二产业完成投资额 241.36 亿元，比 2007 年增长 149.2%，年均增长 25.6%，占全社会固定资产投资的比重为 33.3%，比 2007 年下降 6.9 个百分点；第三产业完成投资额 468.71 亿元，比 2007 年增长 234.8%，年均增长 35.3%，占全社会投资的比重为 64.6%，比 2007 年提高 6.5 个百分点。在投资的带动下，三次产业投资结构比例由 2007 年的 1.7∶40.2∶58.1 调整为 2.1∶33.3∶64.6，投资结构日趋优化。

（三）投资主体多元化格局基本形成，民间投资逐步成为投资的主渠道

近年来，莆田市民间投资一直在全社会固定资产投资中保持着主导地位。在三大投资主体中，民间投资占全社会固定资产投资的份额最大、增速最快，对全社会固定资产投资的贡献率最高，是拉动全社会固定资产投资增长的主动力，成为莆田市固定资产投资的主角。2011 年，莆田市全社会固定资产投资中国有投资 293.07 亿元，比 2007 年增长 200.0%，年均增长 31.6%；外商及港澳台商投资 74.29 亿元，比 2007 年增长 246.6%，年均增长 36.4%；民间投资 357.83 亿元，比 2007 年增长 193.5%，年均增长 30.9%，占全社会固定资产投资的比重为 49.3%，成为投资的主渠道。

表 2　莆田市部分经济指标完成情况表

（2007-2011 年）

	单位	2007 年	2011 年	年均增长（%）
地区生产总值	亿元	511.70	1063.50	14.8
财政总收入	亿元	45.67	103.28	22.6
地方财政收入	亿元	23.82	63.93	28.0
规模以上工业产值	亿元	627.16	1647.07	24.6
社会消费品零售总额	亿元	172.86	338.02	18.3

注：地区生产总值、规模以上工业产值增长速度按可比价计算。

表 3　莆田市全社会固定资产投资额及投资结构

（2007-2011 年）　单位：亿元，%

	全社会固定资产投资额			全社会固定资产投资结构比例	
	2007 年	2011 年	2007-2011 年年均增长	2007 年	2011 年
全　市	240.93	725.19	31.7	100.0	100.0
#国有	97.59	293.07	31.6	40.5	40.5
外商及港澳台商	21.43	74.29	36.4	8.9	10.2
民间	121.90	357.83	30.9	50.6	49.3
# 第一产业	4.09	15.13	38.7	1.7	2.1
第二产业	96.85	241.36	25.6	40.2	33.3
第三产业	139.99	468.71	35.3	58.1	64.6

四、莆田市投资结构存在的主要问题

（一）工业投资比重下降，制约工业快速发展

尽管莆田市工业投资的规模大、比重高，但在总投资额中的比重却呈现下降的趋势。2007 年，莆田市工业投资额为 96.77 亿元，占全社会固定资产投资的比重为 40.2%，到 2011 年工业投资额为 239.43 亿元，占全社会固定资产投资的比重为 33.0%，五年间比重下降了 7.2 个百分点。工业投资比重的下降，制约了工业总量的扩张和新增长点的培育，导致工业增速放缓。

（二）第三产业投资增长不平衡，民生产业投资不足

尽管全市第三产业投资的比重不断提高，但第三产业内部各行业的增长很不平衡。2011 年与 2007 年相比，除批零贸易业、住宿餐饮业、金融业、房地产业等几个行业投资占全社会固定资产总投资比重上升外，一些行业投资的比重出现下降。交通运输投资的比重由 17.3%下降为 13.3%；信息传输计算机服务及软件业投资的比重由 0.9%下降为 0.4%；卫生、社会保障和社会服务的比重由 0.8%下降为 0.5%；公共管理和社会组织投资的比重由 7.8%下降为 0.4%。第三产业投资既关系到第三产业的健康发展，也关乎到民生的改善与和谐社会的构建，这些行业投资下降应引起足够的重视。

（三）投资增长自主性不足，扩大再生产的能力减弱

在全市城镇以上固定资产投资中，新建项目投资的比重由 2007 年的 76.4%下降到 2011 年的 67.1%，改建和技术改造项目投资的比重由 2007 年的 6.0%下降到 4.2%。新建和技术改造投资比重的下降，说明莆田市投资增长自主性不强，扩大再生产的能力有所减弱。

五、优化莆田投资结构的对策建议

（一）创新招商理念，打造承接产业转移的投资环境

承接东部发达地区及台湾产业转移，是海西经济区建设的重要内容，也是莆田实现“跨越发展”的客观要求。因此，要把调整投资结构与承接产业转移紧密结合起来，创新招商理念，倾力打造承接产业转移的投资环境。

1. 依托和发挥自身优势，选准产业转移的承接点。一方面，依托产业优势，积极承接先进制造业。发挥现有制造企业的技术优势，开展战略合作，推进产业配套，形成专业化分工、社会化协作的产业格局。另一方面，抓住新兴产业机遇，承接和发展商贸、旅游等现代服务业。加强信息化建设，积极引进省内外现代服务企业，做大做强服务业。

2. 以增强承接能力为目标，打造承接产业转移的载体。产业集聚区和工业园区是承接产业转移、加速产业集聚的主要载体，必须抓紧抓好。一是明确各县区产业集聚区的产业定位和发展方向，搞好规划衔接，注重突出各自的特色和优势，因地制宜承接产业，避免区域内产业无序竞争。二是创新承接、合作的机制方式，积极探索符合实际的、行之有效的承接和合作机制。三是扩展产业集聚区的吸纳承载功能，加强道路、管网、通信网络、污水处理等基础配套建设，抓好标准厂房建设，提高投资强度和土地集约利用。

3. 创新工作机制，深入开展产业转移中的招商引资工作。要围绕承接产业转移这个中心，开拓思路、创新机制，加强基础性和前瞻性工作，搭建广泛有效的招商平台，为推进产业转移服务。一是创新招商引资方式。利用好各类资源，拓宽招商引资范围，建立长期稳定的招商引资机制和渠道。二是搞好项目包装推介和项目库建设。要从投资者的需求出发，建好全市招商引资项目库，策划包装一批重点项目，通过各种方式对外推介。三是拓宽转移合作渠道。积极开展与东部发达地区及台湾的经贸合作，密切与台湾企业、行业协会及商会的联系。

（二）理清发展思路，加快产业投资结构优化调整

1.巩固和加强农业基础地位。农业在国民经济发展中处于基础地位，现阶段应适当提高第一产业投资，大力发展高产高效农业、特色农业。在加大政府投资的同时，建立支持农业投资的政策体系，利用财政、金融和税收等优惠政策吸引各种资金对农业的投入。一是加强新农村建设，增加对农业基础设施建设的投入，为农业的现代化发展提供有力的基础保障。二是加大对农业科技进步和创新的投入，将新型技术引入农业，依靠科技调整和优化农产品的品种和品质结构，建设高产优质、高效、绿色的新型农业。三是深化对农产品的深加工，延长农业产品链，提高农产品的附加值。

2.加快第二产业投资结构的调整。在保持第二产业投资稳步增长的同时，要重点改善其内部结构，在投资结构上要有所限制、有所鼓励，推动形成一批由新技术支撑，对产业发展能够起到典型示范作用的先导产业群，带动莆田产业结构的优化升级。一是限制低水平加工工业的投资，加大对支柱产业的投资，通过增量投资引导存量调整。二是加大对先进制造业、高新技术产业、战略性新兴产业的投资，对战略性新兴产业实行投资倾斜。三是对符合产业发展方向的区域经济项目在技术改造和资金方面积极扶持，为企业的更新改造创造良好的政策环境，并通过财力支持和利益诱导，使企业基于对自身利益的追求来加快设备更新和技术改造的步伐。

3.提高现代服务业投资比重。保持第三产业投资总额的适度增幅，协调好第三产业投资比重增加和第三产业内部投资结构的关系，把投资集中到能够促进整个区域均衡发展的领域。一是调整产业内部投资结构，改变目前大部分投资集中房地产和基础建设领域的格局，加大对商业、旅游业、社会服务业等方面的投资，特别是加大对文化信息、科研等现代服务业方面的投资。二是合理调控房地产开发用地的供给进度和供给结构，适度引导和控制房地产投资，确保保障房等重点工程的资金投入，保持房地产业的良性发展。三是创新招商引资活动的针对性和有效性，加强现代服务业方面的招商引资力度，促进第三产业结构趋于合理化。四是增加服务业投资统计指标，及时进行跟踪监测，并在目标制定和考核中予以体现。

（三）深化投资改革，促进产业投资主体的多元化和自主性

1.继续大力发展民间投资。一是对民间投资实行与国有投资一视同仁的政策待遇。在项目审批、土地使用、税费征收、贷款获得、贴息享受、股票上市、债券发行等政策制定和执行上，不以所有制设置区别对待政策，而是根据产业政策和项目的优劣，让民间资本通过公平竞争获得资源配置的机会。二是加强对民间投资的信息引导。重点加强对一般竞争性项目的信息引导，帮助民间投资者根据市场需求科学决策，避免过度重复建设和恶性竞争。政府定期将产业投资政策、行业发展前景、地区发展规划等投资信息，通过各种媒体向社会发布。三是加强对民间投资的法律保护。建立和完善法规体系，保护民间投资者对产权的占有、支配、处分的权利。严厉打击商业欺诈行为，维护正常的市场经济秩序。严厉打击各类刑事犯罪分子和社会黑恶势力，保护民营企业家的人身和财产安全。

2.推动投资主体多元化发展。按照“谁投资、谁受益”的原则，引导社会资本和民营企业，采取独资、联合投资或与政府部门、国有企业合资合作等多种形式，参与投资建设，形成多元化投资主体的分工协作机制。主要由政府投资的项目，要鼓励个人资本、法人资本投资参股。疏通投资渠道和信息渠道，引导法人资本进行跨行业投资，使各类暂时闲置的资金得到有效利用。积极拓展政府投资项目的融资渠道，推动民营中小企业向投资主体转化。同时简化民间投资项目的审批程序，对重点项目和一般项目实行分类指导，完善项目建设全过程

的服务和管理，尽量减少报批环节，提高办事效率。

3.加强金融部门的信贷支持力度。建立企业经营信用、完税信用、法人行为信用等信用档案，方便金融机构查询；规范企业的资信评定，建立区域性、地方性的企业信誉网；积极向银行推荐好项目、好企业。健全中小企业贷款担保机制，建立市场化运作的民营企业融资担保机构，鼓励由政府资助、社会力量共同出资设立信用担保机构；支持具备条件的民营企业，特别是民营高科技企业，通过发行企业债券、股票上市进行直接融资和允许以人力资本或智力成果等要素作为无形资产参与投资。

（执笔：黄灿坡）

企业风采

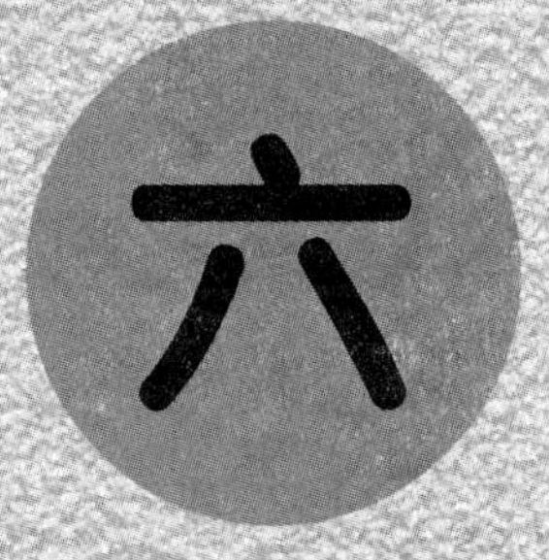

6-1 福建入选中国企业500强名单

（2010-2012年）

序号	排名	企业名称	营业收入（亿元）
2010年			
1	147	厦门建发集团有限公司	418.35
2	200	厦门国贸集团股份有限公司	313.64
3	229	福建联合石油化工有限公司	271.40
4	283	紫金矿业集团股份有限公司	209.56
5	321	福建省三钢（集团）有限责任公司	185.83
6	344	厦门象屿集团有限公司	170.04
7	417	厦门金龙汽车集团股份有限公司	134.56
8	498	福建省能源集团有限责任公司	110.98
2011年			
1	119	厦门建发股份有限公司	677.05
2	142	福建联合石油化工有限公司	585.71
3	174	厦门国贸控股有限公司	480.96
4	193	兴业银行股份有限公司	434.56
5	206	厦门海翼集团有限公司	395.14
6	268	紫金矿业集团股份有限公司	285.40
7	291	厦门象屿集团有限公司	257.68
8	335	福建省三钢（集团）有限责任公司	222.03
9	466	福建省能源集团有限责任公司	152.81
2012年			
1	95	兴业银行股份有限公司	1184.39
2	133	厦门建发集团有限公司	828.57
3	161	厦门国贸控股有限公司	658.48
4	179	福建联合石油化工有限公司	584.29
5	239	厦门海翼集团有限公司	400.73
6	241	紫金矿业集团股份有限公司	397.64
7	253	厦门象屿集团有限公司	359.75
8	336	福建省三钢（集团）有限责任公司	269.32
9	380	福建省能源集团有限责任公司	239.15

注：该名单由中国企业联合会发布。

6-2 福建入选中国民营企业500强名单

（2010-2012年）

序号	排名	企业名称	主营业务
2010年			
1	80	福建恒安集团有限公司	造纸及纸制品、印刷业、文教体育、办公用品制造业
2	201	福耀玻璃工业集团股份有限公司	非金属矿物制品业（含水泥、玻璃、陶瓷、耐火材料等）
3	467	福建建州闽光物资有限公司	贸易
4	477	福建神州电子有限公司	电子信息
5	500	福建省丰泉环保控股有限公司	制造业
2011年			
1	175	福建恒安集团有限公司	造纸及纸制品、印刷业、文教体育
2	387	厦门禹洲集团股份有限公司	房地产业
3	453	福建建州闽光物资有限公司	批发和零售业
4	486	三六一度（中国）有限公司	服装、鞋帽、皮革制造业
2012年			
1	152	福建恒安集团有限公司	造纸及纸制品业
2	216	中国龙工控股有限公司	专用设备制造业
3	315	福耀玻璃工业集团股份有限公司	非金属矿物制品业
4	328	冠城大通股份有限公司	房地产业
5	425	贵人鸟股份有限公司	纺织服装、服饰业
6	448	福建百宏聚纤科技实业有限公司	纺织化纤业
7	451	福建建州闽光物资有限公司	批发和零售业
8	457	三六一度（中国）有限公司	纺织服装、服饰业
9	458	乔丹体育股份有限公司	纺织服装、服饰业
10	468	兴业皮革科技股份有限公司	轻工业
11	473	福建龙峰纺织科技实业有限公司	纺织服装、服饰业

注：该名单由中国民营企业联合会发布。

6-3 福建企业获中国驰名商标名单

（2006-2013 年 1 月）

企业名称	商　标	使用商品/服务	认定时间
飞毛腿（福建）电子有限公司	飞毛腿（SCUD）	电池	2006
福建石狮市福盛鞋业有限公司	木林森 mulinsen	皮鞋	2006
福建恒利集团有限公司	好舒爽 HaoShu Shuang	卫生巾	2006
福建金莱克体育用品有限公司	金莱克	运动鞋等	2006
泉州市三兴体育用品有限公司	XTEP	运动鞋等	2006
福建汇达时装有限公司	卡朱米	羽绒服	2006
福建铙山纸业集团有限公司	铙山 Naoshan	机制纸	2006
福建福人木业有限公司	福人 FUREN 及图	半成品木材	2006
石狮市皇宝服装织造有限公司	皇宝	服装	2006
福建省万年青运动器材制造有限公司	万年青 WNQ	运动器材	2006
石狮市斯舒郎体育用品有限公司	斯舒郎	休闲服装	2006
石狮市爱登堡制衣发展有限公司	爱登堡	服装	2006
福建闽发铝业有限公司	闽发	铝合金建筑及工业型材	2006
福建晋工机械有限公司	晋工	装载机	2006
九牧集团有限公司	JOMOO 九牧	卫浴产品	2006
福建省福山轴承有限公司	福山	外球面球轴承	2006
福建省辉煌水暖集团	辉煌水暖 HHSN	陶瓷片密封水嘴	2006
厦门金龙联合汽车工业有限公司	KINGLONG 及图	客车	2006
福建省燕京惠泉啤酒股份有限公司	惠泉	啤酒	2006
夏新电子股份有限公司	夏新	激光视盘机、手机	2006
福建云敦服饰有限公司	云敦 WHACKO 及图	服装	2006
福建省石狮市华联服装配件企业有限公司	KAM	塑料扣、鞋扣	2006

6-3 续表 1　　　　（2006-2013 年 1 月）

企业名称	商　标	使用商品/服务	认定时间
福建龙溪轴承（集团）股份有限公司	LS	轴承机器零件	2006
柘荣县太子参协会	柘荣太子参 ZRTZS 及图	太子参	2006
厦门市金鹭首饰有限公司	图形/金鹭	首饰	2007
利郎（福建）时装有限公司	利郎 LILANG	服装	2007
申鹭达集团有限公司	申鹭达 Shenluda	管道龙头	2007
厦门蒂尔特企业有限公司	爱得利 IVORY	奶嘴、奶瓶	2007
福建泰格动力机械有限公司	fierce tiger 及图	马达及其部件等	2007
福建龙岩工程机械（集团）有限公司	龙工 LONGGONG	铲运机、挖掘机等	2007
厦门航空有限公司	第 779315 号图形	空中运输	2007
福建省南平铝业有限公司	闽铝	铝型材	2007
福建省平和琯溪蜜柚发展中心	平和琯溪蜜柚及图（地理标志）	蜜柚	2007
福建省舒华体育用品有限公司	舒华 SHUA 及图	跑步机	2007
蜡笔小新（福建）食品工业有限公司	蜡笔小新	果冻	2007
厦门银祥集团有限公司	银祥及图	猪肉、猪肉食品	2007
三棵树涂料有限公司	三棵树 SAN KE SHU	涂料、油漆	2007
福建省永安林业（集团）股份有限公司	永林蓝豹及图	纤维板	2007
福建省莆田市华丰鞋业有限公司	沃特	运动鞋	2007
泉州寰球鞋服有限公司	Athletic	运动鞋	2007
福建冠福现代家用股份有限公司	冠福及图	日用陶瓷	2007
三六一度（福建）体育用品有限公司	361°	运动鞋等	2008
福建东亚机械有限公司	DY 及图	活塞环	2008
福建雅客食品有限公司	雅客 YAKE	糖果等	2008

6-3 续表 2 （2006-2013 年 1 月）

企业名称	商　标	使用商品/服务	认定时间
厦门金日制药有限公司	金日及图	洋参茶；洋参丸	2008
漳州市花卉协会	漳州水仙花 ZHANGZHOU SHUIXIANHUA 及图	水仙花、水仙花鳞茎	2008
厦门明发集团有限公司	明发 MINGFA 及图	商品房销售、不动产管理	2008
厦门舫昌佛具有限公司	梅春及图	卫生香	2008
古田县食用菌办公室	古田银耳 GUTIANYINER 及图	银耳	2008
福安市闽东安波电器有限公司	ABLE	电机	2008
石狮市爱登堡制衣发展有限公司	爱登堡	休闲装	2008
飞毛腿（福建）电池有限公司	飞毛腿 SCUD 及图	电池、电池充电器	2008
乔丹（中国）有限公司	乔丹	足球鞋、爬山鞋等	2009
福建华泰集团有限公司	华鸿 HUA HONG 及图	建筑砖瓦	2009
厦门中盛粮油企业有限公司	盛洲 SHENGZHOU 及图	食用油	2009
福建省红太阳精品有限公司	國聖及图	酱菜、蔬菜罐头、牛奶制品	2009
福清市阳光食品有限公司	光阳及图	皮蛋、蛋品	2009
福建圣农发展股份有限公司	圣农 SUNNER 及图	冻肉等	2009
厦门茶叶进出口有限公司	海堤 SEA DYKE 及图	茶	2009
福建鸿星尔克体育用品有限公司	Erke 及图鸿星尔克	服装、鞋等	2009
利胜电光源（厦门）有限公司	曼佳美	照明器、灯泡	2009
福建福安闽东亚南电机有限公司	YANAN	发电机、电动机	2009
福建百联实业有限公司	百联	加工过的瓜子	2009
厦门宏达洋伞工业有限公司	宏達	伞环、雨伞或阳伞骨等	2009
福建大吉刀剪五金有限公司	大吉 Daji 及图	剪刀、修剪剪刀等	2009
厦门豪享来餐饮娱乐有限公司	豪享来	餐馆、自助餐馆等	2009

6-3 续表 3　　　　　　　　　　　　（2006-2013 年 1 月）

企业名称	商　标	使用商品/服务	认定时间
福建省永安轴承有限责任公司	飞捷	工业轴承	2009
厦门兴盛食品有限公司	兴盛	挂面、面条	2009
福建泉州匹克体育用品有限公司	PEAK 及图	运动鞋	2009
福建省盛辉物流集团有限公司	盛辉	汽车运输	2009
紫金矿业集团股份有限公司	第 1560573 号图形	金锭	2009
厦门科华恒盛股份有限公司	KELONG	不间断电源设备	2009
厦门安妮股份有限公司	安妮	复印纸	2009
福建省佳美集团公司	第 1010069 号图形	陶瓷工艺品	2009
福建双赢集团有限公司	双赢及图	磷肥（肥料）、化学肥料、混合肥料	2009
福建新大陆科技集团有限公司	新大陆 Newland 及图	计算机外围设备	2009
连城红心地瓜干协会	连城红心地瓜干	地瓜干	2009
泉州克拉克体育用品有限公司	洲克	紧身衣裤	2009
福建省足友体育用品有限公司	足友	童鞋	2009
厦门国贸集团股份有限公司	ITG 及图	进出口代理	2009
福建省建阳武夷味精有限公司	武夷 WU YI 及图	味精、鸡精	2009
中宇建材集团有限公司	中宇及图	水龙头等	2009
伟士（厦门）体育用品有限公司	WISH	网球拍、羽毛球拍	2010
梅花伞业股份有限公司	梅花 PLUM BLOSSOM	雨伞	2010
福建省晋江福源食品有限公司	盼盼及图	虾条、米乐	2010
沙县宏盛塑料有限公司	宏光 HONGGUANG 及图	酚醛塑料粉	2010
福建紫山集团股份有限公司	紫山 ZISHAN 及图	蔬菜罐头、酱菜、蘑菇罐头等	2010
福建省三农碳酸钙有限责任公司	东南 ND	碳酸钙	2010

6-3 续表 4 （2006-2013 年 1 月）

企业名称	商　标	使用商品/服务	认定时间
建宁县建莲产业协会	建宁通心白莲 Jntxbl 及图	莲子	2010
武夷山市茶叶科学研究所	武夷山大红袍	茶	2010
福安市茶业协会	坦洋工夫	茶	2010
福建省强力体育用品有限公司	QL 图形强力	网球拍、羽毛球拍	2010
福建柒牌集团有限公司	第 1283610 号图形、第 1509243 号图形	服装等	2010
福建天下农庄食品发展有限公司	天下农庄	米	2010
福建保兰德箱包皮具有限公司	保兰德 PowerLand 及图	手提包、旅行包、公文箱	2010
福建省安溪八马茶业有限公司	八马 Bama 及图	茶叶	2010
福建省南安市帮登鞋业有限公司	帮登 BANGDENG 及图	鞋	2010
福建省安溪茶厂有限公司	凤山 FENGSHAN 及图	茶叶	2010
福建省闽发铝业股份有限公司	闽发 MINFA 及图	铝型材	2010
福建茶花家居塑料用品有限公司	茶花	塑料箱、非金属筐、塑料包装容器	2010
南靖县兰花协会	南靖兰花 NANJING LANHUA 及图	兰花	2010
福鼎市茶业协会	福鼎白茶 FUDING WHITE TEA	茶	2010
福建省远山农业发展有限责任公司	远山 YUANSHAN	生猪、肉食鸡	2010
泉州寰球鞋服有限公司	第 1280938 号图形	运动鞋	2010
厦门禹洲集团股份有限公司	禹洲及图	不动产管理、商品房销售	2010
厦门市建安集团有限公司	第 1691769 号图形	建筑、室内装潢	2010
厦门正新橡胶工业有限公司	樱花	轮胎	2010
厦门立林科技有限公司	LEELEN	内部通讯装置、信号铃、报警器	2010
厦门市建潘卫厨有限公司	金牌橱柜 GOLDENHOME	橱柜	2010
福建福泉集团有限公司	宏浪 HongLang	水龙头、水暖装置	2010

6-3 续表 5 （2006-2013 年 1 月）

企业名称	商　标	使用商品/服务	认定时间
恒安国际集团有限公司	安儿乐 Anerle 及图	纸质和纤维制婴儿尿裤（一次性）	2010
福建鑫展旺集团有限公司	鑫展旺 XZW 及图	油漆、涂料	2010
厦门如意集团有限公司	如意情及图形	速冻方便菜肴、腌制蔬菜、水果蜜饯	2010
顺昌县幸福来保健品有限公司	幸福来及图	非医用营养品	2010
政和县茶叶技术推广总站	政和工夫及图	茶	2010
诚丰家具（中国）有限公司	诚丰 SHINGFENG 及图	家具	2010
厦门万里石有限公司	万里石 WANLI STONE 及图	石头、混凝土或大理石艺术品	2010
福建百祥车饰有限公司	百祥 BESTRONG 及图	车辆座套、车辆内装饰品	2010
莆田市华昌首饰有限公司	第 1680810 号图形	珠宝首饰	2010
永辉超市股份有限公司	永辉 YH	推销（替他人）	2010
厦门宏发电声股份有限公司	宏发 HONGFA 及图	继电器	2010
福清市友谊胶粘带制品有限公司	友日久 YOU RI JIU 及图	文具或家用胶带；文具用胶带；文具和家用粘合剂（胶水）；不干胶纸	2010
厦门三圈电池有限公司	三圈及图；THREE CIRCLES 及图	电池	2010
福建同发食品集团有限公司	同发 TONGFA 及图	水果罐头、蘑菇罐头、蔬菜罐头、水产罐头、肉罐头	2010
福建冠达星五金制品有限公司	冠达星 GDX 及图	家具、金属家具等	2010
厦门华顺民生食品有限公司	安井及图	鱼制食品	2010
太阳城（厦门）雨具有限公司	太阳城 SUNCITY 及图	伞、女用阳伞	2010
福州金飞鱼柴油机有限公司	金飞鱼 GOLDEN FLYING FISH 及图	柴油机、农业机械	2011
福建亚达集团有限公司	亚达及图	笋干、熟蔬菜	2011
福建富顺电子有限公司	富顺达、F 及图	计算机周边设备、计算机软件（录制好的）	2011
厦门红相电力设备股份有限公司	红相、HX 及图	电度表、成套电器校验装置、电测量仪器	2011
厦门康乐佳运动器材有限公司	康乐佳	锻炼身体器械	2011

6-3 续表 6　　　　　　　　　　（2006-2013 年 1 月）

企业名称	商　标	使用商品/服务	认定时间
福建省尤溪县三林木业有限公司	龙杉及图	已加工木材	2011
福建龙马环卫装备股份有限公司	福龙马	清洁车	2011
晋江集成轻工有限公司	集成 jicheng 及图	伞	2011
福建诺奇股份有限公司	诺奇	推销（替他人）	2011
福建达利食品集团有限公司	可比克 capicao	土豆片（油炸）	2011
福建省泉州得盛集团有限公司	第 3343067 号图形	陶瓷	2011
厦门建发集团有限公司	建发、C&D	进出口代理	2011
福建盈丰食品集团有限公司	盈丰及图	蜜饯果类	2011
福建省泉州市安记食品有限公司	安记及图	调味品	2011
日春股份公司	日春 RICHUN	茶、茶叶代用品	2011
福建泉州南星大理石有限公司	东星 DONG XING 及图	石板、花岗石、大理石、建筑石材等	2011
辉煌水暖集团有限公司	HHSN	水净化装置、水暖装置、水龙头、压力水箱	2011
福建雪人股份有限公司	SNOWKEY	制冰机和设备、冷冻设备和装置、冷却装置和机器、烟草冷却装置、冷冻设备和机器	2011
金强硅酸钙板（福州）有限公司	金强 JINQIANG 及图	石膏板等	2011
正兴车轮集团有限公司	正兴	汽车钢圈	2011
厦门市双丹马实业发展有限公司	燕之屋	食用鸟窝	2011
福建省卓越鸿昌建材装备股份有限公司	鸿昌 HONCHA 及图	制砖机、搅拌机（建筑）、混凝土搅拌机（机器）	2011
特步（中国）有限公司	图形	运动鞋	2011
福建正大集团有限公司	正大 ZHD 及图	鞋	2011
厦门春保精密钨钢制品有限公司	春保及图	未加工或半加工的钨、粉末冶金、金属杆	2011
厦门求实智能网络设备有限公司	QSA	报警器、电动关门器	2011
厦门彰泰隔热膜有限公司	雷朋	隔热纸、滤光隔热片、汽车隔热片	2011

6-3 续表 7　　(2006-2013 年 1 月)

企业名称	商　标	使用商品/服务	认定时间
嘉华建材（福建）有限公司	第 1815336 号图形	非金属门、非金属门板、非金属门框	2011
宁德市南阳实业有限公司	海阳及图	猪肉食品	2011
厦门国际航空港集团有限公司	XIAGC	空中运输、航行安排、运货	2011
厦门市舒友海鲜大酒楼有限公司	第 983770 号图形、舒友、舒友及图	餐馆、饭店	2011
福建金鑫钨业股份有限公司	石雁及图	钨酸、碳化钨、钨酸铵、钨酸钙、三氧化钨	2011
福建三祥工业新材料有限公司	三祥	耐磨金属、硅铁、普通金属合金、普通金属锭	2011
福建南方路面机械有限公司	南方路机 NFLG 及图	混凝土搅拌机（机器）、搅拌机（建筑）	2011
厦门全圣实业有限公司	PROSUN、保圣	眼镜、眼镜框	2011
九牧集团有限公司	九牧 JOMOO	龙头、浴室装置	2011
厦门市东林电子有限公司	FIREFLY	节能灯	2011
福建新文行灯饰有限公司	WENTON 及图	照明器、灯、灯罩、照明器械及装置	2011
泉州市艺达车用电器有限公司	金笛及图	车辆喇叭、汽车电启动器	2011
福建省闽东力捷迅药业有限公司	力捷迅	人用药、针剂、中药成药	2011
厦门明发集团有限公司	明发商业广场	推销（替他人）	2011
武夷星茶业有限公司	武夷星 WU YISTAR 及图	茶	2011
福建敖峰闽榕茶业有限公司	崟露及图	茶叶	2011
福建省晋江优兰发纸业有限公司	优兰发 you lan fa 及图	纸、包装和再生纤维纸	2011
云霄县枇杷协会	云霄 YUNXIAO 及图	枇杷	2011
福建省德化协发光洋陶器有限公司	Luzerne	家庭用陶瓷制品、日用瓷器	2011
福建欧美龙体育用品有限公司	图图	服装	2012
依凌（泉州）服饰有限公司	依璐	服装	2012
福建银嘉机电有限公司	YINJIA 及图	泵（机器，发动机或马达部件）	2012

6-3 续表 8　　　　（2006-2013 年 1 月）

企业名称	商　标	使用商品/服务	认定时间
泉州安超鞋业有限公司	安超 ANCHAO	鞋	2012
永安市宝华林实业发展有限公司	宝华林	无纺布	2012
傅天甫/福建春伦茶业集团有限公司	春伦及图	茶	2012
厦门象屿集团有限公司	第 1382823 号图形	进出口代理	2012
福建省南安市华兴雨具日用制品有限公司	华兴	伞；雨伞或阳伞骨	2012
闽清聚福工艺品有限公司	Big Fortune 及图	普通金属艺术品	2012
厦门海沧投资集团有限公司	海投	建筑、港湾建设、商品房销售服务	2012
福建东方食品集团有限公司	含羞草；含羞草 MiMoSa 及图	蜜饯、精制坚果仁、干食用菌	2012
泉州恒昂工贸有限公司	DeLANDIS 及图	家具、头靠（家具）、长沙发	2012
金冠（中国）食品有限公司	金冠 GOLDEN CROWN 及图	糖果	2012
福建省闽清豪业陶瓷有限公司	精藝瓷 jinGYi CERAMIC 及图	瓷砖	2012
厦门绿进食品有限公司	綠進及图	猪肉食品；肉冻；鱼制食品	2012
福建省漳平木村林产有限公司	美丽家园及图	家具（户外），家庭爱畜窝	2012
福建南纺股份有限公司	南纺及图	布、无纺布、衬料（纺织品）	2012
华安县茶叶协会	华安铁观音	茶	2012
泉州市泉岩茶业有限公司	泉岩 QUANYAN 及图	茶	2012
雀氏（福建）实业发展有限公司	雀氏 CHIAUS 及图	纸巾、纸制或纤维制婴儿尿裤（一次性）、纸制和纤维制婴儿尿布（一次性）	2012
福建省南安市新厅皮塑有限公司	DA SHU 及图	帐篷、车辆盖罩（未安装）、蒙古包	2012
福建仙洋洋食品科技有限公司	仙洋洋	茶、茶叶代用品	2012
泉州市信和涂料有限公司	信和及图	油漆；木材涂料（油漆）；油胶泥（腻子）	2012
福建友达胶粘制品有限公司	友达及图	文具用胶带	2012
泉州宝峰鞋业有限公司	宝人 BAOREN 及图	鞋	2012

6-3 续表 9 （2006-2013 年 1 月）

企业名称	商 标	使用商品/服务	认定时间
厦门喜盈门家具制品有限公司	喜梦宝	家具；弹簧床垫	2012
信诚集团（福建）有限公司	XC 及图	纺织品化学处理	2012
福建省银象电器有限公司	ESE 及图	水泵	2012
福建磊艺石业有限公司	磊艺	石头、混凝土或大理石艺术品；石头、混凝土或大理石半身雕塑像；墓碑	2012
福建青松股份有限公司	青松及图	合成樟脑粉	2012
厦门厦晖橡胶金属工业有限公司	第 700678 号图形	轮胎气门嘴	2012
厦门正新橡胶工业有限公司	第 846308 号图形	轮胎（力车胎）	2012
厦门欧迈家居有限公司	好兆头	餐具柜、碗柜	2012
福建品品香茶叶有限公司	品品香	茶	2012
福建省闽中有机食品有限公司	闽中及图	新鲜蔬菜	2012
福建省招宝生态农庄有限公司	招宝及图	种家禽、活动物	2012
福鼎市福鼎芋协会	福鼎槟榔芋 FUDING BINGLANG TARO 及图	芋	2012
福建省台福食品有限公司	台福及图	非酒精饮料	2012
厦门厦化实业有限公司	鹭岛及图	过磷酸钙、混合肥料、硫酸	2012
福建省邵武市永飞化工有限公司	永飞及图	氢氟酸、氟化铵、氟化氢铵	2012
福建力佳股份有限公司	力佳及图	柴油机	2012
凯捷利集团有限公司	凯捷利 KAIJIELI	发电机（小功率发电机）	2012
福建欧联卫浴有限公司	欧联 OLE 及图	淋浴器、水冲洗设备、水龙头	2012
厦门市台亚塑胶有限公司	台亚 FL 及图	非金属管道、非金属或非塑料的水管阀、非金属管道接头	2012
富隆（福建）洋伞有限公司	金欧 Jinou 及图	雨伞	2012
福建省泉州龙鹏集团有限公司	龙鹏 LONGPENG 及图	瓷、赤陶或玻璃艺术品、瓷器装饰品	2012
厦门华纶印染有限公司	三角梅 SAN JIAO MEI 及图	印花棉布	2012

6-3 续表 10 （2006-2013 年 1 月）

企业名称	商　标	使用商品/服务	认定时间
福建岳海水产食品有限公司	岳海及图	鱼制食品、水产罐头	2012
厦门嘉琪贸易有限公司	绿帝 LUDI 及图	冬菇、桂圆	2012
华祥苑茶业股份有限公司	华祥苑 HUAXIANGYUAN 及图	茶、茶叶代用品	2012
福建天马饲料有限公司	健马及图	饲料	2012
福建康之味食品工业有限公司	康之味	无酒精果汁饮料、水（饮料）、汽水	2012
源兴包装（中国）有限公司	源鑫 YUANXIN 及图	印刷	2012
厦门日月谷温泉渡假村有限公司	日月谷 RIYUEGU 及图	公共卫生浴	2012
石狮市荣誉大酒店有限责任公司	荣誉 RONGYU 及图	餐饮、住宿	2012
泰山企业股份有限公司/泰山企业（漳州）食品有限公司	泰山	矿泉水（饮料）、汽水、乳清饮料	2012
厦门圣达威服饰有限公司	圣达威 san david	服装	2012
雅客（中国）有限公司	雅客 yake 及图	糖果、糕点	2012
飙山狼体育用品有限公司	飙山狼 BIAOSHANLANG 及图	鞋	2012
厦门市盈众汽车销售有限公司	盈众	推销（替他人）	2012
明一（福建）婴幼儿营养品有限公司	明一	婴儿奶粉	2012
诚益光学（厦门）有限公司	派丽蒙 PARIM	眼镜	2012
福州天使日用品有限公司	爹地宝贝及图	失禁用尿布、吸收式失禁用尿布裤、卫生紧身内裤	2013
福清市东威水产食品实业有限公司	东威及图	鱼（非活的）、虾（非活）、鱼制食品	2013
恒亿集团有限公司	恒亿 HENG YI	建筑、商品房建造、室内装潢	2013
漳平市茶叶协会	漳平水仙 ZhangPingShuiCha 及图	茶饼	2013
福建国泰沙利食品有限公司	国泰沙利 GUO TAI SHA LI 及图	糕点；谷类制品；饺子	2013
宁德市金盛水产有限公司	三都港 DUGANG 及图	鱼（非活的）	2013
袁茂财/福建永德利刀剪有限公司	永德利	剪刀	2013
宁德市夏威食品有限公司	夏及图	活鱼	2013

6-3 续表 11　　　　（2006-2013 年 1 月）

企业名称	商　标	使用商品/服务	认定时间
福安远东华美电机有限公司	M JIANMING	泵（机器）、空气压缩器、柴油机	2013
宁德市海洋技术开发有限公司	海名威及图	鱼制食品、腌制鱼、蛏干	2013
南日鲍协会	南日鲍 NAN RI ABALONE 及图	鲍鱼（活）	2013
方敏/方家铺子（莆田）绿色食品有限公司	方家铺子	干蔬菜、鱼制食品、干食用菌	2013
福建山中古典工艺家具有限公司	第 6232261 号图形	家具；竹木工艺品；漆器工艺品	2013
福建新世纪电子材料有限公司	Karser	计算器	2013
福建亿发集团有限公司	手心缘	纸、纸餐巾、纸巾	2013
雨中鸟（福建）户外用品有限公司	雨中鸟 yuzhongniao 及图	伞、伞套、女用阳伞	2013
泉州益源鞋业有限公司	策乐 Cele	鞋（脚上的穿着物）、鞋垫、皮带（服饰用）	2013
福建晋江市祥达陶瓷有限公司	祥达及图	瓷砖	2013
石狮市华宝明祥食品有限公司	明祥 MING-XIANG-PAI	鱼制食品、紫菜、海带	2013
福建省闽华电源股份有限公司	MINHUA 及图	蓄电池、电池极板	2013
泉州佰源机械有限公司	BAIYUAN 及图	纺织机；编织机；织布机	2013
福建泉州市金穗米业有限公司	金润及图	米	2013
福建魏氏茶业有限公司	中闽魏氏	茶、茶叶代用品、茶饮料	2013
泉州格林服装有限公司	嗒滴嗒 dadida 及图	服装、童装、鞋	2013
福建中天妇幼用品有限公司	可爱宝贝 MIGNON BABY	纸制和纤维制婴儿尿布（一次性）	2013
达派（中国）箱包有限公司	dapai 及图	旅行包（箱）、旅行用具（皮件）、旅行袋	2013
福建省清流县闽山化工有限公司	闽山及图	松油醇	2013
福建绿宝食品集团有限公司	绿鲜及图	水果罐头、蔬菜罐头、肉罐头	2013
漳州万佳陶瓷工业有限公司	Bolina Italiana	浴室装置、卫生器械和设备、坐便器	2013
福建省东山县海魁水产集团有限公司	海魁及图	鱼片、冻虾、螃蟹肉、水产罐头	2013
青蛙王子（中国）日化有限公司	青蛙王子及图	洗发液、浴液、化妆品	2013

6-4 福建省已注册和初步审定地理标志名单

（截至 2013 年 6 月）

序号	注册人	注册商标	商 品	注册号
1	永泰县生产力促进中心	永泰芙蓉李	李子（鲜水果）	3899569
2	福州市园艺学会	福州茉莉花茶	茶	4939090
3	永泰县生产力促进中心	永泰柿饼	柿饼	6160169
4	福州市橄榄行业协会	福州橄榄	橄榄蜜饯；冰橄榄	4880151
5	闽侯县橄榄行业协会	闽侯橄榄	鲜橄榄	6644323
6	福清市山羊协会	高山山羊	山羊	8509769
7	福建省闽清县粉干协会	闽清粉干	粉干	8794404
8	连江县晓澳镇百胜海水养殖协会	百胜缢蛏	缢蛏（活的）	9112727
9	长乐市漳港海蚌场	漳港海蚌	海蚌（活）	8851809
10	罗源县茶叶协会	七境茶	茶	10226541
11	安溪县茶业总公司	安溪铁观音	茶叶	1388991
12	安溪县茶业总公司	安溪黄金桂	茶叶	1388992
13	永春县柑桔同业公会	永春芦柑	柑桔	6655467
14	永春县茶叶同业公会	永春佛手	茶	6655468
15	德化县陶瓷同业公会	德化陶瓷	瓷器；陶器等	4523004
16	德化县陶瓷同业公会	德化瓷雕	瓷器；陶器等	4523005
17	德化县养殖技术推广中心	德化戴云黑鸡	鸡（活的）	3636696
18	永春县茶叶同业公会	永春闽南水仙	茶	6655469
19	惠安县石雕石材同业公会	惠安石雕	石雕	8605351
20	石狮市古浮紫菜协会	古浮紫菜	紫菜	8770533
21	泉州市洛江区虹山乡果蔬行业协会	虹山红心地瓜	地瓜	8820222
22	晋江市深沪镇渔业协会	深沪鱼丸	鱼丸	9625935
23	武夷山茶叶科学研究所	武夷山大红袍	茶	1687896
24	政和县茶叶技术推广总站	政和工夫	茶	6495869
25	政和县茶叶技术推广总站	政和白茶	茶	6228806
26	松溪县茶叶管理总站	松溪绿茶	茶	6534378

6-4 续表 1　　　　（截至 2013 年 6 月）

序号	注册人	注册商标	商　品	注册号
27	武夷山市茶叶科学研究所	正山小种	茶	7430842
28	邵武市进士茶树良种推广专业合作社	邵武碎铜茶	茶	6914478
29	政和县茶叶技术推广总站	政和工夫	茶	7667931
30	政和县茶叶技术推广总站	政和白茶	茶	7667932
31	建瓯市锥栗协会	建瓯锥栗	锥栗	7569724
32	建瓯市东峰镇科技特派员工作站	东峰矮脚乌龙	乌龙茶（茶）	9785311
33	浦城薏米产业协会	浦城薏米	薏米（米）	8965756
34	建阳市茶业协会	建阳白茶	茶	10033173
35	柘荣县太子参协会	柘荣太子参	太子参	1608000
36	古田县食用菌办公室	古田银耳	银耳	1607999
37	古田县经济作物站	古田油奈	油柰（水果）	2016457
38	古田县黄田镇企业管理站	黄田马蹄笋	新鲜马蹄笋	4914014
39	古田县黄田镇企业管理站	黄田马蹄笋	马蹄笋干等	4914013
40	福鼎市四季柚协会	福鼎四季柚	柚	2016482
41	福鼎市福鼎芋协会	福鼎芋	芋	2016481
42	福鼎市福鼎芋协会	福鼎槟榔芋	芋	3453951
43	福鼎市茶业协会	福鼎大白茶	茶	4350700
44	福鼎市茶业协会	福鼎白毫银针	茶	4350696
45	福鼎市茶业协会	福鼎白琳工夫	茶	4350701
46	福鼎市茶业协会	福鼎白茶	茶	6595730
47	福安市茶业协会	坦洋工夫	茶	5379787
48	福安市茶业协会	坦洋工夫	茶	6190797
49	福安市穆阳镇线面协会	穆阳线面	线面	8972826
50	福安市竹业协会	福安绿竹笋	绿竹笋	9113703
51	霞浦县农副产品产业协会	霞浦海带	海带	7127315
52	霞浦县农副产品产业协会	霞浦紫菜	紫菜	7127316

6-4 续表 2 （截至 2013 年 6 月）

序号	注册人	注册商标	商　品	注册号
53	宁德市蕉城区晚熟龙眼产业协会	蕉城晚熟龙眼	龙眼	4957601
54	宁德市蕉城区茶业协会	天山绿茶	茶	6888311
55	宁德市蕉城区三都澳晚熟荔枝产业协会	三都澳晚熟荔枝	荔枝	7170017
56	宁德市渔业协会	宁德大黄鱼	大黄鱼（非活）	9654729
57	宁德市渔业协会	宁德大黄鱼	大黄鱼（活）	9654730
58	周宁县茶叶协会	官司云雾茶	茶	8644027
59	屏南县米烧兔行业协会	屏南米烧兔	米烧兔	9015569
60	寿宁县茶业协会	寿宁高山乌龙茶	乌龙茶（茶）	9883861
61	连城红心地瓜干协会	连城红心地瓜干	地瓜干（熟）	3571139
62	连城县朋口镇兰花协会	连城兰花	兰花	5393515
63	漳平市茶叶协会	漳平水仙茶	茶饼	5011405
64	龙岩市新罗区花生产业协会	龙岩咸酥花生	加工过的花生	5130282
65	福建省武平县茶叶协会	武平绿茶	茶	6524922
66	连城县白鸭研究所	连城白鸭	鸭（活的）	6965123
67	连城县白鸭研究所	连城白鸭	鸭（非活）	7023724
68	福建省武平县梁野山中草药协会	武平金线莲	金线莲（中草药）	7304623
69	长汀县河田鸡产业协会	长汀河田鸡	活家禽（鸡）	7891271
70	武平县梁野花卉协会	武平富贵籽	富贵籽（自然花）	7622475
71	上杭县槐猪产业协会	上杭槐猪	活猪	8605841
72	上杭县园艺产业协会	上杭乌梅	乌梅	10003749
73	永定县菜干协会	永定菜干	菜干	8196341
74	漳州市果业发展中心	漳州香蕉	新鲜香蕉	2024522
75	漳州市花卉协会	ZHANGZHOU NARCISSUS	水仙花	2016475
76	漳州市花卉协会	漳州水仙花	水仙花	2016476
77	漳州市花卉协会	漳州水仙花	水仙花	2016477
78	南靖县兰花协会	南靖兰花	兰花	5819164

6-4 续表 3　　　　　　　　　　　　　（截至 2013 年 6 月）

序号	注册人	注册商标	商　品	注册号
79	南靖茶商会	南靖丹桂	茶	5819161
80	南靖茶商会	南靖铁观音	茶	5819162
81	南靖县和溪镇中药材协会	南靖和溪巴戟天	巴戟天（中药药材）	9665597
82	南靖县龙山镇农产品协会	南靖麻笋	麻笋（新鲜）	9649494
83	南靖县养蜂协会	南靖正冬蜜	蜂蜜	10202339
84	福建省平和琯溪蜜柚发展中心	平和琯溪蜜柚	蜜柚	1388988
85	福建省平和琯溪蜜柚发展中心	平和红柚	柚子	8938890
86	平和县白芽奇兰茶协会	平和白芽奇兰	茶	9813932
87	平和县特产协会	平和青花瓷	瓷器等	9871924
88	平和县特产协会	平和芦溪晒烟	烟草；烟丝；烟末	9975573
89	平和县特产协会	平和芦溪咸菜	咸菜（腌制芥菜）	10003960
90	平和县特产协会	平和坂仔香蕉	香蕉	10003961
91	平和县特产协会	平和大溪豆干	豆腐干	10003962
92	平和县特产协会	平和小溪枕头饼	枕头饼（糕点）	10064381
93	诏安县红星乡青梅技术研究会	诏安红星	新鲜青梅	2016463
94	诏安县水产技术推广站	林头珠蚶	珠蚶(贝壳类动物(活的))	10221082
95	诏安县四都镇后港青壳荔枝协会	后港青壳荔枝	荔枝（鲜水果）	10221116
96	华安县茶叶协会	华安铁观音	茶	7401817
97	华安县经济作物站	华安坪山柚	柚子	9527545
98	漳浦县杜浔酥糖协会	杜浔酥糖	酥糖	8090682
99	漳浦县深土镇农产品产业协会	深土紫菜	紫菜	8371641
100	漳浦县旧镇镇农产品产业协会	旧镇白鳗	白鳗	9300873
101	漳浦县沙西榕树协会	沙西榕树	榕树	9413347
102	漳浦县盘陀镇茶叶协会	盘陀金萱茶	茶	9642018
103	云霄县枇杷协会	云霄枇杷	枇杷	3418548
104	云霄县水产养殖协会	竹塔泥蚶	泥蚶（活的）	8518148

6-4 续表 4　　（截至 2013 年 6 月）

序号	注册人	注册商标	商 品	注册号
105	云霄县农作物科学研究所	东厦锯缘青蟹	锯缘青蟹（活）	9552702
106	云霄县农作物科学研究所	下河杨桃	杨桃	9552703
107	云霄县农作物科学研究所	列屿巴非蛤	巴非蛤（活）	9552743
108	云霄县农作物科学研究所	马铺淮山	淮山（新鲜蔬菜）	9552744
109	云霄县农作物科学研究所	东厦文蛤	文蛤（活）	9954948
110	云霄县农作物科学研究所	下河金枣	金枣（新鲜水果）	9954949
111	龙海市浮宫镇杨梅协会	浮宫杨梅	杨梅	8681587
112	龙海市程溪镇菠萝协会	程溪菠萝	菠萝	9552249
113	福建省长泰县柑桔协会	长泰芦柑	芦柑（水果）	7718009
114	漳州市芗城区天宝香蕉协会	天宝香蕉	香蕉	8771238
115	福建省东山县芦笋协会	东山芦笋	芦笋	8699182
116	长泰县农产品流通协会	长泰吴田蜜薯	番薯	9921549
117	长泰县农产品流通协会	长泰状元蜜桔	桔	9921550
118	仙游县度尾镇文旦柚协会	度尾	文旦柚	1388985
119	莆田市枇杷协会	莆田枇杷	枇杷	3984456
120	莆田市兴化桂圆协会	莆田兴化桂元	干桂元	3895434
121	南日鲍协会	南日鲍	鲍鱼（活）	6595645
122	建宁县建莲产业协会	建宁通心白莲	莲子	1607998
123	尤溪县竹业协会	尤溪绿笋	绿笋（新鲜）	3984436
124	尤溪县茶叶协会	尤溪绿茶	茶	7741538
125	尤溪县油茶协会	尤溪茶籽油	茶籽油（食用油）	9854263
126	明溪县肉脯干行业协会	明溪肉脯干	肉脯干	5713312
127	永安市农学会	永安黄椒	辣椒（新鲜蔬菜）	6862869
128	永安市蔬菜产销协会	永安莴苣	莴苣	8972825
129	宁化县河龙贡米协会	河龙贡米	米	7953105

6-4 续表 5　　（截至 2013 年 6 月）

序号	注册人	注册商标	商　品	注册号
130	福建省将乐县食用菌协会	将乐大球盖菇	鲜食用菌	8279341
131	将乐县龙池砚文化研究协会	将乐龙池砚	砚（墨水池）	8271157
132	永泰县生产力促进中心	永泰李干	李干（蜜饯）	8715207
133	南安市石亭绿茶研究会	石亭绿茶	茶	8757651
134	邵武市笋制品行业协会	邵武笋干	笋干	10236834
135	建阳市经济作物技术推广站	建阳桔柚	桔柚	10231607
136	漳州市果业发展中心	漳州芦柑	柑橘	10032250
137	漳州市果业发展中心	漳州芦柑及图形	柑橘	10032251
138	漳州市果业发展中心	漳州芦柑及图形	柑橘	10032252
139	诏安县白洋灰鹅协会	诏安灰鹅	鹅（活家禽）	10126597
140	诏安县红星乡青梅技术研究会	诏安红星青梅	加工过的青梅	10462581
141	诏安县茶叶协会	诏安八仙茶	茶	9466590
142	漳浦县深土镇农产品产业协会	深土花菜	花菜（新鲜蔬菜）	10221005
143	漳浦县旧镇镇农产品产业协会	旧镇大蚝	牡蛎（活的）	10181305
144	漳浦县大南坂农产品协会	大南坂菠萝	菠萝	9814817
145	云霄县农作物科学研究所	东厦缢蛏	缢蛏（活）	10737564
146	明溪县淮山行业协会	明溪淮山	山药（新鲜蔬菜）	10191790
147	清流县嵩溪豆腐皮营销协会	清流豆腐皮	豆腐皮	10600558
148	福鼎市福鼎黄栀子协会	福鼎黄栀子	黄栀子（原料药）	11794318
149	宁德市蕉城区黄家蒸笼行业协会	虎贝黄家蒸笼	蒸笼	10779425
150	诏安县桥东镇水产养殖协会	甲洲鸡母埭大虾	虾（活的）	11708370
151	漳浦闽台花卉协会	漳浦蝴蝶兰	蝴蝶兰（自然花）	10779426
152	龙海市榜山镇江东鲈鱼养殖协会	江东鲈鱼	鲈鱼（非活）	11994880
153	龙海市榜山镇江东鲈鱼养殖协会	江东鲈鱼	鲈鱼（活的）	11994881
154	仙游县金沙薏米产业发展技术协会	金沙薏米	薏米（脱壳后的）	11178479

6-5 福建省纳税百强企业名单

（2012 年）

位次	企业集团名称	位次	企业集团名称
1	龙岩烟草工业有限责任公司	26	厦门海投房地产有限公司
2	兴业银行股份有限公司	27	建明（厦门）房地产有限公司
3	福建联合石油化工有限公司	28	泉州浦西万达广场投资有限公司
4	厦门烟草工业有限责任公司	29	厦门正新橡胶工业有限公司
5	中国烟草总公司福建省公司（含所辖单位）	30	厦门银鹭集团有限公司
6	福建省电力有限公司	31	世纪宝姿服装（厦门）有限公司
7	中国移动通信集团福建有限公司	32	福建欢乐天地置业有限责任公司
8	厦门航空有限公司	33	国家开发银行股份有限公司福建省分行
9	紫金矿业集团股份有限公司	34	华阳电业有限公司
10	中国工商银行股份有限公司福建省分行	35	名城地产（福建）有限公司
11	中国建设银行股份有限公司福建省分行	36	厦门 ABB 低压电器设备有限公司
12	中海福建天然气有限责任公司	37	华能国际电力股份有限公司福州电厂
13	戴尔（中国）有限公司	38	三六一度（中国）有限公司
14	安踏（中国）有限公司	39	福建海峡银行股份有限公司
15	中国农业银行股份有限公司福建省分行	40	福建中烟工业有限责任公司
16	福州万达广场投资有限公司	41	欣贺股份有限公司
17	中国银行股份有限公司福建省分行	42	兴业国际信托有限公司
18	中石化森美（福建）石油有限公司	43	福建奔驰汽车工业有限公司
19	百威英博雪津啤酒有限公司	44	中国建设银行股份有限公司厦门市分行
20	融侨集团股份有限公司	45	厦门银行股份有限公司
21	中国电信股份有限公司福建分公司	46	中信银行股份有限公司福州分行
22	永定县煤炭发展总公司	47	翔鹭石化股份有限公司
23	厦门银鹭食品集团有限公司	48	中国人民财产保险股份有限公司福建省分公司
24	东南（福建）汽车工业有限公司	49	厦门正新海燕轮胎有限公司
25	福建三钢闽光股份有限公司	50	厦门 ABB 开关有限公司

6-5 续表　　　　　　　　　　（2012 年）

位次	企业集团名称	位次	企业集团名称
51	福建水口发电集团有限公司	76	福建群升置业有限公司
52	厦门湖里万达广场投资有限公司	77	福建七匹狼实业股份有限公司
53	乔丹体育股份有限公司	78	福建大唐国际宁德发电有限责任公司
54	厦门国际银行	79	泉州世茂新领域置业有限公司
55	中国人寿保险股份有限公司福建省分公司	80	福建铂阳精工设备有限公司
56	招商局漳州开发区有限公司	81	福建煤电股份有限公司
57	福建省永安煤业有限责任公司	82	厦门经济特区房地产开发集团有限公司
58	中国民生银行股份有限公司福州分行	83	莆田万达广场有限公司
59	厦门国贸金海湾投资有限公司	84	厦门建发股份有限公司
60	中国工商银行股份有限公司厦门市分行	85	贵人鸟股份有限公司
61	福建省龙岩市新罗煤炭工业有限公司	86	翔鹭（厦门）房地产开发有限公司
62	宸鸿科技（厦门）有限公司	87	福建晋江天然气发电有限公司
63	华福证券有限责任公司	88	福建南平南孚电池有限公司
64	联想移动通信科技有限公司	89	泉州东海开发有限公司
65	达芙妮投资（集团）有限公司	90	中国农业银行股份有限公司厦门市分行
66	联发集团有限公司	91	福建恒安集团有限公司
67	九牧王股份有限公司	92	福建世茂置业有限公司
68	福建百宏聚纤科技实业有限公司	93	戴尔（厦门）有限公司
69	利郎（中国）有限公司	94	柯林（福建）服饰有限公司
70	招商银行股份有限公司福州分行	95	厦门龙祥房地产开发有限公司
71	厦门海晟房地产开发有限公司	96	中国平安财产保险股份有限公司福建分公司
72	厦门新景地集团有限公司	97	中海福建燃气发电有限公司
73	厦门溢源昌房地产开发有限公司	98	福清中联置业有限公司
74	福建华电可门发电有限公司	99	宁德万达广场有限公司
75	福建省海峡西岸投资有限公司	100	兴业证券股份有限公司

6-6 福建省主营业务收入前300家工业企业

（2012年）

位次	企业名称	位次	企业名称
1	福建联合石油化工有限公司	31	福建鑫海冶金有限公司
2	福建省电力有限公司	32	福建三安钢铁有限公司
3	宸鸿科技（厦门）有限公司	33	福建三宝特钢有限公司
4	戴尔（中国）有限公司	34	连江清禄鞋业有限公司
5	友达光电（厦门）有限公司	35	福建百宏聚纤科技实业有限公司
6	福建捷联电子有限公司	36	紫金铜业有限公司
7	福建省三钢（集团）有限责任公司	37	福建鼎信实业有限公司
8	联想移动通信科技有限公司	38	捷星显示科技（福建）有限公司
9	特步（中国）有限公司	39	石狮市佳龙石化纺纤有限公司
10	龙岩烟草工业有限责任公司	40	福建三钢小蕉实业发展有限公司罗源分公司
11	紫金矿业集团股份有限公司	41	华能国际电力股份有限公司福州电厂
12	翔鹭石化股份有限公司	42	长乐力恒锦纶科技有限公司
13	冠捷显示科技（厦门）有限公司	43	厦门正新海燕轮胎有限公司
14	正兴车轮集团有限公司	44	泉州福海粮油工业有限公司
15	厦门烟草工业有限责任公司	45	福建省长乐市长源纺织有限公司
16	福建华映显示科技有限公司	46	福建大唐国际宁德发电有限责任公司
17	厦门银鹭食品有限公司	47	福建奔驰汽车工业有限公司
18	福建省金纶高纤股份有限公司	48	福建省圣农实业有限公司
19	宝钢德盛不锈钢有限公司	49	福建佳通轮胎有限公司
20	达运精密工业（厦门）有限公司	50	福建奋安铝业有限公司
21	厦门厦工机械股份有限公司	51	厦门金龙旅行车有限公司
22	中海福建天然气责任有限公司	52	福建省长乐市供电有限公司
23	华映光电股份有限公司	53	福建亿鑫钢铁有限公司
24	厦门金龙联合汽车工业有限公司	54	福建吴航不锈钢制品有限公司
25	戴尔（厦门）有限公司	55	福建锦江科技有限公司
26	厦门太古飞机工程有限公司	56	祥兴（福建）箱包集团有限公司
27	东南（福建）汽车工业有限公司	57	三六一度（中国）有限公司
28	福建省晋江市电力有限责任公司	58	金莱克（中国）体育用品有限公司
29	华阳电业有限公司	59	泉州市天纶纺织科技有限公司
30	厦门正新橡胶工业有限公司	60	福建省南平铝业有限公司

6-6 续表 1　　（2012 年）

位次	企业名称
61	福建元成豆业有限公司
62	中国国际钢铁制品有限公司
63	福建永强力加动力设备有限公司
64	喜得龙（中国）有限公司
65	福建省南安市电力有限责任公司
66	厦门 ABB 开关有限公司
67	福建南平太阳电缆股份有限公司
68	厦门厦顺铝箔有限公司
69	南靖万利达科技有限公司
70	宝宸（厦门）光学科技有限公司
71	福建省长乐市金源纺织有限公司
72	乔丹体育股份有限公司
73	福建省鸿山热电有限责任公司
74	厦门钨业股份有限公司
75	明达实业（厦门）有限公司
76	林德（中国）叉车有限公司
77	福耀玻璃工业集团股份有限公司
78	中宇建材集团有限公司
79	厦门松下电子信息有限公司
80	福建三金钢铁有限公司
81	厦门翔鹭化纤股份有限公司
82	福建铂阳精工设备有限公司
83	贵人鸟股份有限公司
84	福建龙净环保股份有限公司
85	福建三宝钢铁有限公司
86	百威英博雪津啤酒有限公司
87	福建星网锐捷通讯股份有限公司
88	厦门 ABB 低压电器设备有限公司
89	福建省正和钢管有限公司
90	厦门华侨电子股份有限公司
91	鸿一粮油资源股份有限公司
92	福建省晋江福源食品有限公司
93	国电泉州热电有限公司
94	福建明辉电力系统有限公司
95	漳州华荣纸业有限公司
96	中铝瑞闽铝板带有限公司
97	福建省闽发铝业股份有限公司
98	漳州金龙客车有限公司
99	腾龙特种树脂（厦门）有限公司
100	路达（厦门）工业有限公司
101	福建上杭太阳铜业有限公司
102	福建康宏股份有限公司
103	厦门中禾实业有限公司
104	九牧集团有限公司
105	长乐力源锦纶实业有限公司
106	福建省洪泰铜业有限公司
107	福建龙和食品实业有限公司
108	福建华电可门发电有限公司
109	石狮市斯舒郎体育用品有限公司
110	福建金牛水泥有限公司
111	福建省马尾造船股份有限公司
112	九牧王股份有限公司
113	国电福州发电有限公司
114	厦门中盛粮油集团有限公司
115	福建通达集团有限公司
116	安踏（中国）有限公司
117	厦门华夏国际电力发展有限公司
118	漳州灿坤实业有限公司
119	泉州明恒纺织有限公司
120	利郎（中国）有限公司

6-6 续表 2 （2012 年）

位次	企业名称
121	福建华电可门二期发电有限公司
122	龙岩卓龙钢铁有限公司
123	福建省石狮市电力联营公司
124	安踏（泉州）体育用品有限公司
125	福建省东南造船厂
126	漳州百佳实业有限公司
127	福建省冠海造船工业有限公司
128	玉晶光电（厦门）有限公司
129	厦门众达钢铁有限公司
130	福建省长乐市金磊纺织有限公司
131	瑞世达科技（厦门）有限公司
132	欣贺股份有限公司
133	厦门金鹭特种合金有限公司
134	福建欧美龙体育用品有限公司
135	中国重汽集团福建海西汽车有限公司
136	中海福建燃气发电有限公司
137	雀氏（福建）实业发展有限公司
138	长乐市聚泉食品有限公司
139	石狮市富贵鸟集团公司
140	厦门 TDK 有限公司
141	福州利亚船舶工程有限公司
142	福建金山黄金冶炼有限公司
143	福建南平南孚电池有限公司
144	厦门宏发电声股份有限公司
145	福建亚通新材料科技股份有限公司
146	福建省长乐市正隆纺织有限公司
147	福建省长乐市华源纺织有限公司
148	锐珂（厦门）医疗器材有限公司
149	福建统一马口铁有限公司
150	福建省福清供电有限公司
151	福建晋江天然气发电有限公司
152	福州吴航钢铁制品有限公司
153	飞毛腿（福建）电子有限公司
154	万利（中国）太阳能科技有限公司
155	福建省大众金属有限公司
156	福州大通机电有限公司
157	福建正麒高纤科技股份有限公司
158	福建水口发电有限公司
159	捷太格特转向系统（厦门）有限公司
160	宁德祥全工贸有限公司
161	福建冠盖金属包装有限公司
162	宁德新能源科技有限公司
163	龙工（福建）机械有限公司
164	莆田市集友艺术框业有限公司
165	漳州旗滨玻璃有限公司
166	飞毛腿电池有限公司
167	福建龙麟集团有限公司
168	福建省东山县海魁水产集团有限公司
169	周宁县丰盛钢业贸易有限公司
170	泉州市燃气有限公司
171	福建万华实业有限公司
172	辉煌水暖集团有限公司
173	匹克（中国）有限公司
174	福建省长乐市宏顺型材有限公司
175	福建达利食品集团有限公司
176	福建太平洋电力有限公司
177	青蛙王子（中国）日化有限公司
178	长乐恒申合纤科技有限公司
179	福建省罗源县供电有限公司
180	厦门建松电器有限公司

6-6 续表 3　　　　　　　　　　　　　　　　（2012 年）

位次	企业名称	位次	企业名称
181	石狮市大帝集团有限公司	211	厦门船舶重工股份有限公司
182	福建省长乐市第二棉纺织厂	212	福建新华威化纤染织有限公司
183	福建新世纪电子材料有限公司	213	福建三山集团有限公司
184	福建凯邦锦纶科技有限公司	214	晋江市锦福化纤聚合有限公司
185	漳州联盛纸业有限公司	215	漳州大北农农牧科技有限公司
186	福建恒安集团有限公司	216	福建中科万邦光电股份有限公司
187	福建省龙海市供电有限公司	217	兴业皮革科技股份有限公司
188	福建省闽华电源股份有限公司	218	福建福马食品集团有限公司
189	泉州闽华电器有限公司	219	福州福泰钢铁有限公司
190	龙岩卓鹰制铁有限公司	220	福建荣新矿业有限公司
191	福建鑫久铝合金压铸有限公司	221	福建煤电股份有限公司
192	福建鑫华股份有限公司	222	福建省联盛纸业有限责任公司
193	福建省金盛钢业有限公司	223	福建省晋江市浩沙制衣有限公司
194	福建省辉源金属制品有限公司	224	日立数字映像（中国）有限公司
195	漳州蒙发利实业有限公司	225	福建省长汀金龙稀土有限公司
196	世纪宝姿服装（厦门）有限公司	226	泉州鸿荣轻工有限公司
197	福建省名乐体育用品有限公司	227	福建省安溪县供电有限责任公司
198	福州翔隆纺织有限公司	228	厦门通士达照明有限公司
199	福建福贞金属包装有限公司	229	欧浦登（顺昌）光学有限公司
200	福建德胜能源有限公司	230	福建海壹食品饮料有限公司
201	福建省福安市供电有限公司	231	恒安（中国）卫生用品有限公司
202	福安市鑫茂冷轧硅钢有限公司	232	福建凯景钢铁开发有限公司
203	福建宏远集团有限公司	233	福建邵化化工有限公司
204	厦门正新实业有限公司	234	福建新大陆电脑股份有限公司
205	双翔（福建）电子有限公司	235	首钢凯西钢铁有限公司
206	福建省南纸股份有限公司	236	贝莱胜电子（厦门）有限公司
207	福建省长乐市金沙港针纺实业有限公司	237	福建湄洲湾氯碱工业有限公司
208	蜡笔小新（福建）食品工业有限公司	238	天邦电讯（福建）有限公司
209	福建省长乐市华亚纺织有限公司	239	福州开发区钜联鞋业有限公司
210	晋江三益钢铁有限公司	240	福建省长乐市创造者锦纶实业有限公司

6-6 续表 4　　　　　　　　　　　　　　　　（2012 年）

位次	企业名称	位次	企业名称
241	景智电子（厦门）有限公司	271	漳州天福茶业有限公司
242	福建省惠安县供电有限责任公司	272	福建省长乐市金鹤毛绒有限公司
243	厦门太古可口可乐饮料有限公司	273	福州百洋海味食品有限公司
244	福建省长乐市锦源纺织有限公司	274	福建省永安市供电有限公司
245	福建金汇特种合金有限公司	275	福建宏丰实业集团有限公司
246	福建上润精密仪器有限公司	276	福建三钢（集团）三明化工有限责任公司
247	华珠（泉州）鞋业有限公司	277	福州力鼎动力有限公司
248	华昌珠宝有限公司	278	大闽食品（漳州）有限公司
249	福州集佳油脂有限公司	279	漳州市燕锋水产食品有限公司
250	福建省永安万年水泥有限公司	280	福建漳州闽华超纤实业有限公司
251	莆田市力天红木艺雕有限公司	281	福建新华旭专用车制造有限公司
252	晋江柒牌服饰有限公司	282	福建省青山纸业股份有限公司
253	福建振云塑业股份有限公司	283	福建经纬集团有限公司
254	福建省德化县佳美工艺品有限责任公司	284	福建冠福现代家用股份有限公司
255	福建省长乐市金鑫纺织有限公司	285	奈步（中国）有限公司
256	福建省长乐市金林生织造有限公司	286	莆田市涵江区章圣鞋业有限公司
257	福建宇星实业有限公司	287	厦门多威电子有限公司
258	福融辉实业（福建）有限公司	288	福建东亚水产股份有限公司
259	福建省东鑫石油化工有限公司	289	福建省晋江优兰发纸业有限公司
260	祥达光学（厦门）有限公司	290	恒安（中国）纸业有限公司
261	福建南纺股份有限公司	291	福州统一企业有限公司
262	福建三和果蔬股份有限公司	292	福建泉州宝辉珠宝首饰有限公司
263	石狮市雄豹狼服装发展有限公司	293	荣兴（福建）特种钢业有限公司
264	石狮市卡宾服饰发展有限公司	294	福建省诚明金属冶炼有限公司
265	福建鸿星尔克体育用品有限公司	295	立达信绿色照明股份有限公司
266	诚丰家具（中国）有限公司	296	星泉（福建）鞋塑有限公司
267	福建岳海水产有限公司	297	福建省台福食品有限公司
268	福建省德化鑫阳矿业有限公司	298	达鸿先进科技（厦门）有限公司
269	锦兴（福建）化纤纺织实业有限公司	299	福建省南安市森源木业有限公司
270	石狮市华宝明祥食品有限公司	300	福建塔牌水泥有限公司

6-7　福建省建筑业总产值前300家建筑企业

（2012年）

位次	企业名称	位次	企业名称
1	中建海峡建设发展有限公司	31	福建省中木建设集团有限公司
2	福建省泷澄建设集团有限公司	32	厦门中联建设工程有限公司
3	福建六建集团有限公司	33	中铁二十四局集团福建铁路建设有限公司
4	福建建工集团总公司	34	福建省隆盛建设工程有限公司
5	福建省闽南建筑工程有限公司	35	福建省泉州市东海建筑有限公司
6	中交一公局厦门工程有限公司	36	福建省恒基建设股份有限公司
7	福建省八方建筑工程有限公司	37	福建三建工程有限公司
8	福建省九龙建设集团有限公司	38	福建省隧道工程有限公司
9	福建省中马建设工程有限公司	39	厦门思总建设有限公司
10	恒晟集团有限公司	40	福建七建集团有限公司
11	福建省惠五建设工程有限公司	41	福建省华航建设工程有限公司
12	福建二建建设集团公司	42	福建路港（集团）有限公司
13	福建省惠东建筑工程有限公司	43	福建璟榕工程建设发展有限公司
14	福建省第五建筑工程公司	44	福建登凯成龙建设集团有限公司
15	福建九鼎建设集团有限公司	45	福州市一建建设股份有限公司
16	中铁十七局集团第六工程有限公司	46	福建巨岸建设工程有限公司
17	福建成森建设集团有限公司	47	福建环宇建筑集团有限公司
18	福建宏盛建设集团有限公司	48	福建路桥建设有限公司
19	宏峰集团（福建）有限公司	49	中铁二十二局集团第三工程有限公司
20	福建省第一建筑工程公司	50	厦门特房建设工程集团有限公司
21	福建省永泰建筑工程公司	51	福建省东风建筑工程有限公司
22	福建省安泰建筑工程有限公司	52	福建省南安市第一建设有限公司
23	葛洲坝集团第六工程有限公司	53	福州建工（集团）总公司
24	福建发展集团有限公司	54	恒亿集团有限公司
25	鑫泰建设集团有限公司	55	福州市第三建筑工程公司
26	福建地矿建设集团公司	56	福建省第一公路工程公司
27	福建省永富建设集团有限公司	57	福建四海建设有限公司
28	福建博业建设集团有限公司	58	福建省昌源建筑工程有限公司
29	中国水利水电第十六工程局有限公司	59	福建省榕源建设工程有限公司
30	福建卓越建设工程开发有限公司	60	福建省杭辉建设工程有限公司

位次	企业名称	位次	企业名称
61	福建省桃城建设工程有限公司	91	福建省惠三建设发展有限公司
62	福建省同源建设工程有限公司	92	福建省惠安房屋建造实业公司
63	福建省兴创建筑工程有限公司	93	莆田市飞阳建筑工程有限公司
64	福建省海天建设工程有限公司	94	福建省中大工程建设有限公司
65	福建省送变电工程公司	95	福建省邮电工程有限公司
66	福建省海坛隧道建设工程有限公司	96	莆田市建工投资集团有限公司
67	中标建设集团有限公司	97	福建联泰建设工程有限公司
68	厦门源昌城建集团有限公司	98	福建省高德工程建设有限公司
69	福建省工业设备安装有限公司	99	福建纵横建筑工程有限公司
70	福建宏晖市政工程有限公司	100	神州建设集团有限公司
71	福建省晓沃建设工程有限公司	101	中建（福建）建设有限公司
72	福建省融旗建设工程有限公司	102	福建十建建设有限公司
73	福建章诚隆建设工程有限公司	103	福建省高华建设工程有限公司
74	福建八建建筑工程有限公司	104	福建省交建集团工程有限公司
75	福建省荔隆建设工程有限公司	105	福建名城建工有限公司
76	福建省透堡建筑工程有限公司	106	厦门中宸集团有限公司
77	福建亨立建设集团有限公司	107	中国武夷实业股份有限公司
78	福建省吴航建筑工程有限公司	108	福州第七建筑工程有限公司
79	福建省惠建发建设工程有限公司	109	福建大舟建设集团有限公司
80	厦门市路桥机械有限公司	110	福建联谊建筑工程有限公司
81	华盛置业集团建设工程有限公司	111	福建恒盛建筑集团有限公司
82	福建联美建设集团有限公司	112	福建省土木建设实业有限公司
83	福建海峡金岸建设工程有限公司	113	福建省成业建设工程有限公司
84	厦门市建安集团有限公司	114	福建省来宝建设工程有限公司
85	福建省正泰建设工程有限公司	115	福建省中嘉建设有限公司
86	福建省涵城建设工程有限公司	116	福建惠丰建筑工程有限公司
87	福州铁建建筑有限公司	117	中泛建设集团有限公司
88	福建省长汀县第一建筑工程有限公司	118	福建省永太建设发展有限公司
89	福建省水利水电工程局有限公司	119	福建第二公路工程有限公司
90	福州亿力电力工程有限公司	120	福建普尔泰工程建设有限公司

6-7 续表 2 （2012 年）

位次	企业名称	位次	企业名称
121	福建省麒麟建设工程集团有限公司	151	福建南阳建筑工程有限公司
122	永同昌建设集团有限公司	152	福建省永泰县第三建筑工程公司
123	福建煤炭工业基本建设有限公司	153	福建士联建设有限公司
124	福建名筑实业集团有限公司	154	福建宏鼎项目管理有限公司
125	福建省利恒建设工程有限公司	155	厦门安能建设有限公司
126	福建华通路桥建设有限公司	156	福建省国泰建设有限公司
127	福建省八闽建设工程有限公司	157	泉州市亿民建设发展有限公司
128	厦门市吉兴集团建设有限公司	158	泉州市丰泽建筑工程有限公司
129	福建省高速公路养护工程有限公司	159	福建省东霖建设工程有限公司
130	福建省莆田市联发建筑工程有限公司	160	福建省华辉建设发展有限公司
131	福建兴艺建设集团有限公司	161	厦门辉煌装修工程有限公司
132	福建省闽清第一建筑工程公司	162	福建省中禹水利水电工程有限公司
133	福建省龙津建筑工程有限公司	163	福建勘察基础工程公司
134	福建兴万祥建设集团有限公司	164	厦门市政工程公司
135	福建省亿鑫建设有限公司	165	福建省华厦建设发展有限公司
136	福建省华荣建设集团有限公司	166	福建恒丰万骏建筑工程有限公司
137	福建省九建建筑工程有限公司	167	福建省闽西交通工程有限公司
138	福建方圆建设发展有限公司	168	福建省长乐市新纪建筑工程有限责任公司
139	福建联发建设工程有限公司	169	福建省琯头建筑工程有限公司
140	福建新纪建设集团有限公司	170	大成工程股份有限公司
141	福建省金通建设集团有限公司	171	福建新华夏建工有限公司
142	福建省安立信实业集团有限公司	172	福建龙舜建设工程有限公司
143	福建省惠一建设工程有限公司	173	福建福阳建筑工程有限公司
144	福建闽盛建设工程有限公司	174	福建建隆建筑工程有限公司
145	福建中森建设有限公司	175	福建省亿方建筑工程有限公司
146	龙岩市西安建筑工程有限公司	176	厦门开联装饰工程有限公司
147	福建金鼎建筑发展有限公司	177	福建蓝桥建设集团有限公司
148	福建恒声建设发展有限公司	178	福建星原建设工程发展有限公司
149	福建省浦口建筑工程有限公司	179	中闽建设有限公司
150	福建省正辉建设工程有限公司	180	福建省天闽建筑装饰有限公司

6-7 续表 3 （2012 年）

位次	企业名称	位次	企业名称
181	福建京源建设工程有限公司	211	福建省龙芝建筑工程有限公司
182	福建众诚建设工程有限公司	212	福建省燕城建设工程有限公司
183	福建省闽楚建设工程有限公司	213	福建恒富建设有限公司
184	福建融大建设工程有限公司	214	福建省顺安建筑工程有限公司
185	永安市华宇建设工程有限责任公司	215	福建益新建筑工程有限公司
186	福建城建建设有限公司	216	福建省城乡建设工程有限公司
187	福建中联建设工程有限公司	217	永安市海宇建设有限责任公司
188	福建省榕圣市政工程股份有限公司	218	福建三明市第一建设工程有限公司
189	福建省上杭县才溪建筑工程有限公司	219	厦门港务疏浚工程有限公司
190	福建省上杭县金山建设工程公司	220	福建大华鑫建设工程有限公司
191	福建省汀江水电工程有限公司	221	福建省盛威建设发展有限公司
192	福建省福圣建设发展有限公司	222	福建省凯信建设工程有限公司
193	三明市绿源工程建设有限公司	223	福建省东日工程有限公司
194	福建景翔建设工程有限公司	224	福建弘祥建设工程有限公司
195	福建省泰宁县金湖建设有限责任公司	225	福建福华建设工程有限公司
196	福建龙辉建设工程有限公司	226	福建创邦建筑工程有限公司
197	福建省友诚建设有限公司	227	福建省上杭县亿鑫钢业有限公司
198	福建省隆晟建设发展有限公司	228	厦门市广厦工程建设有限公司
199	福州晋丰市政工程有限公司	229	福建祥荣建设投资有限公司
200	福建恒泰建设工程有限责任公司	230	厦门南强建筑工程公司
201	福建益建建筑工程有限公司	231	福建省三明市阳光工程建设有限公司
202	福建中择建设有限公司	232	福建泰景建设有限公司
203	厦门纵横集团建设开发有限公司	233	福建利房桥建筑工程有限公司
204	厦门市环海华建设集团有限公司	234	福建省长龙建筑工程有限公司
205	厦门万安智能股份有限公司	235	厦门市同安区第一建筑工程公司
206	厦门地山建设发展集团有限公司	236	福建省金泉建设集团有限公司
207	福建省富茂建筑工程有限公司	237	福建元宏建筑工程有限公司
208	福建红建工程有限公司	238	福建省潮兴建设工程有限公司
209	福州联丰建筑装饰工程有限公司	239	福建省长鸿建筑工程有限公司
210	福建省力天建设发展有限公司	240	厦门市嘉颐建筑工程股份有限公司

6-7 续表 4　　（2012 年）

位次	企业名称	位次	企业名称
241	福建省上杭县宏庄建筑工程有限公司	271	厦门市安港港口疏浚工程有限公司
242	福建省永辉霞建设工程有限公司	272	福建恒超建筑工程有限公司
243	福建省南铝铝材工程有限公司	273	福建省百盛建设发展有限公司
244	福建省海泉建筑工程有限公司	274	福州亨源建设工程有限公司
245	福建省金正建设工程有限公司	275	福州电业工程有限公司
246	福清市一建建筑工程有限公司	276	福建省锦秋建筑工程有限公司
247	成信绿集成股份有限公司	277	厦门金腾装饰集团有限公司
248	福建省华远建设发展有限公司	278	福建省龙江建设有限公司
249	福建宏大建设工程有限公司	279	福建省鑫宇工程建设有限公司
250	福建永旺建设集团有限公司	280	福建天虹建设工程有限公司
251	福建凯辉建筑工程有限公司	281	福建省溪石建筑工程有限公司
252	福建省中晟建设投资有限公司	282	泉州亿兴电力工程建设有限公司
253	福建省新华都工程有限责任公司	283	福建市政建设有限公司
254	福建省邵武三建工程有限公司	284	福建祥瑞建设发展有限公司
255	福建旷宇建设工程有限公司	285	福建省鸿官通信工程有限公司
256	福建省安溪县砖文建筑工程有限公司	286	福建天翔建设工程有限公司
257	厦门电力工程集团有限公司	287	福建省港口工程有限公司
258	漳州诚安建设有限公司	288	福鼎市第三建筑工程有限公司
259	福建省冠林电子有限公司	289	三明市水利水电工程有限公司
260	厦门准信机电工程有限公司	290	福建华建工程建设有限公司
261	福建省永凯建筑工程有限公司	291	福建省闽鑫建设工程有限公司
262	福建省泉发建设工程有限公司	292	福建省鑫景建筑工程有限公司
263	福建共荣建筑装饰工程有限公司	293	兴锋盈（福建）集团有限公司
264	志品福州技术工程有限公司	294	厦门聚雄建设发展集团有限公司
265	福建省兴雅达装饰装修工程有限公司	295	福建省兴岩建设集团有限公司
266	福建省日晟建设工程有限公司	296	厦门市开建建设有限公司
267	厦门鲁班源屋营造有限公司	297	福建省泉州市第一建设有限公司
268	福建华星建设工程有限公司	298	龙岩市永顺路桥工程有限公司
269	福建九天建设工程有限公司	299	福建省五建装修装饰工程公司
270	福建省隆恩建设集团有限公司	300	福建辉腾建设工程有限公司

6-8 福建省主营业务收入前300家贸易企业

（2012年）

位次	企业名称	位次	企业名称
1	厦门建发股份有限公司	31	福州闽台茶业有限公司
2	中石化森美（福建）石油有限公司	32	厦门市嘉晟对外贸易有限公司
3	福建中烟工业有限责任公司	33	福建三钢国贸有限公司
4	厦门国贸集团股份有限公司	34	福建省烟草公司南平市公司
5	厦门信达股份有限公司	35	福建省烟草公司厦门烟草分公司
6	中国石油化工股份有限公司福建石油分公司	36	达芙妮投资（集团）有限公司
7	厦门象屿物流集团有限责任公司	37	福建省龙岩烟草分公司
8	福建省烟草公司泉州市公司	38	福建闽侯永辉商业有限公司
9	福建省烟草公司福州市公司	39	厦门市信达安贸易有限公司
10	福建炼油化工有限公司	40	厦门市中信隆进出口有限公司
11	中国石油天然气股份有限公司福建销售分公司	41	均和（厦门）商贸有限公司
12	中石化化工销售（福建）有限公司	42	厦门海翼厦工金属材料有限公司
13	永辉超市股份有限公司福建福州鼓楼分公司	43	厦门嘉联恒进出口有限公司
14	冠捷（福州保税区）贸易有限公司	44	中海石油气电集团有限责任公司福建贸易分公司
15	福建阳光集团有限公司	45	中国厦门国际经济技术合作公司
16	华信石油有限公司	46	福建山福国际能源有限责任公司
17	福建闽海石化有限公司	47	福建省烟草公司莆田市公司
18	中国铁路物资厦门钢铁有限公司	48	厦门夏商农产品集团有限公司
19	福建省烟草公司漳州分公司	49	福建省烟草公司宁德市公司
20	厦门安踏贸易有限公司	50	福州喜盈门实业有限公司
21	中国航油集团福建石油有限公司	51	厦门市明穗粮油贸易有限公司
22	厦门海翼国际贸易有限公司	52	鑫东森集团有限公司
23	龙工（中国）机械销售有限公司	53	龙岩鸿裕贸易有限公司
24	华电（厦门）能源有限公司	54	厦门华特集团有限公司
25	福建省烟草公司三明市公司	55	晋江市进出口有限公司
26	福建省石油化工集团联合营销有限公司	56	中国轻鑫工程厦门有限公司
27	福建汇丰物流有限公司	57	厦门七匹狼服装营销有限公司
28	厦门特步投资有限公司	58	中国石油天然气股份有限公司泉州销售分公司
29	福建国海燃料有限公司	59	福建新华发行（集团）有限责任公司
30	福建省福能电力燃料有限公司	60	晋江锦兴贸易有限公司

6-8 续表 1 （2012 年）

位次	企业名称	位次	企业名称
61	福建省电力物资有限公司	91	厦门路桥工程物资有限公司
62	福建七匹狼实业股份有限公司	92	厦门益电能源股份有限公司
63	厦门佳事通贸易有限公司	93	厦门青岛啤酒东南营销有限公司
64	福建新华都购物广场股份有限公司	94	福建省榕江进出口公司
65	福建图图儿童用品有限责任公司	95	大生（福建）农资有限公司
66	福建省三农碳酸钙有限责任公司	96	沃尔玛深国投百货有限公司福州山姆会员商店
67	中国石油天然气股份有限公司华南化工销售厦门分公司	97	厦门新立基有限公司
68	泉州新华都购物广场有限公司	98	福州民天实业有限公司
69	中国石化燃料油销售有限公司福建分公司	99	厦门大亮贸易有限公司
70	厦门海投经济贸易有限公司	100	厦门建发国际酒业集团有限公司
71	福建省福农农资集团有限公司	101	一丁集团股份有限公司
72	国投京闽（福建）工贸有限公司	102	福建南方建材发展有限公司
73	厦门欣华晨进出口有限公司	103	福建朝阳钢材市场有限公司
74	厦门育哲进出口有限公司	104	厦门兴海龙石油有限公司
75	福建省物资邵武储运贸易有限公司	105	海西商品交易所有限公司
76	中海石油福建新能源有限公司	106	中粮粮油厦门有限公司
77	厦门融银贸易有限公司	107	厦门恒兴集团有限公司
78	福建盛世欣兴格力贸易有限公司	108	莆田启峰木业有限公司
79	福建省商业（集团）有限责任公司	109	福建省物资（集团）有限责任公司
80	中国航空技术厦门有限公司	110	中国石油天然气股份有限公司福建省漳州销售分公司
81	中国抽纱福建进出口公司	111	福建省兴大进出口有限公司
82	阳光城集团股份有限公司	112	福建省化工建材有限公司
83	华信（福建）石油有限公司	113	泰地集团（厦门）石油有限公司
84	厦门市旺紫洲工贸有限公司	114	福州新华都综合百货有限公司
85	厦门华特沥青实业有限公司	115	福州麦多万嘉超市有限公司
86	中国石油天然气股份有限公司福建厦门销售分公司	116	厦门森宝集团有限公司
87	福建华信控股股份有限公司	117	厦门万翔网络商务有限公司
88	泉州市网商创业园区有限公司	118	国药控股福建有限公司
89	柒牌有限公司	119	中国卷烟销售公司厦门卷烟调拨站
90	福州华闽进出口有限公司	120	住重中骏（厦门）建机有限公司

6-8 续表 2 （2012 年）

位次	企业名称	位次	企业名称
121	厦门绿地能源有限公司	151	厦门港务贸易有限公司
122	福建华信能源进出口有限公司	152	厦门市荣鑫行化工有限公司
123	厦门中兵贸易有限公司	153	福建省储备粮管理有限公司
124	厦门锦厦科技有限公司	154	荣鑫盛（厦门）商贸有限公司
125	福州国美电器有限公司	155	鸿星尔克（厦门）投资管理有限公司
126	福建荣源钢铁有限公司	156	福建漳龙实业有限公司
127	厦门信和达电子有限公司	157	厦门市金信隆进出口有限公司
128	福建巨力活塞有限公司	158	晋江市大长江钢管贸易有限公司
129	厦门同歆贸易有限公司	159	福建福泰钢铁有限公司
130	福建闽钢实业发展有限公司	160	福建同春药业股份有限公司
131	福建华贸进出口有限责任公司	161	福州之星汽车贸易有限公司
132	厦门兆千集团有限公司	162	厦门宾捷汽车有限公司
133	福建中农农业生产资料有限公司	163	厦门厦工国际贸易有限公司
134	厦门航空开发股份有限公司	164	泉州恒义信贸易发展有限公司
135	福州中宝销售服务有限公司	165	厦门维多利商贸有限公司
136	福建九州通医药有限公司	166	厦门英南进出口有限公司
137	厦门成大进出口贸易有限公司	167	中纤联合石化有限公司
138	福建天成集团针棉毛织品进出口有限公司	168	厦门市中鹭达进出口有限公司
139	厦门大正贸易有限公司	169	鹭燕（福建）药业股份有限公司
140	福州轻工进出口有限公司	170	福建省饲料工业公司
141	厦门中宝汽车有限公司	171	厦门新五菱汽车销售有限公司
142	厦门空港航星汽车维修服务有限公司	172	福建省三明钢联有限责任公司
143	泉州五矿（集团）公司	173	福州开发区新电燃料有限公司
144	福建省旅游贸易公司	174	福州永力通汽车贸易有限公司
145	福州唐颂寿山石文化艺术传播有限公司	175	三和进出口贸易（三明）有限公司
146	福建协兴商贸有限公司	176	晋江特步贸易有限公司
147	福建津福贸易有限公司	177	厦门市诚丰瑞贸易有限公司
148	厦门市金华穗商贸有限责任公司	178	福建浩伦东方资源物产有限公司
149	泉州市泉港区爱德利贸易有限公司	179	厦门市天虹商场有限公司
150	福建苏闽石油有限公司	180	福建斯兰鑫福塑化贸易有限公司

6-8 续表 3　　（2012 年）

位次	企业名称	位次	企业名称
181	泉州福宝汽车销售服务有限公司	211	福建省晋江市福明鑫化建贸易有限公司
182	福建东百集团股份有限公司	212	福建新吉福企业有限公司
183	厦门海润进出口有限公司	213	厦门宇信兴业进出口贸易有限公司
184	福州建发汽车销售服务有限公司	214	晋江市深沪海上供油有限公司
185	吉油美（厦门）石油制品有限公司	215	福建藏天园艺术品工贸有限公司
186	福建省新世纪经贸发展有限公司	216	福建三木进口贸易有限公司
187	厦门华融实业有限公司	217	福建苏宁电器有限公司
188	福建省润通汽车销售服务有限责任公司	218	泉州鹏润国美电器有限公司
189	厦门建发象屿保税区贸易有限公司	219	隆鑫集团（福建）有限公司
190	福建省漳州市对外贸易有限责任公司	220	上为（福建）电子有限公司
191	厦门方实贸易有限公司	221	福建省南安市华龙石油有限公司
192	福建裕华石油化工有限公司	222	福建省三明市浩伦园艺植保有限公司
193	九牧王股份有限公司厦门分公司	223	福建天福茗茶销售有限公司
194	重庆新日日顺家电销售有限公司福州分公司	224	福建省农资集团厦门公司
195	石狮市龙整进出口贸易有限公司	225	厦门墩峰进出口有限公司
196	厦门嘉华进出口贸易有限公司	226	福州龙泽投资有限公司
197	泉州隆星汽车销售服务有限公司	227	厦门大邦通商汽车贸易有限公司
198	厦门漳龙进出口有限公司	228	厦门新日精工贸易有限公司
199	三明三木轻工贸易有限公司	229	福建省金属材料有限公司
200	福州建发实业有限公司	230	福建泉州市嘉晟供应链有限公司
201	福建凯西集团有限公司	231	厦门三峡国际贸易有限公司
202	厦门市海澳石油有限公司	232	厦门新华都购物广场有限公司
203	福建华夏汽车城发展有限公司	233	厦门市华东海石油仓储有限公司
204	三明市三元金属材料有限公司	234	福建省优拓贸易有限公司
205	福建中鹭医药有限公司	235	厦门兴荣国际物流有限公司
206	厦门瀚龙贸易有限公司	236	厦门展志投资有限公司
207	长乐国际机场航空油料有限责任公司	237	漳州市宏晖工贸有限公司
208	厦门华澄集团有限公司	238	厦门海澳石化仓储有限公司
209	中国石油天燃气股份有限公司福建龙岩销售分公司	239	福州常春药业有限公司
210	厦门新成功汽车贸易有限公司	240	厦门森那美信昌机器工程有限公司

6-8 续表 4　　(2012 年)

位次	企业名称	位次	企业名称
241	福建福日实业发展有限公司	271	厦门信达通宝汽车销售服务有限公司
242	厦门市信郝能源有限公司	272	沃尔玛深国投百货有限公司厦门世贸分店
243	厦门市亿辉贸易有限公司	273	福建省闽粮购销有限公司
244	福建省经贸发展有限公司	274	明一世代（福建）贸易有限公司
245	三明市永达物资贸易有限公司	275	天音通信有限公司厦门分公司
246	福建十景建材有限公司	276	福州中升丰田汽车销售有限公司
247	福州航源经贸有限公司	277	福建省远通能源发展有限公司
248	厦门市维域进出口有限公司	278	厦门鑫通贸易有限公司
249	福建恒安集团厦门商贸有限公司	279	泉州华奥汽车销售服务有限公司
250	晋江裕福集团有限公司	280	福州华百隆贸易有限公司
251	福州中城大洋百货有限公司	281	福建瑞鑫隆贸易有限公司
252	均达升（厦门）有色金属贸易有限公司	282	国澳（厦门）石化有限公司
253	福建省莆田富力进出口有限公司	283	厦门联信诚有限公司
254	福建中糖糖业发展有限公司	284	厦门夏商粮食发展有限公司
255	福建省泉州万国发展有限公司	285	福建省石狮市长江实业有限公司
256	福州展纳贸易有限公司	286	泉州市明轩进出口贸易有限公司
257	莆田市宏发钢材交易市场有限公司	287	厦门金华南进出口有限公司
258	鸿程控股集团有限公司	288	福建盈众汽车有限公司
259	福建远翔贸易有限公司	289	五矿钢铁厦门有限公司
260	厦门市嘉琳对外贸易有限公司	290	厦门中舜进出口有限公司
261	厦门宇达化纤有限公司	291	中国石油天然气股份有限公司福建莆田销售分公司
262	厦门市天润贸易有限公司	292	厦门国贸实业有限公司
263	福州玖玖丰田汽车销售服务有限公司	293	厦门明鑫达贸易发展有限公司
264	福建省亿炜贸易有限公司	294	福建省漳诏高速公路服务有限公司
265	金光纸业（厦门）有限公司	295	厦门宝达纺织有限公司
266	福建省家具进出口公司	296	普天中燃（厦门）石油制品有限公司
267	厦门宏仁医药有限公司	297	福建景信商贸有限公司
268	厦门市东之星汽车销售有限公司	298	福建省惠安县对外加工装配公司
269	厦门中马进出口有限公司	299	厦门海沧保税港区供应链
270	厦门鹏联工贸有限公司	300	厦门嘉鑫盛进出口有限公司

6-9 第十七批福建名牌产品名单

（2012 年）

序号	商标及产品名称	企业名称
1	AOC 牌液晶显示器	福建捷联电子有限公司
2	AOC 牌液晶电视	福建捷联电子有限公司
3	融绿+图形牌甜椒	福清市绿丰农业开发有限公司
4	绿叶美之源牌尖椒	福清市绿叶农业发展有限公司
5	圣叶+图形牌黄瓜	福清市圣禾现代农业有限公司
6	光华百特+图形牌生猪	福建光华农牧科技开发有限公司
7	绿百合牌脐橙 52	福建绿百合现代农业有限公司
8	大春牌蘑菇	闽侯县大春农科贸食用菌开发有限公司
9	康爱芝宝牌灵芝康葆胶囊	福建仙芝楼生物科技有限公司
10	康爱芝宝牌灵芝康葆粉剂	福建仙芝楼生物科技有限公司
11	图形牌对虾配合饲料	福建大昌生物科技实业有限公司
12	海马牌+图形牌水产配合饲料	福州海马饲料有限公司
13	光华百特+图形牌猪复合预混合饲料	福州光华百特饲料有限公司
14	福人+图形牌中密度纤维板	福建福人木业有限公司
15	福人+图形牌浸渍纸层压木质地板（强化木地板）	福建福人木业有限公司
16	誠豐、SHING FENG+图形牌办公家具（木制家具系列）	诚丰家具（中国）有限公司
17	闽森牌木制家具	福建闽森家具有限公司
18	新世景牌蝴蝶兰	福建新世景园艺有限公司
19	现龙+XIANLONG 牌水产加工品[盐渍海带结（丝）、深海小海带]	福建省连江县官坞海洋开发有限公司
20	多佰+dobo 牌食用植物油（大豆油）	福建康宏股份有限公司
21	元洪、石竹山、元洪+图形、石竹山牌+图形牌小麦粉（专用、通用）	元洪面粉食品（福建）有限公司
22	百洋牌速冻食品（速冻肉制品）	福州百洋海味食品有限公司
23	馥华+图形牌速冻食品[速冻其他食品（速冻肉制品）]	福建馥华食品有限公司
24	海旺+图形牌速冻食品（速冻鱼糜制品、速冻米面）	福建海壹食品饮料有限公司
25	福铭牌速冻食品（速冻烤鳗）	福建福铭食品有限公司

6-9 续表 1 （2012 年）

序号	商标及产品名称	企业名称
26	金富琳牌海鲜香酥鱼罐头	福州金富琳食品有限公司
27	大世界牌蜜饯（橄榄、梅、李）、果汁饮料	福州大世界橄榄有限公司
28	了不得牌速冻食品（鱼饺）	福州旭煌食品有限公司
29	统一、统一奶茶+图形牌饮料（茶饮料）	福州统一企业有限公司
30	图形+贝奇牌饮料（复合蔬果汁饮料）	贝奇（福建）食品有限公司
31	台福牌饮料（消消火凉茶）	福建省台福食品有限公司
32	崟露牌茶叶（乌龙茶、花茶、红茶）	福建敖峰闽榕茶业有限公司
33	满堂香+图形牌茶叶（绿茶、花茶、乌龙茶）	福建满堂香茶业股份有限公司
34	榕诚+图形牌味精	福建榕诚食品有限公司
35	新大泽牌螺旋藻	福清市新大泽螺旋藻有限公司
36	鸭嫂牌蛋制品（再制蛋类）（皮蛋）	福建鸭嫂食品有限公司
37	图形+金圈牌涤纶纱	福建省长乐市金鑫纺织有限公司
38	正隆牌涤棉纱	福建省长乐市正隆纺织有限公司
39	图形+翔隆、图形+XL 牌本色纱	福州翔隆纺织有限公司
40	图形+皓光牌粘胶纱	福建省长乐市长源纺织有限公司
41	图形+宝圈+BaoQuan 牌涤纶纱	福建经纬集团有限公司
42	图形+恒越牌涤粘纱	福建省长乐市恒源纺织有限公司
43	图形+宝圈牌涤纶本色纱	福建省长乐市金沙港针纺实业有限公司
44	图形+BaoLun、图形+宝纶牌涤纶长丝	福建省金纶高纤股份有限公司
45	力源、图形牌锦纶长丝	长乐力源锦纶实业有限公司
46	图形+JINGANG 牌涤纶牵伸丝	福建金港实业有限公司
47	佩吉+pageone 牌运动休闲服	福建福田服装集团有限公司
48	图形+东龙牌花边	福建东龙针纺有限公司
49	图形+永丰牌花边面料	福建永丰针纺有限公司
50	图形+欣美牌花边面料	福建省长乐市欣美针纺有限公司

6-9 续表 2 （2012 年）

序号	商标及产品名称	企业名称
51	友日久+图形牌 BOPP 封箱胶带	福建友谊胶粘带集团有限公司
52	福融辉+图形牌聚丙烯薄膜（bopp）（纸张复合膜、胶带基膜）	福融辉实业（福建）有限公司
53	图形+HARP BIRD+浩福、图形+HARP BIRD 牌塑料拖鞋	福州叶下塑革有限公司
54	图形+飛羽牌 PE 拖鞋	福建德艺集团股份有限公司
55	荣星+RONGXING+图形牌塑料鞋	福州荣利鞋业有限公司
56	茶花+cha hua 牌塑料餐厅用具	福建茶花家居塑料用品有限公司
57	HARMONY+哈曼尼牌钢琴	福州和声钢琴有限公司
58	华鹰+图形牌万向脚轮	福州华鹰塑胶模具有限公司
59	GOODSUN+金日牌内外墙乳胶漆	福州金日涂料有限公司
60	建华+图形牌先张法预应力混凝土管桩	福建建华管桩有限公司
61	大地管桩+图形牌先张法预应力混凝土管桩	福建省大地管桩有限公司
62	厚德+HOUDE+图形牌蒸压加气混凝土砌块	福建厚德建材有限公司
63	精藝瓷+图形牌仿古砖	福建省闽清豪业陶瓷有限公司
64	凯佳丽+图形陶牌瓷砖	福建省闽清金陶瓷业有限公司
65	华尔顿+图形陶牌瓷砖	福建省闽清三得利陶瓷有限公司
66	依丽斯牌陶瓷砖	福建省闽清新东方陶瓷有限公司
67	亚通+图形牌门、窗用未增塑聚氯乙烯（PVC-U）型材	福建亚太建材有限公司
68	轩龙+图形牌塑料管材管件	福建祥龙塑胶有限公司
69	融鹰+图形牌塑料管材管件	福建融音塑业科技有限公司
70	瑞闽+图形牌铝及铝合金板带材	中铝瑞闽铝板带有限公司
71	图形牌铝板（卷）铝箔	南方铝业（中国）有限公司
72	图形牌钢筋混凝土用热轧钢筋	福建三金钢铁有限公司
73	吴钢+WUGANG、图形牌不锈钢热轧钢带	福建吴航不锈钢制品有限公司
74	Yoseng 牌槽钢	福建省长乐市永盛金属制品有限公司
75	广厦金龙+图形牌直缝电焊钢管	福州开发区宇辉钢铁制品有限公司

6-9 续表 3 （2012 年）

序号	商标及产品名称	企业名称
76	图形牌三片罐	福州德通金属容器有限公司
77	图形牌彩色印铁	福州德通金属容器有限公司
78	龙固牌铝合金门窗	福清市龙港金属制品有限公司
79	SNOWKEY 牌制冰机	福建雪人股份有限公司
80	海源机械牌 HP 陶瓷砖自动液压机	福建海源自动化机械股份有限公司
81	唐力牌 T 系列柴油发电机组	福建唐力电力设备有限公司
82	常春宇创、图形牌半挂车	福建常春专用车制造有限公司
83	图形+金飞鱼+GOLDEN FLYING FISH 牌内燃机（单缸柴油机）	福州金飞鱼柴油机有限公司
84	闽岳+图形牌皮带轮	福州闽岳机电有限公司
85	图形牌 KYN28A-12 户内交流金属铠装移出式开关设备	福建中能电气股份有限公司
86	图形牌预装式变电站	福建中能电气股份有限公司
87	辉阳牌额定电压 450V/750V 及以下聚氯乙烯绝缘电线、电缆	福州永通电线电缆有限公司
88	epos 牌支付终端	福建星网锐捷通讯股份有限公司
89	升腾牌 E 动终端	福建星网锐捷通讯股份有限公司
90	升腾牌网络计算机	福建星网锐捷通讯股份有限公司
91	升腾牌智能集成产品（IC 卡、键盘）	福建星网锐捷通讯股份有限公司
92	日立、HITACHI 牌液晶投影仪	日立数字映像（中国）有限公司
93	实达+图形牌票证打印机（针式）	福建实达电脑设备有限公司
94	新大陆牌有线数字电视机顶盒	福建新大陆通信科技股份有限公司
95	新大陆、NEWLAND、图形牌集成电路卡及集成电路卡读写机（金融终端）	福建新大陆电脑股份有限公司
96	歌航+gehang 牌车载智能信息系统	福州思迈特数码科技有限公司
97	新大陆+NEWLAND+图形牌电子收银秤（智能溯源秤）	福建新大陆电脑股份有限公司
98	梅生牌 MSD-Ⅲ微焦点牙科 X 射线机	福建梅生医疗科技股份有限公司
99	CASTECH 福晶科技牌激光与非线性光学晶体元器件	福建福晶科技股份有限公司

6-9 续表 4 （2012 年）

序号	商标及产品名称	企业名称
100	永德吉、YDJ Light 牌普通照明用自镇流荧光灯	福建永德吉灯业股份有限公司
101	蕾思帝牌 LED 灯	福建鸿博光电科技有限公司
102	图形+锐捷网络牌锐捷路由器操作系统	福建星网锐捷网络有限公司
103	图形+榕基牌 RJ-DIS 榕基数字档案全文信息管理系统	福建榕基软件股份有限公司
104	图形+榕基牌 RJ-CMS 榕基内容管理系统	福建榕基软件股份有限公司
105	图形+榕基牌 RJ-WISP 榕基无线信息服务平台	福建榕基软件股份有限公司
106	福昕牌福昕 PDF 电子文档处理套件（Foxit PDF Phantom）	福州福昕软件开发有限公司
107	LANDI 牌电话 POS 应用软件	福建联迪商用设备有限公司
108	LANDI 牌 POS 银行卡零售电子支付软件	福建联迪商用设备有限公司
109	三奥牌数字播控系统	福建省三奥信息科技股份有限公司
110	NEW DOONE 牌网上客户服务中心系统	福建新东网科技有限公司
111	FG+峰记牌贵金属镶嵌饰品	福建峰记珠宝首饰有限公司
112	嘉威+图形牌电子按摩器	福州嘉威电子有限公司
113	尚族工坊牌木质家具	福州新兴家居用品有限公司
114	三奥牌媒体资产管理系统	福建省三奥信息科技股份有限公司
115	福鋭思牌药品（器械）电子追踪监管平台	福建锐思软件开发有限公司
116	图形+新时覗+XSX 牌胡萝卜	厦门新时鲜食品有限公司
117	图形+黄金香牌猪肉（农产品）	厦门夏商黄金香食品有限公司
118	图形+如意情牌梅子	如意情集团股份有限公司
119	图形+金达威+KINGDOMWAY 牌饲料添加剂（维生素）	厦门金达威集团股份有限公司
120	图形+正大牌畜禽饲料	厦门正大农牧有限公司
121	图形+银祥牌水产饲料	厦门银祥集团有限公司
122	图形+金牌橱柜牌整体厨柜	厦门金牌厨柜股份有限公司
123	图形+喜梦宝牌松木家具	厦门喜盈门家具制品有限公司

6-9 续表 5 （2012 年）

序号	商标及产品名称	企业名称
124	图形+盛州+shengzhou 牌食用植物油	厦门中盛粮油集团有限公司
125	图形+好年东牌大米	厦门好年东米业有限公司
126	图形+兴盛牌挂面（普通挂面、花色挂面）	厦门兴盛食品有限公司
127	谷粒谷力牌饮料（其他饮料类）	厦门惠尔康食品有限公司
128	图形+华祥苑+EMPEREUR 牌茶叶（乌龙茶）	华祥苑茶业股份有限公司
129	图形+绿帝牌蔬菜制品[食用菌制品（干制食用菌）]	厦门嘉祺贸易有限公司
130	图形+窑之星 K-STAR+三维丝牌聚酰亚胺复合滤料	厦门三维丝环保股份有限公司
131	图形+东纶+DongLun 牌化纤坯布	厦门东纶股份有限公司
132	图形+鷺寶+LUBAO 牌锦纶长丝	厦门东纶股份有限公司
133	图形+万杰隆+WanJieLong 牌运动休闲服	厦门万杰隆集团有限公司
134	图形+亿同新+ALLPACK 牌包装印刷产品	厦门亿同新投资集团有限公司
135	安妮牌复印纸	厦门安妮股份有限公司
136	图形+吉宏牌包装盒	厦门吉宏包装科技股份有限公司
137	图形+INTEX 牌空气床及其配件	明达实业（厦门）有限公司
138	图形+INTEX 牌移动泳池及其配件	明达实业（厦门）有限公司
139	图形+聚富牌拉伸缠绕膜	厦门聚富塑胶制品有限公司
140	图形+悠度+YODU+PICNIC SOURCE 牌野餐包袋	厦门恒好旅游用品有限公司
141	蓝色沸點+BULE POINT 牌眼镜	来明工业（厦门）有限公司
142	新泰阳+Newsun 牌儿童玩具	厦门新泰阳网络科技有限公司
143	图形+正新牌自行车轮胎	厦门正新橡胶工业有限公司
144	正新牌丁基胶内胎	厦门正新实业有限公司
145	图形牌轮胎气门嘴	厦门厦晖橡胶金属工业有限公司
146	FKT 牌轴承	奥新（厦门）轴承有限公司
147	图形+科之杰牌混凝土添加剂	福建科之杰新材料有限公司

序号	商标及产品名称	企业名称
148	美易+MIE 牌预拌商品混凝土	厦门美益建材有限公司
149	图形+高时+BESTCHEER 牌装饰石材	高时（厦门）石业有限公司
150	图形+南亚+NAN YA 牌塑料管材、管件	南亚塑胶工业（厦门）有限公司
151	SOLUX 牌花洒淋浴器	厦门松霖科技有限公司
152	R&T+瑞尔特牌水箱及配件	厦门瑞尔特卫浴科技股份有限公司
153	WDI 牌水箱配件	厦门威迪亚科技有限公司
154	WDI 牌马桶盖板	厦门威迪亚科技有限公司
155	图形+PPI 牌水龙头	鹏威（厦门）工业有限公司
156	图形+金鹭牌 AB5 贮氢合金粉	厦门钨业股份有限公司
157	新长城+NCC 牌金属建筑构件	厦门新长诚钢构工程有限公司
158	金旅牌客车	厦门金龙旅行车有限公司
159	图形+厦船重工牌 4900PCTC 滚装船	厦门船舶重工股份有限公司
160	捷豹+JAGUAR 牌空气压缩机	厦门东亚机械有限公司
161	IHISCE 牌挖掘机	石川岛中骏（厦门）建机有限公司
162	图形牌制冷设备（汽车用空调器）	厦门金龙汽车空调有限公司
163	康柏机械+KANGBO+Kangbo Machinery 牌施工升降机	厦门康柏机械集团有限公司
164	图形牌海狮白车身	厦门金龙汽车车身有限公司
165	图形+SENTEC 牌活性碳罐	厦门信源环保科技有限公司
166	图形牌钢圈	厦门日上车轮集团股份有限公司
167	图形+meichi 牌客车车身配件	厦门美驰汽配工业有限公司
168	图形+士林電機+Shihlin+Shihlin Elcetric 牌低压电器	厦门士林电机有限公司
169	图形+闽发+MINFA 牌高低压成套开关设备	厦门闽光电气实业有限公司
170	SIERT 牌机器人系统	厦门思尔特机器人系统有限公司
171	Motic 牌显微镜	麦克奥迪实业集团有限公司

6-9 续表 7　　（2012年）

序号	商标及产品名称	企业名称
172	图形+顶尖牌收款机	厦门顶尖电子有限公司
173	图形牌 LED 芯片	厦门市三安光电科技有限公司
174	乾照+CHANGELIGHT 牌四元系 LED 芯片	厦门乾照光电股份有限公司
175	图形+华联牌 HRM 系列红外遥控接收放大器	厦门华联电子有限公司
176	图形 TAC 偏振镜片	来奇偏光科技（中国）股份有限公司
177	图形牌 LED 路灯	厦门兴恒隆照明科技有限公司
178	图形牌基于 SOA 的全民医保 IDT 平台（软件产品）	易联众信息技术股份有限公司
179	图形牌企业邮箱（软件产品）	厦门三五互联科技股份有限公司
180	图形牌小游戏（软件产品）	四三九九网络股份有限公司
181	南方科宇牌医药管理系统（GSP 系统）（软件产品）	厦门市南方科宇科技有限公司
182	图形+金鹭牌首饰	厦门市金鹭首饰有限公司
183	金桥牌卷烟	厦门烟草工业有限责任公司
184	RICHGARDEN+图形牌大葱	漳浦县丰收园果菜有限公司
185	进丰牌新鲜蔬菜（大葱）	漳浦县进丰冷冻食品有限公司
186	金山+图形牌枇杷	云霄县金山农业生态园有限公司
187	南野际牌杏鲍菇	南靖县世野食用菌有限责任公司
188	图形牌速冻食品（黄秋葵）	福建省福龙冷冻食品有限公司
189	图形牌速冻食品（甜豌豆）	漳州振发食品有限公司
190	龙贤牌速冻食品（速冻青葱）	龙海龙贤果蔬速冻食品有限公司
191	虎伯寮+图形牌金线莲	福建省荆龙生物科技有限公司
192	DBN+图形牌猪配合饲料	漳州大北农农牧科技有限公司
193	美佳+MEIJIA+图形牌人造板（中密度纤维板）	龙海市美佳人造板木业有限公司
194	X. M. B 牌松木床	漳州喜盈门家具制品有限公司
195	图形牌速冻水产品（虾）	福建省诏安县海利水产有限公司

6-9 续表 8　　（2012 年）

序号	商标及产品名称	企业名称
196	洋乐贝+图形牌速冻水产品（冻巴菲蛤肉）	福建省丰盛食品有限公司
197	盈丰+图形牌速冻水产品（冻罗非鱼片）	漳州泉丰食品开发有限公司
198	陵海东亚+图形牌速冻水产品（墨鱼）	东山县东亚水产有限公司
199	美丽家香+图形牌鲜活鲍鱼	漳州市美丽家香食品有限公司
200	图形牌速冻水产品（斑节对虾）	东山县东协成水产食品有限公司
201	格林氏+GREENS 牌速冻水产品（冻罗非鱼片）	龙海市格林水产食品有限公司
202	新合发+XINHEFA+图形牌速冻水产品（海水鱼）	东山新合发食品有限公司
203	DS.XF+图形牌速冻水产品（章鱼）	东山新福水产加工有限公司
204	厨师+图形牌肉制品	厨师食品股份有限公司
205	图形牌速冻食品（冷藏巴氏灭菌蟹肉）	漳州泉丰食品开发有限公司
206	图形牌速冻食品（冻蟹肉）	东山融丰食品有限公司
207	Q-three+图形牌罐头（果蔬罐头）	漳州市港昌工贸有限公司
208	龙虎+LONGHU+图形牌罐头（蘑菇罐头）	龙海市永利来食品有限公司
209	同发+TONGFA+图形牌罐头（鱼罐头）	漳州市同发食品工业有限公司
210	海新+图形牌饼干	福建省海新食品有限公司
211	精益珍+图形牌糕点（沙琪玛）	精益珍食品（漳州）有限公司
212	鹅仙+EXIAN 牌饼干	奇客食品有限责任公司
213	金峰牌饼干	漳州市金峰食品工业有限公司
214	盈丰+图形牌蜜饯（糖水姜、干糖姜）	福建盈丰食品集团有限公司
215	SINGSHUA+图形牌速冻食品（速冻包子）	信华食品（漳州）有限公司
216	伊依 YIYI、图形牌速冻食品（速冻米面食品生制品）	美龙（福建）冷冻食品有限公司
217	庆威+图形牌方便食品（方便面）	福建永得利食品有限公司
218	土楼红美人牌茶叶（红茶）	福建闽星集团汇全茶业开发有限公司
219	白玉兰+BAI YU LAN+图形牌糖（白砂糖）	福建糖业股份有限公司

6-9 续表 9　　（2012 年）

序号	商标及产品名称	企业名称
220	AnAn 牌 Pu 合成革	安安（中国）有限公司
221	今冠+图形牌食用塑料包装（包装用聚乙烯吹塑薄膜）	金冠（龙海）塑料包装有限公司
222	嘉俊+JIAJUN 牌钢管家具	福建永嘉家具有限公司
223	图形牌钢管家具	漳州市新嘉华家具有限公司
224	东荣+图形牌钢管家具	漳州东荣工贸有限公司
225	亚邦+图形牌不饱和聚酯树脂	漳州亚邦化学有限公司
226	双赢+图形牌复合肥料（复合肥料高浓度）	福建双赢集团有限公司
227	多棱+图形牌棱角钢砂	多棱新材料股份有限公司
228	图形牌钢结构	福建鑫晟钢业有限公司
229	农丰牌汽油中耕管理机	漳州南冠文丰农业机械有限公司
230	图形牌喷水器	漳州仂元工业有限公司
231	正兴牌车轮	正兴车轮集团有限公司
232	戴安娜+图形牌电磁炉茶盘	福建亿龙实业集团有限公司
233	YOKU 牌锂离子聚合物电池	优科能源（漳州）有限公司
234	COMTEX 牌石英钟表	漳州市恒丽电子有限公司
235	Time2U 牌石英手表	漳州宏源表业有限公司
236	天极星+WEESHI 牌石英钟	漳州市新威士钟表有限公司
237	海德信+图形牌电子节能灯	福建立达信集团有限公司
238	富顺达、图形牌 LED 显示屏	福建富顺电子有限公司
239	TECNON 牌商业照明灯具（固定式）	太龙（漳州）照明工业有限公司
240	BENEX 牌 LED 节能灯	漳浦桂宏工业有限公司
241	图形牌速冻食品（速冻蔬菜）	漳州瑞锋果蔬有限公司
242	Malata 牌电磁炉	漳州万利达生活电器有限公司
243	HONGHU+图形牌番石榴	晋江鸿盛果蔬综合特色农产品有限公司

6-9 续表 10 （2012 年）

序号	商标及产品名称	企业名称
244	丰苑+FENG YUAN+图形牌饲料用大豆粕	泉州福海粮油工业有限公司
245	图形+JUFENG 牌柚木桌子	福建安溪聚丰工艺品有限公司
246	图形牌砧板	福建冠林竹木家用品有限公司
247	亲亲+Qinqin+图形牌、亲亲+K+图形牌膨化产品	福建亲亲股份有限公司
248	咪咪牌糕点（油炸休闲小食品）	福建福马食品集团有限公司
249	亲亲+Qinqin+图形牌、亲亲+K+图形牌果冻	福建亲亲股份有限公司
250	雅客+yake+图形牌糖果	福建雅客食品有限公司
251	阿尔卑斯+AERBEISI 牌水晶冻	福建天线宝宝食品股份有限公司
252	达利园+图形牌茶饮料	福建达利食品集团有限公司
253	图形+三和牌茶叶（铁观音）	泉州盛世三和茶业有限公司
254	图形+GUANG HE+冠和牌茶叶（铁观音）	福建省安溪县冠和茶业有限公司
255	图形+耕耘牌茶叶（铁观音）	福建省安溪县兴溪茶业有限责任公司
256	桃星+TX+图形牌永春老醋	福建省永春金春酿造有限公司
257	桃溪+图形牌永春老醋	永春县永春老醋有限责任公司
258	福泉春+图形牌永春老醋	福建泉州市福泉春食品有限公司
259	COSTIN+图形牌非织造布	福建鑫华股份有限公司
260	东泉+DONGQUAN+图形牌无纺布	泉州市东翔化工轻纺有限公司
261	兴泰+XINGTAI+图形牌无纺布	晋江市兴泰无纺制品有限公司
262	图形牌非织造复合材料	石狮特斯无纺布制衣有限公司
263	XTEP、特步、X 牌休闲运动服	特步（中国）有限公司
264	LILANZ+利郎牌休闲服	利郎（中国）有限公司
265	嗒嘀嗒+DADIDA+图形牌童装	泉州格林服装有限公司
266	九牧王、JOEONE+图形、图形牌休闲裤	九牧王股份有限公司
267	九牧王、JOEONE+图形、图形牌西裤	九牧王股份有限公司

6-9 续表 11　　　　（2012 年）

序号	商标及产品名称	企业名称
268	帝+Di 牌茄克衫	石狮市大帝集团有限公司
269	LILANZ+利郎牌西服	利郎（中国）有限公司
270	帝+Di 牌 T 恤衫	石狮市大帝集团有限公司
271	贵人鸟牌休闲运动服	贵人鸟股份有限公司
272	虎都+FORDOO+图形牌西裤	虎都（中国）男装有限公司
273	361° 牌针织运动服	三六一度（福建）体育用品有限公司
274	万姿曼+图形、赛丹+Saidan 牌毛衫	福建南安市万家美针织有限公司
275	GAIQI 牌针织 T 恤衫	盖奇（中国）织染服饰有限公司
276	虎都+FORDOO+图形牌西装	虎都（中国）男装有限公司
277	虎都+FORDOO+图形牌休闲裤	虎都（中国）男装有限公司
278	格来德、GREAT 牌棉针织内衣	福建格来德服饰实业有限公司
279	虎都+FORDOO+图形牌茄克衫	虎都（中国）男装有限公司
280	虎都+FORDOO+图形牌 T 恤衫	虎都（中国）男装有限公司
281	旗牌王+KIPONE+图形牌牛仔休闲服装	旗牌王（中国）纺织服饰有限公司
282	Yebao+图形牌童装	福建野豹儿童用品有限公司
283	ZHOUZHI+图形牌休闲裤	石狮市利美斯制衣有限公司
284	来莎来酷+LYSA&LYCO 牌棉针织内衣	福建省晋江市深沪达丽服装针织有限公司
285	Jhnsj 牌棉服装	晋江市天益服饰织造有限公司
286	东方骆驼+EASTERN CAMEL 牌休闲服	东方骆驼制衣织造（中国）有限公司
287	圣吉奥+S.JIAO 1889 +图形、Waixinghu+图形牌休闲裤	泉州市圣吉奥服饰实业有限公司
288	图形+七彩狐+QICAIHU 牌泳装	晋江市七彩狐服装织造有限公司
289	美奈儿+Meinaier 牌内衣	泉州罡晟服装有限公司
290	亚洲豹、图形牌针织服装	亚洲豹（中国）有限公司
291	喜盈盈、图形牌童装	喜盈盈（福建）服饰织造有限公司
292	CoolDry 牌针织面料	泉州海天材料科技股份有限公司

6-9 续表 12 （2012 年）

序号	商标及产品名称	企业名称
293	虎马+图形牌针织网布	福建省晋江市华宇织造有限公司
294	图形牌涤纶布	晋江连捷纺织印染实业有限公司
295	维林森+WINSUNSPORTS+图形牌针织布	泉州维林森体育用品有限公司
296	永固+YONGGU+图形牌涂层面料	晋江市永固纺织涂层有限公司
297	图形牌涤纶牛津布	福建百川资源再生科技有限公司
298	天辉+TIANHUI 牌化纤面料	福建天辉织造有限公司
299	图形+TX 牌防伪镭射定位卡纸	福建泰兴特纸有限公司
300	文松+WENSONG+图形牌瓦楞纸箱	福建省文松彩印有限公司
301	奇酷+图形牌婴儿纸尿裤	美佳爽（福建）卫生用品有限公司
302	图形牌纸箱	福建省德化县佳美彩印有限公司
303	雨中鸟+yuzhongniao+图形牌晴雨伞	雨中鸟（福建）户外用品有限公司
304	梅花+图形晴牌雨伞	梅花伞业股份有限公司
305	集成+jicheng+图形牌晴雨伞	晋江集成轻工有限公司
306	袋狼+图形牌晴雨伞	华厦雨具（晋江）有限公司
307	源丰+YUANFENG+图形牌晴雨伞	晋江源丰雨具有限公司
308	季节风+MONSOON+图形牌晴雨伞	晋江市佳乐美洋伞有限公司
309	图形、Meiyang、梅洋牌超薄注塑成型密封聚丙烯食品容器	泉州梅洋塑胶五金制品有限公司
310	图形+广福牌复合食品包装袋	福建省安溪广福包装有限公司
311	中意+ZHONGYI+图形牌药用 PE 塑料瓶	福建省中意药用包装有限公司
312	乔丹、图形牌旅游鞋	乔丹体育股份有限公司
313	足友牌童鞋	福建省足友体育用品有限公司
314	图形牌旅游休闲鞋底	泰亚鞋业股份有限公司
315	南华龙+NanHuaLong+图形牌童鞋	福建南安市南华鞋业有限公司
316	鸿星尔克+图形牌旅游鞋	福建鸿星尔克体育用品有限公司
317	KPP+图形牌旅游休闲鞋底	茂泰（福建）鞋材有限公司

6-9 续表 13　　　　　　　　　　　　　　（2012 年）

序号	商标及产品名称	企业名称
318	木林森+mulinsen 牌休闲鞋	福建石狮市福盛鞋业有限公司
319	德尔惠、图形牌运动鞋	德尔惠（中国）有限公司
320	野力牌运动鞋	野力体育（中国）有限公司
321	贵人鸟+图形、图形牌旅游鞋	贵人鸟股份有限公司
322	361° 牌旅游鞋	三六一度（福建）体育用品有限公司
323	迪迪鸟+DiDiNiao 牌旅游鞋	福建欧美龙体育用品有限公司
324	沃登卡牌休闲运动鞋	福建鸿星沃登卡集团有限公司
325	卡西龙牌旅游鞋	晋江市金威体育用品有限公司
326	八哥、bage+图形牌旅游鞋	福建省泉州市八哥运动休闲用品有限公司
327	正大+ZHD+图形牌 EVA 外底	福建正大集团有限公司
328	LKD 牌休闲鞋	泉州嘉庆轻工有限公司
329	图形、永高人牌童鞋	泉州市永高体育用品有限公司
330	冠达星+Gudxon+图形牌携带式组合衣柜	冠达星（福建）有限公司
331	图形牌金属家具	安溪县英发家具装饰有限公司
332	冠福+图形、华鹏+图形牌日用陶瓷	福建冠福现代家用股份有限公司
333	图形牌德化白瓷（日用陶瓷）	福建省德化县成艺陶瓷有限公司
334	图形牌德化白瓷（日用陶瓷）	福建德化新耀华瓷业有限公司
335	图形牌德化白瓷（日用陶瓷）	德化县万盛陶瓷有限公司
336	兴业+XINGYE+图形、兴业皮革+XINGYE LEATHER+图形牌牛头层皮	兴业皮革科技股份有限公司
337	达派、Dapai、图形牌旅行箱包	达派（中国）箱包有限公司
338	峰安+FENGAN+图形牌牛软皮	峰安皮业股份有限公司
339	隆上+LONGSHANG、LONGSHANG+图形牌超细纤维合成革	福建隆上超纤有限公司
340	可利达+KELIDA+图形牌仿皮革	福建可利得皮革纤维有限公司
341	KAM 牌塑料配件	福建省石狮市华联服装配件企业有限公司
342	901+图形牌汽车制动液	福建莱克石化有限公司

6-9 续表 14　　　　　　　　　　　　(2012 年)

序号	商标及产品名称	企业名称
343	协盛+XIE SHENG+图形牌陶瓷砖	福建省晋江协隆陶瓷有限公司
344	协进、XIEJIN 牌陶瓷砖	南安协进建材有限公司
345	恒达瓷砖+HENGDA TILE+图形牌干压陶瓷砖	晋江恒达陶瓷有限公司
346	国星+guoxing+图形牌陶瓷砖	晋江市品质陶瓷建材有限公司
347	图形牌陶瓷砖	福建晋江市祥达陶瓷有限公司
348	荣达+rong da+图形牌陶瓷墙地砖	泉州荣达陶瓷有限公司
349	东升+S+图形牌天然大理石板材	福建省东升石业股份有限公司
350	康利+图形牌天然花岗石建筑板材	南安市水头康利石材有限公司
351	磊艺+LEI YI+图形牌建筑石材	福建省奇达利集团有限责任公司
352	鹏翔岗石+PRECIOUS GRANIT、图形牌人造石	福建鹏翔实业有限公司
353	marmocer 牌大理石复合板	福建南安市新东源石业有限公司
354	佶龙、JILONG+图形牌圆网印花机	福建省晋江市佶龙机械工业有限公司
355	罗威+luoweiI 牌空气压缩机	力达（中国）机电有限公司
356	图形牌小包透明纸自动控制输送装置	福建烟草机械有限公司
357	科盛+图形牌任意组合自动叠层套膜封口收缩包装机	泉州市科盛包装机械有限公司
358	图形牌圆型纬编机	福建泉州凹凸精密机械有限公司
359	盛达+SHENGDA+图形牌切石机	福建省晋江市盛达机器有限公司
360	中德顺+ZHONGDESHUN+图形牌叉车平衡重铸件	晋江市中德顺机械有限公司
361	亿兴电力牌高低压开关柜	泉州亿兴电力有限公司
362	图形牌高低压开关成套设备	福建省晋江市开关厂
363	RZH+图形牌配电柜	蓉中电气设备有限公司
364	澤仕通科技+图形牌微波直放站	泉州泽仕通科技有限公司
365	共荣+GONGRONG+图形牌石雕工艺品	福建共荣石业有限公司
366	A、SUNTON+图形牌陈设用树脂工艺品	泉州顺通艺品有限公司
367	腾飞石业+TENGFEI STONE+图形牌石雕工艺品	福建腾飞园林古建筑有限公司

6-9 续表 15　　（2012 年）

序号	商标及产品名称	企业名称
368	舒华+SHUA+图形牌电动跑步机	舒华（中国）有限公司
369	闽强+图形牌西芹	莆田市华林蔬菜基地有限公司
370	闽强+图形牌结球甘蓝	莆田市华林蔬菜基地有限公司
371	天兰+图形牌花椰菜	福建天兰农业综合开发有限公司
372	图形牌黄瓜	福建省莆田新美食品有限公司
373	新美+图形牌牌甜玉米	福建省莆田新美食品有限公司
374	亿生牌二元（LY、YL）牌母种猪	福建省亿生农业开发有限公司
375	萩芦+图形牌枇杷	莆田市涵江区秋泗名优果树基地开发有限公司
376	兴泰牌芦柑	福建省仙游县兴泰果园
377	冠源+图形牌水产配合饲料	福建正源饲料有限公司
378	“9368”+图形牌禽畜配合饲料	莆田市康华饲料有限公司
379	闽泰宝+图形牌禽畜配合饲料	莆田市华兴饲料有限公司
380	三福古典牌古典工艺家具	福建省三福古典家具有限公司
381	洪英工艺牌古典工艺家具	仙游县洪英工艺有限公司
382	御雕牌古典工艺家具	仙游县龙威工艺有限公司
383	协立+图形牌古典工艺家具	仙游县协立古典家具有限公司
384	飞鸿家都牌古典工艺家具	仙游县坝下飞鸿古典家具有限公司
385	坝下明珠牌古典工艺家具	仙游县坝下明珠古典家具有限公司
386	贡品轩牌古典工艺家具	福建省仙游县贡品轩古典家俱有限公司
387	龙禧牌古典工艺家具	福建省龙禧艺苑古典家具有限公司
388	怀古+图形牌古典工艺家具	福建省仙游怀古木业有限公司
389	上品橡+图形牌古典工艺家具	福建省上品橡家居有限公司
390	正大明艺牌古典工艺家具	仙游县正大明艺家俬有限公司
391	皇木御林+图形牌古典工艺家具	福建省仙游县皇木御林有限公司
392	坝下福森+图形牌古典工艺家具	莆田市福森古典家具实业有限公司

6-9 续表 16　　　　（2012 年）

序号	商标及产品名称	企业名称
393	辉煌仙藝牌古典工艺家具	仙游县辉煌仙艺古典工艺家具有限公司
394	四君子牌古典工艺家具	莆田市四君子古典家具有限公司
395	铭华牌古典工艺家具	仙游县铭华古典家俱有限公司
396	一品红牌古典工艺家具	仙游县榜头坝下一品红古典家居有限公司
397	景仁堂牌古典工艺家具	仙游县景仁堂古典家具有限公司
398	里丰凯+图形牌古典工艺家具	福建省凯丰里古典家具有限公司
399	听琴+图形牌古典工艺家具	福建省仙游县听琴古典工艺家具有限公司
400	东南香+图形牌大米	莆田市东南香米业发展有限公司
401	天下农庄+图形牌大米	福建天下农庄食品发展有限公司
402	万寿塔+图形牌小麦粉（通用）	福建省仙游面粉发展有限公司
403	易太+图形牌速冻食品	莆田市城厢区诚味食品有限公司
404	天喔+图形牌蜜饯	天喔（福建）食品有限公司
405	东南香+图形牌米粉	莆田市东南香米业发展有限公司
406	康辉牌饮料食品	福建康辉食品有限公司
407	涵兴记+图形牌酱腌菜	莆田市涵兴食品有限公司
408	大家发牌红心熟咸蛋	福建省中源食品有限公司
409	大欢喜牌红蛋	福建省红太阳精品有限公司
410	九点钟+图形牌羽绒服	福建汇达时装有限公司
411	手心缘+图形牌纸巾	福建亿发集团有限公司
412	VOIT 沃特+图形牌运动服	福建省莆田市华丰鞋业有限公司
413	思威琪牌硫化鞋	莆田市双威体育用品有限公司
414	“sandic”三迪克+图形牌运动鞋	郭氏（福建）鞋业有限公司
415	浩步+图形 HAOBU 牌注塑鞋	莆田浩步鞋业有限公司
416	日晶牌啤酒瓶	莆田市日晶玻璃制品有限公司
417	欧倍洁牌牙刷	莆田市弘田工贸有限公司

6-9 续表 17　　（2012 年）

序号	商标及产品名称	企业名称
418	菲黛尔牌假发	莆田市金汉发品有限公司
419	郑和+图形牌复合肥	福建正和肥料有限公司
420	三棵树牌木器漆	三棵树涂料股份有限公司
421	三棵树牌乳胶漆	三棵树涂料股份有限公司
422	陆安+图形牌工程机械子午线轮胎	福建海安橡胶有限公司
423	万鑫牌直缝电焊钢管	福建省莆田市万鑫金属制品有限公司
424	东方机械牌真空砖机	仙游县东方机械有限公司
425	JINPU 牌摇臂铣床	福建省金浦机械工业有限公司
426	闽邦牌多轧钢机	仙游县闽邦冶金机械设备有限公司
427	KENKO（佳宜）+图形牌；GAVAO（佳威）+图形牌电子计算器	福建省新威电子工业有限公司
428	华昌+图形牌贵金属首饰	华昌珠宝有限公司
429	恒艺终端牌展柜	福建省恒艺终端展柜有限公司
430	MY+图形牌画框	福建省名艺油画工艺有限公司
431	闽海滨牌结球甘蓝	福建省莆田市海滨现代农业有限公司
432	图形+益明牌牛角椒	沙县益民达农业发展有限公司
433	福梅牌辣椒	福建省大田县福梅农业开发有限公司
434	龙威贡牌莲子	福建省建宁县龙威生物科技有限公司
435	竹洲+图形牌猪肉	三明市恒祥农牧有限公司
436	郑湖牌水柿	福建省沙县郑湖乡老区福利果场
437	建绿牌猕猴桃	建宁县绿源果业有限公司
438	甜乐牌丁地脐橙	尤溪县梅仙脐橙专业合作社
439	蜂甜牌提子	福建省源丰农业科技有限公司
440	元蕈+图形牌金针菇	福建将乐禾生原生态菌业有限公司
441	黄泥家+图形牌金线莲	永安市黄泥家有限责任公司
442	燕晟木业+图形牌人造板（细木工板）	永安市燕晟木业有限责任公司

6-9 续表 18　　　　　　　　　　（2012 年）

序号	商标及产品名称	企业名称
443	和其昌牌集装箱底板	福建和其昌竹业有限公司
444	永庆+图形牌竹胶合板	永安市兴国人造板有限公司
445	家丰+图形牌竹制切菜板	永安市大地竹业有限公司
446	文盘+图形牌人造板（细木工板）	大田县广联木业有限公司
447	杉优+图形+SHANYOU 牌木制工艺品	福建省杉优实业发展有限公司
448	图形+XIANG YUN 牌鲜切花（百合、非洲菊、香石竹）	清流县鸿翔农庄农业发展有限公司
449	图形+清流溪鱼牌清流溪鱼（草鱼、鲢鱼、九龙白刀、鳜鱼）	清流县清流溪鱼专业合作社
450	安砂+图形牌鳙鱼	永安市九龙湖农业发展有限公司
451	正茂+图形牌肉脯干	福建省明溪县正茂食品厂
452	天清食品+圆形牌速冻食品	福建天清食品有限公司
453	山明溪流牌冷冻烤鳗	福建华盛集团三明冷冻食品有限公司
454	Zhaos+图形牌番茄酱	福建三和果蔬股份有限公司
455	明健盛牌水煮笋	健盛食品股份有限公司
456	闽江源牌莲芯雪饮料	福建闽江源绿田实业投资发展有限公司
457	扬晨+图形+yangchen 牌蛋白饮料（豆奶）	三明市扬晨食品有限公司
458	春辉牌茶叶（乌龙茶）	福建省春辉茶业有限公司
459	菁英牌乌龙茶	福建菁英茶业有限公司
460	翠云山牌茶叶（乌龙茶）	福建省翠云茶业有限公司
461	江山美人及图形牌乌龙茶	福建大田大方广茶业有限公司
462	君子红牌茶叶（红茶）	福建安野高新农业开发有限公司
463	金林凯、JINLINKAI+图形牌混纺纱	福建金林凯轻纺实业有限公司
464	川龍牌混纺纱	永安市川龙纺织有限公司
465	图形牌混纺纱	永安市旭长实业有限公司
466	奔鹿牌牛仔布	福建省三明纺织有限公司
467	饶山+Naoshan+图形牌 14g/m² 薄页纸	福建饶山纸业集团有限公司

6-9 续表 19　　（2012 年）

序号	商标及产品名称	企业名称
468	饶山+Naoshan+图形牌 16g/㎡影摹纸	福建饶山纸业集团有限公司
469	饶山+Naoshan+图形牌炊蒸原纸	福建饶山纸业集团有限公司
470	HONGSHENG+图形牌酚醛模塑料	沙县宏盛塑料有限公司
471	天圭+图形+TIANGUI 牌沉淀水合二氧化硅	福建海能新材料有限公司
472	浣溪+图形牌白炭黑	福建省三明同晟化工有限公司
473	陶金峰+图形牌煅烧超微改性高岭土	福建陶金峰新材料有限公司
474	聚星+图形牌工业三聚氰胺	福建三钢（集团）三明化工有限责任公司
475	中福，图形牌抗磨液压油	福建中福石化有限公司
476	FENG.RUN+图形牌白炭黑	三明市丰润化工有限公司
477	中化+SINOCHEM+图形牌复合肥料	福建中化智胜化肥有限公司
478	信明+图形牌橡胶输送带	福建省明信橡塑有限公司
479	虎球+HUQIU+图形牌水泥	福建红火水泥有限公司
480	豪福+图形牌通用硅酸盐水泥	福建省谋成水泥发展有限公司
481	盛田+图形牌通用水泥 52.5R	福建省大田县新岩水泥有限公司
482	闽光牌优质碳素结构钢	福建三钢闽光股份有限公司
483	闽光牌拉丝用低碳钢热轧圆盘条	福建三钢闽光股份有限公司
484	明齿+图形牌 ZL40/50 装载机齿轮及液力机械变速箱	福建省三明齿轮箱有限责任公司
485	辉煌+图形牌轧钢机生产线成套设备	辉煌重工集团有限公司
486	图形牌 10kv 高压开关柜	三明亿力森达电气设备有限公司
487	雄风牌高压成套设备	福建雄风电气有限公司
488	金三明牌烟叶	福建省烟草公司三明市公司
489	翠碧一号牌烤烟	宁化县烟草协会
490	富仙+图形牌脱水白萝卜丝	福建省富士岛（政和）食品企业有限公司
491	宝易康+图形牌绿壳鸡蛋	南平易康生态农业发展有限公司
492	煌额娘牌武夷农家鹅	武夷山市大王鹅业发展有限公司

6-9 续表 20 （2012 年）

序号	商标及产品名称	企业名称
493	潭泉牌建阳桔柚	建阳市双华果牧有限公司
494	“三森”+图形牌竹编胶合板	福建省三森竹木有限公司
495	白玉树牌细木工板	浦城县三协木业有限责任公司
496	金凉山牌竹木覆模板	福建隆达竹业有限公司
497	一杨+图形牌指接拼板	福建天和木业有限公司
498	杜氏+图形牌木制橱柜	福建杜氏木业有限公司
499	元力+图形牌木质活性炭（粉状）	福建元力活性炭股份有限公司
500	南红+图形牌木制线条	福建王斌装饰材料有限公司
501	御竹+图形牌竹茶盘	福建省御竹工贸有限公司
502	好管家，图形牌筷子	福建华韵竹木有限公司
503	图形牌大米	福建省南平市恒大实业有限公司
504	“东福光”+图形牌水煮笋罐头	福建易扬食品有限公司
505	茂旺牌茶叶（红茶）	福建茂旺茶业有限公司
506	“光兴”+图形牌茶叶（建瓯水仙）	福建省建瓯市龙兴茶叶有限公司
507	节节清+图形牌茶叶（武夷岩茶）	节节清（福建）茶业有限公司
508	九龙袍+图形牌茶叶（武夷岩茶）	武夷山市九龙袍茶业有限公司
509	桐木+图形牌茶叶（红茶）	武夷山市桐木茶叶有限公司
510	清神阁牌茶叶（武夷岩茶）	武夷山市清神阁茶业有限公司
511	南纺+图形牌非织造布	福建南纺股份有限公司
512	福莲牌洗洁巾	福建省邵武福莲有限公司
513	莲神牌洗洁巾	邵武现代家用有限公司
514	青松+GREEN PING+图形牌合成樟脑	福建青松股份有限公司
515	武夷+WY+图形牌 ADC 发泡剂（偶氮二甲酰胺）	福建榕昌化工有限公司
516	远洋+图形牌酪素（蛋白）胶	南平天宇化工有限公司

6-9 续表 21　　　　（2012 年）

序号	商标及产品名称	企业名称
517	闽铝+图形牌铸造铝合金锭	福建省华银铝业有限公司
518	闽鑫+图形牌一般工业用铝及铝合金挤压型材	福建省华银铝业有限公司
519	九曲+jiuqu+图形牌碳化钨粉	福建省建阳市硬质合金厂
520	图形牌混凝土用热轧钢筋	福建三山（集团）南平市钢铁有限公司
521	宏丰+HONGFENG+图形牌钢筋混凝土用热轧带肋钢筋	福建宏丰实业集团有限公司
522	双友+图形牌钢筋混凝土用热轧带肋钢筋	南平市双友金属有限公司
523	金弘+图形牌钢丝绳	福建省南平金弘钢缆有限公司
524	“闽峰”牌半挂车	福建省德峰汽车制造有限公司
525	三红+图形牌电线电缆	福建省南平三红电缆有限公司
526	一家+图形牌竹筷	福建一家工贸有限公司
527	味家+VEKOO 牌工艺竹筷	福建味家生活用品制造有限公司
528	HONGTOUMA 牌种猪、商品猪	龙岩市龙马畜牧饲料有限公司
529	招宝+ZHAOBAO 牌招宝山鸡、贵妃鸡	福建省招宝生态农庄有限公司
530	兔鼎记牌福建黄兔	永定县万家兔业专业合作社
531	通贤+图形牌通贤乌兔	龙岩市通贤兔业发展有限公司
532	平川+图形牌聚合松香	新洲（武平）林化有限公司
533	茗匠牌竹茶盘	福建茗匠竹艺科技有限公司
534	家丰+图形牌大米	福建省龙岩嘉丰米业有限公司
535	森宝+图形牌鲜、冻鸡肉	福建森宝食品集团股份有限公司
536	健尔聪+图形牌蜜饯（地瓜干）	福建连城健尔聪食品有限公司
537	岳山国际+图形牌茶叶（乌龙茶）	漳平市岳山茶业有限公司
538	成冠+图形牌棉纱	福建成冠集团有限公司
539	优婷牌卫生巾	龙岩市铭丰纸业有限公司
540	实爽牌纸尿裤（含纸尿片/垫）	长汀县天乐卫生用品有限公司
541	图形牌塑胶玩具	漳平市国联玩具礼品有限公司

6-9 续表 22 （2012 年）

序号	商标及产品名称	企业名称
542	精博+图形牌沉淀水合二氧化硅	福建龙岩精博化工科技有限公司
543	东宫 LKC 牌高岭土	龙岩高岭土有限公司
544	步步高+图形牌水泥	福建蓝田水泥有限公司
545	塔牌水泥	福建塔牌水泥有限公司
546	春驰牌、FL 牌水泥	福建春驰水泥集团有限公司
547	润丰牌水泥	华润水泥（漳平）有限公司
548	金鹭+图形牌氧化镧	福建省长汀金龙稀土有限公司
549	金鹭+图形牌三基色红粉	福建省长汀金龙稀土有限公司
550	金鹭+图形牌氧化钇	福建省长汀金龙稀土有限公司
551	亿丰+图形牌粉碎机	龙岩市亿丰粉碎机械有限公司
552	“高机”+图形牌带式输送机	福建省高创机械股份有限公司
553	特机克+图形牌曲柄	福建省飞驰机械工业有限公司
554	KOGEO+光罔牌 LED 全彩电子显示屏	福建泰德视讯数码科技有限公司
555	京展+图形；土楼之星、图形牌节能灯	龙岩市易佰特节能照明有限公司
556	图形+冠洋牌食用菌制品（古田银耳）	古田县州洋农业科技有限公司
557	图形+康盛达牌食用菌制品（古田银耳）	古田县康旺食品有限公司
558	世纪农源牌速冻果蔬（槟榔芋、花椰菜、青刀豆）	霞浦县新世纪农业科技开发有限公司
559	东狮山牌柘荣太子参	宁德市东狮山太子参有限公司
560	图形+闽威+minwei 牌花鲈	福建闽威实业有限公司
561	图形+岳海牌速冻水产品（大黄鱼、香鱼）	福建岳海水产食品有限公司
562	图形+三都港牌速冻水产品（大黄鱼）	宁德市金盛水产有限公司
563	图形+登月牌速冻水产品（大黄鱼）	宁德市登月水产食品有限公司
564	百野轩牌干制水产品（紫菜、海带）	福建省霞浦县凯源食品有限公司
565	青牛牌大米	宁德市恒信粮油贸易有限公司
566	乡下厨房牌米烧兔	福建乡下厨房食品有限公司

6-9 续表 23　　　　　　　　（2012 年）

序号	商标及产品名称	企业名称
567	仁昇+图形、佳迪牌蛋卷	福建仁升食品有限公司
568	惠泽龙牌黄酒	福建惠泽龙酒业有限公司
569	东顶云雾+图形牌茶叶（坦洋工夫红茶）	福建省天荣茶业有限公司
570	天禾+图形牌茶叶（红茶）	福建天禾茶业有限公司
571	古焙茶坊牌茶叶（白茶）	福建省天丰源茶产业有限公司
572	图形牌茶叶（坦洋工夫红茶）	福建福安市城湖茶叶有限公司
573	双芽+图形牌茶叶（绿茶）	闽东张一元茶叶有限公司
574	目海+MUHAI+图形牌茶叶（绿茶）	霞浦县目海茶厂
575	歸來客牌茶叶（绿茶）	福建归来客有机茶叶有限公司
576	图形+Huaxia 牌合成革	福建华夏合成革有限公司
577	图形+俊杰+JunGie 牌化工环保蓄热陶瓷填料（石油压裂支撑剂、蓄热陶瓷）	福建省宁德市俊杰瓷业有限公司
578	图形+daji 牌剪刀	福建大吉刀剪五金有限公司
579	图形牌 SBD 系列泵用小功率电机	福安远东华美电机有限公司
580	LEEON 牌 YC 系列电容启动异步电动机（非小功率电机）	福安市力源电机有限公司
581	DOING 牌柴油发电机组	东急电气（福建）有限公司
582	图形牌泵（微型电泵 XZDB 系列≦1.5KW）	福建大成电机集团有限公司
583	图形牌汽车用电机（交流发电机和起动机）	福安市振中电器制造有限公司
584	图形+华益牌通用机化油器	福鼎市华益机车部件厂
585	图形+JINGKE 牌摩托车化油器	福建福鼎京科化油器有限公司
586	图形+创科牌通用机化油器	福鼎市佳磐通用部件有限公司
587	JOYYOUNG 牌汽配刹车片	福建正阳汽车部件有限公司
588	图形牌汽车用制动器衬片	福建华日汽车配件有限公司
589	一雄牌天文望远镜	福鼎市一雄光学仪器有限公司
590	图+盈盛号+YINGSHENGHAO 牌白银首饰	福建盈盛号金银饰品有限公司
591	图形+中亿牌按摩沙发椅	福建宁德中亿电子有限公司

6-10　第十四届福建省优秀企业家名单

姓名（排名不分先后）	企业名称	职务
丁灿辉	福建诺奇股份有限公司	董事长
王文礼	福建省安溪八马茶叶有限公司	总经理
邓双兴	福建闽城光学眼镜有限公司	董事长
兰　荣	兴业证券股份有限公司	董事长
叶炳凤	福州天一同益电气有限公司	董事长
庄文海	福建漳龙实业有限公司	董事长
毕仲华（女）	兴业银行股份有限公司	监事会主席
何文铭	福建中科万邦光电股份有限公司	董事长
何建平	百威英博中国东南事业部	总裁
吴华春	兴业皮革科技股份有限公司	董事长
吴荣光	福建鸿星尔克体育用品有限公司	总裁
宋美妹（女）	福建省莆田新美食品有限公司	董事长
张茂华	丽珠集团福州福兴医药有限公司	总经理
李机能	莆田市力天红木艺雕有限公司	董事长
李志铭	福建省阳山铁矿	矿长
李荣福	福建福贞金属包装有限公司	董事长
杜锦祥	福建杜氏木业有限公司	董事长
杨仁慧	建州控股集团有限公司	董事局主席、总裁
杨国辉	漳州市国辉工贸有限公司	董事长
杨锦昌	福建省轮船有限公司	总经理
邱德波	中国龙工控股有限公司	首席执行官兼总裁
陈文海	福建省华远电讯集团	董事长
陈必松	福建源鑫投资有限公司	董事长
陈玉树	福建省晋江市电力有限责任公司	总经理
陈军伟	福建省三钢（集团）有限责任公司	董事长
陈村明	福建省永定闽福建材有限公司	董事长
陈建龙	长乐力恒锦纶科技有限公司	董事长
陈金吉	嘉华建材（福建）有限公司	董事长
陈俭敏	福鼎市华益机车部件厂	董事长
陈跃升	福建马坑矿业股份有限公司	董事长

6-10 续表

姓名 （排名不分先后）	企业名称	职务
周绍迁	福建仙洋洋食品科技有限公司	董事长
林　隽	福建省闽东力捷迅药业有限公司	常务副总经理
林文昌	福建冠福现代家用股份有限公司	董事长
林水英（女）	莆田市华林蔬菜基地有限公司	董事长
林秀芬（女）	厦门蓝湾科技有限公司	董事长
林建肯	莆田市永丰鞋业有限公司	总经理
林振兴	福建山亚开关有限公司	总经理
林解本	立兴集团有限公司	董事长
林锦标	南平市好当家商贸有限公司	董事长
林端生	福建东方伟业投资发展有限公司	董事长
欧宗洪	融信（福建）投资集团有限公司	董事长
郑宗安	福建省电力有限公司莆田电业局	局长
金　胜	中国工商银行股份有限公司厦门市分行	行长
施松铃	福建银嘉机电有限公司	董事长
胡连荣	福建荣誉酒店集团	董事长
倪振年	乔丹体育股份有限公司	总经理
翁声锦	福建时代包装材料有限公司	董事局主席
郭建平	恒亿集团	董事局主席
郭清泉	厦门海翼集团有限公司	董事长
曹雪忠	福州德通金属容器有限公司	董事长
黄天火	福建省闽发铝业股份有限公司	董事长
黄文洲	厦门建发股份有限公司	董事长
黄世鑫	厦门华夏国际电力发展有限公司	总经理
黄亚河	福建凯西集团有限公司	董事长
程　璇（女）	福建三盛房地产开发有限公司	总经理
赖祥生	福建省电力有限公司三明电业局	局长
魏金发	永安市启胜矿产有限公司	董事长

资料来源：福建省企业与企业家联合会。

6-11　福建省第二届突出贡献企业家名单

姓名（排名不分先后）	企业名称	职务
丁志忠	安踏（中国）有限公司	总　裁
丁曦明	福建南平南孚电池有限公司	总经理
王　晶（女）	福建新大陆科技集团有限公司	总　裁
王国珍（女）	泉州海天轻纺有限公司	总经理
王倜傥	厦门国际航空港集团有限公司	董事长
冯忠铭	漳州片仔癀药业股份有限公司	董事长
刘用辉	福建省盛辉物流集团有限公司	董事长、总裁
刘同高	厦门钨业股份有限公司	董事长
刘路远	福建网龙计算机网络信息技术有限公司	总　裁
许世辉	福建达利食品集团有限公司	董事长
励　民	福州瑞芯微电子有限公司	总经理
吴小敏（女）	厦门建发集团有限公司	总经理
吴健敏（女）	厦门京闽中心酒店	总经理
张　伟	国家开发银行福建省分行	行　长
张轩松	福建永辉集团有限公司	董事长
李卫东	福建省电力有限公司	总经理
陆　东	福建炼油化工有限公司	董事长
陈志华	英博雪津啤酒有限公司	副董事长
陈秀雄	厦门正新橡胶工业有限公司	董事长、总经理
陈炳杰	厦门太古飞机工程有限公司	董事长
陈景河	紫金矿业集团股份有限公司	董事长、总裁、党委书记
周永伟	福建七匹狼集团有限公司	董事局主席
林福椿	福建冠福现代家用股份有限公司	董事长
欧阳元和	福建省三钢（集团）有限责任公司	董事长
郑宝佑	福建金纶石化纤维实业有限公司	董事长、总经理
宣建生	福建捷联电子有限公司	董事长
郦　荣	中国移动通信集团福建有限公司	董事长、总经理
翁若同	福建省投资开发集团有限责任公司	董事长
郭　浩	福州超大现代农业发展有限公司	董事局主席、总裁
黄　炜	福建龙净环保股份有限公司	总经理
黄华堂	福建泰格动力机械集团有限公司	董事长
黄金龙	莆田市东南香米业发展有限公司	总经理
黄奕豪	福建星网锐捷通讯股份有限公司	董事长
傅光明	福建圣农发展股份有限公司	董事长
廉小强	福建省汽车工业集团公司	董事长
赖鞍山	龙岩烟草工业有限责任公司	总经理

附 录

工业和信息化部关于进一步加强工业节能工作的意见

工信部节[2012]339号

各省、自治区、直辖市及计划单列市、新疆生产建设兵团、副省级城市工业主管部门，有关中央企业：

为深入贯彻落实科学发展观，切实推动工业转型升级，促进工业绿色低碳发展，现就进一步加强工业节能工作提出以下意见：

一、认清形势，抓住时机，开创工业节能新局面

“十二五”以来，各地区、行业和企业按照国家节能减排的总体部署，继续推进节能降耗各项工作，为工业转型升级、促进绿色发展发挥了积极作用。2012年一季度，我国规模以上工业企业能源消费量同比增长3.84%，增速低于上年同期6.56个百分点，环比下降1.64%；规模以上工业企业单位工业增加值能耗同比下降6.95%，工业节能形势有所好转。但必须清醒认识到，国家“十二五”节能减排约束性目标的实现面临严峻挑战，去年我国规模以上工业能耗占全国总能耗的73.74%、高耗能行业能耗占工业能耗的78.9%，远高于世界主要经济体在工业化过程中的最高占比，且还呈上升趋势。为此，各级工业主管部门必须充分利用当前高耗能产品市场需求放缓、高耗能行业能耗增幅下降的有利时机，进一步增强使命感和责任感，切实加大工作力度，坚决采取有效措施，从根本上扭转工业能源消耗高、增长快的被动局面，促进工业转型升级和绿色发展。

二、进一步加强高耗能和产能过剩行业新建项目管理，从严把好企业技术改造项目审核和节能评估审查（以下简称能评）关

按照《国务院关于进一步加强淘汰落后产能工作的通知》（国发［2010］7号）、《国务院关于印发国家环境保护“十二五”规划的通知》（国发［2011］42号）相关要求，建立新建项目与污染减排、淘汰落后产能衔接的审批机制，进一步加强高耗能和产能过剩行业项目管理；严格控制钢铁、水泥、平板玻璃、煤化工、电解铝、金属镁等行业新增产能；加强多晶硅、风力发电装备制造行业统筹规划，实施行业准入，防止产能盲目扩张。从严把好企业技术改造项目审核关，对高耗能和产能过剩行业的结构调整和改造升级项目，要认真执行国家产业政策和行业准入条件要求，引导企业加强技术进步、提高质量效益、促进节能降耗；对节能减排目标任务未达进度要求的地区，新上项目的单位产品能耗必须达到全行业先进水平。加强工业固定资产投资项目能评，切实发挥能评的前置性作用，遏制高耗能行业能耗过快增长势头。各省级工业主管部门应尽快完善工业固定资产投资项目节能评估审查办法，切实加强高耗能行业项目节能评估审查工作，把好能评关。对年综合能源消费量在20万吨标准煤及以上项目，各省级工业主管部门应将项目节能评估报告书和审查批复意见报送工业和信息化部。

三、加大淘汰落后产能工作力度

要将国家下达的淘汰落后产能年度目标任务，分解到地、市、县，落实到具体企业、具体项目。切实加强落后产能淘汰工作的督促检查、验收和考核。严格执行《国务院关于进一步加强淘汰落后产能工作的通知》相关要求，对未按规定期限淘汰落后产能的企业，不予审批和核准新的投资项目，不予安排技术改造专项资金；对未按期完成落后产能淘汰任务的地区，暂停对该地区工业固定资产投资

项目的审批、核准和备案。充分发挥淘汰落后产能财政奖励资金引导作用，对按期或提前淘汰、超标准淘汰落后产能的企业，按照《淘汰落后产能中央财政奖励资金管理办法》有关规定优先给予资金支持，加大扶持力度。

四、加快建立和实施超能耗限额企业惩罚性电价政策

按照国务院《“十二五”节能减排综合性工作方案》（国发［2011］26号）、《国务院办公厅转发发展改革委关于完善差别电价政策意见的通知》（国办发［2006］77号）和发展改革委、电监会、能源局《关于清理对高耗能企业优惠电价等问题的通知》（发改价格［2010］978号）有关要求，各地区要加快建立和完善基于企业能耗限额标准执行情况的惩罚性电价政策机制，对单位产品（工序）能耗超过限定值标准的企业实行惩罚性电价；要加强政策协调和落实，根据本地区实际情况，扩大执行惩罚性电价的产品范围，提高惩罚性电价加价标准，加大惩罚性电价实施力度；惩罚性电价收入应优先用于支持被惩罚企业实施强制性能源审计、节能技术改造等，发挥好惩罚性电价政策对促进高耗能行业能效提升的政策效应。

五、加强节能减排技术改造

鼓励各地区利用当前高耗能产品市场需求减缓的有利时机，实施以“上大关小”、“减量置换”为主要内容的节能技术改造。通过对规模小、能耗高、污染重的水泥、平板玻璃、陶瓷、炼油、冶炼等产能或企业进行兼并重组和升级改造，置换为技术先进、能耗排放低的大型项目，实现节能降耗和污染减排。各省级工业主管部门要加强企业、区域节能减排技术改造方案审查和置换项目管理，对企业、区域依据关停产能规模及其能耗、排放总量提出的节能减排“减量置换”方案进行审核，报工业和信息化部备案后组织实施，并加强对置换项目的核准、备案管理。

六、强化重点用能企业节能管理

明确企业节能主体责任，督促年综合能耗1万吨标准煤以上的重点用能企业每年能耗实现下降1%。切实加强重点用能企业节能管理，开展企业能源管理绩效评价，推进能效水平对标达标，建设和实施企业能源管理体系、能源管理负责人制度，完善能源管理制度。重点产品单耗和工序能耗达不到限额标准的企业，应强制进行能源审计，限期整改。中央企业集团要加快建设本企业能源管理信息系统，推进下属钢铁、水泥、有色金属、化工企业建设能源管理（管控）中心，实现能源高效合理利用。支持有条件的地区开展工业能耗在线监测试点，对本地区重点用能企业实施在线监测管理。工业和信息化部将会同财政部继续加强对企业能源管理（管控）中心建设、能耗在线仿真系统建设等项目的支持。

七、实施更加严格的能效标准

工业和信息化部将会同有关部门加快制订发布全国产业能效指南，参照国际先进水平，实行更严格的产品能耗限额标准，提出主要行业能效指标，作为节能评估审查、淘汰落后产能、产业转移的主要依据之一。各级工业主管部门可根据本地区产业实际情况，制订和执行比国家标准更为严格的产品能耗限额地方标准和产业能效指南。在产业转移和承接过程中，低于全国产业能效指南中行业平均能效水平的落后生产能力，严禁转移到中西部地区。

八、加强节能降耗监督检查

各级工业主管部门要督促本级节能监察机构，把能耗限额标准执行情况和高耗能落后机电设备

淘汰情况专项监督检查作为常态化工作，制定年度监察计划，认真组织实施。对重点用能企业涉及的28项国家强制性单位产品能耗限额标准执行情况，以及电机、风机、水泵、压缩机等高耗能落后用能设备淘汰情况进行定期监督检查。按照能耗限额执行情况监督检查结果，及时公布超标企业名单并将能耗超过国家和地方规定单位产品能耗限额标准的企业纳入惩罚性电价实施范围，督促企业整改落实。进一步加强节能监察机构人员队伍、制度、设施等能力建设。

九、加快建设工业园区能源集中供应设施

国家新型工业化产业示范基地、各类工业园区及产业集聚区应建设能源、供水公共共享设施，通过能源（热、冷、电、汽等）、水资源集中统一供应、梯级利用，对废水、污泥、废物等实行集中处理，提高能源、水资源利用效率，降低单位产品能源、水资源消耗和废水、固废排放量。在符合条件的园区，应集中建设大容量、高效率、低污染热电联产机组代替各企业分散式的小锅炉及自备小机组，实现集中供汽。

十、积极支持工业企业余热余压发电上网

各级工业主管部门要积极支持钢铁、有色金属、建材、石油化工等行业企业建设余热余压发电上网设施，提高自供电率，协调有关部门出台企业余热发电上网政策，主动做好服务工作，帮助企业妥善解决并网、收费、管理等有关问题，大力推进工业企业余热余压发电上网，为保障工业用电平稳增长做出积极贡献。

工业和信息化部

2012年7月11日

关于印发《国家中小企业公共服务示范平台认定的管理办法》的通知

工信部企业［2012］197号

各省、自治区、直辖市及计划单列市、新疆生产建设兵团中小企业主管部门：

为贯彻落实国务院促进中小企业发展的政策措施，推动公共服务平台建设，支持中小企业健康发展，现将《国家中小企业公共服务示范平台认定的管理办法》印发给你们，请遵照执行。

工业和信息化部

2012年5月3日

国家中小企业公共服务示范平台认定的管理办法

第一章　总　则

第一条　为贯彻落实国务院促进中小企业发展的政策措施，推动公共服务平台建设，支持中小企业健康发展，根据《中华人民共和国中小企业促进法》的相关规定，制定本办法。

第二条　国家中小企业公共服务示范平台（以下简称示范平台）是指由法人单位建设和运营，经工业和信息化部认定，为中小企业提供信息、技术、创业、培训、融资等公共服务，业绩突出、公信度高、服务面广，具有示范带动作用的服务平台。

第三条　工业和信息化部负责示范平台的认定管理工作。各省（自治区、直辖市及计划单列市、新疆生产建设兵团）（以下简称“省级”）中小企业主管部门协助工业和信息化部对所辖区内示范平台进行认定管理。

第四条　示范平台的认定遵循公开、公平、公正的原则，对认定的示范平台实行动态管理。

第五条　工业和信息化部对示范平台予以重点扶持。

第二章　主要功能

第六条　示范平台具有多种服务功能或在某一方面具有特色服务功能，具有开放性和资源共享的特征。

（一）信息服务。提供法律法规、政策、技术、人才、市场、物流、管理等信息服务。

（二）技术服务。提供工业设计、解决方案、检验检测、质量控制和技术评价、技术开发、技术转移、信息化应用、设备共享、知识产权和品牌建设等服务。

（三）创业服务。为创业者和创办3年内的小企业提供创业辅导、项目策划、政务代理、创业场地等服务。

（四）培训服务。为中小企业提供经营管理、市场营销、技术和创业等培训服务。

（五）融资服务。提供融资信息、组织开展投融资推介和对接、信用征集与评价等服务。

第三章　认定条件

第七条　示范平台应同时具备以下基本条件：

（一）具有独立法人资格及从事相关服务的资质或能力。运营两年以上，资产总额不低于300万元，财务收支状况良好，经营规范，具有良好的发展前景和可持续发展能力。

（二）主要为产业集聚区内中小企业提供服务。

（三）服务业绩突出。年服务中小企业 100 家以上，用户满意度在 80%以上；近两年服务企业数量增长 10%以上，在专业服务领域或区域内有一定的声誉和品牌影响力。

（四）有固定的经营服务场所和必要的服务设施、仪器设备等；有组织带动社会服务资源的能力，集聚服务机构 5 家以上。

（五）获得省级示范平台认定或国家部委、全国性行业协会的相关认定。

（六）有健全的管理制度，规范的服务流程、合理的收费标准和完善的服务质量保证措施；对小型微型企业的服务收费要有相应的优惠规定，提供的公益性服务或低收费服务要占到总服务量的 20%以上；有明确的发展规划和年度服务目标。

（七）有健全的管理团队和人才队伍。主要负责人要诚信、守法，具有开拓创新精神、丰富的实践经验和较高的管理水平；从事为中小企业服务的人员不少于 20 人，其中大专及以上学历和中级及以上技术职称专业人员的比例占 80%以上。

属于享受西部大开发政策区域内的服务平台，上述（一）、（三）和（七）的条件可适度放宽。

第八条　示范平台应满足相关功能要求：

（一）信息服务。充分利用信息网络技术手段，形成便于中小企业查询的、开放的信息服务系统；具有在线服务、线上线下联动功能，线下年服务企业数量 100 家以上；年组织开展的相关服务活动 4 次以上。

（二）技术服务。具有组织技术服务资源的能力，并建立良好的协同服务机制；具有专家库和新产品、新技术项目库等；具备条件的应开放大型、精密仪器设备与中小企业共享；年开展技术洽谈、项目推介和知识产权等服务活动 4 次以上。

（三）创业服务。具有较强的创业辅导能力，建有创业项目库、《创业指南》、创业服务热线等；开展相关政务代理服务；年开展创业项目洽谈、推介活动 4 次以上。

（四）培训服务。具有培训资质或在中小企业主管部门备案，具有远程培训能力，有完善的培训服务评价机制，年培训 2000 人次以上。

（五）融资服务。年组织银企对接活动 4 次以上；年组织融资知识讲座 4 次以上；组织开展融资产品咨询、企业融资策划、推荐和融资代理等服务；建立融资超市。

第四章　认定程序

第九条　省级中小企业主管部门按照本办法第七条、第八条规定的条件和要求，负责本地区示范平台的推荐工作。

第十条　省级中小企业主管部门对推荐的示范平台运营情况、服务业绩、满意度等进行测评，填写《国家中小企业公共服务示范平台推荐表》（见附件 1），并附被推荐示范平台的申请材料，报工业和信息化部。

第十一条　被推荐为示范平台的单位需提交下列材料：

（一）国家中小企业公共服务示范平台申请报告（见附件 2）；

（二）法人证书或营业执照副本（复印件）；

（三）上一年度审计报告及服务收支情况的专项审计；

（四）固定的经营服务场所证明复印件（房产证、租赁合同）；

（五）开展相关服务的证明材料（通知、照片、总结等）；

（六）省级示范平台认定或国家部委、全国性行业协会的相关认定的文件；

（七）国家颁发的从业资格（资质）、网站备案、许可证等证明（复印件）；

（八）能够证明符合申报条件的其他材料和对申报材料真实性的声明。

第十二条　工业和信息化部对申报材料进行评审，评审结果在工业和信息化部门户网站及有关媒体公示15个工作日。

第十三条 工业和信息化部对评审合格的示范平台授予“国家中小企业公共服务示范平台”称号。

第十四条 示范平台的评审工作每年开展1次，具体时间按照当年申报工作通知要求进行。

第五章 认定管理

第十五条 示范平台名单及时在工业和信息化部门户网站及有关媒体公布。并在工业和信息化部门户网站建立示范平台信息数据库，方便社会公众查询。

第十六条 示范平台要不断提高服务能力和组织带动社会服务资源的能力，主动开展公益性服务，积极承担政府部门委托的各项任务，每年将工作总结报省级中小企业主管部门，并自觉接受社会监督。

第十七条 工业和信息化部对示范平台每3年复核1次。复核与年度申报同时进行，由示范平台将3年工作总结、上一年度审计报告和服务收支专项审计报告，以及《国家中小企业公共服务示范平台年度运营情况测评表》（见附件3）报省级中小企业主管部门。省级中小企业主管部门组织测评后，填写测评情况及意见，经工业和信息化部复核，对合格的示范平台予以确认；对不合格的予以撤销。

第十八条 省级中小企业主管部门负责对所辖区内示范平台的服务质量、服务收费情况以及服务满意度等进行定期检查，每年底将示范平台工作总结汇总报告和检查情况报告报工业和信息化部。工业和信息化部将委托中国中小企业发展促进中心组织专家不定期对示范平台的服务情况进行测评，结果在工业和信息化部门户网站公布。

第十九条 示范平台认定工作接受审计、监察部门和社会的监督。

第六章 附 则

第二十条 省级中小企业主管部门可参照本办法，组织开展省级示范平台的认定工作，并对省级及以上示范平台给予相应的扶持。

第二十一条 全国性行业协会可按照本办法的相关规定，直接向工业和信息化部推荐。

第二十二条 本办法由工业和信息化部负责解释。

第二十三条 本办法自印发之日起施行。2010年工业和信息化部印发的《国家中小企业公共服务示范平台管理暂行办法》同时停止执行。

附件：1. 国家中小企业公共服务示范平台推荐表（略，详情请登录工业和信息化部网站）

2. 国家中小企业公共服务示范平台申请报告（略，详情请登录工业和信息化部网站）

3. 国家中小企业公共服务示范平台年度运营情况测评表（略，详情请登录工业和信息化部网站）

国务院办公厅关于强化企业技术创新主体地位全面提升企业创新能力的意见

国办发［2013］8号

各省、自治区、直辖市人民政府，国务院各部委、各直属机构：

《国家中长期科学和技术发展规划纲要（2006-2020年）》实施以来，以企业为主体、市场为导向、产学研相结合的技术创新体系建设取得积极进展，激励企业创新的政策措施逐步完善，企业研发投入的积极性不断提高，研发能力得到增强，重点产业领域取得一批创新成果，为产业升级和结构调整提供了有力支撑。但目前我国企业创新能力依然薄弱，许多领域缺乏具有自主知识产权的核心技术，企业尚未真正成为创新决策、研发投入、科研组织和成果应用的主体，制约企业创新的体制机制障碍仍然存在。为深入贯彻落实党的十八大精神和《中共中央　国务院关于深化科技体制改革加快国家创新体系建设的意见》（中发［2012］6号），全面提升企业创新能力，经国务院同意，现提出以下意见。

一、指导思想和主要目标

（一）指导思想

坚持以邓小平理论、"三个代表"重要思想、科学发展观为指导，围绕促进科技与经济社会发展紧密结合，统筹发挥市场配置资源的基础性作用和政府的引导支持作用，以深入实施国家技术创新工程为重要抓手，建立健全企业主导产业技术研发创新的体制机制，促进创新要素向企业集聚，增强企业创新能力，加快科技成果转化和产业化，为实施创新驱动发展战略、建设创新型国家提供有力支撑。

（二）主要目标

到2015年，基本形成以企业为主体、市场为导向、产学研相结合的技术创新体系。培育发展一大批创新型企业，企业研发投入明显提高，大中型工业企业平均研发投入占主营业务收入比例提高到15%，行业领军企业达到国际同类先进企业水平，企业发明专利申请和授权量实现翻一番。企业主导的产学研合作深入发展，建设一批产业技术创新战略联盟和产业共性技术研发基地，突破一批核心、关键和共性技术，形成一批技术标准，转化一批重大科技成果。企业创新环境进一步优化，形成一批资源整合、开放共享的技术创新服务平台，面向企业的科技公共服务能力大幅度提高，涌现出一大批富有活力的科技型中小企业和民办科研机构。到2020年，企业主导产业技术研发创新的体制机制更加完善，企业创新能力大幅度提升，形成一批创新型领军企业，带动经济发展方式转变实现重大进展。

二、重点任务

（一）进一步完善引导企业加大技术创新投入的机制

企业要按照社会主义市场经济体制的要求，不断深化自身改革，适应市场化和全球化竞争的需要，增强创新驱动发展的内在动力；要明确企业主要负责人对技术研发的责任，加强研发能力和品牌建设，建立健全技术储备制度，提高持续创新能力和核心竞争力。各级政府要鼓励和引导企业加大研发投入，大力培育创新型企业，充分发挥其对技术创新的示范引领作用。推进科研项目经费后补助工作，鼓励和引导企业按照国家战略和市场需求先行投入开展研发项目。建立健全国有企业技术创新的经营业绩考核制度，落实和完善国有企业研发投入视同利润的考核措施，加强对不同行业研发投入和产出的分类考核。中央国有资本经营预算产业升级与发展专项资金要加大对中央企业技术创新的支持力度。国家科技计划项目征集和指南编制要充分听取企业专家的意见，产业化目标明确的重大科技项目由有条件的企业牵头组织实施。加强国家科技奖励对企业技术创新的引导激励。

（二）支持企业建立研发机构

引导企业围绕市场需求和长远发展，建立研发机构，健全组织技术研发、产品创新、科技成果转化的机制，大幅度提高大中型工业企业建立研发机构的比例。在明确定位和标准的基础上，引导企业建设国家重点实验室，围绕产业战略需求开展基础研究。在行业骨干企业建设一批国家工程（技术）研究中心、国家工程实验室，支持企业开展技术成果工程化研究。加强国家认定企业技术中心和技术创新示范企业工作。对企业国家重点实验室、国家工程（技术）研究中心、国家认定的企业技术中心以及科技类民办非企业单位，依据相关规定给予进口科技开发用品或科教用品的税收优惠政策。对民办科研机构等新型研发组织，在承担国家科技任务、人才引进等方面与同类公办科研机构实行一视同仁的支持政策。

（三）支持企业推进重大科技成果产业化

建立健全按产业发展重大需求部署创新链的科研运行机制和政策导向，推进新技术、新材料、新工艺、新模式、高端装备等的集成应用，实施国家高技术产业化示范项目、国家科技成果转化引导基金、国家重大科技成果转化项目、国家文化科技创新工程等，大力培育发展战略性新兴产业。组织实施用户示范工程，采取政策引导、鼓励社会资本投入等方式，促进科技成果推广应用，运用高新技术改造提升传统产业。依托国家自主创新示范区、国家高新技术产业开发区、国家创新型（试点）城市、国家高技术产业基地、国家新型工业化示范基地、信息化与工业化融合示范区、国家农业科技园区、国家级文化和科技融合示范基地、国家现代服务业产业化基地等，完善技术转移和产业化服务体系，吸引企业在区内设立研发机构，集聚高端人才，培育发展创新型产业集群。

（四）大力培育科技型中小企业

国家中小企业发展专项资金、中小企业技术改造资金等要大力支持中小企业技术创新和改造升级。扩大科技型中小企业技术创新基金规模，继续实施科技型中小企业创业投资引导基金、新兴产业创投计划、中小企业创新能力建设计划和中小企业信息化推进工程，强化火炬计划、星火计划、国家重点新产品计划对中小企业产品和技术创新的政策引导作用，引导和支持中小企业创新创业。综合采用买（卖）方信贷、知识产权和股权质押贷款、融资租赁、科技小额贷款、公司（企业）债券、集合信托、科技保险等方式，支持科技型企业开展技术创新融资。为小型微型科技企业创造公平竞争的市场环境，促进其健康发展。

（五）以企业为主导发展产业技术创新战略联盟

支持行业骨干企业与科研院所、高等学校签订战略合作协议，建立联合开发、优势互补、成果共享、风险共担的产学研用合作机制，组建产业技术创新战略联盟。支持联盟按规定承担产业技术研发创新重大项目，制订技术标准，编制产业技术路线图，构建联盟技术研发、专利共享和成果转化推广的平台及机制。积极探索依托符合条件的联盟成员单位建设国家重点实验室。深入开展联盟试点，加强对联盟的分类指导和监督评估。围绕培育发展战略性新兴产业，结合实施国家科技重大专项，通过联盟研发重大创新产品，掌握核心关键技术，构建产业链。围绕改造提升传统产业，通过联盟开展共性技术攻关，解决制约产业升级的重大制造装备、关键零部件、基础原材料、基础工艺及高端分析检测仪器设备等难题。围绕发展现代服务业，通过联盟加强技术创新、商业模式创新和管理创新，培育现代服务业新业态。

（六）依托转制院所和行业领军企业构建产业共性技术研发基地

针对重点行业和技术领域特点和需求，在钢铁、有色金属、装备制造、建材、纺织、煤炭、电力、油气、新能源与可再生能源、电子信息、生物医药、化工、轻工、现代农业、现代服务业等产业，依托骨干转制院所、行业特色高等学校和行业领军企业，通过体制机制创新，整合相关科研资源，推动建设一批产业共性技术研发基地，加强共性技术研发和成果推广扩散。对产业共性技术研发基地的运行管理、技术扩散服务的绩效实行定期评价。

（七）强化科研院所和高等学校对企业技术创新的源头支持

鼓励科研院所和高等学校与企业共建研发机构，共建学科专业，实施合作项目，加强对企业技术创新的理论、基础和前沿先导技术支持。实施卓越工程师教育培养等计划，推行产学研合作教育模式和“双导师”制，鼓励高等学校和企业联合制定人才培养标准，共同建设课程体系和教学内容，共同实施培养过程，共同评价培养质量。推动科研院所、高等学校面向市场转移科技成果，有条件的科研院所、高等学校应建立专业技术转移机构和技术成果供需平台。完善落实股权、期权激励和奖励等收益分配政策，以及事业单位国有资产处置收益政策和人事考核评价制度，鼓励科研院所、高等学校科技人员转化科技成果。

（八）完善面向企业的技术创新服务平台

面向行业技术创新需求，促进科技资源整合和优势互补，推动形成一批专业领域技术创新服务平台，培育一批专业化、社会化、网络化的示范性科技中介服务机构。以中央财政资金为引导，带动地方财政和社会投入，支持围绕地方特色优势产业和战略性新兴产业创新发展的区域公共科技服务平台建设。推动平台面向中小企业提供研发设计、检验检测、技术转移、大型共用软件、知识产权、标准、质量品牌、人才培训等服务，提高专业化服务能力和网络化协同水平。探索通过购买公共服务等方式，引导建立促进技术创新服务平台有效运行的良好机制。加快建设技术交易市场体系、科技创业孵化网络和科技企业加速成长机制。

（九）加强企业创新人才队伍建设

在海外高层次人才引进计划、创新人才推进计划等相关重大人才工程和政策实施中，支持企业引进海外高层次人才，引导和支持归国留学人员创业。加强专业技术人才和高技能人才队伍建设，培养科技领军人才、优秀创新团队。加强对企业科研和管理骨干的培训。健全科技人才流动机制，鼓励科研院所、高等学校和企业创新人才双向流动和兼职。继续坚持企业院士专家工作站、博士后工作站、科技特派员等科技人员服务企业的有效方式，不断完善评价制度，构建长效机制，对于服务企业贡献突出的科技人员，采取优先晋升职务职称等奖励措施。广泛开展职工合理化建议、技术革新、技能大赛等群众性技术创新活动，对有突出贡献的职工优先晋升技术技能等级，充分调动职工参与技术创新的积极性，提高企业职工科技素质。

（十）推动科技资源开放共享

健全科技资源开放共享制度，深入开展全国科技资源调查，促进科技资源优化配置和高效利用。建立健全科研院所、高等学校、企业的科研设施和仪器设备等科技资源向社会开放的合理运行机制。加大国家重点实验室、国家工程实验室、国家工程（技术）研究中心、大型科学仪器中心、分析测试中心等向企业开放服务的力度，将资源开放共享情况作为其运行绩效考核的重要指标。加强对国家科技基础条件平台开放服务工作的绩效评价和奖励补助，积极引导其对企业开展专题服务。加强区域性科研设备协作，提高对企业技术创新的支撑服务能力。

（十一）提升企业技术创新开放合作水平

鼓励企业通过人才引进、技术引进、合作研发、委托研发、建立联合研发中心、参股并购、专利交叉许可等方式开展国际创新合作。加强国际科技创新信息收集分析，为企业开展国际科技合作提供服务。鼓励企业到海外建立研发机构，联合科研院所承担国际科技合作项目。支持企业参加各类国际标准组织，积极参与国际技术标准制修订。鼓励和支持企业向国外申请知识产权。加大国家科技计划开放合作力度，鼓励跨国公司依法在我国设立研发机构，与我国企业、科研院所和高等学校开展合作研发，共建研发平台，联合培养人才。

（十二）完善支持企业技术创新的财税金融等政策

完善和落实企业研发费用税前加计扣除政策，加大企业研发设备加速折旧政策的落实力度。完善高新技术企业认定办法，落实税收优惠政策。促进科技和金融结合，在风险可控原则下和国家允许的业务范围内，加大政策性银行对企业转化科技成果和进出口关键技术设备的支持力度，鼓励商业银行开发支持企业技术创新的贷款模式、产品和服务，加大对企业技术创新的融资支持。建立健全首台（套）重大技术装备保险机制，支持企业研发和推广应用重大创新产品。加大对符合条件的创新型企业上市融资以及已上市创新型企业再融资和市场化并购重组的支持力度，支持科技成果出资入股并确认股权。切实加强知识产权保护，依法惩治侵犯知识产权的违法犯罪行为。

三、组织实施

（一）加强组织领导，强化统筹推进

各地方、各部门要切实增强责任感和紧迫感，围绕全面实施创新驱动发展战略，加大推进技术创新的力度，全面提升企业创新能力。科技、发展改革、财政、教育、工业和信息化、农业、人力资源社会保障、国资、金融、工会等有关部门和单位要建立深入实施国家技术创新工程的联合推进机制，发挥各自优势，加强协同创新，形成工作合力。各地方要结合实际，制定贯彻本意见的具体方案。要充分调动各方面的积极性，共同推进企业技术创新工作。

（二）加强监测评估，务求取得实效

要加强分类指导，建立监测评价机制，对各项重点任务推进和各项政策措施落实的情况进行督促检查，定期总结和发布工作进展情况。逐步建立企业技术创新调查制度。对探索性强的政策任务要加强研究，通过试点积累经验，并及时总结推广。要加强宣传和舆论引导，大力宣传企业技术创新工作的重要意义、政策措施、进展成效和先进经验，营造有利于工作顺利推进的良好社会氛围。

国务院办公厅

2013年1月28日

知识产权局　工业和信息化部　工商总局　版权局 关于加强陶瓷产业知识产权保护工作的意见

国知发协字[2013]26号

各省、自治区、直辖市知识产权局、工业和信息化主管部门、工商局、版权局：

为深入实施国家知识产权战略，加大陶瓷领域执法监管力度，提升知识产权保护能力，营造促进陶瓷产业健康发展的知识产权保护环境，提出以下意见：

一、充分认识加强陶瓷产业知识产权保护的重要意义

近年来，我国陶瓷产业经济总量不断增长，生产总量占全球一半以上，年产值超过 7000 亿元，行业技术水平明显提升，产业集群化快速发展。同时，陶瓷产业知识产权侵权假冒行为多发，严重影响产业健康发展。迫切需要加大知识产权保护力度，对陶瓷产业生产流通和市场秩序予以进一步规范。

二、明确加强陶瓷产业知识产权保护的总体思路和目标

以邓小平理论、“三个代表”重要思想和科学发展观为指导，紧扣陶瓷产业发展特点，以加强市场知识产权执法监管为前提，以提升产业知识产权保护能力为主线，以及时化解知识产权纠纷为着力点，营造促进陶瓷产业转型升级的知识产权保护环境。

三、加大执法监管力度，维护陶瓷产业知识产权市场环境

（一）加大陶瓷领域行政执法力度

各主要陶瓷产销区建立健全知识产权执法协作机制，积极开展信息共享、案件会商、执法联动等工作。各地专利、商标、版权等行政管理部门进一步完善针对陶瓷领域侵权假冒行为的联合执法磋商机制，强化日常执法巡查和专项整治，加大对跨地区侵权、群体侵权、反复侵权及重案要案的打击力度，对典型案例进行媒体曝光。加强对行政执法人员的专业技能培训。加强知识产权保护工作宣传，加大对“12330”、“12315”、“12390”等维权援助热线的推介力度，营造良好的保护氛围。

（二）加强陶瓷市场知识产权规范化管理

探索市场知识产权规范化管理模式，逐步实现市场监管关口前移。开展陶瓷领域知识产权管理规范化市场试点工作，建立统计通报、表彰激励等工作制度。加大市场监管力度，通过行政建议、规劝等多种形式规范知识产权标识的标注方式。探索运用技术手段加强陶瓷商品知识产权保护工作。

（三）监督市场主办方履行管理主体责任

指导落实知识产权备案审核、公示查询、自查自纠、纠纷化解等管理制度。推动实施陶瓷市场知识产权商品公示制度。引导建立陶瓷市场商户知识产权诚信档案，开展惩戒奖励工作，推动将商户知识产权诚信状况与摊位租赁等措施挂钩。鼓励设立群众监督岗，组建维权志愿者队伍，形成群防群治局面。

（四）鼓励依法及时保护创新成果

加大对日用陶瓷、建筑陶瓷、艺术陶瓷等领域的工艺技术、产品设计、知名品牌的保护力度。鼓励对创新成果依法及时保护，较大幅度地提高陶瓷领域知识产权的数量和质量，为陶瓷产业的转型升级保驾护航。

四、加强服务引导，提升陶瓷产业知识产权保护能力

（五）构建陶瓷产业知识产权纠纷快速解决机制

在条件成熟的陶瓷产销区充分利用现有资源，建立健全各类知识产权服务机构。充分发挥各类协会的作用，组织、协助、参与开展知识产权的申报、纠纷调解、维权援助等工作。综合运用调解、仲裁、诉讼等多种纠纷解决方式，发挥优势互补作用，及时有效地化解知识产权纠纷。

（六）搭建陶瓷产业知识产权保护支撑平台

完善创新知识产权检索和咨询服务工作模式，鼓励围绕行业共性、关键技术开展攻关，协同研发新产品、新材料、新工艺和新装备。建立健全陶瓷产业知识产权信息服务平台，加强知识产权信息传播和利用。引导加强对传统技艺的研究、认定、保存和传播过程中的知识产权保护。

（七）推动建立陶瓷产品知识产权鉴定评估机构，提升陶瓷产品的技术鉴定和知识产权司法鉴定水平，提供知识产权侵权界定的专业服务，为刑事执法、司法保护提供支撑

（八）促进行业协会加强协调服务

指导行业协会广泛开展知识产权业务培训。引导组建行业知识产权联盟，合作开展知识产权运营。指导开展行业维权，提高联合应对知识产权纠纷和诉讼的综合能力。推动制定行业知识产权保护自律公约，提高会员知识产权保护自律意识。引导规范国内外展销活动，鼓励编发针对国内外展会、进出口贸易等环节的企业维权指引。指导加强对陶瓷产业证明商标、集体商标的管理与许可使用，加大区域品牌培育力度。

（九）推动陶瓷企事业单位进一步提升知识产权综合能力

推动知识产权运用能力培育工程的实施，指导开展知识产权分析工作，充分利用专利等知识产权文献信息制定技术创新策略，加大对可替代原料及新能源开发、设备设计制造、工艺路线升级等技术方法的知识产权资源挖掘，防范知识产权风险。支持积极开展知识产权维权打假活动。

五、加强协调督查，保障各项措施落实

（十）加强协调配合，形成监管合力

各部门要依法加大行政执法力度，切实加强部门间的协调配合，充分发挥知识产权联席会议制度作用，建立健全衔接机制，形成监管合力。

（十一）加强督导检查，狠抓工作落实

各部门要切实了解陶瓷产业工作实际，深入基层和一线，解决突出问题，有针对性地做好陶瓷市场知识产权保护工作。有关部门适时组织联合检查组，对工作落实情况进行督导检查。

（十二）加大保障力度，完善配套政策

各部门要加大项目资金和政策倾斜力度，加强对陶瓷产业知识产权保护及陶瓷市场规范化管理工作的支持。主要陶瓷产销区制定完善与陶瓷产业知识产权保护需求相适应的地方法规或规章，出台相应配套政策。

2013 年 3 月 26 日

关于进一步促进电子商务健康快速发展有关工作的通知

发改办高技［2013］894号

各省、自治区、直辖市及计划单列市、副省级省会城市人民政府办公厅：

为进一步促进电子商务健康快速发展，国家发展改革委、财政部、农业部、商务部、人民银行、海关总署、税务总局、工商总局、质检总局、林业局、旅游局、邮政局、国家标准委等部门研究决定，继续加快完善支持电子商务创新发展的法规政策环境，现将有关工作通知如下：

一、统筹推进电子商务发展环境建设

国家发展改革委会同相关部门进一步完善促进电子商务健康快速发展的跨部门工作协调机制，继续推进国家电子商务示范城市创建工作，支持相关部门和地方围绕完善电子商务法规政策环境开展试点工作，并对有关部门和地方推进电子商务示范城市建设，开展电子商务试点工作等进行咨询指导、监督与评价。

二、推动电子商务企业会计档案电子化试点工作

财政部会同有关部门，组织开展会计档案电子化管理试点工作，修订完善《会计档案管理办法》，研究完善电子会计档案管理制度，推进电子会计档案在电子商务领域中的应用，充分发挥电子会计档案在电子商务领域会计信息数据管理、利用等方面的作用，推动电子商务领域会计信息化，提高会计信息质量。

三、推进商贸流通领域电子商务创新发展

商务部会同相关部门进一步完善电子商务交易、物流配送、网络拍卖等领域电子商务应用的相关政策、管理制度及标准规范；研究制定电子商务统计指标相关标准，加快建立健全统一高效的商贸流通业统计体系和电子商务统计体系，推进信用监测体系建设；促进商品现货市场电子商务规范发展，鼓励综合性批发市场、旧货流通市场、专业化市场发展线上、线下协同的电子商务应用体系，支持外贸电子商务、农产品电子商务、社区电子商务发展，密切产销衔接，推进电子商务示范基地建设，加强电子商务人才培训。

四、完善跨境贸易电子商务通关服务

海关总署会同商务部、税务总局、工商总局、质检总局、邮政局、国家标准委等部门在已有工作基础上，进一步完善跨境贸易电子商务通关服务环境，共同研究制定相配套的管理制度及标准规范，推进外贸电子商务企业备案信息共享，探索多部门联合推动跨境贸易电子商务通关服务的综合试点工作。

五、加快网络（电子）发票推广与应用

财政部、税务总局负责研究跨境贸易电子商务适用的税收政策及相关管理制度和标准规范。税务总局会同财政部继续加强电子商务企业的税收管理制度研究，完善网络（电子）发票的管理制度和信息标准规范，建立与电子商务交易信息、在线支付信息、物流配送信息相符的网络（电子）发票开具等相关管理制度，促进电子商务税务管理与网络（电子）发票的衔接，继续推进网络（电子）发票应用试点工作，推广网络（电子）发票在各领域的应用。

六、深入推进电子商务可信交易环境建设工作

工商总局负责加强网络商品交易及有关服务

行为的规制建设，会同有关部门研究建立网络经营者信用指标体系，推动网络经营者交易信用信息采集与管理服务，鼓励社会中介机构开展网络经营者信用评价活动，研究制定跨境贸易电子商务企业主体身份标识管理制度，推动电子商务市场主体、客体及交易过程基础信息的规范管理与服务，组织电子商务服务企业开展电子商务可信交易保障服务试点工作。

七、建立完善电子商务产品质量安全监督机制

质检总局会同工商总局等有关部门，研究推进电子商务产品质量诚信体系建设，研究建立电子商务交易产品基础信息规范化管理和基于统一产品编码体系的质量信息公开制度，推动以组织机构代码实名制为基础的企业质量信用档案在电子商务领域的应用；会同邮政局探索建立跨境贸易电子商务邮件快件的检验检疫监管模式；会同有关部门研究建立跨境贸易电子商务产品质量安全监督和溯源机制，支持跨境贸易电子商务发展。

八、推动移动电子商务支付创新发展

人民银行负责研究制定金融移动支付发展政策，推进金融移动支付安全可信服务管理体系建设，建立移动支付信息安全保障体系；引导商业银行、支付机构实施移动支付金融行业标准，推动移动支付联网通用、业务规范发展；以金融 IC 卡应用为基础开展移动支付技术创新应用试点工作，探索符合市场要求的移动支付技术方案、商业模式和产品形态，为产业发展提供示范效应，促进移动电子商务支付创新发展。

九、完善电子商务快递服务制度

邮政局负责探索建立重点地区快递准时率通报机制，健全旺季电子商务配送的保障措施，创新城市电子商务快递服务机制；配合海关总署、质检总局等部门推进完善跨境贸易电子商务邮件快件管理。

十、推进电子商务标准化工作

国家标准委会同相关部门改组电子商务标准化总体组，建立完善电子商务国家标准体系，协调电子商务标准制定，会同有关部门和地方依托国家电子商务示范城市建设和电子商务试点工作，开展电子商务主客体的信息描述、电子商务交易过程监管、电子商务支付等关键环节的标准研制、验证、完善和推广工作。

十一、促进农业电子商务发展

农业部负责研究制定农产品分类定级等标准规范，与相关部门共同研究探索推进以农业产业化龙头企业、农民专业合作社、家庭农场等新型农业经营主体为纽带的农产品质量安全追溯体系、诚信体系建设，加强农业电子商务模式研究，规范农业生产经营信息采集，推动供需双方网络化协作，完善农业电子商务体系，推进农业领域电子商务应用并开展相关试点工作。

十二、促进林业电子商务发展

林业局负责研究推进林业电子商务发展的相关政策，研究制定基于电子商务的森林资产评估、地区性的森林资源转让、林权交易等管理办法，依托电子商务拓展林产品销售，支撑林区、林场发展转型，促进农民增收；会同工商总局研究建立林产品交易诚信体系；制定林产品的分类定级、网络交易等标准规范，推进林产品、林权交易的规范化与网络化，开展林产品、林权交易电子商务试点工作。

十三、促进旅游电子商务发展

旅游局负责研究制定旅游电子商务管理办法及相关推进政策；建立旅游电子商务公共服务和监管机制，推动旅游在线服务模式创新；研究建立重点旅游景区游客流量等相关信息的在线发布机制；

会同工商总局推动旅游电子商务可信交易体系建设及旅游服务电子合同应用，开展集游客流量预警发布、即时投诉服务、电子合同签订、游客在途在线即时服务等功能的旅游综合电子商务服务试点工作。

十四、各地区加快支持电子商务发展环境建设

各地方要重点支持符合本地区发展实际需求的电子商务企业发展，配合中央部门落实相关重点工作，建立完善本地区跨部门的电子商务工作协同机制，加快完善地方性电子商务政策体系，进一步加强电子商务基础设施建设，为电子商务企业创新发展提供良好的环境。深圳市、北京市等 23 个国家电子商务示范城市要继续深入推进创建工作，落实创建工作方案各项任务，加快推进国家电子商务试点工作，探索支持电子商务发展的新机制和新政策，为国家制定电子商务相关法规标准提供实践依据。

国家发展改革委办公厅
财政部办公厅
农业部办公厅
商务部办公厅
人民银行办公厅
海关总署办公厅
税务总局办公厅
工商总局办公厅
质检总局办公厅
林业局办公室
旅游局办公室
邮政局办公室
国家标准委办公室
2013 年 4 月 15 日

国务院办公厅关于金融支持小微企业发展的实施意见

国办发[2013]87号

各省、自治区、直辖市人民政府，国务院各部委、各直属机构：

小微企业是国民经济发展的生力军，在稳定增长、扩大就业、促进创新、繁荣市场和满足人民群众需求等方面，发挥着极为重要的作用。加强小微企业金融服务，是金融支持实体经济和稳定就业、鼓励创业的重要内容，事关经济社会发展全局，具有十分重要的战略意义。为进一步做好小微企业金融服务工作，全力支持小微企业良性发展，经国务院同意，现提出以下意见。

一、确保实现小微企业贷款增速和增量“两个不低于”的目标

继续坚持“两个不低于”的小微企业金融服务目标，在风险总体可控的前提下，确保小微企业贷款增速不低于各项贷款平均水平、增量不低于上年同期水平。在继续实施稳健的货币政策、合理保持全年货币信贷总量的前提下，优化信贷结构，腾挪信贷资源，在盘活存量中扩大小微企业融资增量，在新增信贷中增加小微企业贷款份额。充分发挥再贷款、再贴现和差别准备金动态调整机制的引导作用，对中小金融机构继续实施较低的存款准备金率。进一步细化“两个不低于”的考核措施，对银行业金融机构的小微企业贷款比例、贷款覆盖率、服务覆盖率和申贷获得率等指标，定期考核，按月通报。要求各银行业金融机构在商业可持续和有效控制风险的前提下，单列小微企业信贷计划，合理分解任务，优化绩效考核机制，并由主要负责人推动层层落实。（人民银行、银监会按职责分工负责）

二、加快丰富和创新小微企业金融服务方式

增强服务功能、转变服务方式、创新服务产品，是丰富和创新小微企业金融服务方式的重点内容。进一步引导金融机构增强支小助微的服务理念，动员更多营业网点参与小微企业金融服务，扩大业务范围，加大创新力度，增强服务功能；牢固树立以客户为中心的经营理念，针对不同类型、不同发展阶段小微企业的特点，不断开发特色产品，为小微企业提供量身定做的金融产品和服务。积极鼓励金融机构为小微企业全面提供开户、结算、理财、咨询等基础性、综合性金融服务；大力发展产业链融资、商业圈融资和企业群融资，积极开展知识产权质押、应收账款质押、动产质押、股权质押、订单质押、仓单质押、保单质押等抵质押贷款业务；推动开办商业保理、金融租赁和定向信托等融资服务。鼓励保险机构创新资金运用安排，通过投资企业股权、基金、债权、资产支持计划等多种形式，为小微企业发展提供资金支持。充分利用互联网等新技术、新工具，不断创新网络金融服务模式。（人民银行、银监会、证监会、保监会按职责分工负责）

三、着力强化对小微企业的增信服务和信息服务

加快建立“小微企业—信息和增信服务机构—商业银行”利益共享、风险共担新机制，是破解小微企业缺信息、缺信用导致融资难的关键举措。积极搭建小微企业综合信息共享平台，整合注册登记、生产经营、人才及技术、纳税缴费、劳动用工、用水用电、节能环保等信息资源。加快建立小微企业信用征集体系、评级发布制度和信息通报制度，引导银行业金融机构注重用好人才、技术等“软信息”，建立针对小微企业的信用评审机制。建立健全主要为小微企业服务的融资担保体系，由地方人民政府参股和控股部分担保公司，以省（区、市）为单位建立政府主导的再担保公司，创设小微企业信贷风险补偿基金。指导相关行业协会推进联合增信，加强本行业小微企业的合作互助。充分挖掘保险工具的增信作用，大力发展贷款保证保险和信用保险业务，稳步扩大出口信用保险对小微企业的服务范围。（发展改革委、工业和信息化部、财政部、商务部、人民银行、工商总局、银监会、证监会、保监会等按职责分工负责）

四、积极发展小型金融机构

积极发展小型金融机构，打通民间资本进入金融业的通道，建立广覆盖、差异化、高效率的小微企业金融服务机构体系，是增加小微企业金融服务有效供给、促进竞争的有效途径。进一步丰富小微企业金融服务机构种类，支持在小微企业集中的地区设立村镇银行、贷款公司等小型金融机构，推动尝试由民间资本发起设立自担风险的民营银行、金融租赁公司和消费金融公司等金融机构。引导地方金融机构坚持立足当地、服务小微的市场定位，向县域和乡镇等小微企业集中的地区延伸网点和业务，进一步做深、做实小微企业金融服务。鼓励大中型银行加快小微企业专营机构建设和向下延伸服务网点，提高小微企业金融服务的批量化、规模化、标准化水平。（银监会牵头）

五、大力拓展小微企业直接融资渠道

加快发展多层次资本市场，是解决小微企业直接融资比例过低、渠道过窄的必由之路。进一步优化中小企业板、创业板市场的制度安排，完善发行、定价、并购重组等方面的政策和措施。适当放宽创业板市场对创新型、成长型企业的财务准入标准，尽快启动上市小微企业再融资。建立完善全国中小企业股份转让系统（以下称“新三板”），加大产品创新力度，增加适合小微企业的融资品种。进一步扩大中小企业私募债券试点，逐步扩大中小企业集合债券和小微企业增信集合债券发行规模，在创业板、“新三板”、公司债、私募债等市场建立服务小微企业的小额、快速、灵活的融资机制。在清理整顿各类交易场所基础上，将区域性股权市场纳入多层次资本市场体系，促进小微企业改制、挂牌、定向转让股份和融资，支持证券公司通过区域性股权市场为小微企业提供挂牌公司推荐、股权代理买卖等服务。进一步建立健全非上市公众公司监管制度，适时出台定向发行、并购重组等具体规定，支持小微企业股本融资、股份转让、资产重组等活动。探索发展并购投资基金，积极引导私募股权投资基金、创业投资企业投资于小微企业，支持符合条件的创业投资企业、股权投资企业等发行企业债券，专项用于投资小微企业，促进创新型、创业型小微企业融资发展。（证监会、发展改革委、科技部等按职责分工负责）

六、切实降低小微企业融资成本

进一步清理规范各类不合理收费，是切实降低小微企业综合融资成本的必然要求。继续对小微企业免征管理类、登记类、证照类行政事业性收费。规范担保公司等中介机构的收费定价行为，通过财政补贴和风险补偿等方式合理降低费率。继续治理金融机构不合理收费和高收费行为，开展对金融机构落实收费政策情况的专项检查，对落实不到位的金融机构要严肃处理。（发展改革委、工业和信息化部、财政部、人民银行、银监会等按职责分工负责）

七、加大对小微企业金融服务的政策支持力度

对小微企业金融服务予以政策倾斜，是做好小微企业金融服务、防范金融风险的必要条件。进一步完善和细化小微企业划型标准，引导各类金融机构和支持政策更好地聚焦小微企业。充分发挥支持性财税政策的引导作用，强化对小微企业金融服务

的正向激励；在简化程序、扩大金融机构自主核销权等方面，对小微企业不良贷款核销给予支持。建立科技金融服务体系，进一步细化科技型小微企业标准，完善对各类科技成果的评价机制。在银行业金融机构的业务准入、风险资产权重、存贷比考核等方面实施差异化监管。继续支持符合条件的银行发行小微企业专项金融债，用所募集资金发放的小微企业贷款不纳入存贷比考核。逐步推进信贷资产证券化常规化发展，引导金融机构将盘活的资金主要用于小微企业贷款。鼓励银行业金融机构适度提高小微企业不良贷款容忍度，相应调整绩效考核机制。继续鼓励担保机构加大对小微企业的服务力度，推进完善有关扶持政策。积极争取将保险服务纳入小微企业产业引导政策，不断完善小微企业风险补偿机制。（发展改革委、科技部、工业和信息化部、财政部、人民银行、税务总局、统计局、银监会、证监会、保监会等按职责分工负责）

八、全面营造良好的小微金融发展环境

推进金融环境建设，营造良好的金融环境，是促进小微金融发展的重要基础。地方人民政府要在健全法治、改善公共服务、预警提示风险、完善抵质押登记、宣传普及金融知识等方面，抓紧研究制定支持小微企业金融服务的政策措施；切实落实融资性担保公司、小额贷款公司、典当行、投资（咨询）公司、股权投资企业等机构的监管和风险处置责任，加大对非法集资等非法金融活动的打击惩处力度；减少对金融机构正常经营活动的干预，帮助维护银行债权，打击逃废银行债务行为；化解金融风险，切实维护地方金融市场秩序。有关部门要研究采取有效措施，积极引导小微企业提高自身素质，改善经营管理，健全财务制度，增强信用意识。（发展改革委、工业和信息化部、公安部、财政部、商务部、人民银行、税务总局、工商总局、银监会、证监会、保监会等按职责分工负责）

各地区、各有关部门和各金融机构要按照国务院的统一部署，进一步提高对小微企业金融服务重要性的认识，明确分工，落实责任，形成合力，真正帮助小微企业解决现实难题。银监会要牵头组织实施督促检查工作，确保各项政策措施落实到位。从2014年开始，各省级人民政府、人民银行、银监会、证监会和保监会要将本地区或本领域上一年度小微企业金融服务的情况、成效、问题、下一步打算及政策建议，于每年1月底前专题报告国务院。各银行业金融机构有关落实情况及下一步工作和建议，由银监会汇总后报国务院。

国务院办公厅

2013年8月8日

福建省人民政府办公厅关于加快科技企业孵化器建设与发展若干措施的通知

闽政办 [2012] 198 号

各市、县（区）人民政府，平潭综合实验区管委会，省人民政府各部门、各直属机构，各大企业，各高等院校：

为贯彻落实《中共福建省委、福建省人民政府关于深化科技体制改革加快创新体系建设的若干意见》(闽委发［2012］7号)精神，经省政府同意，现就加快推进我省科技企业孵化器（简称孵化器）建设和发展若干措施的有关事项通知如下：

一、明确目标任务

围绕我省产业发展重点、行业布局和战略性新兴产业，建设和发展一批具有明确产业指向和区域特色的专业孵化器。到 2015 年，全省孵化器数量达到 100 家以上，其中新建孵化器 55 个以上（省属1个、福州8个、厦门6个、莆田7个、泉州8个、漳州6个、龙岩5个、三明6个、南平2个、宁德 5 个、平潭综合实验区 1 个以上），实现孵化器在全省区县覆盖率 60%以上。科技进步先进县（市、区）都应建有孵化器，高新技术产业开发(园)区、高新技术产业化基地、省级科技创新型试点城市、新认定的科技进步先进市都应建有省级以上孵化器。提升现有7家国家级孵化器服务水平，再培育5家以上国家级孵化器。

二、鼓励多元投入

支持企业、高等院校、科研院所和高新技术产业开发（园）区利用存量土地和存量房新建、扩建和改建孵化器。鼓励国内外著名科技企业孵化器主办机构通过承建、合作投资和服务外包等方式来闽自建或共建孵化器。孵化器用地指标和土地供应按工业用地相关政策执行，并可配以一定比例的生产服务设施用地。新建或改扩建的项目，涉及城建等有关规费，报经相应权限机关批准后予以减免。落实《财政部、国家税务总局关于科技企业孵化器有关税收政策问题的通知》(财税［2007］121号）政策，孵化器的配套公用服务设施，可选择采用加速折旧办法。新建孵化器按30元/平方米的标准给予一次性补助（指在孵企业使用面积，含公共服务场地），最高补助 100 万元；改扩建的孵化器按 15 元/平方米的标准给予一次性补助，最高补助50万元，所需补助资金由省（计划单列市）、市两级财政按60%和40%分担。

三、支持服务平台建设

支持孵化器自建或合作共建科技创新平台。对省级以上的科技创新平台新增实验仪器设备，由考核认定部门按其新购研发仪器设备实际投资总额的30%给予资助，最高可达500万元。平台内的仪器设备加入福建省大型科学仪器设备协作共用网并对外提供仪器设备共享服务的，享受福建省大型科学仪器设备协作共用相关政策。在孵企业当年对财政的贡献，由同级财政部门全额或部分用于该孵化器公共服务平台的能力建设。鼓励和支持孵化器创造条件，吸引科技中介机构为在孵企业开展专利代理、检测、咨询、维权等服务。引导孵化器建立博士后科研工作站和创新实践基地。

四、鼓励创新创业

鼓励支持高等院校自建或合作共建科研项目孵化器,推进高校科研成果产业化进程。鼓励高校教师、科研人员到孵化器从事科技成果转化，参与企业技术创新。科技成果项目完成人到孵化器内自行创办企业转化或者以技术入股在本省进行转化，其享有该科技成果在企业中收益的比例可高于 50%。

加大发明专利奖励力度，对创新创业人员及在孵企业申请有关专利等知识产权的，按有关规定给予财政专项补助。省人才专项资金重点支持孵化器引进一批高层次创新人才和创新创业团队。落实引进人才所得税返还等扶持政策，符合条件的高层次创业创新人才申请保障性住房应给予优先安排。

五、扶持在孵企业

对入驻孵化器的科技型内外资有限公司（不含1人有限公司），注册资本在100万元以下的，允许注册资金零首付，股东在核发营业执照6个月内缴足不低于注册资本20%的出资，其余部分在2年内依法缴足。免收在孵企业注册登记费。在孵企业涉及省级及以下的行政服务性收费事项一律取消，国家规定的行政事业性收费事项按照收费标准下限收取。对在孵初创企业技术含量及附加值高、市场前景好、能形成较好经济社会效益的创新项目，省科技型中小企业技术创新资金予以优先支持。在孵企业转化为重大科技成果的，按《福建省人民政府关于促进科技成果转化和产业化的若干意见》（闽政［2011］111号）重点给予支持。孵化器所在地政府要制定相应的优惠政策，鼓励和引导孵化毕业企业在当地落户，到高新技术产业开发（园）区发展壮大。

六、加强投融资服务

落实《福建省人民政府关于印发支持小型和微型企业发展的十二条金融财税措施的通知》（闽政［2011］89号）精神，引导银行业金融机构为在孵科技企业提供信贷支持，支持金融机构设立科技支行或科技金融机构，鼓励支持地方政府及民营企业等单独或联合设立科技信贷风险补偿资金，推动组建科技小额贷款公司和科技专业担保公司，优先为符合条件的在孵企业提供贷款、融资担保或风险补偿。允许在孵企业以其专利、软件著作权、商标等知识产权向担保机构提供反担保。担保机构负连带责任担保的在孵企业高新技术孵化项目（产品）的担保金，符合财产损失税前扣除条件的，可以申请税前扣除。

省创业投资引导资金和战略性新兴产业创业投资基金要支持在孵企业创新创业。鼓励设立扶持在孵企业的创业种子资金。采用孵化基金、房租入股、孵化服务投入等多种形式开展风险投资。凡风险投资机构投资在孵企业高新技术孵化项目（产品）因开发失败而导致的损失，符合财产税前扣除条件的，可以申报资产损失税前扣除。加大力度引进和培育具有天使投资功能的孵化器管理团队。

七、强化孵化器自身建设

提高孵化器综合服务能力水平，培养和引进一批具有先进孵化理念、专业知识和管理水平的优秀孵化服务团队。建立创业导师辅导机制，拓展创业导师、专业孵化、种子资金、天使投资等增值性服务，探索和推动持股孵化及市场化运行机制，实现孵化服务倍增效益。加强孵化器品牌建设，完善孵化器服务质量管理体系，整合创业孵化资源，打造创业服务产业链，构筑孵化载体、技术平台、人才培育、融资担保一体化的孵化服务体系。对新认定的国家级孵化器给予一次性奖励100万元。

八、建立健全责任制

设区市、县（区）人民政府是本行政区域孵化器规划和发展的责任主体。同级科技行政部门具体负责本行政区域孵化器的建设和发展管理工作。各级财政都要安排资金，支持孵化器建设和发展。建立孵化器绩效评估制度，实行动态管理，每2年对省级以上孵化器建设和发展情况进行一次考核，对考核优秀的孵化器给予奖励。

各地、各部门要紧密结合实际，认真组织实施，确保政策措施落实到位。

福建省人民政府办公厅

2012年11月22日

福建省人民政府关于推进泉州民营经济综合配套改革试验的若干意见

闽政［2012］58号

泉州市人民政府，省人民政府各部门、各直属机构，各大企业，各高等院校：

在泉州市开展民营经济综合配套改革试验，是省委、省政府着力打造民营经济发展的乐园，在更高起点上推进海西建设和福建跨越发展的重大决策，是坚持“四化”同步和“三群”联动的重要抓手，是深化“三维”对接的重要支撑。现就推进泉州市民营经济综合配套改革试验提出如下意见：

一、明确总体要求和主要目标

（一）总体要求

深入贯彻党的十八大精神，全面实施省第九次党代会决策部署，坚持解放思想、先行先试，坚持统筹兼顾、综合配套，坚持市场导向、政府推动，坚持顺应规律、突出特色，着力转变经济发展方式，着力增强自主创新能力，着力破解资源要素制约，着力优化公共服务环境，着力统筹经济社会发展，加快建立高端化、集群化、现代化的民营经济产业体系，将泉州建成政策支撑有力、政府服务高效、产业环境优越、社会依托完善的民营经济发展集聚区、示范区，为促进全省民营经济改革发展发挥积极的示范带动作用，为加快建设更加优美更加和谐更加幸福的福建作出更大的贡献。

（二）主要目标

到2015年，基本形成推动民营经济科学发展、跨越发展的体制机制。民营经济增加值达6000亿元以上；民营经济中第三产业增加值占30%，高新技术产业增加值占14%；年产值超百亿元的民营工业企业10家以上；私营企业7.5万家以上，个体工商户20万户以上。到2020年，形成较为完善的推动民营经济科学发展、跨越发展的体制机制。民营经济增加值达1.1万亿元以上；民营经济中第三产业增加值占35%，高新技术产业增加值占20%；年产值超百亿元的工业企业20家以上；私营企业10万家以上，个体工商户25万户以上。

二、提升民营经济产业层次

（一）着力提升传统产业

按照“抓龙头、铸链条、建集群”的要求，创新项目生成机制，加快企业技术改造，重点发展纺织鞋服、石油化工、建材业等产业链关键缺失环节和延伸项目，修船造船、轨道交通、数控机床等装备制造业龙头和配套项目，石材、水暖厨卫、陶瓷、食品饮料、造纸及纸制品、包装印刷等特色优势产业的高端化项目。健全落后产能淘汰机制，省级用于节能技术改造奖励资金向泉州适当倾斜。

（二）发展壮大战略性新兴产业

完善龙头企业及创新型中小企业扶持政策，引导和鼓励民营企业发展光电信息、生物与新医药、节能环保、新能源、新材料和海洋新兴产业等战略性新兴产业。鼓励民营企业开拓军工产品市场，加快进入国防科技工业领域，参与军民两用高科技开发和产业化，重点在高端装备制造、电子信息等领域促进军民结合产业集聚化、规模化发展。

（三）大力发展现代服务业

支持泉州开展服务业综合改革试点，促进先进制造业和现代服务业融合发展，建设服务外包基地城市。大力发展全国性大型专业市场，打造全国物流节点城市。建设海西民营经济总部中心，积极扶持泉州现有总部企业发展，吸引全国知名企业在泉州设立地区总部、营运中心、研发中心、配套基地、采购中心和物流中心等。充分发挥泉州闽南文化生态保护实验区核心区的作用，引导民营企业发展文化旅游创意产业，建设泉台文化创意产业交流合作示范区。支持晋江开展“二三产分离，制造业服务化”试点。

三、推动民营企业自主创新

（一）鼓励民营企业技术创新

支持和推进中科院、国家级或省级重点实验室、工程技术中心、行业技术开发基地在泉州设立分支机构，将泉州鞋业、纺织、服装、石材、陶瓷、休闲食品、微波通信、光电等优势产业领域的公共研发、信息、检测中心建设成为服务于全省乃至全国的创新基地。鼓励民营企业加大研发投入，对列入省“百项千亿”重点技术改造计划的项目购置先进技术设备的，按购置费的 5%优先给予补助。支持民营企业开展对标认证、申报或购买各类专利，加快创新成果的知识产权化。积极发展无形资产评估、知识产权交易、专利代理等科技中介服务业。大力发展创业投资、股权投资，降低民营企业创新成本。

（二）推动民营企业品牌创新

支持泉州民营企业创品牌，鼓励并购国外高端品牌，对并购国外高端品牌的，按核定后并购金额的 10%给予补助，单项补助金额不超过 1000 万元人民币。引导企业深挖品牌价值，推动品牌整合，组建“品牌联盟”。支持泉州建设品牌产品直销中心、商标交易服务中心、品牌数字展览馆。对泉州市组织企业参加全国的知名专业性展会和抱团开拓市场项目给予资助。支持泉州市工业企业列入全省甲供、甲控供应商名录。支持泉州市企业通过电子商务平台扩大产品销售，将资助范围从规模以上扩大至全部工业企业。

（三）强化民营企业人才支撑

探索构建政府主导，民营企业参与的“政产学研”一体化的人才公共服务平台。建立权威的企业经营管理人才数据库，推进企业经营管理人才和职业经理人资质社会化评价。鼓励民营企业建设院士专家工作站、博士后科研工作站，鼓励高校、科研机构选择企业攻关项目作为研究方向，在项目开发中培养人才。创新企业家队伍建设工作机制，积极探索企业家培养的国际化合作途径。

四、促进民营经济集聚发展

（一）推动开发区和特色产业园加快发展

支持泉州经济技术开发区和高新技术产业开发区转型提升、加快发展。泉州台商投资区台商投资项目属于《外商投资产业指导目录》中总投资 5 亿美元以下的鼓励类、允许类省级审批项目，由泉州市有关部门办理相关核准、审批手续。赋予泉惠石化工业区参照享受省政府《关于支持漳州古雷石化基地加快开发建设十二条措施的通知》（闽政［2012］241 号）的扶持政策。加快泉州（南安）光电信息产业基地、泉州（湖头）光电产业园、泉州微波通信特色产业基地、海西数字对讲机产业育成基地、泉州软件园、中国国际信息技术（福建）产业园、南安海峡科技生态城、永春生物医药产业园区、石狮海洋生物高科技产业园等载体建设，推动泉州战略性新兴产业规模集聚。

（二）整合各类工业园区

鼓励民营企业建设品牌工业园、上市企业创业园，鼓励园区外工业企业“拆企并企、拆企入园”，并按企业的性质合理安排园区用地。创新园区开发、管理模式，引入园区专业开发商、运营商。加快印染、制革、石材、陶瓷等集控区建设。

（三）大力发展飞地工业

加快推进泉州市及其所辖县（市区）与省内其他市、县（区）共建产业转移园区，鼓励泉州市的沿海和山区县（市、区）自主结对共建产业转移园区。经过省直有关部门认定的产业转移园区，享受省委、省政府《关于深化山海协作的八条意见》（闽委发［2012］10号）的优惠政策。

（四）支持民营企业做大做强

对年营业收入首次超过10亿元、50亿元、100亿元的民营工业企业，以企业上年度为基数，分别按其地方级“三税”（主要指增值税、营业税、企业所得税）新增部分的20%、25%、30%奖励企业。对上年度纳税总额在500万元以上、当年度“三税”比上年度增幅达30%以上的民营工业企业，其新增“三税”30%以上部分，按其地方级“三税”新增部分的30%予以奖励。以上奖励，按属地原则由企业所在县（市、区）财政负责兑付，涉及省级、设区市级集中一定比例的，按奖励金额同比例返还给县（市、区）。实施小微民营企业成长计划，建设小微民营企业发展集聚区，推动小微企业向“专精特优新”方向发展。

五、引导民营企业制度创新

（一）推进民营企业产权制度改革

推动有条件的民营企业按照建立现代产权制度的要求进行股份制改革，形成开放多元的产权结构，实现所有权和经营权分离，建立科学的企业决策机制和制衡机制。支持民营企业实行相互参股、收购兼并、外资嫁接等多种途径加速发展。鼓励民营企业积极参与国有企业战略性改组，发展混合所有制经济。支持个体工商户、个人独资及合伙企业转制为公司，转制前主体的前置许可文件可依法延续使用。积极引导延续家族制经营的企业，在保留原有产权结构的基础上，创新治理结构。

（二）鼓励民营企业管理创新

鼓励民营企业导入卓越绩效管理模式，推广精益管理经验，推行标准化生产和信息化管理，建设管理创新示范企业。实施民营企业管理信息化工程，推动企业积极运用现代信息技术，优化业务流程和管理模式。开展民营企业社会责任体系建设试点，积极推行SA8000标准认证和企业社会责任报告制度，强化民营企业在依法纳税、安全生产、产品质量、劳动用工等方面的责任与义务，探索建立民营企业履行社会责任评价机制与奖惩机制。

六、完善民间投资扶持政策

（一）鼓励民间资本进入基础设施建设领域

推动民间资本以参股、控股、独资、合资、合作、联营、收购、特许经营等模式，参与基础设施、市政公用设施的投资、建设、运营和管理。已建成的国有经营性基础设施、市政公用基础设施投资项目，经批准可以依法向其他社会企业转让产权或经营权。民间资本投资建设政策性住房，参与中心市区“三旧”改造，享受相应的政策性住房建设政策，投资者权益可依法整体转让。对符合用地政策和基建程序要求的民营企业建设的员工公寓，纳入公共租赁住房建设计划，享受公共租赁住房的相应优惠政策，并安排中央、省级有关专项补助资金。探索利用农村集体建设用地建设农民工宿舍。深化农村体制改革和机制创新，引导民间资本积极参与“美丽乡村”建设。

（二）鼓励民间资本进入文化体育教育领域

支持民间资本参与经营性文化事业单位转制为文化创意企业。鼓励民间资本创办品牌赛事，兴建各类体育场馆及健身设施，参与体育场馆运营。研究划分营利性与非营利性民办学校的办法，落实有所区别的注册登记、政府支持等相关政策，支持民间资本依法兴办各类教育培训机构。

（三）鼓励民间资本进入医疗卫生社会福利领域

支持民间资本举办医疗机构，在服务准入、医保定点、人才引进、职称评定、科研立项等方面与公立医疗机构享有平等待遇。支持民营医疗机构承担公共卫生服务、基本医疗服务和医疗保险定点服务，政府采取购买服务方式予以补偿。鼓励民间资本参与公立医院转制改组。通过用地保障、信贷支持和政府购买服务等多种形式，鼓励民间资本投资建设养老、残疾人康复、托养服务等社会福利机构，允许其设立为老年人、残疾人、儿童康复和一般性诊疗的医疗服务机构，适当开展对外服务。

七、扩大民营经济对外开放

（一）深化两岸产业合作

积极研究放宽台资市场准入条件和股比限制等政策。支持台商在泉州以独资或控股方式，投资环境服务、健康服务、社会服务和生产性服务业。鼓励台湾金融机构在符合国家外商投资产业政策及有关法律法规的规定下，在泉州台商投资区内设立法人机构、分支机构和代表处。支持在泉州具备资质的银行业机构开办离岸金融业务，允许台商开立人民币离岸账户。

（二）建设"海西现代服务专区"

探索建立与国际惯例接轨的供应链管理基地、商务服务中心、区域金融创新中心、专业服务中心、文化创意设计服务基地、内地企业"走出去"促进中心。

（三）推进对外贸易转型升级

支持泉州申请开展外汇使用扩权、通关管理模式改革试点。推动泉州各类海关特殊监管区域建设，支持台商投资区在条件成熟时申报设立保税港区，支持泉州出口加工区设立综合保税区，做大做强晋江"陆地港"。推动泉州台商投资区加快建设新增外贸作业区，争取设立口岸离境免税店，并参照厦门大嶝对台小额商品市场做法设立台湾商品交易市场。

（四）创新人员出入境管理体制

争取国家授予晋江、石狮等县（市、区）受理、签发外国人签证、居留许可的权限。争取国家将泉州纳入赴台个人游试点城市。争取国家授予泉州为赴泉参加各种大型活动的非泉州籍常住人口和已领取暂住证（居住证）的外来务工、经商人员办理赴台旅游证件申请权限。

八、推进金融服务实体经济改革试验

（一）加快构建多层有序的金融组织体系

推动在闽设立机构的银行全部在泉州设立分支机构，引导已在泉州设立机构的银行扩大在泉州县域的网点覆盖面。推动外资银行在泉州设立营业性机构或代表处。支持泉州市增设小额贷款公司，允许有条件的县（市、区）在现有一家小额贷款公司的基础上，可再设立二家小额贷款公司。优先支持运作规范、经营良好的小额贷款公司改制改组为村镇银行。积极引进国内大中型银行到泉州辖内县（市）发起设立村镇银行，力争"十二五"期间基本实现村镇银行县（市）全覆盖。落实村镇银行中法人银行业金融机构最低出资比例放宽至 15%的规定，积极支持民营企业参与村镇银行发起设立或增资扩股，争取提高民间资本的持股比例。支持有资格的民营企业设立财务公司、消费金融公司、金融租赁公司和信托公司等非银行金融机构。支持晋江市加快建设金融创新先导示范区。

（二）加大对民营企业金融支持力度

推动泉州市及所辖县（市、区）银行金融机构全面设立中小微企业金融服务专营机构或专柜，对中小微企业贷款申请优先受理、简化流程、加快审批，合理确定贷款利率，确保银行对中小微企业贷款增速高于全部贷款增速。支持在泉银行业分支机构向上争取机构设立、授信规模等计划单列。推动信贷资金向中小微企业倾斜，单列信贷计划，设立服务专营机构或专柜，开展信贷审批流程改革，实行标准化、专业化、简约化的贷款审批流程。鼓励各类金融机构创新适合民营企业需求的金融品种和经营模式。支持金融机构开展商标权质押融资。

（三）推动民间金融阳光化、规范化和合法化

支持小额贷款公司、典当行、融资性担保公司的发展。创新银行与小额贷款公司合作的新模式，

支持运行良好、经营合规、条件合规的小额贷款公司按公司资本净额的 100%向商业银行融资。允许泉州试点开展民间融资登记管理，支持民间借贷登记服务中心和民间资本管理服务公司，规范民间借贷行为。

（四）拓宽民营企业直接融资渠道

对选择省属法人证券机构作为保荐人或主承销商的泉州市民营企业，优先列入省级重点上市后备企业。支持泉州民营企业通过发行短期融资券、中期票据、企业债、公司债以及中小企业集合票据或集合债券等方式募集资金。支持将泉州列为全国区域集优债务融资创新试点城市和全国市政债发行试点城市，设立中小企业直接债务融资发展基金。积极争取和支持民间资本发起或参与设立的产业基金、股权投资基金、创业投资基金和并购基金。

（五）推动产权交易市场建设

鼓励泉州建立以民营企业为主体的区域性产权交易市场。支持泉州高新技术产业开发区进入新三板试点范围。

九、健全土地保障体制机制

（一）创新土地集约利用机制

对民营企业利用现有厂区、厂房改造建设的，在不改变用途的前提下，不再增收土地出让金。在符合城乡规划的前提下，允许工业企业利用自有的工业厂房用地发展信息服务、研发设计、创意文化、仓储物流以及其它新兴产业。推进开发区土地利用管理基础信息建设，制定行业用地定额标准，完善土地利用评价体系，支持土地集约利用较高的开发区和工业园区扩区，优先解决用地指标。

（二）完善多元化土地供应机制

落户泉州市的工业项目，凡是符合规划和产业政策、符合节约集约用地要求的，新增建设用地指标由省国土资源厅统筹调剂、充分保障。对重大项目使用林地、海域及围填海计划指标给予倾斜。对符合条件的民营企业原划拨国有用地允许补办出让手续。对符合国家产业政策、属于我省鼓励发展、列入产业调整振兴规划的重大项目和省重点建设项目，实行差别化地价政策。对中小微民营企业，探索“分阶段出让、短期出让、租赁”等多种弹性土地供应方式。对于项目落实的民营企业用地，允许以储备用地批次的方式报批农用地转用及土地征收，一次性收储后按项目分期供地。对于从事农业产业化经营的民营企业，兴建农业设施占用农地的，不需办理农用地转用审批手续。

（三）健全工业用地退出机制

对于因政府规划调整而产生的闲置工业用地，可采取协议有偿收回或置换土地的方式处理，国有土地使用权协议有偿收回的价格参照市场价格制定。属战略性或高新技术、高效益企业的用地，可异地置换价值相当、用途相同的建设用地进行开发建设。

（四）建立集体建设用地流转制度

支持泉州市在全市范围内开展“三旧改造”、城乡建设用地增减挂钩。在符合土地利用总体规划和城乡规划前提下，城镇用地范围外，允许依法取得的集体建设用地使用权通过转让、出租、入股、联营等形式进行流转。推进集体建设用地使用权流转市场建设，逐步实现集体建设用地流转市场与国有土地使用权出让市场并轨。允许泉州探索民营企业通过集体建设用地流转投资建设工业、物流和其他鼓励类的产业项目，建设服务于中小微企业的标准厂房。开展农村土地承包经营权和集体林地产权贷款抵押试点。创新农村房屋产权流转的办法、途径和征地补偿制度。

十、创新城镇和社会管理

（一）完善城镇规划

支持泉州加快 980 平方公里环湾区域规划建设，推进 2980 平方公里城市规划区同城化，适时调整行政区划，申请成为较大的市。支持泉州将辖区内周边密切联系的市、县和乡镇纳入规划统一实施，有序拓展城市空间，实现城市建成区面积增长与人口增长相匹配。推动厦漳泉大都市区建设，实施“大城关”战略，引导产业、人口等要素向县城和中心镇集聚。支持县（市）开展撤乡设镇、乡镇改街道和“村改居”工作，条件成熟的，可适时对规模较小的乡镇进行撤并或委托周边中心镇管理。

（二）创新城镇化管理体制

支持泉州探索中心城区“一张图”规划管理模式，统一城市建设标准，创新社区管理体制，实现居民基本公共服务和社会保障均等化。支持石狮市率先开展“全域城市化改革试点”。

（三）创新外来人口管理体制

认真总结晋江市试点经验，全面实行流动人口居住证制度。促进基本公共服务从户籍人口向常住人口覆盖，逐步实现流动人口凭居住证与当地居民享受同等权益。进一步落实进城务工人员随迁子女与当地户籍学生享受同等的义务教育政策，研究制定其在当地参加升学考试的办法。将在民办学校就学的进城务工人员子女义务教育生均公用经费纳入各级财政保障范畴。探索建立用人单位为进城务工人员缴存公积金的农民工住房公积金机制。

十一、优化服务民营经济发展的政务环境

（一）加强对民营企业宏观指导和服务

强化政策引导，及时向社会发布和传递产业政策、发展规划和市场需求等信息，引导民营企业发展。完善对民营经济的统计和监测，全面准确反映民营经济的发展状况。依托政务信息平台整合企业非金融信用记录，建立、完善信用信息系统，按企业信用对企业实施分类管理。切实加强民营企业党建工作，积极探索民营企业党建工作的有效途径，不断增强党组织在企业中的渗透力、影响力和覆盖面，更好地发挥其在促进民营经济发展中的重要作用。

（二）推进行政管理制度创新

进一步赋予泉州市更大的项目核准权限，有关文件明确由省发展改革委、经贸委核准的项目中，除跨行政区项目、申请中央资金补贴项目、重要资源性开发项目、涉及重大规划布局项目外，其他企业投资项目一律下放泉州市发展改革委、经贸委核准，报省发展改革委、省经贸委备案。支持泉州开展企业注册登记改革试点，试行注册资本货币“零首付”，允许企业先登记注册，后完善相关的经营手续。争取国家支持泉州市开展商事登记制度改革、授予泉州外商投资股份公司登记核准权限。

（三）完善政府采购制度

探索形成“政府承担、定项委托、合同管理、评估兑现”的新型政府提供公共服务方式。探索政府购买中介服务进入社区。政府采购货物、服务和工程对各类企业一视同仁。面向小微企业的采购项目不低于其年度预算总额的15%。

（四）推动行业协会（商会）和中介机构发展

完善行业协会（商会）扶持政策，建设行业协会公共服务中心，建设一批在全国乃至国际具有相当知名度和社会公信力的品牌行业协会（商会），把适宜于行业协会行使的行业管理职能和工作事项依法委托给行业协会。鼓励国内外知名中介机构进入泉州发展，依法开展资格认定、能力评价、业务委托、业绩奖励等业务。

（五）加强用工服务

充分发挥 12580 海西求职平台等服务平台功能，千方百计为泉州民营企业引入各类劳动力。针对泉州民营企业特点，积极开展紧缺技术工种免费技能培训，每年培训 6000 人以上，所需经费由省级就业专项资金支付。支持泉州民营企业加强职工技能培训，政府培训经费直补企业政策向所有民营企业覆盖。积极实施按项目运作模式组织当地农村富余劳动力参加转移就业职业技能培训，扩大泉州

用工本地化规模。

十二、强化组织保障

（一）加强组织领导

建立由省发展改革委牵头、省直相关部门与泉州市共同组成的推进泉州市民营经济综合配套改革试验联席会议制度，研究解决改革推进中的重大问题。泉州市要成立推进民营经济综合配套改革试验领导小组，协调处理改革中出现的问题，组织重大改革试验项目的专家论证、风险评估和验收总结等工作。

（二）健全考核机制

泉州市要依照本意见，把综合配套改革各项任务、实施项目分解到各相关部门、各县（市、区）具体落实。对重点改革事项实行项目管理，完善项目管理程序，提高改革试验的科学性，防范和减少风险。对综合配套改革试验工作实行目标管理，纳入有关部门工作目标考核体系和干部考核评价体系。

（三）营造改革氛围

尊重群众首创精神，充分发挥人民群众尤其是民营企业家群体的主体作用。积极发挥新闻媒体和网络的作用，广泛宣传泉州市民营经济综合配套改革的政策措施和阶段性成效，积极营造全社会支持改革、推动改革的良好氛围。

福建省人民政府

2012 年 12 月 12 日

福建省人民政府关于贯彻落实国务院支持农业产业化龙头企业发展的实施意见

闽政［2012］68号

各市、县（区）人民政府，平潭综合实验区管委会，省人民政府各部门、各直属机构，各大企业，各高等院校：

为贯彻落实《国务院关于支持农业产业化龙头企业发展的意见》（国发［2012］10号），加快发展我省农业产业化经营，力争到“十二五”末，农业产业化经营总产值达到5000亿，特制定以下实施意见。

一、加强标准化生产基地建设

推动规模化种养，省级以上重点龙头企业在省内建立千亩以上高优农业发展示范片的，优先安排土地整理和农业综合开发项目，享受省政府农业适度规模经营有关补助政策，并在种子（苗）繁育基地、粮食生产基地、标准化规模养殖基地、农业生态环境以及基地内道路、电力和信息设施等项目建设方面给予相应扶持。鼓励龙头企业使用先进适用农机具，带动农户发展设施农业，符合条件的，优先安排“菜篮子”产品生产扶持资金，享受农机购置补贴政策。实施标准化生产，龙头企业建设园艺作物标准园、畜禽养殖标准化示范场、水产健康养殖示范场等标准化生产基地，开展国际质量管理体系、农产品质量安全可追溯体系以及进行无公害农产品、绿色食品、有机农产品、国家地理标志产品证明商标、GAP等认证的，相关部门要优先给予资金补助和奖励；龙头企业参与和承担国际标准、国家标准、行业标准和省地方标准制修订并通过实施的，优先安排标准化工作专项资金。

二、完善农产品市场体系

强化市场营销流通，龙头企业参加全国性和国际性的展览、展销会，经贸部门要给予倾斜扶持和资金补贴。龙头企业整车运输鲜活农产品享受“绿色通道”政策。符合条件的省级以上重点龙头企业，优先参与和承担各级农产品收储业务。促进农产品出口，龙头企业出口活畜、活禽、水生动物以及免检农产品全额免收出入境检验检疫费；出口其它农产品减半收取，逐步实现全额免收；龙头企业出口投保信用保险，给予保费补助和保单融资贴息。扶持品牌创建，龙头企业新获得中国驰名商标、中国名牌农产品等国家级品牌，各级政府要给予一定奖励；龙头企业成功并购国外高端品牌，按我省对外投资促进政策享受资金补助；积极培育出口产品品牌，龙头企业成功获得商标国际注册，每件补助注册规费的80%。

三、提升企业竞争力

加快发展农产品加工产业集群，鼓励龙头企业通过兼并、重组、收购、控股等方式，组建大型企业集团，发挥龙头作用，带动一批关联度大的“专精特新”农产品加工中小企业集聚发展，增强整个产业链竞争力。拓展跨区域和对外交流合作，积极推进龙头企业与央企、国家级科研院所进行项目和技术成果对接，高位嫁接。鼓励龙头企业引进省外、国外资本投资我省农业项目。龙头企业到省外、国外投资农业项目的，参与各级评选、评定等事项时，允许依法合并财务报表。

四、鼓励科技创新推广

每年扶持一批省级以上重点农业龙头企业与科研部门联合创建技术创新中心、产业技术示范基地等产学研联合研发平台，承担重大科技专项、科技计划，开展农产品加工关键和共性技术、新品种新技术新工艺研发。支持省级以上重点龙头企业建设检验检测中心，对符合条件的认定为省级行业检验检测中心，允许对外开展业务。每年筛选支持一批技术先进适用、解决产业关键共性技术难题、经济社会效益良好的重点农产品加工项目列入“6·18”项目成果转化重点示范项目。实施种业创新与产业化工程，重点支持育繁推一体化种业企业发展。

五、带动农户增收致富

促进龙头企业与农户结成紧密型共同体，引导鼓励龙头企业通过共同投入、合作经营等形式，带动农户发展家庭小农场、初加工小企业，让农户分享加工、销售环节的部分收益。支持龙头企业与农户建立风险保障机制，对龙头企业提取的风险保障金在实际发生支出时，依法在计算企业所得税前扣除。引导龙头企业与农民专业合作社深度对接，鼓励各类农民专业合作社入股或兴办龙头企业。

六、加大金融扶持力度

实行政银企合作，金融机构要按照“增量不低于上年”的原则，持续加大信贷投入，保证信贷规模优先满足省级以上重点龙头企业发展需求，省级扶持中小企业融资专项资金要优先安排贷款贴息。支持省级以上重点龙头企业发起成立小额贷款公司、联合成立互助性农业产业化担保机构，符合条件的优先享受省级担保风险补偿政策。鼓励融资性担保机构为农业产业化龙头企业提供贷款担保业务。支持省级以上重点龙头企业通过银行间债券市场或交易所市场发行各类债券产品筹集资金，各级政府要为其发债在增信、贴息等方面提供支持。

七、落实政策措施

整合农业产业化资金，提高资金投入效益。符合条件的农产品加工龙头企业项目，发展改革部门要优先纳入省级技改专项资金补助范围，并积极帮助争取中央预算内投资有关专项资金扶持。现代农业发展、农业综合开发等涉农专项资金要优先支持省级以上重点龙头企业。全面落实国家扶持农产品加工业发展、企业开展技术创新推广等方面的各项税收优惠政策。用于公益事业的捐赠支出，依法在计算企业所得税前扣除。每年由省农业产业化工作领导小组筛选一批大型农产品加工项目优先列入省重点建设项目，保障项目用地；加工型省级以上重点龙头企业，用电执行大工业电价。

八、加强指导服务

要完善各级农业产业化工作领导小组协商工作机制，加大对支持农业产业化经营政策措施的指导、宣传和督查落实力度，为龙头企业营造更加宽松的发展环境。

福建省人民政府

2012年12月30日

福建省人民政府关于加快流通产业发展若干措施的通知

闽政［2013］25号

各市、县（区）人民政府，平潭综合实验区管委会，省人民政府各部门、各直属机构，各大企业，各高等院校：

根据《国务院关于深化流通体制改革加快流通产业发展的意见》（国发［2012］39号）和《国务院办公厅关于印发降低流通费用提高流通效率综合工作方案的通知》（国办发［2013］5号）精神，为加快我省流通产业发展，现提出以下措施：

一、推动商品交易市场建设

力争到2015年，培育4个年交易额超千亿元的大市场（或市场群），10个超300亿元的大市场。至2015年底，对年交易额超300亿元大型商品交易市场项目，省级财政予以每个市场200万-300万元的前期经费奖励。

二、加强社区商业网点建设

各级政府支持菜店、菜市场、农副产品平价商店、便利店、早餐店、家政服务点等居民生活必备的社区商业网点建设，统筹安排财政资金专项用于购买部分商业用房，或在土地招拍挂中一并提出应无偿提供给政府用于公共便民服务网点建设的条件；加强社区商业网点用途监管，不得随意改变必备商业网点的用途和性质，拆迁改建时应保证其基本服务功能不缺失。对符合条件的社区菜市场和便利店，省级财政予以奖励。

三、落实社区商业网点规划

规划部门在项目审批中要严格落实新建社区（含廉租房、公租房等保障性住房小区、棚户区改造和旧城改造安置住房小区）商业和综合服务设施面积占社区总建筑面积的比例不得低于10%的规定。旧城改造和新开发房地产项目配套的商业网点设施建设与主体建设项目要同步设计、同步建设、同步交付使用，对不按规划要求预留商业网点设施的，国土、规划部门不予办理土地使用、规划许可手续，住建部门不予办理项目开工手续；对不按要求建设或不与整体建设同步交付使用的商业网点设施的，住建、规划部门不予办理竣工验收备案。

四、提升流通质量水平

大力扶持流通企业总部发展，除国家另有前置行政许可规定外，连锁网点可凭总部证照直接申办网点营业执照；总部与连锁店属于总分机构的，按总分机构管理办法缴纳所得税。支持连锁企业建设现代物流中心，发展统一配送。支持和保护中华老字号、福建老字号企业创新发展，扶持龙头企业（市场）发展。落实家政服务业税费扶持政策。继续推进再生资源回收体系建设试点，省级财政对省级试点建设项目给予奖励。充分发挥供销社在农村流通中的作用，省级财政继续安排资金支持“新网工程”建设。

五、加快普及电子商务

重点培育福州、厦门、泉州电子商务中心城市。以优势和特色产业为依托，以垂直电子商务为重点，支持第三方电子商务平台建设。省级财政给予第三方电子商务平台适当补助，对省级电子商务示范园区、基地、企业（平台）给予奖励。力争到2015年，培育10个电子商务园区（基地）、10个龙头企业。

六、规范市场收费

农产品市场全面实施收费公示制度，政府投资建设或控股的市场收费实行政府指导价管理，由市、县（区）人民政府按保本微利原则从低核定收费标准，具体工作由各级价格主管部门负责。农产品批发市场、农贸市场、社区菜市场的经营主体要严格执行摊位实名制管理的规定，规范经营者转租转包行为。2013年减半征收农副产品集贸市场电子计量器具检定收费。

七、降低农产品流通成本

2013年1月1日至2015年12月31日，免征农产品批发市场、农贸市场房产税和城镇土地使用税。开展农产品增值税进项税额核定扣除试点，将免征蔬菜流通环节增值税政策扩大到部分鲜活肉蛋产品。降低农产品生产流通用水用电价格。农产品批发市场、农贸市场的用电以及农产品冷链物流的冷库用电尚未与工业用电同价的，结合销售电价调整实现与工业用电同价。农产品批发市场、农贸市场的用水执行其他行业用水价格。以上水电同价措施于2013年6月30日前执行到位。严格执行鲜活农产品运输绿色通道政策，整车合法装载运输鲜活农产品车辆免缴车辆通行费。加强动物及其产品检疫收费管理，落实对成批出栏和规模屠宰的动物及其产品实行降低收费标准的优惠政策。

八、推进农产品直销体系建设

推动农批对接、农超对接、农校对接，建立城市副食品调控基地直销店（点），省级财政对符合条件的省控基地直销点及直销网络平台建设给予资金扶持。鼓励各地开辟免费使用的早市、晚市、周末市场。农产品批发市场、农贸市场要开设专门区域，供郊区农户免费进场销售自产鲜活农产品。

九、增强调控能力

切实落实“米袋子”省长负责制和“菜篮子”市长负责制。建立农业、商务、价格系统农产品量价信息共享机制，做好重要生活必需品和重要生产资料市场监测、预警。加快省市县三级城市蔬菜、生猪、蛋禽调控基地建设。落实菜地最低保有量制度，有条件的市县可以建立绿叶菜生产补助金制度。增强价格调节基金对政府调控能力的支撑，完善重要生活必需品储备制度，各级财政合理安排储备补贴预算，保障粮油、生猪、食糖等生活必需品储备资金。规范市场秩序，依法严厉打击侵犯知识产权和制售假冒伪劣商品等违法行为，规范促销服务收费。建立健全肉类、水产品、蔬菜、水果、酒类、中药材、农资等商品流通追溯体系。依法建立健全业主责任制。加强对公用事业、公益性服务中提供延伸服务的收费监管。

十、加大财政与金融支持

鼓励金融机构开展动产、仓单、商铺经营权、租赁权、老字号、流通品牌等资产的抵质押融资。鼓励发展融资租赁、商圈融资、供应链融资等业务。对融资担保企业为中小商贸企业提供融资担保的，省级财政按担保额给予5‰风险补偿。对融资租赁企业向中小微企业提供租赁融资的，按当年季均融资额比上年净增加额的5‰给予风险补偿。

十一、保障流通设施用地

各级政府要科学编制商业网点规划，将商业网点纳入城市总体规划和土地利用总体规划或小城镇建设规划。规划部门在制定控制性详细规划和修建性详细规划时应做好与商业网点规划的衔接。各级人民政府应将纳入规划的重点项目和畜禽定点屠宰场、社区商业中心、农产品批发市场、城乡集贸市场、物流配送中心、乡镇商贸中心、农村加油站、再生资源回收利用分拣中心和基地等建设项目列入鼓励发展的流通设施目录，在制定调整土地规划、城市规划时，对纳入目录的项目用地予以重点保障。对于政府投资建设具有公益性质的农产品批发市场、畜禽定点屠宰场可按作价出资（入股）方式办理用地手续，但禁止改变用途和性质。依法加强流通业用地管理，禁止以物流中心、商品集散地等名义圈占土地，防止土地闲置浪费。

十二、降低流通业用地成本

利用旧厂房、闲置仓库等符合规划的流通设施建设项目享受省“三旧”改造相关扶持政策，涉及原划拨土地使用权转让或租赁的，经批准可采取协议出让方式提供。各级政府对旧城区改建需搬迁的流通业用地，在收回原国有建设用地使用权后，经批准可以协议出让方式为原土地使用权人安排流通用地。鼓励以租赁方式供应流通业用地。鼓励地方政府以土地作价入股、土地租赁等形式支持农产品批发市场建设。支持依法使用农村集体建设用地发展流通业。农产品批发市场用地作为经营性商业用地，应严格按照规划合理布局，土地招拍挂出让前，所在区域有工业用地交易地价的，可以参照市场地价水平、所在区域基准地价和工业用地价最低价标准等确定出让底价，土地出让后严禁擅自改变用途从事商业性房地产开发。

十三、加强组织领导

各级政府成立流通工作领导小组，加强对流通工作的协调、指导和监督检查。加强市、县（区）流通管理部门建设，充实商务行政综合执法队伍，将执行国家和我省流通领域政策情况，作为市、县（区）政府工作绩效考核的重要内容。

福建省人民政府

2013 年 4 月 9 日

福建省人民政府办公厅转发省经贸委关于福建省企业技术改造专项行动计划的通知

闽政办[2012]142号

各市、县（区）人民政府，平潭综合实验区管委会，省人民政府各部门、各直属机构，各大企业，各高等院校：

省经贸委制定的《福建省企业技术改造专项行动计划》已经省政府同意，现转发给你们，请各级各有关单位认真组织实施。

福建省人民政府办公厅

2012年8月13日

福建省企业技术改造专项行动计划

省经贸委

（2012年8月）

为贯彻落实中共福建省委九届五次全会精神和省政府支持企业技术改造十二条措施，推动企业技术改造，确保工业稳定较快增长，特制定企业技术改造行动计划如下：

一、工作目标

力争"十二五"期间累计完成技术改造投资1.4万亿元，年均增长30%以上；其中今明两年分别完成技术改造投资2000亿元和2600亿元。组织实施"百项千亿"重点技术改造项目，每年推进300项实施、150项投产、150项开工建设，累计建成投产"百项千亿"重点项目600项，年新增销售收入3000亿元以上。通过新一轮技术改造，重点企业70%工艺技术装备达到国内先进水平以上，龙头企业带动作用显著增强，产业链配套更加完善，产业集中度和集聚集约水平进一步提高，高新技术产业增加值占规模以上工业增加值比重提高到30%以上，环境保护、节能减排和综合利用效益继续保持全国领先地位，技术改造投资对工业经济增长的贡献率达60%以上。

二、重点任务

突出重点产业、重点企业和重点产品，聚焦新技术、新工艺、新装备、新材料等核心要素和关键环节，高起点、大规模、有组织推进企业技术改造，在规模效益、创新能力、产业结构和绿色制造等方面取得实质性进展。

（一）加速科技成果转化

依托"6·18"科技成果对接平台，以太阳能光伏发电、新能源汽车、光电、稀土、高端装备等重点领域为突破口，支持企业"产学研用"协同创新，技术消化吸收再创新和集成创新，攻克和掌握产业共性和关键核心技术。积极采用"创新项目+创新团队"的模式，促进科技成果产业化，培植壮大战略性新兴产业。推动金龙混合动力客车、宁德新能源动力电池、厦门天马第5.5代低温多晶硅液晶面板、连城鑫晶人造宝石晶体、晶安光电LED蓝宝石衬底、万邦光电LED、阳光大地、钧石能源高效太阳能电池、厦门钨业新材料等科技成果产业化，以及中科中涵超快激光数控机床、海源复合材料模压成形成套装备工程化。

（二）支持先进产能扩张

鼓励百亿领军企业、品牌优势企业及有市场、有效益的企业应用先进制造系统、智能制造设备及大型成套技术装备，扩大先进生产能力，占领市场先机，形成规模效益。支持恒安、优兰发、金纶、力恒、锦江、锦源、百宏、七匹狼、361 度等消费类品牌扩大产能项目，以及银鹭、惠尔康、圣农、达利等绿色安全食品生产扩建项目；中国软包装、上海中览投资丙烷脱氢制丙烯、佳通轮胎子午胎，宝钢德胜镍业等增加原材料供应改造项目；东南汽车、福建奔驰、中国重汽海西汽车、福建乾达盾构机等扩大先进装备产能项目；星网锐捷、戴尔、新大陆、万利达等信息制造业龙头企业改造提升项目。

（三）拓展延伸产业链条

围绕重点产业“抓龙头、铸链条”，推进石化、汽车、工程机械、电子信息、LED、太阳能光伏、不锈钢、铜、稀土等产业链关键环节填平补齐和上下游配套，推动价值链向高端跃升。着力推动福建联合石化脱瓶颈及二期扩建、天辰耀隆、力恒科技己内酰胺，石狮佳龙 PTA 二期、湄洲湾氯碱 PBT、新龙马发动机、福建金星汽车变速器、福建巨力铝活塞、正兴铝合金车轮、上海金特集团导电纤维长丝、鑫港纺织经编机、石狮海兴 TM 纤维等一批重点产业链延伸项目。

（四）实施工业“强基”工程

推广应用铸锻、焊接、热处理、表面处理及特殊加工等先进绿色制造工艺，突破制约整机发展的液压元件、铸锻件、轴承、齿轮箱、传动连接件、紧固件、核心芯片等基础零部件（关键元器件）技术瓶颈，加快发展省内急需的石化基础材料、金属复合材料、纺织高档面料等关键基础材料，为产业升级夯实基础。推进龙工精密铸锻、东元电机铸锻、龙溪关节轴承、永安精密轴承、厦门银华高压油缸、福顺微电子六英寸芯片、中达光电 LED 外延芯片、瑞奥麦特轻合金、新越金属材料、金龙稀土钕铁硼合金（粉）等项目实施。

（五）引导企业退城入园

依托十大新增长区域建设，加快各类开发园区、工业集中区整合提升，探索建立山海产业合作示范园区，优化生产力布局，有序推进城区化工、轻工、船舶等企业搬迁改造，加快专业工业园区形成主导产业。重点推动东南电化、耀隆化工、三农集团、龙岩化工、侨丹实业、船政重工、福人木业、南纺股份等搬迁改造项目。

（六）提升集聚集约水平

按照严格集聚企业提档升级，严格资源要素配置和统一建设共用设施的“两严一统”的要求，重点扶持一批专业化配套、污染集中治理、能源结构调整、固废综合利用等制约集聚集约发展瓶颈的投资项目，加快厦门工业设计、长汀稀土、福州模具、泉州印染、闽东电机等产业集聚示范区建设。

（七）推进节能减排绿色制造

推广先进节能、节水、节材技术和工艺，组织实施工业锅炉（窑炉）改造、电机系统节能改造、区域热电联产、余热余压利用等节能改造，鼓励资源综合利用和发展循环经济，推广应用清洁生产技术。重点推进焦化煤调湿分选、纯低温余热发电等节能降耗减排项目。

（八）发展生产性服务业

大力发展以功能设计、结构设计、形态及包装设计为主要内容的工业设计产业，培育工业设计中心；推进重点行业商务平台与物流信息化集成发展，创建国家级电子商务示范城市（基地）、电子商务示范企业；整合电信运营商、信息化服务商、信息产品制造商等资源，建设云计算数据和信息服务中心，建设以云计算中心为依托的智能园区、智能商业、智能基础设施和智能政府信息平台；发展软件及信息技术服务外包，提升信息技术服务业发展水平；鼓励优势制造业企业发展新型制造服务业态。重点推动厦门工业设计、蓝海物流、中兴通讯区域营销总部、星网锐捷云计算虚拟网络、美亚柏科云计算、福大自动化工控行业解决方案技术服务、海西汽车工研院等生产性服务业项目。

三、政策措施

（一）拓宽融资渠道

金融机构要加大对企业技术改造投入，加快贷款审批并在利率方面可适当给予优惠。扩大银团贷款等信贷供给，提高中长期贷款投放比例。融资性担保机构提供融资担保的，按年度担保额的 8‰比例给予风险补偿。引导战略性新兴产业投资基金、股权投资基金等提供融资服务；鼓励符合条件的企业通过发行中期票据、短期融资券、中小企业集合票据及公司债、企业债券等方式募集技术改造资金；对需要购置设备的技改企业，积极通过融资租赁予以支持。引导民间资本投资，鼓励以第三方服务的方式参与节能减排等技术改造项目建设，扩大企业技术改造融资规模。

（二）加大财力支持

省级用于扶持企业发展的资金根据每年工作重点，调整资金结构，统筹安排用于技术改造资金投入，同时积极争取中央技术改造专项资金支持，充分发挥政府资金和政策的引导作用，激发企业技术改造的积极性。省级技术改造专项资金根据财力增长保持稳定增长，今年统筹技改专项资金 3 亿元，其中省级财政新增 2 亿元。安排 3000 万元用于重大技术改造项目前期经费；“百项千亿”项目按银行贷款实际发生额的 5%给予贴息，其中以技术设备投资为主的项目可按技术设备投资额的 5%予以补助，单个项目最高不超过 500 万元；实施“一业一策”的产业集聚示范区，示范区内的重点项目视同“百项千亿”重点项目享受相关政策。以上技术改造专项资金，由省经贸委会同省财政厅组织实施，实行成熟一批、安排一批。各级政府要加大对企业技术改造财政资金支持力度。

（三）落实现行税收优惠政策

切实用好固定资产加速折旧、高新技术企业所得税优惠、企业研究开发费用所得税前加计扣除、企业购进或自制机器设备等固定资产所发生的进项税额抵扣、国家鼓励发展的内外资项目进口设备免征关税及有关重大技术装备进口税收政策等。

（四）实行用地扶持

鼓励企业“零增地”技术改造，对企业提高土地利用率和增加容积率利用现有厂区、厂房改造建设不改变用途的，不再增收土地出让金；充分利用“三旧改造”政策，推动企业退城入园、搬迁改造，在土地盘活、资金补偿、工业用地以及基础设施配套等给予重点支持；“百项千亿”技术改造项目视同省重点项目纳入“绿色通道”，在项目用地（用海、用林）方面予以重点保障。

（五）强化技术支撑

定期发布技术改造投资指南，引导社会资源向企业技术改造聚集，推动政府投资的科研单位、高校等研发平台向企业开放，支持“产学研”相结合，依托海西工研院、香港应科院、台湾工研院等科研机构和高等院校平台，加快推进国内外科研成果在我省转移转化。

（六）加强服务指导

省级核准的企业投资项目，除法律、法规另有规定外，一律下放各设区市及平潭综合实验区投资管理部门核准。各地要落实好下放审批权限，优化办事流程，简化技术改造项目审批手续。充分发挥行业协会和各类中介在技术改造中的作用，支持引导信息服务、评估咨询、招投标、融资担保等相关业务机构积极为技术改造工作服务。加强对使用技术改造专项资金项目的咨询论证、评估、绩效评价，确保资金使用科学合理。

四、组织实施

（一）加强组织领导

省政府成立以分管领导为组长、省直相关部门负责人参加的推动企业技术改造工作领导小组，统筹推进全省企业技术改造工作，领导小组办公室设在省经贸委。省经贸委会同有关部门有效协调企业技术改造中涉及的财政资金、土地资源、环境容量和其他社会资源。各级政府也要建立相应的组织机构和工作机制，加快推进本地区企业技术改造工作。

（二）突出企业主体

各级各有关部门要进一步转变职能，发挥市场配置资源的基础性作用，确立企业实施技术改造的主体地位，充分发挥企业技术改造的积极性和创造性。要加强与企业的沟通，通过加大财政、信贷资金扶持，简化审核审批手续，加强用地等要素保障，提振企业发展信心，促进企业加大技改投入、加快发展。

（三）加强项目管理

各地要强化“三维”项目对接，积极谋划储备一批重点技术改造项目，建立省级“万亿”技术改造项目储备库，实行省、市、县（市、区）三级推动项目前期和动态信息管理，月月统计发布各地项目开工情况。按照“投产一批、在建一批、开工一批”，组织实施“百项千亿”重点技术改造项目，强化“百项千亿”重点技术改造项目月调度、通报制度。做好总投资5000万元及以上的投产项目跟踪协调服务，培育新的经济增长点。

（四）创新工作方法

各有关部门充分发挥现有资源和管理优势，共同营造重视技术改造的良好氛围，畅通与企业沟通渠道，指导企业用好用足优惠政策，发挥“政策叠加”效力，重点项目建设期内可重复享受各类支持技改的优惠政策。各地要针对不同产业及产业发展的不同阶段和特征，创新管理和支持方式，提高工作的针对性、前瞻性和有效性。

（五）建立考核机制

各地要结合实际制定具体行动方案，细化配套政策，确保取得实效。每年对各设区市技术改造投资目标、年度新开工项目、投产项目、项目库建设等进行考核评价和督促检查。对工作前三名分别给予200万元、150万元、100万元奖励。

鸣 谢 单 位

单位名称：中建海峡建设发展有限公司
地　　址：福州市马尾区江滨东大道 98-1 号
电　　话：0591-87735118
负 责 人：江建端

单位名称：潮福城酒楼有限公司
地　　址：福州市福新西路 28 号阳光城
电　　话：0591-87588590

单位名称：福建坚石水泥制品有限公司
地　　址：惠安县洛阳杏田尖山亭
电　　话：0595-87307218

单位名称：晋江市金玛国际酒店有限公司
地　　址：晋江市青阳街道湖光路北侧中段
电　　话：0595-86511111

单位名称：福建中金在线网络股份有限公司
地　　址：福州市鼓楼区铜盘路软件大道 89 号软件园 A 区 25 号楼
电　　话：0591-87986185

单位名称：泉州南安市华龙塑胶有限公司
地　　址：南安市省新镇扶茂岭工业区
电　　话：0595-86232222

单位名称：招商银行股份有限公司泉州分行
地　　址：泉州市丰泽街煌星大厦 13 层
电　　话：0595-28965555

单位名称：厦门亿统机械有限公司
地　　址：厦门市海沧区东孚镇洪塘东路 4 号
电　　话：0592-6317277

单位名称：石狮市天宏金属制品有限公司
地　　址：石狮市宝盖镇塘头天马工业园
电　　话：0595-88502988
负 责 人：王培育

单位名称：福建省宁德市诚信融资担保股份有限公司
地　　址：福安市城北棠兴路凯兴大厦第三层
电　　话：0593-6509618
负 责 人：陈鉴明

单位名称：福建省莆田市海滨现代农业有限公司
地　　址：莆田市黄石镇和平村和东路北边 37 号

单位名称：厦门金中华百货有限公司
地　　址：厦门市湖里区禾山路 2 号
电　　话：0592-5556686

单位名称：莆田武夷房地产开发有限公司
地　　址：莆田市荔城区古城路 246 号
电　　话：0594-2398290

单位名称：闽南建筑工程有限公司
地　　址：惠安县净峰镇
电　　话：0595-87802172

单位名称：厦门鑫远志系统集成有限公司
地　　址：厦门市湖里区枋钟路 2370 号 301 室
电　　话：0592-5379880

单位名称：招商银行股份有限公司泉州分行
地　　址：泉州市丰泽街煌星大厦 13 层
电　　话：0595-28965555

单位名称：亚洲酿酒（厦门）有限公司
地　　址：厦门市海沧区东孚大道 1689 号
电　　话：0592-2222371

单位名称：中国福州外轮代理有限公司
地　　址：福州市五四路 158 号环球广场 13 层
电　　话：0591-87809157

单位名称：福建经纬和建设实业有限公司
地　　址：福州市国货东路邦辉新村 2 座 101 室

单位名称：福建石狮建联大酒店有限公司
地　　址：石狮市振兴路
电　　话：0595-88885199

单位名称：福建湄洲湾氯碱工业有限公司
地　　址：泉州市泉港区南山北路
电　　话：0595-87027006

单位名称：福建拖拉机有限公司
地　　址：福州市晋安区新店后塘73号
电　　话：0591-83183338

单位名称：福建一洲动力科技有限公司
地　　址：闽东赛岐经济开发区工业园区
电　　话：0593-6969399

单位名称：福建友利皮革有限公司
地　　址：福鼎市龙安开发区工业园
电　　话：0593-7286996

单位名称：福建省国泰建设有限公司
地　　址：沙县建设局四楼
电　　话：0598-5853899

单位名称：福建省点石工艺有限公司
地　　址：仙游县鲤南工业园区创业路1号
电　　话：0594-8593288

单位名称：国网福建省电力有限公司泉州供电公司
地　　址：泉州市温陵南路电业大楼4楼
电　　话：0595-22573137

单位名称：福建星源重型机械制造有限公司
地　　址：连江县经济开发区（岱云村口）
电　　话：0591-26130798

单位名称：厦门纵横集团建设开发有限公司
地　　址：厦门市湖里区嘉禾路812号
电　　话：0592-5782078

单位名称：晋江华宝石业有限公司
地　　址：晋江市永和镇巴厝村
电　　话：0595-68106088

单位名称：福建华信控股有限公司
地　　址：福州市梅峰路302号
电　　话：0591-87413666

单位名称：晋江市金祥房地产开发有限公司
地　　址：晋江市金井镇新区滨海新城
电　　话：0595-85337787

单位名称：福建华通路桥建设有限公司
地　　址：福州市五一中路源利明珠大楼10层
电　　话：0591-83363563

单位名称：厦门英诺尔电子科技股份有限公司
地　　址：厦门市翔安火炬园翔虹路1号
电　　话：0592-3196999

单位名称：福建天工电机有限公司
地　　址：福安市秦溪洋工业园区
电　　话：0593-6393333

单位名称：福清万达广场有限公司
地　　址：福清市清昌大道105号万达营销中心二层
电　　话：0591-86070073

单位名称：建瓯市茶厂
地　　址：建瓯市古城街24号
电　　话：0599-3832270

单位名称：平潭岚华中学
地　　址：平潭县潭城镇北门40号
电　　话：0591-24328758
传　　真：0591-24317868

单位名称：龙岩市机关事务管理局
地　　址：龙岩市龙岩大道1号
电　　话：0597-2318512
负 责 人：薛建平

单位名称：泉州鹭燕医药有限公司
地　　址：泉州市丰泽区泉秀路洛江外经贸大厦9楼
电　　话：0595-22550835

单位名称：福建省润家房地产开发有限公司
地　　址：仙游县鲤南一环路2288号
电　　话：0594-8858888

单位名称：厦门市林氏府酒店有限公司
地　　址：厦门市思明区鼓浪屿鹿礁路11-19号
电　　话：0592-7398888

单位名称：福建三元达软件有限公司
地　　址：福州市鼓楼区铜盘路软件园C区55号
电　　话：0591-87414319
经营范围：计算机软硬件的研发与销售；计算机系统集成；通讯设备（不含无线发射装置、卫星地面接收设施）、无线终端设备、金融终端机具、电子产品的研发、生产、销售；计算机网络工程、通讯工程的施工。

单位名称：华信石油有限公司
地　　址：厦门市湖里区东港北路29号港航大厦27层
电　　话：0592-5369838

单位名称：漳平市九鹏溪景区
电　　话：0597-5298666　7516366
网　　址：www.zpjiupeng.com

单位名称：中国邮政储蓄银行有限责任公司永泰县支行
地　　址：永泰县樟城镇上马路58号
电　　话：0591-24834994

单位名称：福建中能电气股份有限公司
地　　址：福州市仓山区金山工业区金洲北路20号
经营范围：高低压电器设备、电缆附件、互感器、变压器、高低压开关、电力自动化产品批发、佣金代理；电力设备开关及其配件的研制生产。

单位名称：连江县官坂供销合作社
地　　址：连江县官坂镇官坂街
电　　话：0591-26185819
经营范围：经营各种生产、生活资料，包销、代销、经销、转销厂家、公司产品等。

单位名称：厦门国贸实业有限公司
地　　址：厦门市湖滨南路国贸大厦35层
电　　话：0592-5161888

单位名称：龙岩厦鑫房地产开发有限公司
地　　址：龙岩市新罗区西城西安南路厦鑫花园6楼

单位名称：福建省永安煤业有限责任公司东炕仔煤矿
地　　址：永安市安砂镇

单位名称：福建省永安煤业有限责任公司小华煤矿
地　　址：大田县太华镇

单位名称：福建省永安煤业有限责任公司柯坑煤矿
地　　址：大田县上京镇京仙路2号

单位名称：宁德海军第六工程建筑处
地　　址：福州市仓山区爱国路1号702室

单位名称：福建二建建设集团公司
地　　址：福州市冶山路105号
经营范围：房建、市政工程总承包一级资质；地基与基础、装修、幕墙、钢结构、机电施工专业总承包一级资质；起重设备安装工程二级资质；房地产开发，水电暖通设备安装，建材的生产销售、租赁，建筑幕墙室内外装修设计等。

单位名称：福建士联建设工程有限公司
地　　址：沙县金沙管委会4楼

单位名称：厦门汇景集团有限公司
地　　址：厦门市翔安区祥福五里22号17楼
电　　话：0592-2960222

单位名称：福建省长乐市新纪建筑工程有限责任公司
地　　址：长乐市解放路 66 号团结小区 1 号楼 9 层
电　　话：0591-28829708

单位名称：宁德市建总建设工程有限公司
地　　址：宁德市蕉城区八一中路 14 号
电　　话：0593-6675998

单位名称：厦门市三安光电科技有限公司
地　　址：厦门市思明区吕岭路 1721 号 4 楼
电　　话：0592-5937000

单位名称：福建裕华石油化工有限公司
地　　址：东山县西埔镇冬古村
电　　话：0596-5872073

单位名称：福建上杭太阳铜业有限公司
地　　址：上杭县南岗工业开发区三期 A5
电　　话：0597-3961830

单位名称：福建省长汀县第一建筑工程有限公司
地　　址：福州市晋安区茶园小区环南一村二栋二层
电　　话：0591-83106659

单位名称：中国邮政储蓄银行股份有限公司福州市分行
地　　址：福州市五一南路 303 号鸿雁大厦

单位名称：福建天翔建设工程有限公司
地　　址：平潭县鑫鑫名城 1 号楼 309
电　　话：0591-24237618

单位名称：中国移动通信集团福建有限公司武夷山分公司
地　　址：武夷山市五九南路

单位名称：龙岩市龙大食品有限公司
地　　址：龙岩市新罗区龙州工业区工业西路 68 号标准厂房 1 号楼 401
电　　话：0597-2528590

单位名称：宁德市东晟房地产有限公司
地　　址：宁德市蕉城区东晟泰丽园 1 号楼三层
电　　话：0593-2768676

单位名称：福建美福房地产有限公司
地　　址：宁德市东侨区薛令之路幸福里 9 号售楼部
电　　话：0593-2512666

单位名称：福建三木集团股份有限公司
地　　址：福州市台江区群众东路三木大厦 14 层
电　　话：0591-83341511

单位名称：中国建设银行闽侯支行
地　　址：闽侯县甘蔗镇八一八西路 128 号

单位名称：福建泉州恒泉化妆品有限公司
地　　址：泉州市洛江区塘西工业园二期
电　　话：0595-22681268

单位名称：中国人民财产保险股份有限公司南平分公司
地　　址：南平市滨江中路 393 号冠福楼

单位名称：福建省唐程房地产开发有限公司
地　　址：宁德市东桥经济开发区林聪路 23 号 3 楼
电　　话：0593-2720533

单位名称：福建中豪房地产开发有限公司
地　　址：宁德市东侨经济开发区天湖东路 10 号广电大厦 2 楼
电　　话：0593-2568999

单位名称：福建市政建设有限公司
地　　址：福州市工业路 453 号 4 楼

单位名称：福州闽铄水利水电工程有限公司
地　　址：福州市福新中路 75 号永同昌花园 1 号楼 03 室

单位名称：福建龙泽房地产开发有限公司
地　　址：福鼎市万晖嘉园 6 幢 3 楼 1711
电　　话：0593-7911025

单位名称：厦门嘉联恒进出口有限公司
地　　址：厦门市思明区莲秀丽185号必利大厦28A
电　　话：0592-5563909

单位名称：泉州市天纶纺织科技有限公司
地　　址：安溪县城区工业园
电　　话：0595-68708001

单位名称：厦门宏仁医药有限公司
地　　址：厦门市海沧区霞飞路18号原通士达工业园办公楼5层
电　　话：0592-5669618

单位名称：厦门苏宁云商销售有限公司
地　　址：厦门市思明区莲前西路209号福源大厦8楼
电　　话：0592-3666055

单位名称：厦门荣誉国际酒店有限公司
地　　址：厦门市思明区环岛南路
电　　话：0592-2676688

单位名称：华盛置业集团建设有限公司
地　　址：三明市徐碧一村26幢附楼
电　　话：0598-8221389

单位名称：厦门市荣誉海鲜酒楼有限公司
地　　址：厦门市思明区海湾公园内
电　　话：0592-2523918

单位名称：厦门鹭恒达建筑工程有限公司
地　　址：厦门市思明区槟榔西里148号天湖大厦B座401
电　　话：0592-5035967

单位名称：厦门市同安区第一建筑工程公司平潭分公司
地　　址：平潭县万象大景城12号楼A梯901室

单位名称：福建泉州市集祥石业有限公司
地　　址：惠安县崇武镇龙西工业区

单位名称：福建省东升石业股份有限公司
地　　址：南安市水头镇奎峰工业区东升股份大楼
电　　话：0595-86992003

单位名称：万利（中国）太阳能科技有限公司
地　　址：南靖县高新区
电　　话：0596-7699699

单位名称：中海福建天然气有限责任公司
地　　址：福州市仓山区万达广场A28楼
电　　话：0591-88527600

单位名称：长汀长城鞋业有限公司
地　　址：长汀县腾飞一路20号
电　　话：0597-6819398

单位名称：厦门华峰辊压机械有限公司
地　　址：厦门市同安区同集北路350号
电　　话：0592-5757649

单位名称：福建文儒置业有限公司
地　　址：福州市湖东路288号水调歌头娱乐广场综合楼6层
电　　话：0591-88011205

单位名称：中纤联合石化有限公司
地　　址：厦门市思明区鹭江道98号建行大厦37楼
电　　话：0592-2961888

单位名称：福建省晋江市电力有限责任公司
地　　址：晋江市青阳镇世纪大道679号
电　　话：0595-85688707

单位名称：福州青云山御温泉酒店有限公司
地　　址：永泰县青云山
电　　话：0591-24588888

单位名称：福建省九龙房地产有限公司
地　　址：宁德市蕉城区闽东大广场华隆大厦6楼
电　　话：0593-2076123

单位名称：福建省中晟建设投资有限公司
地　　址：安溪县凤城镇河滨北路 753-757
电　　话：0595-23232286

单位名称：湖北海厦建设有限公司
地　　址：福州市仓山区江南水都杰座东区 25 号楼 303
电　　话：0591-88261449

单位名称：石狮市金丘建筑工程有限公司
地　　址：石狮市鸳鸯池公园西侧金丘花园大厦二楼
电　　话：0595-88596568

单位名称：福建省融埔建筑工程有限公司
地　　址：福清市沙埔镇海津路 77 号
电　　话：0591-85821173

单位名称：福建林德物流有限公司
地　　址：福州市晋安区新店镇秀山村夏坊路 4 号
电　　话：0591-83954895

单位名称：利嘉实业（福建）集团有限公司
地　　址：福州市五一中路 169 号大利嘉城 25 层
电　　话：0591-87114488

单位名称：晋江市永明涂层织物有限公司
地　　址：晋江市陈埭镇苏厝工业区
电　　话：0595-85685017

单位名称：特耐王包装（福州）有限公司
地　　址：福清市宏路镇福耀工业区
电　　话：0591-85367007

单位名称：新城房地产集团（福建）有限公司
地　　址：漳州市芗城区水仙大街新城大厦 A 座
电　　话：0596-2655022

单位名称：中国人民财产保险股份有限公司泉州市分公司
地　　址：泉州市丰泽区保险大厦
电　　话：0595-22117226

单位名称：晋江腾达陶瓷有限公司
地　　址：晋江市安海镇菌柄村
电　　话：0595-85766203

单位名称：永丰馀纸业（厦门）有限公司
地　　址：厦门市湖里寨上仓储区长河路 6-12 号
电　　话：0592-5627141

单位名称：南安南发毛织有限公司
地　　址：南安市金淘镇下圩街 292 号
电　　话：0595-86411751

单位名称：福建浔兴集团有限公司
地　　址：晋江市深沪镇浔兴工业园
电　　话：0595-88285588

单位名称：瑞世达科技（厦门）有限公司
地　　址：厦门市湖里区信息光电园坂尚路 199 号中央大厦 5 楼
电　　话：0592-7796888

单位名称：泉州沙格港务有限公司
地　　址：泉州市泉港区南埔镇沙格码头
电　　话：0595-68166777

单位名称：福建鑫旺电机集团有限公司
地　　址：福安市赛岐经济开发工业园区
电　　话：0593-6659088

单位名称：晋江市潮浪建材贸易有限公司
地　　址：晋江市青阳街道洪山路建发大厦 C 幢
电　　话：0595-85605020

单位名称：泉州元平石业有限公司
地　　址：南安市石井镇滨海工业区
电　　话：0595-86902300

单位名称：盈丰食品股份有限公司
地　　址：漳浦县绥安镇黄仓开发区
电　　话：0596-3118580

单位名称：泉州东山机械有限公司
地　　址：惠安县黄塘台商创业基地
电　　话：0595-27656099

单位名称：厦门富士电气化学有限公司
地　　址：厦门市火炬高新区火炬园马垄路16号
电　　话：0592-6030579

单位名称：福建省龙岩裕兴房地产开发有限公司
地　　址：龙岩市龙腾中路318号
电　　话：0597-2888988

单位名称：石狮市达狮雄纺织贸易有限公司
地　　址：石狮市南洋路塘园村4号楼473-479号
电　　话：0595-88585100

单位名称：福建省尤溪县三林木业有限公司
地　　址：尤溪县经济开发区埔头园
电　　话：0598-5088017

单位名称：浩利稳（厦门）房地产开发有限公司
地　　址：厦门市思明区厦禾路新政协大厦对面
电　　话：0592-2223755

单位名称：厦门大学图书馆
地　　址：厦门市思明南路
电　　话：0592-2180878

单位名称：福清晟扬管道科技有限公司
地　　址：福清市元洪投资区城头镇星桥村路口
电　　话：0591-85571799

单位名称：永定县寨头坑煤矿有限公司
地　　址：永定县抚市镇
电　　话：0597-5206517

单位名称：中国平安人寿保险股份有限公司连江支公司
地　　址：连江县凤城镇玉荷东路安通大厦9层
电　　话：0591-26233520

单位名称：永安兴国人造板有限公司
地　　址：永安市洪田镇文川街42号
电　　话：0598-3707718

单位名称：福建华江房地产开发有限公司
地　　址：福州市晋安区新店镇东园村66号
电　　话：0591-87988653

单位名称：锦兴（福建）化纤纺织实业有限公司
地　　址：晋江市英林镇锦江工业区
电　　话：0595-85416666

单位名称：中国银行马江支行
地　　址：福州市马尾区罗星路中银大厦
电　　话：0591-83986193

单位名称：宁德市蕉城区国家税务局
地　　址：宁德市蕉城区莲峰路26号
电　　话：0593-2513100

单位名称：石狮市蚶江镇人民政府
电　　话：0595-88680224

单位名称：福建龙江房地产开发有限公司
地　　址：福州市台江区金融街万达广场C128层
电　　话：0591-88083335

单位名称：厦门吉宏包装科技股份有限公司
地　　址：厦门市海沧东孚工业区浦头路9号
电　　话：0592-6313017

单位名称：福建省龙岩市市场开发有限公司
地　　址：龙岩市闽西交易城A6四楼
电　　话：0597-2526456

单位名称：福鼎市佳阳畲族乡人民政府
电　　话：0593-7579288

单位名称：福建和胜旅游制品有限公司
地　　址：上杭县南阳镇南坑村禾仓堂

单位名称：蔚蓝集团有限公司
地　　址：福州市鼓楼区梅峰路 118 号蔚蓝总部大厦
电　　话：0591-88966868

单位名称：宁德农商银行
地　　址：宁德市蕉城区鹤峰路 36 号
电　　话：0593-2879738

单位名称：恒亿集团有限公司
地　　址：龙岩市龙腾中路 291 号恒亿大厦
电　　话：0597-2226096

单位名称：中国移动通信集团福建有限公司漳平分公司
地　　址：漳平县和平中路 90 号

单位名称：福建省邵武三建工程有限公司
地　　址：邵武市迎宾北路北侧昭阳安居楼二层
电　　话：0599-6236820

单位名称：中国联合网络通信有限公司厦门市分公司
地　　址：厦门市金湖路 69 号厦门联通大厦 7 楼
电　　话：0592-3352510

单位名称：泉州市丰泽新力鞋业有限公司
地　　址：泉州市丰泽区华大街道南埔工业小区
电　　话：0595-22672727

单位名称：泉州利百加体育用品有限公司
地　　址：泉州市鲤城区金龙街道石崎社区石崎工业区金桥酒店后面 453 号
电　　话：0595-28079973

单位名称：中国电信股份有限公司平和分公司
地　　址：平和县小溪镇桥南
电　　话：0596-5280669

单位名称：福建省永富建设集团有限公司
地　　址：福州市仓山区南台路 38 号 2#楼三层
电　　话：0591-88031869

单位名称：福州威克自动识别科技有限公司
地　　址：福州市鼓楼区铜盘软件大道 89 号软件园 D 区 38 号楼 A 幢
电　　话：0591-83206566

单位名称：泉州锦兴皮业有限公司
地　　址：晋江市安东工业园区
电　　话：0595-85525999

单位名称：福建龙净环保股份有限公司
地　　址：龙岩市新罗区陵园路 81 号
电　　话：0597-2293416

单位名称：厦门嘉祺生物食品有限公司
地　　址：厦门市思明区莲花香秀里 62 号九州商社 6 楼
电　　话：0592-5521685

单位名称：福建省力菲克药业有限公司
地　　址：龙岩市东肖经济开发区
电　　话：0597-2792888

单位名称：厦门康乐佳运动器材有限公司
地　　址：厦门市同安工业集中区同明路 53 号
电　　话：0592-7265325

单位名称：石狮市黎祥食品有限公司
地　　址：石狮市永林镇黄金海岸工业区
电　　话：0595-88482568

单位名称：冠科（福建）电子科技实业有限公司
地　　址：晋江市罗山街道后林冠科科技园
电　　话：0595-82005598

单位名称：福建永德利刀剪有限公司
地　　址：柘荣县双城镇 615 东路 133 号
电　　话：0593-8358262

单位名称：建瓯市南门印刷厂
地　　址：建瓯市芝城镇人民路 73 号

单位名称：永安万年小额贷款有限公司
地　　址：永安市豪门御景小区 108 号
电　　话：0598-3815888

单位名称：晋江兆泰机械工业有限公司
地　　址：晋江市安海镇桥兴加工区 54 号
电　　话：0595-85787190

单位名称：奇客食品有限责任公司
地　　址：南靖县金山镇奇客兴业园
电　　话：0596-7562848

单位名称：福建春伦茶业集团有限公司
　　　　　福州萍晴日用化妆品有限公司
地　　址：福州市仓山城门镇城山路 84 号
电　　话：0591-83495066

单位名称：福建建州闽光物资有限公司
地　　址：建瓯市建州汽车城
电　　话：0599-3726750

单位名称：福建旗山园林绿化工程有限公司
地　　址：福州市西二环中路黎明永辉大风村 45 号
电　　话：0591-83792791

单位名称：福建省漳平五一林场
地　　址：漳平市东环路 808 号
电　　话：0597-7532911

单位名称：福建中顺建筑工程有限公司
地　　址：平和县小溪镇北环路宝善延寿山下
电　　话：0596-5232411

单位名称：协兴良种养殖有限公司
地　　址：南安市洪梅镇三梅村
电　　话：13489213955

单位名称：福州市仓山盖山江边卫生香厂
地　　址：福州市仓山区盖山镇善保村
电　　话：0591-83414052

单位名称：尤溪县宝兴矿业有限公司
地　　址：尤溪县联合乡吉木村开发园区
电　　话：0598-6277398

单位名称：厦门市国安特机械工程有限公司
地　　址：厦门市海沧区东孚镇 324 国道北侧
电　　话：0592-6041955

单位名称：永泰建筑工程有限公司第一分公司
地　　址：永泰县樟城镇池峰路 1 号
电　　话：0591-24832373

单位名称：中国农业银行股份有限公司福建省分行营业部
地　　址：福州市五一北路 103 号农行大厦 11 楼
电　　话：0591-87618328

单位名称：霞浦县自然潮食品有限公司
地　　址：霞浦县长春镇溪边路 8 号
电　　话：0593-8555188

单位名称：泉州洛江好利来鞋业有限公司
地　　址：泉州市洛江区罗溪镇柏山村
电　　话：0595-22050275

单位名称：武夷山青龙食品有限公司
地　　址：武夷山市望峰路 4 号武夷新区
电　　话：0599-5280865

单位名称：泉州金百利包装用品有限公司
地　　址：惠安县东园阳光工业区
电　　话：0595-87596118

单位名称：福建省华福石英砂有限公司
地　　址：漳浦县朝阳路 39 号
电　　话：0596-3796777

单位名称：晋江市兴泰无纺制品有限公司
地　　址：晋江市五里工业区
电　　话：0595-85736996

单位名称：宁德宏福房地产开发有限公司
地　　址：宁德市万安西路美伦饭店旁欣隆盛世域售楼部二楼
电　　话：0593-2935998

单位名称：福建省寿宁县鸿达建筑工程有限公司
地　　址：寿宁县胜利街新区路 21 号
电　　话：0593-5526138

单位名称：福建省政和县祥和竹木工艺品有限公司
地　　址：政和县东平镇工业区
电　　话：0599-3266466

单位名称：福建五洲佳豪酒店管理有限公司
地　　址：石狮市振兴路 2 号
电　　话：0595-88566666

单位名称：福建鑫贤食品有限公司
地　　址：漳平市城关工商银行 4 楼
电　　话：0597-7777878

单位名称：福建仁记竹业有限公司
地　　址：长汀县工贸新城
电　　话：0597-6819122

单位名称：屏南华阳服装工贸有限公司
地　　址：屏南县国宝路 888 号
电　　话：0593-3363788

单位名称：福建三都澳食品有限公司
地　　址：宁德市蕉城区丰利大厦 307
电　　话：0593-2598888

单位名称：漳州市国辉工贸有限公司
地　　址：漳州市金峰开发区金玲路 2 号
电　　话：0596-2317277

单位名称：中铝瑞闽铝板带有限公司
地　　址：福州市马尾区青洲路 9 号
电　　话：0591-83688587

单位名称：福建省来宝建设工程有限公司
地　　址：福清市融城镇环球商业大厦 10 楼
电　　话：0591-86010987

单位名称：龙岩日平工贸有限公司
地　　址：龙岩市新罗区龙州工业园
电　　话：0597-2105516

单位名称：福建闽盛建设工程有限公司
地　　址：福州市仓山区南台路 26 号城南名苑 4 号
电　　话：0591-83482022

单位名称：福建省中源建设工程有限公司
地　　址：福州市晋安区北环东路 7 号壹家快捷酒店 8 楼
电　　话：0591-87597305

单位名称：福建恒安集团有限公司
地　　址：晋江市安海镇恒安工业城
电　　话：0595-85708888

单位名称：宁德市上白石水利枢纽工程有限公司
地　　址：宁德市东侨开发区闽东东路海滨 1 号
电　　话：0593-2919026

单位名称：福建省烟草公司宁德市公司
地　　址：宁德市蕉城南路 95 号
电　　话：0593-2983075

单位名称：晋江市顺超鞋服有限公司
地　　址：晋江市双沟泽沟工业区
电　　话：0595-85683628

单位名称：福建省长乐市星光家俬厂
地　　址：长乐市营前镇下洋工业区下洋公园旁
电　　话：0591-28991706

单位名称：福建宏途渣土运输有限公司
地　　址：福州市仓山建新镇透浦村 88 号
电　　话：0591-87886237

单位名称：大田县畜牧兽医水产局
地　　址：大田县均溪镇赤岩山路 10 号
电　　话：0598-7226461

单位名称：福建中尧建筑工程有限公司
地　　址：福州市晋安区华林路 257 号福侨大厦 14 层
电　　话：0591-83315266

单位名称：福安市双星茶叶有限公司
地　　址：福安市阳头银沙岗 59 号
电　　话：0593-6618787

单位名称：福建平潭县凯源房地产有限公司漳平分公司
地　　址：漳平市环东路 281 号
电　　话：0597-7555888

单位名称：福建省南安市万灵石艺有限公司
地　　址：南安市水头镇朴山工艺村
电　　话：0595-86028000

单位名称：厦门市慧欣印刷材料有限公司
地　　址：厦门市蔡塘工业区
电　　话：0592-8855222

单位名称：福建中亿建设工程有限公司
地　　址：龙岩市新罗区最佳西方财富酒店商务楼
电　　话：0597-2282806

单位名称：东山县立成水产有限公司
地　　址：东山县铜陵镇大澳社区水仙宫路 9 号
电　　话：0596-5682358

单位名称：飞阳建设工程有限公司
地　　址：莆田市涵江区江口镇国道 324 线往西 50 米
电　　话：0594-3612166

单位名称：龙岩市九龙水泵制造有限公司
地　　址：龙岩市经济技术开发区龙工路 21 号
电　　话：0597-2797886

单位名称：福州华辰房地产有限公司
地　　址：福州市台江区台江路 47 号华联商厦
电　　话：0591-83340888

单位名称：厦门瀚龙贸易有限公司
地　　址：厦门市象屿路 99 号厦门国际航运中心 E 栋 502-06 单元

单位名称：康达（厦门）建材有限公司
地　　址：厦门市同安区洪塘镇石材城（友信兴内）
电　　话：0592-7397931

单位名称：福建省华兴中小企业融资担保股份有限公司
地　　址：福州市鼓楼区华林路 137 号担保大厦 10 楼
电　　话：0591-88522579

单位名称：闽西兴杭国有资产投资经营有限公司
地　　址：上杭县临江镇北环西路汀江大厦
电　　话：0597-3969226

单位名称：厦门海沧投资集团有限公司
地　　址：厦门市海沧钟林路 8 号海投大厦 23 楼
电　　话：0592-6892052

单位名称：永泰县烟草专卖局
地　　址：永泰县漳城镇龙峰园 26 号
电　　话：0591-24832623

单位名称：龙岩市新时代医药有限公司
地　　址：龙岩市汀州镇朝斗岩 6 号
电　　话：0597-6808996

单位名称：福建上杭县临江建筑工程有限公司
地　　址：上杭县和平路 88 号
电　　话：0597-3842085

单位名称：民生人寿保险股份有限公司福建分公司
地　　址：福州市五四路 159 号世界金龙大厦 6 楼
电　　话：0591-88507568

单位名称：中渔（福建）通信有限公司
地　　址：福州市晋安区福新中路 89 号时代国际广场 705 室
电　　话：0591-87590601

单位名称：莆田市荔城区商业集团有限公司
地　　址：莆田市城厢区仓后路 1 号
电　　话：0594-2393663

单位名称：厦门大自然纸业有限公司
地　　址：厦门市同安区银鹭高科技园区
电　　话：0592-7185896

单位名称：福建信云担保有限公司
地　　址：云霄县云陵镇陈政路 C 幢 A2 栋
电　　话：0596-8762777

单位名称：福建省恒泰融资担保有限公司
地　　址：福安市穿山路凯兴大厦 4 楼 404
电　　话：0593-6675998

单位名称：福建宝诚融资担保有限公司
地　　址：长乐市吴航镇政和中路 39 号
电　　话：0591-28275789

单位名称：葛洲坝集团第六工程有限公司
地　　址：厦门市湖里区五缘湾翔安商会大厦
电　　话：0592-5955558

单位名称：厦门市美利捷科技有限公司
地　　址：厦门市软件园二期观日路 22 号 103 室
电　　话：0592-2380809

单位名称：福建省源发融资担保有限公司
地　　址：福州市台江区五一南路 189 号牡丹大厦 5 楼
电　　话：0591-88593296

单位名称：仙游电机股份有限公司
地　　址：仙游县鲤城镇南大路 96 号
电　　话：0594-8292456

单位名称：福建福华建设工程有限公司
地　　址：宁德市建新路建新 2 号 203
电　　话：0593-2965032

单位名称：泉州市电子工业公司
地　　址：泉州市温陵南路 161 号
电　　话：0595-22283632

单位名称：石狮市劲昌鞋服有限公司
地　　址：石狮市宝盖镇鞋业工业园 B 区 42
电　　话：0595-86015560

单位名称：福建百花化学股份有限公司
地　　址：连城县朋口工业集中区
电　　话：0597-8931570

单位名称：福建六三种业有限责任公司
地　　址：三明市高新区沙县金沙园 63 路
电　　话：0598-5840418

单位名称：福建元力活性炭股份有限公司
地　　址：南平市来舟经济开发区
电　　话：0599-8558386

单位名称：南平天和机械制造有限公司
地　　址：南平市东岭路 35 号
电　　话：0599-8625996

单位名称：巨茂光电（厦门）有限公司
地　　址：厦门市思明区岭兜西路 627 号
电　　话：0592-5932008

单位名称：泉舜集团（厦门）房地产股份有限公司
地　　址：厦门市湖里区枋湖北二路 1521 号
电　　话：0592-2931999

单位名称：福州佰翔家海滨酒店有限公司
地　　址：长乐市漳港镇仙岐村福州国际航空港有限公司综合服务楼
电　　话：0591-28013773

单位名称：**英科新创（厦门）科技有限公司**
地　　址：厦门市海沧区新阳工业区新光路332
电　　话：0592-6807588

单位名称：**建瓯市富立通融资担保有限公司**
地　　址：建瓯市瓯南街道中山西路55米大道
电　　话：0599-3736938

单位名称：**中国太平洋人寿保险股份有限公司福建分公司**
地　　址：福州市台江区群众东路99号元一花园元福楼3楼
电　　话：0591-87609009

单位名称：**福建省长乐市金达针纺有限公司**
地　　址：长乐市漳港经编园区11栋
电　　话：0591-28551555

单位名称：**晋江宝辉大酒店有限责任公司**
地　　址：晋江市安海镇海八北路华星酒店
电　　话：0595-85818888

单位名称：**福建金迈王鞋服制品有限公司**
地　　址：石狮市宝盖镇鞋业工业园B区
电　　话：0595-83117888

单位名称：**福州三全食品有限公司**
地　　址：福州市台江区排尾路328号宏洋大厦

单位名称：**德化县尚德发陶瓷厂**
地　　址：德化县宝美开发区
电　　话：0595-23591178

单位名称：**晋江市南星服装织造有限公司**
地　　址：晋江市东石镇潘径村
电　　话：0595-85522307

单位名称：**福建金山黄金冶炼有限公司**
地　　址：上杭县蛟洋工业开发区
电　　话：0597-3626501

单位名称：**龙海市鑫能源涂料有限公司**
地　　址：龙海市紫泥镇溪洲村公路过埭140号
电　　话：0596-6513733

单位名称：**莆田市精工家俱有限公司**
地　　址：莆田市荔城区西天尾镇南少林路口
电　　话：0594-2891818

单位名称：**福建永丰针纺有限公司**
地　　址：长乐市松下镇龙纺工业区
电　　话：0591-28336067

单位名称：**福建鑫华股份有限公司**
地　　址：晋江市龙湖镇粘厝埔华鑫工业园
电　　话：0595-85252788

单位名称：**福建省德化县供电有限责任公司**
地　　址：德化县龙浔镇凤林路16号
电　　话：0595-23524173

单位名称：**福建莆田富信模胚有限公司**
地　　址：莆田市江口镇石庭开发区内
电　　话：0594-3791932

单位名称：**福建水口发电集团有限公司**
地　　址：福州市白马南路333号
电　　话：0591-87571590

单位名称：**福建省银象电器有限公司**
地　　址：福安市城北王基岭工业区218号
电　　话：0593-6530888

单位名称：**泉州盛克鞋服有限公司**
地　　址：泉州市清濛经济开发区崇宏街
电　　话：0595-22357585

单位名称：**福州星诚建筑工程劳务有限公司**
地　　址：福州市江滨西大道233号半岛国际3号楼3层301号
电　　话：0591-83210905

单位名称：福建省石狮市通达电器有限公司
地　　址：石狮市蚶江石湖路通达工业园
电　　话：0595-88688308

单位名称：中国民生银行股份有限公司泉州分行
地　　址：泉州市丰泽区刺桐路 689 号
电　　话：0595-28008100

单位名称：泉州劲鑫电子有限公司
地　　址：泉州市鲤城南环路江南高新技术园区劲鑫大厦 2 楼
电　　话：0595-22353600

单位名称：福建晋江凤竹纸品实业有限公司
地　　址：晋江市五里科技工业园区
电　　话：0595-85752222

单位名称：晋江市鸿顺儿童用品有限公司
地　　址：晋江市安海镇西安工业区
电　　话：0595-85703122

单位名称：福建南安市新东源石业有限公司
地　　址：南安市官桥镇南联开发区周厝村
电　　话：0595-86266648

单位名称：晋江市荣誉大酒店有限责任公司
地　　址：晋江市梅岭世纪大道电离大厦
电　　话：0595-82001158

单位名称：福建捷鸿木业有限公司
地　　址：清流县嵩溪镇金星工业园区

单位名称：厦门正新橡胶工业有限公司
地　　址：厦门市集美区西滨路 15 号
电　　话：0592-6211606

单位名称：福建省永安煤业有限责任公司上京分公司苏桥煤矿
地　　址：大田县建设镇苏桥煤矿
电　　话：0598-7402888

单位名称：福建弘安建筑有限公司
地　　址：漳浦县绥安镇环城东路
电　　话：0596-3113669

单位名称：福建省大田县矿产开发公司
地　　址：大田县均溪镇建山路 4 号
电　　话：0598-7222285

单位名称：龙岩卓越新能源股份有限公司
地　　址：龙岩市新罗区铁山镇平林工业开发区
电　　话：0597-2342683

单位名称：石狮农商银行
地　　址：石狮市八七路

单位名称：福建大帝实业有限公司
地　　址：石狮市永宁工业园
电　　话：0595-88603777

单位名称：莆田市城厢区凤凰山街道南门居委会
地　　址：莆田市城厢区凤凰山街道南门西路 119 号

单位名称：厦门卓毅建筑工程有限公司
地　　址：厦门市集美区杏林杏北二路 138 号正对面
电　　话：0592-6276385

单位名称：福州泰禾房地产开发有限公司
地　　址：福州市湖东路 43 号奥林匹克大厦七楼
电　　话：0591-87601956

单位名称：福建省晋江优兰发纸业有限公司
地　　址：晋江市西滨农场工业区
电　　话：0595-85123846

单位名称：三明市铜浪防水建材有限公司
地　　址：三明市梅列区小蕉工业园区
电　　话：0598-8873789

单位名称：福建省烟草公司福州市公司
地　　址：福州市六一北路 17 号 4 楼

单位名称：晋江德福树脂有限公司
地　　址：晋江市经济开发区五里园泉源路中段
电　　话：0595-85621902

单位名称：福建省宁化县利丰化工有限公司
地　　址：宁化县华侨经济开发区工业园
电　　话：0598-6821688

单位名称：福建省晋江市汽车运输有限公司
地　　址：晋江市青阳泉安中路水路学汽车站3楼
电　　话：0595-85660816

单位名称：福建省汀红木业有限公司
地　　址：长汀县河田工业集中区

单位名称：顺昌县兆兴鱼种养殖有限公司
地　　址：顺昌县双溪东门江滨东路234号

单位名称：石狮市香江大酒店
地　　址：石狮市香江路
电　　话：0595-83016666

单位名称：福建省优拓贸易有限公司
地　　址：福州市东街92号中福广场20楼
电　　话：0591-83229811

单位名称：福建鑫海冶金有限公司
地　　址：长乐市松下镇滨海工业区
电　　话：0591-28098666

单位名称：福建省泉州晶海轻化有限公司
地　　址：泉州市泉港山腰街道埭港村山腰下街
电　　话：0595-87986119

单位名称：福建源光亚明电器有限公司
地　　址：南平市高新技术园区
电　　话：0599-8609099

单位名称：中国农业银行三明市梅列支行
地　　址：三明市列东街107号千禧假日精品酒店3楼

单位名称：鑫泰建设集团有限公司
地　　址：厦门市思明区塔埔东路171号8楼
电　　话：0592-5126150

单位名称：建发房地产集团有限公司
地　　址：厦门市鹭江道52号海滨大厦8楼
电　　话：0592-2111719

单位名称：晋江世创机械制造有限公司
地　　址：晋江市五里工业区
电　　话：0595-88162066

单位名称：天喔（福建）食品有限公司
地　　址：莆田市城厢区灵川镇榜头村太湖工业园
电　　话：0594-5321333

单位名称：厦门古龙温泉山庄开发有限公司
地　　址：厦门市同安区汀溪镇天溪信用联社办公室
电　　话：0592-7159779

单位名称：兴业皮革科技股份有限公司
地　　址：晋江市安海第二工业区
电　　话：0595-85723200

单位名称：福建大自然林业股份有限公司
地　　址：宁化县翠江镇南大街168号
电　　话：0598-6829288

单位名称：厦门市同安区第一建筑工程公司
地　　址：厦门市同安区大同街道城西路139号
电　　话：0592-7310371

单位名称：福建天顺祥木业有限责任公司
地　　址：泰宁县丰岩工业园区丰岩新村
电　　话：0598-7828555

单位名称：厦门成钢电机有限公司
地　　址：厦门市同安工业集中区思明园32-33号西侧五楼
电　　话：0592-7899395

单位名称：中国城市规划设计研究院厦门分院
地　　址：厦门市思明区槟榔路 1 号联谊广场 8 楼
电　　话：0592-5090342

单位名称：福建安溪聚丰工艺品有限公司
地　　址：安溪县澳江聚丰工业园
电　　话：0595-23226288

单位名称：明达工业（福建）有限公司
地　　址：福清市宏路上郑

单位名称：福建德胜能源有限公司
地　　址：罗源湾开发区金港工业园

单位名称：晋江奇美礼品宠物工业有限公司
地　　址：晋江市东石镇东埕工业区
电　　话：0595-85582814

单位名称：福建省宁德市汽车运输有限公司
地　　址：福安市新华南路 13 号

单位名称：宁德市东方水产有限公司
地　　址：宁德市蕉城南路坤元大厦 103 号
电　　话：0593-2986336

单位名称：福建省白沙消防工贸有限公司
地　　址：南安市美林白沙工业区
电　　话：0595-86278800

单位名称：泉州敬泰实业有限公司
地　　址：泉州市泉港区南埔镇岭口工业区
电　　话：0595-87772731

单位名称：福建省龙禧艺苑古典家具有限公司
地　　址：仙游县宝泉工艺产业园
电　　话：0594-8267766

单位名称：福建达利食品集团有限公司
地　　址：惠安县紫山镇林口工业区
电　　话：0595-87327518

单位名称：福建省长乐市正隆纺织有限公司
地　　址：长乐市江田镇友爱工业区
电　　话：0591-28762875

单位名称：福建晋江协兴彩色印刷有限公司
地　　址：晋江市梅岭街道梅岭工业区
电　　话：0595-85685898

单位名称：招商银行福州分行
地　　址：福州市鼓屏路 60 号 16 楼
电　　话：0591-87611758

单位名称：厦门翠丰温泉度假酒店有限公司
地　　址：厦门市同安区汀溪街 777 号
电　　话：0592-7159999

单位名称：连城派拉蒙房地产开发有限责任公司
地　　址：连城县北大东路 64 号
电　　话：0597-8912299

单位名称：南安市电力工程有限责任公司
地　　址：南安市溪美彭美路 131 号
电　　话：0595-86356778

单位名称：中国移动通信集团福建有限公司厦门分公司
地　　址：厦门市莲前西路 233 号

单位名称：福州利胜制衣有限公司
地　　址：福州市金榕北路 28 号
电　　话：0591-83749496

单位名称：福州卓越无限软件开发有限公司
地　　址：福州市鼓楼区温泉支路 62 号金业大厦 4 楼
电　　话：0591-88058059

单位名称：宁德市蔡氏水产有限公司
地　　址：宁德市东侨万安东路 2 号金港名都 B 区 4 号楼 306 室
电　　话：0593-2916877

单位名称：龙海市城内婴儿米麸厂
地　　址：龙海市石码镇华侨新村 4 号
电　　话：0596-6524217

单位名称：泉州市三阳木雕工艺有限公司
地　　址：泉州市台商投资区张坂镇上塘村 627 号
电　　话：0595-87528457

单位名称：福建省长汀县嘉波污水处理有限公司
地　　址：长汀县松香厂西侧
电　　话：0597-6688869

单位名称：泉州市思康新材料发展有限公司
地　　址：南安市官桥镇前梧工业区
电　　话：0595-22557219

单位名称：福州添盛佳贸易有限公司
地　　址：福州市鼓楼区华林路华林大厦 21 层
电　　话：0591-87595009

单位名称：福建省澳龙树脂化工有限公司
地　　址：惠安县辋川镇石化轻工小区
电　　话：0595-27582288

单位名称：惠安县九龙工艺美术有限公司
地　　址：惠安县洛阳镇杏田工业区
电　　话：0595-87492666

单位名称：晋江成昌鞋业有限公司
地　　址：晋江市青阳莲屿工业区
电　　话：0595-85636233

单位名称：福建正大集团有限公司
地　　址：泉州市洛阳镇北工业区白沙路口
电　　话：0595-87483999

单位名称：福州朝邦机电设备有限公司
地　　址：福州市仓山区上山路 216 号山亚大厦 A 座 9 层
电　　话：0591-83328656

单位名称：浙江伟星新型建材股份有限公司福州分公司
地　　址：福州市鼓楼区华林路 155 号新兴大厦 A 座 16 楼
电　　话：0591-87812849

单位名称：盛达农机销售有限公司
地　　址：浦城县溪下荣兴集团盛达农机有限公司
电　　话：0599-2883116

单位名称：福建向荣建设集团有限公司
地　　址：漳州市南昌鑫景小区商业中心

单位名称：福建省万华电子科技有限公司
地　　址：泉州市鲤城区南环路 826 号
电　　话：0595-22413777

单位名称：厦门海迈科技股份有限公司
地　　址：厦门市软件园二期观日路 20 号 101
电　　话：0592-5090768

单位名称：福州步步高电器有限公司
地　　址：福州市六一北路 92 号实发大厦 14 层
电　　话：0591-87579978

单位名称：古田县城东街道办事处
电　　话：0593-3882993

单位名称：泉州市洛江新华针织有限公司
地　　址：泉州市洛江区马甲镇
电　　话：0595-22085529

单位名称：福建春驰集团新丰水泥有限公司
地　　址：龙岩市新罗区适中镇新祠村
电　　话：0597-2980896

单位名称：福州市精亚达伐门厂
地　　址：福州市城门镇湖际村 56 号
电　　话：0591-83582489
经营范围：阀门、法兰片、水暖管道配件

单位名称：**福建省晋江市佶龙机械工业有限公司**
地　　址：晋江市五里工业区
电　　话：0595-88176856
经营范围：纺织印染机械研发、制造和营销为一体的省高新技术企业。

单位名称：**福州万德电气有限公司**
地　　址：福州市马尾区亭江镇长安投资区 2-6 号
电　　话：0591-83998666

单位名称：**嘉园环保股份有限公司**
地　　址：福州市软件大道 89 号软件园 C 区 27 号
电　　话：0591-83518669

单位名称：**福建福兴润滑油有限公司**
地　　址：福州市东门溪口 77 号
电　　话：0591-87336507

单位名称：**福州金飞鱼柴油机有限公司**
地　　址：福州市福湾工业区齐安路 760 号（盘屿）
电　　话：0591-83501936

单位名称：**福建陆海建设监理所**
地　　址：福州市台江区祥美花园 A 座 604
电　　话：0591-83201498
经营范围：1. 在全国范围内承担大中型水运监理
2. 服务、工程代建
3. 承担所有水运工程的试验检测项目

单位名称：**漳浦县农村信用合作联社**
地　　址：漳浦县绥安镇朝阳路 64 号
电　　话：0596-3225768

单位名称：**福建建盛房地产开发有限公司**
地　　址：福州市长乐北路 156 号五楼
电　　话：0591-83920898

单位名称：**福建新代实业有限公司**
地　　址：福州市仓山区盖山北园双湖路 8 号
电　　话：0591-83578999

单位名称：**福建大世界华夏房地产有限公司**
地　　址：福州市台江区万达广场二期甲写字楼 6 楼
电　　话：0591-83508033

单位名称：**莆田市长丰体育用品有限公司**
地　　址：莆田市荔城区荔园工业区 803 号
电　　话：0594-2882998

单位名称：**诚丰家具（中国）有限公司**
地　　址：福清市融侨经济技术开发区
电　　话：0591-85374688

单位名称：**福建省翠云茶业有限公司**
地　　址：宁化县翠江明珠一幢 203
电　　话：0598-6823529

单位名称：**福建六建集团有限公司**
地　　址：福州市五一中路龙庭路 10 号
电　　话：0591-83334971

单位名称：**福建春驰集团有限公司**
地　　址：龙岩市龙岩大道商务中心 D 幢 13 楼
电　　话：0597-2770318

单位名称：**福建省圣王食品有限公司**
地　　址：福鼎市星火工业园区
电　　话：0593-7871999

单位名称：**漳州市龙文翰苑化工有限公司**
地　　址：漳州市龙文区郭坑镇院后村

单位名称：**福建省安泰建材实业有限公司**
地　　址：晋江市内坑吉里工业区
电　　话：0595-88328806

单位名称：**中建三局建设工程股份有限公司**
荣　　誉：全国五一劳动奖状

单位名称：**中国建设银行股份有限公司厦门分行**
地　　址：厦门市鹭江道

单位名称：福建顶点软件股份有限公司
地　　址：福州市铜盘路软件大道 89 号 A 区 B 座
电　　话：0591-87866888

单位名称：福建省莆田市新华利有限公司
地　　址：莆田市涵江区智舟工业园
电　　话：0594-3602662

单位名称：莆田上塘金银珠宝城管委会
地　　址：莆田市秀屿区东桥镇上塘珠宝城
电　　话：0594-6913300

单位名称：福建省腾龙工业公司
地　　址：龙海市九湖林下
电　　话：0596-6630077　6630066

单位名称：福建省开辉房地产开发有限公司
地　　址：永安市含笑大道 65 幢
电　　话：0598-3792888

单位名称：国发（福建）塑胶有限公司
地　　址：晋江市陈埭江头村横沟工业区
电　　话：0595-85180425

单位名称：重汽集团福建专用车有限公司
地　　址：宁德市东侨工业集中区（漳湾）疏港路 11 号
电　　话：0593-2351533

单位名称：力达（中国）机电有限公司
地　　址：泉州市台商投资区东园镇工业区
电　　话：0595-87597777　87598888　87598587
传　　真：0595-87597856

单位名称：福建省长乐市金源纺织有限公司
地　　址：长乐市两港工业区
电　　话：0591-28519178

单位名称：中国移动通信集团福建有限公司晋江分公司
地　　址：晋江市双沟邮电大楼

单位名称：福建省恒基建设股份有限公司
地　　址：龙岩市新罗区溪南图书馆安置楼 D 幢 310
电　　话：0597-2323325

单位名称：福建省榕源建设工程有限公司
地　　址：平潭县城关北大街 47 号
电　　话：0591-24360898

单位名称：中国建设银行股份有限公司福建省分行
地　　址：福州市鼓屏路 142 号
电　　话：0591-87856865

单位名称：福建和盛塑业有限公司
地　　址：福州市华林路 100 号 9 层
电　　话：0591-87800215

单位名称：福建盈科创业投资有限公司
地　　址：福州市铜盘路 388 号
电　　话：0591-88527973

单位名称：福清核电有限公司
地　　址：福清市三山镇
电　　话：0591-86095001

单位名称：泉州东海开发有限公司
地　　址：泉州市丰泽区东海大街东海湾中心 1 号楼 24 层
电　　话：0595-22905258

单位名称：泉州市长江工贸有限公司
地　　址：泉州市泉秀路老干新村楼下 624 号
电　　话：0595-22537617

单位名称：福建集成伞业有限公司
地　　址：晋江市永和镇第一工业区
电　　话：0595-88071661

单位名称：福建峰记珠宝首饰有限公司
地　　址：福州市津泰新村 10 座一层
电　　话：0591-87389666

单位名称：福建省桃城建设工程有限公司
地　　址：永春县桃源南路 1 号
电　　话：0595-23878903

单位名称：福建省龙俊金属制品有限公司
地　　址：厦门市同安区工业集中区同宏路 8 号
电　　话：0592-7396158

单位名称：福建石狮龙鼎泰雨具有限公司
地　　址：石狮市蚶江镇大信工业区
电　　话：0595-88680885

单位名称：福州永昌盛机械工艺有限公司
地　　址：福州市晋安区福新东路 434 号
电　　话：0591-83658088

单位名称：福建宏翔融资担保有限公司
地　　址：福州市六一环岛佳盛大厦 10 层 01 室
电　　话：0591-83341511

单位名称：莆田市福森古典家具实业有限公司
地　　址：仙游县鲤南镇
电　　话：0594-8662555

单位名称：福建省亚明食品有限公司
地　　址：莆田市华林工业区
电　　话：0594-6920566

单位名称：福建省铭盛陶瓷发展有限公司
地　　址：南安市光桥镇岭兜石鸡工业区
电　　话：0595-86005666

单位名称：福建省大众金属有限公司
地　　址：福安市阳头广电大厦 13 楼
电　　话：0593-6319766

单位名称：漳浦明新伞业有限公司
地　　址：漳浦县绥安工业区
电　　话：0596-3226696

单位名称：华夏银行长乐支行
地　　址：长乐市航城镇郑和西路 175 号
电　　话：0591-28818225

单位名称：福建省鑫东华实业有限公司
地　　址：长乐市滨海工业区
电　　话：0591-28518111

单位名称：福建省万安医药有限公司
地　　址：福清市石竹街道耀华工业村
电　　话：0591-86079277

单位名称：福建胜亚模具有限公司
地　　址：闽侯县青口镇杨厝村千家山工业区
电　　话：0591-38260615

单位名称：福建鸿达运输有限公司
地　　址：晋江市经济开发区鸿达大厦
电　　话：0595-88073306

单位名称：厦门美岁商业投资管理有限公司
地　　址：厦门市湖里区兴隆路信息大厦 4 楼
电　　话：0592-5688045

单位名称：平和县发展和改革局
地　　址：平和县小溪镇团结路
电　　话：0596-5211373

单位名称：福建哥仑步户外用品有限公司
地　　址：福州市马尾区下德工业区乾人服装大厦
电　　话：0591-83977028

单位名称：泉州捷宏房地产开发有限公司
地　　址：晋江市安海镇鸿江西路捷宏盛宴二期 B1 号楼售楼部
电　　话：0595-85358888

单位名称：厦门溢源昌房地产开发有限公司
地　　址：厦门市思明区湖滨南路 253 号凯宾斯基酒店 36 号
电　　话：0592-2351875

单位名称：厦门思总建设有限公司
地　　址：厦门市思明区塔浦路 171 号 5#楼 9 层
电　　话：0592-2950118

单位名称：三宝集团股份有限公司
地　　址：漳州市芗城区浦南镇店圩三宝工业园
电　　话：0596-2588168

单位名称：安安（中国）有限公司
地　　址：长泰县兴泰开发区安安大道
电　　话：0596-8318281

单位名称：福建省石狮市港溢染整织造有限公司
地　　址：石狮市锦尚工业区
电　　话：0595-88955222

单位名称：寿宁县东泰房地产开发有限公司
地　　址：寿宁县东区龙庭国际
电　　话：0593-5509888

单位名称：泉州市诚豪体育用品有限公司
地　　址：晋江市陈埭镇横板工业区
电　　话：0595-85088118

单位名称：泉州利昌塑胶有限公司
地　　址：南安市复线工业走廊
电　　话：0595-86997717

单位名称：福州中榕信房地产开发有限公司
地　　址：福州市台江区五一中路元洪花园玫瑰阁 4C
电　　话：0591-87719482

单位名称：晋江市超达鞋服有限公司
地　　址：晋江市陈埭镇湖中工业区
电　　话：0595-85197977

单位名称：平安银行福州分行
地　　址：福州市鼓楼区五四路 109 号东煌大厦 27 层
电　　话：0591-88523558

单位名称：福州环美家具有限公司
地　　址：连江县琯头投资区
电　　话：0591-26260927

单位名称：福建永春顺德堂食品有限公司
地　　址：永春县石鼓镇工业区
电　　话：0595-23824374
销售热线：400-600-7426
负 责 人：林育民
经营范围：生产销售顺德堂醋系列、顺德堂醋豆、顺德堂醋豆降脂胶囊

单位名称：泉州市嘉太中外名酒有限公司
地　　址：泉州市清濛开发区德泰路186号
电　　话：0595-22496391
负 责 人：林育民
网　　址：www.jiataigroup.cn
经营范围：酒类饮料专业运营商。主要经销代理茅台、五粮液、泸州老窖、王子酒、汾酒、竹叶青、中国劲酒、王朝、和酒、春生堂、顺德堂、人头马、意大利卡里诺、法国香奈、喜力、虎牌、美国嘉露酒庄、加多宝、意大利维娜泉矿泉水、台湾洪大妈果汁、百事可乐等20多个品牌。

单位名称：福建泉州市春生堂酒厂有限公司
地　　址：泉州市鲤城区兴贤南路浮桥官路尾
电　　话：0595-22484314
销售热线：400-600-7426
负 责 人：林育民
经营范围：生产销售“中华老字号 百年老字号”春生堂秘制酒系列

单位名称：福州新裕电装有限公司
地　　址：闽侯县青口镇投资区
电　　话：0591-22786519

单位名称：福建省烟草公司泉州市公司
地　　址：泉州市温陵南路烟草大厦

单位名称：福建盛达机器股份有限公司
地　　址：晋江市安海镇梧山工业区
电　　话：0595-85790898
荣　　誉：福建省高新技术企业、福建名牌产品

福建经典房地产开发有限公司

本公司于2006年成立，是由德荣集团（香港）有限公司与福建中升房地产开发有限公司共同注资成立的中外合资公司，经营范围为房地产的开发与经营。本公司已开发项目“经典名门”，该项目占地48.2亩，建筑面积12万平方米，绿化率为50%，容积率3.80。项目建设24-30层的高层住宅，并与商业发达的田安路、交通便利的津淮街相邻，周围基础设施齐全。

阳光新都

“阳光新都”项目位于连城县莲峰镇莲中南路东侧，处于连城的商业中心，交通发达，地理位置显著；项目总用地19263.48平方米，总建筑规模125160.60平方米，总投资44958万元。

连城派拉蒙房地产开发有限责任公司于2010年8月注册，注册资金为5100万元，严格按照现代企业管理模式规范经营，形成了完善的法人治理结构和健全、合理、有效的重大经营决策程序及内部风险控制制度。

本公司以实现中式建筑文化与现代居住精神的完美统一为目标，努力打造符合地域文化传统、居住环境文脉特色、个性鲜明的商住小区，把在建的“阳光新都”总体定为城市综合体、连城大型购物中心以及地标性建筑。建成后将融合大型超市、综合商业卖场、商务办公、商务酒店、3D影院及高档住宅、公寓。

福建长滔建设开发有限公司

金桥花园

金桥花园，地处乌龙江畔，洪塘桥西。社区占地800多亩，是欧陆别墅和花园洋房小区。牡丹苑别墅建有100栋单体别墅，玫瑰苑洋房已完成7期。2005年底推出欧洲街别墅，继欧洲街别墅之后于2007年推出爱丁堡、爱丁堡2期。

ABOUT

企业简介

信守承诺　勇担责任

福建省惠裕建设工程有限公司成立于2007年6月，几年来，全体干部职工凝心努力、开拓进取，企业发展迅猛，成绩斐然。2011年，公司被国家建设部批准为房屋建筑工程施工总承包一级资质企业，主要从事工业与民用建筑工程、市政公用工程、建筑装饰装修工程、钢结构工程、土石方工程、机电设备安装工程、建筑幕墙工程等施工总承包和专业承包业务。公司现有职工总人数1266人，有职称工程技术和经济管理人员278人，其中高级职称15人，中级职称86人。公司注册资金1.16亿元，净资产1.2亿元；近几年来连续被评为回乡纳税先进单位、先进企业、先进施工单位、守合同重信用企业、福建省建筑300强单位等。

本公司实行董事长领导下的总经理负责制，设副总、三总师、技术部、安全部、质检部、经营部、财务部、管理部、人力资源部等幕僚机构，以及在广州、佛山、东莞、深圳、厦门、漳州、晋江、南安、泉州、福州、湖南等省市设立了分公司。

公司始终坚持“以质量求生存、以管理求效益、以信誉求发展”的发展方针，“群策群力、尽善品质、诚信服务、矢志创新”的经营宗旨，坚持“制度为先、优质高效”的管理政策。2012年，公司通过了ISO9001：2008质量管理体系、ISO14001：2004环境管理体系、OHSMS18001职业健康安全管理体系和银行信用“AAA”级认证，成功摆脱了家庭型企业的束缚和游击式施工队伍的形象，建立起现代股份制建筑业企业的管理机构及各种规章制度，走科学、民主决策及管理之路，逐步形成了具有现代化特色的、富有凝聚力的企业文化。公司全面实施财务电算化，建立起数据化管理平台；积极实施人才战略、名牌战略，卓有成效地尝试推行项目法施工，调动了各方积极性，同时大大提高了经营管理效益，形成了较强的综合竞争能力。

在新的世纪里，公司将以“务实、勤力、创新”的立业精神和理念，致力于制度创新、市场创新、科技创新，加强企业管理，拓展经营规模，实施名牌战略，实现产业升级，为国家经济建设和地方经济发展做出更大贡献。

地址：泉州市惠安县净峰镇净北后园　邮编：362142

电话：0595-87800399　传真：0595-87800377

网站：http://www.texong.com/li/yy/news.asp

福建省惠裕建设工程有限公司

HUIYU(FJ) CONSTRUCTION PROJELE COM., LTD

福建新龙芝房地产开发有限公司

福建新龙芝房地产开发有限公司成立于2008年10月22日，注册资金5000万元，现为三级房地产开发企业；拥有在册职工80人，其中专业技术人员38人、高级工程师5人、中级人员25人。本公司始终坚持“以人为本、开拓创新、优质服务、诚信经营”的宗旨，依靠先进的管理理念和强烈的市场竞争意识，凭借雄厚的资金实力和强大的人才优势，在项目的规划设计、环境营造、工程施工、配套设置、销售服务、物业管理等方面，精心打造企业优秀品牌，外树形象、内强素质，持续不断地提升企业核心竞争力，确保在激烈的市场竞争中稳步发展和壮大。

公司自成立以来，成功开发的“凯旋公馆A、B区”总竣工建筑面积151548平方米，2010年12月份交付使用；“格林威治一、二期”总竣工面积272298.9平方米，2012年10月份交付使用。开发的产品在社会上获得了良好的信誉，连续多年被福建省质量协会评为“重合同、守信用单位”，2012年度信用等级A+级，2010年、2011年、2012年连续三年被福建省国税局、福建省地税局评为“千万元纳税大户”。

福建省第一建筑工程公司

福建省第一建筑工程公司是国有一级大型建筑施工企业。公司具有房屋建筑工程施工总承包壹级，冶炼工程施工总承包壹级，市政公用工程施工总承包壹级，地基与基础工程专业承包壹级，钢结构工程专业承包壹级，起重设备安装工程专业承包壹级，建筑装修装饰工程专业承包贰级，机电设备安装工程专业承包贰级等多项资质。

福建广播电视中心（省优质工程、省级文明

三明市体育场

鸿山热电厂烟囱（省优质工程）

厦门公安交通指挥中心（省优质工程

福建大剧院（省级文明工地）

公司先后获得全国、省、市“重合同、守信用”单位、全国工程建设质量管理优秀企业、全国施工技术进步先进单位、全国抗震救灾重建家园“工人先锋号”、福建省建筑业先进企业、福建省AAA级信用企业和省、市级“文明单位”等荣誉称号。

近三年，公司已获得实用新型专利项目11项；参编工程建设地方标准1项；完成省级工法5项；获得省优质工程、省级文明工地20项；省级示范工程5项；产学研合作开发项目8项；发表科技论文30多篇。

今后，公司将进一步完善技术中心管理体系、激励机制，加强技术开发和自主创新能力建设，加大科技投入，增强科技创新能力，促进科技成果转化、推广和应用工作。以技术领先配合企业拓展市场，努力培养企业需要的各种人才，不断提高公司的核心竞争力。

福建天兰农业综合开发有限公司

董事长徐天林

福建天兰农业综合开发有限公司成立于1979年，注册资金800万元，银行信用等级为AA级，是省内最早集蔬菜基地开发、生产、销售于一体的农业产业化省级重点龙头企业，从事经营蔬菜育种、种植、加工、保鲜及果蔬销售。现有4650平方米蔬菜初加工厂房和1300平方米鲜冷藏库，固定蔬菜基地8000亩，季节性蔬菜基地1万余亩。其中，出口备案基地8500亩，年生产销售蔬菜10万多吨，粮食3500吨。2012年，公司产值近4亿元。

西红柿

公司注重“五新”推广应用，实现基地规模化、标准化，长期与省、市科研院校合作，不断提高科技创新能力和技术推广水平，全面实施ISO9001、HACCP等国际先进的管理体系和质量控制体系。公司已通过良好农业规范（GAP）认证，建设完备的产品质量可追溯系统。公司商标被认定为“福建省著名商标”、“莆田市知名字号”，“天兰牌花椰菜”、“天兰牌结球甘蓝”及“天兰牌西芹”被认定为“福建省名牌农产品”。

玉米

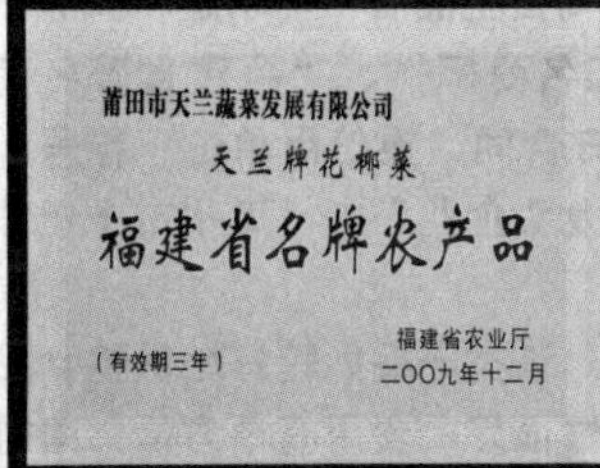

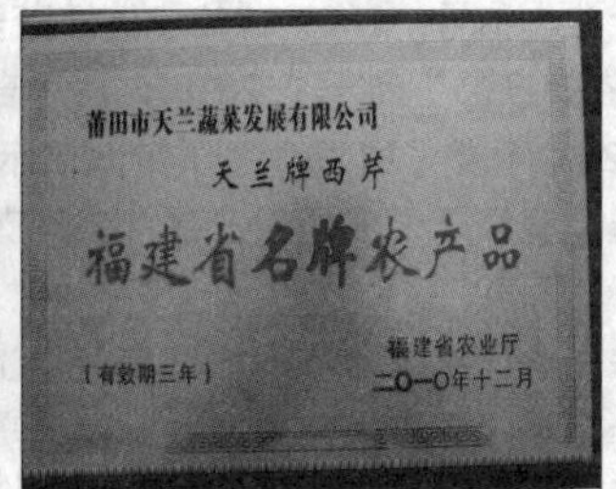

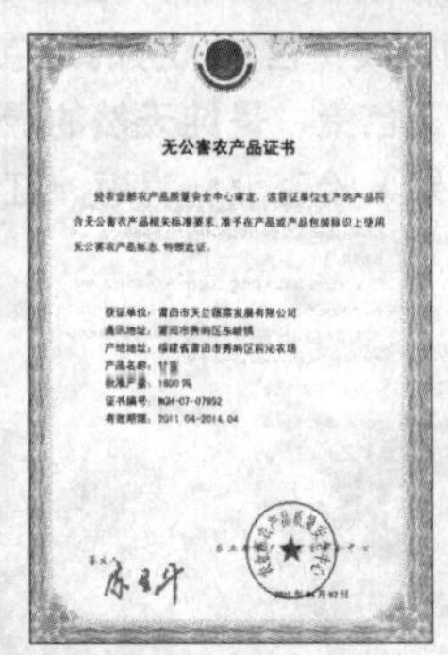

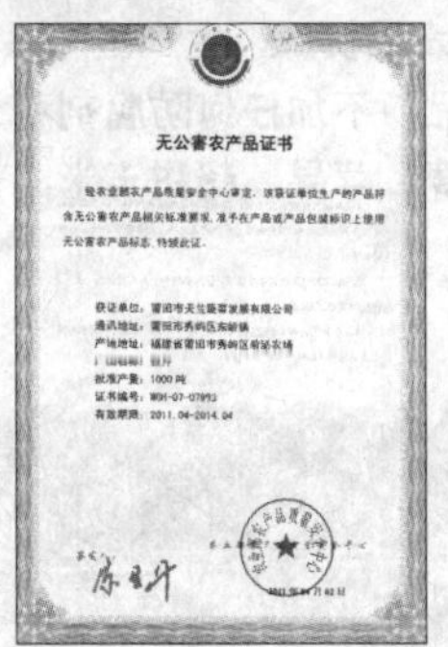

2006年，公司董事长徐天林同志获得“全国建设新农村优秀复转军人”和“全国先进爱国企业家”荣誉称号；2009年、2010年、2012年分别获得“全国粮食生产大户”、“全国粮食生产大户标兵”等荣誉称号。

公司荣誉：2005年，国家农业部授予公司基地农场为“无公害农产品示范基地农场”；2007年，福建省农业厅授予公司基地为“稻菜轮作高产高效生产示范基地”；2009年，福建省农业厅授予公司基地为“福建省无公害农产品蔬菜基地”；2011年，公司甘蓝、花椰菜、西芹3种蔬菜被农业部认定为“无公害农产品”，福建省经济贸易委员会授予公司基地“福建省城市副食品调控基地”；被福建省农业产业化工作领导小组评为“省级重点龙头企业”。

倍乐蔬®

可果可蔬

漳州市立品食品有限公司

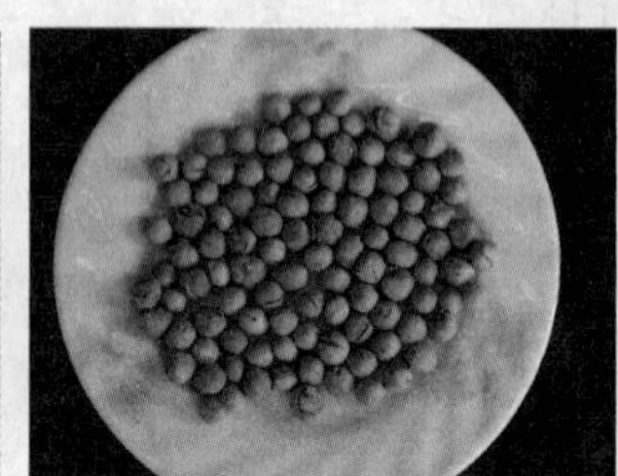

漳州市立品食品有限公司位于福建省沿海城市——漳州，交通方便，资源丰富。公司成立于2003年11月，是一家集研发、生产、销售于一体的食品企业。公司现有员工400余人。公司目前已建成5000平方米的厂房及配套设施，拥有2套大型真空冷冻干燥设备，干燥面积达400平方米，年生产能力达800吨。冻干蔬菜等冻干产品是应用国际先进的冻干设备，结合企业的自主创新，利用冰品升华的原理，在真空环境下，将已冻结了的物料中的水分不经过冰的融化直接从固态升华为气态，从而使物料干燥。

经过多年努力，公司先后通过了国家认监委“出口食品生产卫生注册”和“HACCP食品安全管理体系认证”及“ISO质量管理体系认证”。公司先后荣获2005年度“科技型企业”称号；2008-2009年度、2011-2012年度“农业产业化市级龙头企业”称号；2009-2012年连续荣获“纳税大户”称号；2010年，公司自主品牌“倍乐蔬”牌冻干蔬菜荣获“福建名牌产品”称号；2010年，“倍乐蔬”商标被认定为“漳州市知名商标”、“福建省著名商标”；荣获2008-2009年度“加工食品质量诚信示范企业”称号；2011年，荣获“守合同、重信用单位”称号；2012年，荣获“福建省级现代农业农产品加工示范企业”、“福建省农牧业产业化龙头企业”、“漳州市十佳伴手礼”称号。

食品真空冷冻干燥（简称“冻干”）为世界上公认最先进的食品加工高新技术。该类产品能较好地保持食品原来的形状和色泽，最大限量保持食品香味及营养成分，并具有多孔性结构，复水性很好，食用简单方便；同时冻干食品还具有脱水彻底，水分含量只有4%，重量轻，适合长途运输及长期保存，合理的包装在常温下可存放3-5年。本公司充分利用本地区丰富的蔬菜、水果资源，生产出一系列极具特色和优势的绿色、休闲、健康的冻干食品。冻干果蔬是一类全新、时尚的休闲食品，不加任何防腐剂和人工色素，是纯天然的绿色食品，且充分保留新鲜水果的营养成分。其中，冻干香蕉、菠萝、苹果、超甜玉米、芒果、哈密瓜、青葱、红甜椒等产品深受国内外市场的欢迎和喜爱。

闽清雄江明民农业科技有限公司

追求健康、享受自然、返朴归真

是现代人消费的主题

“蓝天飞鸡”养殖场在山青水秀的高海拔山区，野外天然放养9个月以上，防疫措施到位，其饮用清澈的山泉水，以稻谷、玉米、昆虫、青草等为主食，既具备土鸡皮薄肉嫩的传统特点，又保留了野鸡擅长奔跑飞跃的野外生活的习性和体型等特点，其肉质鲜嫩、口味鲜美、低脂不油、营养丰富，有温中益气、补血健脾，养血养生等功效，是人们强身健体的上等滋补“绿色”佳肴，更是妇女产后做“月子”及婴幼儿、年老体弱者的最佳滋补品。

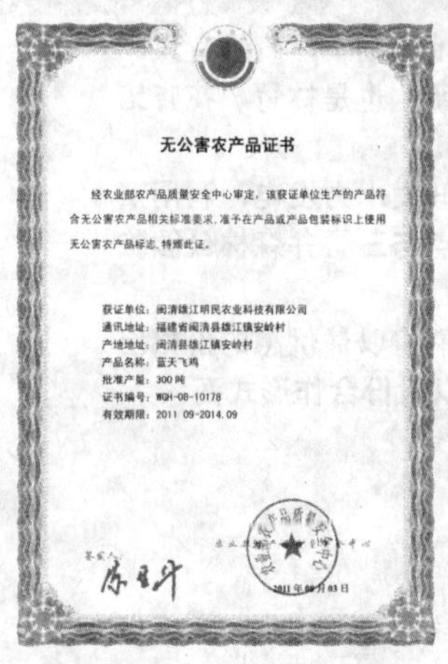

无公害农产品证书

经农业部农产品质量安全中心审定，该获证单位生产的产品符合无公害农产品相关标准要求，准予在产品或产品包装标识上使用无公害农产品标志，特颁此证。

获证单位：闽清雄江明民农业科技有限公司
通讯地址：福建省闽清县雄江镇安岭村
产地地址：闽清县雄江镇安岭村
产品名称：蓝天飞鸡
批准产量：300吨
证书编号：WGH-08-10178
有效期限：2011 09-2014.09

签发人：

2011年09月03日

公司成立于2005年，以促进社会主义新农村建设为己任。立足农村、面向城市，本着与农民互利互惠、共同致富的宗旨，发展现代绿色无公害的种植养殖产业。公司于2007年2月被共青团福建省委和财政厅等7个省政府部门授予“福建省农村青年创业示范基地”、“蓝天飞鸡”养殖项目被授予“福建省农村青年创业致富示范项目”。

2007年，公司列入福州市级直控城市副食品基地，2009年列入福建省级城市副食品调控基地，2009年被列为“福州市农业产业化龙头企业”。

公司为适应现代人追求绿色无公害的消费理念，在野外天然放养以青草、小虫和谷物为主要食物的高品质山地鸡。经过几年的不懈努力，公司养殖的山地鸡（注册商标“蓝天飞鸡”）已经成为福州市的知名品牌。“蓝天飞鸡”及“蓝天飞鸡营养蛋”深受广大顾客喜爱。“蓝天飞鸡”于2008年2月获得福建省农业厅颁发的“无公害农产品产地认定证书”、2008年7月获得农业部农产品质量安全中心颁发的“无公害农产品证书”。在种植业上，公司发挥当地高海拔、无污染的环境资源优势，利用公司养殖基地拥有的大量鸡粪做为有机肥生产名优瓜果蔬菜，同时引进台湾先进的农业生产技术和管理经验，努力走“绿色兴农”、“科技兴农”的道路。

公司在做好山地鸡“蓝天飞鸡”养殖、优质瓜果蔬菜种植的同时，积极探索农业产业化发展之路。尤其在非粮食主产区发展生态农业、休闲农业进行有益探索，学习国外、台湾地区农业生产发展的先进经验。充分利用空气清新、水质洁净的优良自然环境，采用立体经营的模式，将蔬菜、瓜果、苗木、禽畜、水产品等品种结合起来，进行综合生态养殖种植和休闲农业开发，提高土地的生产力和经济效益；目前开发的千亩生态农业园，已建设300亩野外养殖场、种植500多亩名优果树和油茶、金银花等经济植物，积极发展休闲农业体验项目。公司将打造以农业生产为主、休闲体验为辅的精品生态农业园区，不仅能为前来休闲观光的游客提供绿色无公害的优质农产品，而且提供诸多有趣的活动项目，使其真正体验休闲农业的乐趣，提高人们的生活质量和生活情趣。

江洋农场

江洋农场创建于1960年，地处福州市西北部闽侯县边陲，南连晋安区日溪乡，西近闽侯荆溪镇，北靠白沙，东邻大湖乡，离福州地区38公里，交通方便。铁江公路到江洋南经日溪乡往福州新店，北往大湖达大坪（福古路）。已架设五百余对的光缆程控电话、公路、通讯四通八达。全场面积48平方公里，有林地5万多亩，可开发利用绿草地5000多亩，缓坡可耕地2000多亩，水田4900多亩，茶园1800多亩，农场贯穿5条小溪，水源洁净，溪水终年常流，山青水秀，风景秀丽。

农场地势自东向西倾斜，海拔高度在500-1000米之间，属山丘陵区，质地红黄壤，土层深厚，有机质含量丰富。高山特定小气候优越。冬无严寒，夏无酷暑，山高雾重，雨量充沛，年平均温度18.3℃，资料统计，极端最低温度-7℃，最高气温34℃，日夜温差大；初霜期11月上旬，终霜期2月下旬。

农场场部是管理中枢机关，设一室三部（综合办公室、财务部、生产经营管理和社会行政综合部），有派出所、人武部、民政办、计生办、土地所、卫生院等机构，初级林业职中和中心小学（新建的希望校舍一座），建有一个卫星接收闭路站及移动手机台。农场主要有：1.茶业工区：茶园面积1320亩，茶业加工车间（初制厂和精致厂）及机械设备、办公楼、宿舍房；2.果区：种植柑桔170亩，黄花梨60亩，引进的日本甜柿已种植500亩，并陆续投产上市：3.林区：千亩松杉混交工程林、千亩马尾松幼林、3000亩毛竹篓竹林和成林的松杉杂林万余亩；4.水力发电站：装机容量为400千万/时，五百千伏的高压输电供电系统，与闽侯县供电局并网，年发电量平均为180万度，已完成电改，具有稳定的电力供应。

农场辖区内带有四个行政村，江洋、彭湖、武竹、角洋，其中3个为老区基点村，总人口4000多人，劳动力千余人，经营水稻田4800多亩，种植茭白1500亩，反季节蔬菜1000多亩等。

江洋地区是具有特色经济开发的“金三角”，是福建省第一批对外开放的农场。这里地大物丰，气候宜人，山青水秀，环境优美，是发展反季节蔬菜、名特优（落叶）果树、茶叶、无公害栽培的场所，也是林竹、花卉培育的好地方。近年来香港缤纷花场在江洋落户，种植100多亩各种各样的花，现已形成规模。

江洋还有一条30平方公里集水面积的溪流，水流量大，地形好。通过栏溪建水库可以开发水力发电，利用清净水供闽侯县城饮水，具有较高的经济效益和最佳的社会效果。正在兴建中的龙兴寺等景点与三叠井森林公园临近，是极具有开发潜力的风景区。

热情欢迎有识之士莅临江洋参观指导、洽谈山地、耕地、果园、林地的租赁开发，我们将以最优惠的价格出租，有意购买者可洽谈出售。如果有意合作经营或合股开发，我们将本着互利互惠原则，以股份合作形式商谈。

电话：0591-22912200　22912213

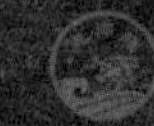

国家地理标志保护产品
福建老字号
福建省著名商标
福建名牌产品
福建非物质文化遗产

福建 名牌
福建省著名商标
惠澤龍
Huizelong

闽派
黄酒
金标·六年陈
AGE 6 YEARS
印象·閩派黄酒

漳浦同正食品有限公司

浦城同正食品有限公司是生产干湿梅等蜜饯的台商独资企业，于1995年创立，注册资金150万美元。公司位于漳浦湖西金鲤工业区，距福建漳诏高速公路赵家堡出口一公里处，厂区占地面积40亩，拥有4000亩的青梅原料基地，13000多棵青梅树，具备年加工3000吨青梅制品的能力。

公司具备调味梅整套现代化生产规程及质量检测设备，具备产、供、销一条龙的产业化生产经营格局；产品风味独特，畅销全国，并出口日本、欧洲、美洲、东南亚等国家和地区。

公司秉承创新、质量、信誉的经营理念，追求客户满意是公司发展的不竭动力。

福建泰宁杉阳山区综合开发有限责任公司

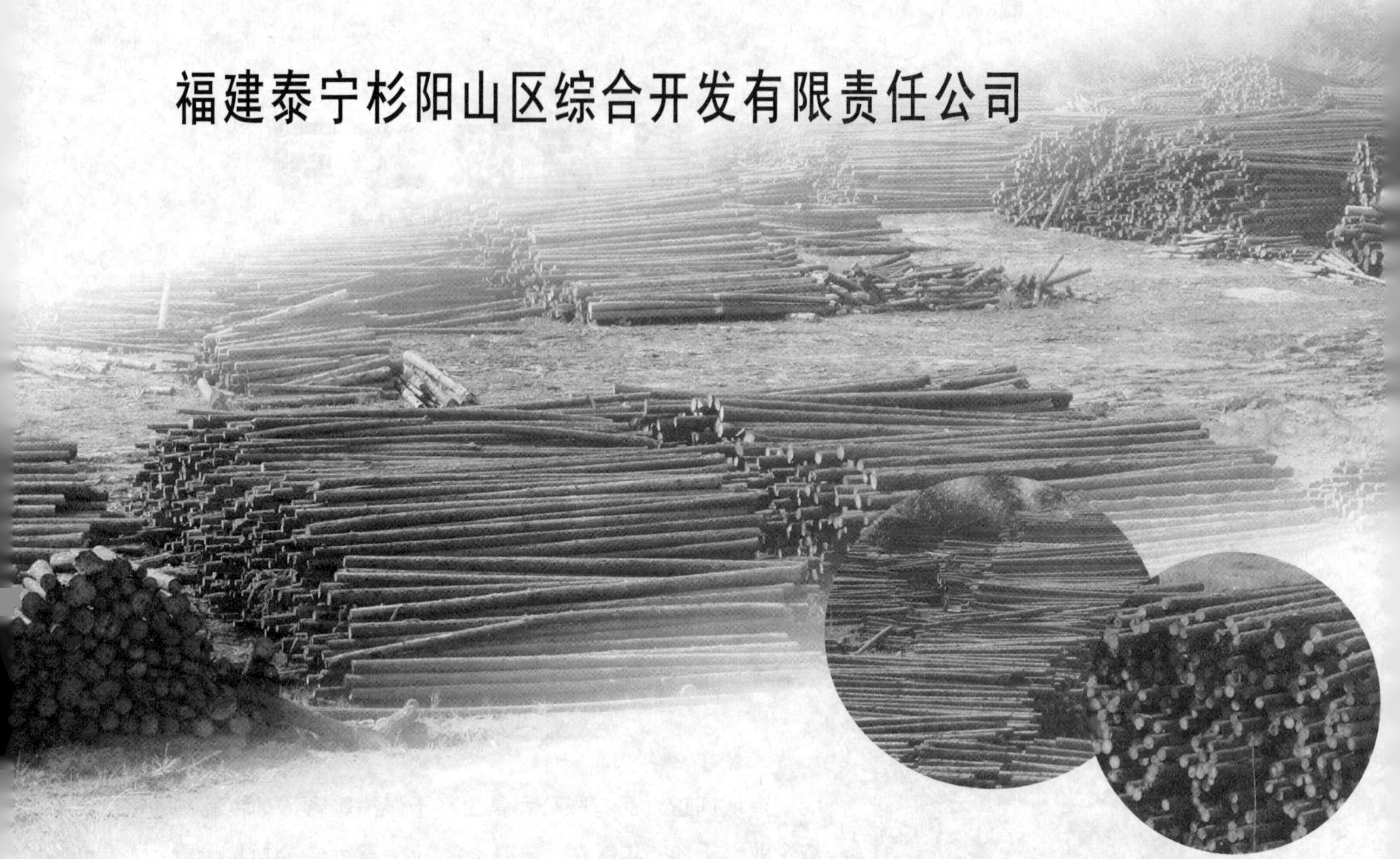

1999年11月，福建泰宁杉阳山区综合开发有限责任公司经福建省泰宁县人民政府批准设立，是福建省三明市林业产业化重点龙头企业、省级林业产业化重点龙头企业、AAA级信用企业。2001年9月，公司通过ISO9001：2000国际质量管理体系认证；2010年12月，通过国际FSC森林可持续经营认证。公司经营面积15.5万亩，下辖“四场”（水源林业采育场、北斗林业采育场、开善林场、梅口林场），森林总蓄积量为116万立方米；其中，杉木蓄积量为48.5万立方米，马尾松蓄积量60.5万立方米，阔叶树蓄积量7.0万立方米。公司年产销木材5.0万立方米，生物质固体成型燃料及附加价值高的各类有机炭5000吨以上，年可实现产值8000万元以上。

公司现有员工85人，其中大中专生40人，各类专业技术人员36人；主要从事森林资源培育、保护，林产品、竹木制品采集、加工、销售、木材检尺，林业技术咨询服务及山区综合开发。公司组建以来，始终坚持“以市场为导向，以可持续发展为目标，实行现代企业管理”的绿色企业经营理念。目前，公司林业产业化经营模式已初具规模，现已形成以发展杉木、马尾松、珍稀阔叶树为用材林的针阔混交速生丰产林基地为主，生物质能源产业及油茶生态产业发展为辅，集科技、休闲观光、节能、环保产品开发销售为一体的多元化、全方位发展格局，并形成了较为发达的林业产业体系和较为完备的林业生态体系。

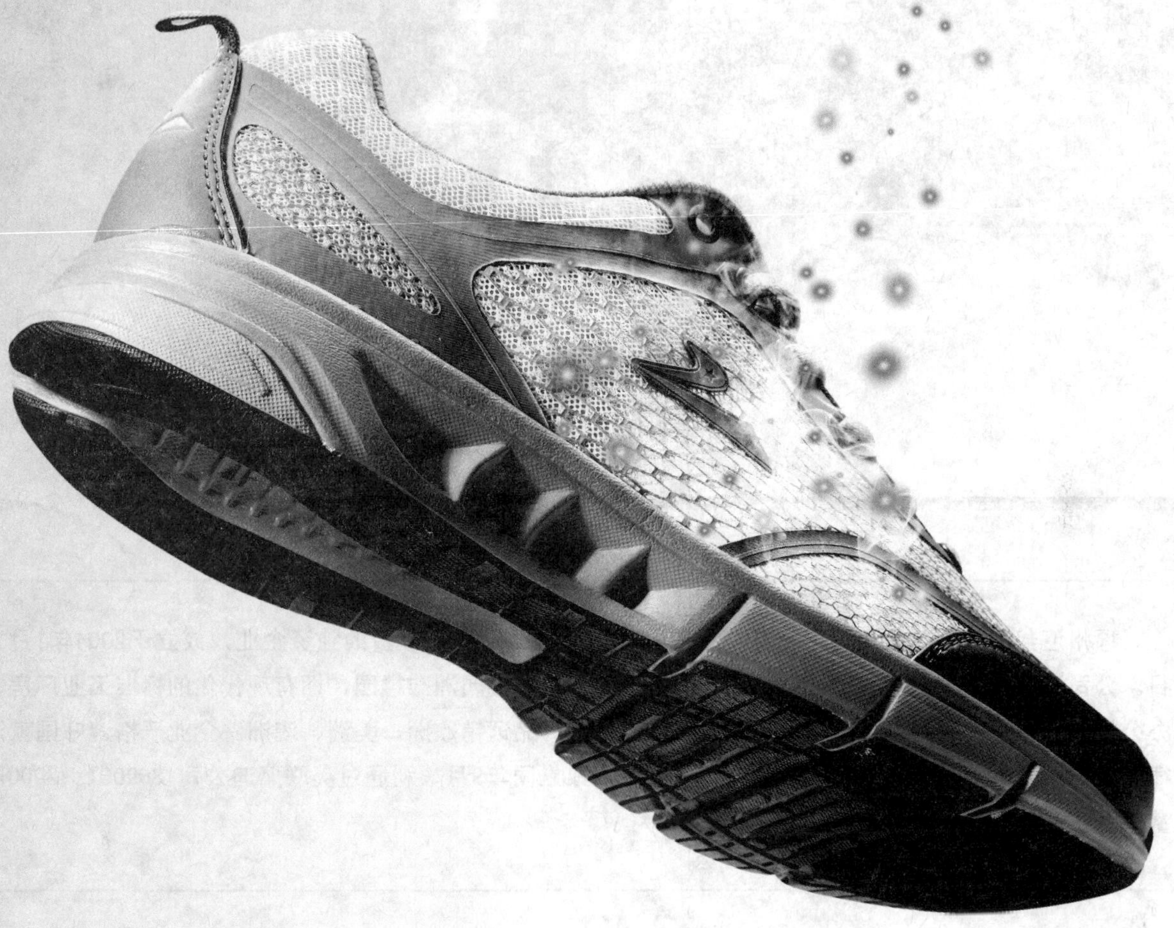

乐氧生活

多一点阳光，多一点空气，

让自由的呼吸为生活带来新鲜氧气。

设计说明：

1、密布细小孔洞的轻质网布，带来极度的轻量化和优越的透气性；

2、超强透气性让鞋内空气自由流通循环，让双脚对抗炎热，享受自由呼吸。

福州汇邦制衣有限公司是由挪威格林伯特股份有限公司全额投资的独资企业，成立于2004年1月19日。公司厂区座落于美丽的闽江河畔——福州金山工业区橘园洲鼓楼园，拥有现代化的标准工业厂房、办公楼、仓库等。公司以生产梭织、针织服装为主，产品远销欧洲、美洲、澳洲。企业严格遵守国家法律要求和规章，为员工建立完善的福利制度。公司成立同年9月顺利通过英联摩迪公司ISO9001：2000质量体系认证，为企业的可持续发展奠定基础。

喜得狼控股有限公司

喜得狼控股有限公司（以下简称“喜得狼”），作为国内领先的综合性大型潮流休闲品牌企业之一。自1993年成立以来，始终秉承“立鸿鹏之志·创卓越品牌”的经营理念，以国际先进的战略思维促进公司向现代化、鞋服一体化、产销一体化的企业发展。

二十年来，喜得狼始终坚持以“打造中国领先的潮流休闲品牌”为愿景，开创独特的“娱乐营销”模式，并借助独树一帜的品牌定位和差异化传播，逐步在中国鞋服行业里确立领先优势。

在成就品牌的道路上，喜得狼先后荣获诸多荣誉：

2005年，喜得狼荣获“中国驰名商标”、中国体育品牌风云榜“大众最喜爱品牌奖”称号；

2008年，喜得狼荣获“晋江十大最具成长性运动休闲品牌”称号；

2009年，喜得狼于马来西亚交易所主板隆重上市（KL.XDL，5156），由此推进喜得狼品牌成功向海外市场拓展，同时也促进了晋江自主品牌向国际化发展的进程；

2011年，喜得狼入选“《福布斯》亚洲最佳200中小企业”（Asia’s 200 Best Under A Billion）；

2012年，喜得狼荣获 “慧聪鞋网中国2011-2012年度十佳运动鞋品牌”、“晋江市2012年度绿色厂区”等称号。

2013年，喜得狼荣获“2012中国最具成长性、顾客满意度鞋类品牌”、“十佳运动鞋品牌奖”等称号。

此外，喜得狼CEO丁鹏鹏先生还荣获 “慧聪鞋网中国鞋业2011-2012年度十大风云人物”；2012年，被评选为晋江市陈埭镇第三届青年商会理事会会长；2013年6月，获福建省第四届世界闽商大会“闽商建设海西突出贡献奖”等称号。

日前，喜得狼斥资5亿多元，全力打造的现代化、标准化、花园式新工业园已投入使用。喜得狼新工业园作为晋江2012年“五大战役”项目之一，不仅得到晋江市、镇各级领导高度重视，同时也是喜得狼“二次创业”计划中最为重视的版块。新落成的工业园占地123亩，建筑面积达15万平方米，预计年产鞋高达1000多万双，服装及配件达800万件/套，年产值将超10亿元。公司着力于国内市场的发展，销售网点已覆盖全国30多个省市区，在拓展国内市场的同时，亦放眼全球市场，产品远销美国、法国、智利、土耳其、巴西、印度、俄罗斯、西班牙等世界五大洲20多个国家和地区，产品深受全球客商的信赖。

未来，喜得狼将不断整合资本市场的有利资源，对品牌、产品、终端进行全方位升级，并通过对新工业园各项软硬件设施的完善与改进，力求打造成潮流休闲行业里的领先品牌。

泉州维林森体育用品有限公司

泉州维林森体育用品有限公司（以下简称“维林森公司”）是2003年注册成立的港商独资经营企业，主要从事各种服装面料的研发、生产、销售等，主营产品涉及户外功能性面料、复合面料、化纤原料等。公司占地面积68亩，厂房建筑面积32000多平方米，员工生活区建筑面积12000平方米，员工500多人。

公司研发实力强大，成立初期便设立了专门的研发部门，并在2006年将其升格为技术中心。中心拥有数十名科研技术人员，并与华侨大学、江南大学等高校科研院所建立了产学研合作关系，研发生产的“功能性服装面料”不仅畅销全国，供应“乔丹”、“匹克”等著名运动服装品牌，也已经成功打入欧美、日韩等数十个国家和地区的市场，为欧美、日韩的多个知名户外服装品牌所采用。

维林森公司十分重视企业技术中心的建设，通过引进高端研发设备、实验设备、检测设备，保证技术中心研发力量的提升。目前，技术中心拥有测试、实验、中试等各项设备仪器，涵盖了纺织原料、面料、染料等各个领域。

公司与世界著名化纤制造企业——UNIFI结盟，并联合华侨大学、江南大学等高校科研院所开展产学研合作，积极开发符合世界最新功能面料发展潮流的面料产品，已成功推出吸湿快干、抗紫外线、抗菌除臭、防水透气、阳燃抗静电等几大系列的功能性面料。产品受到国内外众多知名运动服装品牌公司的青睐。

经过多年发展，公司成为福建省规模较大的纺织新材料生产企业之一。公司注重提升企业科技创新能力，并于2006年成立了维林森企业技术中心。至2012年底，技术中心累计完成新产品、新技术、新工艺开发31项，获得发明专利3项，实用新型专利16项，并被评“泉州市纺织行业技术中心”、“泉州市企业技术中心”与“福建省级企业技术中心”。

2013年，公司企业技术中心再创佳绩，研发出5项新工艺、新技术，其中再获单向导湿呼吸布和高密细针功能布2项实用新型专利。

近年来，公司累计研发新产品36项，部分产品填补了国内功能性面料生产的空白；不断完善市场销售网络与服务中心，在浙江、广东等地设立分支机构，产品行销全国乃至国际市场，提高了福建省纺织行业新材料产业在全国的影响力；生产的面料大量为服装企业所采用，在一定程度上促进了福建省服装产业的快速发展。

维林森公司将一直致力于功能性面料、复合面料的研发和生产，为客户提供上乘的产品和优质的服务，保证企业的可持续发展，为中国纺织工业做出应有的贡献。

喜盈盈（福建）服饰织造有限公司地处经济繁荣、交通便利的福建石狮。自公司成立以来，坚持以先进的管理理念、优秀的产品品质及敏锐的市场观念引导企业。同时注重新产品开发，严把质量关，以提供坚实的质量、合理的价格和及时的交货；以诚待客，是一家集服装开发、生产和销售为一体的专业外贸童装生产企业。本公司拥有善于开拓进取、吃苦耐劳的高素质员工500余名；年生产量达到500多万件套，所生产的产品市场定位为中高档类，公司产品已远销世界各地，如意大利、西班牙、波兰、希腊等国家。在质量、价格、货期等众多方面深受广大新老客商的一致青睐。

本公司也得到了政府的肯定，曾先后多次被评为“守合同、重信用”单位，被评为“规模以上成长型企业”等。2013年，本公司已申请了自营出口权，方便了出口程序，有利于本公司与客户沟通协作，预计年销售额比上年增长1.5倍。

本公司坚持“以人为本，以德聚才”的人才理念，为员工提供广阔的发展空间和良好的工作环境。本公司现拥有一支专业的管理和技术团队，现设业务部、开发部、财务部、行政部、生产部、生管部、品管部、采购部等多个部门。各部门一方面各司其职、尽职尽责，另一方面相互监督、相互协作。公司车间和宿舍均配备中央空调和热水系统，为员工提供良好的工作和生活环境。同时本公司实行计时和固定工资相结合的模式，每年定期组织员工进行管理技能等专业知识的培训，不断提高员工思想素质和操作技能水平。

公司绝大多数原材料直接向石狮本地供应商采购，结算方式为月结，以银行电汇为主，现金为辅。

“喜盈盈”公司现已敞开胸怀，竭诚欢迎国内外新老宾朋前来参观指导。我们将是您的最佳选择，也是您最放心的合作伙伴！

我们的经营理念：共创魅力、永续多赢！

晋江万兴隆染织实业有限公司

万兴隆集团创于1991年，是一家集纺织、海棉制造、漂染、贸易、房地产开发、金融投资等为一体的外商独资综合性企业集团。现拥有晋江万兴隆化纤制品有限公司、晋江万兴隆海棉制造有限公司、晋江万兴隆染织实业有限公司、晋江亿兴隆纺织实业有限公司、泉州万兴隆房地产发展有限公司、厦门苑隆投资有限公司、万兴隆集团（香港）有限公司、潍坊鑫业房地产发展有限公司等多家子公司，现有职工总数2800多人。

集团下属漂染公司（晋江万兴隆染织实业有限公司）地处于中国内衣名镇——深沪镇，于1999年正式成立并投产，注册资金8040万元，实际投资2亿多元，占地面积32000多平方米，拥有员工500余人；所拥有设备均引进自德国、日本、韩国、台湾等国家和地区，具有国际领先水准，生产设备及生产技术处于全省同行业的领先地位。公司先后投资上千万元成立产品研发中心，积极致力于梭织面料的研究和开发，使公司具备强劲的新产品开发、生产能力，从而使企业开发生产出的产品一直能紧跟并领导梭织面料市场潮流。在努力提高产品技术的同时，公司坚持以“严格管理，全面控制，为客户提供优质的产品和服务”的质量方针，严格按照国家标准及国际标准进行产品检测，产品符合国家标准及欧盟Oko-Tex Standard 100、美国AATCC等标准，现已通过ISO9001：2000质量体系认证、ISO14001：2004环境管理体系认证。

万兴隆秉承“兴隆百业，共赢天下”的企业理念，追求企业与客户、员工多方共赢的目标，坚持以市场为导向，以先进的管理和技术为动力，以赶超国内外同类产品为目标，倡导产品多元化、管理现代化的发展战略，坚持以“管理以人为本、发展以人为先”为用人方针，不断改善员工的工作、生活环境及劳资待遇，提倡“与员工效益共享”的宗旨，营造“在工作中学习、在学习中工作”的氛围，鼓励员工依靠工作和自学来提高自身的素质和能力。多年来万兴隆培养了大批纺织、染整、房地产专业人才。

万兴隆人以“勤奋务实，开拓进取”的工作态度，“胜不骄，败不馁”的企业精神，团结一致征战每个挑战，多年来通过不懈努力，科学管理，累积丰富的经验，取得了累累硕果。万兴隆现已是一家集“A类纳税企业”、“重合同守信用企业”、“泉州市百家重点工业企业”、“福建省高新技术企业”、“纺织行业国内市场占有率50强企业”、“关爱外来员工倡议单位”、“中国驰名商标”等多项殊荣于一身的实力强、极具发展潜力的集团。

石狮市金宏盛织造漂染有限公司

石狮市金宏盛织造漂染有限公司创建于2003年，位于中国服装名城——福建石狮锦尚工业区，是专业从事各种梭纺织服装布料印染加工的外商独资企业。公司以回报桑梓为宗旨，以美化生活为目标，以创一流企业为追求，积极发展，获得良好的商业信誉和社会各界的好评，成为印染业界值得信赖的合作伙伴。

公司坚持“诚信热情、开拓进取、勤恳认真、团结友爱”的经营宗旨，染整加工摩时、弹力线、纯棉、涤棉、棉绵、锦棉、涤纶、尼龙等，产品销往欧美、韩国、东南亚等国家和香港、台湾、澳门等地区，品种规格覆盖面宽，产品质量优良。

公司占地面积7万平方米，其中标准厂房3.6万平方米，仓库1.4万平方米，五层宿舍楼6700平方米，10层办公楼5500平方米，总投资1.3亿元人民币；花园式的厂区，环境幽雅。公司工程配套齐全，技术力量雄厚，设备先进，具备独立开发、生产符合国标服装流行趋势的中高档梭纺织面料能力。目前拥有先进的由电脑自动控制的棉布前处理设备6条生产线，染色流水线9条及烧毛、磨毛、磨花、丝光、定型、涂层、印花等后整理配套设备。

公司秉承“以质为性，以人为本”方针，应用科学技术引导企业走向创业的前沿，聘请原国营染整厂20多年管理经验的专家5名，有染整专业大专以上学历的高级技术人员32名，中级专业技术人员108人。

本公司提供低价位的服务，高品质的加工和生产；我们的价格不一定最便宜，但优质的质量和服务，是我们共同的追求！

公司珍惜老朋友，欢迎新朋友，竭诚欢迎国内外广大客商惠顾，洽谈业务及来料加工。

石狮特斯无纺布制衣有限公司

石狮特斯无纺布制衣有限公司创建于1996年，属外商独资企业。公司主要生产以无纺布为主的鞋材辅料及不织布生产，是石狮市明星企业、石狮市重点出口企业、泉州市守合同重信用企业、泉州市文明诚信企业、泉州市非织造复合材料工程技术研究中心、福建省创新型试点企业、福建省科技型企业。公司产品涵盖56个系列2400种，不织布出口占全国不织布出口的97%，是福建省的知名、著名品牌企业。

公司座落在石狮市西港工业区，厂区占地面积28360平方米。经过十多年的经营和发展，现拥有9套国际新型的无纺布生产流水线，12套港宝定型机和9套化工树脂生产系统，总固定资产2.5亿元。公司生产产品富有盛名，现有“特斯”、“003”、“333”、“Test”等市场知名产品，年可生产化学片和纤维中底板等鞋材及无纺布产品达8000万码，产销量均居全国前列。公司年出口创汇3700万美元，销售总值3.6亿元人民币。公司在行业中具有积极和广大的影响力，是香港鞋业商会会员、泉州鞋业商会会员，被美国亚洲经济贸易合作委员会、美国国际品质认证委员会、中国国际名牌协会共同认定为“国际名牌发展企业”；产品质量稳定，得到国际相关机构的认可并通过SATRA认证及ISO9001质量体系、ISO14000环境管理体系、OHSMS28001职业健康安全体系认证。

公司致力于建设集科研、制造于一体的石狮鞋材基地，目前拥有9项企业实用新型专利，3项发明专利，并承担5项区市级科技重点研发项目；被福建省及泉州市分别认定为福建省和泉州市非织造复合材料工程技术中心，并被福建省科技厅认定为福建省创新试点企业。公司积极创造社会价值，连续三年纳税超过800万元，纳税排名石狮市前30名。未来公司产业目标将迈向全方位的无纺布鞋服材料供应链，服务泉州地区的鞋服企业，并积极开发国际市场，争取两年内产值超6亿元，纳税额超2000万元，成为大型出口制造型企业，成为泉州市民营经济转型二次创业成功经典案例。

福州新兴家居用品有限公司

尚族工坊

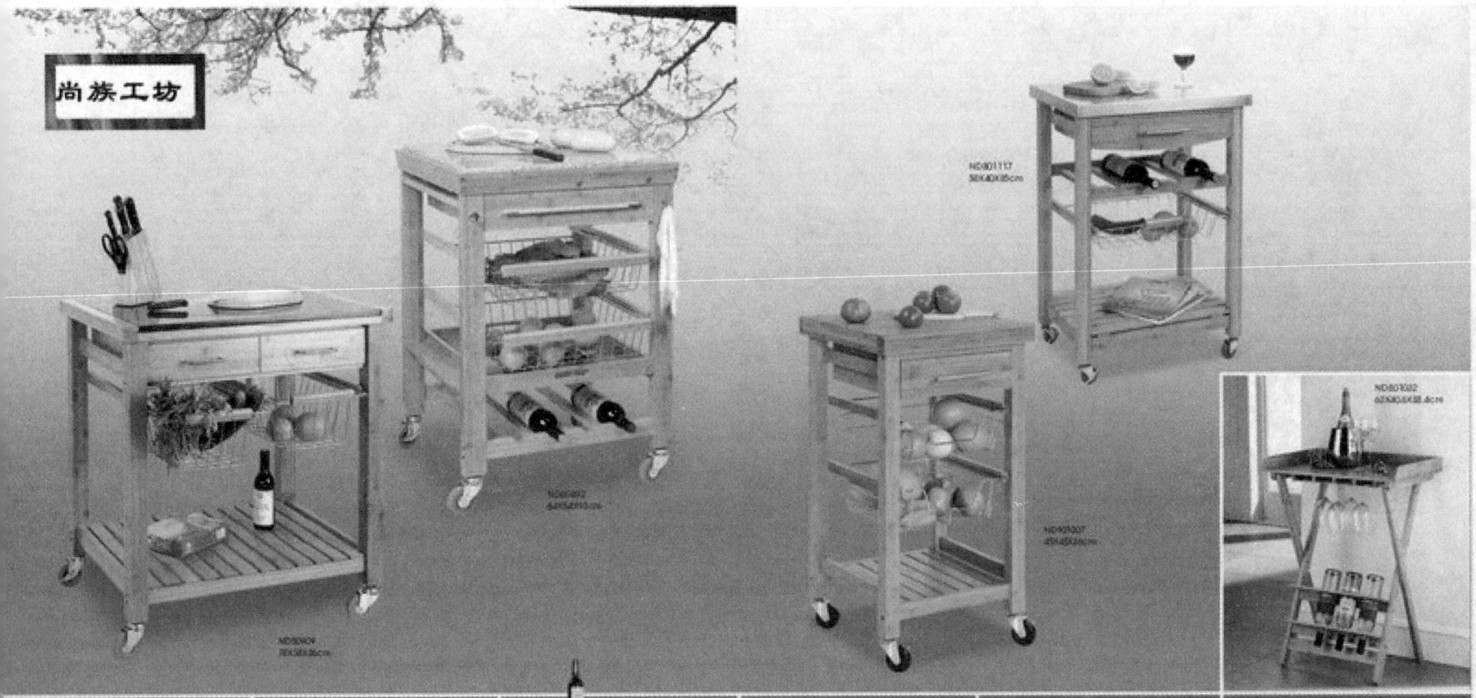

新兴家居

福州新兴家居用品有限公司成立于2006年1月，其前身是创办于1996年的福州利盛工艺品厂，至今已有十多年的历史。公司座落于福州著名侨乡琯头镇投资区，现在连江有占地面积为20万平方米的现代化厂房，另一座占地面积60亩的新厂房在湖南省茶陵县成功运营。公司拥有员工300多人，各类专业技术人员36人。有一支相对稳定且有相当高素质的员工队伍，有较为先进的生产设备和宽敞的生产场地，以及严格规范的达国际水平的质量管理制度。现专业进行竹、木、铁等材质家居用品的开发、生产和销售，通过对各种竹料、木料的加工，自行设计生产相关家具用品，形成各种厨房家具、书房家具、卫浴家具、客厅家具系列。

公司始终本着“科学管理、严控品质、力争高效、创造卓越”的企业精神的指导思想，已经形成了完整的7条家具专业化的生产线，其装备水平达到国外同行业同等水平、国内领先地位。公司产品极大部分出口，主要销往美国、日本、欧洲各国。2009年，公司销售额已达到2608万元，2010年销售额达4160万元，2011年达15000万元，2012年达18000万元；至今公司销售额每年以30%-50%的比例递增。本公司是福建省生产竹木家具的著名企业，2011年，获福州市政府“福州市产品质量奖”，连江县的纳税大户。2012年，“尚族工坊”牌家具被福建省政府授予“福建名牌产品”称号；2012年，被福州市工商局授予“福州知名商标”称号。

本司注重环保理念，目前正大力开发生产竹家具产品，并取得显著成就，竹家具产品蜚声海内外。在福建省质量检验研究院和福建省林业厅专家的积极支持下，已制订出全国首个竹家具产品企业标准，并成功取得福建省质量技术监督局的备案。2014年，公司将修订竹家具标准，争取成为福建省地方标准和行业标准。

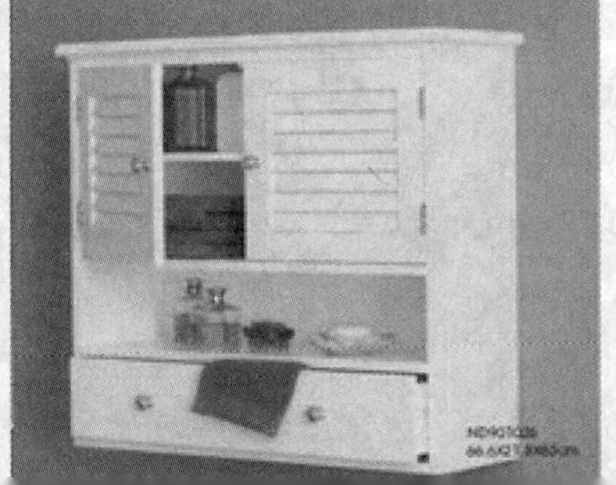

施朗格（漳州）建材科技有限公司

石砖产品：

镜面标准系列、仿古标准系列、马赛克系列、魔域系列等

施朗格（漳州）建材科技有限公司（以下简称“漳州施朗格”）成立于2010年9月，注册资金6790.7万元，是由厦门四方时代集团独资的企业。公司主要致力于超薄型人理石复合砖、环保节能新材料研发、装饰装修材料、工艺云石以及建筑装饰石材石板加工生产及销售，主要产品为天然大理石与瓷砖的复合石砖——施朗格·石砖。目前公司总资产达到15848万元，净资产7765万元，企业资产负债率49%；截至2012年，公司主营业务收入16750万元，实现净利润1423万元。

漳州施朗格生产的产品技术先进，外观经典奢华，性价比高，在国内复合石砖市场的占有率为90%以上。公司以自主创新为主，拥有自动喷胶、自动复合、自动压合、自动温控循环固化技术，引进意大利技术的大理石切机、全自动抛光线、红外线精准切割机、CNC水刀加工中心、全自动线条成型抛光等设备。公司推行标准化管理和严格的质量控制体系。作为专业化的石材供应商，漳州施朗格目前拥有一支涵盖原材料采购、石材加工、生产销售、售后服务为一体的高级专业队伍。公司从世界各地精心挑选高品质的石材，运用先进的复合技术，打造出一流的石材品质和超乎合理的价格优势，并成功地将复合产品推广到韩国、新加坡、加拿大、美国等国家和地区，深受广大客户的青睐。

福鼎市加利利建材有限公司

公司创建于2009年，座落于风景优美的福鼎市，占地面积有60多亩，建有标准化厂房、综合办公楼和实验室等设施。主要设备有龙门吊、滚焊机、搅拌机、悬辊制管机、立式制管机、离心成型机、芯模振动设备、外压试验机、内压试验机和系列管模等。公司采取“请进来，走出去”的培训方式，不定期组织技术人员培训和专业技能检测，成为宁德地区具有相当规模并执行标准化管理的建材生产企业，专业生产各类高标准、高质量的钢筋混泥土输水管，是第六届“CCPA”中国混凝土与水泥制品协会理事会成员。

公司视质量为生命，引进先进的全自动生产流水线，配置了实验室及专业产品检测设备，拥有了一批经验丰富的研发及管理团队。目前已获得全国工业产品生产许可证，并全面通过我国GB/T11836-2009标准质量检测。

经多年励精图治，公司综合实力和产品质量得到了广大客户的广泛认可，市场需求量与日俱增。公司产品广泛应用于核电站、城市工程、火车站、高速公路等大型建设项目，各工程公司纷纷与本公司合作，如：宁德核电项目、福建华星建设工程有限公司、浙江省二建建设集团安装有限公司等项目和工程公司，本公司均保质保量地完成合作单位的项目要求。而本公司的业务承接范围也包括了水电、水利、市政等排污排水管道等工程，产业一体化、集中化也给本公司未来的发展提供了巨大潜力。

公司产品主要原材料为石子、沙子、钢筋、水泥等，简单易得，供源和价格相对稳定。公司产品成本约占70％-80％，工人工资占8％-10％，净利润率达8％-10％。2011年度，公司实现销售收入8160万元，净利润770万元，销售净利润率9.5％。2012年，公司扩大营销市场和生产规模，销售收入突破亿元大关。

面对激烈的市场竞争。“一切从实际出发，以品质打造品牌，以品牌占有市场”成为了公司的信念。新年伊始，万象生机勃勃，加利利人将会紧抓机遇，努力创新，将加利利建设成为现代化制造企业。

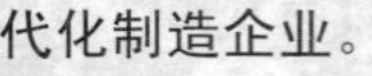

携手CCTV2 交换空间 再启品牌战略新篇章

——新家新主张——

OLE欧联卫浴芭蕾（Ballet）系列卫浴空间

OLE欧联卫浴在2012年上海厨卫展备受关注

OLE欧联卫浴终端专卖店形象

OLE欧联卫浴，是欧联（国际）股份有限公司与福建欧联卫浴有限公司重磅推出的高端卫浴品牌。聘请资深卫浴设计大师负责产品的设计与研发。OLE欧联卫浴主要生产销售卫生陶瓷、浴室柜、淋浴房、感应洁具、卫浴配件、五金挂件、不锈钢盆等绿色环保、节水型系列产品。自2010年面向国内市场招商以来，OLE欧联卫浴已发展了1000多家经销网点，2012年度纳税额仅次于南安四大卫浴集团。

OLE欧联卫浴现有龙头、压铸、花洒、浴室柜、五金挂件、陶瓷、智能卫浴、电子感应等多个专业生产卫浴产品的事业部。公司现已通过ISO9001：2008质量管理体系认证、ISO14001：2004环境管理体系认证、OHSAS17001：1999职业健康与安全管理体系认证。欧联不断加强内部管理和成本控制，严格执行6S管理体系；生产团队多次远赴国外学习先进管理经验和行业先进技术，提高生产效率和技术含量。此外，欧联还拥有日本进口数控机床、德国进口自动抛光机、MEPSA管材的自动抛光机和自动砂光机等先进生产设备，同时组建了产品检测中心，确保每一件欧联产品到达消费者手中都是高品质的卫浴精品。

2013年，OLE欧联卫浴进行品牌升级，正式迈入2.0发展新时代！2013年6月，OLE欧联卫浴在山东济南隆重召开（中国区）华东经销商大会，并与CCTV-2《交换空间》栏目达成战略合作伙伴关系，同时OLE的视频广告也在中央电视台同步进行首播！期间，央视知名主持人王小骞现身济南助阵OLE欧联卫浴的现场活动，共同见证了OLE品牌升级的历史时刻！

OLE欧联卫浴厂区

归真堂熊胆粉

金胆上品　养生臻品

保肝 清毒 养生

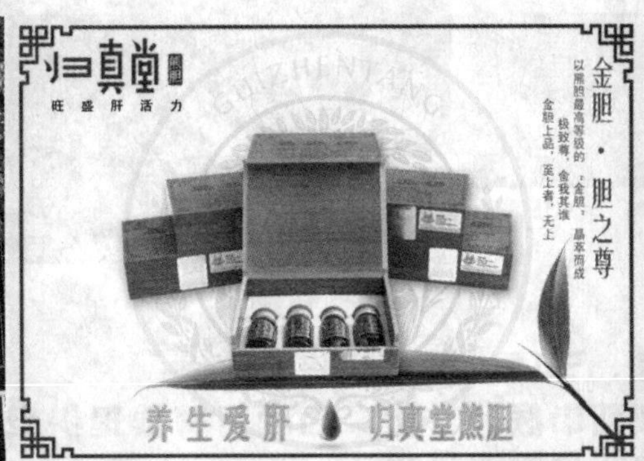

福建归真堂药业股份有限公司成立于2000年，注册资本为人民币6000万元，是一家以稀有名贵中药研发、生产、销售为一体的综合性高科技中药制药企业。2004年7月，公司通过了国家食品药品监督管理局的GMP认证，具备散剂、合剂、胶囊剂、口服液、含茶制品等品类的生产能力。公司产品品类丰富，产品各项质量指标居全国同行业领先水平。归真堂产品以高端市场为重点，定位于高端品牌。目前，公司研发生产了包括国家一类中药材及制剂——归真堂牌熊胆粉（国药准字Z10980024）和熊胆胶囊（国药准字Z20054679）、清甘茶等两大类30多种产品，并致力于研发以熊胆粉为基础原料的国家一类单体抗肝癌新药；归真堂熊胆粉产品凭借品质优良、显著功效而深受广大高端消费群的青睐。

公司全资子公司——福建归真堂生物发展有限公司是一家以黑熊饲养、繁殖、科研为主体的林业产业化龙头企业，为中国南方最大的黑熊养殖基地，年繁殖小熊可达100头以上，目前主要利用人工繁殖的第二、三代黑熊获取熊胆原料，符合《国际濒危动植物贸易公约》“关于野生动物产品利用的要求”，采用高科技人工无管引流熊胆汁技术（即造瘘手术），彻底改变了以往“猎熊取胆”的方式，实现了由利用野外资源为主向利用人工繁育资源为主的战略性转变，是中医药行业的重要里程碑，具有深远的应用价值；该技术实现资源保护和中医药产业可持续发展的纽带和重要途径，有利于熊胆汁引流，所产熊胆粉各项质量指标居行业领先水平。

归真堂黑熊生态养殖基地的迁建项目总规划3000亩，第一期占地1200亩，计划养殖黑熊1200头，将以“千熊之国、著名肝药”成为“印象中国、印象福建”的海西高科技新亮点。归真堂黑熊生态养殖基地作为“国家中药现代化科技产业（福建）基地”，承担了国家林业总局的全国野生动物保护管理与经营利用标准化技术委员会关于“野生动物产品熊胆粉”、“野生动物饲养场建设规范熊场”两个行业标准的起草。项目的实施，填补了我国关于名贵中药及动物药标准化养殖的空白，为我国名贵中药及动物药的标准化养殖提供示范和带动作用，更好地做到黑熊保护和名贵中药材利用的有机结合、产业化持续发展。

企业荣誉

2006年-2009年，被福建省林业厅评为“林业产业化龙头企业”；

2008年，“取胆汁专用黑熊标准化养殖技术研究”被福建省科技厅列为“福建重点项目”；

2009年，“归真堂熊胆中药材GAP关键技术研究”被福建省科技厅列为“区域科技重大项目”；

2009年，“归真堂黑熊生态养殖基地”列入科技部“国家中药现代化科技产业（福建）基地”的建设实施项目；

2009年4月，被认定为“福建省高新技术企业”；

2009年4月，被全国高科技市县产业经济发展研究中心认定为“全国高科技市县特色经济示范基地”；

2009年11月，熊胆粉产品被评为“2009中国义乌国际森林产品博览会金奖”；

2009年，“归真堂”商标被评定为“福建省著名商标”；

2010年6月，“牛磺熊去氧胆酸钠单体原料药（国家一类抗肝癌新药）和制剂的创制及作用机理研究”被福建省科技厅列为“福建省科技重大专项”；

2010年，“生态养殖活体无管引流冷冻干燥一体化生产纯熊胆粉”项目被列入“国家级火炬计划项目”；

2010年7月，“人工养殖黑熊及其系列产品研发”项目被科学技术部星火计划办公室列入“国家级星火计划项目”，并颁发《国家级星火计划项目证书》；

2010年，“归真堂保肝天然药物研发中心”被评定为“福建省企业工程技术研究中心”；

2010年9月，公司经国家人力资源和社会保障部批准设立“博士后科研工作站”；

2010年11月，中共福建省委组织部、福建省公务员局、福建省人力资源开发办公室、福建省科学技术协会共同授予本公司与中国科学院院士、中国工程院院士合作建立“院士专家工作站”；

2010年12月，“归真堂”被福建省工商局认定为第三批“福建省企业知名字号”。

地址：泉州惠安净峰工业区　邮编：362142　电话：0595-87801153　传真：0595-87806691

全国客服热线：400-8834-999　网址：www.gztxd.com

绿康生化股份有限公司

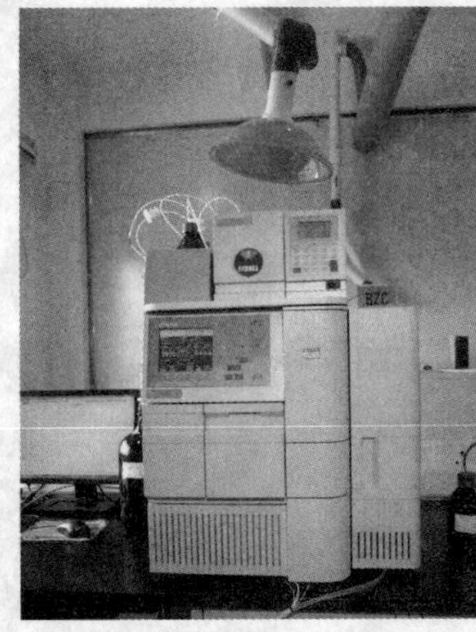

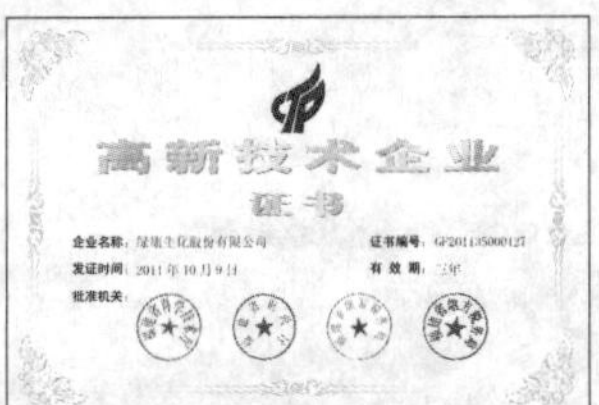

公司愿景：

专注微生物制造　做核心业务领导

公司使命：

成客户员工股东幸福之桥　为安全高效畜牧发展之梁

公司核心价值观：

诚信勤勉　创新求精　结果互惠　安康和谐

绿康生化股份有限公司是一家完全按照GMP标准进行设计建造、生产经营的生物制药企业。公司专注于微生物发酵类产品的研发和制造，现有的主要产品为：杆菌肽、硫酸黏菌素和纳他霉素等系列产品。目前，本公司是杆菌肽系列产品全球产能较大、品种较全、综合实力较强的生产厂家。

公司在2008年、2011年被认定为国家级高新技术企业，同时拥有福建省省级创新型企业、福建省第一批战略性新兴产业骨干企业、省质量先进企业等先进荣誉。公司内还设立有省级企业技术中心、省级企业工程技术研究中心、省级博士后创新实践基地等技术平台。公司十分重视走产、学、研结合的道路，先后与华中农业大学联合成立“华农绿康生物工程联合研究所”，与福建师范大学联合建立“共建工业微生物教育部工程研究中心浦城绿康抗生素研究所”，还与多所院校和科研单位进行技术合作。

公司组建有实力深厚的研发团队，以博士、硕士、学士和技术顾问等为核心，学术背景覆盖生物学、分析化学、发酵工程、细胞生物学等众多前沿科学领域，开展广泛性的生物药品研究开发；公司建有独立的研发试验大楼，并配备有GC、AAS、LC的先进检测仪器，现代化的各种检测实验室，同时建立了抗生素活性成分、杂质分析等多种测定技术。公司曾获得国家科技进步奖二等奖、省科学技术进步一等奖。公司以技术研发为依托，占领行业前沿，实现企业可持续发展。

地址：福建省浦城县南浦生态工业园区19号

邮编：353400

电话：0599-2846599

传真：0599-2827567

研发中心电话：0599-2827432

公司网址：http://www.pclifecome.com

浦城正大生化有限公司

浦城正大生化有限公司位于福建省北部浦城县境内。公司拥有员工500余人，其中各种专业技术人员300余人。

公司于1995年10月1日成立，是由泰国正大集团和浦城生物化学厂合资的大型中外合资企业，拥有自营进出口权，拥有发酵容量3600立方米及配套的提炼、动力、配电、环保等先进设备。主要产品为“施豪”牌饲料级金霉素和盐酸金霉素，产品对禽畜具有提高成活率、产蛋产仔率和促进生长发育的功能，是理想的抗生素饲料添加剂。其中：盐酸金霉素年产量1500吨，是国内首家获欧洲COS证书及欧洲GMP认证的厂家；饲料级金霉素年产量22000吨。生产全过程采用计算机系统自动控制，高效液相色谱仪监测，严格控制非活性差向异构体及四环素于低含量，保证产品的高纯度、高品质。

公司分别通过ISO9001：2008和ISO14001&OHSAS18001管理体系、中国农业部GMP、美国FDA及欧洲GMP认证。“施豪牌”饲料级金霉素产品荣获“法国巴黎第12届国际欧共体质量奖”、被授予“福建名牌产品”称号；盐酸金霉素产品获欧洲COS证书。公司产品90％出口美国、欧洲、南美、东南亚等，深受国内外用户信赖。

多年来公司均创下可喜的经营成绩，特别是2012年实现产值51689万元，销售额45407万元，上缴财税4388万元，出口创汇6604万美元。公司先后荣获“全国饲料百强企业”、“福建省产品出口型企业”、“AAA”级信用企业、“南平市守合同、重信用企业”、“南平市纳税大户”、“2011-2013年度福建省创新试点企业”、“2012年南平市级企业技术中心”等称号，2012年获“金霉素发酵液化学效价测试方法”发明专利证书，实现了自主知识产权保护“零”的突破。

在浦城县委、政府和集团领导的大力支持下，总投资2亿元的“浦城正大正大路厂区搬迁技改项目”于2012年8月完成，在浦潭厂区形成年产饲料级金霉素22000吨、盐酸金霉素1500吨的生产规模，并结合搬迁技改项目新增投资5千万元增加发酵容量10％和一条年产100吨的泰乐菌素生产线。

地址：福建省浦城县正大路305号，福建省浦城县浦潭村大石溪村56号　邮编：353400

电话：0599-2827005　传真：0599-2823294　E-mail：pcgmof@ct-bio.com

FXING方兴化工

福建方兴化工有限公司（以下简称“方兴化工公司”）系方正物产集团参与投资的战略合作伙伴。公司位于福建省泉州市泉港区，成立于2007年11月，注册资本金1亿元，净资产2.3亿元，是具备年产12万吨聚苯乙烯的专业化企业。

方兴化工公司将在北大方正集团的支持之下，依托北京大学的学术优势和科研能力，以前瞻化的视野，面向国内外市场，推进企业战略发展。努力构建以化工产品生产为主体，物流、仓储、贸易为支撑，立足成为业内产品优质、技术领先、管理服务一流、具备核心竞争优势和持续创新能力的国内大型化工骨干企业。

方正格言

创新是高技术产业的灵魂
八方之正，诚信为本
远大的学术抱负与追求利润相结合
有所准备才能抓住机遇
创业难，守业更难
警惕“成功是失败之母”
伏枥老骥要“扶植新秀，甘做人梯”
要善于“延迟满足”
正而不迂，直而不拙
言必信，行必果

持续创新

敢为人先，追求卓越，标新立异
提倡开放、平等的精神
尊重、鼓励并激发员工的自主性和创新活力
追求产品和服务创新、技术创新、管理创新
通过创新产生高附加值的产品和服务

方方正正做人　实实在在做事

做人：诚信，忠诚
做事：尽心，尽责
依法经营，诚实经商，追求双赢
言必信，行必果
正而不迂，直而不拙
自觉承担社会责任
有意识地使公司利益与社会发展的总体利益相一致

公司历史

铁王精密铸造有限公司于1973年6月成立于台湾高雄。1991年在大陆广州中山市成立中山研发中心和国内业务部，2000年投资626万美元在福建古田县黄田镇横山工业区成立福建铁王精密铸造有限公司。

经过三十年的发展，公司已发展成为集研发、生产、销售、服务为一体的综合型企业。公司从事不锈钢、碳钢、合金钢等阀门、管件及机加工零配件的生产和销售，拥有铸造、加工、装配、检测等先进设备1000多台。公司具有年产五金管件5000吨，机加工100万小时的生产能力，产值已达5亿元人民币，产品远销五大洲三十多个国家。2012年，公司再次扩大规模，二期投入28亩新厂房用于高技术含量产品的生产、组装及销售，为铁王产品的多样化再增一枚新成员。

公司产品体系

主营合金钢、不锈钢、建筑五金管件及配套水暖器材。公司拥有多年丰富的铸造经验，先进的成套熔模铸造生产设备和高精度的加工设备及检测设备；精湛的铸造及加工工艺；完善的质量管理体系以及优质及时的服务理念，产品远销欧美、日本、东南亚、非洲、澳洲等，“KI”品牌蜚声海内外。

为适应不同市场对产品的要求，公司先后取得了ISO9001、TS16949、API6D、PED 97/23/ECH模式、API607及ISO10497球阀防火测试、中国压力管道原件制造许可等（Manufacture License of Special Equipment People’s Republic of China）和AD2000-WO（W零）等体系及产品认证。公司是国内第一家通过德国阀门中轴无泄漏测试TA-LUFT认证的企业，使得客户对铁王产品品质极具信心。

公司文化

福建铁王管理体系建立是以道德为基础、执行为核心、以绩效为导向的学习型的企业，以研发、创新、服务、团结、分享、成就感为企业管理理念，全员品保，提供客户期望的国际安全产品，持续改进，努力超越客户期望，追求卓越，进入国际同行领先地位。

公司秉承“顾客至上，锐意进取”的经营理念，坚持“客户第一”的原则为广大客户提供优质服务。凭借专业的生产技术和严谨的品质掌控，良好的企业信誉与高效的管理制度，我们的产品在国内获得广阔的市场。我们的阀门产品，已广泛的应用于石油、石化、食品、医药、电子、机械、水处理、电力、造纸、纺织等行业，深受国际知名企业和重点工程项目的青睐。我们的产品一直畅销于欧洲、美洲、澳洲、亚洲等。

福建铁王致力于当地的助学、扶贫项目，以社会公德为己任，树立良好的企业形象。

福建铁王精密铸造有限公司

地址：福建省古田县黄田镇横山工业区

电话：0593-3762688 3760503 3761598　　传真：0593-3762688

网址：www.kifc.com

国家火炬计划
产业化示范项目证书

项目名称：高韧性多功能膜结构材料

承担单位：福建思嘉环保材料科技有限公司

项目编号：2012GH031302

批准机关：中华人民共和国科学技术部

颁证机关：科学技术部火炬高技术产业开发中心

颁证日期：二〇一二年五月

福建思嘉环保材料科技有限公司

福建思嘉环保材料科技有限公司隶属思嘉集团有限公司，是一家集研发、生产、销售于一体，为农业、工业、建筑业等13大领域提供新型环保材料的高新技术企业。

经营范围 公司专业生产气密材料、充气材料、沼气池材料、运动地板材料、窗帘材料、雪鞋材料、篷盖材料、特种箱包材料、涉水防护服材料、劳保工业防护服装材料、医疗材料、TPU材料、膜结构材料、PTFE透湿透气材料等高科技新材料及其终端产品。

服务客户 公司专注于产品、技术及工艺的持续创新，凭借强大的研发能力以及先进的技术工艺，为客户及市场提供独有的“9A强化品质”思嘉新材系列产品，以“软材料、硬品质”的品牌概念，不断实践“思嘉新材，创新生活”的品牌诉求，以创新的技术、环保的科技，竭诚为广大用户提供一流产品与满意服务，让人们享受更加舒适、轻松、健康的低碳绿色生活。

公司实力 公司目前是中国较具领导地位的优质强化材料综合制造商，是中国制造生物质及污水相关工程的强化材料及沼气池终端产品的专业制造商，并且是中国排名较前的涉水防护服材料、充气艇材料及气密材料制造商，内地领先TPU、膜结构以及防水卷材生产商之一。公司先后被评为“国家火炬计划重点高新技术企业”、“中国改性行业十佳企业”、“福建省高新技术企业”、“福建省知识产权优势企业”、“福建省创新型试点企业”，两次入选国家火炬计划项目名单，多项产品获得“福建名牌产品”、“福建省自主创新产品”、“福建省优秀新产品奖二等奖”、“福建省专利奖一等奖”等奖项。

贸易往来 公司规模日益扩大，建立了完善的销售网络及服务体系，客户遍及世界各地，经营市场以国内、欧美、东南亚、日本、中东为主，与世界20多个国家和地区有贸易往来，以产品创新、功能广泛、优质服务引领行业发展，以专业的服务态度与良好的社会信誉赢得国内外客户的信赖。

未来发展 公司秉承“厚德兴业、诚信经营、追求卓越、携手共赢”的经营理念，专注于高端新型材料的研发与制造，始终不渝的坚持平等互利、友好合作的原则，诚挚期待与您的合作，愿与您共同成长，创建美好未来。

泉州七洋机电有限公司

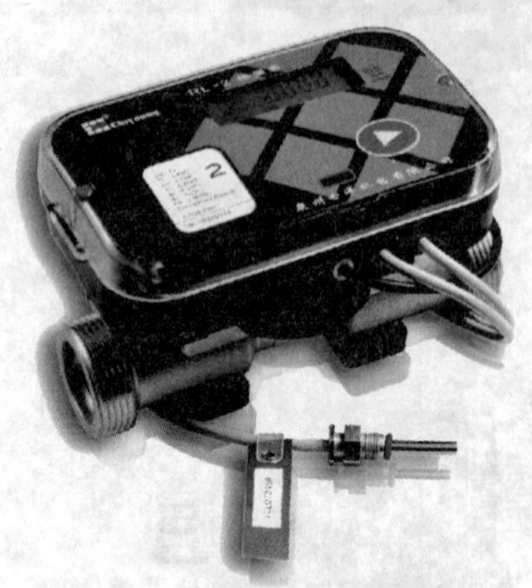

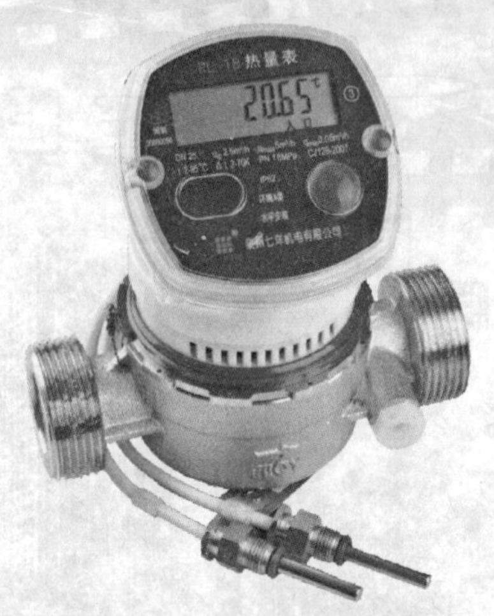

泉州七洋机电有限公司在“坚韧不拔 、开拓创新”的企业精神指引下；不断攻克技术难关，追求客户最终满意度。专业致力于仪器仪表的研发 、生产和销售，公司拥有一支集研发 、生产、销售和服务于一体的高素质队伍，专为供热提供优质、可靠、专业的计量产品服务。

本公司是福建省高新技术企业、福建省创新型试点企业、泉州市知识产权试点单位。公司建立了完整的研发、生产、销售、服务体系。通过多年的努力，已获得ISO9001质量管理体系认证、ISO14001环境管理体系认证 、GB/T28001职业健康安全管理体系认证。2003年，为更好的研发新产品，泉州七洋机电有限公司在天津新技术产业园区海泰信息广场设立了以产品研发为主要任务的泉州七洋机电有限公司天津分公司，引进丹麦供热计量产品技术，建立专业的研发团队，拥有数十名业内资深研发人员。流量、结构、电子、计算机、通讯等与产品有关的专业小组设置齐备，不断结合世界新技术的发展及仪器仪表的进步，研发出具有国际水平、国内领先的RL-1B 、RL-1Y、RL-2等系列热计量仪表，是福建省重点科技攻关项目。产品至今获得国家知识产权局授予的二十多项专利及软件著作登记权。公司产品先后获得法国巴黎国际发明展览会奖、德国纽伦堡国际发明展览会奖、全国发明展览会金奖，6·18海峡两岸职工创新成果展览会金奖、国家建设部行业科技成果推广应用证书、福建省科学技术进步奖等诸多荣誉。公司荣获慧聪网“影响中国”2013年度中国热计量十大品牌称号。

为近距离服务北方地区客户，泉州七洋机电有限公司在天津滨海高新技术产业园区海泰信息广场创建七洋仪表（天津）有限公司，作为泉州七洋机电有限公司的营销运营公司，建立了专业的人才、技术、销售、服务等系统的市场营销体系，在全国各省区市相继设立21个销售服务中心。

“七洋”产品不仅获得北方各省区市的入网证书，更重要的是产品已经在天津、北京、新疆、内蒙古、陕西、河南、河北、山东、辽宁、吉林、黑龙江、山西等地多家热力公司推广应用。已有数十万只“七洋”品牌热量表投入使用，在实际运行中质量稳定可靠，功能实用、计量准确得到用户的广泛好评。

泉州七洋机电有限公司具有良好的技术支持和优秀的人才队伍，不断创新，努力以最好的产品服务于社会、服务于客户，为国家的节能减排贡献自己的一份力量。

福建世纪电缆有限公司

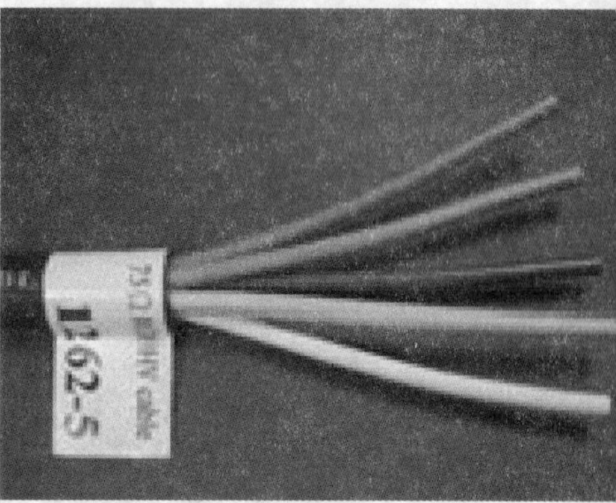

福建世纪电缆有限公司是福建省“回归工程”的国家大型独资民营企业，是国家电网指定供应商、福建省政府甲供企业单位。公司集科技研发、生产加工、销售电线电缆于一体，占地面积156亩，总投资13.8亿人民币，现有职工人数500人。高压项目建成后，预计年产量50亿元以上，可安排1000多人就业。

公司广聚电缆界精英，延揽社会贤达，具有雄厚的管理力量和技术力量。目前有高级工程师10人，高级经济师10人，工程师50多人，各类人才济济，产品研发力量雄厚。有原南平太阳电缆有限公司董事长、总经理林焕明高级经济师，原党委书记、副总经理戴梓剧高级工程师，原副总经理郭金捷高级经济师。同时聘请原机械工业部上海电缆研究所副所长、总工程师余云龙、原上海电缆厂厂长华昭茂、总工程师陈一新等电缆行业精英为公司顾问。

公司自成立以来，本着“上善若水，造福社会”的企业理念，竭力打造“上善星”品牌，构筑了设备精良、检测可靠、管理一流的产品质量管控体系，诚信推出优质产品，如软性防火电缆、耐火电缆、阻燃电缆、低烟无卤阻燃电线电缆、交联电缆、辐照电线电缆、控制电缆、船舰电缆等，均为低碳、环保、节能最新产品，在国内占有领先地位。“上善星”电缆产品已获“3C认证”、“国家生产许可证”、“福州市产品质量奖”、“福建省科技型企业”，企业通过了ISO9001、ISO14001、GB/T28001认证，质量可靠，为广大用户所称赞。在服务社会的同时，公司积极加入构建和谐社会的队伍，成立“上善星慈善基金会”，努力实现企业与慈善“双赢”的目标。

在未来的发展里，公司将继续紧扣时代发展需求，义无反顾立足环保，打造绿色科技产品，竭尽全力推进企业快速健康发展，使企业屹立在线缆行业的前列，为加快海西建设做出应有的贡献。

福州彩兰电线电缆有限公司

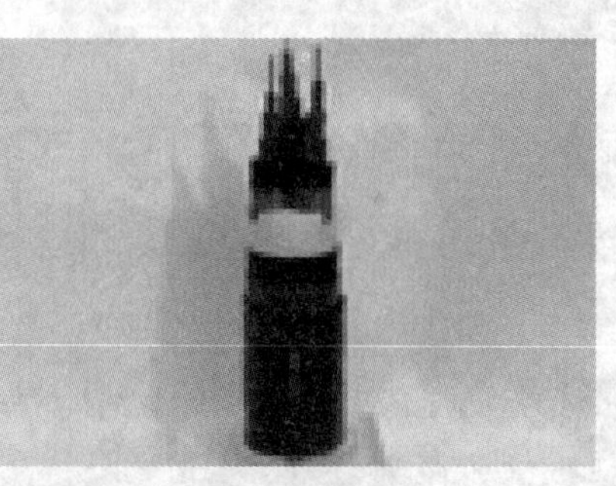

“彩兰”之光闪烁在八闽大地

福州彩兰电线电缆有限公司（原福州市第二电线厂），始建于1953年，专业生产各种电线电缆，产品广泛用于电力、建筑、矿山以及工农业和城乡基础设施等各个领域。主要产品有：“彩兰”牌固定布线用电线电缆、连接用软电缆、聚氯乙烯绝缘电力电缆、交联聚氯乙烯绝缘电力电缆、耐火电力电缆、塑料绝缘控制电缆、架空绝缘电缆、橡套软电缆、裸铜软绞线、铝绞线、铜芯铝绞线、纸包绕组线和聚脂漆包圆铜线以及根据用户特殊要求生产阻燃型电线电缆和橡皮线。

长期以来，企业始终如一地坚持“以质量求生存，以质量求发展”的经营理念，视产品质量为企业的生命，严格按国家标准组织生产。“彩兰”牌电线电缆自1990年创省优产品后，连续获得“采标”合格证书、质量一等品证书、福建省消费者信得过产品和福建省产品质量稳定证书等特殊荣誉。1992年起，又先后获得国家电工委颁发的电工产品安全合格认证证书和国家技术监督局颁发的生产许可证。2001年，企业以扎实的质量管理基础工业，取得了ISO9001：2000质量管理体系认证证书，形成了全员、全过程、全方位的质量管理体系，确保了产品质量的稳定。

福州彩兰电线电缆有限公司

原福州第二电线厂

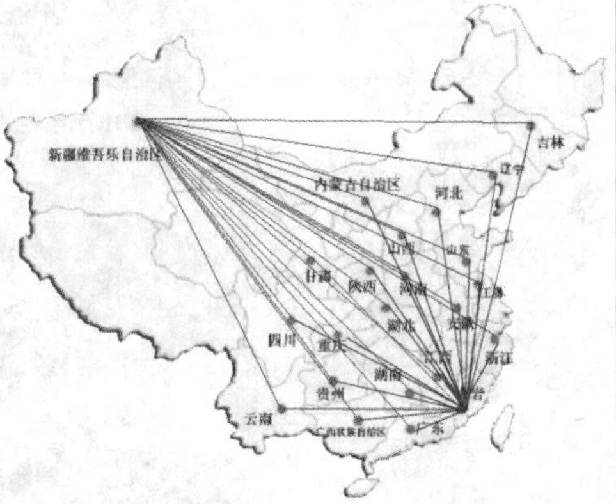

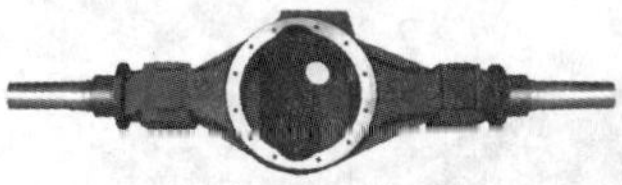

蓉中电气设备有限公司

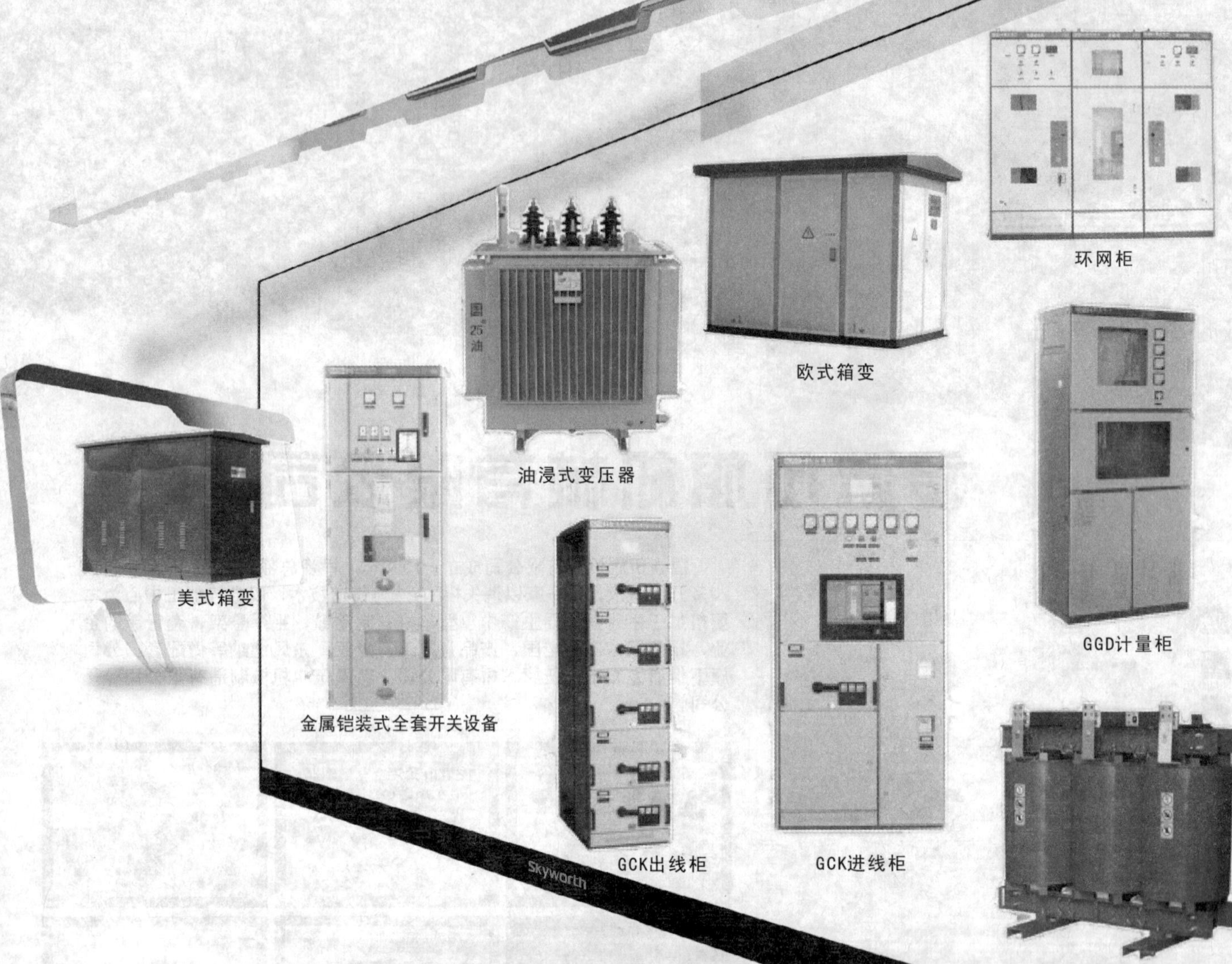

企业文化

蓉中电气设备有限公司位于南安市海西新村蓉中村，创办于2008年，是一家主要以研发、制造、销售电力高低压开关柜、电力成套设备、电力变压器、矿用防爆电器，集科研、生产、服务为一体的现代化企业。公司注册资金1亿元人民币，公司新生产基地占地面积20000平方米，已建成标准化厂房10000多平方米，办公楼3000平方米。

公司产品广泛应用于交通、能源、建筑、电力、冶金、矿山等领域。集团在注重产品研制的同时不断加强质量管理，积极同国际先进质量管理模式接轨，在蓉中建立了生产基地、产品检测中心、综合试验室、理化室、计量室、CAD/CAM设计中心。产品从设计、原材料进厂、生产、销售及服务严格按ISO9001体系模式运行，形成一整套有特色的受控体系，并于2008年率先通过ISO9001质量体系认证，通过ISO14000环境体系认证及ISO18000职业健康体系认证；并于2010年被评为“国家高新技术企业”；产品均通过并取得部颁生产许可证和国家强制“CCC”认证证书、权威机构型式试验报告书和福建省经贸委会鉴定证书。

集团公司积极扩展国际合作，已与美国通用电气公司、美国应用材料公司、法国施耐德、瑞士ABB等世界著名500强企业签约，建立了市场、技术、产品等全方位合作关系。

公司将坚持“以人为本，科技领先”的经营理念，加快实现管理现代化、产品智能化和经营国际化。继往开来，追求卓越，以一流的质量、一流的品牌、一流的技术、一流的服务、一流的业绩回馈社会！

厦门市杏林双全玻璃钢有限公司

本公司前身为福建省新华玻璃厂玻璃钢车间，始建于1958年，于1997年经改制更名为厦门市杏林双全玻璃钢有限公司，企业转入股份制经营轨道，在过去的四十多年一直努力于玻璃钢行业的发展，为福建省的玻璃钢行业做出巨大的表率和贡献。而今在新的历史时期，公司正沐浴着改革的春风，更加焕发出青春的活力。目前，公司主导产品有冷却塔、各种材质水箱、玻璃钢防腐工程、槽、罐及风管等FRP制品等。2002年，公司产值已超2000万元；2003年，经营销售额超2550万元。企业目前正进入成长发展壮大时期，技术人员达15名，公司员工达103人，用于生产玻璃钢制品设备达350多套。2000年，公司饮用水设备获得福建省卫生许可；2001年通过ISO国际质量认证，产品首次走出国门，出口新加坡等东南亚各国；2002年产品打入日本；2008年获得“厦门市著名商标”称号；2008年成为福建省质量协会团体会员；2009年获得“诚信经营倡导单位”称号；2011年获得“福建省著名商标”称号。

至今公司已具备年产冷却塔10万吨，其它玻璃钢制品5万吨的生产能力；产品遍布全国，远销东南亚各国。

本公司提供的产品均达到国家标准，尤其是冷却塔产品更环保、省水、性能更佳、维护简易，为行业内上游质量。

展望未来，公司之路必将是探索、创新之路。本公司将一如既往提供更加环保、优质的产品服务于社会，以回馈广大用户的信任与厚爱。

国际知名品牌　中国驰名商标　高新技术企业

中国陶瓷行业名牌　消费者首选十大品牌

恒达瓷砖 亚洲品牌500强

打造外墙砖第一品牌

董事长 黄家洞

晋江恒达陶瓷有限公司系外商独资企业，创办于1993年9月，地处福建省晋江市安海镇菌柄工业区，交通方便。公司专业从事干压陶瓷外墙砖生产，“恒达瓷砖”规格多样、有2000多种品种，形成了平面、仿石、仿石磨沙、磨菇石、通体砖、干拌大颗粒、仿古砖等系列产品，是国内较大的陶瓷生产基地之一。

公司引进国际先进水平的德国汉索夫、意大利意东宽体明焰数控辊道窑炉，德国莱斯、意大利萨克米数控压砖机及台湾坤地PLC连接线、D750多功能变频施釉线、两段式煤气发生炉等先进的生产设备，使整体生产线全部实现自动化；配备两套具有国内领先水平的多元素快速分析仪、火焰光度计、数显式陶瓷抗折仪、平整度综合测定仪、陶瓷真空吸水率测定仪、烟煤分析仪等数十种高精密强检测仪器。

公司自创办以来，获得了一系列荣誉：2000年获得“ISO9002质量体系和产品质量”双认证；2003年获得“福建省著名商标”、“绿色建材产品”认证；2004年获得“福建名牌产品”称号、“国家3C强制性认证”、“ISO10012：2003测量管理体系认证”；2005年获得“中国驰名商标”荣誉，并通过了ISO14001：1996、ISO14001：2004环境管理体系认证；2007年通过了GB/T28001-2001职业健康管理体系认证，获得“标准化良好行为证书”、“中国陶瓷行业名牌”；2008年获得“中国建筑陶瓷知名品牌”；2009年获得“福建省百家重点工业企业”；2010年获得“泉州市企业技术中心”、“高新技术企业”，“福建质量网品牌推荐单位”、“福建工业企业300强”认定，荣获“亚洲品牌500强”、“国际知名品牌”、“消费者首选十大品牌”荣誉证书；2011年荣获“省级企业技术中心”、“中国500最具价值品牌”资质。

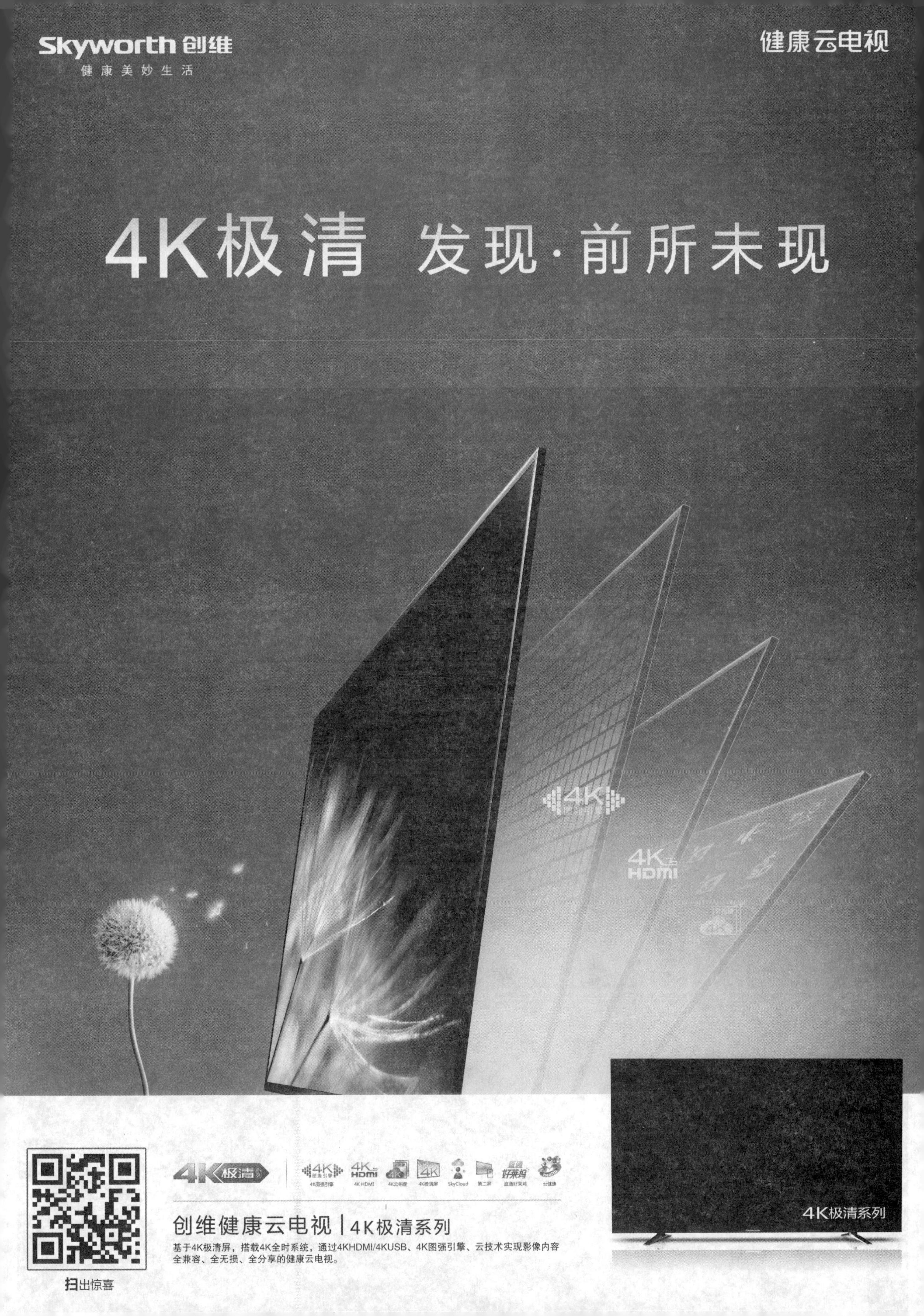

Skyworth 创维
健康美妙生活
健康云电视
4K极清 发现·前所未现
4K极清系列
4K图强引擎
4K HDMI
4K云相册
4K极清屏
SkyCloud
第二屏
直通好莱坞
云健康
创维健康云电视 | 4K极清系列
基于4K极清屏，搭载4K全时系统，通过4KHDMI/4KUSB、4K图强引擎、云技术实现影像内容全兼容、全无损、全分享的健康云电视。
4K极清系列
扫出惊喜

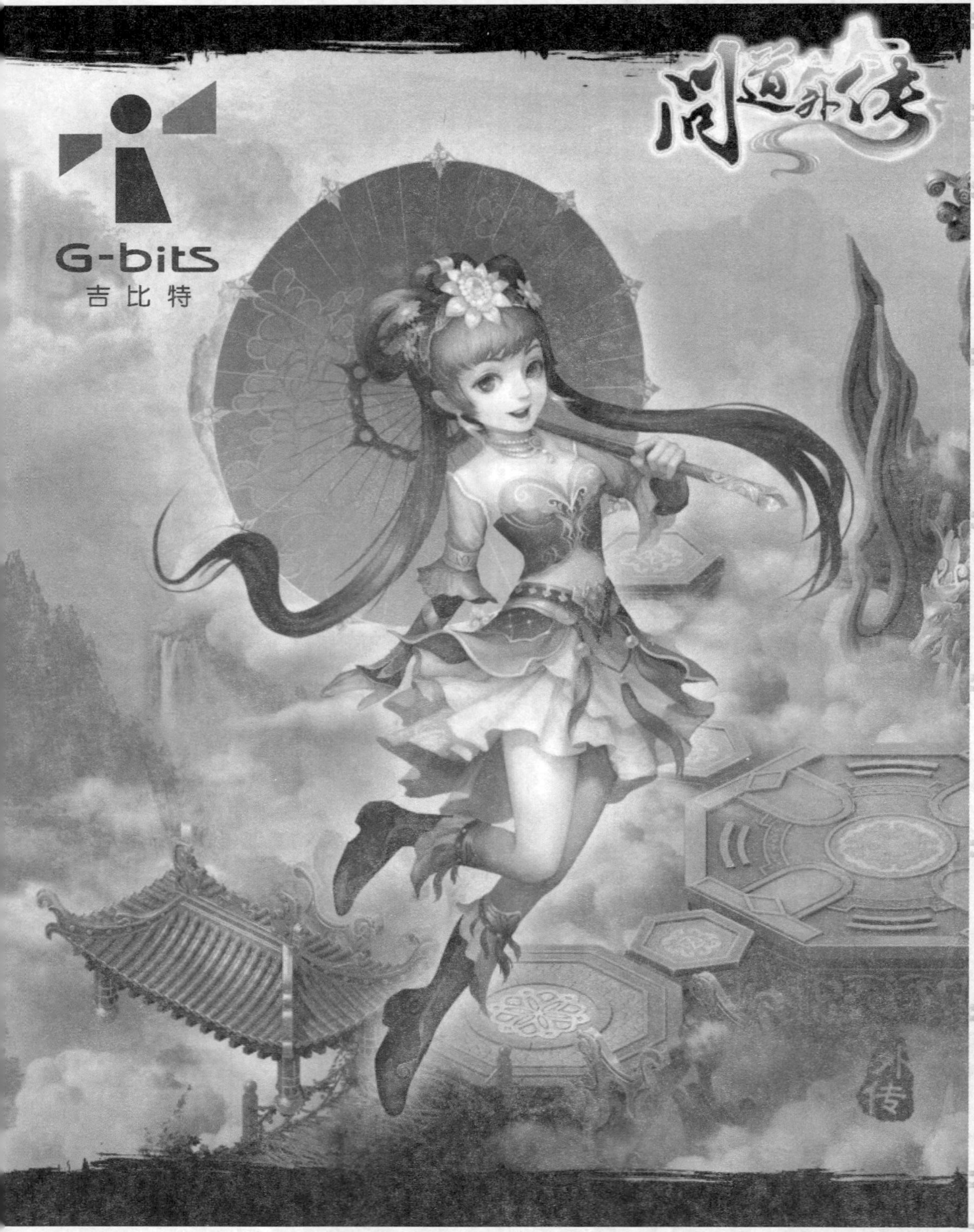

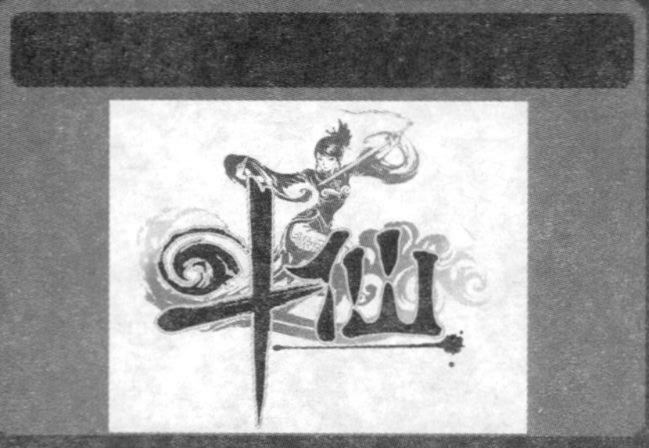

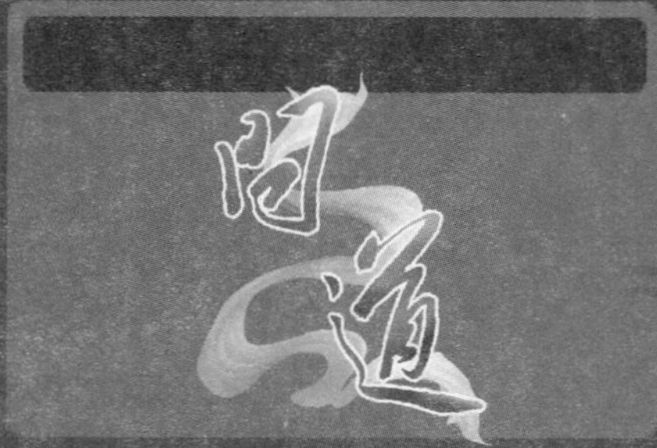

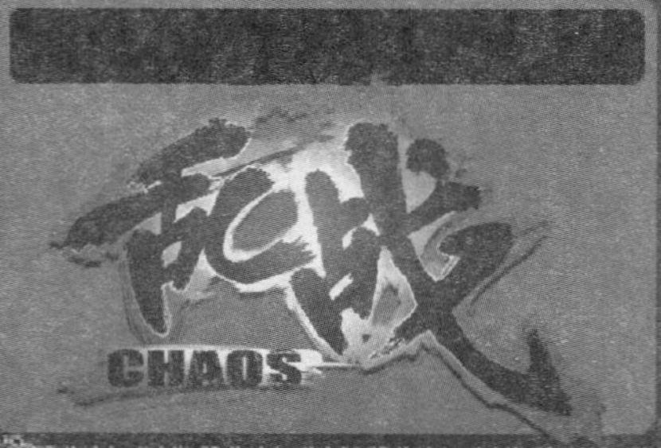

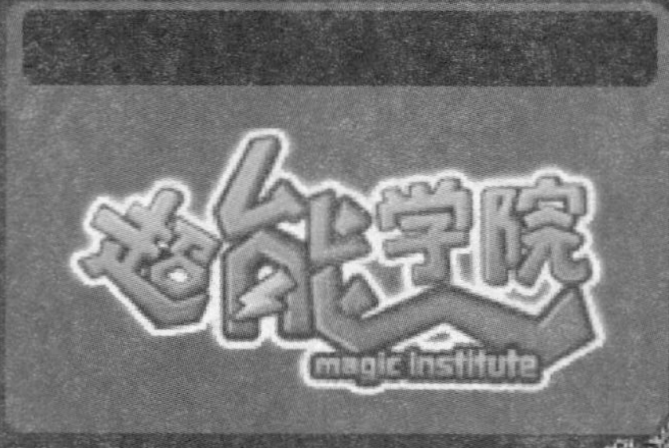

宁德市华信担保有限公司

宁德市华信担保有限公司是唯一一家市级为中小企业提供信用担保的非盈利性融资担保机构。成立于2005年12月，现有注册资本20100万元，由宁德市经贸委发起，宁德市各行业实力强的企业主共同出资组建，按照“风险共担、利益共享”的原则，与建行宁德分行、工行宁德分行、农发行宁德分行、中行宁德分行、兴业银行宁德分行、国家开发银行、招商银行福州分行、福鼎农信社等金融机构以及福建省中小企业再担保公司均有良好的合作关系。是福建省信用担保协会、宁德市融资担保协会副会长企业，被中国人民银行福州中心支行、福建省经济贸易委员会、中国银行业监督管理委员会福建监管局联合授予首批信用等级AAA——中小企业融资性担保机构。

良好的业绩支撑　公司成立以来，经营业绩持续增长。2007年担保总额达2亿多元，2008年达到5亿多元，2009年达6亿元，2010年达到10亿元，2011年达到14.97亿元。截至2012年6月，在保余额10亿多元，担保企业137家，两金提取3千多万元，利润716万元，所有者权益26634万元。担保品种日趋丰富，实现了从单一流贷担保，向国际、国内贸易融资贷款担保，工程履约担保和农民工工资担保的拓展；服务面不断扩大，不仅为股东企业提供融资担保，还发展了一批基金会员企业，遍布全市九个县市区，充分实现了服务宁德中小企业的经营理念。

规范的经营管理　本着“精简高效、权责明晰、合作严谨、运行畅通”的原则，采用现代企业管理制度模式，实行董事会领导下的总经理负责制，内部设有客户部、业务部、财务部、风险控制部、总经理办公室以及监事会、担保评审委等内设机构。公司管理团队精干，综合素质较高，均具有本科以上学历，80%以上人员系财务、金融专业和工商管理专业毕业。在经营管理上，一是制度健全，建立一套科学的规章和管理制度：从人事、劳动、行政、财务到经营管理过程各环节；二是操作过程严格严谨，担保审查审批严格按照《担保实施细则》操作；三是监督与检查机制完善，每年进行财政审查审计、监事会例查与年查。

严谨的风险控制　公司有一套科学、严谨、独特的风险控制体系：一是项目评审机制。设立了担保评审委员会，制定了《宁德市华信担保公司担保业务评审委员会工作规则》，对项目的评审做了详细的规范。二是项目担保审批程序。制定了《担保实施细则》、《担保责任追究制度》，规定了相应的项目担保审批程序。三是反担保机制。制定了《反担保措施实施管理办法》，对反担保的主体、经济能力、代偿责任等都作了明确的规定。四是项目保后跟踪管理机制。制定了《保后管理细则》，对跟踪管理内容、要求、责任等作了规定。规范的法人治理结构和规范的领导体制与决策程序，有效控制担保决策中可能出现的潜在风险；完善的规章和管理制度，规范了业务操作程序；科学的内部机构之间相互制衡机制和独有的内部审计机构，加强了担保业务的监督与约束；创新的独有的以物权为核心、信用保证为补充的反担保措施，使风险进一步得到有效防范。

独有的企业特点　一是企业性质不同。公司是政府与企业共同出资的担保机构，与其它担保机构不同，公司的宗旨是服务中小企业发展，为中小企业解决融资担保难、贷款难问题，是在政府指导下的市场化运作，而不是完全的市场化运作。因此，公司的经营管理和风险防范得到了宁德市委、市政府更加有效的指导与监督，有关扶持政策的落实力度也更大。二是经营的目的不同。章程明确规定公司开始盈利三年内不分红，税后利润全部转入风险准备金，增加抗风险能力。三是股东构成不同。公司的股东都是规模以上企业，且绝大多数是闽东各行业的龙头企业的法人，资产强信誉好，有实力。四是经营模式不同。不同于其它担保机构，它不是仅限于在某一行业内的封闭式经营，而是面对各行业的开放式经营。因此，当在一定时期内某一行业不景气时公司经营不受大的影响，可以有效防御行业不景气造成的风险。五是企业层次不同。不仅与银行合作为中小企业提供融资担保，还是福建省中小企业再担保公司首家合作担保机构，从而使公司实现了信用等级的提升和担保实力的显著增强，迈向了更高的层次。

优质的服务质量　公司实行担保业务办理限时承诺制，所有业务限时办理，逾期将追究责任；实行申请材料审查与申请企业现场审查同步进行，加快业务办理时间，最大限度地方便客户办理担保手续；实行主动深入中小企业的工作制度，及时了解企业需求、及时进行保后跟踪，指导企业加强经营管理，当好中小企业发展的“助推器”，促进银行、担保机构和中小企业三赢。

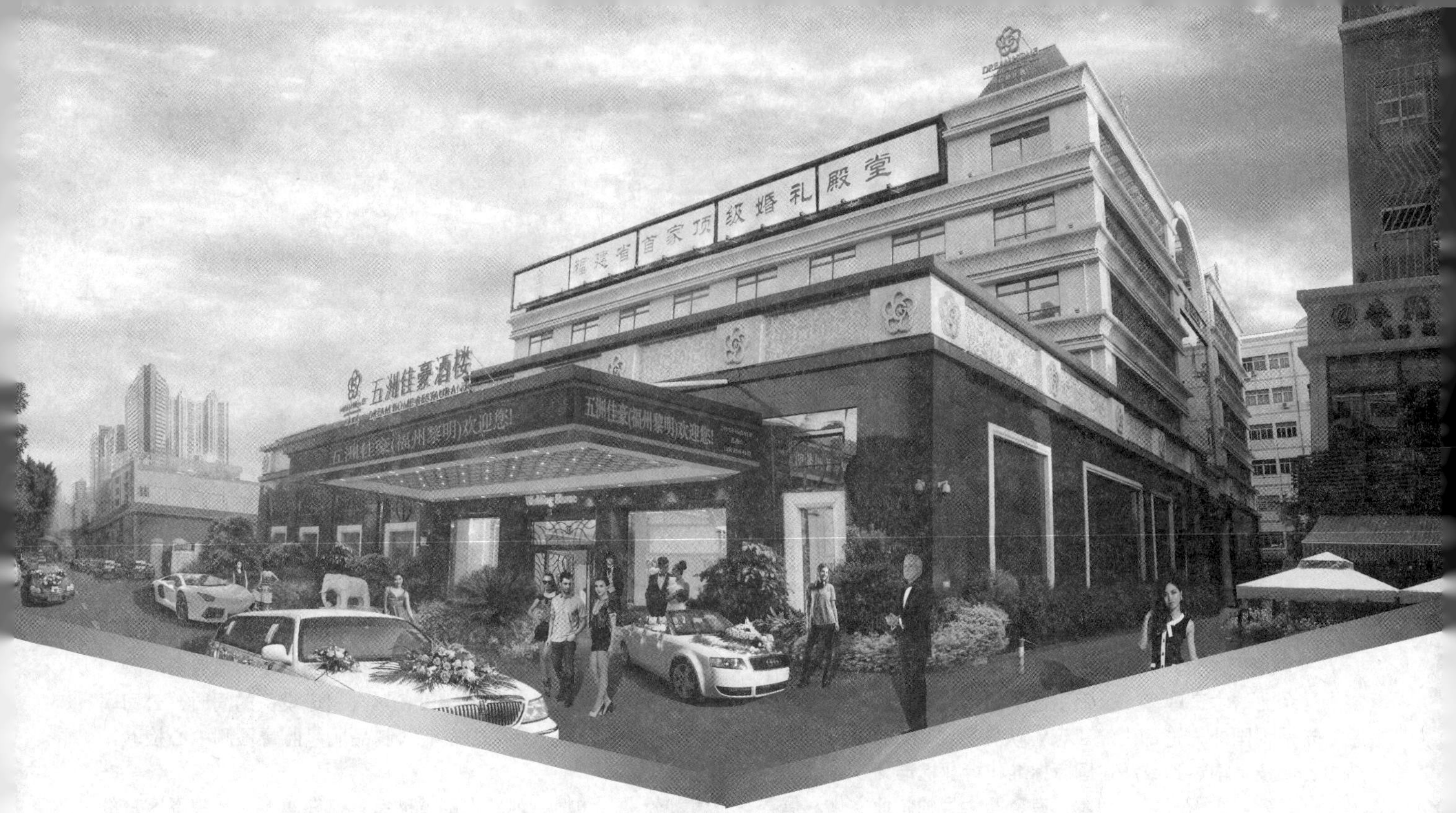

福建省首家顶级婚礼殿堂
五洲佳豪酒楼
五洲佳豪(福州黎明)欢迎您!

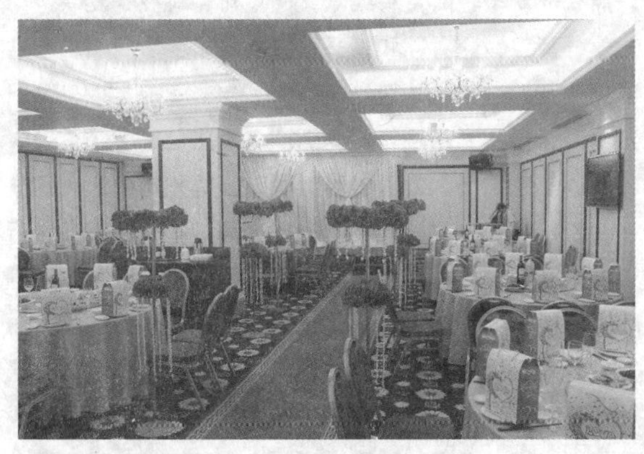

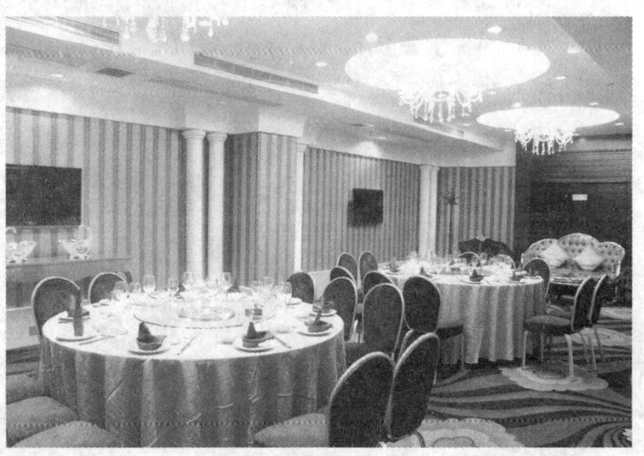

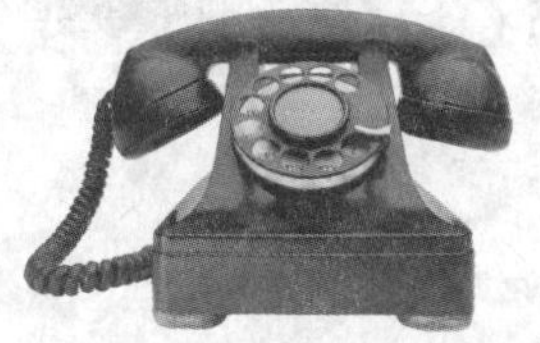

福建省凯丰里古典家具有限公司

福建省凯丰里古典家具有限公司由"非物质文化遗产传承人"王良达先生创建，注册资本五千万元，座落于人文荟萃、人文积淀深厚的"中国古典工艺家具之都——仙游"。公司于1993年开始从事古典工艺家具生产、销售（前身系海神工艺，专业制作妈祖、寺庙等传统雕刻工艺，服务于台湾、沿海、东南亚等多个地区及国家）。

多年来，公司始终致力于"质量为本、诚信经营"的理念，是一家专业从事古典艺术家具的研发、设计、生产、销售和服务于一体的综合型大企业。公司有专门的高端木材原材料生产线，现已成功打造了一条覆盖古典家具上下游的完整产业链。现有面积3500平方米的花梨、紫檀、红酸枝艺术馆和近4000平方米的精品博览馆，员工总数300多人，厂房面积两万多平米。2012年，公司营业额已突破2亿元人民币，年纳税近300万元。

福建省凯丰里古典家具有限公司发展至今，已迅速成为中国古典工艺家具之都重点品牌企业，是福建省古典工艺家具协会常务理事单位。公司已获得"福建名牌产品"、福建省质量协会颁发的"质量信守单位"，中国中轻产品质量保障中心授予"中国著名品牌"重点推广单位等称号。

融侨锦江·悦府

融侨集团

RONG QIAO

江南水都

融侨观澜

福州融侨观邸

融侨外滩

融侨集团由东南亚著名的华人企业家林文镜先生于1989年以港资形式在榕投资的房地产公司发展而来，是一家以房地产开发为核心的外商投资企业，涉及酒店、物业、温泉、商业、港口等业务。董事局主席林文镜先生在印尼、新加坡、中国大陆、台湾等地有多项大型投资。

二十四年来融侨始终秉持"为居者着想，为后代留鉴"的经营理念，以"构建理想城市生活"为己任，专注于项目的科学开发，专注于企业的人本管理，专注于精品项目的铸造，专注于优秀企业文化的培植，专注于对国家社会的贡献，开发建设了一大批中高档住宅小区，形成了大盘精品社区系列、自然珍藏别墅系列、滨江盛景豪宅系列、城市华宅高档住区四大产品系列。同时，具有国家一级资质的金牌物业——融侨物业，为广大业主和客户提供超值服务。多年来，融侨布局全国，业务拓展至武汉、合肥、天津、无锡、淮安、连云港、南京等城市，品牌形象深入人心，得到社会各界一致认可。

福建泰德视讯数码科技有限公司成立于2005年，位于福建省连城县工业园区内，公司占地面积90余亩；是一家专业从事DVB数字电视机顶盒、LED显示屏、LED节能灯、LED封装等光电系列产品的研发、生产、销售为一体的国家级高新技术企业。

公司自成立以来，立足连城，面向全国，在发展历程中公司在LED显示屏、LED灯具、LED封装等LED光电系列产品的应用领域取得了突破性进展，先后攻克了大量高新技术难题，研发了拥有自主知识产权的LED显示屏、LED灯具产品。

公司产品已获“TDVP泰德视讯”，“KOGEO光岡”，“巨彩泰德”，“TDVP泰德视讯”国家注册商标，销售网络遍布省内外；获得出口欧盟的CE认证以及欧洲节能认证。“泰德”被福建省工商局认定为“福建省知名字号”；公司产品被福建省政府认定为“福建名牌产品”。

我们始终坚持“以质量求生存，以诚信求发展”的企业精神，本着“少消耗一度电，多还原一分绿”的服务宗旨，秉承“诚信、创新、共赢”的经营理念，与广大科技工作者精诚合作，加强自主创新，致力于节能环保事业的发展，为闽西革命老区作出应有贡献。

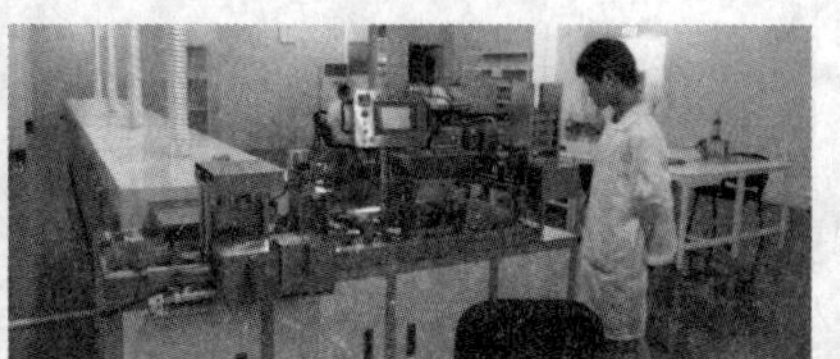

漳州市鸿益饲料有限公司

漳州市鸿益饲料有限公司成立于2004年1月，注册资本1200万元，是一家专业从事蛙类饲料生产、销售及牛蛙养殖、收购、深加工为一体的现代化企业。

公司地处闽南金三角经济开发区南岸，环境优美、地理条件优越，交通便利。公司占地45000平方米，职工500多名；拥有多条全自动化生产流水线，饲料年生产能力5万吨以上，蛙类配合饲料产、销量名列全国前茅。

公司专业、专一、专注从事蛙类饲料研发及生产，立志打造中国最优秀的蛙料品牌。公司生产的“广宝”牌系列蛙类配合饲料，目前已是福建、广东、浙江、四川等地区蛙料知名品牌，“广宝”已是“福建省著名商标”。公司产品立足本地区、面向全国，坚持“质量和信誉是生存之本”的经营方针，追求一流管理、一流技术、一流品质、一流服务，树立了行业中领先的品牌地位。

罗源县供电有限公司

罗源县供电有限公司挂牌成立于2003年12月19日，现有员工491人，辖区内现有已投运变电站16座。其中：220千伏3座，主变容量900兆伏安；110千伏7座，主变容量654兆伏安，另有2座在建；35千伏6座，主变容量77.95兆伏安。35千伏及以上输电线路216.53千米。并网小水电站66座，总装机容量53.80兆瓦。用电户共74297户，其中专变用户1183户。

2011年，完成购电量30.16亿千瓦时，比上年增长10.2%；完成售电量28.80亿千瓦时，增长10.7%。年末固定资产总额44181.12万元，增长4.9%；资产负债率65.4%；实现利润2416.35万元；综合线损率4.5%，下降0.5个百分点；年电费回收率100%；综合供电电压合格率98.6%；农村居民端电压合格率（D类）97.2%；供电可靠率99.8%。公司如期通过国家电网一流县级供电企业动态考评，作为省内唯一一家国网公司无功优化试点单位通过国网公司验收，获得“福建省第十一届文明单位”、“首批福州市和谐企业”称号，被福建省公安厅、福建省电力有限公司授予“先进电力公安联合办公室”称号，被评为“福州电业局安全生产先进集体”、“技术监督先进单位”、“2010年度品牌推广工作先进单位”、“2011年度农网改造升级工程先进集体”、“罗源县平安先进单位”、“年度提案办理先进单位”，行风评议在“五连冠”的基础上连续三年获得免评。

2012年1-6月，公司完成购电量14.01亿千瓦时，完成售电量13.56亿千瓦时，完成年度计划（31.37千瓦时）的43.3%。资产负债率65.8%，比年度预算67.4%的指标低1.6个百分点。实现利润1689.69万元，已完成年度指标（52.02万元）；完成三项可控费用1413.22万元，完成年度指标（2846.55万元）的35.1%。综合线损3.2%，累计电费回收率99.98%。截至7月12日，连续安全生产3128天。

泉州市科盛包装机械有限公司

Quanzhou Kesheng Packaging Machinery Co., Ltd

科　盛

泉州市科盛包装机械有限公司（以下简称“科盛”）创建于1991年，在包装设备方面积累了无与伦比的经验与知识。公司生产出来的产品品质卓越，我们的团队仍在该领域内继续开拓，不断创新。

随着科学技术的不断发展进步和二十年市场经济的洗礼，科盛现在是一家研发、生产、销售具有高度自动化、智能化、多功能、高效率、低消耗等特征的包装设备的高新技术企业和省创新型企业，是《收缩包装机》国家标准的起草单位之一。其所生产的“任意组合自动叠层套膜封口热收缩包装机”被评为2012年度“福建名牌产品”，同时获得“2012年度泉州市科技进步二等奖”。

科盛的主导产品有：全自动热收缩包装机系列，全自动纸箱包装机系列，智能化机械手码垛机系列，整线信息管理软件开发服务系列、后端无人包装生产线系列设备制造及咨询服务等，广泛应用于商业烟草、饮料、食品、啤酒、乳制品、医药等领域的后端包装生产线。因其质量可靠、操作简单、自动化、智能化，深受广大用户的好评和信赖。

经营范围：计算机软件开发、设计及技术咨询、技术转让；计算机系统服务（不含互联网上网服务）；批发、零售电子产品。

厦门天锐科技有限公司是国家高新技术企业和国家软件企业，是中国领先的数据安全、信息安全解决方案提供商。公司现已拥有数据防泄密、文档安全管理、移动介质管控、行为监控审计、安全私有云备份、移动终端管理等六大系列产品体系，产品成功应用于政府、军工、金融、通讯、电力等几十个领域数百万终端。公司先后荣获“中国信息安全优秀产品”、“厦门最具成长潜力企业”、“中国信息安全最具影响力企业”等多项荣誉，以信息安全领导者、数据安全第一品牌的强者之姿，领跑国内数据安全市场。

地址：福建省厦门市思明区软件园一期创新大厦B区7楼

电话：400-666-0170　0592-2565820

厦门市台亚塑胶有限公司

厦门市台亚塑胶有限公司位于厦门市翔安区巷北工业区，成立于2001年，是一家专业研发生产PVC-U、PP-R、PE、PVC-M、CPVC、MPP给排水管材、管件及农业节水灌溉管材管件的生产骨干企业。公司厂区占地75亩，标准厂房6.5万平方米，员工总人数800多名，管材生产直径可达Φ1200毫米，管件产品备有2000多种规格，年生产能力达5万多吨。公司通过ISO质量管理体系及出口产品质量双认证，拥有30多种实用新型专利产品和40多份外观设计专利，产品销往国内各个省份及出口20多个国家，是国内管材管件行业中较大规模生产制造企业。公司及产品先后荣获“中国驰名商标”、“国家高新技术企业”、“福建名牌产品”、“福建省著名商标”、“福建省企业知名字号”等荣誉，被阿里巴巴和中国制造网评为“金牌全球供应商”及福建省甲控设备材料供应商。

公司始终秉承“科学提升效益，创新提高价值，智本赢得市场”的经营宗旨，在借鉴国内外先进的生产技术的基础上，不断科研创新、不断研发和生产优质产品，为客户提供更良好服务。我们将自强自立、与时俱进、开拓创新，为国家的现代农业、水利、电力、交通、通信的开发建设做出自己的贡献。

网址：www.taiyacn.com

邮箱：sale@taiyacn.com

电话：0592-7628931

地址：厦门市翔安区马巷镇巷北工业区

福州市一建建设股份有限公司

福州市一建建设股份有限公司前身为创建于1952年的福州市第一建筑工程公司。公司于2009年改制，改制后由福建旺城置业有限公司控股。公司具有房屋建筑工程总承包一级资质，地基与基础、建筑装修装饰工程专业承包一级资质。

公司注册资本金3.06亿元，具有各类职称的工程技术人员和经济管理人员400多人，公司年施工工程能力达300万平方米以上。

近年来，公司完成的年产值连年增长，2012年已突破20亿元。公司曾多次获得“福建省建筑业先进企业”、“守合同、重信用单位”，“省级示范工地”等称号，连续多年信用等级达到“AAA”级，并获得2012年“安康杯”优胜单位，2012年“贯彻实施建筑施工安全标准示范”单位等称号，QC成果12项，省级建设工法7项，国家专利8项。公司承建项目获得省优及“闽江杯”7项、“榕城杯”60项。

福建省文化产业示范基地
中国2010年上海世博会特许产品生产商

水饰界
SHUISHIJIE
流水到家·运旺财发

千百汇（漳平）工艺有限公司座落福建省漳平市富山工业园，是一家研发、生产、销售园林、居家水饰文化景观工艺品的创意文化企业。公司占地40800平方米，建筑面积19800平方米，总投资5000万元，于2006年11月奠基兴建，2007年6月竣工投产，建有厂房、办公楼、宿舍、食堂和文化娱乐活动场所。

几年来，公司以“追求卓越、科技创新、和谐管理、诚信经营”为发展方针，坚持“文化创企，科技兴企”的经营理念和“科技引领创意，创意点亮生活”的创新理念，提出打造全国水饰居家文化景观工艺品品牌的战略；立足低碳、环保、品质的发展趋势，运用先进科技融入艺术与时尚创意文化元素，把水、雾、声、光巧妙结合，把传统文化与现代科技融合起来，致力于新颖、美观、实用的水饰文化景观创意产品的研发与生产，为园林居家、城市景观增添亮点，不断改善人居环境，提高群众生活品位，丰富人民的精神文化需求。

公司通过质量、环境管理和职业健康体系的认证，被评定为“龙岩市级企业技术中心和知识产权试点工作先进单位”；获“福建省诚实守信示范单位”、“龙岩市诚信企业、和谐企业”、“福建省劳动关系和谐企业”称号，是“福建省经济技术协作单位”、“创新创优示范单位”、“创新工作十佳单位”、“质量管理先进单位”；获“福建省著名商标、品牌产品”，被指定为“2010年上海世博会特许产品生产商”，“福建省文化产业示范基地”。

千百汇（漳平）工艺有限公司

地址:漳平市富山北路48号　电话:0597-7889888　7566680　传真:0597-7669888　网址:http://www.china-fountains.com　全国销售服务热线:400-885-8755

永安市燕晟木业有限责任公司

永安市燕晟木业有限责任公司位于福建省永安市大湖镇金银湖工业区。励精图治才换来今天的骄人业绩，然而成绩属于历史，肩负社会大众和投资人的重托，做大做强到全球经济舞台上独领风骚，这才是公司矢志不渝的追求目标。本公司拥有超前的经营理念和先进的技术，在坚定"激情超越梦想"的信仰下，以"诚信、感恩、高效、团队、创新、沟通、执行"为治业精神，我们定会勇攀高峰。做思想巨人，做行动的铁人，奉行把个人的发展与公司的发展做到最完美有机的结合的共同价值观。公司全体同仁将不懈努力，不断追求卓越的质量、创特色的品牌及完美的企业形象，秉承"节能、求实、奋进、创新"的企业精神。

福建龙峰纺织科技实业有限公司

福建龙峰纺织科技实业有限公司成立于2001年，位于福建省晋江市深沪镇金泉路8号，是集纺织、服装、织带、电脑绣花、后整理、商贸等于一体的外商独资有限责任公司。总资产3.8亿元，其营销网络覆盖中国各大纺织市场，在全国设立的办事处多达29个，包括北京、上海、东莞、成都、石狮、盛泽、青岛、南京、大连及厦门等地。国外市场主要销往欧洲、东南亚等地。

产品有：记忆型系列、休闲皱感系列、象皮绒系列、新纤维哑光系列、时尚光感系列、金属感系列、永久型弹力面料，产品多达百种以上，广泛用于羽绒服装、登山服、茄克服、休闲装、童装、沙滩裤、运动服、床罩、箱包等系列产品。

公司连续多年被国家和地方税务单位评为"纳税信用A级企业"、银行信用等级AA+级，同时还获得了"国际质量信用AAA级企业"、"纺织工业（福建）面料创新中心"、"福建省百家重点工业企业"、"纺织工业竞争力500强"、"福建名牌产品"、"2009年福建省重点项目企业"和"联合国采购供应商"等荣誉称号。

公司旨在打造运动休闲服面料第一品牌，并为此不断努力奋斗。

福建尚维测试有限公司

福建尚维测试有限公司成立于2012年，是一家独立的第三方检测机构，拥有一支技术深厚、经验丰富、专业而高素质的技术团队，现有员工50多人，员工本科及其以上学历达80%以上，技术和管理人员从事检测认证行业五年以上，且大部分来自SGS、ITS、TUV等国内外知名检测公司。

公司与国内外知名检测公司保持良好的合作，通过长期的数据对比测试，确保数据准确度与行业内各公司一致。

尚维（SW）拥有宏基财富中心总面积达2000平方米的专业化测试中心，实验室分为无机实验室、有机实验室、物理实验室和恒温恒湿实验室，拥有各种先进检测仪器近百台，符合CPSIA、CA65、ROSH、EN71、ASTM、REACH等法规要求。尚维立足福建，放眼全球，以精准、快捷、优质为原则，充分发挥地理优势，从原材料到成品各个阶段，为客户控制风险，在日趋激烈的竞争中掌握先机，立于不败之地。

福建明明医疗辅助器具有限公司

福建明明医疗辅助器具有限公司位于著名侨乡、民族英雄郑成功的故乡——福建省南安市，专业从事失能人士、术后或暂时行动不便等人士医疗护理辅助器具的研发、生产、销售、推广，专门解决失能或暂时失能人群的吃、喝、拉、撒、洗、睡、起床走动等日常生活问题。

公司具有自主知识产权，拥有专业研发团队和专门生产基地及专业营销团队，三年多来已获3项国际发明专利PCT和2项国家发明专利。公司实用新型专利授权12项，其中3项发明专利突破世界难题，属国际首创。公司已开发产品有：医用、家用辅助护理床（免脱穿人体粪便自动清理器）、自动清便轮椅床、自动清便轮椅，一次性人体导便器（用于便秘、大便失能人员夜间使用）、自动清便内裤（用于大小便失能、意识清楚人员），正在研制自动洗澡机、自动喂饭机、病人平移床。

公司旨在创新护理新概念，维护失能人群人格尊严，避免社会家庭伦理尴尬，以弘扬中国传统文化。让失能人士、术后或暂时行动不便人士有尊严地生活，提高生活信心和质量。社会意义巨大，功德无量。

厦门美益建材有限公司

公司成立于2005年7月，是集预拌混凝土、水泥等新型建材开发、生产、销售于一体的现代化工业企业，占地47500平方米。公司配备有3条先进的HLS-180型自动化精密混凝土生产流水线，生产全过程采用ERP软件系统进行科学的管理与控制，年生产能力可达150万立方米；拥有60万吨水泥粉磨生产线一条。公司凭借雄厚的实力已发展成为厦门市较具竞争力的建材企业之一。

2008年1月，公司成为厦门市预拌商品混凝土行业第一家被福建省建设厅授予二级资质证书的企业；同年2月，公司取得了方圆质量认证集团颁发的“ISO质量管理体系认证证书”；2013年2月，公司生产的“美易+MIE牌预拌商品混凝土”被福建省人民政府授予“福建名牌产品”称号。

2012年9月，厦门美益建材有限公司升格为“厦门美益集团”，注册总资金8168万元。

地址：厦门市海仓区东孚镇凤山工业区凤美四路9号

邮编：361027　电话：0592-6362332

三明市精诚化工有限公司

三明市精诚化工有限公司于1989年成立，是一家专业生产人造板用胶粘剂的企业，注册资金为503万元。本公司专业生产脲醛树脂，产品适用于室外建筑用水泥模板、室内装修用细木工板、中密度纤维板以及竹制品等板材加工。本公司目前已发展成为三明地区较大的人造板用粘合剂供应商，产品在本行业内有较高知名度。环保型脲醛树脂市场占有率大，产品覆盖福建、江西等地县市，受到广大客户好评。

公司配有专业产品开发及研究人员，不断改进生产工艺，引进新技术；产品满足越来越严苛的环保要求，环保型脲醛树脂环保等级达到欧洲E1、E0级标准，为客户创造更多的产品附加值，使其产品拥有良好的市场竞争力，并且远销海内外。

公司地址：三明市三元区台江工业园区　电话：0598-8336318

福建省昌源建筑工程有限公司

福建省昌源建筑工程有限公司成立于2003年10月，公司现在注册资金为3.23亿元，具有房屋建筑工程总承包一级、建筑装修装饰工程专业承包二级、钢结构工程专业承包二级、市政公用工程施工总承包二级和土石方工程专业承包二级等资质。公司自成立以来，本着“诚信为本、质量至上”的经营理念，重合同，守信用，不断健全质量安全保证体系。先后承建了住宅小区、学校、医院、工业区，房地产和市政道路等工程项目，连续获得省、市“质量品牌”、“安全生产”、“诚信单位”及“三明市建筑业工作先进单位”。2011年，由北京外建质量中心颁发本公司质量管理体系认证证书、环境管理体系认证证书、职业健康管理体系认证证书。2012年，公司被福建省工商局评为“守合同、重信用”单位，福建日报东南网品牌信誉频道授予公司“品牌信誉单位”称号，福建省城市经济研究会授予会员单位，被三明市住房和城乡建设局评为“安全生产标准化企业”，被建宁县委、县政府授予2012年企业纳税贡献奖，成为闽清县工商联合会副会长单位，闽清县企业与企业家联合会标兵会员单位。企业承包资质得到进一步提升，深受上级主管部门和建设单位的好评。

莆田市集友艺术框业有限公司

莆田市集友艺术框业有限公司成立于1998年，当代油画家刘国泰先生为公司董事长兼总经理。公司主要从事艺术油画、艺术画框、现代艺术品、工业工艺品、铁艺、铜艺、画布、家居饰品、装饰材料、艺术家具等艺术产品研发、生产和销售，是国内油画出口龙头企业。2012年，公司实现主营业务收入大幅度增长，近十五年来年递增31%，出口创汇再上新高度，2012年上缴税收6800万元人民币。公司先后被国家商务部、宣传部、财政部、文化部、广电总局、新闻总署等省部委授予“国家文化产业示范基地”、“国家文化重点出口项目”、“国家文化重点出口企业”、“福建文化企业十强”、“福建省著名商标”、“福建名牌产品”等称号。2013年5月，中央宣传部授予公司为“中国文化企业30强”，成为福建省首家荣膺此殊荣的企业。

厦门成钢电机有限公司

台湾成钢企业股份有限公司创立于1979年，初期以生产马达轴心、汽机车零件为主；产品供应台湾松下、大同公司、东元电机、歌林电器等厂家。

公司在2000年因原有厂房不够使用，搬迁到桃园县芦竹乡内溪路现址迄今；并于2003年1月1日成立厦门成钢电机有限公司，目前公司员工有近100名；2005年8月成立泰国曼谷成钢电机有限公司，主要生产交流、直流、减速、变速调速马达，功率为6W-2200W。公司预计未来再投入生产汽车发电机、汽车启动电机等。目前厦门公司主要有北京、山东、上海、苏州、南京、杭州、温州、厦门、广州、东莞、顺德、深圳、成都等服务点。

几年来通过全体员工的共同努力，厦门成钢电机有限公司已先后通过CE、CCC及ISO9000质量体系认证。

公司将成立海外业务部，拓展台湾、印度、印度尼西亚、越南、中南美洲等境外市场。产品将增加工业电机、特殊电机、停车场设备用减速电机等，让产品更多元化。

福建省中小企业信息协会

福建省中小企业信息协会是中小企业、企业经营者自愿组成的全省性、综合性、非营利性的省级社团。协会专家顾问团拥有一大批来自实践和研究机构的专业人士，常年服务于各企业单位，通过政策引导、投融资服务、管理咨询、市场研究、人才培训、技术支持等多种方式推动福建省中小企业自主创新，提升企业管理水平与核心竞争力。协会秘书处设在东大路88号建闽大厦七层，接受福建省经济社团联合会业务指导和福建省民政厅的监督管理。

自成立以来，协会秉承全心全意服务会员、服务中小企业的宗旨，开通协会官方微博、会员QQ群、微信群、具备专业服务中小企业功能的协会官网《海峡中小企业信息网www.hxsme.org》，参与福建日报报业集团主管的《海峡风》杂志（月刊）编辑、出版、发行，同时积极展开与各部门各单位的对接。

- ◆促进银企合作，共同帮助部分中小微企业解决资金困难
- ◆与法律援助中心合作，为会员单位提供法律援助
- ◆与中检福建公司合作，为会员提供产品检验、标准化体系认证
- ◆与财务咨询机构合作，为会员提供财会代理、税务咨询服务
- ◆与厦门大学管理学院EDP福州中心合作，为会员高管提供工信部组织的“领军人才千人计划”系列培训
- ◆与大中专院校、培训机构合作，解决会员企业用工难（根据会员企业岗位需求，有针对性的开展毕业生就业引导及岗前实训）
- ◆与国家级专业机构合作，共同为会员提供品牌建设、品牌保护等服务
- ◆组织会员俱乐部，积极开展各种会员活动、论坛，培训

公司创立于1957年，现为房屋建筑工程施工总承包特级资质企业，系福建省闽建建工集团的母公司，控股惠安泉安建材有限公司、福建省惠安县兴闽劳务有限公司和福建省惠安县兴南建筑劳务有限公司三个子公司。公司注册资金3.18亿元，有职工3580人，有职称的工程技术和经济管理人员658人，其中高级职称49人，中级职称123人；有国家注册执业资格人员335人，其中一级注册建造师83人，一级注册建筑师1人，一级注册结构师2人。公司拥有大中型机械设备1237台，总功率48873千瓦，有各种质量检测设备32台。2010年，公司通过ISO9001质量管理体系、ISO14001环境管理体系、OHSAS18001职业健康安全管理体系认证。

公司始终坚持“务实创新，志在一流”的企业精神，倡奉“抓质量、保安全、重信誉、创效益”的经营方针和“质量第一、用户至上”的服务宗旨，在广东、江苏、湖北、湖南、上海、浙江、广西、北京、天津、贵州、四川、云南、河南、山东、山西、江西、海南、安徽和本省共30多个地区设立分支机构，基本形成以深圳为中心的珠三角市场、以苏州为中心的长三角市场、以武汉为中心的华中市场、以烟台为中心的环渤海湾市场等四大市场板块，成为福建省独具优势和特色的外向型企业。2012年，公司完成施工产值55亿元；回乡缴纳企业所得税1.1亿元。几年来，公司已建成大中型建筑工程300余项，其中有40层以上高层建筑、单跨跨度30米工业厂房、单体建筑面积37万平方米以上和建筑群体面积48万平方米以上等一大批大型工民用建筑，获得省部级、市级优质工程和文明工地30多项（个）。公司注重科技创新，几年来，形成企业自主知识产权的有国家级工法3项、省级工法8项、发明专利2项、实用新型专利18项、主编《地下防水工程质量验收规范》国家标准1项，参编工程建设省级规范2项；建立福建省第一家“院士专家工作站”。

公司被福建省工商局认定为“福建省守合同、重信用企业”，被中国工程建设社会信用管理委员会评为“中国工程建设社会信用AAA级”企业，被福建省住建厅评为“福建省先进建筑业企业”、“福建省建筑业总承包30强企业”，被中国施工企业管理协会评为“全国优秀施工企业”，被国家住房和城乡建设部授予“抗震救灾先进集体”荣誉称号，被四川省彭州市评为“优秀参建单位”。公司董事长兼总经理邱仅生被授予“福建省五一奖章”、“福建省劳动模范”、“全国建设系统劳动模范”、“全国建筑业优秀企业家”、“福建省建筑业企业优秀经理”、“第十一届福建省优秀企业家”、“泉州市优秀中国特设社会主义事业建设者”和“福建省抗震救灾先进个人”等称号。

龙元建设项目代表作

广州五山路改造

杭州大剧院歌剧厅

宁波慈溪体育场

苏州软件大厦

世博可口可乐馆

马来西亚南海广场高档酒店

复旦皇冠假日酒店

沈阳龙之梦小区住宅

上海市电力医院

龙元建设集团

龙元建设集团前身为浙江象山二建集团股份有限公司。始创于1980年，1984年进入上海建筑市场。1993年集团总部迁址上海。2004年4月发行股票。现为一家拥有40多个分公司、子公司以及办事处。建筑产品遍布大江南北、全国各地乃至东南亚的大型建设集团。

集团拥有房屋建筑工程总承包特级资质、市政公用工程总承包一级资质、机电安装工程总承包一级资质、地基与基础工程专业承包一级资质、建筑装修装饰工程专业承包一级资质、园林古建筑工程专业承包一级资质、工程咨询和建筑行业工程设计甲级资质、钢结构工程专项设计甲级资质、钢结构工程专业承包一级资质、建筑幕墙工程专项设计甲级资质、建筑幕墙工程专业承包一级资质、房屋质量检测甲级资质和劳务分包工程12项一级资质。在上海、浙江乃至全国、全球建筑界均有较大的影响和较高的信誉。

公司注册资金47380万元。资产总额超过100亿元，能独立承担工业、民用、市政、交通、水利及大体量、高标准、精装饰等各类复杂的建筑施工任务。

集团通过质量和安全、环境三个体系认证。已创鲁班奖、全国优质样板工程、白玉兰奖、钱江杯、浦江杯、上海市优质结构等优质工程550多项，获安康杯、市文明工地、标化样板工地等荣誉800多项，QC（质量管理）成果16次荣获“国优”称号，年年被评为浙江进沪施工企业先进单位。次次名列上海市进沪施工企业综合考评、综合实力排名前二名。现为浙江省重点骨干企业、信誉AAA级企业、上海市优秀企业、上海市立功竞赛优秀公司、全国质量管理优秀企业、全国用户满意企业、全国质量效益型特别奖企业。全国优秀建筑企业。

集团以服务社会为宗旨。坚持“奉献、务实、诚信、奋进”的企业精神和“管理上一流、质量出精品、服务创信誉”的质量方针，坚持“人才是企业的资本、学习是一种生活方式、创新是生命之源”。以质量拓市场。以管理求发展。公司坚持以人为本。坚持企业共同目标。坚持社会责任，提倡员工追求协作创新和发挥个性，实现企业和个人的良性互动。公司倡导员工追求有兴趣的工作、志趣相投的同事、健康的体魄、开放的心态和乐观向上的精神。公司为员工提供可持续发展的机会和空间，努力创造公平竞争的环境。坚持工作和家庭、健康、物质、精神生活协调一致。

集团的长远规划是：立足上海、拓展周边、面向全国、走向世界：勘察、开发、设计、施工一条龙服务：工民建、市政、交通、水利、园林全面跃动：基础、土建、安装、装饰配套并举：突出主业、多元经营、发展优势。成为综合性、大型化、高效益的总承包建设集团。

福清市融江水产养殖有限公司

福清市融江水产养殖有限公司创办于1995年，注册资本1500万元，法人代表由公司创始人王吓财总经理担任。公司现有员工300余名，季节性临时工1500名，下辖6个养殖场，是一家专门经营水产品养殖的大型龙头企业。

1995年起，公司先后承包经营福清市柯屿垦区、过桥山垦区和迳江水库以及江阴镇五一农林水综合场，大规模开展水产养殖。公司的生产规模达到1655.8公顷，其中水域1012.0公顷，滩涂643.8公顷。十几年来，公司累计投入资金1.8亿元进行基础设施建设，形成了水、电、路、渠等基础设施完善、配套齐全、海淡水多品种综合开发养殖的大型养殖基地。目前，公司1012.0公顷水域放养海水鱼，主要品种有鲈鱼、海鲫鱼、真鲷鱼、草虾和鲟蟹，水面挂养牡蛎50公顷，贻贝50公顷，水域周边约100公顷的滩涂实施滩养缢蛏。1996年起，360公顷滩涂开展池养缢蛏；2000年起，公司利用蛏池套养鱼、虾、鲟、蟹的尝试，经过五年努力，取得套养鲟蟹成功，这种高效益的生产模式一直延续至今。池养白对虾283.8公顷，白对虾是专供食品企业加工出口的原料。迳江水库200公顷水域开展淡水养殖，主要放养四大家鱼和虾蟹。公司年产水产品2万吨，产值达亿元。

2005年，公司以良好的业绩和财务状况，被列入福建省渔业龙头企业；获得“福州市农业产业化优秀龙头企业”称号，成为福州市农业产业化重点基地之一。公司坚持诚信经营的理念，被评为福建省诚信促进会常务理事单位。2008年，公司被选为福清市工商联合会副主席单位，也通过了“农业部健康养殖示范区”评定（第二批的批复）和2009-2010年度“福州市农业产业化龙头企业”评定。2006年、2011年，公司先后通过了福建省无公害产品产地认证，2006年公司还获得农业部颁发的无公害农产品证书。

公司所处的过桥山垦区和柯屿垦区是属于福建省现代农业示范区和海西农业试验园区的范围，是福清市水产品养殖和加工的发达区域。公司以福州市水技站为技术依托单位，与相关科研机构和企业开展技术合作，具有一定的产品研发能力。目前，公司在多年经营养殖的基础上，依照现代企业管理制度，进行水产品品种结构和产业结构优化调整，着手开发水产品加工和运销出口项目，向建设养、工、销一体化的企业集团迈进。

1998年，王吓财总经理还创办并经营福清市渔江农业经济发展有限公司，生产规模达466公顷。2008年至今，该片滩涂全部养殖白对虾，产品全部作为加工企业出口加工的原料。白对虾年产量5000吨，产值1.5亿元。2006年，该公司被评定为“农业部水产健康养殖示范区”。2006年、2010年，该公司先后获得“福建省无公害农产品产地”认定。

电子信箱：85689888@163.com

电话：0591-85686888

传真：0591-85689888

厦门集美圣果院商业中心，位于厦门北站西南面地块，是厦门北站片区的重要组成部分，工程总建筑面积22.6万平方米，属福建省、厦门市重点工程，同时也是集美区实施农村集体发展用地“幸福工程”的示范项目。地下2层，地上21层，项目建成后将成为一个集购物、旅游、休闲、商务为一体的具有闽南特色和现代特征的商业综合体。

中建三局建设工程公司

中铁二局股份有限公司

妈祖城四座桥沿湄洲岛妈祖像与妈祖诞生地妈祖像中轴线左右均布，跨越内湾，连接妈祖故里与核心景观区，是妈祖城核心区内重要的水上交通。四座桥使贤良路、莆禧路、港里路与滨湖北路、滨湖南路、山城路等连接形成一个合理有序的水路交通网，是交通顺畅的必要保证。

莆禧路桥与港里路桥

刚架拱桥，其整体性、刚度和承载能力等力学性能都比其它的组合单元要优越，而且结构形式简洁美观、上部构造重量轻、材料用量指标较低、经济效益明显。

五跨连续空腹式刚架拱桥，而三跨连续空腹式刚架拱桥桥型目前在我国仅有两座：台湾省建有一座碧潭桥，福建省福州市已建成的尤溪洲闽江大桥，而五跨连续空腹式刚架拱桥国内尚属空白。

多跨连续空腹式刚架拱桥是刚架拱桥应用中的一个新发展，空腹部分立柱及斜撑的取消，使得整个结构显得更加轻盈、美观。

贤良路1#、2#桥

为五跨预应力砼连续梁桥，结构设计简洁恰当、受力明确，装饰精雕细琢，与妈祖文化、周边环境相互融合，并开发出新的景观带和靓丽点。

在桥墩及栏杆上饰以宝瓶样式，寓意“平安”，象征妈祖带给人们平安、祥瑞。

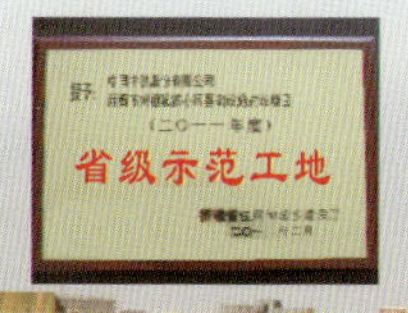

中建三局

承建的宇洋·中央金座工程位于福州海峡金融街闽江北岸，紧邻40万平方米的万达城市广场，是集行政办公、文化教育、休闲娱乐为一体的多功能高级写字楼。该工程地上56层，地下2层，建筑总高度258.65米，总建筑面积15.87万平方米。该工程裙楼为框架混凝土结构，塔楼采用圆管混凝土柱+钢梁+钢骨柱核心筒的结构体系。

塔楼核心筒施工采用低位顶升模架体系，该体系是针对超高层核心筒施工研制的新型施工平台，相对于其他模架体系具有施工速度快、安全性好、运行平稳、承载量大等几大优势。该工程充分利用福州世茂国际中心原有的模块化钢平台进行重组设计，为全国首例实现低位顶升模架体系“可拼装、可周转”先进理念的工程。

宇洋·中央金座工程自开工以来，备受社会各界关注，作为中建三局在福州的窗口工程，已荣获国家实用新型专利两项、国家QC成果二等奖一项、福建省QC成果一等奖一项、福建省QC成果三等奖一项、福州市QC成果一等奖一项、福州市QC成果二等奖一项及获评“福建省级示范工地”、“福州市级示范工地”，并已完成省部级工法一项。

建筑是智慧的结晶，宇洋·中央金座将以挺拔流畅的形象，节节攀升的建筑线条翘首屹立在新兴发展的城市CBD中心。工程建成后，将成为福州首座拥有停机坪的摩天写字楼，成就金融街区江景商务的新标杆！

福建省亿方建设工程有限公司

地址：泉州市洛江区罗溪镇西头铺街后溪桥头
法人：赖耀祖
电话：0595-22173858

福建省亿方建设工程有限公司为建筑业一级施工企业，经营范围：承包房屋建筑工程、钢结构工程、市政公用工程、建筑装修装饰工程、土方工程、地基与基础工程、公路工程、矿山工程。企业职工人数为3985人，其中各类专业技术管理人员489人，一级建造师25人，二级建造师115人。企业注册资金为人民币12018万元。

公司秉承"诚信、安全、优质、高效"的经营方针，不断强化内部管理，完善经营机制。实行董事会领导下的总经理负责制管理体系和项目经理承包制，职责分明，管理高效。公司建立了健全可靠的质量管理、环境管理、职业健康安全管理三体系，并符合GB/T19001-2008/ISO9001：2008、GB/T24001-2004/ISO14001：2004、GB/T28001-2001标准要求，是福建省"先进建筑业企业"和"AAA级信用企业"、泉州市建筑行业"先进企业"、"诚信企业"、"重合同，守信用单位"。

公司遵循"用户满意是我们永远的追求"的企业宗旨，坚持"以人为本，科学管理，创新务实，诚信服务"的经营理念，以"顽强拼搏、求真务实、艰苦创业"的企业作风不断追求辉煌，朝着建设"管理科学，经营高效，行业优秀的工程总承包企业"的目标奋进。

凯旋帝景项目

福建省景地房地产开发有限公司

福建省景地房地产开发有限公司于2008年5月成立，以房地产开发、销售为主，注册资金为3500万元。公司严格按照现代企业管理模式规范经营，形成了完善的法人治理结构和健全、合理、有效的重大经营决策程序及内部风险控制制度。

公司投资开发的福建长乐"凯旋帝景"项目，占地约49亩，已成功收盘，该项目对支持乡镇的开发建设已取得了良好的成效；投资1.8亿成功开发的河南省鹤璧市6万多平方米的"地王广场"纯商业项目，经过三年多的建设与营销，已顺利收盘，取得了较好的经济效益；投资5个亿的贵州省兴义市"莱蒙帝景"项目在建设中。同时，公司还参股开发了江苏省镇江市"银山鑫城"项目、陕西省渭南市华县"渭华路商贸步行街"等全国各省市的多个项目。目前，公司又在福建长乐新投资开发"凯旋官邸"项目，该项目将会为乡镇的经济带来又一巨大推动力。

公司凭借雄厚的市场运作资金、多年的成功开发经验、一流的技术力量，本着"以人为本"的设计理念，以科技为依托，以"造精品房产，树景地品牌"为开发信念，力争成为区域内房地产行业的创新者和领导者。

新万鑫（福建）精密薄板有限公司

新万鑫（福建）精密薄板有限公司创建于2005年，位于福建省仙游县鲤城街道学府路。公司占地12.5万平方米，资产十多亿元，年设计生产能力15万吨。公司坚持“以人为本，科技兴厂，持续创新，发展共赢”的管理理念，形成集冷轧硅钢片、精密薄板、高频焊管等金属制品科研、生产、销售为一体的工业企业，产品广泛应用于变压器、机电设备、钢制家具及汽车工业等领域。2012年公司实现产值6亿元，纳税2275万元。

2006年，冷轧硅钢生产项目被福建省政府列入重点建设项目，2007年、2012年，公司被福建省科技厅授予“高新技术企业”，是福建省唯一生产冷轧硅钢的民营企业、中国金属学会电工钢委员会委员。2011年，取向硅钢新产品、新技术通过省级鉴定，达国际同类产品先进水平，填补了福建省产品和工艺技术空白。2012年，建立了“新万鑫福建省院士专家工作站”，与北京科技大学、福州大学等科研团队进行产、学、研高端合作，加快重大科技成果转化，全面提升企业科技创新能力和市场竞争力。公司自主研发的“冷轧无取向硅钢脱碳工艺”、“冷轧取向硅钢连续退火炉的防爆孔”等6项目分别获得国家发明专利和实用新型专利，即将获得授权3项。

公司导入“卓越绩效管理模式体系”，取得ISO9001质量、环境及职业健康安全管理三体系认证。“万鑫牌”直缝电焊钢管和冷轧硅钢系列产品连获“福建名牌产品”称号。2012年，公司荣膺“首届莆田市政府质量奖”，被福建省政府列入“福建省百家重点企业”。公司还先后获得“纳税大户”、“银行信用AAA企业”、“福建省劳动保障诚信用工单位”、“省市‘安康杯’竞赛先进单位”、“福建省模范职工之家”、“福建省工人先锋号”、“福建省市和谐企业”等荣誉。当前，公司正瞄准特种钢领域中可填补国家空白的“新、特、专、精”产品，扩大企业规模，提升技术装备，走规模效益、质量效益、品牌效益和股份上市发展的道路，发扬莆商精神，攻坚克难，努力为新能源汽车、航空、航海等电子、电力领域提供节能、环保的电工钢及增值服务，为民族工业振兴作出贡献！

福州东兴龙居房地产有限公司

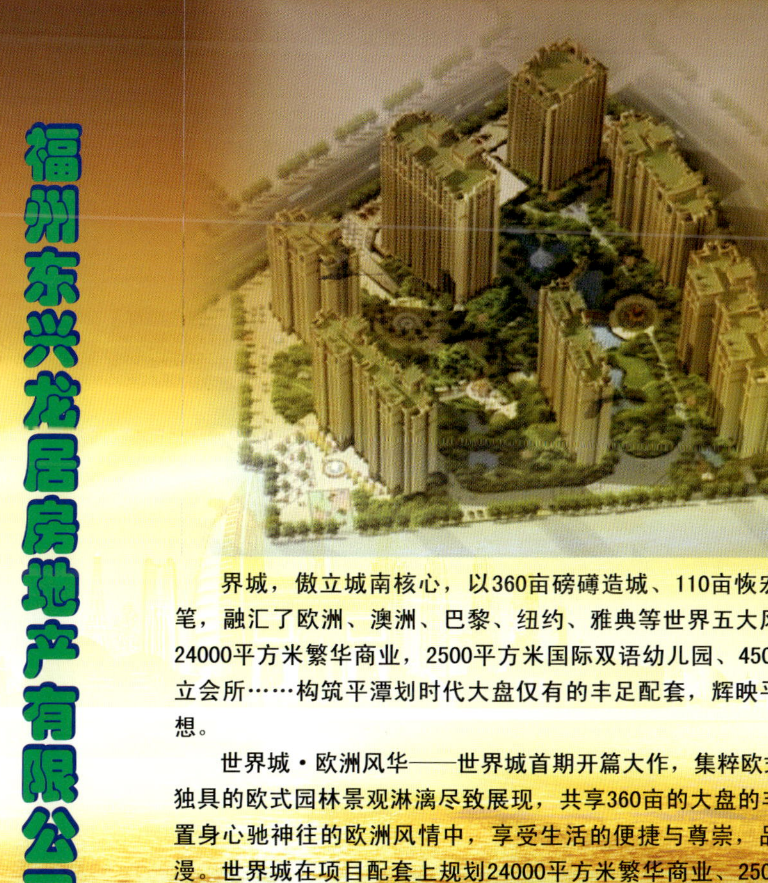

界城，傲立城南核心，以360亩磅礴造城、110亩恢宏造景的超大手笔，融汇了欧洲、澳洲、巴黎、纽约、雅典等世界五大风情生活意象。24000平方米繁华商业，2500平方米国际双语幼儿园、4500平方米豪华独立会所……构筑平潭划时代大盘仅有的丰足配套，辉映平潭人的宏大梦想。

世界城·欧洲风华——世界城首期开篇大作，集粹欧式经典，将风情独具的欧式园林景观淋漓尽致展现，共享360亩的大盘的丰盛配套，天天置身心驰神往的欧洲风情中，享受生活的便捷与尊崇，品位格调处处弥漫。世界城在项目配套上规划24000平方米繁华商业、2500平方米国际双语幼儿园、4500平方米豪华独立会所等大盘配套。

永安市华永化纤有限公司

清华大学总裁班参观本厂

现场急救培训、安全教育

华北电力大学大学生参观本厂

荣获福建省知名字号证书

永安市华永化纤有限公司成立于2003年4月，公司注册资金1575万元，占地面积54000平方米，位于永安市曹远大兴工业区，距长深高速北入口1公里，地理位置优越、交通便利。公司主要从事涤纶短纤维、无纺布的生产及销售和进出口贸易。2004年12月，公司通过ISO9001质量体系和产品质量双认证；2012年3月，通过ISO14001环境管理体系认证。2006年，公司获得项目立项，总规模为生产涤纶短纤维4.6万吨，涤纶无纺布2.4万吨，总投资10870万元，产值将突破5亿元。公司生产原料100%采用废旧聚酯瓶片和纺织厂纯涤纶下脚料来生产涤纶短纤维，有利减少白色污染以保护环境，减少原生料聚酯切片的使用，并促进本地区纺织行业、就业领域全面发展，现公司已实现就业人数150人。

公司以导入ISO9001：2008质量管理体系为契机，持续改进企业管理水平，始终以满足和超越顾客需求为工作重点，内抓产品质量，严格按国家、行业标准进行生产加工；外重服务质量，提供优质产品、一流服务，不断追求卓越。

公司主要荣誉：2007年获得“福建省清洁生产合格企业”称号；被三明市政府评为2009-2010年度“守合同、重信用”企业；2011年被认定为“福建省循环经济试点单位”；2011年“华永”字号被认定为“福建省知名字号”；2011年“华永”商标被认定为“三明市知名商标”；2011年被福建省三明市诚信促进会评为三明市第二届（2008-2009）“诚信企业”；2012年“HUA YONG及图”商标被认定为“福建省著名商标”；2012年被认定为资源综合利用单位。

公司产品图片

福州宏东远洋渔业有限公司

福州宏东远洋渔业有限公司成立于1999年，现有员工800多人，远洋捕捞船71艘，分布于东太平洋公海、印度洋公海及毛里塔尼亚和印度尼西亚海域从事过洋性捕捞生产，是一家集远洋渔业生产、冷冻冷藏、水产加工、进出口贸易为一体的具有完整产业链的大型远洋渔业企业。旗下有福州宏东实业有限公司、福州宏东食品有限公司、宏东国际（毛塔）渔业发展有限公司等子公司。

2003年，公司获得国家农业部《远洋渔业企业资格证书》，是全国知名远洋渔业企业之一；2004年以来，连续获得“福州市农业产业化龙头企业”称号；2009年起，连续获得“福建省水产产业化龙头产业”称号；2010年，获得“福建省诚实守信示范单位”称号，产品获得“福建名牌产品”称号；2011年，被中国渔业协会远洋渔业分会、中远渔业推广示范中心授予“纯天然远洋捕捞产品标识使用单位”称号；2013年3月，与中国水产科学研究院签订渔业科技合作协议，成为“远洋捕捞技术研发示范基地”。

福州宏东实业公司拥有万吨级现代化冷库，年吞吐量约10万吨。

福州宏东食品公司拥有9000平方米现代鱼加工车间，年加工水产品1.5万吨，精加工水产品8000吨。

宏东国际（毛塔）公司成立于2010年6月，位于毛里塔尼亚国努瓦迪布市，毛塔政府核准公司163份捕捞渔船牌照，划拨公司90000多平方米的建设土地，将整个基地作为保税区，给予公司税收优惠和特殊的海关政策。公司总投资将达1亿美元，主要从事海洋渔业捕捞、水产品加工、鱼粉生产、冷库冷藏、出口销售等业务。项目总体规划：岸上基地规划建设有冷库、理鱼车间、加工厂、鱼粉厂、船舶修理厂、仓库、办公楼、生活区、附属设备楼等。整个渔业基地项目计划分为3期完成，2012年6月已完成第一期项目建设，第二期建设也即将于数月内完工。目前公司已投入57艘远洋渔船在毛塔海域生产，捕捞作业方式有底拖、双拖、流网、延绳钓、围网、笼捕等。公司与毛塔国政府的远洋渔业合作项目受到了该国政府的特别重视，双方合作协议获得毛塔国议会的通过，受到了法律保障。毛塔国总统、总理等国家政要人员先后视察公司毛塔渔业基地并给予了高度评价。该项目是毛塔国渔业合作的典范，为中国企业在毛塔树立了很好的形象。

十多年来，公司认真贯彻实施国家海洋战略思想，坚持“勤奋、创新、诚信、共赢”的经营方针，积极开发远洋渔业资源，加大对外投资力度，不断拓宽销售市场，把公司打造为一家规模大、实力强、品质好、效益高的远洋渔业企业。近年来，公司进入了快速发展的轨道，先后与毛里塔尼亚、印度尼西亚国家合作，大力发展远洋渔业，同时注重提高产业水平，提高产品加工增值能力和拓展高端销售渠道，努力把企业做大做强。

授予：福州宏东远洋渔业有限公司

2011--2013年度

福建省水产产业化龙头企业

福建省海洋与渔业厅
福建省财政厅
二〇一一年十二月

恒亿集团有限公司成立于1958年，作为恒亿集团的主体企业，它是由龙岩市西陂建筑工程有限公司改制组建而成。现拥有房屋建筑工程施工总承包壹级，市政公用工程施工总承包壹级；建筑装修装饰工程、消防设施工程两项专业承包壹级；地基与基础工程、建筑幕墙工程、金属门窗工程等三项专业承包贰级等资质。

公司现有职工2402人，拥有各类专业技术经济职称的管理人员355人。企业注册资本金8688万元，净资产12156万元。公司现有各类施工机械设备856台（套），管理体系配套、技术力量雄厚、机械设施齐全，形成了年施工面积45万平方米，施工总产值5亿以上的生产能力。

公司始终坚持“诚信为本、质量第一”的经营宗旨，已通过了GB/1900-2000、GB/T24001-2004、GB/T28001-2001“三合一”管理体系认证。公司坚持“质量为先，持续改进，实施品牌战略；以人为本，文明安全，造就和谐环境”的企业品牌战略方针，已创省级优质工程9项。1990年以来，先后被福建省建设委员会评为省级“质量管理先进单位”2次，“先进施工企业”8次，1995年获中国集体建筑企业协会授予“全国先进集体建筑企业”荣誉称号。近年来，福建省政府的有关部门多次授予“质量管理先进企业”、“福建省100家最佳施工企业”等奖牌，公司已连续八年实现安全生产，连续六年（1997-2002年度）被评为省级“重合同守信用”单位，2003年被国家工商行政管理局评为第三批“守合同重信用”企业，在金融部门对公司资信的考核评定中，每年均上新台阶，已达到AAA信用等级。

面对新的挑战和机遇，恒亿集团全体职工正以高昂的斗志、稳健的步伐，发挥革命老区的光荣传统，汲取现代科技的文明成果，团结一心，紧紧围绕建筑施工的主业，开展多元化经营，决心通过不懈的努力创造新的辉煌，谱写新的篇章。

天天福皇家

全国客服热线:

400-770-7098

http://www.tiantianfu.cn

國際連鎖

100%純天然無污染

天天福养生会所

福建天天福皇家实业有限公司

福建天天福皇家实业有限公司，历经数十载锐意进取，已壮大成为一家集高档滋补品、古典家具、茶叶、工艺品（木雕等）、字画为一体的大型综合性实业企业。总部位于福建省会——福州市，销售网点覆盖省内外。

福建天天福皇家实业有限公司始终坚持“在品质上高人一等，在利益上让人一步”的经营方针，主营的高档滋补品有：纯正燕窝、青海玉树和西藏那曲原产地的冬虫夏草及鱼翅、鲍鱼、海参、野生金霍斛、雪蛤、参茸等，是福建省最大的冬虫夏草和海参经销商。全新燕窝炖盅一站式服务，为顾客提供现炖、现吃、现送的新鲜享受。主打的古典家具及工艺品主要用材为珍稀的酸枝木、紫檀木、花梨木、檀香木、沉香木等；茶叶均为上等金骏眉、铁观音、坦洋功夫、武夷岩茶等，此外还兼营古今名人字画。

公司在行业内率先通过了ISO9001质量管理体系认证，同时导入SST顾客服务链机制，实施KPI关键指标控制，确保企业稳定健康发展并具备强有力的市场核心竞争力。

服务至上，创新营销。公司将传统的连锁店经营模式，转变为新兴时尚的“信任营销”模式，建立了以服务为主、销售为辅的健康商务会所的经营理念，形成了以福州为龙头、辐射全国的终端连锁经营会所的服务销售网络，福建、北京、上海、江苏、浙江、广东、深圳等地的多个连锁会所也在紧锣密鼓筹建中。

印尼棉兰总店

泉州店

福州香格里拉店

莆田店

上海黄浦店

西宁店

苏州店

厦门店

杭州店

南京店

昆山店

北京通州店

福建天宏电气有限公司

福建天宏电气有限公司是一家集配电设备、电力电子设备、工业自动化仪器仪表等产品研发、制造、销售和服务为一体的福建省内知名高新技术企业，是原机械工业部、电力工业部整顿验收合格的定点企业，也是国家经贸委为全国城乡电网建设与改造所需主要设备产品的推荐企业。

公司前身为1978年创建的“石狮市五星电器厂（校办工厂）”，1986年更名为福建省石狮市华兴电控厂，2005年改制成股份制公司并更名为福建天宏电气有限公司，注册资本5000万元，占地面积30亩，建筑面积17000余平米。现有职工119余人，大专以上员工及科技研发人员占员工总数的87%。公司与西高所、北京电科院、天传所及华北电力大学等科研院校横向合作以提升技术开发能力。公司拥有恒温恒湿车间及原装进口剪、冲、弯等数控设备，同时配备各种先进的工艺装备及先进准确的检验检测设备。

公司完善科学的管理体系并采用ERP管理软件及OA办公管理软件，2002年公司通过ISO9001：2000国际质量管理体系认证，2004年通过了CCC强制性认证，2009年通过ISO9001：2008国际质量管理体系认证。多年来，本公司连续被评为“守合同重信用企业”、“纳税信用A级纳税人”、“省级先进企业”、2004-2009年“省级高新技术企业”、“省级质量管理先进企业”、“中国最佳信誉企业”、“福建省百颗星企业”及泉州市“文明杯质量奖”、“泉州市科技先导型企业”、“泉州市技术创新示范企业”等。

GCK低压开关柜

HXGN环网柜

Sf6环网柜

XBZ欧式箱变

GGD低压开关柜

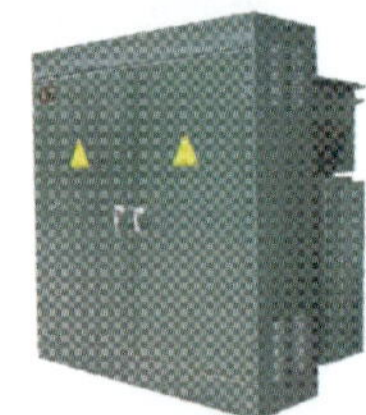
Yb6美式箱变

GCS低压开关柜

KYN高压开关柜

福建鑫威扬集团有限公司是一家多元化经营的企业，经营范围涵盖工业制造和商业。工业制造包括电子厂、发电机配件厂、纸制品厂、万亩生态茶园、食品加工厂、合金塑料电缆桥架厂；商业包括商超百货、连锁酒店、进出口贸易、房地产和金融等领域。公司已成为横跨闽苏两地，拥有多家子分公司，集团工业园总占地450多亩，销售网络覆盖全国的大中型企业。

公司成立至今已有十六年的历史，主打产品有CSP合金塑料电缆桥架系列、钢塑复合构件、轮送机系列等，拥有四十多项自主知识产权和国家发明专利。其中，合金塑料电缆桥架是以日本相关技术为基础，自主研发，产品可取代目前传统的玻璃钢、铝合金和不锈钢等电缆桥架，符合国家倡导的“节能环保、以塑代钢”政策，性能达到国际先进水平，填补了国内空白。公司所生产的产品广泛应用于化工、炼油、冶金、电力、交通基础设施、电信、轻工、广播、医学、教育、高层建筑等领域，对提高电气设备器材技术性能、促进电气设备及工业设备器材的发展、提高社会经济效益有着重要意义。

我们相信，这是一个可以承载您激情和抱负的平台，一份让您为之奋斗终身的事业，您的追求，正是鑫威扬成功的动力！

福建鑫威扬集团有限公司

福建省福泉高速公路有限公司

公司获得的主要荣誉：全国交通文明行业先进单位，福建省第九届、第十届省级文明单位，福建省全省思想政治工作优秀企业，福建省总工会先进职工之家，福建省交通系统创建文明行业先进集体，福建省国资委系统先进基层党组织。

福建省福泉高速公路有限公司是在原福州、莆田、泉州三个路段公司的基础上经过资产重组组建正式成立，注册资本8000万元。经营范围是：从事福泉高速公路的经营管理，按规定收取车辆通行费，从事道路养护，交通设施的管理和维护，监控、通信设备的管理、维修和有偿使用，车辆清障拯救，路障清理。福（州）泉（州）高速公路从1999年9月26日起正式开通运营，是福建省沿海重要的黄金通道，北起福州长乐市营前，与罗（源）长（乐）高速公路相接，南至泉州市西福，与泉（州）厦（门）高速公路相连，全长165.91公里。

公司始终秉承“和以载道、新而致远”的核心价值观，以“道通人和、服务海西”为企业使命，坚持“创造效益、持续发展、回馈社会”的经营理念和“用心连接、真诚互通”的服务理念，极力改善福泉高速公路的交通运输状况，不断提升高速公路公共服务能力和运营管理水平，促进福建经济和社会持续稳定发展，确保股东获得满意的投资回报，服务大局、服务社会、服务百姓，创造了良好的经济效益和社会效益。目前，公司拥有资产近50亿元，其中主营资产31.25亿元，2008年公司营业收入达12.87亿元，创造税利9亿多元，年均递增达15%以上。

核心价值：和以载道　新而致远
企业使命：道通人和　服务海西
企业愿景：行业先锋　和谐之家
企业精神：敬业　奉献　创新　超越
经营理念：创造效益　持续发展　回馈社会
管理观念：以人为本　制度为刚
人才理念：德才兼备　人尽其才
服务理念：用心连接　真诚互通

福州真师傅涂料有限公司

福州真师傅涂料有限公司于2002年7月1日成立，是集生产销售为一体的专业涂料公司。公司有着世界一流的生产设备和工艺，产品广泛应用于建筑装饰、工业维护、道路桥梁等领域，且长期与众多国际知名化工原料供应商保持高新技术合作，共同推动涂料制造技术的进步与发展。公司制定了清晰的中长期发展战略，把完美品质、完善的服务和出众的环境奉献给合作伙伴和广大消费者，为合作伙伴谋求利益，为消费者带来健康，为中国民族品牌而奋斗。

地址：福州市马尾区龙门村169号

电话：0591－87148432

福建省东霖建设工程有限公司

福建省东霖建设工程有限公司于2005年2月成立，企业注册资金为3亿元人民币整。企业现有资质为房屋建筑工程施工总承包一级、市政公用工程施工总承包三级、钢结构工程专业承包二级、园林古建筑工程专业承包二级、土石方工程专业承包二级、建筑装饰装修工程设计与施工二级、建筑幕墙工程设计与施工二级、城市及道路照明工程专业承包三级、体育场地设施工程专业承包三级。

企业所承接的惠安福璟花园三、四期6、7#楼工程荣获2011年度“泉州市安全文明标准化示范工地”称号，承接的南安富贵世家二期荣获2012年度“省级示范工地”称号，企业参与主编的《装配箱密肋网梁楼盖施工工法》入选省级二级工法。

今后公司将继续通过卓有成效的工作，逐步形成共同的价值观、团队精神、经营理念和行为规范，用体现特色的企业凝聚力激发创造力。用先进文化塑造企业形象、企业精神鼓舞员工士气，不断增强企业的凝聚力和向心力。致力于改革创新，加强企业规范管理，拓展经营规模，实现产业升级，为国家经济建设做贡献。

石狮市电力工程有限责任公司

石狮市电力工程有限责任公司主营110kV及以下送电线路和同电压等级变电站建筑安装工程施工、维修、调试，电力设备、电工器材的开发生产，电力设备、电工器材的销售，电力知识及技术的咨询服务等业务，送变电施工资质为三级资质，并按“ISO9001：2000”、“ISO14001：1996”、“GB/T28001：2001”标准要求同时建立了质量、环境和职业健康安全管理体系，于2005年7月通过了注册认证。

企业技术力量：技术及经济管理人员共69人，其中电力工程技术人员共50人，高级技师、技师、高级工共18人，二级注册建造师共10人，进网电工作业人员53人。

公司将以拥有的实力为基础，坚持以“诚信为本、客户至上”为经营理念；秉承以“质量求生存”的经营宗旨；以最大的努力为客户提供优质服务，做到“客户满意，政府放心”。

地址：石狮市石泉路山兜变电站

电话：0595-88555838

传真：0595-88555667

厦门烟草工业有限责任公司

厦门烟草工业有限责任公司是中国烟草行业重点骨干企业、厦门市历年第一大纳税大户，名列中国制造业500强，由原厦门卷烟厂于2007年11月21日完成公司制改革而成立，其前身可以追溯到1948年的华康烟厂。

公司主要产品“七匹狼”、“金桥”、“石狮”卷烟，多次荣获福建省和全国的各项嘉奖。其中，“七匹狼”、“石狮”系列卷烟为全国名优卷烟产品，荣获“中国驰名商标”称号。2012年全年生产卷烟 87.8万箱，实现销售收入 103.5 亿元，实现利税 72.3 亿元。

截至2012年，公司连续十一届蝉联福建省“文明单位”，多次获得“全国实施卓越绩效优秀企业”，多次获评厦门市人民政府颁发的“十佳工业企业”荣誉称号；2009年荣获“全国五一劳动奖状”，2010年获得厦门市“质量奖”荣誉；2012年获得中国烟草行业首批优秀工厂标兵单位、工信部全国质量标杆称号、全国质量技术奖二等奖，并被评为特区成立25周年经济建设突出贡献企业。

专注于卷烟制造、“成为卷烟制造专家”，这是中国烟草工业发展新格局赋予卷烟工厂的新的历史使命！厦烟将以制造力、支撑力、贡献力为发展动力，聚焦于“制造力”的提升，走卓越绩效模式之路，打造“厦烟制造”金字招牌，以此支撑福建中烟工业公司的发展，为中国烟草行业的发展、为厦门和海峡西岸的发展做出新的贡献！

鸣谢单位

单位名称：福建郑源茶业有限公司
福鼎市郑源工艺有限公司
地　　址：福鼎市太姥山镇水井头工业区
法人代表：郑传源
电　　话：0593-7263999　400-053-0866
传　　真：0593-7260000

单位名称：福建省连江宏源房地产开发有限公司
地　　址：连江县琯头镇江滨路景辉公寓1802
法人代表：庄鹏云
电　　话：0591-26262444

单位名称：厦门山国饮艺茶业有限公司
地　　址：厦门市思明区体育路43号华夏工业中心
全国加盟热线：0592-2663398
全国客服热线：400-6776-008
网　　址：www.sumgotea.com

单位名称：福建省长乐市宇洲纺织有限公司
地　　址：长乐市金峰镇佛塔洋工业区
电　　话：0591-28556622

单位名称：泉州亿兴电力有限公司
地　　址：泉州市经济开发区5号街坊
电　　话：0595-22358960

单位名称：福建德兴集团房地产开发有限公司
地　　址：龙岩市龙腾中路318号水韵华都一号楼
电　　话：0597-2312555

单位名称：福建三安钢铁有限公司
地　　址：安溪县湖头镇
电　　话：0595-23102866

单位名称：福建晋江天然气发电有限公司
地　　址：晋江市金井镇石圳
电　　话：0595-85631805

单位名称：屏南县双溪镇人民政府
地　　址：屏南县双溪镇东街18号
电　　话：0593-3456102

单位名称：闽南理工学院
地　　址：石狮市厝仔工业区
负 责 人：许景期
电　　话：0595-88911680
传　　真：0595-88911791

单位名称：福建达利食品集团有限公司
地　　址：惠安县紫山镇林口工业区
电　　话：0595-87327518

单位名称：宁德市海洋技术开发有限公司
地　　址：宁德市侨兴路长兴城日月星城2栋109
电　　话：0593-2983443

单位名称：福建华星建设工程有限公司
地　　址：福鼎市交通局2楼
电　　话：0593-7832889

单位名称：福建仁记竹业有限公司
地　　址：长汀县工贸新城
电　　话：0597-6819693

单位名称：特步（中国）有限公司
地　　址：泉州市清濛工业区
电　　话：0595-22495555

单位名称：中国人民银行平和县支行
地　　址：平和县小溪镇

单位名称：福建龙岩高新技术产业开发区长汀产业园区管理委员会
地　　址：长汀县兆征路19号县政府内
电　　话：0597-6809956

单位名称：网讯信息技术（福建）有限公司
地　　址：福州市五一北路171号新都会花园广场1层
电　　话：0591-87117777

单位名称：福建省南平市三红电缆有限公司
地　　址：南平市常湖工业区
电　　话：0599-8805366

单位名称：华侨银行（中国）有限公司厦门分行
地　　址：厦门市思明区鹭江道8号国际银行大厦27F

单位名称：晋江华鑫塑料橡胶制品有限公司
地　　址：晋江市龙湖镇粘厝埔工业区
电　　话：0595-85256286

单位名称：福建省中挪化肥有限公司
地　　址：安溪县龙门经济开发区龙桥园
电　　话：0595-23013555

单位名称：中国农业银行股份有限公司漳州分行
地　　址：漳州市胜利东路金穗大厦4楼

单位名称：石狮市猛士达鞋业有限公司
地　　址：石狮市灵秀镇山兜村
电　　话：0595-88588333

单位名称：福建南安市新东源石业有限公司
地　　址：南安市官桥镇南联开发区周厝村
电　　话：0595-86266648

单位名称：漳州市康宝饮料有限公司
地　　址：南靖县和溪林中村
电　　话：0596-7596139

单位名称：龙岩市烟草公司长汀分公司
地　　址：长汀县环城中路25号
电　　话：0597-6833000

单位名称：漳州市昌龙汽车附件有限公司
地　　址：漳州市龙池开发区港龙汽车工业园
电　　话：0596-6863622

单位名称：中国银行闽侯支行
地　　址：闽侯县甘蔗镇街心路171号
电　　话：0591-22069326

单位名称：长汀县汀洲镇人民政府
电　　话：0597-6831601

单位名称：龙岩鸿裕贸易有限公司
地　　址：龙岩市新罗区莲花大厦12楼
电　　话：0597-2223338

单位名称：中国人寿财产保险股份有限公司泉州市中心支公司
地　　址：泉州市丰泽区现代家具广场东区八楼
电　　话：0595-22131523

单位名称：紫金矿业集团股份有限公司
地　　址：上杭县紫金大道
电　　话：0597-3833092

单位名称：福建省晋江对外贸易有限公司
地　　址：晋江市青阳中国银行大楼8楼
电　　话：0595-85613698

单位名称：福建龙岩农村商业银行股份有限公司
地　　址：龙岩市新罗区西安南路295号
电　　话：0597-2258600

单位名称：厦门大卓品玻璃有限公司
地　　址：厦门市翔安区翔岳路20号
电　　话：0592-7766888
传　　真：0592-7766890

单位名称：福州金鹏珠宝首饰有限公司
地　　址：福州市仓山区金山工业区浦上片27号楼
电　　话：0591-83855389

单位名称：福建利树浆纸有限公司
地　　址：建瓯市水西兴宁工业区
电　　话：0599-3733378

单位名称：漳州泰宇洋伞有限公司
地　　址：龙海市东园开发区
电　　话：0596-6757299

单位名称：南靖万利达科技有限公司
地　　址：南靖县靖城万利达工业园
电　　话：0596-7653999

单位名称：中国工商银行股份有限公司宁德分行
地　　址：宁德市蕉城南路51号

单位名称：福建凤竹纺织科技股份有限公司
地　　址：晋江市梅岭世纪大道凤竹工业区
电　　话：0595-85689493

单位名称：福州坤彩精化有限公司
地　　址：福清市城头镇海城路国家粮库旁
电　　话：0591-85524666

单位名称：福建闽洋燃料油有限公司
地　　址：福州市马尾区阳光花都7号楼
电　　话：0591-83987668

单位名称：福建省祥鑫铝业集团有限公司
地　　址：闽侯县尚干镇蓝脚盛工业区
电　　话：0591-38267666

单位名称：中国农业银行股份有限公司长泰县支行
地　　址：长泰县武安镇人民西路21号2楼

单位名称：寿宁县新源水电有限公司
地　　址：寿宁县工业路107号
电　　话：0593-5512326

单位名称：福建联迪商用设备有限公司
地　　址：福州市软件大道89号福州软件园23号楼
电　　话：0591-88077282

单位名称：交通银行厦门分行
地　　址：厦门市湖滨中路9号18楼
电　　话：0592-2295013

单位名称：厦门国贸地产有限公司
地　　址：厦门市湖里区泗水道617号宝拓大厦20楼
电　　话：0592-5539609

单位名称：长汀县古城镇人民政府
电　　话：0597-6717076

单位名称：福州维泰生化有限公司
地　　址：福州市鼓楼区五一中路49号先施大厦日座4层
电　　话：0591-83342441

单位名称：福州闽海药业有限公司
地　　址：福清市镜洋工业区
电　　话：0591-85321755

单位名称：福建省晓沃建设工程有限公司
地　　址：福州市五一北路129号榕城商贸中心20-2
电　　话：0591-87507887

单位名称：厦门市康泰兴运动器材有限公司
地　　址：厦门市同安区西柯镇官浔开发区福明路1号
电　　话：0592-5906510

单位名称：罗源县松山镇人民政府
电　　话：0591-26985169

单位名称：福建南安市宏星石材有限公司
地　　址：南安市石井后山头工业区
电　　话：0595-86083319

单位名称：欣贺股份有限公司
地　　址：厦门市湖里区湖里大道95号鸿展大厦6楼
电　　话：0592-3238888

单位名称：贵人鸟股份有限公司
地　　址：晋江市陈埭镇沟溪贵人鸟工业大厦
电　　话：0595-85199999

单位名称：福建鑫海冶金有限公司
地　　址：长乐市松下镇滨海工业区
电　　话：0591-28098666

单位名称：福建天地源食品科技有限公司
地　　址：福鼎市工业园双岳项目区同裕路30号
电　　话：0593-7823777

单位名称：福建凯邦锦纶科技有限公司
地　　址：长乐市文武砂镇东海村（滨海）工业区两港路西侧
电　　话：0591-62608076

单位名称：宁德市兴东澳信息技术有限公司
地　　址：宁德市蕉城区古溪新村1号1-3层
电　　话：0593-2828066　2866186
传　　真：0593-2866890